沖縄文教部／琉球政府文教局 発行

復刻版

文教時報

第7巻

第43号〜第51号

（1958年7月〜1959年2月）

編・解説者 藤澤健一・近藤健一郎

不二出版

『文教時報』第7巻（第43号～第51号）復刻にあたって

一、本復刻版では琉球政府文教局によって一九五二年六月三〇日に創刊され一九七二年四月二〇日刊行の一二七号まで継続的に刊行された『文教時報』を「通常版」として仮に総称します。復刻版各巻、および別冊収載の総目次などでは、「通常版」の表記を省略しています。

一、第7巻の復刻にあたっては左記の各機関に原本提供のご協力をいただきました。記して感謝申し上げます。

琉球大学附属図書館、沖縄県公文書館、国立国会図書館

一、原本サイズは、第43号から第51号までB5判です。

一、復刻版本文には、表紙類を含めてすべて墨一色刷り・本文共紙で掲載し、各号に号数インデックスを付しました。なお、表紙の一部をカラー口絵として巻頭に収録しました。また、白頁は適宜割愛しました。

一、史料の中に、人権の視点からみて、不適切な語句、表現、論、あるいは現在からみて明らかな学問上の誤りがある場合でも、歴史的史料の復刻という性質上そのままとしました。

（不二出版）

◎全巻収録内容

復刻版巻数	原本号数	原本発行年月日
第1巻	通牒版1～8	1946年2月～1950年2月
第2巻	1～9	1952年6月～1954年6月
第3巻	10～17	1954年9月～1955年9月
第4巻	18～26	1955年10月～1956年9月
第5巻	27～35	1956年12月～1957年10月
第6巻	36～42	1957年11月～1958年6月
第7巻	43～51	1958年7月～1959年2月
第8巻	52～55	1959年3月～1959年6月
第9巻	56～65	1959年6月～1960年3月
第10巻	66～73／号外2	1960年4月～1961年2月
第11巻	74～79／号外4	1961年3月～1962年6月
第12巻	80～87／号外5～8	1962年9月～1964年6月
第13巻	88～95／号外10	1964年6月～1965年6月
第14巻	96～101／号外11	1965年9月～1966年7月
第15巻	102～107／号外12、13	1966年8月～1967年9月
第16巻	108～115／号外14～16	1967年10月～1969年3月
第17巻	116～120／号外17、18	1969年10月～1970年11月
第18巻	121～127／号外19	1971年2月～1972年4月
付録	『琉球の教育』1957（推定）、1959／別冊＝『沖縄教育の概観』1～8	1957年（推定）～1972年
別冊	解説・総目次・索引	

〈第7巻収録内容〉

『文教時報』琉球政府文教局 発行

号数	表紙記載誌名（奥付誌名）	発行年月日
第43号	文教時報（文教時報）	一九五八年 七 月 八 日
第44号	文教時報（文教時報）	一九五八年 七 月一五日
第45号	文教時報（文教時報）	一九五八年 九 月二〇日
第46号	文教時報（文教時報）	一九五八年 九 月三〇日
第47号	文教時報（文教時報）	一九五八年一〇月二九日
第48号	文教時報（文教時報）	一九五八年一一月二四日
第49号	文教時報（文教時報）	一九五八年一二月二四日
第50号	文教時報（文教時報）	一九五九年 一 月一二日
第51号	文教時報（文教時報）	一九五九年 二 月 五 日

（注）

一、第43号8頁の次の大判折込の原本版面縮小率は次のとおりである。
　折込1・2面＝81％縮小

一、第51号の奥付の号数が「五十号」となっているが誤植である。

一、次の箇所には一部の原本に訂正紙の貼り込みがあるが、そのまま復刻した（ただし、編集上の訂正か、旧所蔵者によるものかは判別できない）。
　第48号2頁下段絵の左3行、5頁下段絵の左4行

一、次の箇所には一部の原本にスタンプによる訂正があるが、そのまま復刻した（ただし、編集上の訂正か、旧所蔵者によるものかは判別できない）。
　第43号55頁3段目16行目
　第45号38頁冒頭執筆者名と写真キャプション

一、次の箇所には一部の原本に書き込みによる訂正があるが、書き込み文字を削除した（編集上の訂正か、旧所蔵者によるものか判別できないことは、訂正紙の貼り込みやスタンプによる訂正と同じだが、編集上の対応は異にする）。
　第43号目次9項目目タイトル、19頁「平均計算表」右端列10番目
　第44号6頁2行目
　第45号17頁冒頭執筆者名
　第47号3頁3段目枠内3行目、26頁見出し「1、」
　第50頁3頁左から5行目、50頁3段目21行目

（不二出版）

『文教時報』復刻刊行の辞

わたしたちは、沖縄現代史のあゆみをどこまで知っているだろうか。この問いを掲げつつ、第二次大戦後、米軍によって占領されていた時期（一九四五―一九七二年）、沖縄・宮古・八重山（一時期、奄美をふくむ）において、文教担当部局が刊行した『文教時報』を復刻する。同誌は沖縄文教部、つづいて琉球政府文教局が刊行した。前者では示達事項を中心とした指導書であり、後者では教育行政にかかわる情報、教育についての調査・統計、教室での実践記録や公民館を中心とした社会教育関連記事など、盛り込まれた内容は幅広い。総じて教育広報誌といえる同誌は、発行期間の長さと継続性から、沖縄現代史を分析するうえで、もっとも基礎的な史料のひとつと目される。しかし、これまで同誌は全体像についての理解を欠いたまま、断片的に活用されるにとどまってきた。

その背景にはなにがあるのか。まず、発行が群島ごとに分割統治されていた時期から琉球政府期にいたるまで四半世紀におよび、雑誌としての性格が変容していることがある。くわえて多くの機関に分蔵されるとともに、附録類、号外や別冊など書誌的な体系が複雑に入り組みつかみにくい。このために本格的な調査が進まなかった。今回、わたしたちは所蔵関係にかかわる基礎調査をふまえ、添付書類までもふくめた全体像の把握に体系的に取り組んだ。その成果をこうして全一八巻、付録1に集約して復刻刊行する。解説のほか、総目次や執筆者索引などから構成される別冊をあわせて刊行する。今回の復刻により、教育行政側からみた沖縄現代史について、それを総覧できる史料的な環境がようやく整備されることになる。

統治者として君臨した、米国側との関係、また、沖縄教職員会をはじめとした教員団体との関係、さらに「復帰」に向けた日本政府や文部省との関係、さらに離島や村落の教育環境など、同誌は変動する沖縄現代史のダイナミズムを体現するかのような史料群となっている。沖縄の「復帰」からすでに四五年にいたるいま、沖縄研究者はもとより、教育史、占領史、政治史、行政史など複数の領域において、本復刻の成果が活用され、沖縄現代史にかかわる確かな理解が深まることを念じている。物事を判断するためには、うわついた言説に依るのではなく事実経過が知られなければならない。あらためて問いたい。沖縄現代史のあゆみははたしてどこまで知られているか。

（編集委員代表　藤澤健一）

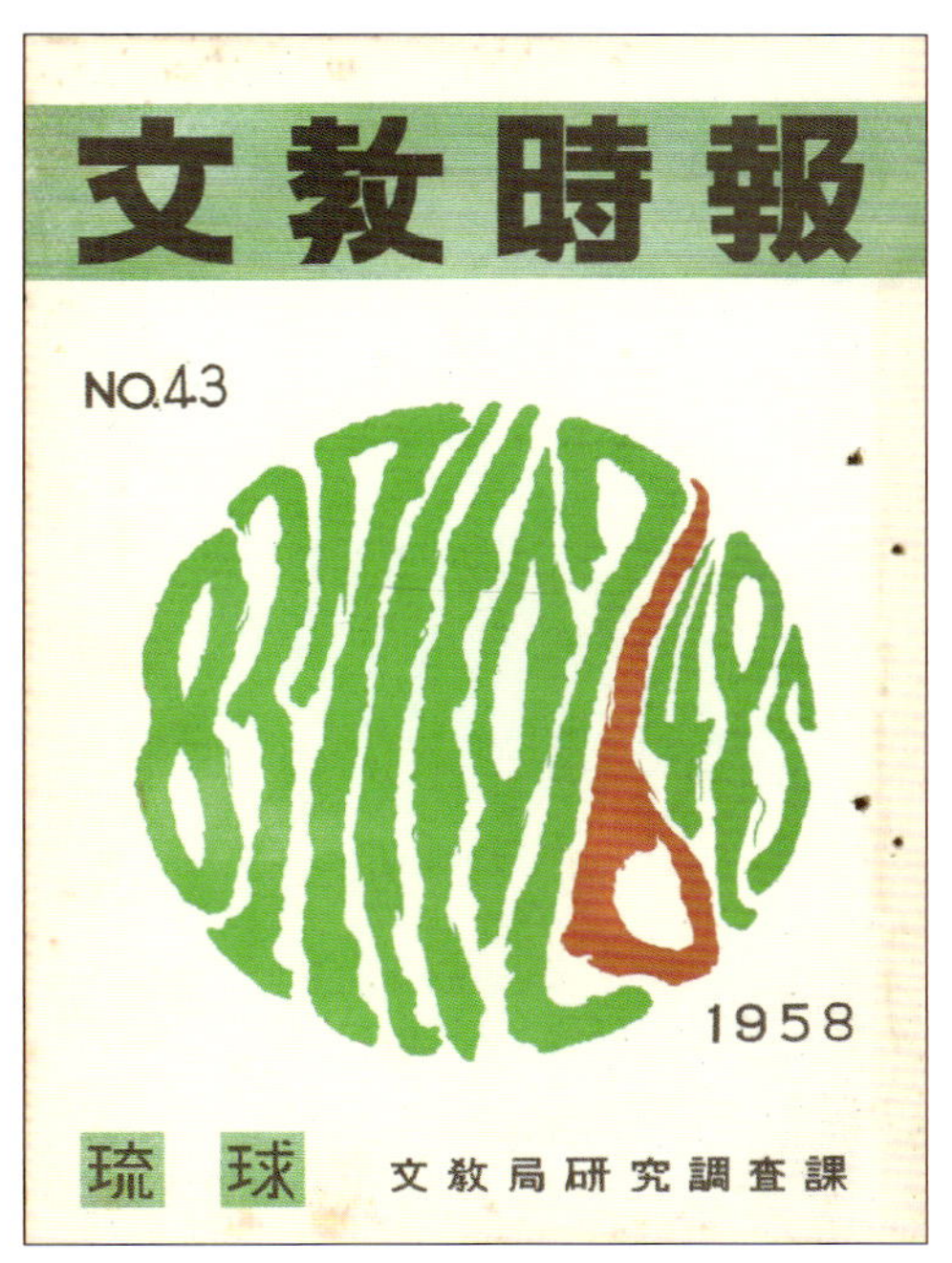
文教時報
NO.43
1958
琉球
文教局研究調査課

43号

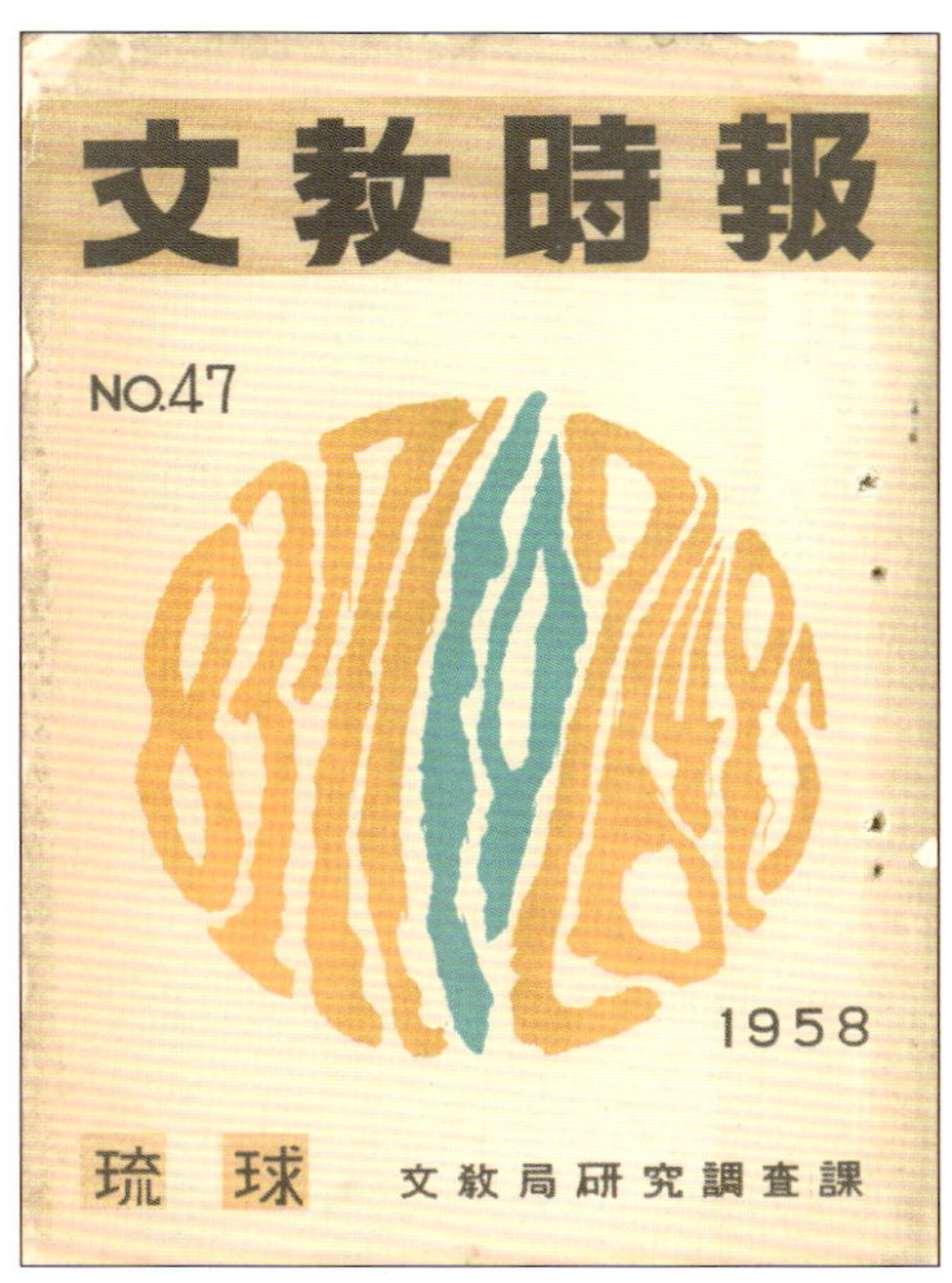
文教時報
NO.47
1958
琉球
文教局研究調査課

47号

文教時報
NO. 50
1959. 1
琉球
文教局研究調査課

50号

文教時報

NO.43

43

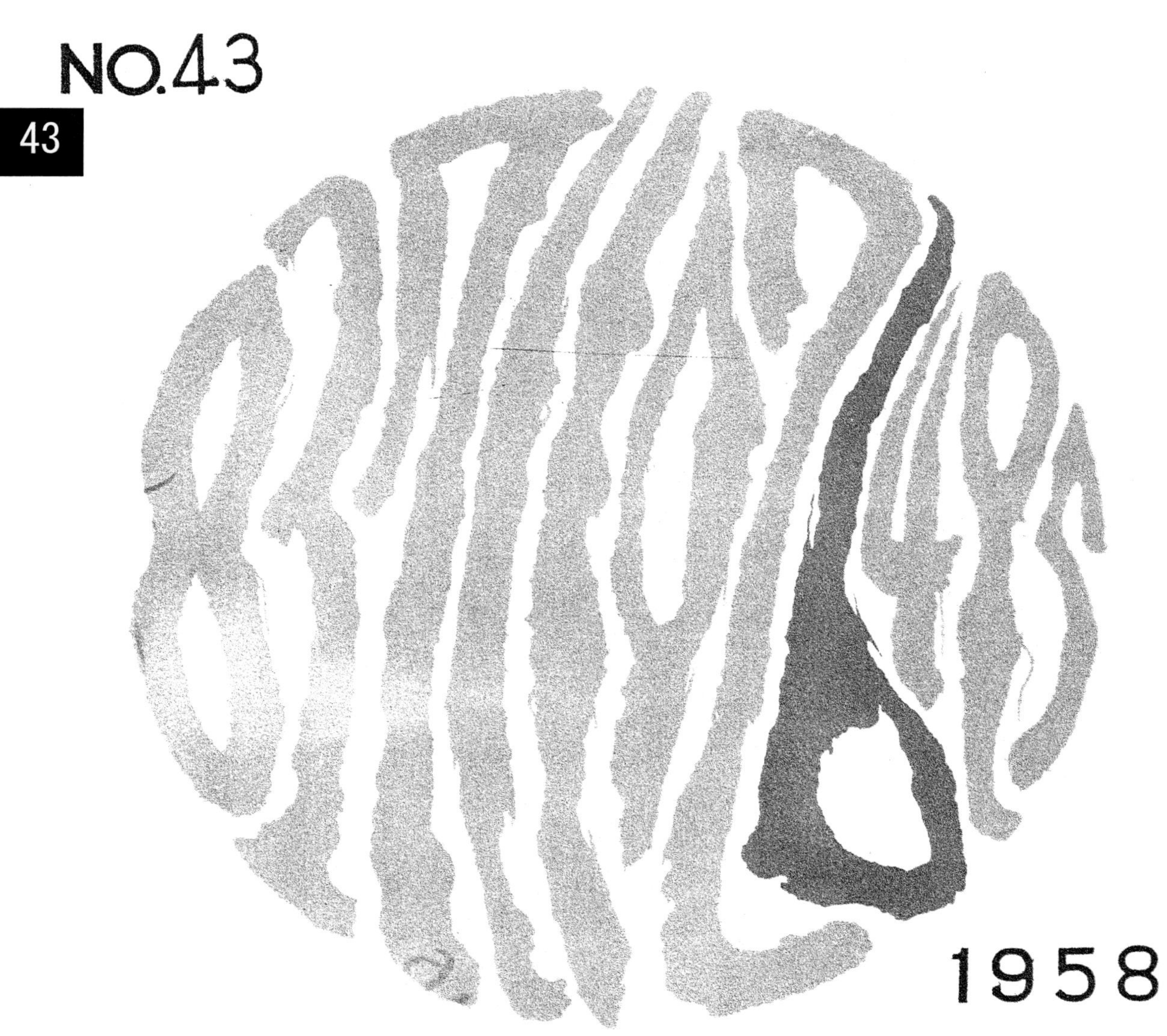

1958

琉球　文教局研究調査課

文 教 時 報　第43号

＝目　次＝

保健体育の諸問題

喜屋武眞榮

【一】 保健体育とは

従来の学校衛生の領域は子供たちが負傷すれば薬をつけ、骨折すればほうたいを巻き、腹痛を訴えれば腹痛の薬をのませ、蛔虫が湧けば駆虫薬を服用させるといった具合に治療医学の立場に立って学童の問題を処置してきたといえるであろう。

ところが今日の学校保健の領域は子供たちがけがをしないためにはどうすればよろしいか。骨折をしないためにはどうすればよろしいか、蛔虫が湧かないためにはどうすればよろしいかという予防医学の立場に立って健康教育をすることになり、これまでの学校衛生の立場から学校保健の名称に変わりその領域も広くなってきている。

又学校体操という領域は、走らせたり、跳ばしたり、投げさせたり、懸らせたり、バレーをさせたり、バスケットをさせたりして身体の操作によって運動能力を高めていく領域が主であったが、今日の教育においてはこれらの運動能力を高めることは身体を通しての人間教育であるという考え方に立って体操ではなく、体育であるというのである。

このように従来の学校衛生から学校保健へ、学校体操から学校体育へと変り、文教局にも保健体育課が誕生して沖縄の学校体育、社会体育並学校保健を含めた領域を担当するようになったのである。

このことは、従来の教育における健康教育の比重よりも、今日の教育における健康教育の比重が、いかに重くなったかということを物語るものである。

(二) 健康の素は

文化生活の要素は、水と光と緑であると言われている、それはそのまま、健康生活の要素でもある。生命を育てる健康教育において水は欠くべからざるものである。どんなにその学校に体育用具が充実していても、どんなに運動用具が整備されていても、どんなにその学校の教師の指導技術が、優秀であっても凡そ水の施設が解決されておらないならば、その学校の健康教育は手落ちであるといわねばなるまい。水の問題は人間の健康を育てるためにそれほど比重の大きいものである。

だから人間の住めるところ、人間の生活するところ常に豊かな水がいつでも求められるよう、施設がなされておらねばならない。学校においては勿論のこと家庭においては尚更のことである。

ところが、水の量を求めることも大事なことであるが、尚大事なことは水の質について無関心であってはならないということである。常に水質が良質で豊かな水が得られることは健康育成のオアシスである。然し乍ら沖縄の学校では良質で豊かな水の備えのある学校は案外少い現状である。水を治める者は国を治めると言われている通り、まさに学校経営の重大課題である。又光ということも、健康生活にとって忘却することのできない要素である。

即ち健康生活に適当な光度は、百ルツクスから一五〇ルツクスといわれているが、五十ルツクス以下の教室が見受けられることは誠に由々しい問題である。

特に高等学校定時制課程の晩の照明が暗すぎはせぬかと気になる。

又光度の強すぎる直射光線を調節するために窓にはカーテンを必要とするのに戸を閉めきってある学校のあることも財政の貧困故というよりも健康教育に対する関心の薄さを物語るもの

ではないだろうか。

次に禄化運動は単に林業政策の面からのみ強調さるべきものでなく健康教育の面からも重視すべきものである。

戦争によって自然の禄は払拭されて沙漠と変り果てていた。沙漠のような自然では沙漠のような人間の心情しか培われないであろう。

校地校庭の植樹計画を重視し禄豊かな樹木を繁茂させ、運動場には芝生をみのらせ、校庭には春夏秋冬節を忘れず花の咲き乱れている花園があるということがどんなに児童生徒の健康生活に重大な影響をもたらすものであろう。それでこそ学園といえるのではないだろうか、又花木が育っているということは、そこに生活する人人の、豊かな愛情の象徴であると見てよかろう。

そして花園の花がやがて教室の生花となり便所にまで生けられるようになるときわれわれの豊かな情操教育は実を結んだといえよう。

㈢ 健康は環境と教育によつて改造される。

健康を決定する唯一の条件は遺伝であるされていた、これまでの健康観は改められねばならない。

然し乍ら、今日の健康教育においては、「素質的に恵まれているからといって威張る勿れ、又素質的に虚弱の質であるからといって悲観することの勿れ、人間の健康は環境の設定と教育によってはいくらでも改造していくことができる」という考え方に変ってきているのである。これを立証したのが、有名なガルトの三角形の法則である。

われわれは健康教育に対する知識と理解を深め実践する意志を強くし、健康条件の環境を設定改造する努力を忘れてはならない。

即ち三角形A^1BCにおいて、A^1B、A^1C、の辺を変化させることによって三角形A^2BC三角形A^3BCに変化できるのである。

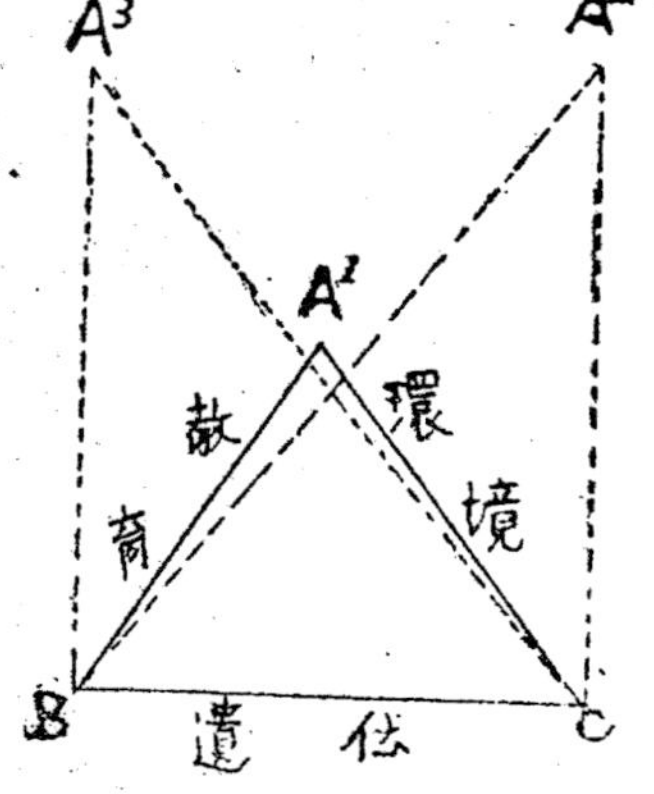

㈣ 沖縄の学徒の体位はどうなつているか

身体の発育は戦前よりも著しく向上しており本土の学徒に比べてみても著しくその向上率を示しつゝあるといえる。

即ち戦前（昭和十四年）は小学校において身長が四、五糎の差があったがこれを三、五糎に縮めており、中学校男子では八糎の差が五糎の差に縮めており、中学の女子では六糎の差が四糎の差に縮めている。

これは一九五五年以来アメリカのカトリック教会福祉団体から贈られたミルクの給食の継続実施による効果が大きいといえる。

特にカルシウムの摂取によって骨格が伸びて身長の増加率がよくなったのである、疾病状況については、

近視は本土の学徒に比して少く、トラホームは断然多い、寄生虫も本土の学徒に比して多いことは遺憾である、これは水の不自由とも関係があると思われる。

又ツベルクリン反応の結果については陰性が次のようにあらわれている。

	小校	中校	高校
沖縄	八五%	七二%	五七%
日本	四二%	二六%	二〇%

即ち小、中、高校何れの場合においても本土の学徒より沖縄の学徒に陰性が多いということは裏を返えせば結核に犯される危険性が高いことを意味するものである。それで本土あたりではB、C、Gの注射によって陽転化して、結核に対する免疫をつくって予防しているといわれている。

㈤ 沖縄の高校生の長欠は殆んど、結核患者であ

るといわれているが、未だにB、C、Gによる対策は講ぜられておらない。

次に高校学徒の運動能力については未だ十分な測定はなされておらず、これからというところであるが、去年の夏日本高体連の陸上選手が沖縄に遠征した際太田監督の本土選手と沖縄側選手の体力測定をなさった結果によると、

①沖縄側の選手は爆発力に長じている。
②見かけによらず案外弾力性がある。
③持久力に甚だ欠けている。

と指摘下さったのであるが、高校体育の方向を示して下さった貴重な助言であると思う。

即ち爆発力を益々伸ばし、弾力性を十分に培い、持久力を培っていくことが沖縄の体育指導者に与えられた至上課題ではないだろうか。

㈤ 学徒の骨格を伸ばすために、

沖縄の学徒の発育が最近著しく向上してきたことは喜びに堪えない、これは骨格を伸ばすカルシウム分を脱脂ミルクに求めたからであろう。即ち生活を合理化しカルシウムを十分摂取してもっともっと骨格を伸ばすよう努力と関心を払わねばならない。

沖縄の料理の栄養学的価値については黒田博士（徳島大学教授）の説によれば、沖縄料理の栄養的価値は実に素晴らしい、とチャンプルー、足てびち、中味の吸物、山羊汁等を讃美しておられる。然し乍ら、沖縄の人々は、この素晴らしい料理を三百六十五日に均等に食べることをせず偏食しているのは誠に惜しいと指摘しておられる。生活改善、料理教育の重要性もそこにあろう。そして決定的に欠乏している栄養素は動物性蛋白質と、カルシウム分であると、指摘して下さっている。

水の問題の解決と共にカルシウム分と動物性蛋白質を食膳に上らせることは沖縄の人々の健康増進の歴史的課題であるといえよう。

㈥ 全生無殺の体育を。

一人一人の健康を培う体育はまさにスポーツ人口を拡大することでなければならない。スポーツ人口の底辺の広さのみが、一国一県の健康を決定するからである。又学園における、スポーツの生活化ということは、正課時に於ける体育を一人一人が重視し、更にクラブ活動において自主的にスポーツを実践することでなければならない。

体育の目標には三つある。

一つ、身体の正常な発達を助け、活動を高める
二つ、身体活動を通して民主的生活態度を育てる。
三つ、各種の身体活動をレクリエーションとして正しく活用することができるようにする。

であるが、その何れをも軽視することなしに実践していくことである。

「一将功成りて万骨枯る」ということがあるがかりそめにも、われわれの体育学習において、一生多殺で一部の者が、生きるために、多くの者を犠牲にしていくような、選手のみに金も、時間も注いで多くの者がかえり見られない学園の姿にならぬよう、又多生一殺で多くの者のためには、特殊児童や、一部の者が日蔭者にされるような姿であってもならない。

まさしく、一人一人の健康を育て、日の当らない者がないよう、強い者は更に強く、弱い者もより強くなってほどほどに健康の喜びと有難さに歓喜することのできる姿は、まさに全生無殺の姿であるといえようが、私たちの健康教育はこのような姿において進められねばならない。

㈦ レクリエーションということ

レクリエーションの字義は再創造ということであるらしい。

人間の生活において余暇を善用して疲労し切った心身を憩め、気分の転換をはかり、心身の安定をはかり再び活力を養っていこうというのである。

そのためには常々スポーツが生活化しておらないと、又身についておらないとそれが実践出来ないわけである。

ところで、レクリエーションということは、あくまでも余暇の善用によって気分転換をはかって心身の安定感を得て活力を養うことである

のに、目的からそれて、体育の三大目標の一つである身体の目標を忘れて常にレクリエーションに置き替えているのだから、鍛錬の貧困さとなり体育の時間が常に遊びに置き替えられていくのである。人間の生活にとってレクリエーシヨンが絶対に必要であるということは、機械文明の極度の発達は人間を不幸に追い込んで行きつゝある。

即ち爆音、そう音による刺激は人間の心身を極度に、疲労に追い込み、いら立たしさと肉体の疲労はやがて人間をノイローゼに陥入れ、そのために工場における事故者が殖え、精神病者が殖えてきつゝあるというのが避け難い文明の悲劇である。

この悲劇から逃れるために、しばし心身の憩いのひとときを求め、気分転換をはかって心身の安定感と健全性を求めようというのが、そもそも文化先進国においてレクリエーションを重視する所以である。

(六) 日本人の平均寿命がぐんぐん延びつゝある

沖縄人も含めて日本人の平均寿命がぐんぐん延びつゝあるという。

誠に愉快な話である。どうしてだろうか、その理由にあげられることは、

1、精神の明朗性
2、重労働からの解放
3、食生活の向上
4、衛生思想の向上
5、医療薬品の進歩
6、医術の進歩
7、乳幼児死亡率の低下
8、戦争の防止

ということではないだろうか。然し乍ら平均寿命は延長していきつゝあるが、まだ長命年令は数字的に立証されておらない。

われわれの願望とするところは平均寿命の延長ということと更に長寿年令ということであり、それが立証されて始めて生命の延長であり、寿康両全であるといえるのではないか。

（保健体育課長）

沖縄の子供たちの栄養

医学博士　黒田嘉一郎

一、栄養調査の仕方

栄養のよい子供は病気にかかりにくい。たとえかかってもなおりやすい。栄養は健康のもとである。栄養をよくするためには、まずどんな栄養状態にあるかを知らなければならない。

もともと栄養状態を知るには二つの方法がある。その一つは実際食べている食物を調べて必要量を満しているかどうかを判定するのでありその二はある種の栄養素の不足または欠乏によって起る症状が現われているかどうかを調べてどの栄養素が不足しているかを知るのである。

従来、前者が多く用いられており、後者は症状を見きわめる特殊の眼を養わなければならないので一般に医師にまかせられていた。

二、昨夏の調査

私は昨年八月、琉球政府および琉球大学主催の教職員夏期講習会の講師として招かれて栄養学を講義したが、その演習の一つとして栄養欠陥による症状の見分け方を小学校児童の実際について先生がたに伝授した。講習後、先生方が沖縄全島の各学校に帰り、養った眼で学童生徒にあらわれた栄養欠乏症状の発現率を昨年九月から十一月の間に調べた結果を私の所に送っていたゞき、それを集計したのが次の報告である。

調査した小学校は沖縄全島にわたる二十校で

男子六一六七名女子六〇二五名であり、中学校は十三校、男子一五九九名、女子一七一〇名である。沖縄の子供と比較するために最近厚生省が発表した昭和三十一年度国民栄養調査による日本本土の子供たちの結果をあげた。また、歯肉炎と歯肉色素沈着症については厚生省の調査結果がないので、私が昭和三十一年に徳島県で調べた結果を用いた。

三、蛋白質の欠乏

貧血は小中学校ともに沖縄の子供の方が日本本土の子供より多い。貧血はいろいろな病気で起り、特に十二指腸虫にかかるとひどい貧血が現われる。しかし、このような病気による貧血以外に栄養の欠陥による貧血では鉄分の欠乏と蛋白質の不足によるものがある。鉄分はほとんどすべての食物にあってわれわれの食生活でこれを欠乏することはまずない。これに反して蛋白質の欠乏による貧血が多い。

蛋白質でも質のよい蛋白質、すなわち肉や卵や魚のような動物性蛋白質不足によって貧血が現われる。動物性蛋白質はいわゆる御馳走として金がかかるが、沖縄ではヒィージャージルやソーキブニのような動物性食品を徹底的に利用する食習慣のあることは極めて都合のよいことである。ただ御馳走の食いだめはできないから折目だけで一時にたくさんの動物性蛋白質をとっても無駄である。折目に多くの金をかけるよりも、少しずつでもよいから毎日動物性食品をとるように食生活を改善しなければならない。

四、ビタミンAの欠乏

毛孔性角化症は沖縄に多く、特に小学生では本土の小学生の約五倍も多く現われている。毛孔性角化症はビタミンAの欠乏によってあらわれる症状であり、ビタミンAは成長ビタミンともいわれ、子供の成長をうながす作用がある。

沖縄の子供が本土の子供より一般に背が低いのも、その原因の一つにビタミンAの不足があげられよう。ビタミンAはバターや卵の黄味などに多いが、それにも増してほうれん草や南瓜や人蔘のような、青、赤、黄の色のついた野菜の中に多い。甘藷の葉の中にもたくさんあるのだから沖縄のヤエヤマカズラにも多いはずである。ただ、ビタミンAは水にとけないで油脂にしかとけないから、脂のないこのような野菜の中のビタミンAはそのまゝでは吸収されにくい。油脂とともに料理することが大切である。

この目的にかなった料理方が沖縄にある。それはチャンプルーである。しかし白い野菜にはビタミンAは極めて少いから、これをいかにチャンプルーしてもビタミンAの吸収には役立たない。ましてや、ソーメンチャンプルーではビタミンAはとれない。いわゆる有色野菜のチャンプルーこそ金をかけないでビタミンAをとる良法である。

五、ビタミンB^1の欠乏

浮腫と腓腸筋圧痛は沖縄、本土ともに少いが両者を較べると腓腸筋圧痛は本土の中学生の方が沖縄よりも多い。浮腫と腓腸筋圧痛はいずれもビタミンB_1の欠乏、すなわち、脚気の症状として、あらわれるものである。日本本土では戦前白米を食っていた時代には、脚気が多かったが、戦後配給米を食うようになって脚気が少くなったのである。

沖縄では従来、主食として甘藷をとっており、甘藷の中にはビタミンB_1があるため、脚気の症状としての浮腫や腓腸筋圧痛が少いのである。ところが最近甘藷を主食として余り食わなくなり、それに代って白米が多く食われるようになりつゝあるように聞いているが、これは沖縄の子供の栄養のために、残念なことである。

六、ビタミンB_2の欠乏

口角炎は沖縄も日本本土もいずれも多く、特に沖縄の子供に多い。口角炎はビタミンB_2の欠乏によって起る症状である。B_2は牛乳や乳製品に多く、また動物の肝臓の中に多くふくまれている。したがって牛乳を多く用いる欧米人では問題はないが、沖縄も日本本土もその食生活からみて不足勝ちである。それを何によって補うかが問題である。ところが現在、行われている学校給食の粉乳の中にはB_2が多いからこれを補うのに都合がよい。

七、ビタミンCの欠乏

歯肉炎、歯肉色素沈着症は他の症状とは比較にならぬほど発現率が大きい。沖縄の子供は徳島の子供よりも少いが、それでも子供の三分の一にこれらの症状があらわれているのである。歯肉炎、歯肉色素沈着症はビタミンCの欠乏によってあらわれる症状である。ビタミンCは新鮮な野菜や果物の中にある。日本本土では柿の葉の中に非常に多いのでその煎汁を私はすすめている。また緑茶や番茶の中にはあるが紅茶や清明茶の中にはない。

お茶をのむ習慣を持っているわれわれは値段の安い番茶を飲んだ方がよいわけである。また琉球大学の外間ゆき先生の研究によるとヤエヤマカズラはビタミンCをたくさん含んでおりしかも沖縄ではほとんど年中とれるのでビタミンCの補給源としては大切なものと考えられる

八、沖縄の学校給食

次の時代を背負って立つ子供たちだけは何んとかして栄養を確保してやらなければならいというので米国の援助を得て学校給食が始まったのである。沖縄の学校給食は現在のところ脱脂粉乳によるミルクの給食である。沖縄の子供に不足している動物性蛋白質やビタミンBは粉乳の中にたくさん含まれているので最も合理的な方策である。学校給食のおかげで沖縄の子供たちの体位が非常に向上している。

いま、中学一年生男子の身長、体重、胸囲の変化を図に示すと、いずれも戦後急激に増加して、日本本土の子供の戦前の体位に近づこうとしている。沖縄の子供が日本本土の子供よりも小さいのは宿命的なものだと考えられ勝ちであったが、それは誤りであって栄養の改善によって近い将来、本土の子供と同じようになることを示している。

九、日本本土の学校給食との比較

さて、日本本土の子供たちも、終戦後食糧事情の悪化で栄養状態が非常に悪くなったが、米国の好意によって、現在の沖縄と同じように、脱脂粉乳を無償で配給を受けて、ミルクのみの給食を始めたのであるが、現在では政府が学校給食の予算を組み、脱脂粉乳を米国から買ってミルクを給食する他に、ビタミンB_1、B、カルシウムを添加した特別のメリケン粉を学校に配給して給食用のパンを焼き、さらに副食を作って、完全給食をしている。給食によって、日本本土の子供の体位も急速に向上して現在では戦前の最高値を凌ぐに至った。

ただ残念なのは、日本本土の給食は完全給食のできる設備のある学校のみに限られ、しかも小学生が主体で中学校で給食をしている所は少い。ましてや高等学校で給食しているところは皆無である。ところが、沖縄では全島津津浦々にいたるまで一校残らず給食が行われ、しかも、小、中校のみならず勤労青年を教育する、高等学校定時制課程の生徒まで給食が実施されていることは羨しい限りである。

さらにミルク給食ばかりでなく完全給食に必要な経費が予算化され実施されるならば、沖縄の子供たちの栄養状態はさらに、改善され、体位は向上し、日本本土の子供たちと肩をならべる日も遠くないと信ずるものである。

（徳島大学医学部教授　医博）

第1図

小学校学童の栄養状態

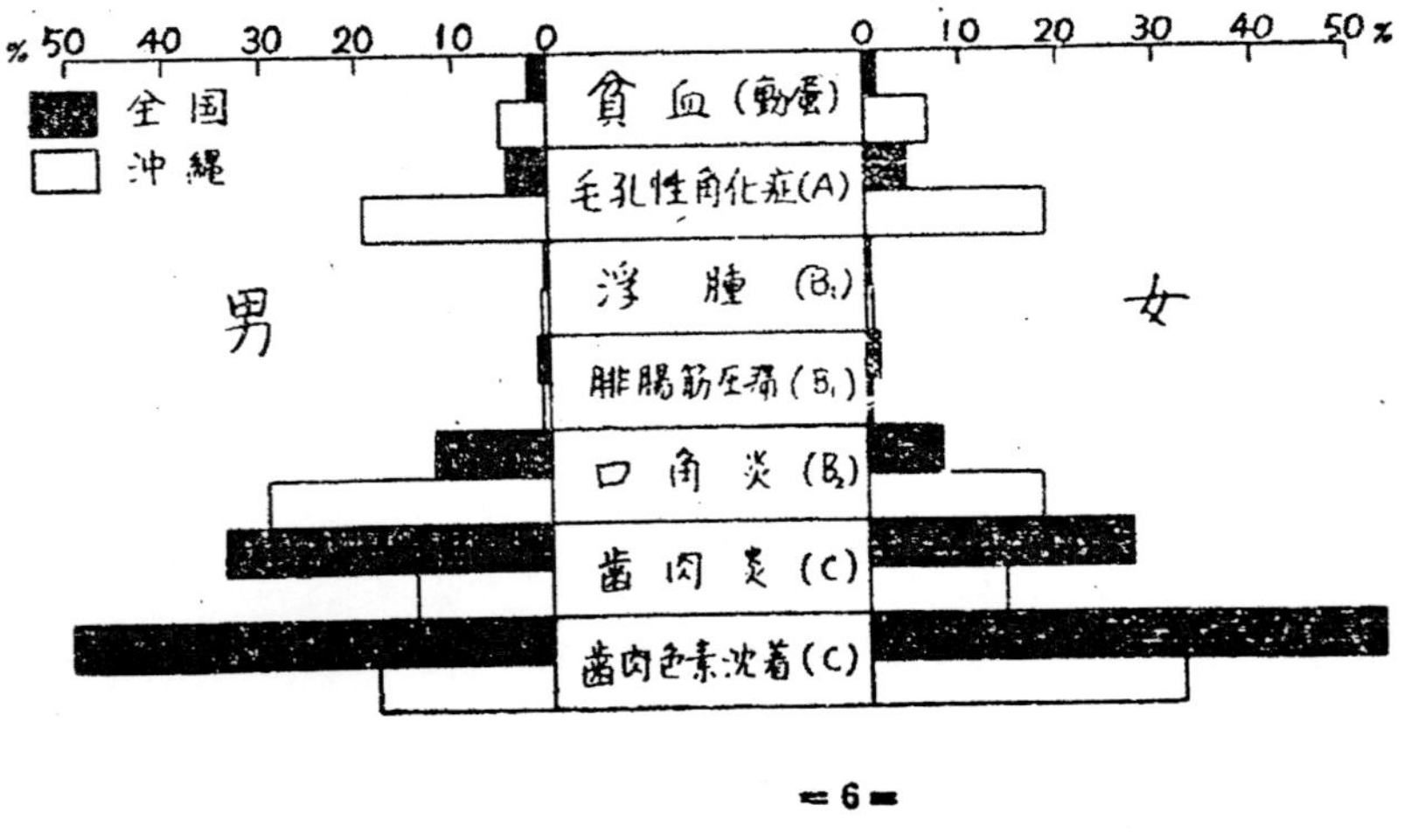

% 50 40 30 20 10 0　0 10 20 30 40 50 %

全国　沖縄

男　女

貧血（動量）
毛孔性角化症（A）
浮腫（B_1）
腓腸筋圧痛（B_1）
口角炎（B_2）
歯肉炎（C）
歯肉色素沈着（C）

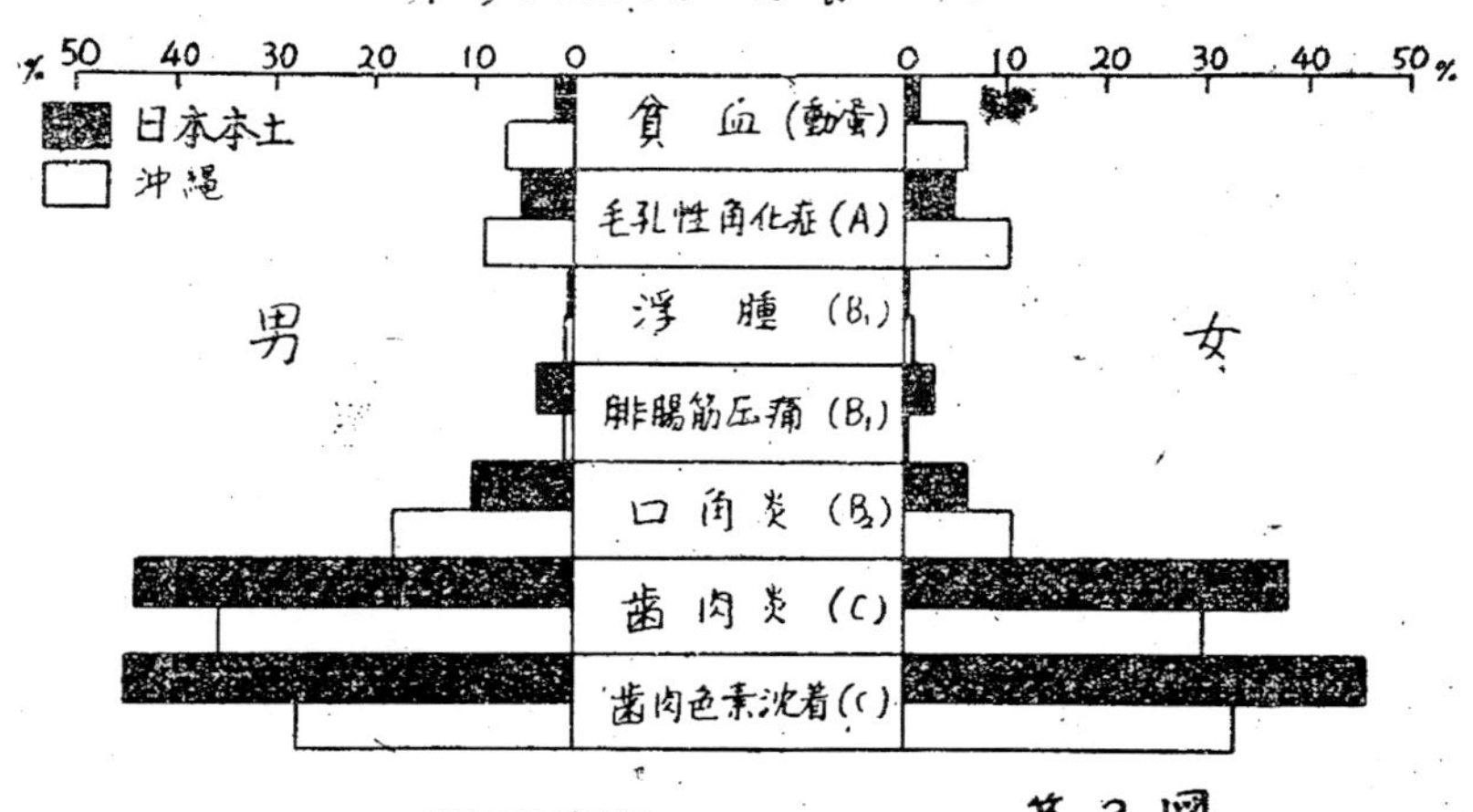

第3図
体位の推移（12才男子）

調査報告を提供するに当つて

黒田嘉一郎

元来、栄養調査の方法に二通りある。その一つは実際に食べている食物の質と量とを調べてそれが必要量を満しているかどうかを判定するのであり二つはある種の栄養素の不足あるいは欠乏によつて起る症状が現われているかどうかでどの栄養素が不足しているかを知るのである。従来、前者が多く用いられており、後者は症状を見きわめる特殊の眼を養わなければならないので一般に医師にまかせられていた。

この報告（九・一〇頁）はただ数値の羅列であつてその栄養学的意味附けは敢えて省略した。それをすることが調査に当つた受講者に課された演習課題でもあるからである。

この演習が沖縄の先生方に子供の顔色に注意を向け、それによつて子供達の栄養の現状を認識し、さらにそれに対する方策を考える機縁ともなれば私の「栄養学」の講義も実を結んだということができよう。

この調査に当り御高配を忝うした琉球政府文教局長真栄田義見先生始め当局各位に深甚なる謝意を表すとともに、私との約束を果たされた受講者各位の御努力に篤く敬意を表する次第である。

貴重な報告をみて

外間ゆき

黒田先生の御調査の数値、第一表と第二表について考察してみました。

1 第一表から小学生男女について

① 体重が日本の標準値（年令別、性別、身長別の表を使用していらっしゃいました）より劣っているものが少いことは喜ばしいことですが、しかし身長別の表から求めた結果なのですから、必ずしも体位がよいという意味ではありません。しかも三～四%の学童は体重が軽過ぎるわけで、食事量の不足、又はビタミンB_1の不足に由来するものではないかと思います。

② 貧血者の中には寄生虫を有している人もいるわけですから、寄生虫有無の検査をする必要があると思います。それ以外の貧血者には、良質蛋白質、即ち動物性蛋白質を多くとって頂きたい。食事中に鉄分やビタミンB_2複合体が不足して貧血が起りますので、これらの人には肝臓の利用、ミルクの利用、蔬菜類を多くとり入れるようにして頂きたい。

③ 色素沈着症、歯齦炎が多いようですが主にビタミンCが不足した時に起ると考えられています。新鮮な蔬菜をとってなかったとか、調理時間が長過ぎた時にCの不足をきたしますから新鮮な蔬菜類又は果物をとって頂きたい。

④ 口角炎もずい分高い数値のようですがこれはビタミンB_2不足で起ります。ミルクとか、肝臓、大豆、等よい給源です。

⑤ 又毛孔性角化症も高い数値ですがこれはビタミンA不足で起ります。バター、マーガリンか肝、有色野菜等を豊富にとって頂きたい。

2、第二表からも同じことが云えますが中学生には特に歯齦炎がふえ一そうビタミン源Cの摂取につとめて頂きたい。

3、綜合致しますと

① 有色野菜、淡色菜又は果物のとり方が少いのではないかと推察されます。

② ミルクや肝、動物性食品のとり方も少いのではないかと推察されます。

栄養素不足による身体症条一覧表

不足している栄素養 ＼ 身体症条	熱量	蛋白質	ビタミンA	〃B_1	〃B_2	〃B_2複合体	〃C	鉄
体重減少	＋							
貧血		＋				＋	＋	＋
角膜乾燥軟化症			＋					
口角炎					＋			
古炎		＋			＋	＋	＋	
口内炎		＋			＋	＋	＋	
歯肉色素沈着症							＋	
歯齦炎							＋	
浮腫		＋		＋				
毛孔性角化症			＋		＋			
筋圧痛				＋				

（＋）の符号のついているのはその栄養素が不足した時に表れる症状を示しています。但し気をつけて頂きたいのは「貧血」の場合ですが寄生虫による貧血もありますのでその数も調査値の中に含まれているものと考えなくてはいけません。もう一つ「浮腫」も心臓病、腎臓病の場合表れますが、登校可能の学童ですからこれからの病気を有しないとみていいのではないかと考えます。

（琉大助教授）

第一表　沖縄小学校生徒栄養調査　【学校別】　（9～11月1957）

地区名	那覇								知念	
学校名	楚辺		浦添		安謝		城北		坂田	
性別	男	女	男	女	男	女	男	女	男	女
調査人員	406	369	650	591	418	406	269	249	206	192
体重 増加 実数	78	91	280	205	139	131	82	62	60	50
体重 増加 %	19.2	24.7	43.1	34.7	33.3	32.3	30.5	24.9	29.1	26.0
体重 平衡 実数	313	267	319	326	246	239	187	179	144	141
体重 平衡 %	77.1	72.4	49.1	55.2	58.9	58.9	69.5	71.9	69.9	73.4
体重 減少 実数	15	11	51	60	33	36	0	8	2	1
体重 減少 %	3.7	3.0	7.8	10.2	7.9	8.9	0	3.2	1.0	0.5
貧血 陽性者数	6	10	23	24	21	17	0	0	0	0
貧血 %	1.5	2.7	3.5	4.1	5.0	4.2	0	0	0	0
角膜乾操軟化症 陽性者数	0	0	12	6	0	0	0	1	1	0
角膜乾操軟化症 %	0	0	1.8	1.0	0	0	0	0.4	0.5	0
口角炎 陽性者数	129	62	127	61	35	14	54	31	62	46
口角炎 %	31.8	16.8	19.5	10.3	8.4	3.4	20.1	12.4	30.1	24.0
舌炎口内炎 陽性者数	14	8	—	—	0	0	3	1	3	7
舌炎口内炎 %	3.4	2.2	—	—	0	0	1.1	0.4	1.5	3.6
歯肉色素沈着症 上顎 陽性者数	291	261	178	159	76	101	58	60	5	7
歯肉色素沈着症 上顎 %	71.7	70.7	27.4	26.9	18.2	24.9	21.6	24.1	2.4	3.6
歯肉色素沈着症 下顎 陽性数者	197	201	130	117	61	100	60	77	6	7
歯肉色素沈着症 下顎 %	48.5	54.5	20.0	19.8	14.6	24.6	22.3	30.9	2.9	3.6
歯齦炎 陽性者数	—	—	—	—	15	4	26	29	3	1
歯齦炎 %	—	—	—	—	3.6	1.0	9.7	11.6	1.5	0.5
浮腫 陽性者数	0	0	1	0	0	0	0	0	0	0
浮腫 %	0	0	0.2	0	0	0	0	0	0	0
毛孔性角化症 陽性者数	133	120	122	127	35	30	29	29	35	26
毛孔性角化症 %	32.8	32.5	18.8	21.5	8.4	7.4	10.8	11.6	17.0	135
筋圧痛 陽性者数	2	1	12	13	2	2	0	0	0	1
筋圧痛 %	0.5	0.3	1.8	2.2	0.5	0.5	0	0	0	0.5

地区名	前原											
学校名	高江洲		津堅		兼原		美東		伊計		美里	
性別	男	女	男	女	男	女	男	女	男	女	男	女
調査人員	394	438	177	145	317	352	724	619	85	83	395	429
体重 増加 実数	101	99	49	25	101	102	116	138	34	44	154	190
体重 増加 %	25.6	22.6	27.7	17.2	31.9	29.0	16.0	22.3	40.0	53.0	39.0	44.3
体重 平衡 実数	285	321	127	111	209	244	565	444	46	39	223	216
体重 平衡 %	72.3	73.3	71.7	76.6	65.9	69.3	78.0	71.7	54.1	47.0	56.5	50.3
体重 減少 実数	8	18	1	9	7	6	43	37	5	0	18	23
体重 減少 %	2.0	4.1	0.6	6.2	2.2	1.7	5.9	6.0	5.9	0	4.6	5.4
貧血 陽性者数	41	37	6	1	27	40	23	36	6	4	6	8
貧血 %	10.4	8.4	3.4	0.7	8.5	11.4	3.2	5.8	7.1	4.8	1.5	2.0
角膜乾操軟化症 陽性者数	3	0	3	0	0	3	0	2	4	3	0	0
角膜乾操軟化症 %	0.8	0	1.7	0	0	0.9	0	0.3	4.7	3.6	0	0
口角炎 陽性者数	147	143	15	3	146	112	176	72	9	1	123	69
口角炎 %	37.3	32.6	8.5	2.1	46.1	31.8	24.3	11.6	10.6	1.2	31.1	16.1
舌炎口内炎 陽性者数	45	53	0	0	37	34	30	34	2	1	20	9
舌炎口内炎 %	11.4	12.1	0	0	11.7	9.7	4.1	5.5	2.4	1.2	5.1	2.1
歯肉色素沈着症 上顎 陽性者数	65	88	66	58	95	132	306	258	17	20	120	131
歯肉色素沈着症 上顎 %	16.5	20.1	37.3	40.0	30.0	37.5	42.3	41.7	20.0	24.1	30.4	30.5
歯肉色素沈着症 下顎 陽性数者	71	81	91	79	109	166	349	367	15	12	133	121
歯肉色素沈着症 下顎 %	18.0	18.5	51.4	54.5	33.4	47.2	48.2	59.3	17.6	14.5	33.7	28.2
歯齦炎 陽性者数	37	50	0	0	93	90	78	102	1	1	18	15
歯齦炎 %	9.4	11.4	0	0	29.3	25.6	10.8	16.5	1.2	1.2	4.6	3.5
浮腫 陽性者数	0	1	0	0	12	6	23	23	0	0	1	0
浮腫 %	0	0.2	0	0	3.8	1.7	3.2	3.7	0	0	0.3	0
毛孔性角化症 陽性者数	41	54	3	2	76	86	116	92	0	5	58	37
毛孔性角化症 %	10.4	12.3	1.7	1.4	24.0	244	16.0	14.9	0	6.0	14.7	8.6
筋圧痛 陽性者数	2	2	1	1	4	0	3	3	0	0	0	0
筋圧痛 %	0.5	0.5	0.6	0.7	1.3	0	0.4	0.5	0	0	0	0

地区名	前原							
学校名	勝連		田場		金武湾		平安座	
性別	男	女	男	女	男	女	男	女
調査人員	286	295	665	672	133	123	284	276
体重 増加 実数	123	111	209	211	47	30	85	70
体重 増加 %	43.0	37.6	31.4	31.4	35.3	24.4	29.9	25.4
体重 平衡 実数	160	181	443	442	85	88	190	202
体重 平衡 %	55.9	61.4	66.6	65.8	63.9	71.5	66.9	73.2
体重 減少 実数	3	3	13	19	1	5	9	4
体重 減少 %	1.0	1.0	2.0	2.8	0.8	4.1	3.2	1.4
貧血 陽性者数	22	24	111	100	7	11	36	29
貧血 %	7.7	8.1	16.7	14.9	5.3	8.9	12.7	10.5
角膜乾操軟化症 陽性者数	0	0	20	8	0	0	1	0
角膜乾操軟化症 %	0	0	3.0	1.2	0	0	0.4	0
口角炎 陽性者数	121	78	200	129	51	33	105	49
口角炎 %	42.3	26.4	30.1	19.2	38.3	26.8	37.0	17.8
舌炎口内炎 陽性者数	—	—	54	57	18	32	53	36
舌炎口内炎 %	—	—	8.1	8.5	13.5	26.0	18.7	13.0
歯肉色素沈着症 上顎 陽性者数	133	139	97	99	38	45	152	
歯肉色素沈着症 上顎 %	46.5	47.1	14.6	14.7	28.6	36.6	53.5	155
歯肉色素沈着症 下顎 陽性数者	60	85	147	192	38	54	46	56.2
歯肉色素沈着症 下顎 %	21.0	28.8	22.1	28.6	28.6	43.9	16.2	
歯齦炎 陽性者数	—	—	168	171	22	33	46	26
歯齦炎 %	—	—	25.3	25.4	16.5	26.8	16.2	9.4
浮腫 陽性者数	0	0	0	0	0	0	0	0
浮腫 %	0	0	0	0	0	0	0	0
毛孔性角化症 陽性者数	35	25	132	96	42	39	92	120
毛孔性角化症 %	12.2	8.5	19.8	14.3	31.6	31.7	32.4	43.5
筋圧痛 陽性者数	1	0	12	6	2	0	0	0
筋圧痛 %	0.3	0	1.8	0.9	1.5	0	0	0

地区名	コザ		宜野座		久米島				八重山		合計	
学校名	島袋		嘉芸		大岳		清水		鳩間			
性別	男	女	男	女	男	女	男	女	男	女	男	女
調査人員	152	169	26	40	238	226	285	284	57	67	6167	6025
体重 増加 実数	72	79	13	25	56	66	53	40	3	6	1855	1775
体重 増加 %	47.4	46.7	50.0	62.5	23.5	29.2	18.6	14.1	5.3	8.9	30.1	29.5
体重 平衡 実数	79	89	11	15	180	155	227	239	48	57	4087	3995
体重 平衡 %	52.0	52.7	42.3	37.5	75.6	68.6	79.6	84.1	84.2	85.1	66.3	66.3
体重 減少 実数	1	1	2	0	2	5	5	5	6	4	225	255
体重 減少 %	0.7	0.6	7.7	0	0.8	2.2	1.8	1.8	10.5	6.0	3.6	4.2
貧血 陽性者数	0	6	3	4	31	32	10	14	0	0	379	397
貧血 %	0	3.6	11.5	10.0	13.0	14.2	3.5	4.9	0	0	6.1	6.6
角膜乾操軟化症 陽性者数	1	0	1	0	1	0	0	0	0	0	47	23
角膜乾操軟化症 %	0.7	0	3.8	0	0.4	0	0	0	0	0	0.8	0.4
口角炎 陽性者数	93	85	6	4	85	40	115	69	18	8	1817	1109
口角炎 %	61.2	50.3	23.1	10.0	35.7	17.7	40.4	24.3	31.6	11.9	29.5	18.4
舌炎口内炎 陽性者数	2	1	2	0	6	8	4	7	0	2	293/5231	290/5139
舌炎口内炎 %	1.3	0.6	7.7	0	2.5	3.5	1.4	2.5	0	3.0	5.6	5.6
歯肉色素沈着症 上顎 陽性者数	63	84			56	61	50	53	6	10	1872/6141	1766/5709
歯肉色素沈着症 上顎 %	41.4	49.7	11	19	23.5	27.0	17.5	18.7	10.5	14.9	30.5	30.9
歯肉色素沈着症 下顎 陽性数者	76	95	42.3	47.5	85	63	45	53	17	18	1733/6141	1888/5709
歯肉色素沈着症 下顎 %	50.0	56.2			35.7	27.9	15.8	18.7	29.8	26.9	28.2	33.1
歯齦炎 陽性者数	24	21	9	13	61	56	74	69	12	14	687/4825	695/4770
歯齦炎 %	16.4	12.4	34.6	32.5	25.6	24.8	26.0	24.3	21.1	20.9	14.2	14.6
浮腫 陽性者数	10	11	1	0	0	0	0	0	0	0	48	41
浮腫 %	6.6	6.5	3.8	0	0	0	0	0	0	0	0.8	0.7
毛孔性角化症 陽性者数	23	20	8	7	89	99	124	97	18	24	1211	1135
毛孔性角化症 %	15.1	11.8	30.8	17.5	37.4	43.8	43.5	34.2	31.6	35.8	19.6	18.8
筋圧痛 陽性者数	0	0	0	0	0	0	0	0	0	0	41	29
筋圧痛 %	0	0	0	0	0	0	0	0	0	0	0.7	0.5

第二表　沖縄中学校生徒栄養調査　【学校別】　（9～10月　1957）

地区名	糸満		那覇		前原										石川		コザ		宜野座						名護		合計	
学校名	豊見城		真和志		美里		伊計		津堅		平安座		金武湾		石川		島袋		宜野座		金武		嘉芸		屋部			
性別	男	女	男	女	男	女	男	女	男	女	男	女	男	女	男	女	男	女	男	女	男	女	男	女	男	女	男	女
調査人員	256	216	195	162	278	415	35	32	52	53	101	90	71	56	167	140	—	69	143	161	146	147	16	14	159	155	1599	1710
体重 増加 実数	66	62	54	61	128	202	25	21	13	11	36	36	21	28	1	2	—	48	70	102	68	77	11	11	41	55	534	716
体重 増加 %	25.7	28.7	30.8	37.6	46.0	48.7	71.4	65.6	25.0	20.8	35.6	40.0	29.6	50.0	0.6	1.4	—	69.6	48.9	63.4	46.6	52.4	68.8	78.6	25.8	35.5	33.4	41.8
体重 平衡 実数	121	86	120	96	164	187	8	9	36	36	65	49	47	27	163	136	—	20	64	53	75	65	3	2	116	94	952	860
体重 平衡 %	47.3	39.8	68.6	59.2	58.9	45.0	22.9	28.1	69.2	67.9	64.4	54.4	66.2	48.2	77.6	97.2	—	27.0	44.8	32.9	51.4	44.2	18.8	14.3	73.0	60.6	59.5	50.3
体重 減少 実数	69	68	1	5	33	26	2	2	3	6	0	5	3	1	3	2	—	1	9	6	3	5	2	1	2	6	113	134
体重 減少 %	26.9	31.5	10.6	3.2	7.9	6.3	5.7	6.3	5.8	11.3	0	5.6	4.2	1.8	1.8	1.4	—	1.4	6.3	3.7	2.1	3.4	12.5	7.1	1.2	3.9	7.1	7.8
貧血 陽性者数	26	24	0	0	45	48	2	321	0	0	8	14	17	5	6	2	—	4	4	1	3	3	2	2	0	1	113	105
貧血 %	10.1	11.2	0	0	16.6	11.6	5.7	3.1	0	0	7.9	15.6	23.9	8.9	3.6	1.4	—	5.8	2.8	0.6	2.1	2.0	12.5	14.3	0	0.6	7.1	6.2
角膜乾燥軟化症 陽性者数	0	1	0	0	0	0	1	0	1	2	0	0	2	0	3	0	—	1	0	0	0	1	0	0	0	0	7	5
角膜乾燥軟化症 %	0	0.4	0	0	0	0	2.9	0	1.9	3.8	0	0	2.8	0	1.8	0	—	1.4	0	0	0	0.7	0	0	0	0	0.4	0.3
口角炎 陽性者数	21	12	66	29	52	52	2	1	4	0	28	16	16	6	32	5	—	30	11	14	43	18	3	2	12	1	290	186
口角炎 %	8.2	5.5	37.7	17.9	18.7	12.5	5.7	3.1	7.7	0	27.7	17.8	27.6	10.7	17.2	3.6	—	43.5	7.7	8.7	29.5	12.2	18.8	14.3	7.5	0.6	18.1	10.9
舌炎口内炎 陽性者数	9	5	3	0	37	46	0	1	0	0	41	26	14	16	46	15	—	0	2	1	35	36	0	0	5	7	192	153
舌炎口内炎 %	3.5	2.3	1.7	0	13.3	11.1	0	3.1	0	0	40.6	28.9	19.7	28.6	27.6	10.7	—	0	1.4	0.6	24.0	24.5	0	0	3.1	4.5	12.0	8.9
歯肉色素沈着症 上顎 陽性者数	54	59	61	60	114	181	8	6	22	28			21	22	66	37	—	24			67	70			17	43	430/1339	530/1445
歯肉色素沈着症 上顎 %	21.0	27.3	34.8	37.0	41.0	43.6	22.9	18.8	42.3	52.8	51	27	29.6	39.3	39.5	26.4	—	34.8	17	42	45.9	47.6	5	3	10.7	27.7	32.2	36.6
歯肉色素沈着症 下顎 陽性数者	39	37	48	63	114	193	18	7	14	25	50.5	30.0	13	22	56	27	—	21	11.9	26.1	57	59	31.3	21.4	11	19	370/1339	473/1445
歯肉色素沈着症 下顎 %	15.2	17.1	27.3	38.8	41.0	46.5	51.4	21.9	26.9	47.2			18.3	39.3	33.5	19.3	—	30.4			39.0	40.1			6.9	12.3	27.8	32.8
歯齦炎 陽性者数	120	78	11	11	152	209	2	1	0	0	33	22	14	4	72	29	—	8	22	19	115	91	5	8	21	28	567	508
歯齦炎 %	46.9	36.1	6.3	6.8	54.7	50.4	5.7	3.1	0	0	32.7	24.4	19.7	7.1	43.1	20.7	—	11.6	15.4	11.8	78.8	61.9	31.3	57.1	13.2	18.1	35.5	29.7
浮腫 陽性者数	0	0	0	0	0	0	0	0	0	0	0	0	6	0	0	0	—	4	0	0	6	14	2	1	0	0	14	19
浮腫 %	0	0	0	0	0	0	0	0	0	0	0	0	8.4	0	0	0	—	5.8	0	0	4.1	9.5	12.5	7.1	0	0	0.9	11.1
毛孔性角化症 陽性者数	23	28	24	25	44	30	0	3	0	0	31	32	4	6	2	2	—	6	4	9	9	31	4	4	1	2	147	178
毛孔性角化症 %	9.3	12.9	13.7	15.4	15.8	7.2	0	9.4	0	0	30.7	35.6	5.6	10.7	1.8	1.4	—	8.7	2.8	5.6	6.2	21.1	25.0	28.6	0.6	1.3	9.2	10.4
筋圧痛 陽性者数	0	1	1	0	0	3	0	0	0	0	0	0	9	1	2	1	—	0	0	0	2	1	2	0	0	0	16	7
筋圧痛 %	0	0.4	0.6	0	0	0.7	0	0	0	0	0	0	12.7	1.8	1.2	0.7	—	0	0	0	1.4	0.7	12.5	0	0	0	1.0	0.4

學校身体検査の実施と結果の處理

謝花喜俊

一 まえがき

教育は常に児童の心身の発達に応じて行わるべきであるから児童の個々についてその心身の状態を正しく知っておかなければならない。又児童は自分の発育健康等について正しく理解を持ち、その保持増進等について正しい態度をとるように指導されなければならない。それには正確な身体検査の実施と、その結果の処理活用が最も必要で重大な意味をもつ、然るに学校身体検査の実施と結果の処理についてはとかく徹底を欠く向が多いので学校身体検査実施上の留意点をあげ学校保健の強化をはかりたい。

身体検査測定上の留意点

一般的注意事項

(1) 学校長は学校身体検査の実施に当って予めその趣旨を全耺員によく認識せしめるとともに、学校保健主任をして実施計画をたてさせ、検査日程、検査者、検査補助者、検査場、検査用具等の整備。被検査者に対する注意、家庭との連絡等必要な諸準備について遺漏のないようにすること。

(2) 学校長は養護教員または関係耺員をして児童、生徒個々の罹病状況、欠席状況等、平素の健康状態の記録をまとめさせ身体検査実施前に学校医、学校歯科医に提示させること。

(3) 学校医、学校歯科医は学校身体検査規程の各条項に従い出来得る限り検査の正確を期し且つ結果の総合考察に意を用い「要養護者」の発見に努めること。

(4) 学校長は学校身体検査の結果については規程第十一条によって適切に処理活用することとくに教員をして次の点に留意せしめること。

(イ) 担任教員は児童、生徒、個々にその健康状態を十分知らせるとともに疾病異常ある者に対しては学校医、学校歯科医の指導によって必要な治療を受けさせるなど適切な健康指導を行うこと。

(ロ) 教員は児童、生徒個々の健康状態に留意して日常生活における健康の管理と指導を適切にすること。

(5) 学校身体検査の集計整理は特に正確を期すること。

(一) 身長の測定法

方法

(1) まず被検者のたびくつ下等をぬがせる。

(2) 身長計の尺柱に背、でん部、両かかとを接して立たせる。両足先は30~40度ぐらいの角度に開く(踏台の上に足型をかいておくと便利である)

(3) 両上肢は体側にそつて自然に垂れさせる。

(4) 頭部はまつすぐに、すなわち眼耳水平に保たせる。

(5) 検者は被検者の右側にいて身長計の横規を軽く頭頂部に接して尺度をよみとる。

次に測定の方法を図解すれば次のようである。

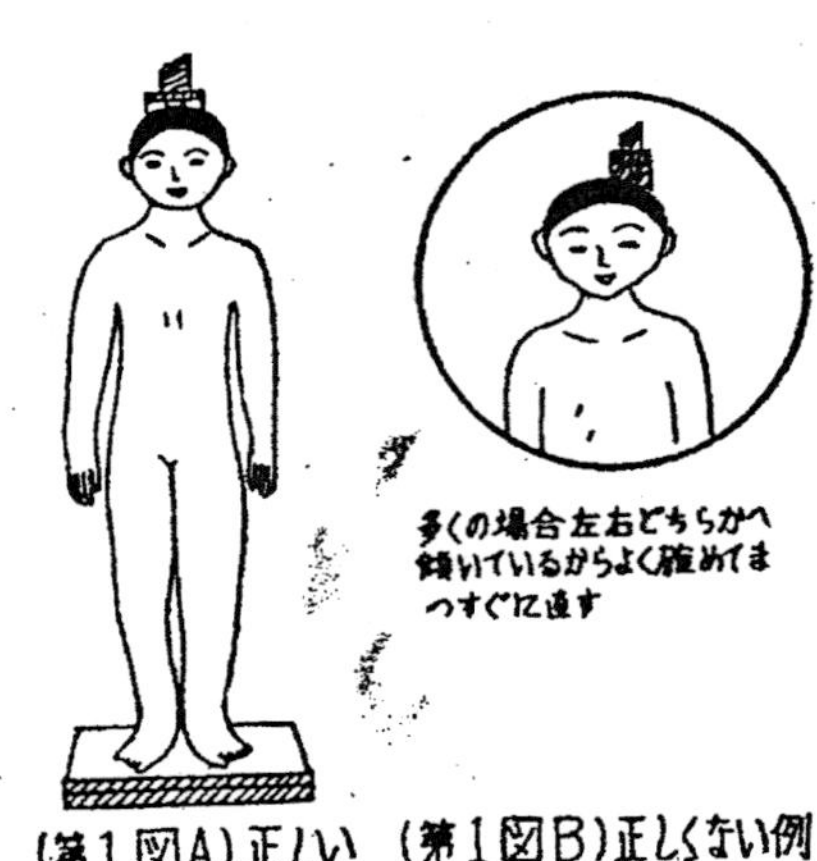

多くの場合左右どちらかへ
傾いているからよく確めてま
っすぐに直す

(第1図A) 正しい　(第1図B) 正しくない例

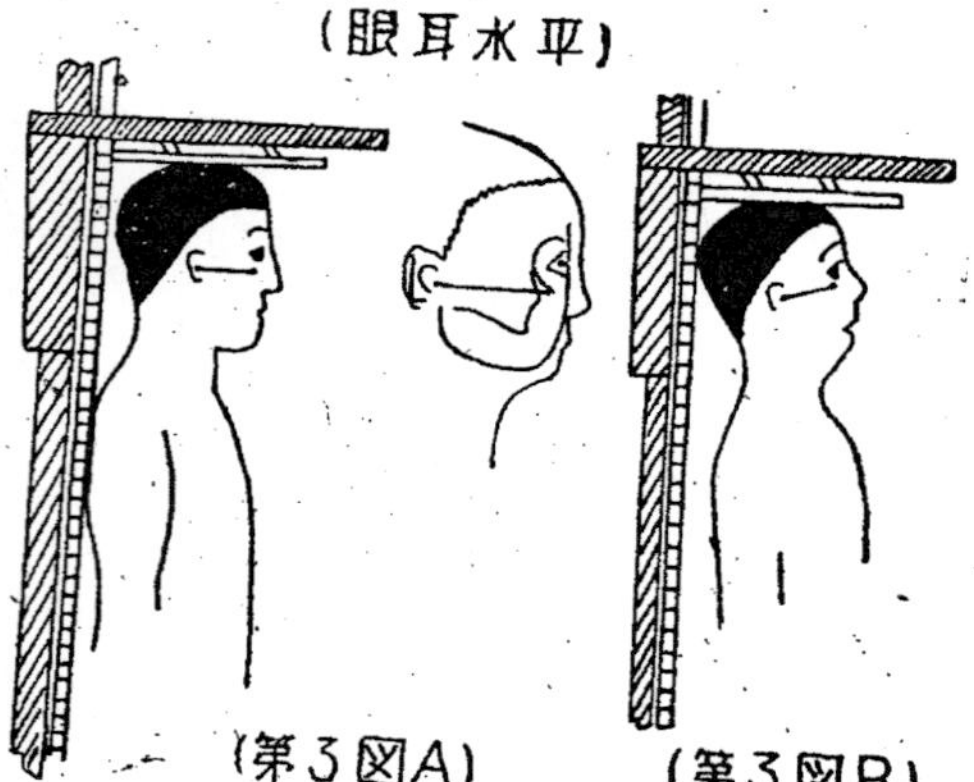

測定上の注意

(1) 肩の力をぬいて、自然の姿勢で、背、でん部、かがとの三点を尺柱に接せしめるよう注意する。

(2) 身長計は事前に十分検査しておき、ぐらつくようなものは修理しておくこと。

(3) 頭の位置（眼耳水平、横規頭頂）に十分注意する。

(4) 身長計の尺柱と背のまん中が一致しているかどうかに気をつける。

(5) 目盛をよみとる場合は、上斜めや、下斜めから見るのは正確でない。

(6) 身長は日差があり、普通朝は大で夕は小である。測定時刻は午前十時ごろが最もよい。

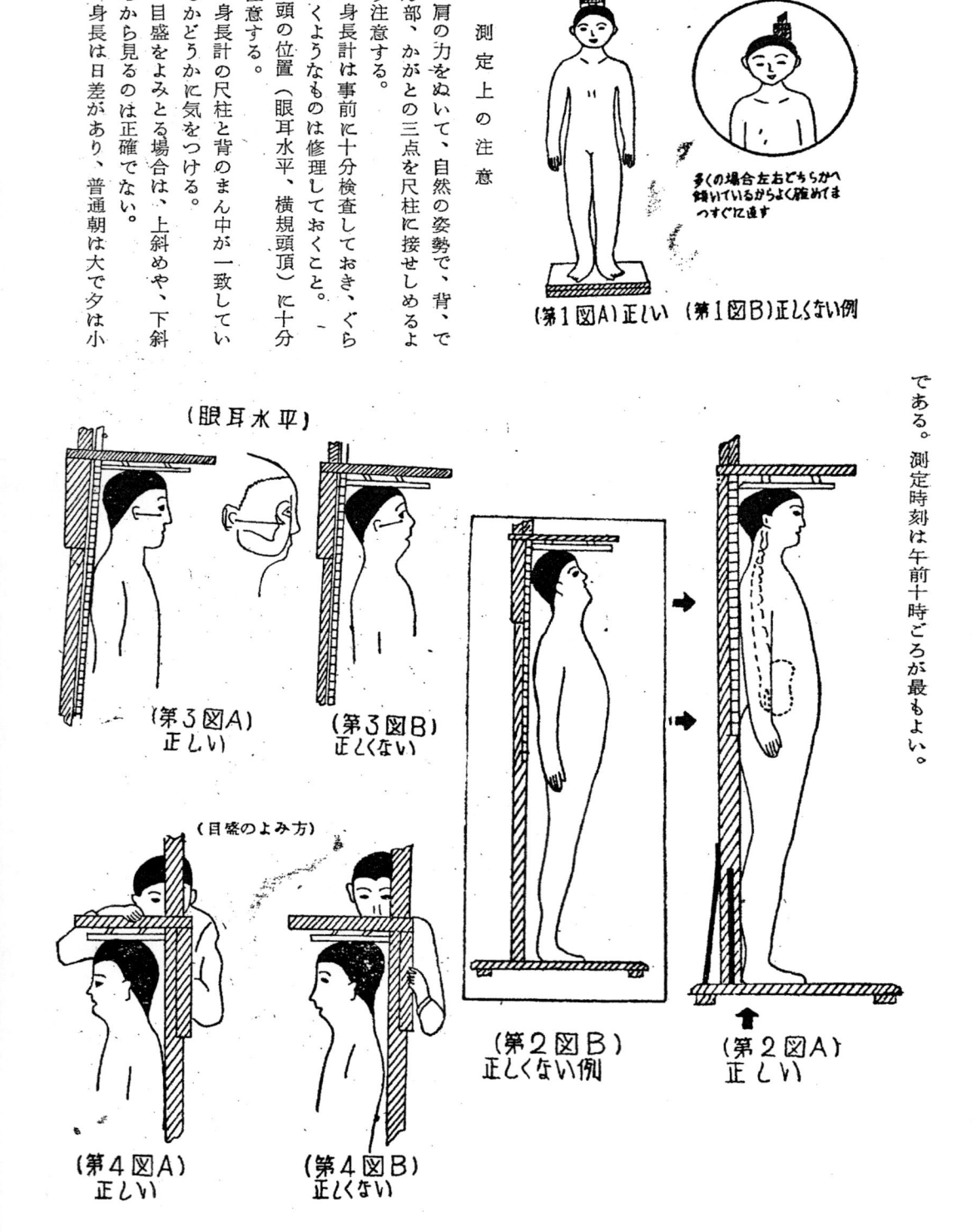

(第2図A)
正しい

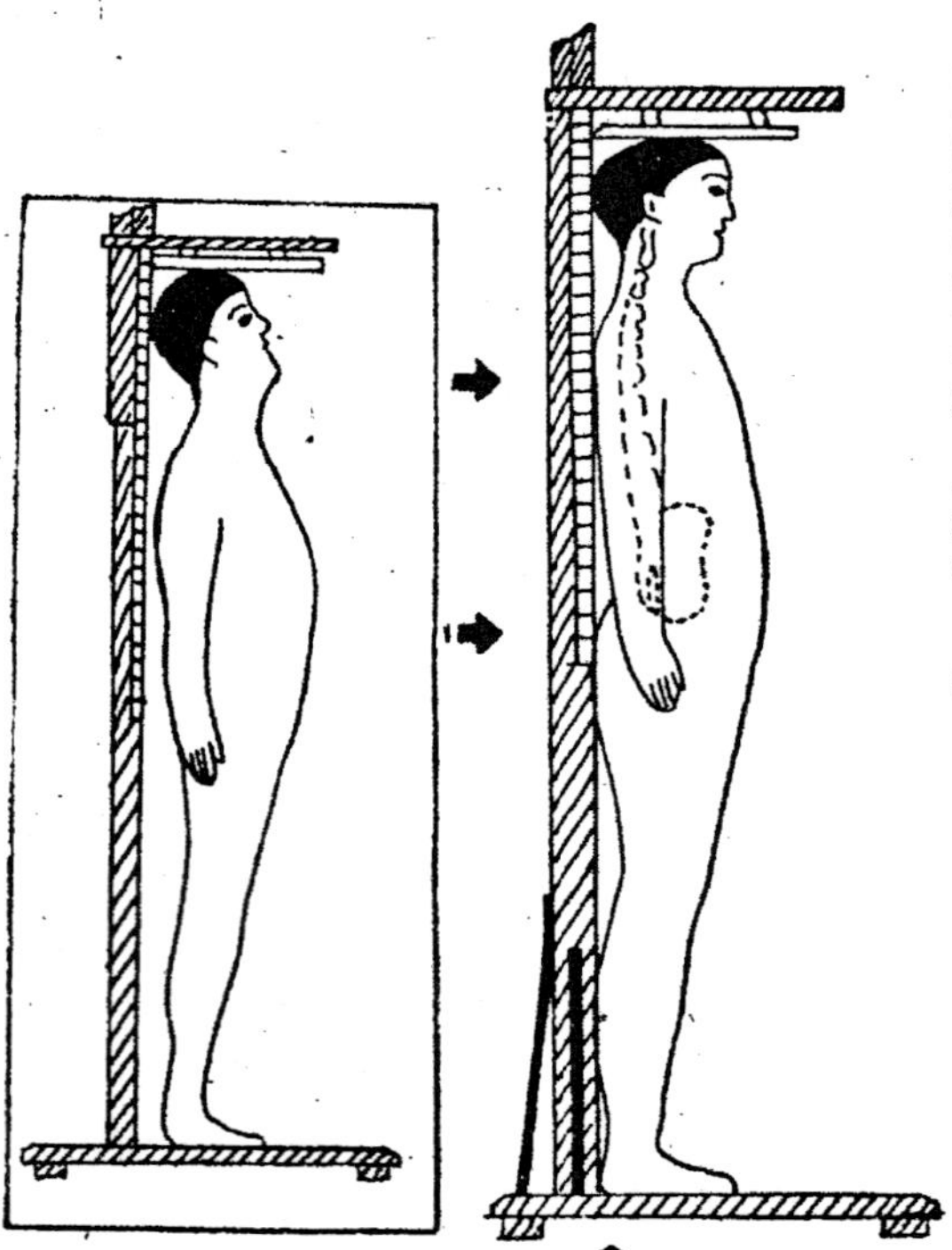

(第2図B)
正しくない例

(眼耳水平)

(第3図A)
正しい

(第3図B)
正しくない

(目盛のよみ方)

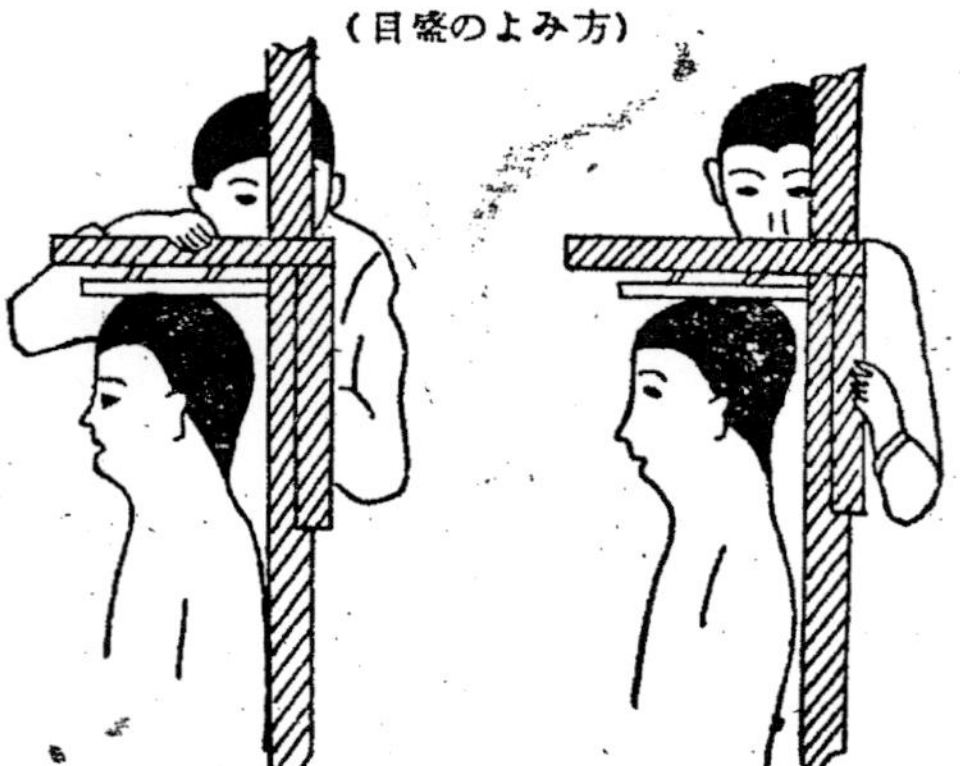

(第4図A)
正しい

(第4図B)
正しくない

（二）体重の測定法

方法

(1) まず衣服をぬがせパンツのみとならせる。

(2) 秤台のまん中に静かに立たせる。

(3) 自動秤においては針の震動が止まるのを待ち、すみやかに、目盛をよみとる。

(4) 測り終つたら再び静かに秤台から下りさせる。

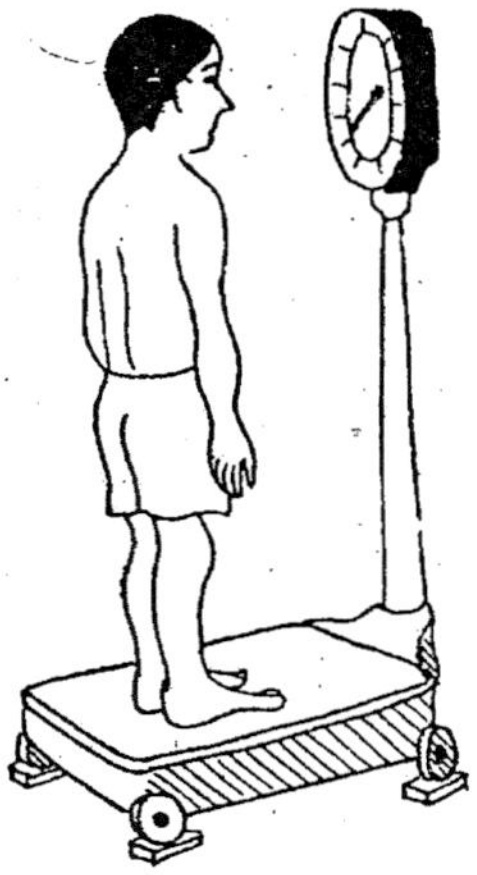

（第5図A）正しい

測定上の注意

(1) 体重計は事前に正確であるかどうかを検査しておくこと。

(2) 体重計は安定させ指針は零位に合しておく。

(3) 測定前に必ず排尿させておくこと。

(4) 秤台の中央部に2個の足型をかいておくと便利である。

(5) 体重は裸体のまま計るのが本態であるが重量既知の検査衣を着せた場合はその衣服の重量を差し引くこと。

(6) 測定時刻は午前十時ごろが最もよく食後や、はげしい運動の後はさけるべきである。

（三）胸囲の測定法

方法

(1) 被検者を肩の緊張をといた自然の姿勢で直立させ両上肢を少し側方に開きめに自然に垂れさせる。

(2) 尺帯を左手に持ち被検者の左右の上肢の下をくぐつて両手を背面にまわし尺帯を肩甲骨の直下部にあて、次に胸廓の側面を通つて前面は乳嘴の直上部（乳暈内）にあて、尺帯を左右の手に持ち代える。

(3) 安静呼吸の終りの姿勢のときすみやかに尺帯の目盛りを読みとる。

(4) 乳房が著しく膨隆している女子では尺帯を前面だけ乳房の少し上の方（乳房基底上方）に当てる。

次に測定の方法を図解すれば次のようである。

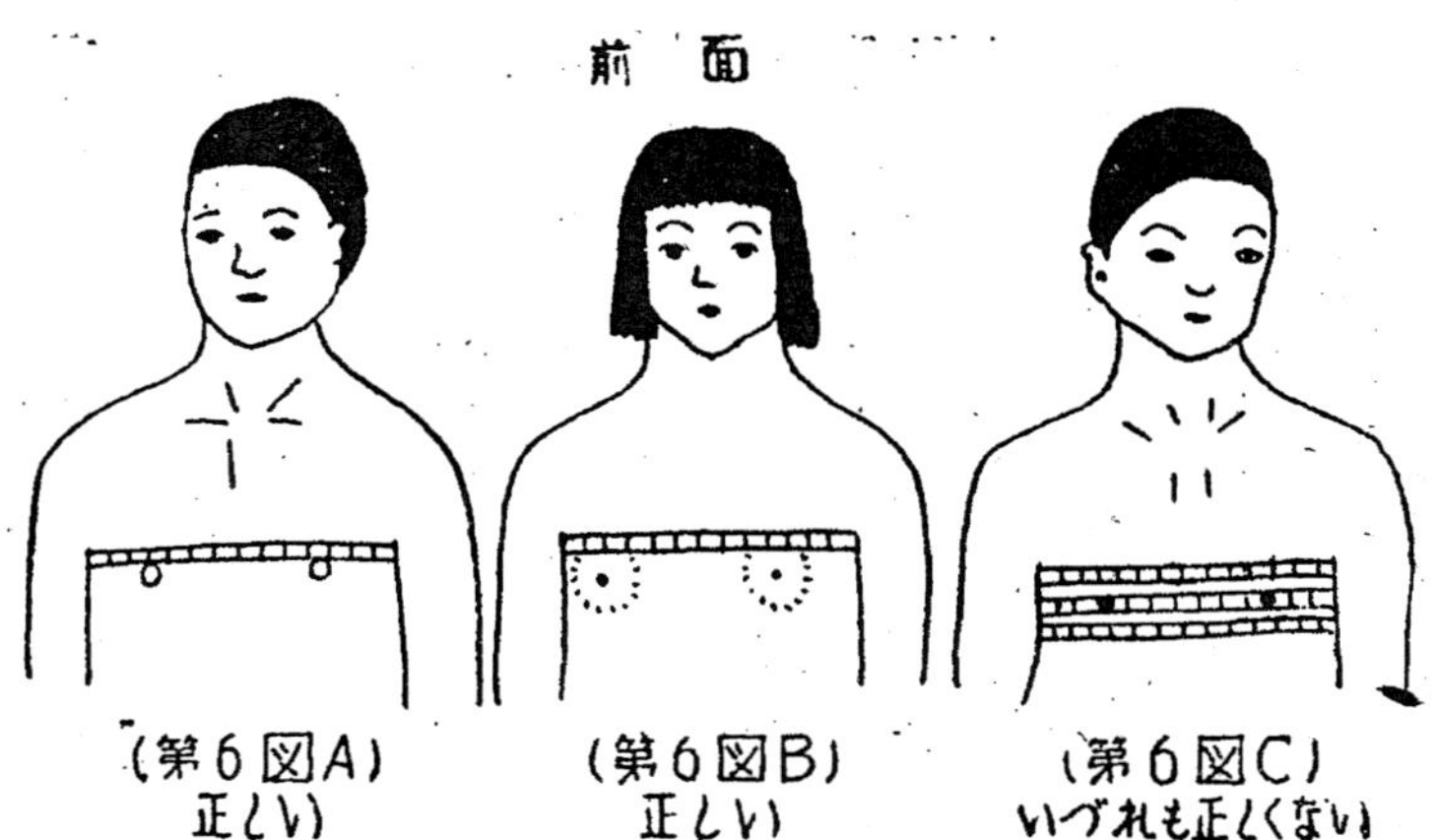

（第6図A）正しい　（第6図B）正しい　（第6図C）いづれも正しくない

測定上の注意

(1) 尺帯はなるべく鋼鉄製のものがよい、布製のものは、伸びを生じたり又は汚れて目盛が読みとりにくくなつたりするおそれがある。

(2) 胸囲の測定でむづかしいのは、自然の姿勢である。肩をいからせたり、胸をわざと張つたりする者があるので注意すること。

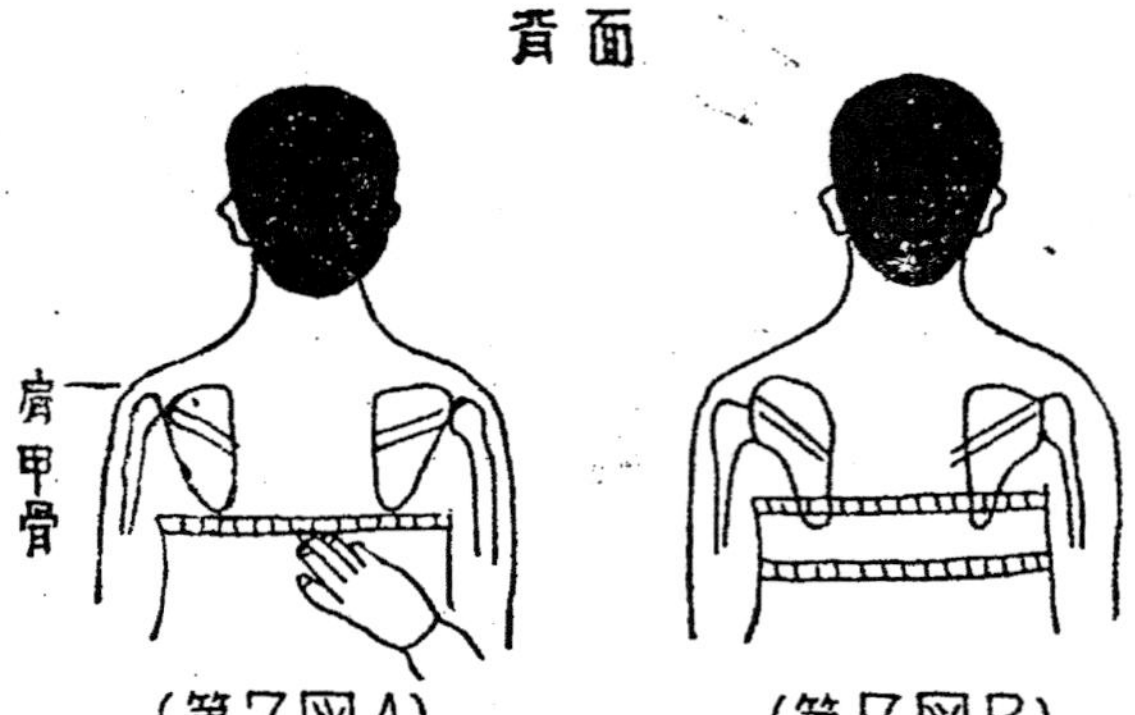

背面

肩甲骨

(第7図A)
正しい

(第7図B)
正しくない

(3) 尺帯をあてる部位が違うと誤差を生じるので背面に助手をおき、尺帯が両肩甲骨の直下部を通るよう補正しながら計るとよい。

(4) 次に尺帯のしめ加減に注意する。すなわち、ゆるめず、しめず、よろしく調整しながら尋常呼吸の終りの姿勢の時、すばやく計る。

(5) 測定時刻はいつでもよい。

(6) 胸囲の測定は技術を要するので検査期間中は同一人のしかも測定に堪能なものが、当ることが望ましい。

(四) 坐高の測定法

方法

(1) まず被検者の、背、でん部、を尺柱に接して、腰かけに両脚をそろえて腰をかけさせる。

(2) 大腿の長短に応じて座板伸張具を移動し膝膕部に接せしめる。その際、座板伸張具の移動は被検者にやらせると便利である。

(3) 次いで検者はハンドルによつて被検者の大腿部が水平になるよう腰掛の高さを調節する。

(4) 頭部は正位に保たせる(身長測定時のようにする)

側面

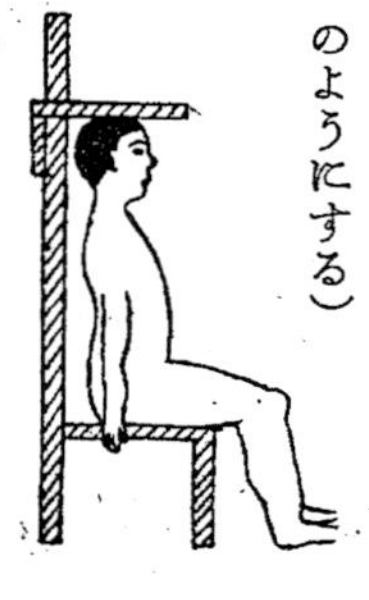

(第8図A)
正しい

(第8図B)
正しくない

測定上の注意

(1) 被検者はなるべく座面のまんなかに座らせ、上体をまつすぐに伸す。

(2) 次に上腿が水平になるようにすること。また下腿がこれに直角になることが大切である。

(3) でん部を尺柱におしつけるようにして、腰掛けることが大切である。但し背を尺柱によりかゝらせないよう注意する。

(4) その他、身長測定時の注意事項を参照すること。

(5) 坐高は机、腰掛、栄養指数などを決定するのに必要である。

(五) 視力の検査法

方法

(1) 視力は万国試視力表により左右各別に検査する。

(2) 被検者(眼鏡をかけている者はこれをはずして)を試視力表前、5mの距離に立たせ左眼を遮眼器(必ず遮眼器を使用すること)でおおい右眼より検査する。

(3) 上部の大きい視標から順次下方の小さい視標を検査してゆき、全部読み得た段の右端に記してある数字をもつてその眼の裸眼視力とする。

(4) 5mの距離においての視標〇、一を見分けることができない場合には徐々に前進させて〇、一の視標を見分けることができる位置で止らせ、その距離を計り、視力を計算によつて出す。例へば、2mの距離で〇、一の視標を明視できたとすれば $0.1\times\frac{2}{5}=0.04$ である。

(5) 以上のようにして左右の裸眼視力の検査が終つたら眼鏡をかけている者は眼鏡をかけたまゝの視力をしらべる。

(6) なお1mの距離において〇、一の視標を見分けることができない者については、方法をかえ被検者の眼前1mにおいて指の数や手の動きが見分けられるかどうかをしらべる、但しこのような場合には専門医による検査を必要とする。

測定上の注意

(1) 試視力表は古く薄茶けたものや、しわのよつたもの等は正確な視力を検査することが出来ないから、新しいものととりかえて検査の正確を期すること。

(2) 試視力表は明るい部屋の白色の壁面にかけ、試視力表の中央を被検者の眼の高さとする。

(3) 試視力表から正確に距離5mをはかり床上にしるしをなし、被検者の立つ箇所には足形を印しておくとよい。

(4) 試視力表の表面は日光の直射をさけ、その照度はおおむね一〇〇~三〇〇ルクスとすること、なお雨天曇天等の場合で試視力表の表面の照度が不十分であるときは、学校医の指示をうけその距離をちゞめる等適当な措置を構ずること。

(5) 視力の検査は規程によつて、小学校二年以下の児童は省略することができる。

(六) 屈折異常の検査法

裸眼視力一、〇に達しないものについては屈折異常の検査をする必要がある。

方法 (1) 裸眼視力一、〇に達しないものに凹レンズを度の弱いものから順に用いて視力が回復してくれば近視とみなし凸レンズを度の弱いものから順に用いて視力が回復してくれば遠視とみなす。

(2) 裸眼視力が不良で近視でも遠視でもないものについては、さらに乱視検査表(第9図)により乱視の検査をしなければならない。

乱視の場合はこの図表(第9図)の線が一様の濃さに見えず一方、たとえば、垂直なり、水平なりに走る線と、これに近い線ははつきり見えて、これに交る線が見えなかつたり2交錯して見えたりするので、この場合は専門医よる検査を要する。

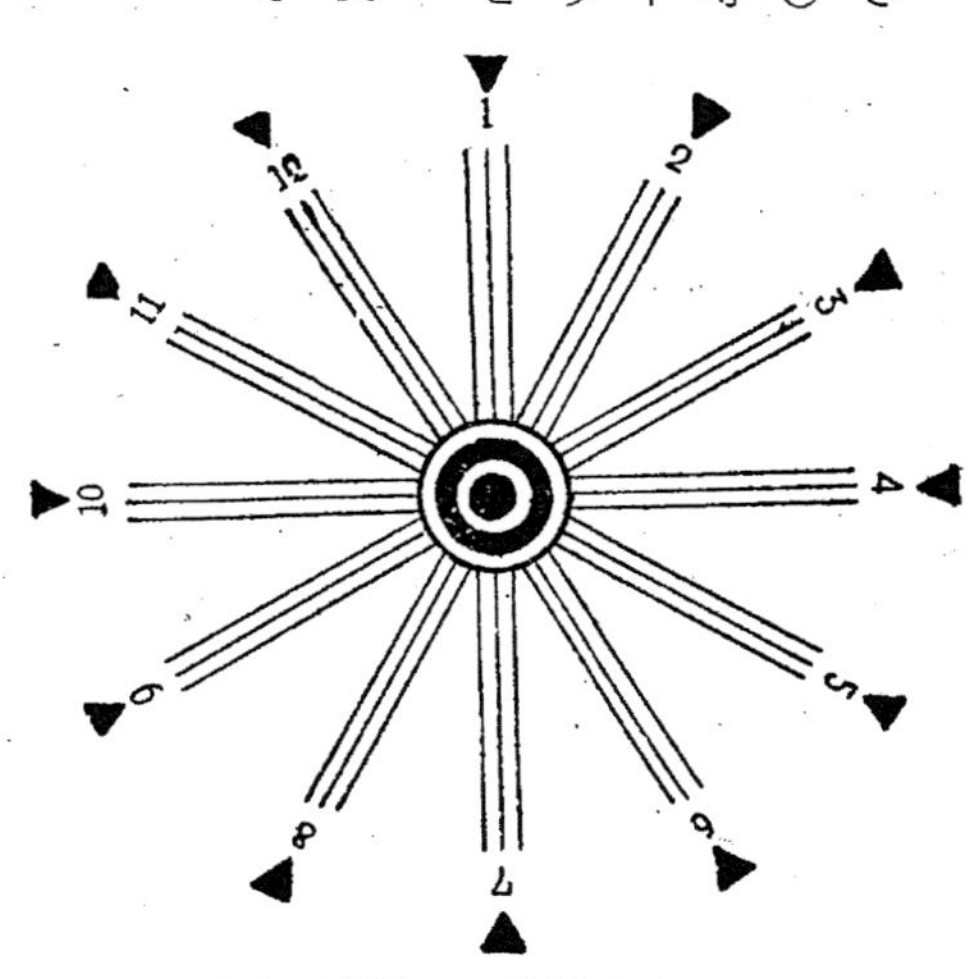

(第9図) 乱視検査表

(七) 色神検査法

色神とは色を弁別する能力といつてよい。色神異常には色盲と色弱とがある。色盲には全色盲と部分色盲とがあり、色弱にも全色弱と部分色弱とがある。

色神の全く欠けたもの――全色盲、色神の一部欠けたもの――部分色盲といい、色神のすべてが減弱せるもの――全色弱、色神の一部が減弱せるもの――部分色弱という。

赤緑の色神が欠け青黄の色神の健常なものを赤緑色盲といゝ、その程度の軽いものを赤緑色弱という、そのうちさらに、赤色盲緑色盲の二つの型に分けられるが全色盲、全色弱はきわめて稀で、色神障害中最も多いのは赤緑色盲と赤緑色弱である。

方　法

色盲や色弱の検査は普通色盲検査票によつて行われる。

検査上の注意

(1) 色神異常は一回正確に検査しておけば毎年繰り返す必要がない。

(2) 色盲検査票の図面を指や尖つた木片などでよませると、よごれたりするので新しい毛筆のようなもので検査すること。

(3) 色盲検査は規程により小学校2年以下の児童は省略することができる。

聴力の検査法

聴力検査法には囁語法、懐中時計法、音叉法等いろいろあるが方法が簡単で比較的有効なものは囁語法である。

囁語とは呼吸に際して呼気から吸気に移ろうとするとき、なお肺臓に残る肺残気で発するいわゆる私語で高低や強弱の差が最も僅少なものである。

方　法

(1) 扉や窓をとじた静かな室内で床に六メートルの直線をかき一メートルごとに目標をしるし二メートル以内には特に0、1メートルごとにしるしをつけておく。

(2) まず検者から六メートルはなし検査しようとする耳を検者の方に向けて被検者を立たせる。

(3) 被検者の他の耳は指頭あるいは綿栓で強く圧して外聴道を気密に塞がせ目をとじさせる。

(4) 検者は囁語で地名、人名物名などをとなえ被検者をしてこれを復唱させる。

復唱にあやまりがなかつたときはその聴力は正常と認める。

(5) 検査は一人ずつ行うを原則とするが、同時に数人を検査する場合は、検者を中心として半径六メートルの孤上に同様な姿勢で立たせ右記の方法で検査する、この際囁語を復唱させないで記録させる、この場合は被検者各自の距離はなるべく近い方がよい。

検査上の注意

(1) 検査を一定にするため、検査期間中同一人の、しかも発音し正しいものが検者となり。早口にならないよう、各音の間隔を均一にするよう、強さも毎回均一になるよう注意する。

(2) 聴力が正常でも、被検者の注意力が乏しいときは、難聴と同じ結果になるのでようと注意を要する。

聴力障害―

高度難聴	中等度難聴	軽度難聴	聴力正常

聾　0.5m　1.5m　3m　6m

(3) 聾は口唇の動きで言葉を察するため、眼をとじさせておく。

(4) 片方の耳が難聴で他方の耳が正常か、あるいは鋭敏な場合は健耳を密閉しても囁語をきゝとり間違うことがある。それで検査を行ううち、時々患耳をも密閉させて試みる。

両方の耳を密閉しては全くきゝとれず、患耳を開いた時のみきゝとれたとすれば、それが患耳の聴力である。

(5) 検査用語は、次の3組の中から適宜一語ずつを選ぶ。

第一組（きゝとりやすいもの）

とうきよう（東京）あさくさ（浅草）せいと（生徒）せんせい（先生）からかさ（傘）カステラ、かたかな（片仮名）きしや（汽車）きせん（汽船）でんしや（電車）さくら（桜）たいそう（体操）とけい（時計）くち（口）くつ（靴）さかな（魚）たいこ（太鼓）たけ（竹）しけん（試験）さとう（砂糖）

第二組（きゝとりにくいもの）

みみ（耳）はな（鼻）やま（山）あめ（雨）うま（馬）なわ（縄）もも（桃）ふね（船）まめ（豆）みなみ（南）ふゆ（冬）やね（屋根）やおや（八百屋）いね（稲）いも（芋）へや（部屋）ほね（骨）うえの（上野）なごや（名古屋）

第三組（きゝとりに難易があり、適宜選ぶべきもの）

1から100までの数字（1、3、4、5、10、33、44、は聴取しやすい、2、6、8、7、（なな）9（く）100は聴取しにくい。

(6) 同一用語で繰り返し検査しようとするときは、必ずいくらか他の囁語を交える。

(7) 異常者の精密検査は学校医が行う。

音叉による検査法

震動させた音叉を、被検者の外聴道入口部に持つてきて、その音を聞きとれるか、どうかを検し聞えなくなつたときをいわせ、直ちにその音叉を検者の耳（健耳）に移し、なおその音が残つている時は被検者の聴力に異常があるものとみなすのである。

懐中時計による検査法

検査に用いる時計は、あらかじめ多くの健康者について秒音をききとれる平均距離をはかり、聴距離を定めてから、使うべきである。

方法

(1) まず被検者の目をつぶらせる。

(2) 次に左右の各耳に対しさきに定めた聴距離において、時計をいろいろな方向（位置）におきかえ秒音のきこえた方向を答えさせ聴距離において、聞えたものを「異常なし」とし、聞えないものを「異常あり」となし、この異常ありの場合には校医（専門医）により難聴の度合を判定してもらうのである。

懐中時計は最も簡単な聴力検査聴器具というものの、その秒音が一種の雑音であるから、これによつて正確な聴力検査を行うことはできない。

ツベリクリン反応の判定

(1) 注射後48時間において発赤部の長短径（二重発赤のあるときは内外径）を測定する。

学校身体検査規程では発赤の長短径では発赤の長短径の平均値をもつて、次のように判定する。

4mm以下　（－）　4mm～9mm（±）

10mm以上　（＋）

予防接種法では発赤の長短径の算術平均によつて次のように判定する。

反応	判定		符号
発赤の直径 4 mm 以下	陰性		(－)
発赤の直径 5 ～ 9 mm	疑陽性		(±)
発赤の直径10 mm 以上	陽性	弱陽性	(＋)
発赤の直径10mm以上で硬結を伴うもの		中等度陽性	(卄)
発赤の直径10mm以上で硬結，二重発赤，水ほう，え死等を伴うもの		強陽性	(卌)

(2) 反応測定時に腕をあまり緊張すると発赤が小さくなる（特にB、C、Gの場合は発赤の濃度が自然陽性よりも薄い場合が多い）ので、シャツ等の袖口をまくりあげること。

また被検者自身の手による圧迫等に注意し、被検者の肘関節をまげさせて測定する。

(3) 発赤が微かで判然としないときは、アルコール綿で反応部位全体を軽くふいてみると真の発赤であれば、その部だけは特に円形に色づくからこの発赤を測定すればよい。

學校保険調査票記入上の留意点

1、学校保険調査票様式A

(1) **度数分布**

各年令別に、各計量区分に該当する人員を計入する。

この場合、この人員は、各身長（体重、胸囲、座高）別にでてくる頻度であるから、これを度数といい、このような配列法を度数分布という。こうしてこの区分を階級という。階級は該当人員のある最少の階級から最大の階級まで連続して必らず書いておき、該当員のない階級があいだにあつてもはぶかないこと。

(2) **年令区分**

小学校　6年　7年　8年　9年　10年
11年　12年以上の7区分

中学校　12年　13年　14年15年以上の4区分

高等学校　15年　16年　17年18年　19年
20年以上の6区分

(3) **平均値の求め方**

(イ) 学校身体検査統計表についてその平均を求めるには、各年令毎に次の表のような様式により計算しなければならない。

(ロ) 計量区分身長、胸囲、座高については1Cm区分、体重については1Kg区分として小さいものから順次に記入する。

(ハ) 該当人員は、それぞれの計量区分に該当する人員を記入する。この場合小数以下第1位のいかんにかかわらず整数部分が同じ者は同一の区分に入れる。

(ニ) 該当人員を合計して下の合計欄に記入する。

これは「受験人員合計」である。

(ホ) 級間単位

該当人員の分布の状態をみると、これ等を代表身長（体重、胸囲、座高）の平均値は、その中央あるいは、中央附近にあることが想像できる。この中央、あるいは中央附近で該当人員の最も多い区分を仮の平均値（仮想平均M_1）と定め0に対応させる。

次に0の上欄に順次 −1 −2 −3……と記入し、0の下の欄に順次 +1 +2 +3……と記入する。

(ヘ) 級間単位（d^1）と該当人員（度数f）との積（$f \times d^1$）の行を設け、掛け合せた数を記入し。その合計を下の合計欄に記入する。

この場合＋の合計と−の合計の和を求める。

（すなわち、絶対値の差に、絶対値の大きいものの符号をつける）

(ト) 次に(ヘ)の数を該当人員（f）合計で割る（小数点=位未満は四捨五入）

$-178 \div 190 = 0.936 \cdots\cdots 0.94$ これは仮想平均M^1より真の平均Mを求めるための補正値（W）である。

(チ) そこで身長（体重、胸囲座高）平均は次の式で求められる。

$M^1 + 0.45 + BW = M$

$110 + 0.45 + (-0.94) = 109.51$

右の仮想平均110というのは、実際は110.0Cmから110.9Cmまでの数を示しているので、110の示す数の中央値110.45をとるために、0.45を加えるのである。さらに補正値−0.94（W）を加えれば、真の平均（M）となるわけである。

以上平均値の求め方を説明したのであるが、各年令毎の該当人員の合計がいちぢるしく少い場合（30人以下）は、この方法によらないで普通の算術平均の計算によるがよい。

平　均　計　算　表

計量区分 （階級）	該当人員 （度数f）	級間単位 （偏差d_1）	該当人員と級間単位との積$f \times d^1$ ＋	 −
100	2	10		20
101	5	−9		45
102	4	−8		32
103	8	−7		56
104	9	−6		54
105	15	−5		75
106	15	−4		60
107	14	−3		42
108	12	−2		24
109	13	−1		1
110	23	0	0	0
111	20	+1	20	
112	10	+2	20	
113	12	+3	36	
114	9	+4	36	
115	7	+5	35	
116	4	+6	24	
117	3	+7	21	
118	1	+8	8	
119	0	+9	0	
120	3	+10	30	
121	0	+11	0	
122	0	+12	0	
123	1	+13	13	−421
計	190		243	=−178

2 学校保健票様式B

(1) **児童生徒の在籍**

身体検査が終了した日に現在の在籍人員を記入する。

(2) **受検人員【一般検診】**

学校で実施した身体検査（ただし、計測検査、×線検査、ツベルクリン皮内反応検査、寄生虫卵保有検査を除く）の各項目を全部受検した人員を記入する。

1項目でも受検しなかつたものは除く。

(3) **近視、遠視、乱視**

片方の眼が該当する場合も含む。

(4) **弱視**

両眼とも矯正視力0.3に満たない者。

片方の眼だけが弱視のもの　、および片目盲のものは「K、その他の眼疾」に入れる。

ただし、7年以下の児童、幼児については、視力、屈折異常および色神の欄には斜線を引き、該当者数の記入をしない。

(5) **難聴**

片方の耳だけが難聴のもの、および片方ろうのものは、「nその他の耳疾」に入れる

(6) **未処置歯ある者処置を完了している者**

全部のむし歯が処置を完了している者を処置完了。

一本でも未処置のむし歯をもつている者を未処置歯のある者それ故、同一人が「処置を完了している者」と「未処置歯のある者」との両欄に計上されることはない。

(7) **検査した医師**

この欄には検査を実施した医師について該当項目に○で印をつける。

3、学校保健調査票様式C

(1) **結核性疾患**

(イ) 学校がその年度に実施した×線検査に基づき結核性疾患と認められた者を計上する。ただし、結核予防法に基く検査も認める

(ロ) 前記(イ)以外の者で結核性疾患と認められたもの、たとえば個人的に医師の診断を受けて結核性疾患と判明した者、結核性疾患で休んでいる者等を計上する。

結核性疾患の欄は(イ)(ロ)の両方に記入するようになつているので、前(イ)(ロ)の説明に基き重複して記入しないこと。

「呼吸器系」と「その他」の両方に該当する者があつた場合は両欄へ計上する。

(2) **陽転**

その年度の検査の結果はじめて判定が陽性になつたものをいう。

(3) **既陽性**

その年度以前から陽性と認められているものをいう。

身体検査実施後の処理と活用

結果を生かすことが活用であるが、問題は何をどうするかである。この点に対する研究と理解が必要であることはいうまでもない。結果の活用については、こどもの立場と教師の立場と両面から考える必要がある。

A こどもに対して【個人的活用】

自分の健康状態をよく理解させ、進んで健康増進に役立たせること、つまり

(1) 本人、家庭が発育、健康状態をよく理解するようにする。

(2) 本人、家庭が、どうしたら健康増進をすることができるかを知る。

(3) 特に本人の病気や異常について理解し、直ちに治療矯正を実施させる。

(4) 教師は、各人に適した健康指導の対策立てる。

(5) 教師、学校当局は、各人の健康増進に適する施設の充実をはかる。

B 教師に対して【集団的活用】

身体検査の結果を統計的に整理し、集団的考察して、地区的に発育状態や健康状態の比較観察を行い、より一層向上するような健康

指導をしたり、施設の充実を図るようにする。つまりこのような方法は統計的活用の面で、学級学年町村市、全琉球等の統計結果と比較研究して、自分のグループの現状をよく理解させ健康や発育増進の方途を発見させることが大事である。

身体検査結果活用の実際

その着眼点

(1) 直ちに本人と家族に熟知させる。
(2) 個別指導、グループ指導する。
(3) 家庭訪問をする。
(4) 健康相談を実施する。
(5) 学級学習に活用する。
(6) 評価資料として活用する。
(7) 保健計画立案の基礎資料とする。
(8) 健康教育の一環として活用する。

保健体育課主事

身体検査結果の活用一覧表

I 発育健康状態を認識させる。
- 児童生徒・両親・教師 → 家庭通知・健康相談・家庭訪問・学級学習

II 疾病・異常者に対する指導と管理（家庭通知・健康相談・家庭訪問）
- (1)身長 (2)体重 (3)胸囲 (4)坐高 → 発育不良
- (5)栄養 → 栄養不良
  - → 原因の調査・発育の促進・栄養の改善
- (6)せき柱 → 脊柱彎曲、疾病
- (7)胸郭 → 胸郭異常
  - → 原因の調査・異常の矯正・机、腰掛の適正配当
- (8)視力・屈折異常・色神・眼疾 → 視力障害(近視、遠視、乱視)・色神異常・トラホームその他の眼疾
- (9)聴力・耳疾 → 聴力障害・中耳炎その他の耳疾
  - → 転業指導・学習指導上の考慮
  - → 原因の調査・疾病配当の考慮・眼鏡装用指導
- (10)鼻及び咽頭 → 疾病
- (11)皮膚 → 疾病
- (12)歯牙 → 疾病
- (13)呼吸器・循環器・神経系・その他 → 疾病異常
  - → 治療、矯正指導・予防処置(学校伝染病 むし歯)・登校停止(学校伝染病)
- (14)ツベリクリン皮内反応
  - 陰性 → B、C、G実施、ツ反、反復実施
  - 陽性 → 結核精密検査 → ①結核性疾患 ②陽転者 → 養護の適正
- (15)身体虚弱者・精神薄弱者・肢体不自由者 → ①学習、運動、作業の軽減停止、変更 ②養護の適正

III 学校保健計画の資料とする → 統計的整理・学校保健委員会

マット、跳箱運動の技術指導

屋部和則

一、体育における技術指導の必要性

子どもたちの運動技術をのばして、身体を調和的に発達させ、日常生活に必要なよい生活態度を育てたり、余暇活動として、運動を正しく活用して生活を豊にしていくことは、体育のねらいである。このねらいを身体活動を通して達成していくのが体育の学習指導である。体育の指導においては、運動についての興味や理解を深めて、いろいろな運動技術を身につけて、生活の中に正しく運動をとり入れていくことは必要なことである。運動についての興味を深めていくためには、運動技能を発達させることが必要となってくるし、それによってより高次な体育の効果を期待することができる。遊びやスポーツの発達は、用具と、これを活用する技能を基礎とした活動が多く、技術の発達が重要な要素となっている。しかし運動技術を発達させることは、体育の目標の一つであるが、その全部ではない。技能の指導過程を通して、広い立場から体育のねらいを達成することができる。この意味から体育の指導においては運動技術の指導が重要な位置を占めてくるわけである。

二、マット、跳箱運動の体育的価値

△マット

(1)肩、胸、背筋力、腹筋力、腕力を強くする。
(2)胸廓の発達を促し、背柱を伸ばし姿勢を正しくする。
(3)メマイに対する耐性をまし、身体をマットの上でマッサージするようなものであるから発育をたすける。
(4)柔軟な身体、軽快な身体、自分の思う通りに動かすことのできる器用な身体をつくり、日常生活における傷害を予防し、安全を保つ能力を発達させる。
(5)注意深い心、決断力、自信のあるゆったりした心、そしてまじめさなどの精神を育てる。
(6)友達と一緒に練習している間にお互いに助け合ったり、力を合わせたりする、協同の精神も高められる。
(7)巧緻性、敏捷性、力性、弾性を向上させ、身体の平衡を保つ能力を向上させる。

△跳　箱

(1)空間における身体の支配力、正確さ、巧緻性を発達させる。
(2)ダイミングや美的表現、リズム感を養うとともに物理的法則の認識を高める。
(3)空間に高く上昇するので跳躍の快味を満喫することができる。
(4)勇気、自信、決断などの徳性を発達させ、精密、周到、着実真面目の態度を養う。
(5)柔軟性、敏捷性を発達させ、常に自巳の最全を尽す態度を養う。
(6)筋力、脚力、腹筋力、背筋力を発達させ、安全の能力を養う。

三、マット、跳箱運動の生じやすい弱点

1能力のある児童は、へたな者を劣等視することがある。
2英雄的な心理を持ち、無理な冒険心をおこす原因になりやすい。
3技能のへたな児童は行動が消極的になりがちである。
4.上達してくるにつれ能力以上のことをやろうとして傷害事故をおこしやすい。

四、指導上の留意点

○皆が楽しく安全に上手に行動できるように運動意欲を方向づけねばならない。
(1)発展的段階的に指導していく。
(2)循環漸迫の法則による指導。
(3)理解に基いて指導する。
(4)視覚に訴える指導をする。
(5)練習時間を考慮する。
(6)能力別指導を重視する。
(7)施設、用具の充実と活用をはかる。
(8)教科外の活動への発展を図る。
(9)練習カードを活用する。

小学校に於けるマツト遊びの発展的系統

学年＼種目	低学年（一．二）	中学年（三．四）	高学年（五．六）
ロールマット使用	○またぎ越し ○跳び上り跳び下り ○拍子跳上下 ○膝だき跳上下り ○開脚跳び越し	○両脚踏切跳上下 ○閉脚跳び越し ○片脚とび踏切越し下り ○背支持前転	○背支持前転はね返り ○ネックスタンド ○ヘッドスタンド ○跳びこみ前転 ○三人組前跳び ○二人組脚開跳び越し
マット二枚使用	○開脚前進跳び ○両脚ジグザグ跳び ○片脚ジグザグ跳び	○三拍子跳び ○開脚足打跳び ○横ころび（二人組）	○開脚$\frac{1}{2}$転向跳び ○開脚足打ち$\frac{1}{2}$転向跳び ○横ころび（ローラー）
マット一枚使用	○開脚前とび ○閉脚ジグザグ跳び ○片脚ジグザグ跳び ○内足外足跳び ○開閉脚前進跳び	○脚交叉前進跳び ○片脚前振り跳び ○右向き前進跳び ○$\frac{1}{2}$転向両足跳 ○$\frac{1}{2}$転向片足跳び ○横転ボール使用	○膝つき大股歩き ○膝つき歩き ○立ちあがり跳び ○側方開閉脚跳び（左右交互ギャロップ） ○連続技
まねあるき	○あひるあるき ○小人あるき ○かにあるき	○うさぎあるき ○けんけんあるき ○手押し車	○あざらし ○馬とび ○尺とり虫

小学校における転回運動の発展的系統

	前方転回	後方転回	側転	とび込み前転	腕立前方転回	突中転回
一年	○だるま ○肩転回 ○両手をしっかりマットについてでんぐりかえる	○両手がつかなくてもいいから後にまわる				
二年	○両手をしっかりついてまわり、なるべくおきあがる時に膝をかかえる	○両手を耳のわきについて後まわりをする	○側転のまねをする			
三年	○前方転回を連続しておこなう ○仲よし前転二人三人ずつ手を握り合って前転ずる	○後方転回を連続しておこなう	○なるべく腰を伸ばしておこなう	○低いとび箱又は人体の向う側に手をついて転回する(停止)		
四年	○片脚伸膝前転 ○開脚伸膝前転 ○前転立ちあがり跳び	○開脚の後転をする ○片脚伸膝後転 ○後転立ちあがり跳び	○脚膝をのばして一直線上で数回おこうな	○少し助走をしてとび込んで前転する	○低いとび箱又は人体に肩を支えて転回する(停止)	
五年	○片脚伸膝前転の連続 ○開脚伸膝前転の連続 ○前転ー片脚伸膝ー開脚伸膝の連続技	○開脚伸膝後転の連続 ○片脚膝伸後転の連続 ○後転ー開脚伸膝後転ー片脚伸膝後転の連続技	○上と同じ	○なるべく頭をつかないで高くとび上って前転する	○助走をつけて補助をなしておこなう	○腕かけ前方宙返り
六年	○跳込み前転 ○うさぎ跳前転 ○伸膝前転	○神膝後転 ○前転、後転の連続 ○前転、立ちあがり $\frac{1}{2}$ 転向の連続抜	○上に同じ	○上に同じ ○二人組前転	○上に同じ	○上に同じ

△跳び箱運動の系統

障害物としての跳箱を乗り越えていく場合に、その高さや大きさ踏切りの距離空間姿勢等の変化によっていろいろの跳び方が生まれてくるが、高さに応じた最も経済的、能率的、実用的な跳び方として、これをまとめて見れば次のように発展する。

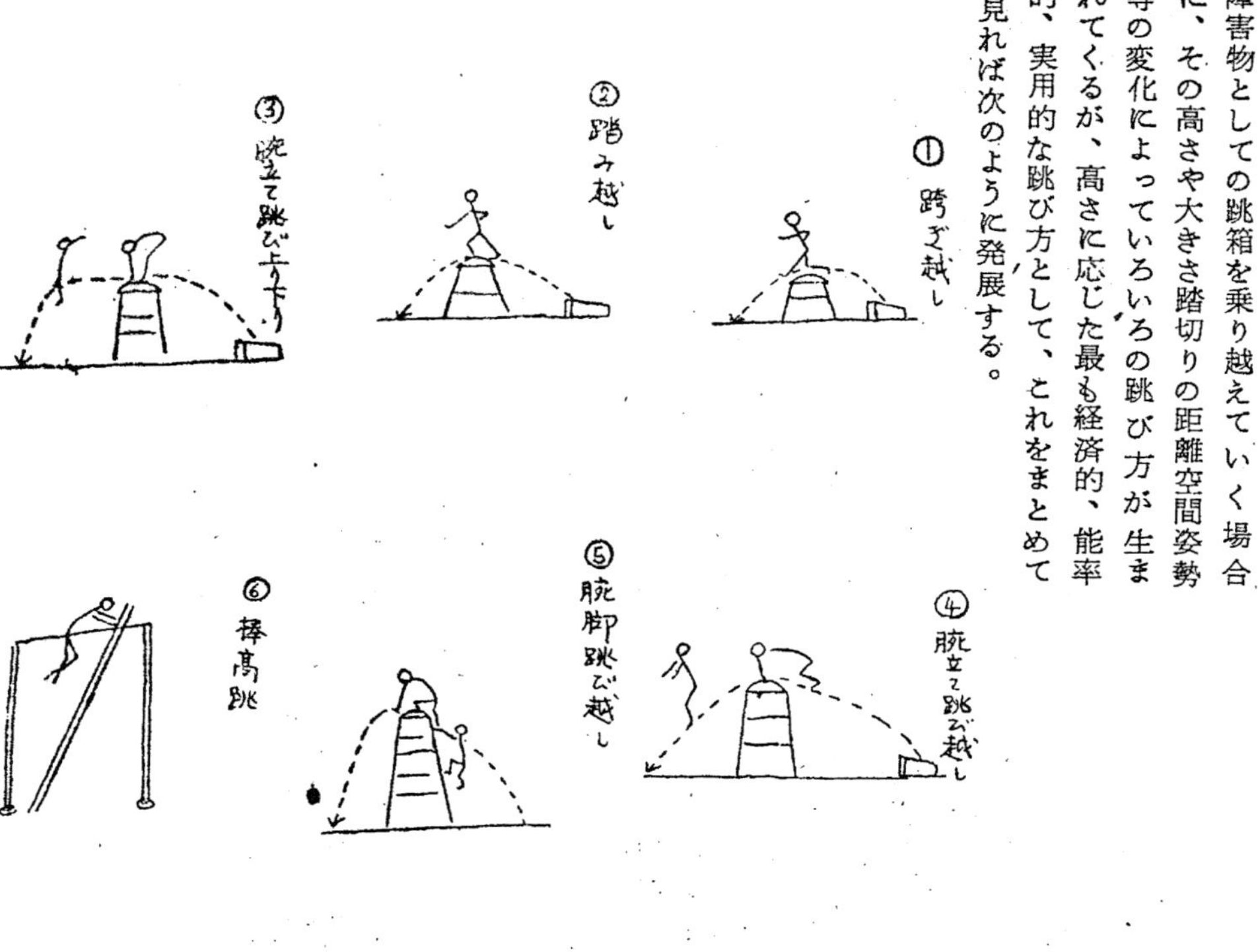

▲空間姿勢の変化

△空間姿勢の変化

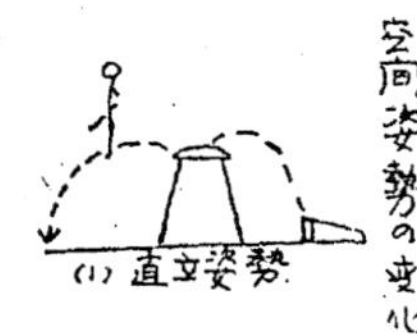
(1) 直立姿勢

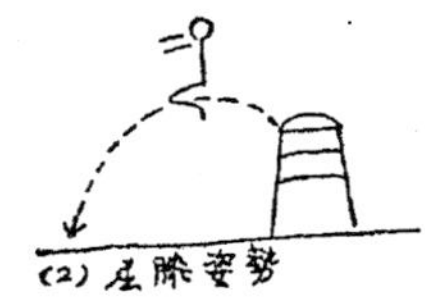
(2) 屈膝姿勢

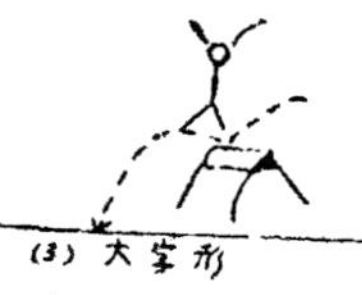
(3) 大字形

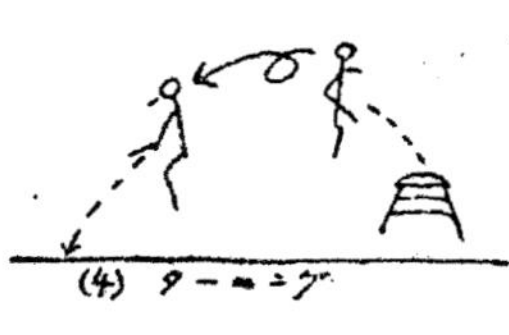
(4) ターニング

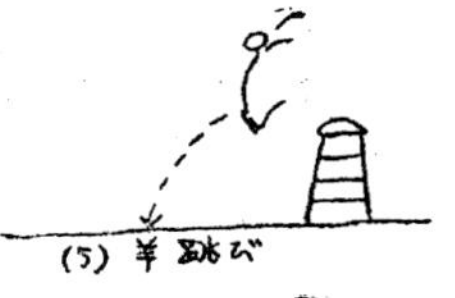
(5) 羊跳び

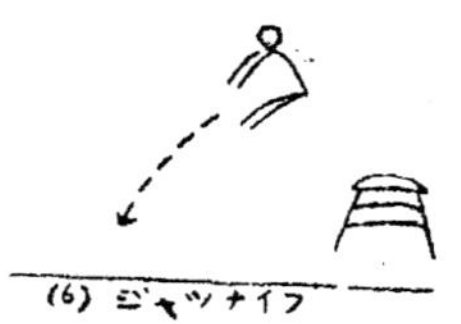
(6) ジャツナイフ

(7) 鋏跳び

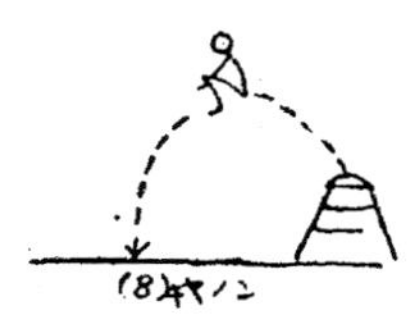
(8) キャノン

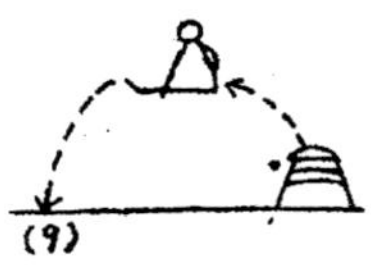
(9)

小学校における跳箱運動の発展的系統

低学年		中学年		高学年	
一年	二年	三年	四年	五年	六年
○跨ぎ越し (30糎)	○跨ぎ越し (40糎)	○跨ぎ越し (50糎)	○跨ぎ越し (60糎)	○跨ぎ越し (60糎)	○跨ぎ越し (60糎)
○跳び上り跳下り (30糎)	○跳び上り跳下り (40糎)	○跳び上り跳び下り (50糎)	○跳び上り跳び下り (60糎)	○跳び上り跳び下り (70糎)	○跳び上り跳び下り (70糎)
○跳び上り下り (30糎)	○跳び上り下り (40糎)	跳び上り下り (50糎)	○跳び上り下り (50糎)	○跳び上り下り (60糎)	○跳び上り下り (60糎)
○腕立て跳び上り跳び下り (50糎)	○腕立て跳び上り跳び下り (50糎)	○腕立て跳び上り跳び下り (60糎)	○腕立て跳び上り跳び下り (70糎)	○腕立て跳び上り跳び下り (70糎)	○腕立て跳び上り跳び下り (70糎)
○腕立て跳び乗り (50糎)	○腕立て跳び乗り (60糎)	○腕立て跳び乗り (60糎)	○腕立て跳び乗り (70糎)	○腕立て跳び乗り (70糎)	○腕立て跳び乗り (80糎)
○腕立膝上り (50糎)	○腕立て膝上り (60糎)	○腕立て膝上り (60糎)	○腕立て膝上り (70糎)	○腕立て膝上り (70糎)	○腕立て膝上り (80糎)
	○腕立跳び上り下り (50糎)	○腕立て跳び上り下り (50糎)	○腕立て跳び上り下り (60糎)	○腕立て跳び上り下り (60糎)	○腕立て跳び上り下り (70糎)
		○腕立て閉脚とび越し (60〜70糎)	○腕立て閉脚とび越し (70〜80糎)	○腕立て閉脚とび越し (80〜90糎)	○腕立て閉脚とび越し (90〜100糎)
			○腕立て開脚とび越し (70〜80糎)	○腕立て開脚とび越し (80〜90糎)	○腕立て開脚とび越し (90〜100糎)
				○懸垂跳び越し (70糎)	○懸垂跳び越し (80糎)
					○前転跳び箱縦
					○背支持腕立前転 (40〜50糎)
	○前転マット使用	○前転 (30糎)	○前転 (40糎)	○前転 (50糎)	
			○背支持腕立前転 (40〜50糎)	○背支持腕立前転 (40〜50糎)	○頭支持腕立前転 (50糎)
					○腕立て前転
					○倒立
○跳び箱使用遊戯	○跳び箱使用遊戯	○跳び箱使用遊戯	○跳び箱使用遊戯	○跳び箱使用遊戯	○跳び箱使用遊戯

ある日の体育の授業

與那嶺仁助

ある小学校で六月の始め頃、二年生の体育の授業を参観した。最近にない、しかも低学年の学習指導で、よく努力と工夫とがなされ、すぐれた授業であったのでその大要を記して参考に資したい。

一年生から二年生になった喜びに小さい胸を踊らせている五十名の子供たちに身体活動を中心とする指導であった。子供たちと約束されたねらいは「仲よく元気一ぱい運動しよう」である

休み時間で子供たちは運動場一面にバラバラになって思い思いの遊びをしていたが、始業の鐘の合図で、教師が校庭に出た姿を見た子供達は教師の予め約束した所に整列して待っている実に二年生と思えない位、よく指導されている

四列横隊に列んでいる子供たちの全部がよく見渡せるところに教師が立ち「はじめましょう」のあいさつで授業が始まった。

服装検査や身体検査も相互に向きあって、検査させ、その間教師は全体をみて、要所要所において必要なことをはっきり示している。そして今日の努力点を「仲よく元気一ぱい運動しよう」と約束された。

一時間の流れは、集合—あいさつ—点検—話し合い—始めの体操—走りっこ—場所とり鬼—登り棒—終りの体操—話し合い—解散という順序である。一時間中に教師が子供たちに言われた言葉は「さあ、やりましょう」であって、「やりなさい」ではなかった。

始めの体操も子供達の日常生活の中から選び、彼等の生活の動作化を中心に簡単な物語り的、模倣あそびを巧みにとりいれ、よろこびの中に教師の意図している運動が行われた。よって一時間中一回も子供たちは叱られず、とてもなごやかな雰囲気の中で授業がすすめられた。

この事はあたりまえの様であるが行動を通して人間育成をねらう体育学習においては教室から運動場への学習場面の転移と共に十分努力しないと困難な問題の一つである。このような授業の背景には教師の日頃の子供を理解する努力が必要であり、低学年の心理をよく知り身体的な特性や能力、興味、日常あそび等がよく把握されていたからこそでき得ることである。一方子供たちも教師のこのような情熱ある、教師愛にもゆる態度にはぐいぐい伸び約束したねらい達成に真剣になってとつくむものである。

一時間の流れもそうであったが、始めの体操の時も、生活経験のあるものを生理的原則に即して弱から強へ、末梢部から中心部へと配慮され、タンバリンを利用して子供たちの動きを律動的にしていった点も見逃せない。二年生とは思えない程一人一人の動きに秩序性があり、すばらしいものであった。全体が揃わないと気の済まない授業、個人を犠牲にしても全体を画一化しようとすることが今更コッケイにさえ思われた。「走りっこ」も予め準備された二十米の五本の白線によって行われた。テーマが「仲よく元気一ぱい運動しよう」であるので当然そのような準備は必要あろうが、一般的には体育学習には準備不十分のものが、授業開始後に又は授業の流れにつれて準備するというのが見られるが、どうしても、準備は休み時間中に完了しておきたいものである。そうでないと子供たちへの学習効果が半減してしまうからである。

先ず四列の縦隊に列び、四、五名の子供たちをいれ替え、出発線から五米程後方に引かれた線のところに坐らせた。

四名づつ走るのであるが、その次に走る者が「真直ぐ走れたか」「力一ぱい走っているか」という二点を見るように話し合われた。

どの子も真剣に力一ぱい走っている。その間、先生は、走っている者、これから走ろうとする者、走り終った者、それぞれ適当な指示を与え、走る者、応援をする者、「真直ぐ走ったか」「力一ぱい走ったか」を見る者、列を離れて走りまわるというのは一人もなく、全員が集中している。そしてどの組も、その次の組も四名がほとんど接戦である。始め四列の縦隊に列んだ時、四、五名のいれ替えがなされたが、教師には走る以前に一人一人の子供の走る能力が確認されていたためであろう。低学年の直線上を走ることの困難な点をよく理解されて「真直ぐ走る」というねらいも当を得ている。又二十米の距離も適当である。コートの設計、円の大きさ、用具の大きさや重さ、回数、距離等は常に子供たちの能力と在籍を考慮して定めないと、効果的な学習は期待できない。

次は「場所とり鬼」である。タンバリンによって、男女交互に一列の円をつくり、予め準備された腰掛のところまで秩序よく列んだ。既習教材だと見えて、教師の合図で、すべてを忘れて楽しんでいる。女の子から男の子、それを見守る子供達、そして先生、雰囲気は正に好調、教育者でないと味わえないあの場面―。終って、「登り棒」の前にタンバリンの合図で行進練習。

ところが今使用した腰掛が、五、六脚、転倒している。すかさず教師は全員をその方向に注目させ「誰か気のついた人はいないかね」と発問、「先生腰掛が倒れています」と一人が答える。「そうですね、ではどうしたらよいでしょう」又問題をなげた。

こんな小さい事柄でも、見落さず、どうしたらよいかの問題として子供達に考えさせ、教師の気付いた点を子供の問題に転化させていった。教師のあの態度には深く共鳴するものがあった

「登り棒」も手と足を使ってリレーとして展開、一定の高さまで登ったら、その次の者が立って、手でリレーして行っている。すべてよく準備されている為、流れるように進行する。実にゆきとどいた授業であった。主運動も終り、「終りの体操」、自由の隊形で、水汲み、飛行機、柱時計、花火、背伸び、深呼吸の順で終った。最後の反省で教師は次のような発問をした、「仲よく出来たか」「元気一ぱいできたか」「面白かったか」「もっとやりたいか」「汗をふいて、手を洗って教室に入ろうね」。

その時の子供たちの瞳はかがやき、来週の体育の時間が待ち遠しいといった表情、授業中教師の歩いたところは、「元気がありすぎて乱暴をする子」。「弱い子をいじめる者」、体力の衰っている者」のところであった。叱かられることの皆無の授業、「気を付け」を一回もかけないで、ベルを音高く吹かないでも秩序よく進められた授業。それはきっと早く能率的に集まったり、行動をしないと、次の面白いことが出来なくなるという心配からきた子供の心理と一致していたかも知れない。

子供達は満足感と適度の疲労感を覚えつつも、自分たちでやったのだという誇りが教師の指導の仕方：生活経験の生かし方によって十分に発揮された。命令に対する単なる反応の世界には、このよろこびも、自主性も創造性も伸展しないであろう。自分達の創りだしたのが認められる世界こそ尊いものであると思う。又体育はややもすると教材の伝達になり易いが、教材は目標達成の手段であって、もっと広く深く現在の子供、そして将来の此の子供のことを考えて学習内容を定めなければならない。ドッヂボールを教えるのでなく、ドッヂボールを通して何かをねらっているのである。せつな主義と自由放任のもとでは「アソビ」はあっても絶対に体育はない。又体育科では一般的に技術本位に流れ易いが、技術もゲームを楽しくする為の一つの要素であって全体では決してない。

体育学習においては、この点について、もっと研修の領域を拡大して理論の上に立った実践的体育で展開されんことを期待すると共に考える体育として幅広い人間形成を狙っていただきたいと念じている。

（保健体育課主事）

水泳の安全指導について

屋部・和則

学校で水泳を実施する目的は、せんじつめれば、児童生徒が、水の中で自分の生命の安全を守るに必要な知識と技能を身につけることである。水泳実施にあたっても、水の危険は常にある。だから、水泳実施中、学校長はじめ全職員の心配は「事故を起さない」ことに集中する「事故を起さない」ためには、事前に身体検査をして、身体のぐあいで水泳に不適当なこどもの水泳を禁止する、よい場所を選定する、指導組織をつくって厳重に監督する……など、管理上いろいろのことがよく行われなくてはならい。また児童生徒は、水泳に関する注意事項をよく理解しそれを守らなければならない。

ところが、案外忘れているのは、指導（学習）内容である。泳ぎをおぼえることが事故防止にたいせつだということ、どのようなことを知らせ、練習させておけばよいかを、安全の面から研究することが必要である。相模湖事件のとき二十二名の死亡者のうち一四名は泳げる生徒であったし、泳げる生徒八名は（引き上げられたときの状態から見て）泳げない生徒に足をつかまれておぼれていたとの事であります、以上のような考え方をもとにして水泳の安全な指導のために必要な内容をまとめた。

○参考資料

1. 水泳安全の手びき　文部省
　著者　矢崎慶吉
　発行所　博文堂出版株式会社
　定価　四〇円
2. 安全教育の手引
　編集者　広島県教育委員会
　発行所　広島県PTA連合会
　定価　二〇〇円

一 よい指導組織をつくる

水泳中、こどもは、常に監督されていなくてはならない。

海洋で行う競技会には、ひとりの泳者に、一隻の監視船が付き添う。選手でもいつどうして故障を起すかしれないからである。学校の水泳ではなおさらである。

こどもたちは、いくつもの目で常に監視されていなければならい。この監視がふじゆうぶんで、「よくあれで事故を起さないものだ」と思うような水泳訓練を見ることがある。その反面監督だけが厳重で、狭い水域をくぐって、泳げないほど大ぜい入れて、ただボチャボチャやらせている海水浴を見ることもある、監督は必要だが、浮くこと、泳ぐことをおぼえないようでは、こどもはいつまでも「水中安全」でない、これでは水泳訓練にならない、まず泳ぎを学ばせる必要がある。それには指導組織がよくなければならない。

1 水泳指導係

水泳指導係は、直接泳ぎの指導をする係である。どのような能力を身につけるのが安全の目的にそうか、はやく浮くことや泳ぐことをおぼえるにはどうすればよいか、安全のためにどのような泳法を重点的に練習するのがよいか、などをよく研究しなければならない、指導の現場では「一に監督二に指導」といわれるように、指導とともに監督を厳重にしなければならない、監督を忘れて事故を起しては、どんなよい指導も「帳消し」になる。

指導しながら、常に全班員に監視の目を配っていなければならない。

2 監視係

○川や海では監視係が絶対必要である。指導係は全体を見ることはできない、全体を見るには、それだけの専門の監視係が必要である。おぼれる人の多くは、瞬間に水中に没する、だから油断できない、陸からと同時に水面のほうからも、要所要所に監視係を配置しなければならない。

3 救助係

○指導者は救助法を心得ている必要がある。救助係を設け、万一の場合に備えて救助組織を整え、救助作業の予行演習をしておく、警察、病院、土地の機関（水泳の）などへの連絡方法は事前に熟知しておく必要がある。

4 保健係

○事前に全員の身体検査を行い、水に入ってはよくない身体状況のこどもを調べ、水泳禁止、制限、その他適当な指示をしなければならない。保健面からの水泳場の選定、期間中の一般保健指導、水泳実施中の注意事項の作製配布、傷害等の手当などの役割を受持つ。

5 施設用具係

○まず安全のため必要な設備や用具を整える。場所の選定、水泳区域を定めて境界に標識旗その他を置くこと、監視所の設置、小船 、いかだ、あるいは浮丸太など監視や休息用の設備、飛込台を設けて、そこに飛込上の注意事項を示すこと、陸上脱衣所、休息所、洗体所、湯わかし場などを設け、あるいは借用をするなどの係である。

6 総務係

○あるいは企画係……事故を起さないため、特に水泳場でのきまりをつくる。

実はこの係がいちばん大切であるかもしれない。実施される水泳がどのような姿のものになるかは、この係の人たちの考え方にかかっているからである。おのおのの係はそれぞれ担当の仕事をするが、その全体を統制するのもこの係である。

いわば計画の総元締になる係である。

7 その他

交通係、設営係、渉外連絡係、生活係など、水泳の計画次第では必要なことがある

二 指導内容

○どうすれば水中で安全かを知り、それに必要な技術を身体でおぼえるのが水泳学習の第一歩である。

水泳指導の目標が安全であるとすれば、学習（指導）内容もそれに相応するものでなければならない。ただ単に泳法として、クロールをおぼえるとか、日本泳法をやるというのでなくておぼれないためにはどんな事を知っており、どんな技術が必要かを調べて、それを必要さの順序で身につけることが、安全のための水泳の学習内容である。死なない、けがしない、病気にならないで泳いでいれば、身体はその結果として自然によくなる、おぼれないための技術を習得していくうちにだんだん泳ぎはうまくなる、特殊な水泳―競泳や応用泳法の学習―はそれから後の段階である

1 水に慣れること

冷たくて、身体をゆすぶるように動く水は、ふろ水とは別の水である。毎日顔を洗っていても、水の中で目を開くことはない、口にはいる海水はしょっぱい。このような違つた状況の水に慣れることが、まず必要である。顔に水がかかることを気にしては、なかなか泳げるようにはならない。夢中で「石拾い」をやっている間に、身体は水に浮かされるという事を知るだろう。慣れなければ不安であり、不安は事故を生む。

2 浮くこと

「絶対沈まない」ということであれば、おぼれる心配はない、安全な水泳の第一歩は、だから、浮くことの練習から始まる。案外、この練習が足りていない人が多い、遠泳をしている泳者の中にさえ、手と足の力で無理に泳いではいるが、ほんとうの浮き方をまだ知ってないのがある。川あたりでおぼれる者の中には、泳ぐ

ことは泳ぐが、泳いでいてから水底に立つ方法をよく身につけていない例がある。これも浮くことの一つである。水底に立った姿勢から浮くこと、浮いていて水底に立つ要領、波に対し安全に浮いていることなどから浮き身まで、浮くことの練習内容はかなりある、どんな状況におかれても確実に浮くことができ、見てあぶなげなく浮いておられるようになるまで、練習する必要がある。

3 水面を泳いで進むこと

浮くだけは浮いても、自力でどちへも進めないというのでは心細い。浮くことができるようになったら実際は泳ぎの練習をしながら浮くことをおぼえるので、この二つは同時だが次は泳いで進む練習である。泳ぎの方法にはいーろいろあるが、

(1)まず平泳ぎである程度泳げるまでになるほうがよい。

安全の立場からいえば、速く泳ぐ泳ぎよりも、エネルギーの消耗が少い泳ぎを身につけているほうがよい。その意味で平泳ぎを推す、どれだけの距離を泳げるようになればよいかを断言することはできない。多くの経験者は「三〇〇~四〇〇米泳げるようになれば……」という。最も少ない日時でそれだけの距離を泳げるようになるのに、どの泳法が適当かといえば、これも平泳ぎである。

(2)平泳ぎの習得は困難なこどもは、どんな泳ぎでもよい、はいりやすい泳ぎからはいる。

平泳ぎは、正しくは、かえる足を用いるが、人によってかえる足の習得が困難なこどもが少なくない。そのようなこどもにはばた足からすすんで「犬かき」をさせてもよい。

かえる足がおおり足になるこどももいる。初心者の段階では、それをむりになおす必要はない。女子に多いが、浮く練習をするとき、あお向けの浮き身が楽にできるこどもがいる。このようなこどもには、あお向け泳ぎから練習させてもよい。ともかくどれか一つの泳ぎで相当泳げるようになるのがこの段階の泳ぎである。

4 水面でとまっていること

泳いでいて疲れたときに、水面で休むことができると安全によい。時には泳ぎをやめて手を使って何か作業をしなければならないこともあるだろう。舟べりにとびつくためには、足で水をけって両腕を水上に出さねばならない。このようにいろいろの目的で水面にとまっている技術が必要になる。

(1)休息する(あお向け泳ぎ)浮き身

疲れたとき、浮き身をして休むことができる。浮き身は足先まで完全に浮かなくても、顔を水上に出していられる程度にとどまっていればよい。

(2)ひとところで泳ぐ(立泳ぎ)

手にものを持って泳いだり、あるいは泳いでいる間に、手を使って操作をしなければならないことが起りうる。このようなことができるようになるため、足だけで泳ぐ立泳ぎが必要である。

(3)泳ぐ動作を中止して作業する(浮き身の部にはいるかもしれない)

足にけいれんが起きたとき、自分でそれをなおすには、一時泳ぎを中止し、下向きに浮いて足を持ってなおす、ときには、いったん沈んでから静かに浮いてくるような形になる。このようなことも練習しておくのが安全の立場から必要である。

5 水にもぐって泳ぐ【潜水】

何かの原因で水中深く落ち込んだときなど、気をとり乱すことなく泳いで、浮かび上がらなければならない。またちょっとしたはずみで水中に倒れたりしたとき、ろうばいして水を飲んだり、手足の自由を失っておぼれたりすることがないように、水にもぐること、水中を泳ぐことを知っている必要がある。すなわち、もぐってゆくときの運動量の加え方、姿勢、息のたくわえ方、泳ぐ要領、その他の注意事項を心得ておく必要がある。

6 水上の高い所から水中に飛び込んで泳ぐ【飛び込み】

二米の高さから、ふいに突き落されて死んだ例がある。何か必要があって水に飛びこまなけ

ればならないとき、飛び込みの要領が知らないと、けがをしたり、痛い思いをしなくてはならない。

高い所から水面へ向って飛び込むことは、練習なしではできない。また水面からの高さ、水の深さ、その他の条件に応じて少しずつ要領を変えなくてはならない。このようなことを判断する能力と、けがをせず痛くない方法で飛び込む方法をひととおり練習しておくことが安全の面から必要である。

7　自分および他人を救助すること【救助法】

乗っている船が沈んで水中に投げ出されたときには、くつをぬいだり、着物をぬいだりしなくては泳げないことがあるかもしれない。そのようなときの泳ぎを習得する必要は前に述べたが、これは、「自分を救う」方法であるといえよう。けいれんが起きたとき自分でなおすのも同様である。

他人がおぼれているときは救助してやらねばならない。幼児なりの、中学生には中学生なりの、力相応の救助法がある。おぼれる場所は岸から二十米以内が多い。泳いでいって救助する必要のあることはめったにない。泳げなくても、泳ぎはへたでも、人を救助することはできる。初心者も、できる範囲の救助法を学んでおく必要がある。仮死状態にある人を引きあげたときまず人口呼吸を行わなければならない。これは泳ぐ技術ではないが、水泳に関連して、教師はもちろん、児童生徒も習得しておくとよい。水泳のための水泳でなく、自分の生命を守るための水泳ということになれば身につける必要のある内容が少し変ってくる。

五　水泳指導と管理

○ちょっとしたくふうで子どもの安全が保たれる。

1、組分け…「バディー」を組んで絶対ひとりきりではおかないこと、一人の指導係が監視とともに指導して能率をあげるためには、担当するこどもの数が多過ぎないようにしなければならない。理想的には一〇名ぐらいがよい、一〇名ならば、一目で人数を数えることができる。非常によく知った顔でも、海水浴の場合は三〇名となれば、手に余る。せいぜい一〇～二〇名が一班の人数である。能力別の班編成がよい、そして能力によって級別をし、色分の帽子、鉢巻などを用いて、それを識別しやすくしておくとよい。一つの班にいるこどもは、さらに二人一組の、いわゆる「仲間」を組ませる。これは「水泳に行くときは必ずだれかと同行する」ということと一連のたいせつな注意事項である。各班には班長をおくとよい。

2　脱衣

着物の脱ぎ方も安全に深い関係がある。着物をぬいで、それを自分かっての所へおかないようにし、必ず所定へおくきまりにする。氏名を書いた木札を用意しておいて、脱衣は人員点呼と関係づけてくふうすると、事故防止に役だつ

3　人員点呼（指導中も適当な方法でときどき人員を調べる）

入水直前と上陸直後には必ず氏名点呼をし、そのつど、出席簿に記入する。水泳中、遊戯や競争をする前など、人員を数えるのに適当な機会である。時々「バディー組め」といって手を組ませ、点呼をすれば便利でもある。

4　準備運動

自分で自分の身体の調子を知る機会である。こどもは、いわゆるウォームアップを必要としないほど運動をし、汗を出していることが多い。そんなときでも準備運動は必ず行うがよい。自分で自分の調子を知る機会だからである。準備運動の後には「身体のぐあいの悪い者はないか」、ときいてやり、教師の立場からの健康観察を忘れないようにする。

5　水にはいるとき

できるだけ、指導係の教師が引率して、自分の班をまとめて海にはいるべきだ。最初にこうして静かにはいらないと、あとまでそうぞうしく遊んで過ごしてしまうおそれがある。海にはい

る前に、その日の気象、水温、海の状態、汐の干満、および要すれば注意事項、その日の予定などを生徒に知らせておく、適当な深さの所で頭や顔をぬらし、全身を水につける。

6 指導と監視

水泳中は常に自分の班員を監視していなければならない。したがって全員が見わたせる位置を選んで、かりに特定のひとりを指導しているときも、他の班員に背を向けることがないように注意する。

何かひとつ練習させたら、すぐ全員を集めて批評するとか、よくできたこどもにやらせてみなに見させるとか、次の段階に移るとかして、始終自分のところへ班員を集めるようにくふうする。小さいこどもの場合は、よく顔色を見ていてやって、寒がっているようなこどもを見たら、休ませるなり、何かしなくてはならない、日が照って暑い日には、特に注意して肩にタオルか何かかけさせる。また水中では時々頭を水につけさせる。

体質的に浮きやすい者と浮きにくい者がある。中には比重が大きくて全然浮かない者もいる。それでも手足を動かして泳ぐことは、練習によってできる。このような者は、練習に苦労するから、浮具を使用して練習させるがよい、浮具はくふうして手製で便利なものをつくるようにさせる。

7 水から上がつたとき

何よりもさきに人員点呼をする、これが終るまではいっさい自由行動は許されない習慣をつけなくてはならない。

整理運動のあと、よく身体を洗い、特に目をよく洗い、耳の中に水のはいった場合は水を出して着衣する。

水泳のときは忘れものが多いから、それについても指導者はいろいろの指導をしなくてはならない。解散後、生徒が完全に水泳場を去るまで教師は監督していなければならない。

8 水泳期間中の生活

特に食事に注意しなくてはならない、一般に疲れていて消化機能もいくぶんかおちているから、食物、ことに氷水のようなものを飲まないように指導する。又寝るときは腹巻など用いて寝冷えしないよう注意することがたいせつである。

四、技術の學習と指導　（三〇〇米を目標）

1、水に慣れる

水に慣れるというのは、水が恐ろしくなくなること、自分のからだで、なるほど人体は水より軽いと知ることであり、泳ぎを練習するときに水が気にならないようになることである。顔に水がかかっでも手でなでない。顔をつけたとき目を開く、耳に水がはいっても気にしない、ようなしつけや泳ぐとは口で息を吸う。「仲間」と離れない、など水泳をするのに必要な習慣を身につけることを意味する。主として、水中で遊ぎをしている間にこんなことを学習させる。

(1)水の中を歩く

はじめに水にはいるときは、教師とともに、みんなで手をつないで水中を静かに歩く、その間に、水底の感触、水温、水の揺れ、あるいは足に受ける抵抗などを知る、横ばいで歩く、少し慣れたら縦隊や横隊で歩かせる。

(2)手をついて進む

水底に手をついて、足は伸ばしたままにしておき、両手で水底をはい回る。肩をすっかり水につけること、そのためにあごを水面から離さないように注意する。早い者は、このころにもう、身体が水に浮いていることに気づく。

(3)整列競争

赤白二組に分かれ、お互に平行に整列する。合図で両組の位置を交替し、早く整列の終った組が勝ちとなる。水中を急いで歩く練習である。

(4)鬼ごっこ

(5)水のかけ合い

顔に水がかかっても、目をつむったり顔をなでたりしないようになるのがねらい、ここで口から息を吸う練習をするとよい。

(6)伏せ面

お互に手をつないで円陣をつくり「一、二、三」の合図で顔を水につける。顔をつけている間に口から息を吐く。

(7)けんあでっこ、じゃんけん

けんあてっこは、ひとりが片手を水中に入れ「ぐう、ちょき、ぱあ」をいろいろの順序で出す。相手は顔をつけて目を開きそれを見て、顔をあげてから、あるいは顔をつけたまま片手を水上に出してそれに答える。じゃんけんは双方顔をつけて水中でする。

(8)石拾い

手を伸ばすとやっと届くか、あるいはそれより少し深い程度の水底に石をまいて、それを拾わせ、その数を競う。それによって浮くことを知る。

(9)すもう、騎馬戦

2、浮くこと

(1)身体を沈めようとすることによって、かえって浮かされることを知る。

a　腹ばって沈む、

b　しゃがんで沈む、

c　しゃがみ鬼…ひとりは鬼、逃げる者は鬼に触られる前に水中にもぐればよい事とする

d　にらめっこ…二人組みで、互に両手を相手の肩におき、水中でにらめっこをする。

e　ひざかかえて沈む　（所要時間五～一〇分）

(2)補助してもらって浮く

a手をひかれて伏し浮き……「仲間」どうしで、互に両手をとり合い。交代で補助者になる。実施者は腕を伸ばして補助者の手につかまって、ひざを曲げて沈む、補助者は実施者の手をひいて静かに後退する。

bつかまって伏し浮き……舟や丸太、あるいは補助者の手につかまって、まず最初、ひざを曲げたままで伏し浮きをする。

c手をつないで伏し浮き……二人組で両手をつなぎ、合図でいっしょにひざを伸ばして伏し浮きをする。

(3)ひとりで浮く、

aひとりで伏し浮きをする。

bけ伸び　足を前後に開き、両腕を頭をはさむようにして上へ伸ばす。ついで体を前に倒し、足で水底をけって伏し浮きになれば、体は前へ進む。

(4)立ち方の練習をする。

c伏し浮きから立つ

dあお向け浮きから立つ

3、泳ぐ方法の説明

(1平泳ぎ

a陸上でかき手の練習

b水中でかき手の練習

cけ伸び→かき手　d浮具をもってかえる足

e顔をつけて平泳ぎ　f平泳ぎ

◎足の動作

a陸上練習（片足ずつ）

b水中で立ってくり返す

c水中に腰をおろしてかえる足

dつかまってかえる足

e上向き浮きでかえる足

f伏し浮きでかえる足、あるいは板をもってかえる足

g平泳ぎ……ためしにやってみる程度

(2)クロール……体は平体、足はばた足を用いる、腕は左右交互に水を後方に押し、かき抜いて水上を通って元の位置に返す。

○足の動作

aすわってあおむけばた足

b浅い所で伏してばた足　cつかまってばた足

dばた足で泳ぐ　e面かぶりと、犬かき

(3)背泳ぎ……背泳ぎは、いわば上向きのクロールである。上向きという理由で形がクロールと少し異なっている。練習は「クロール」を参照のこと。

(4)横泳ぎ．体は横体、足はあおり足を用いる。体をまっすぐにし、水面をまくらにして横に寝た形で脚を伸ばし、右手は手のひらを下にして腕を頭のさきに伸ばし左腕は体に沿って手は左内ももにつける。

(5)立泳ぎ……上体は垂直を保ち、両脚を横に開いてひざを曲げ、両足裏で交互に水を下に踏むように押す。

(6)潜水……水面からある深さまでもぐっていく、または一定の深さの水中を適当な方法で泳ぐ。

(7)飛込み……足から水にはいる方法と頭の方から水にはいる方法とがある。

a順下……足のほうから飛び込み顔が水中に没しないで終るようにくふうされた飛び込みである。

bさか飛び……頭のほうから水にはいり、できる限り水中に浅く没入して浮び上る。頭からさきに水に飛び込むことは、最初は恐怖心を伴うのが普通である。それで初めは低位い置から、低い姿勢で試み、だんだん高い位置から高い姿勢で行うようにする。

五、救助法

水泳実施に際しては、管理上事故の予防に万全を期すべきはもちろんであるが、児童生徒は、学習の内容として、事故を未然に防ぎ、万一危急のとき、自他を救助する方法を身につけなくてはならない。救助法の学習にあたって、まずおぼれる原因をよく理解させなければならない。次におぼれる原因のおもなものを掲げる。

1、水泳中におぼれる原因

(1) 泳げない人が背の立たない所へ行くとおぼれる。

(2) 自分の力を過信して無理をすると、疲れて力尽き、おぼれる、沖へ向かって泳いだ者は「疲れた」と気がついてから、陸までさらに同じ距離を泳がなければならない。

(3) けいれんが起きて泳げなくなる。早く救助を求める。自分でけいれんをなおす方法も練習しておく必要がある。

(4) 不意に波や流れに襲われて「度を失って」おぼれる。泳ぐ力なんて弱いものだ。

(5) 病後衰弱しているとき泳ぐとあぶない。すぐおぼれることが多い。

(6) 潜水してあまりがんばり過ぎると窒息する。

2、溺者の救助法

(1) おぼれかかっている人には、近ければ手、竹ざお、ひもなどを出して、それにつかまらせてやる。少し離れていれば、ボール、板ブイ、つななどを投げてやる。

(2) おぼれている人を見たら、すぐ大声をあげて、だれかに知らせる。ふたりで見たら、ひとりはそこでおぼれている人を見ていて、別のひとりが知らせに走る。というふうに、できるだけ大ぜいで努力し、仕事の手分けをして救助作業をする。

(3) ほかに方法がなく、舟もなく、自分で泳ぎに自信があり、泳いで救助に行くときは次のようなことを心得ている必要がある。

① あまり急いで泳ぐと、疲れて救助作業が困難になる。

② おぼれている人は「わらをもつかむ」といわれているように、つかみかかってくるから、注意すること。

③ こちらから声をかけて、相手に「救われる」という安心感を与えること。

④ おぼれている人の後方から接近するのがよい。

⑤ おぼれている人は、自分の身体を、少しでも高く保とうとする。それで、もしもつかまりそうなとき、あるいはつかまったときには、自分は水中へもぐる体勢で行動することがたいせつである。

⑥ 万一つかまった場合、前方から首にしがみつかれたとすれば、自分の首をうしろに引いて相手から離れようとしても、それは困難である。かえって反対に首を前に下げ、相手の身体を、手または足で上方へ押すようにして、自分は水中へもぐるように下へ抜ける。後方からしがみつかれた場合も理屈は同じである。すなわち自分の首を後にそらして後頭部で相手のあごの辺を強く押し、相手の片腕の手とひじをとらえ、ひじを上に押し上げて自分の頭をその下から抜き、同時に相手の手を手前に引いて「逆手にとり」す

ぐ一方の手を相手のあごにかける。

あぶないと思ったときは、相手が動けなくなるまで近くで静観し、抵抗力を失ってから、ひっぱってくればよい。それでも遅くはない「ひとりを救う」ために「ふたり死ぬ」結果になってはならない。

(4) 溺者を運ぶには、

① 髪の毛を片手でつかんでひっぱって泳ぐ。

② 相手のうしろから、両手を相手の耳の下からあごにあてててささえ、後向きに泳ぐ。

③ 相手の両手を自分の肩にかけさせて平泳ぎで泳ぐ。

④ 相手を上に向かせて、自分の肩に相手の首をのせ、片腕を外側からまわして手を相手のあごにかけ、両足と片手で泳ぐなどの方法がある。

3、人工呼吸法

おぼれて仮死状態にある人に対しては、何をおいても、人口呼吸を施さなければならない。人口呼吸法にはいろいろあるが、ふつうシェーファ式が行われている。

○シェーファー式

患者を伏臥させる－患者の顔を横に向かせ、反対側の手を下向けにほほの下におかせる。片方の腕は肩の線で横に開き、ひじを曲げて手先を前方に向けておく。救助者は、患者の左脚にまたがって正坐するか、あるいは両脚をそろえてその上にまたがってすわる。ひざが患者のひざのあたりに来る。

① 両手を患者の背にあてる－両手首を接し、逆八の字となり、小指が胸部の下端に来る。

② しりを持ち上げて、体重を両腕にかける。救助者の肩が手首より前方へ出ないこと。ひじを曲げないこと、体重をかけるだけで特別に力を入れないこと。

③ 両手を側方へひるがえすようにして手を離すはずみをつけないこと。

④ しりをおろして準備姿勢の位置に返す。同時に手のひらを上向きにして、ひざの上に手を置く。

⑤ そのままで一呼唱休止する。だいたい一動を一秒、一回の動作五秒、一分間に十二回－十五回の速さでくり返す。一定の速度を持続し、長時間続けるものと考えなくてはならない。術者交代のときも施術は中断しないようにする。

（保健体育課主事）

児童の自主性はどう育てたらよいか

城前小学校

一、共通の目標を立てそれに協力する態度の指導
二、規則やきまりをつくりそれをよく守る態度の指導
三、リーダーをえらびよく協力する態度の指導
四、位置役割を分担しそれをよく果す態度の指導
五、教科時活動を教科時外活動に関連づける指導

私たちの日々の教育実践の中で、社会性の育成ということについては、教科学習は勿論のこと、学校生活全般からこれを考えていかなければならない。社会性の育成と云えば、その領域から考えると広範なものとなつており、ここでその必要性とか全般に亘る論説はこれをさし控

え、社会性の一分野である自主的態度についての分析をなし、その分析したことがらから学習内容を考えてみた。

自主的態度
- 判断力
- 自信
- 安定感
- 独立の性質
- 成功感
- 指導力

右のようなことがらからつぎのような学習内容を導き出すことができる。即ち

(1) 共通の目標に協力する
(2) 正しく判断し、実行する
(3) 規則やきまりを守る
(4) リーダーをえらび、よく協力する
(5) 位置、役割の分担
(6) グループ活動に進んで参加し、喜んで仲間に加える。
(7) 行事を計画し、実践する。

私たちはこれからの学習内容を体育の実践を通して児童の自主的な学習を方向づけることに努めて来た。いいかえれば児童の生活に関連した現実の問題点を児童が解決しうる能力をつくるような方向をとって来た。この能力は教科時活動だけでなされるものではなく児童の教科時外の活動と一体となつて計画され指導されてこそその使命を果すことができる。児童が自分たちで問題を発見しその解決について討議し又望ましい活動を計画しそのためのグループやルールをつくりこれを出来るだけ自主的に運営し自分たちで練習できるような機会を多くもつようになりその結果をお互いに評価することによつて私たちは社会的、民主的態度や性格の育成をすることができるとの観点に立つて次のような具体的指導内容の角度から実践を進めて来た。

(1) 共通の目標を立てそれに協力する態度の指導
(2) 規則やきまりをつくりそれをよく守る態度の指導
(3) リーダーをえらびよく協力する態度の指導
(4) 位置役割を分担しそれをよく果す態度の指導
(5) 教科時活動を教科時外活動に関連づける指導

これからの具体的な指導内容の一つ一つについて日々の実践記録を通して学習活動の具体例とその方法を次に述べることにする。

一、共通の目標を立てそれに協力する態度の指導

体育の学習に於いて共通の目標を設定する場合には技能の面、態度の面、習慣の面、安全の面を考慮しなければならない。

新らしい単元を取扱う時共通の目標を立てる学習活動の場として考えられることは話し合い学習である。この話し合い学習は、右のことがらを加味してできるだけ児童自体によりこれから学習する題材についてよく理解しその上に目標をはっきり把握することによって学習意欲を旺盛にして学習活動が活発となり自主的な態度が養われるものと思う。

次に日々の体育に於ける児童の実践記録を通してその学習活動の実際と指導の方法を述べる。

一学期には或単元に入る前にその単元の題材についての話し合い「何時間でこの単元を終るか」「どのような題材をどのように配当するか」等を教師が一応説明し児童自体に研究させこれをまとめさせるようにした。

四月の単元「どのくらい動きのリズムが作れるか」では児童の実態としてまた時間の配当はできなかったので教師を中心にして時間配当をなし、目標の設定については児童の話し合いを中心にしていった。先ずリーダーを選出してリーダーを中心に話し合いを進めるようにした。

リーダー　「四月にやる体育はどんなものをやりたいですか」
児童Ａ　「なわとびをやる」
児童Ｂ　「ドッジボールがよい」
児童Ｃ　「鬼遊びをする」

児童Ｄ「陣取りをする」

　このように児童は日常の遊びと関連の深い種目をとりあげている。

　その中にはカリキュラムの中にあるものも出てくる。リーダーは或程度の発言がすむと「もう意見はありませんか」ときいて、なければ「意見がないようですから今発表されたものをやることにします」と、このように児童は題材を決定したもののように思っている。そこで教師としては子供たちの建設的な意見や希望、生活経験、興味などを参考にして「季節的に、月別に、段階的に配当されたカリキュラム（本校のもの）」をもとにして題材を決めるように指導して来た。このような題材をもとにして目標の設定に入る。

次は目標設定に於ける活動

リーダー　「次はねらいをきめたいと思いますから意見のある人は言って下さい」

児童Ｅ　「仲よくやること」

児童Ｆ　「ルールを守ること」

　等児童は過去に於いて学習して来た事がらを取りあげていた。仲間意識、きまりを守る等社会的面が多く、身体的面にはあまりふれてない。そこで教師としては学習内容（目標）即ち身体的方面、社会的方面、レクリエーション的方面の角度から案をもって指導して来た。

　以上は新学期の四月の単元を例にとり題材の時間配当、目標設定に於ける児童の活動の実際で、自発活動の程度が低かったためにスムースな討議が行われずしっかりした目標を導きだすことが不十分であった。

　次に題材をもとにして各時限の授業に於ける目標設定の活動状況をのべるとここでの目標設定は本時活動の始めの話し合いで児童自体によって設定し、児童の一人一人がよく理解することが望ましと思うが新学期のせいでうまく行われなかった。

　従って学習時の最初の話し合いで教師を中心とした指導の方法を取って来た。

教師　「これからどんな運動をしますか」

児童　「鬼遊びをする」「リズムをする」

教師　「そうですね、それでは鬼遊びをするにはどんなことに気をつけたらよいでしょう」

　この発問によって児童が目標について考えるように指導する。

児童「皆で楽しくできるように工夫する」「仲よくやるようにする」

　このように誘導的に教師の案としての目標に近づけて行って目標を把握させるようにした。

以上のように教師は児童の理解がどの程度かを指名してきいたり或いは話させることによってこれを知り、目標に向かって努力するように指導した。

　一学期の終り頃になると教師中心の方法から次第に児童を中心にするようにしたがリーダーの発問法、児童の意見もまとまりがなく、十分な目標把握がなされない状態だった。

　二学期に入っては一学期の状態を検討し、児童を中心とし乍ら教師と相互に目標設定をやるようにした。教師の或程度の指導があれば児童は目標をはっきり知り、それによって学習活動に活気を帯びるようになった。従って技能や態度の面において一学期の進歩の度合と比較した場合一段と向上の跡がみられる。私たちはここで一応児童の状態により、二学期始めの児童を中心にし乍ら教師と相互にやって来たことから児童を中心に自主活動へと方向づけることにした。現在では児童自体により教科時前や教科時の話し合いで、本時の具体的な目標を立て、皆にはっきり理解させ、活動が協力的に活溌にできるようになった。ここで教科時前にも目標設定をする理由と、いつ持つかについで述べると

　その理由として

1、時間を十分とって話し合いをさせることによって、目標の理解の度を深める。

2、本時学習に於ける目標設定の時間では、あまり短かすぎて十分な理解がなされない。又時間も足りない上に、この話し合に時間をかけすぎると主運動の時間が削減さ

れる。

いつもつか

時間的に先ず放課時が考えられる。次に自由時（教科時と教科時の間）が挙げられる。このようにして指導して来た結果の現われとして全体の目標は勿論グループとして又個人として目標をはっきりと持ち、特に教科時外に於ける児童の活動ぶりを見ると個々の目標に向かってよりよき努力をしていることがうかゞえる。

以上のようにして現在まで私たちの取扱って来た指導の方法が適切であるとか又児童の活動が十分だとは思われない。むしろ今後にまだ研究すべき問題がいくらでもあると思う。

唯私たちはこのような指導の方法を行うことにより或程度私たちの意図する線に近づけていくことが出来るとの信念はもっている。

二、規則やきまりをつくりそれをよく守る態度の指導

民主社会に於いて規約や法規を守らなければその社会の秩序は保たれないと同じく、体育学習に於いても児童の自発活動によって、いろいろな規則やきまりをつくり、これをよく守っていく態度の指導が必要になってくる。ここでルールを一応定義づけてみるとルールは「集団を学習の目的に向って動かしていくもの」即ち約束であり、きまりであり、申し合せであるとの見方をすることができる。

適用に当ってはその度合を児童の精神的或は技能的発達の段階に即するような考慮を払わなければならない。規則やきまりをつくる学習過程については前年度の研究発表で一応のべてきたのでここではこれを差し控えることにしてつぎにのべることは児童自体により規則やきまりをつくる学習活動がどのようにして自主的に展開されたかを実践記録を通して一、二の例をあげてみることにする。

例　**円形リレーについて**

児童は円形リレーは始めての教材であるために教師が基本的なルールを説明して学習活動に入ったら次のような問題がとり挙げられた。

①　円外をうまくまわる。
②　線を踏んで走ってはいけない。
③　バトンタッチに気をつける。

と話しかけて試合に入った。一試合が終ってからうまくいったかどうかを各グループで話し合いをさせたらつぎのようなことがあげられた。

①　各グループの控えは線の内側にした方がよい。
②　バトンタッチをもっと工夫する。
③　ほかのチームのじゃまをしない。

右のようなことがらがどのグループでも共通の問題点としてとりあげられた。前にのべた①③についてさほど問題はなかったが②の問題は技能面であるのでこれをとりあげ、グループ毎に練習に移った。

「各グループで練習したことに気をつけてもう一回やってみましょう」と話して、出発係のシグナルの合図で一せいにスタートした。試合に熱中するあまりバトンタッチの不正が二、三眼につく。でも前に学習した時よりは、全体としてバトンタッチは勿論だが、チームワークもよくとれ、技術が向上したあとが認められた。終りの話し合いで本時で学習したことがらについて反省した。話し合いは活潑であった。

いろいろなことがらが問題として取りあげられたので一応これまで学習したことがらをみんなで確認した。ところが前回でみられたバトンタッチの不正な点が問題にとりあげられたらと思って期待していたが、児童は十分観察してないとみえ話し合いが出きなかった。そこで教師は「バトンタッチはうまくいきましたか」と話を投げかけたら、「各グループともだいたいよく出来たと思います」と皆は答えた。そこで教師は、「大分よくなりましたがまだ中にはうまくいかない人がいますから休み時間や体育の時間に練習しましょうね」と話しておいた。

この様に三時間、四時間と試合を進めながら、いろいろの規則やきまりをつくり又これを改変してのぞましい方向へ持っていくことにし

た。円形リレーを題材にとりあげ最後に児童の作文を通して評価、反省させた事柄をあげてみると、

① バトンタッチに気をつける。
② 線をふまない。
③ 応援の仕方が悪かった。
④ みんなと一しよに準備をしない人がいた。
⑤ つぎからは一生けんめいやろうと思った。
⑥ 仲間に入れてもらって、とてもゆかいであった。

このように児童の自発的な評価反省により発達段階に即して楽しく出来るような規則やきまりを改変して行くその過程を通して自主性は養なわれていくものと思う。

三、リーダーをえらび、よく協力する態度の指導

グループ学習に於てリーダーを決め、リーダーを中心として統制ある活動をさせることによって、民主的協力態度を育成する上にもっとも、効果をあげうるものと思う。団体種目や個人種目に於いて、本質上民主的態度を育成する機会の多い種目では、統制力の指導に気をつける。これがためには、

① 実際の指導では出来るだけ、リーダーの立場を支持し、よい点を指摘して、その助長を図るように努める。
② 教師の指導計画を前もって理解させておく。

リーダーに選出された場合は、次の点に努力させる。

・構成員からの信望を無にしない。
・親切に世話する。
・よく責任を果す
・仲間にまごころを持ってあたる。
・順序よく正しく行なわせる。
・ほがらかで生き生きとすすんで行動する。

など、リーダーの自主性を助成し、教師は絶えず助言的立場にあって彼らの自主的活動が展開されるようにもっていきたい。小学校の高学年のこの期にある子供たちは、権力型のリーダーが頭をもたげるだけにこれを民主的リーダーへと訓練し、よりよき協力の態度の育成に努めてきた。

リーダーはただ一人に固定するものではなく、グループの性格によって、決定されるものであって、グループの内部的変化や、目標が変化すれば、リーダーも当然交替するものである。これをいいかえれば、グループの成員はそれぞれリーダとしての可能性をもっているものである。そのことはグループそのものを高めるか否かを決定する重大の問題に発展するものであるが、自然的に友好的に交替を促し、しかもリーダーに対しては協力的となり各自の役割を十分果しうるようになる。

◎ 好ましくない事象が起きた場合、留意した点

・児童相互の話し合いによりその原因をつかませ、是正していく。
・自巳評価によって反省させる。
・教師の注意を促す。

などリーダーとその構成員が仲よく協力できる雰囲気をつくることが大切であると思う。そうすることによって、児童の協力性、礼儀、他人の尊重等民主的態度を育てることができると思う。

このように考えてみると、リーダーの態度や能力やこれに対する協力如何によっては、自主的になるか、消極的になるか、学習効果が挙がるかどうかを決定する。又リーダーの態度がグループの成員に与える影響も大きいので協力性を育てる上からも、どんなリーダーが好ましいかが問題になってくる。

一般的にみた場合リーダーの備うべき資質として考えられることは、「責任がある」「協力心がある」「指導技術がある」「誠実である」などがあげられるが、現段階において、本校五年の児童がリーダーとしてどんな性格の人をえらび、それに協力しているか、又リーダーへの

興味、関心度はどうなづているかについてその実態を述べる。

一学期の間はリーダーにえらばれた人も、「運動のじょうずな人」「勉強もよくできる人「よく発表する人」などの傾向が多くみられたが、より多くリーダーシップの学習経験を得させ、同時に望ましいリーダーの在り方について話し合いを活潑にしながら進めてきたら現在では、「運動も上手で勉強のよくできる人」「ほがらかで意見をよくのべる人」「親切でみんなの世話をよくみる人」といったように考え方も変ってきている。又いつも限られた児童がリーダーとして活動をすることが多かったが、経験を重ねていくにつれ、多くの児童にゆきわたるようになった。

「みなさんはなぜリーダーになりたいか」「なぜなりたくないか」との理由を探ってみると、「なりたい」との理由としては、「正しく強い心をつくる」「自分の考えが十分言える」「じようずなことが人によくわかってもらえる」などがあげられ、「なりたくない理由」として「リードするのがむつかしいから」「意見をまとめることができないから」「まちがえると笑われるから」などが一般的な傾向としてうかがえる。ー面接法によるー

以上のような傾向から

◎なりたい理由

• 男女共正しいことに対してはどこまでも、主張しようとする児童の心理がうかがえる。

• 自己主張が強い。

• 自己の存在を認めてもらう。

◎なりたくない理由

• 自己の羞恥心の問題

• 児童の持つ自信の程度の問題

を考察することができる。

リーダーに推されると最初のほどはおじおじして活動もうまくいかなかったが経験を重ねるにつれて次第になれるようになって来た。

それに今まではリーダにえらばれてもみなの信望を無にし、「できない」とか、「だれさんがよい」などといいのがれをする児童もみられたが、すなおにひき受けてやれるようにまでなっている。

リーダーをえらびそれにどう協力しているか又その指導は、

みなの話し合いによってえらばれたリーダーは少なくともみながよく協力できるような態度とその場の雰囲気をもりあげていくことに努めなければならない。

毎時の学習の中によく誰さんは「順序を守らない」「自分勝手にしている」「だれさんをいじめる」「リーダーの言うことを聞かない」などの好ましくない事態が起るが、このような場合は、その場で児童相互の話し合いによって是正することに努めている。又リーダーは絶えず成員の仲間意識と協力という面で、皆に気を配り、力を合せて楽しく活動ができるようにしている。

こういうことも考えられる。より多くの児童にリーダーの学習経験を得させるために出来るだけ多くの児童がリーダーに選定されるのであるが、そこに質の問題がある。つまりえらばれたリーダーが皆をよく統制し、このような場合には教師は絶えずリーダーの補佐にあたるようにし、「発問の仕方」「意見のまとめ方」「問題の流し方」など話し合いの助け役をつとめ、その実際活動に当っては「秩序」「練習計画」「指揮」の面に助言を与えている。

このようにリーダーと成員、成員対成員の好ましい協力体制が整って始めてグループ学習の効果もあげられるとの観点から指導にあたってきた訳であるが要は児童がグループのよい一員として皆と力を合せ、リーダを補佐していく態度と意識を持って喜んでグループ学習に参加することが必要だと思う。

このような観点からすると確かに児童も自覚し、意識するようになって来た。私たちは以上のようにリーダーをえらび、それに協力する態度の育成に努めてきたがまだいくらかの研究課題が残っているが、その点はこれからの研究に

待つことにする。

四、位置、役割を分担し、それをよく果す態度の指導

自主的に学習が展開されるためには、位置、役割を分担し、それをよく果すことがもっとも重要である。それは助け合いの面から言っても、その使命は大きい。特にチームゲームに於いてこの問題がうまくいったか、いかなかったかによって、学習効果が左右されると思う。

① 正しくゲームに勝つ。

② みんなが仲よくゲームをする。

など児童がグループに於いて個々の位置をよく守り、役割をよく果すことやみんなの協力によってその成果はあげられるものであるということを理解させなければならない。もし彼ら同志のなかで役割は分担したが、「誰さんは途中でなまけていた」「自分勝手にしていた」「みんなと力を合わさなかった」「自分の責任をよく果さなかった」などという好ましくない事態が起きた場合は活動は決してスムースに運ばれない。皆が同等の立場にあって、他人の役割を尊重し、助け合うことによって好ましい対人関係（人間関係）も、つくられていくことを理解させなくてはならない。責任のなすり合いという事例も見受けられるのでこれらの問題を是正するために「役割を分担し、それをよく果す」という学習内容（目標）を掲げ、その目標を達成するために努力するよう指導して来た。

チームゲームに於いて位置、役割の分担の場が多いが、児童の欲求として好き嫌いな位置、役割がある。これらの事例をソフトボールによって眺めてみると、「あなたはどんな位置、役割につきたいか」との発問に対してみられる一般的傾向として、「ピッチャーになりたい」「キャッチャになりたい」ファースト、セカンドになりたい」など内野手を好んでいるが、その反面外野手にはなりたがらない。そこに位置役割の分担をする場合、順調に運ばれない点がある。そこで児童皆ながポジションや役割をよく守ることによってチームゲームは楽しくゆかいに運ばれるものだとの理解を深めさせるために教師としての指導が必要になって来たのでつぎのような例を話して指導した。

ソフトボールの優勝戦で両チームが接戦して九回目の裏の攻撃はBチームであるが、それまでの得点はABチームとも同点でBチームのバッターはいちばんよく打てる人に当っていた。その時ランナーがサードにいった。それで監督はこのランナーをホームにいれてやると優勝することをわかっていたので、そのバッターには自分勝手なことをさせないでバント（自分はファーストではアウトになってもサードランナーを入れてやること）させた。このようにバッターは打つ自信はあったが監督のいう通りにしたため、自分のチームを優勝させることができた。

このような具体的な例を話してやり、児童は位置、役割を果すことの重要さを理解することができた。

つぎに位置の理解についてのべる

例、ソフトボール

外野手が気をゆるめ、自分の位置をしっかり守らず、ずっと前の方に進み出て来たとする。その時突然相手チームのバッターが外野に大きく打った。その時外野手はあわててボールを追ったが間に合わず相手チームは一度に三点もはいり相手チームの勝ちと決った。「さて、どこに敗けたわけがあるのでしょう」と問いかけると、「外野がめいめい位置をしっかり守らなかった」と殆んどの児童が答えていた。

このように位置役割の重要さを理解させ、各自の能力に応じてそれぞれの決められた役割をしっかり果させることにしている。その結果現在ではチームに於ける個人の役割、グループ学習に於けるチームワークなどをよくかんがえてゲームをするようになった。

五、教科時活動を教科時外活動へ関連づける指導

「児童の学習活動の効果をあげるには教科時

活動だけでなく教科時外活動と一体となって計画され指導されてこそその使命を果すことができる」と前にもふれておいたが従来の体育が教科時だけに終り教科時外どの関連づけがなされていなかったきらいがなかったか。もっと身近な教科時について考えて見た時にその指導の計画に於いて不充分であったがために一時間の授業さえももてあまし、いわゆる放任的な取扱いがなかったかどうか。私たちは先ずこの問題は教師自体にあるのではないかと反省と検討を加えて来た。児童の生活の大半が日常の遊びであることを考えた時に教科時外活動の計画的な指導によってこそ児童の欲求を満たし自発活動を活溌にし自主性を育てて行くことができるものと思う。そこで私たちはその指導の観点として次の五つをあげて実際指導に当って来た。

㈠ 個々の児童に目標をもたせ教科時外に練習する意欲とその機会を与える

個々の児童は学習に於いて自分の技能の程度を知るようになる。跳箱運動と鉄棒運動に例をとり具体的指導の実際を述べてみると、先ず跳箱をC四段、B四段、A六段の三つにして児童の能力別にした。C四段を跳べない児童はマットを巻いてそれを跳ぶことにより自信をもたせるようにした。跳箱は高さだけでなく個々の目標がここで異ってくる。それはできるだけ遠くへ跳ぶ能力を養うための一つの方法として砂場に八十センチメートル、一〇〇センチメートル一二〇センチメートルの線を引き第一の線を越したら更に第二、第三への目標をもっていくようにした。次の方法として踏切板一〇センチメートルずつ離して行くことにより踏切りの要領を体得し、より強く跳ぶ能力を伸ばすようにした。鉄棒で懸垂力の発達段階を考慮して逆上がりの出来ない人、逆上がりの出来た人、うで立て回転の出来た人。うで立て回転二回以上出来る人に分けたら児童は真剣になって目標を達成しようと努力してきた。

それから児童に希望を与えより努力するようにするために次のような方法もとって来た。

或る日の教科始めにN君が目を輝かして教師の前にとんで来た。このN君は回転が出来なかったばかりか教師が補助してやる時にもびくびくしている状態でしたが、教科時外に練習したものとみえ、その日やっと実を結んだもので児童にとって自分の目標を達成した時の喜びは何にも例えようがないでしょう。この機会をとらえることが大切だ。

N君「先生、先生回転が出来た」「ほう―そうかえらかったね」

師「それでは皆に見てもらいましょうね」

N君「はい」と鉄棒にかかった。師「皆集まりなさいN君が今日はじめて回転が出来たそうですからN君にもう一度やらせてみますから、よく見ておきましょうね」他の児童は期待して見ていた。N君は一回やったが、体が下がりすぎて失敗、今度は歯をくいしばってやろうとした。他の児童は「がんばれ、がんばれN君「しっかり」とはげました。N君は二回目に見事に出来た。他の児童はこの時一斉に拍手を送ってその努力をほめ、励ましていた。この場合の本人のがんばりは勿論だが他の児童が自分の身になってN児を励まし、拍手をもってその努力を褒める態度こそ社会性の育成でなくて何でありましょう。その後の此のN君の教科時外の練習ぶりは人一倍活動している。

▲跳箱に例をとってみると三段を跳べない児童が始めて跳んでとび上って喜んでいる。これを見ていたグループのものが「先生M子さんがとべました」「そうか、よしそれでは皆とび箱のまわりに集まりなさい。M子さんに跳んでもらいますから手をつくところをよく見なさいよ」と一回跳ばしたら成功しました。皆拍手を送っている、ここで教師は手のつき具合で跳べること跳べないことをM子の場合を通して皆に納得させるために「M子さん今度は手をまん中について跳んでごらんなさいね」と石灰でしるしをつけて跳ばしたら跳び越せなかった。「M子さん今は跳び越せなかったね。今度は遠い所へ手をついて跳んでごらんなさい」と跳ばした

ら今度は成功したので他の児童は技術的な要領を納得し次々にその日で二人とも成功した。このようにしてその場に於いて話し合い乍らの指導をやって来た。

次に評価の一方法として児童に作文を書かせその作文に現われた例を挙げると個々の児童が如何に自分の目標を理解し、明かるい希望をもって、できるだけ多く練習してはやく自分の次の目標に到達すべく努力するようになったかがうかゞわれる。

Y君の作文

「始まりの鐘が鳴った、私たちの組では自分たちで速く集まるように話し合いできめてあります。せいとんもきちんとでき大へんよかった。次は話し合いです。今日のわたしたちのねらいについて話し合いました。努力してとぶことじゅんじょよくやること、助け合ってやることなどです。」

この作文によって自主的に集合を早く整然とすること、児童の各個人が本時のねらいについてよく理解していたことがうかがわれる。

「ぼくのねらいはかならず三段までとぶことだ。一回目にとんだ時は二段をとんだ。二回目にも二段をとんだ。ぼくはなぜ三段がとべないのかと思って人のやるのをよくみました。ふみ切りがつよい。手を遠いところについていた。よしぼくもああしてやってみよう。三回目にとんだら三段をこしました。ぼくは大へんうれしかった。次の体育にはもっととべるように休み時間にうんと練習しようと思った。」

註　児童の言っている二段三段は、できるだけ遠くへ跳ぶ能力をのばすための方法として準備したとび箱から八〇センチメートル、一〇〇センチメートルと区切った線のことである。

このところでは児童が今日の自分のねらいとその決心がわかる。更にこの児童は自分が三段を跳べないという問題点を見出し、それを解決し、その喜びと共に次への希望をもつようになっている。そしてその希望を達成せんがために教科時外に練習しようと言う計画まで立てていることがうかがわれる。

(二)教師はできるだけ教科時外であっても児童の遊びの中に加わり、児童のよき相談相手となる。

教師は教科時外にはできるだけ児童の中に入ることによって児童の個性を知るよい機会でもあり、安全の面、友人関係の面の指導に当ることができる。児童によっては教科時外に於いて自分の目標であった技能を向上させるのも出てくる。その時の指導として教師はその児童の努力した態度をほめてやり、より努力するように励まして来た。このように体育時以外に於いては不活潑な児童が教科時外に於いてはよく活動する態度をほめてやり、個性を伸ばしてやるための指導のチャンスを多くとらえることができる。

(三)(四)は省略

(五)教科時体育と校内競技会との一体化

今日の体育は児童の自発的、自主的な学習により問題解決の能力をつけることにその重点をおかなければならないので教科時の指導のみでは不充分であることは今さら論をまたない。そこで私たちは教科時の指導と一体となりながら校内競技会を中心として教科時外の活動の充実を期したいと考えているのである。即ち児童の自主的、建設的な意欲を高めていく上に校内競技会は極めて効果的であると思う。又校内競技の組織や運営(時間、方法、ルール)等ついてもできるだけ児童自身の手で行えるように指導して行くことが必要である。こうして将来更に彼ら余暇活用の能力を高め健全なスポーツ愛好の素地をつちかっていくことができると考えるのである。

以上本校で実施してる校内競技会の意義について述べてきたのであるが校内競技会についてはこの外、

健康を増進し活動能力を高めるから
対人関係や協力の態度を養う上から

も効果ある行事であると信じている。

本校で今年度より実施した校内陸上競技大会と児童の活動の実際については省略する

本校に於ける校内陸上競技大会の計画や組織については児童がその主体となって参加することになっているが主体となる児童はまだ企画や運営の能力、統率力も充分に発達していないので体育主任や児童会補導教師、学級担任による協力などによって指導をして来た。

わが校の給食の歩み

百名小學校　喜名盛敏

一、学校給食と体位

現在沖縄ではアメリカの好意により、小学校、定時制高校にミルク給食がなされている、食生活の悪い今日このような学校給食があるということは実にたのもしい限りである。戦前戦後を通じて同じ日本人でありながら本土と比較して、その体位の劣ることは統計のしめすところであるが、新生児の体位は本土も沖縄も変わりはない、しかし離乳期からそろ〳〵おいこされ小学生では約一年のひらきをなす、これからして沖縄の子は先天的に小さいのでなく、生後の栄養からくる発育不良であるといえる。沖縄の食生活を考えてみるに折目は必要以上に栄養をとり主に動物性蛋白質は何にもないあり様で野菜にしてもゆで過ぎ洗い過ぎで栄養素をながしたりしている（特にビタミンB_2、ビタミンC）そのような食生活を改善しない限り沖縄の子供の体位はよくならない、私どもは一般社会人の栄養に対する知識が向上するよう、努力すると同時に、現在の子供達を一日も早くこのような食生活から、脱させるべく研究し、努力を続けていかねばならないと思っている。

沖縄の子は本土の子に比較して蛋白質とビタミンB_2の欠乏症が多いといわれている（黒田先生の研究より）又成長期の子は毎日動物性蛋白を欠かさず食べさせることによって身長発育がよくなるといわれている（近藤正二先生）

学校給食の脱脂粉乳には多量の蛋白質とビタミンB^2が含まれて居り、この欠乏を補う意味からもミルク給食は大きな役割をはたしている。

未来の沖縄を背おって立つ青少年のたのもしい体格をつくるために、栄養価の高いミルクを与えるということの大切なことは申すまでもない、特に成長期にある小中校の生徒においては尚更のことである。

ところが生命に大切な空気の有難さを忘れるのと同じで、やゝともすればミルクの栄養価を忘れて粗末にしがちなこの頃、私共はそれを如何にして子供らが喜んで飲むかに常に苦心する。そこでわが校ではどうすれば子供らが喜んで飲むかについて全耺員話し合って工夫しているがまだ〳〵研究の余地が多々あると思う。次にわが校のミルク給食の現状をのべて諸先生方の御批判と御指導を仰ぎたい。

二、わが校のミルク給食はどのようにしているか

1、調理人の手指消毒

病気の集団伝播を防ぐため消毒液を常時そなえておく。

2、容器消毒

コップ、キュス、バケツ、ヒシヤク、お箸は毎日給食前煮沸消毒する消毒されたコップとお箸は布巾をかけておく。

3、調理

A、のみよい温度

食習慣が影響していると思われるが子供らは、あついものを好む、しかしあついのに

も限度があるので調査してみることにした。児童保健部（調査班）で調査した結果は次表の通りで概ね冬は五〇度から五八度位まで、夏は四五度から五〇度位までがよいとなっている。

気温	ミルクの温度	摘要
11.0 度	58.0 度	いいくらい
12.0	52.0	ぬるい
15.0	58.0	いいくらい
17.0	46.0	ぬるい
17.8	40.9	ぬるい
14.5	61.0	あつい
19.0	50.8	ぬるい
19.0	57.0	いいくらい
20.0	65.5	あつい
21.3	42.0	ぬるい
22.0	55.5	いいくらい
25.0	54.0	いいくらい
26.0	65.0	あつい
28.6	60.1	あつい
31.1	58.5	あつい
30.0	50.0	いいくらい
30.4	45.5	いいくらい

B、どれ位の温度で調理すればよいか

調理して児童の口に入るまでにどれ位の時間が経過するか、そしてどれ位冷えるかによって調理時の温度はきまるであろう。

わが校では現在容器の関係もあって三回に調理しているが一回目調理は児童の口に入るまでに五〇～六〇分、二回目は二〇分～三〇分経過している、その為学級によっては、ぬるくておいしくなかったとの声が、毎日程も出たのでミルクの冷え方を測定してみることにした。測定の結果は次表の通りであるが一〇分毎にバケツは二度、キウスは三度冷えることになっている。

時刻＼容器 時 分	バケツ	キウス
11.35	68°	65°
11.45	66	62
11.55	64	59
12.05	62.1	56
12.15	60	53
12.25	58	50

（時間的に見ると）

	バケツ	キウス
10分後	2°	3°
20〃	4	6
30〃	6	9
40〃	8	12
50〃	10	15

前記測定の結果ミルクの冷え方がはっきりしたのでこれをもとにして、調理時の温度をきめた。

季節	夏	冬	春、秋
一回目	六〇度前後	八〇度前後	七〇度前後
二回目	五五度前後	七〇度前後	六〇～七〇
三回目	五〇度位	六〇～七〇	六〇度前後

（註）

1、ビタミンCは水にとけると酸化し易く、失われやすい性質をもっているから調合したら、なるべく早く飲むのがよい（医師の助言）

2、ビタミンB_2は紫外線に弱いから直射日光にあてないようにしたがよい。（医師の

助言）

4、配　給

1、係の服装

清潔にされた（頭巾、マスク、カッポウ着）を着用する。

2、くばり方

出来るだけ早くつぐためコップのくばり方を次のようにした。

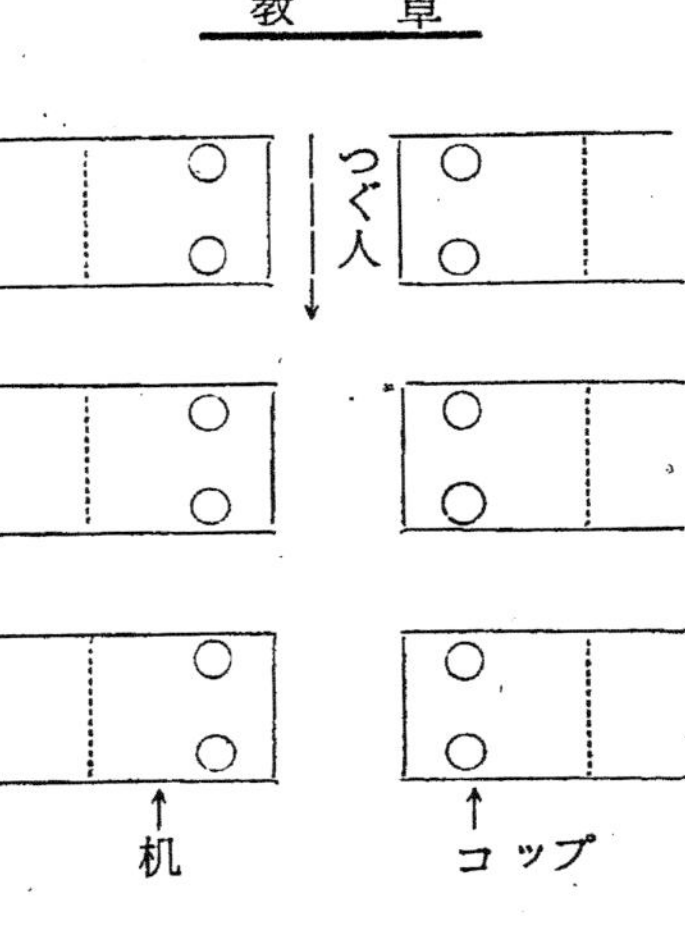

3、のむ

消化液は刺戟を与えることによって分泌されるので一度に飲むより、一口々々数度に飲んだ方が消化によい。

4、片付け

調理人は給食がすんだら用具一切を石けんできれいに洗滌して棚にしまう。洗滌をおこたると蛋白の腐敗による中毒のおそれがある故気をつけねばならない。

5、のまない子の指導はどのようにしたか。

折角の給食を無にしない為に、時々、飲まない子の調査を行い適切な指導をなすべきである。先月（五月）もその調査を行ったが、その結果は次の通りである。

1、きらいな人（一一人）二%　調査人員五一二人

理由

○下痢するから。○腹痛をおこす。○頭痛がする。○はき気を起す。○くさい。

2、きらいではないが、のまない人（三四人）六、六%

理由

○甘くない。○ぬるい。○おいしくない○うすい。○ご飯を残すから。

きらいな人には校医の助言によって、しいらないことにしている。

きらいではないが、のまない子の大部分がわが儘なる故、必ずのむことを約束した。ぬるい、うすいについては調理法と関係するので調理人に注意し、ご飯を残すからという子については、ミルクの栄養価をよく説明しミルクを飲んでご飯を残した方がよいことを話した。又低学年生には大きくなる薬がたくさんはいっていると、いったら飲むようになった。

現在は二%の子の外は全員飲んでいる。

6、学校保健委員会と給食

イ、五五年始めて、ミルク給食が実施になった時、教育委員会から壱千円貰ってできた調理室は余りにも狭ぐるしく、用具の整理も出来ない有様で大変困っていたが、翌五六年の末、児童保健部から学校保健委員会に「衛生的な施設」の要望があった。これについては即座に決議になったが、何にしろ金もないし、施設をする権限もないので、保健委員会　の名において教育委員とPTAに呼びかけ一年がかりでやっと、一二、二五坪のブロック建てが先月（五月）竣工した。今内部の設備を急いでいるので来月あたりから能率的な給食が出来るものと期待している。

ロ、児童の体位や身体状況は絶えず保健委員会に報告しているが、或る日の保健委員会で本校児童の体位が知念地区で一番低いことがわかり、これをどう解決すべきか、問題となった、そこで色々論じ合った結果栄養障害が大きな原因であるというので、母親に栄養講習をやることになった。それで副食物と弁当のオカズの研究をはじめた、従来弁当のオカズについては関心がなかったので、特に強調したためその効果は実にすばらしいものになった。

ソーメンオカズとヒラヤチーオカズがなくなり、ミルクに少ないビタミンCの補いに

野菜をとり入れることにも気をくばるようになった。母親の栄養に対する知識向上は、子供らをして、あかるい、活気あるものとし、昼食時間を何よりも楽しく待つようになった。

7、結び

ミルク給食のおかげで体位は年々向上しており、この分なら本土の平均に達するのも程遠くないと思う、しかし本土では終戦此の方完全給食が行われているとのこと、これを考えると、沖縄の子供は本土の平均にいつまでも達し得ず、取残されるであろうことを憂うるものである。

沖縄もぜひ完全給食の線までもっていって三食のうち、せめて一食でも栄養の揃った食べ物を与えて成長期 の子供の発育がよりすくすくと伸びるようにしたいものである。

最後にミルク給食御担当の方々の御労苦に深く感謝申し上げると共に、将来完全給食が出来るよう要望するものである。

(百名小学校教頭)

☆　☆　☆　☆

当用漢字音訓の制限

※日本語における漢字は、さまざまな読みがある。同じ音または訓であっても、意味の違いによって、別の漢字を用いなければならなかった。

(例) のぼる……上る、昇る、登る、
あう…合う、会う、遇う、遭う、逢う

※これらの複雑さをなくするため「当用漢字音訓表」を定め、これにかゝげられた音訓以前のよみは原則的に使わないこととした。

以下そのいくつかを示してみよう。

◎当用漢字音訓表に示された訓は、自動詞と他動詞、または動詞、形容詞、名詞などに共通して使われる。

(例) 集　あつまる→(あつめる、あつまり)
楽　たのしい→(たのしむ、たのしみ)

◎ただし、名詞の形でかかげてあるものは、動詞には使わない。

(例)「謡うたい」は「うたう」とは読めないし、「務つとめ」は「つとめる」、「延のべ」は「のべる」とは読まない。

◎音も訓も連濁の形に使うことができる。

(例) 本　ホン→サンボンイッポン
紙　かみ→うらがみ

◎次のような音便・よみくせ・接頭語の形などは使ってさしつかえない。

何　なに→なんじ(何時)
盛　さかり→さかんに(盛んに)
執　シツ→シッコウ(執行)
合　ゴウ→ガッペイ(合併)
王　オウ→テンノウジ(天王寺)
夫　フ　→フウフ(夫婦)
詩　シ　→シイカ(詩歌)
雨　あめ→あまど(雨戸)
　　→はるさめ(春雨)
金　かね→かなぐ(金具)
木　き→こだち(木立)

それらの場合、なるべくふりがなをつけな方がよい。

(国語シリーズより)

第三回アジア大会
聖火沖縄リレー

屋良朝晴

○アジア競技大会

アジア競技大会は第二次世界大戦後に生まれた競技大会でアジアのどこの国も、アジア競技連盟（事務局は東京）に加盟しておれば自由に参加することができる。現在、加盟している国は二〇ケ国である。

この大会の母体になったのは極東選手権大会であって、これは一九一三年（大正二年）から一九三四年（昭和九年）まで一〇回にわたってフィリピン、中華民国、日本の三者が主催となってもちまわりで開かれていた。

第一回アジア競技大会は一九五一年三月のインドのニューデリーで行われ、一一ケ国が参加した。戦後日本が公式に海外に代表団を送ったのは、このときがはじめてである。この大会は四年に一回ずつオリンピックの中間年に行われるので第二回大会は一九五四年四月にフィリピンのマニラで行われ、一八ケ国が参加した。

○第三回アジア競技大会

第三回アジア競技大会は一九五八年五月二十四日から六月一日までアジア二〇ケ国の役員選手一七〇〇名が参加して東京において開催された。この大会から競技種目はすっかり総合大会の姿になって、陸上競技、水上競技、サッカー、バスケットボール、バレーボール（六人制と九人制）ホッケー自転車競技、テニス、レスリング、ボクシング、ウェイトリフティング、射撃、卓球と芸術展覧、ほかにデモンストレーションとして柔道とバドミントンが行われた。このために（オリンピックが東京で開かれるときには）国立競技場、国立テニスコートなどが新設され、新設された講道館や大隈記念会堂などでも、はじめての国際競技が行われた。なお、この大会が行われる直前には、アジアではじめての国際オリンピック委員総会が東京で開かれた。

○聖火リレー

聖火リレーが行われるのもアジア競技大会ではじめてのことである。これは前大会主競技場であったマニラのリサール・スタジアムで太陽の光線から点火した火を、第三回大会の開会式に東京まで運び大会期間中、主競技場にもやしつづけた。

火はリサール・メモリアル・スタジアムからマニラ空港まではフィリピン選手が運び飛行機（自衛隊機）によって沖縄に上陸、島内を一周して再び飛行機で鹿児島へリレーし、そこから陸路、熊本、佐賀、福岡、山口、広島、岡山、兵庫、大阪、京都、滋賀、岐阜、愛知、静岡、神奈川を経て、東京にリレー式におくり、都内を一巡して、主競技場の聖火台に移す雄大な伝走であった。

○聖火沖縄リレー

第三回アジア競技大会組織委員会の特別なる御厚意によって、四月二十二日から四日間に亘り、沖縄一周の聖火リレーが行われた。この聖火リレーは曽てない国際的スポーツ祭典として、二、二一四名の多数の選手が聖火伝走の栄誉に浴し、数十万（推定五十万）の住民が聖火の感激にひたったことは、沖縄スポーツ史の一頁を飾るにふさわしい世紀の祭典であった。

△聖火那覇空港着

マニラのリサール競技場で太陽より点火された聖火は四月二十二日正午マニラ空港を離陸し、午后四時四十五分、文教関係、スポーツ関係代表多数の歓迎のうちに那覇空港に到着した。派遣員の通関手続後、午后五時二〇分聖火は空港ターミナルを出発し、午后六時、政府前広場に到着、聖火台に点火された。なお、次の二十四名の派遣員が聖火と同行して来島した。

松沢　一鶴（アジア大会祭典委員長）
中島　茂（文部省体育課）
森岡　一男（東京都庁）
報道員
横山　茂男（NHK）
田中　庸夫（共同通信）
天野　俊一（朝日新聞）
末津　孝（毎日新聞）
三輪　正（読売映画社）
自衛隊十六名（飛行機二機）

△聖火政府前広場到着

空港を出発した聖火は黒山のような人垣に歓迎されて、午后六時にスポーツ団体はじめ、各機関代表、市内各学校生徒が待っている政府前広場にファンファーレ吹奏のうちに到着し、式典を行った。

先ず高校生の「青年の歌」合唱とともに聖火台に点火、次に行政主席代理副主席太田政作氏の歓迎のあいさつ、派遣員代表、松沢一鶴氏のあいさつ、立法院議長の祝辞があつて、那覇高校、首里高校のバンド隊のバンド合奏のうちに式典は盛大、かつ壮厳のうちに幕を閉じた。聖火の口は当夜、防空演習の燈火管制訓練もあったが米軍の懇切なる取計いで特に夜通し点火し、赤々と燃えて関係者をはじめ、全住民を感激させた。

△聖火嘉陽へ

聖火は四月二十三日午前六時三〇分政府前を出発し、明治橋、ペリー、高良、糸満、米須、百名、親ケ原、与那原、知花、石川、宜野座を経て、午后六時三〇分の定時に嘉陽に到着した。

当日は好天気に恵まれて沿道にはいたるところでやっとリレー隊が通れる程の大群衆が集まり空前の人出であった。学童は日の丸の小旗、アジア大会旗をふりかざし、歓迎のよろこびにあふれていた。歓迎ぶりもところにより、異り、バンドの演奏、レコードをかけ、大鼓や鐘をたたきあるいは聖火万歳を叫ぶ等、全く島ぐるみの大歓迎であり、全住民は聖火歓迎の感激にひたっていた。

嘉陽では部落民が総出して聖火を迎え、聖火台を囲んで歓迎の夕べを催し、嘉陽音頭、稲作節、時間生活の歌、ホークダンス等を踊り派遣員の労を慰った。

△聖火那覇へ

聖火は四月二十四日午前六時三分嘉陽公民館前を出発し、有津、宇手那覇を過ぎ西海岸の大保に出て、一号線を南下し、名護を経て、嘉手納に至り、こゝより進路を変えて白川、胡差センター、普天間、広栄、儀保、山川、安里を経て、午后六時六分全行程二三七、五Kを伝走し、政府前広場に到着した。二十二日の聖火到着と同様な式典を盛大、かつ壮厳に挙行し、聖火台にともされて、翌二十五日午前七時三〇分まで赤々と空高く燃えつゞけ、全住民に深い感銘を与えた。当日も沿道はものすごい人出で、リレー隊がやっと通り抜けたことも再三あって関係者は吃驚したほどであった。

なお、全コースに市町村や部落、学校、団体等の協力で約六百の歓迎横断幕と懸垂幕が張られ、まさに沖縄最大のスポーツ祭典にふさわしいものであった。

△聖火本土へ

連日の好天気に恵まれて、無事に沖縄一周を伝走した聖火は最後の一晩を政府前広場の聖火台で輝き、いよいよ、四月二十五日午前七時三〇分、政府前を出発し、午前八時一〇分、那覇空港に到着安全燈に納められた。行政主席当間重剛、立法院議長安里積千代はじめ、教育関係スポーツ関係者多数に見送られ、恙なき安全飛行を祈念されつゝ、岩国に向い離陸した。

◎聖火リレーをかえりみて

はじめて聖火リレーが予想以上の大成果をおさめて、無事に挙行し得たのは、これが準備に当った役員の並々ならぬ努力と各機関団体の絶大なる協力によるものであり、全住民が「祝聖火リレー」の熱意に燃えて理解ある支援があった賜である。

聖火リレーの主催は第三回アジア競技大会組織委員会で、実施は文教局と沖縄体育協会、沖縄陸上競技協会が当った。これが準備は中央準備委員会（文教局、警察局、沖体協、沖陸協、琉球放送、沖縄タイムス、琉球新報、沖縄青連代表等を以て組織）を中心に各地区準備委員会（地区体協役員、市町村体協、市町村青年会代表等で以て組織）が当り、準備の万全を期した。

なお、この聖火リレーが成功をおさめた大きな力となったのは、

一、アジア競技大会組織委員会が特別なる御芳情で聖火沖縄一周を計画されて絶えず懇切な指導をしたこと。

二、準備委員会が綿密なる計画をたてて周到な準備をしたこと。

三、沖縄体育協会が全島を網羅した組織のため地区体協、市町村体協が夫々、充分なる準備を行ったこと。

四、琉球放送、沖縄タイムス、琉球新報が全面的に協力し、聖火リレーの重大性を全住民に徹底したこと。

五、政府各局並に駐日代表事務所が各面に亘り適切なる指導と、援助をしたこと。

六、南方連絡事務所がアジア競技大会組織委員会と適確迅速なる連絡をとり、絶えず指導し、協力したこと。

七、米軍政府が聖火輸送機の沖縄着、その他に寛大なる便宜を与えたこと。

八、市町村当局をはじめ、青年会、婦人会、その他の機関団体が絶大なる協力をしたこと。

九、各学校が随走者、聖火歓迎等に喜んで協力したこと。

十、実業団体が喜んで車輌等を提供し、協力したこと。本土同胞の特別なる御芳情により実現した聖火沖縄リレーの恩恵は実に偉大なるものがあり、聖火を中心に、全住民の志気を鼓舞し、スポーツに対する理解と関心を深めてこれを機転に沖縄スポーツは愈々限りなき前進をして明朗沖縄の発展に寄与するものと確信される。

協力機関団体

南方連絡事務所	1アジア競技大会組織委員との連絡　2飛行機の那覇空港発着の許可手続　3派遣員の入国手続について
行政主席官房	1式典場の使用許可について　2聖火台置場の許可について　3運動靴の贈呈品証明について　4飛行機の那覇空港発着のお願いについて　5安全燈保管場所について　6派遣員歓迎会について
警察局	1道路使用許可について　2全聖火コース、沿道の交通整理　3先頭車の提供（予行演習とも）　4横断幕、懸垂幕の許可について　5式典場の会場整理　6宣伝車乗務員増加許可について　7野外焚火許可について　8派遣員の入国手続の迅速なる処置
工務交通局	1コースの整備　2コース測定車提供　3コース決定資料の提供　4予行演習のための車輌提供　5毛布運搬トラックの提供
内政局	1聖火リレー補助費の予算計上　2派遣員の通関手続の迅速な処置
経済局	1継走者用のマラソン靴の無為替輸入許可　2予行演習の車輌提供

団体名	協力内容
琉球気象台	1日出、日没時刻の通知について 2天気予報
立法院	1立法院議長の祝辞について 2記念品の贈呈 3車輌の提供
上訴裁判所	車輌の提供
琉球放送	1報道について 2実況放送 3来島報道員の世話
沖縄タイムス	1報道について 2来島報道員の世話 3運動靴寄贈の世話
琉球新報	1報道について 2来島報道員の世話 3運動靴寄贈の世話
那覇市役所	1宣伝車の提供 2、横断幕
日華ゴム株式会社	マラソン靴一〇〇足寄贈
日本ゴム株式会社	マラソン靴三二四足寄贈
久光兄弟株式会社	サロンパス一〇〇〇枚寄贈
司産業株式会社	トロフィー寄贈
拓南商事株式会社	ラビット提供
那覇商会	ラビット提供
首里高等学校	バンド隊派遣
那覇高等学校	バンド隊派遣
商業高等学校	バンド隊派遣
昭和産業株式会社	車輌の提供
沖縄バス 〃	車輌の提供
東陽バス 〃	〃
沖縄食糧 〃	〃
沖縄配電 〃	〃
沖縄相互銀行	〃
沖縄港湾荷役運送会社	〃
琉球火災保険株式会社	〃
琉球大学	〃
沖縄教聀員会	〃
那覇地区教育長事務所	〃
琉球文教図書株式会社	〃
琉球海運	〃
琉球石油	1聖火並に燃料の寄贈 2聖火台不寝番員の派遣 3車輌提供
国場組	1車輌提供 2空砲提供 3映画招待券の寄贈 4御土産寄贈
久志村役所	1役員宿泊の準備 2歓迎おどり 3役員歓迎会について 4典式の準備 5不寝番 6その他
コース沿道の市町村 学校、部落 青年会、婦人会 農業協同組合、商工会議所等	1コースの清掃 2横断幕、懸垂幕について 3ポスター 4湯茶の接待
琉球泡盛産業株式会社	派遣員への寄贈

(保健体育課主事)

沖縄に於ける民族意識の發達

島　まさる

一

今年一月十日に公布された教育基本法の冒頭に、「われらは日本国民として人類普遍の原理に基き、民主的で文化的な国家及び社会を建設して、世界の平和と人類の福祉に貢献しなければならない。この理想の実現は根本において、教育の力にまつべきものである。」とうたわれたことは、沖縄の教育に大きな筋金が通った様な力強さを感ぜしめるものであった。この只数語の「われらは日本国民として」を云う為に、終戦以来多くの人々が苦しみ抜いてきたことを回想しそれらの人々に心から感謝の念を捧げるものである。

併し、教育の面では「日本国民として」力強い教育がなされても、その環境には幾多の困難な問題が横たわっていて、教育の効果をそぐ契機が多いように思われる。「民主的で文化的な国家及び社会を建設して、世界の平和と人類の福祉に貢献する。」という理想もその根底に民族精神が基調にならなければ到底不可能であることは歴史がこれを示している。

私は沖縄に於て民族意識がいかにして発達して行ったかを顧みて歴史教育の一助にしたいと思うのである。

二

その為には先づ、民族とは何かを考えなければならない。民族の定義については、マルクス主義で云うように、(1)言語の共通性(2)地域の共通性(3)経済生活の共通性(4)民族文化の固有の共通性のうちにあらわれる心理状態の共通性を基礎として生じたところの歴史的に構成された人々の堅固な共同体である。というのが一般に採用されているようにみえる。

けれども民族を客観的にとらえようとする時は以上の様な規定がなされるであらうが、民族自身が主体的に民族の存在を意識することによって初めて現実に意義をもち、更にこれが国家を形成することによって力を発揮することが出来るであらう。

三

沖縄人が日本人としての自覚を持ったのは比較的新しい。けれども沖縄人は古くから日本を大和とよび、大和という言葉に対して一種の懐しさを感じ郷愁を感じていたと思われる。

古代に大和人が渡来して聚落の祖となり、又は文化を伝えたという伝説や又源為朝が渡来して、その子の舜天が第一代の王となったという説話も、こういう民族的な感情から生れたものと云うことが出来ると思う。

沖縄で最初に日琉同祖論を唱えた人は羽地朝秀向象賢であった。彼はその仕置の中に「ひそかに思うに、此の国人は最初日本から渡って来たことは疑ないことである。だから天地、山川五形五倫、鳥獣、草木に至るまで、その名前が同じである。けれども言葉が非常に相違しているようにみえるのは、国が遠く離れている上に久しく交通がなかった為である」と言っている。

沖縄の最初の官撰史である中山世鑑（一六五〇）も彼の編纂にかゝるものであるが、源為朝の沖縄渡来の事情を詳説し、その子舜天を第一代の王として記載してあるのは、前記の民族感情を反映したものであらう。

彼は又仕置の中で、「一、学問のこと、一、算勘のこと、一、筆法のこと、一、容玷方のこと、一、謡のこと、一、唐楽のこと、一、筆道のこと、一、医道のこと、一、立花のこと、一、庖丁のこと、一、茶道のこと、一、馬乗方のこと

右の芸を若い衆中は常に相嗜んで国家の用に

立てるように努力することが必要である。右の中一芸だけでも習得しない者は、たとえ家柄の高い者でも登用しない。

といって大和芸能を奨励しその邸内には大和御神をも祭っていたと云う。

以上の日琉同祖論、中山世鑑の編纂、大和芸能の鼓吹は一貫した精神をもっていると思うがこのことについて伊波普猷氏は「思うに小民族が大民族に併合される場合に、前者が後者と祖先を同じうし、神を一にするといふことを意識することが出来たら、その苦痛は確に半減するに相違ない」と書いておられるし、ジョージ・H・カー氏は、その琉球の歴史に「向象賢は琉球の人々を属国たるの地位に甘んじさせるために努力した。」と書いているが、向象賢が日琉同祖論を唱え、日本文化を鼓吹した精神は果してそういう政策的なものであっただろうか。

彼の日琉同祖論の根拠は言語の同一であったが、東恩納教授も云われるように、当時としてはそれ以外に方法はなく、言語の同一は即ち民族の同一と考えられたであろう。

日琉同祖を説いてから三十八年後一七一一年に混効験集という古語辞典が編纂されているが、その中に引用されている古典は、東恩納教授によれば、源氏物語、伊勢物語、徒然草、太平記、呉竹集、節用集、藻塩草、塵添壒嚢抄等があげられている。この書は、尚貞の命によって編纂され、識名盛命以下の責任者の名も記されている。向象賢は尚貞の五年まで摂政の地位に在り、それより二年後に五九才で死去しているが、尚貞王が向象賢に何等かの影響をうけたか、或はその企画に象賢が参画したかということとも想像される。象賢自身の教養については薩摩系統の経学と、保元平治を始め各種の軍記物等を根拠とするものと云われる。若し象賢の影響の下に混効験集の編纂が行われたとすれば、それに日琉同祖の裏付けという意味を見ることが出来る。

当時、薩摩は琉球に対し、一六一七年に「琉球生国の者は、日本人のような髯、髪、衣裳を用いてはならないということをかって令達した。よって令に背いて日本人のなりをする者があれば取調べて罪科に行う。」と令したり、一六二四年には、「日本名前をつけたり、日本の服装をしたりすることを堅く停止する」と令達したり、又将軍慶賀使の一行が江戸に入る時は、殊更異国風の行列をなさしめ、路次楽を奏しつゝ江戸の町をねらしめたことは、江戸市民の目をそばだたしめたであろうと思われる。

このように、少くとも公的には沖縄人を異国人扱いにしたのであった。

向象賢が薩摩のこういう態度に対して、文化的、精神的に、支配者である薩摩と対等の位置に立とうと念願することは自然ではなかろうか。こういう精神から彼は琉球の士人に対しては一六六七年の大和芸能に関する法令を出して日本人としての教養を高めることを要求したのであろう。こう考えると、彼の中山世鑑の編纂、大和芸能の鼓吹は、彼の日本民族としての自覚をもとにして、琉球士人に対しても教養によって之を得させると共に、精神的に自立することを要求し、薩摩の取扱に対し無言の抗議をしたものと見られるのであり、又このことは結果としては、島津に支配される精神的な苦痛を大に和げたことになったと思われる。

四

向象賢の後、混効験集の編集者の一人であり、思出草の著者でもあって琉球に於ける和歌の祖といわれる識名盛命出で、国文学に、和歌に、書道に傑出した人物が現れ近代の歌人、政治家である宜湾朝保に至るまで、その伝統は発展して行った。宮古の様な孤島にも、中山世鑑編纂後百年もたゝない中に、宮古島旧記のような立派な和文の史書が書かれ、これにも平家平治伊勢等の古典の教養のあとを止めている。

これより更に百年ほど後に落書事件が起った。一八六〇年那覇の日本監守館に次の様な投書がなされた。

一、琉球は小国にして、大国の間に介在し、諸政行ひ難く、常に財政窮乏し、上はこれ下を恵まず、下はこれ貢納に急にして自ら困憊す。

治績頓に挙らず、庶民政に安んず能はず、偏に大国に帰趨附庸の急なるを覚ゆるなり。

一、当島は往古自立の政を行ひ来りしものにて、与那覇勢頭中山に服属の道を講ぜしより、其の属領となりしも、用語と云ひ、先祖の由来と云ひ寧ろ大和に近きものなれば、下々の者皆大和を以て親国と云ひこれに帰するを喜ばずと云ふ者あらざるなり。

一、希くば此の素懐を大和親国の高官に致し、談合折衝の宜しきを得、悪政に困弊する島民を公道の下に救ひ給はゞ、衆庶靡然として聖天の徳化に服すべきや必せり。

この投書は中山政府に対する叛逆であるとして厳重な探索が行われて、その結果犯人は、宮古前島尻与人であることが判明し、中央からも審問吏が渡島したりしたが、その一味の者ど共に処刑されたことは、宮古史伝や、球陽、尚泰王十三年の条に明記されている。

この投書で注意されることは、

第一に、中山の政治が悪政であり、これによって島民が疲弊困ぱいの極に達していることを明らかに述べたことである。十七世紀以来琉球では宮古、八重山のように誅求されたところは恐らくない――所謂人頭税制によって――と思われるが、前島尻与人は、かっては与人（村長格）の地位にあり、支配階級に属したにも拘らず、民衆の立場に立って悪政を批難せずに居られなかったほど民衆の疲弊が甚だしなかったのであろう。

第二に、用語と云い、先祖の由来といい、寧ろ大和に近きものであるとして、言語神話が沖縄本島よりむしろ日本に近いと認めたことである。宮古島の言語には日本の古語を伝えることがより多いと思われるが、これも彼の古典の教養から来たものであろう。

三に、この投書は一種の日本復帰の希望の表明である点である。単に民族の点からでなく、政治、経済の点からも日本の支配を希望したことが注目される。

彼は当時、書に於ても、文章に於ても一流の人物であったと伝えられ、その刑吏に捕われるに当り、家人に対して、世は我が言の如く大和世になるであろうと断言したと云う。

五

以上の様に、日本的教養が普及されて行くに従って親日的傾向を有する人々が多くなり、これに対して中国に留学し、中国的教養に培われた人々がこれと対立するに至った。平敷屋事件もこういう対立から生れた悲劇であると思われるが、この傾向が激化したのは、ペリー渡米から、琉球処分に至る琉球の地位の変化する時であった。宜湾朝保はこの時期に於て向象賢の精神を継承した琉球最後の政治家であった。

彼は三司官の地位にまでのぼったが、和漢の学に通じ、和歌は八田知紀の門下で、明治維新の慶賀使を上京せしめる時に当り、副使として上京、明治天皇の歌御会で、水石契久という題の下に、

動きなき御代をこゝろの巖が根に
掛けて絶えせぬ滝つしらいと

と詠じている。

彼は又向象賢の言語上よりの日琉同祖論をうけ、「古事記伝、万葉集等をみるに、日本上古のことば、ここには今も多く残れり。」として三十余年の琉球語をとり出して、記紀万葉の古語と比較していることは、伊波氏が早く紹介されたことであった。

維新の慶賀副使として上京し、尚泰が日本より藩王の封をうけたことに関し、親友、頑固党より弾劾されその理想を実現することが出来ず、

野にすだく虫の声々かまびすし
誰が聞きわけて品定めせむ

の詠歌を残して隠退したことは転換期の琉球にとって惜しむべきであった。

六

宜湾の隠退後、頑固党の勢力は益々強大となり、琉球処分はこれらの人たちの消極的な抵抗によって遷延させられたが、日本政府の強行によって、廃藩置県は決行された。

けれども日本官吏が来島しても、沖縄人のこ

れに協力する者がない為に空しく日を送るだけであり、若しこれに協力する者があると、頑固党は之に圧力を加え甚だしいのは衆力を恃んで之を惨殺した。宮古島の所謂サンシー事件などその例である。

首里の士族、大湾、仲吉、松島、久高の諸氏は、その中で身を挺して県官につき、為に国人から売国奴とされ、父母からは義絶され、郷里は之と交誼を断ったが少しも顧みなかったという。頑固党に対する彼等の精神を、琉球見聞録の著者喜舎場氏は記録している。

「我が琉球は海外の小島で、物産が少くてその用を達することが出来ない。古来日用品は大てい日本産に頼っている。日本を離れる時は一日も生を養うことが出来ないことは皆、人の知るところであるが、一般の人々が日本に従うことをせず、只頑固を守るに汲々たるわけは、旧役人がこれをだましているからである。

旧役人達は日本帰属になれば世襲の地位を失い、任官する者は皆篤学多才の平士等の専有する所となって、忽ち悲境に陥ることを恐れているからである。彼等は国家の危急を救うを後にし自己の保存を得るを先にし、極力、日本の命を拒絶することに熱中している。

彼等が国家に忠誠を尽くすというのは只清国の為に信義を守るという仮面にかくれて自己の地位を守るために、衆人を惑わす言にすぎない。国人はこれを悟らず、旧役人の言を信じて愚行を演じ、その為に終に業を失い饑寒にせまることになるのを忘れている。吾等は座して之を見るに忍びず、率先して県命を奉じ、国人幸福の前途を開こうとするのである」と。

この立言は経済上からも日本帰属を論じている点で注目すべきである。又守旧派の人々は、多く久米村人や亀川親方を中心とする内閥の者であり、彼等が極力日本復帰に反対した理由もつくされている。

七

向象賢を最初とする日本古典の教養も封建制下の沖縄では支配階級の限られた人たちにのみ許されたことであった。対外貿易も封建政府によってのみ行われた小島国の琉球では、商業によって資本を蓄積し、支配階級も生れなかった。こういう中で一般民衆は封建制を支える儒教道徳のみによって教育された。

日本で古代近世に至るまで庶民教育に大きな役割を果した僧侶も、沖縄では民衆との接触を禁じられていた。従って古代以来の民族感情も培われることなく無自覚のまゝ流れた。

沖縄の民衆が民族意識をもつようになったのは、明治政府の教育制度に浴してからであった。

明治十二年の廃藩置県は日本にとっては単に琉球の領有であったかも知れないが、沖縄人にとっては母国にかえることであった。

明治十三年に師範学校、中学校、小学校が設置され、やがて全琉に日本と同様な教育制度が整備され、約六十年の教育により、沖縄の全住民は、先に定義したような意味での民族の一員となったのである。

けれども、日本が沖縄をとったのは、カーム氏の云う様に、本質的には国防上の問題であり、仮想敵を防ぐという点では重要であったが所有するということ自体は、それほど重要ではなかった。今次大戦でこのことは実証された。逆説的に云えば、沖縄を犠牲にすることによって本土は全きを得たということも許されるかもしれない。敗戦後の沖縄には明治の頃と同様に混乱がおこった。

併し米国統治が進み、生活が安定して行くにつれて、本来の民族意識は甦って来た。二年前の復帰運動が住民の全階層にわたった高まりはそれを示すものであり、その結晶が教育基本法の「われらは日本国民としての……」一文であると思うのである。

☆ ☆

☆ ☆

本校の教育研究の一面

配属校　福岡学芸大学田川分校
附属田川市立伊田中学校
福治友清

沖縄教育界の皆様、相変らず御精励のことと推察致します。赴任間もないことではありますが本土の学校の状況を簡単に御紹介致します。

本校は福岡学芸大学田川分校附属中学校です。炭坑節で有名な三井炭坑の煙突の下で近代産業の脈動にふれ乍ら地域に応じた特色ある附属中学で学級数十二、職員数二十八（事務その他を含む）の割合整然とした学校である。研究と教養を深める教師の信条として「至醇なる教育精神、旺盛なる研究精神、真摯なる指導態度」の三ケ条をかゝげこの信念の下に学校経営の目標を「敬愛の桐蔭学陵」とし学校全体が敬のみちた場であり人格育成の場であることに努めている。研究と教養を深める本校の教師の姿を列記してみよう。

一、研究の態度

A　一校一テーマによる研究の推進……三ケ計画の下に明確な研究テーマを設定し、日々の教育実践をこの一点に集約して活発な校内研究会を展開している。

B　一人一テーマによる研究の推進……各自の特徴と研究を生かし、学校のテーマに即した各自のテーマを設立し、継続的な研究を進めている。

C　田川市教育研究所の組織の下に研究の推進……前項の研究の結果は毎年三月教育研究会の主催に基く研究発表会、研究論文応募にその成果を競い現在相当の成果をあげている。

D　研究集会による研究の推進……教育委員会主催の下に校長、教頭、中堅男女、青年男女等各階層別に重点的な研究集会を展開し、教育実践に直結したそれぞれのあり方を究明している。

E　同好会組織による研究の推進……全教科に亘って教科研究委員会を組織し、その結果を校内の教科研究会に生かしている。

F　研究会、講習会への参加による研究の推進

G　新免許状に切り換えるための単位認定講習会への受講による研究の推進。

H　教職員組合文化部の主催する行事への参加による研究の推進。

以上列記した教師の姿を達成するために次の条件が考えられる。

1、沖縄と比較して教員数が多く負担が少いこと。

2、設備が整って各教科研究室があり、落ちついた研究が可能であること。

二、日々の教育実践の確立

1、教務優先で正規の授業の確保に努める（行事の簡素化）教務優先は教えることの優先である。教えることの優先は必ず教師自身が研究し自信をもつことが優先する。教材が陶冶財となるためには教材が人格化されて教師のものとなることである（教材研究・週案実践記録）

2、年間学習指導計画、週案、日々の実践記録を全職員が記録している。

3、単元展開の順序は予備テスト―一斉指導―ドリル学習―診断テスト（A）―練習治療問題(1)―診断テスト（B）練習治療問題(2)―次の問題

4、診断テスト（毎時五―十分程度）単元テ

ストの結果は個人表に誤答を記入、個人指導の計画、誤答傾向を知る資料となり又指導法の反省診断、単元テストの資料ともなっている。

5、学年末に一人一テーマの研究集録、一校一テーマの研究集録を作成し次年度の深化に努める。

三、学校図書館の状況

1、図書館の位置づけ……学校教育の基盤としている。教科指導の中にも学校図書館をバツクボーンとして位置づけ、カリキユラムも、委員としての人の構成指導の場も時間もすべて学校図書館の活用と奉仕を考えて有効な関係を生み出すよう計画する。

2、近代人は図書を愛する人間でなくてはならない。教育は魂のふれ合いでなくてはならない。

3、全耺員、全生徒による図書館でなくてはならない（生徒会の奉仕活動として全生徒が活動に参加）

4、図書館カリキユラム、図書一人三〇冊

5、一般教養としての読書指導、読書不適応児の読書指導、耺業指導としての読書指導

以上本校の概略を御紹介しましたが茲に私達の教壇実践において参考になる点が多々あると思うが何んといっても教師の負担を軽減して一日も早く学校設備を充実して生徒の学習指導の深化に努めたいというのが赴任早々の感である。

本土耺家教師の声をきいて

配属校　千葉県千葉市立加曽利中学校
大濱　澄子

青葉若葉の季節に望み、今日此の頃ようやく当地も活気づいた感じです。

皆様の御期待にそうべく胸をふくらまして、泊港を出発して早二ケ月、自分ながら月日の流れに目をまるくして居ります。

私のテーマは耺業家庭科の第五群の指導です

文部省から配属してもらった千葉県千葉市立加曽利中学校に腰をすえ研究のかたわら方々かけ廻って居る次第です。加曽利中学校の家庭科室を簡単に御紹介します。

七間に六間という広さで、料理、クツキング、洗濯と三調子揃えたかまえ、それに備品と資料は完全にちかく一見して心をさそう整然たる雰囲気、そのかたわらに、私の研究室をもうけてくれた佐野たけ先生は又私が師事しているばかりか親切丁寧至れり尽せりのお世話をして下さるので有難く感謝にたえない次第です。毎月行われる東京都内の土曜会(耺家会)に出席させてもらいますが東京を中心に近県の耺家の先生方も集まる討論会だけに実に勉強になります。

四月二十六日に行われた会の議題は『耺業家庭科の教育計画作成上の諸問題について』であった。

新学期で各学校ともいろ／＼の困難点や疑問点について実情を検討して行きたいと立和田鼎(東京都指導主事)先生のあいさつに始まり約三時間にわたっての討論会がもたれた。その主なものは、ほとんどの学校が生徒数の自然減による耺員定数減のしわ寄せの為に耺員組織の不均合いが生じたという事であった。問題点をまとめてみますと

1、耺員の編成及び専攻別からくる問題
2、共通の五群の内容のとりあげ方
3、共通の二群の内容のうち、とくに女子の為の、二群の内容と深さの問題
4、他教科との関連
5、基礎的技術をどのようにおさえどの程度深めるか

という五問題について活発な討論がかわされ、

午後七時閉会した。

第二回目（五月二十四日」は『職業家庭科の技術指導の問題点』という議題で技術とは客観性のある技術でなければならない将来生きる為の技術、考えながらものをつくっていく、そして他のものを作るにも役立つ一般的なものでなければならないと各群別に討論していった。

以上は土曜会の模様です。千葉県においては今度始めてのこゝろみとして現場の教師に研究を委嘱して各教科現場において向う一年ないし二年研究して行くような方法がある。

その打合せの中で現場のなまの声を聞いてみますと『時間の問題、施設設備の問題』で随分悩んでいる様子であった。

その点文教局の五ケ年計画が有難く、又真和志中、首里中、東風平中、北谷中あたりは日本に比して劣らぬ立派なものだと思った。

最後に文部省の山本キク先生を訪ねて。前もって電話で連絡して五月十三日朝から午後一時までいろ〳〵話を伺って帰った。話は先ず第一に現在の職家と改善になる技術科との相違、第二に五群の各項目の文部省としての目標について、くわしくうけたまわり資料をいただき又織維工場、都内の有名校見学の紹介状をもらって帰途についた。

三十七年度から全教科改善されていくそうですが中でも大きくひゞいているのは職家である。第一名前が技術科に変り、男子に工的面、女子に家庭的面を取扱う。今までの六群はすっきり離れて特活に入る。時間は三、三、三で行く等、八月三十一日までには新しい指導要領が出るというお話であった。

現在東京都の職家の先生方が盛んに文部大臣に名称を従来通りに存置してもらうよう請願しているとの事であった。

私もこれにつきましては家庭科という名前を是非存置してもらいたいと思い五月二十一日千葉県の職家の先生方と一緒に文部大臣に請願に行った。教科の名称というものは、その教科の目標や内容が端的に誰にでも理解出来るという事は教育を徹底させる上に大切だと思う。

家庭科の名称は昭和二十三年の教育改正において従来の技術に偏した家事裁縫の教育から更に家庭生活全般に対しての知識理解を深めて近代的、家庭建設者としての教育を目ざして改められたものであった。今回の技術科は近代科学技術に基ずく家庭生活の指導を目ざすものとは推察されるが、家庭科教育においては従来の狭い意味に解され教育が逆行する懸念がある。

千葉県でも二回にわたりその道の先生をまねいて話を伺っておりますが、何でも現在の指導要領につけられた○印をしぼり出してあるような傾向で中でも二群が強く打ち出されているようである。現実を離れた理想の指導要領でなく又現場を混乱させないような最もよいのを作成してもらいたいと現場教師は叫んでいた。とにかく職業家庭科はあまりにも変りすぎると思う。目標のはっきりしない中学生に対して如何にすべきか。こゝに中学校教育のむずかしさがある。

何はさておいても実践的な基礎的なものを徹底的にやって能力、態度を身につけるところまでやらなければいけないのではないかと思われる。

拙い筆で現在までの模様と感想の一端を申し上げました。残る幾月各面から大いに見聞を広めて帰りたい。

こうして本土の先生方と肩を並べ勉強の出来ます事は、ひとえに皆様の御支援の賜だと感謝にたえません。

最後に沖縄教育の発展を祈りつゝ筆をおきます。

一九五八年五月二十七日

孤窓展望一月余

派遣初期における研修生活の感想

配属校　東京都杉並区永福小学校
勤務校　那覇市壺屋小学校
大嶺弘子

永年の宿望がかなえられて憧憬の本土の旅、をする歓びにみたされながらも初めての離郷で孤独の寂しさと郷愁とが錯雑していた。上京当初の不安定な気持も、最近どうにか落ち着き、仕事も、生活も軌道に乗って参りました。

東京到着当日は季節外れの雪との奇遇から、桜を始め万花競う盛春を経て、鮮緑の五月現在に至るまで、気候的にも気分快適な上に、仕事も極めて好調な運びをみせ、楽しく、有意義な研究の日々を過させて戴いて居ります。その感激と喜びを、多少ともおわかち致したく拙文をもって一月余の研究経過を中心とした孤窓から展望できたいくつかをしるしてみたい。

※　※

大いなる希望と決意のもとに勇躍出郷致した筈の私達は、責務、期待などに拘束されているということに拘泥して、全神経を極度に緊張させながら悲壮な心境にあったものでした。ところが現場に臨んで、何れ劣らず興味をそそって山積する仕事に、欲張った食指を動かしている中に、もはや妄想雑念の入り込む余地はなく、如何にも隔意なく広凡に活動し得る果報この上もない己が存在に唯満悦し、その機関に対しても衷心から感謝致している次第です。

さすがに東京は日本社会の殆んど全機能の中心ともいわれるだけに、種々の研修の機会にもふんだんに恵まれて居り、私達もその機を有効適切に捉えて充分に利用すべく、あれこれ考慮しています。

過去六ケ年余の教壇経験と見聞から、自分にも、いくらか教育に対する識見らしいものをもったと自負していたものですが、高い見地と広い視野から、学理と現実の事実とを照応させつつ、たゆみなく求道究明に専心されておられる偉大な方々や、着実に足を踏まえながら溢れる情熱を傾注して現場教壇の向上、自己研磨に励んで居られる尊厳そのものの方々に接する中に、今までの自分の偏執さが思い合わされ、多角的な分岐点に立って困惑している状態です。と申しても、それは根本的な観点の問題であって決して自己卑下ではなく、方々の教壇を観て廻って、結局、指導形態や方法は、各教師の理念に左右されるもので、当面の技術や熱意だけでは解決しきれない底の問題があることを再確認したといった方が適切かも知れないのです。

社会の一機能としての学校教育が、「現代社会を継承して、次代を建設すべき人間。」を育成するという意味に於いて、全社会機能の原動力ともなっていることは、論を俟つことのない事理であり、事実であります。そして、社会という通念も国家社会の領域だけでなく、他国の動静が直接間接に個人に影響している現今では、広く世界を示すようになっています。

そこで、教育の最も直接的な立場にある教師の日々の教育労作は、次代社会の方向を規制するものであるとも考えられるわけで、複雑微妙に緊迫した今日の世界状勢下にあって一層、教師の負っている使命の重大さを痛感しているものです。

教育の目指すものは、「より望ましい人間の育成。」であるので、社会生活を営む上での

研究教員だより

より望しい人間像の確立こそが、あらゆる実践活動の主軸をなすものであると考えました。そしてそれはあくまでも現実直視の中に立てられるべきで、事実現象を根底としなければならないことは勿論です。

以上のようなことから、研究期間、初期（四五月）の研究計画を次のように立案しました。

一、教育学概観
二、国語教育学概観（意義と目標の確認）
三、国語教育に於ける読解の分野
四、読解作用の心理的分析と機能分析
五、発達段階と読解学習内容の系統化
六、教材の観方（教科書採択の基準）

以上、随分欲張った感じですが、基礎的なものを幾何か持っているつもりで、概観も大まかに目を通す程度とし、推進方法としては次の三点をとり上げて実施しているところです。

一、大学講義の受講及び、ゼミナール参加
（教育大、法政大）
二、国語教育関係の諸先生方の訪問及び、サークル出席傍聴
三、参考図書、資料文献、実践記録などの読み

その面接、受講の手引きや、集会などは、大家の先生方ながら、わざわざ電話や葉書などで御連絡下さる外、何かと便宜を計って下さったり、全く身に余る御配慮の数々に恐縮しつゝ、その御厚情にお応えすべく、とみに自己を督励し、自覚を促しているところです。

その外、何処に行っても、過分に優遇歓待され、沖縄の内情や教育面に対する質問も、曲解や偏見は少しも見られず、同胞理解の為の態度が伺われ、又、華々しい教育その他の論争にも加わったりしますが、その場は常に大らかで総べてを融和包容する雰囲気に盛り上がっているのです。

さて、その初期を承けて、中期（六、七、八月）には、次のような計画を進めて行きたいものと考えています。

一、読解指導等の具体的な観点からの究明、
（分析的に諸問題を追求し、後に教壇実践において綜合するようにしたい。）
二、読書指導への発展
三、作文、ローマ字指導及び、朗読法について、（テープ録音など）

そして後期九月には、研究雑録の整理、と期間に余裕があれば、存分に深めていきたい。問題のみが山積しておる反面短期であるので一日だりとも無意に過せぬ実情にあります。

その外、期間中月別計画をたて、それに副って毎週々末に、受講日、校内行事、校内研究会、文部省、都庁指定又は主催の研究会、指定実験及び他校参観などの予定を日時に割りあてた週間日定表を作成していますが、行事が重複して一方を放棄せねばならない時等、その選択に随分悩まされたりもするものです。どの週も殆んどぎっしり組まれるので、読書は自然に、夜と日曜日に限られ、予定はいくら急いでも遅滞しがちで、初期にずれを出してはと、月末を控えて追込戦たけなわということです。

兎に角、一日一日が何か、意義を、問題を又は思い出を刻んでいるような張合いに充ちた毎日なのです。

一流の大家の先生方が、一平凡教師の愚問も対等に熱心に解説して下さる時の感激、師事する先生の一筋で底深い教育実践向上への熱意、そしてその師を中心とする規模の大きなグループ研修の盛り上がる迫力に対する感動、角帽の学生と席を並べて受講する時の心の若やぎ、それに、配属校の校長先生、教務主任先生の細やかな御配慮と、諸先生方の親切で積極的な御協力への感謝、など、全くこの機なりではの感銘を新たにするものです。

その他、沖縄の立場からは、隔世の感もする羨望極まりない諸面……、しかし、厳とした独立国と、複雑な立場に立つ一孤島とを、比較させることと自体が愚かなことで、現実に立って着実に一歩々々の前進を計るのは自分達の使命であると認識していますので、徒らに夢のみを追うまいと考えております。何としても安定した母国の生活をみるにつけ、前途の多難楽観の、

ゆるせない故郷の同胞（自分も含めて）がいかにも不憫に思われてなりません。

帰郷後は、微力たりとも同胞の支えとなり、教育の道で尽力し得るよう、貴重なこの機を最高度に（惜しむらく能力の限界にて）活用し、些少とも自己を高め修めることに、努力を惜しまぬつもりです。

※　※

あわたゞしく過ぎなんとする凡そ二ケ月の〻余りにも変化に富んで日々の事柄を、一々述べてはきりがないと考えて総括抽象しましたら、すっかり興のないものになってしまいました。

新奇な食物、青森紀行、勤評・道徳教育をめぐる諸問題、衆議員選挙、失敗珍談など―書き出せばきりのない具体的克つ柔軟な話題は次機に譲ると致しまして、此の度はそこらで締結終尾と相成らせて戴きます。

一九五八年五月二十五日

清新な氣持で學校生活

静岡県浜松市立県居小学校

波平　廣

照り輝く太陽も日増しに強くなり、今日この頃はめっきり夏らしくなって参りましたが、郷土の先生方にはお変りなく教育に御精進の事と思います。

小生このたび第十三回の研究教員の一人として渡日させていただき、本土の教育をじかに見る事ができた事を幸に思っております。

つきましては小生の感じました点を二、三串し上げそのいくらかでも御参考になれば幸だと思います。

一、うらやましい本土の学校施設

赴任地の浜松市の学校は、戦前建てた校舎と戦災のため戦後建てられた校舎と二通りあるが、どの学校を訪問しても施設が完備されている事にはびっくりさせられました。

青々とした木立の中に聳え立つ、赤屋根に白色の近代的な校舎、にぎやかな街の中にあるとは思われない静かな学園、これは沖縄のブロック教室や環境とはおよそ比較になるまい。別荘と倉庫の違いがあるといっても過言ではないと思う。

これは単に外観のみでなく、内容に於ては尚その感を深めるものである。

ここで具体的に小生の赴任している学校のようすを書いてみよう。

生徒数一〇二七人の県居（あがたい）小校は四〇〇〇坪の校地で、周囲をポプラ、檜、アルプス杉等で囲み、夏の頃は涼しい影をつくって子供達のよい遊び場となる。

校門をくぐると正面に黒松、檜、かえで等の植えられた築山があり、その後の方に白色の近代的な三階建て、本館が聳えている。黒い砂利の上をざく〴〵と音をたてて行くとガラス張りの広い玄関があり、すぐ正面に校長室兼応接室がある。白いカバーのかけられたソファー、大きなテーブル、書棚等がおかれ装飾の方も色々くふうされている。

どこか会社の重役室を思わせるような感じの部屋だ。赴任の時、そこに座らされた時、果してこんな学校で務まるかどうかとびっくりした程です。すぐその隣は職員室で事務用テーブルと個人〴〵の整頓戸棚等がおいてあって実に整然としている。

学校美化はまず職員室からといった感じだ。

次の部屋は職員の脱衣所、保健室と続く。

一教室位の広さの保健室は養護の先生がつきっきりで設備もよく児童の保健衛生に細心の注

意を払っている。

職員室のむかいには職員用の水洗便所があり、鏡、手洗い等も完備され夏分でも臭気がなく実に清潔である。その他本館の一階には放送室、印刷室、男職員のいこいの場所である宿直室等があり、二階には会議室と六年生の教室、三階には理科室と講堂がある。

会議室は一教室位の細長い部屋で、長いテーブル、腰掛、移動黒板等がおいてあり、職員会、PTAの委員会等五〇人位の会合はそこで行われます。

三階の講堂は平常音楽室として使っておりますが映画の上映も出来るようになっており理科の学習等にもずい分役立っております。

理科室の方には戸棚十にぎっしりと実験器具がつまっており、支部省規定の八十%位まで到達しております。尚現在、PTA予算、市の補助等でどし〱購入しており、来年あたりまでには、ほとんど揃うだろうといわれております。

理科工作に使う工具の方もハンマー、ペンチのこぎり、のみ、かんな等その他数種類五十こ単位で用意されており、工作活動も思う存分出来るようになっております。その他階上には水道施設、便所等もあり、別に階下に降りなくても用をすます事が出来ます。

別館は赤い屋根に白色の二階建てで五年以下の教室と図書室、社会科、図工科の準備室、体育倉庫等があり、本館と渡り廊下で結んでいます。廊下の壁は学校掲示板、学校案内図、気象板給食のコンダテ表等があり、掲示教育にも力を注いでいる事がうかがわれます。

その他、本館と別館との間には、四十坪の給食室があり、ミルクかくはん機、野菜截断機、球根皮むき機、食器洗じよう機等が設備されており完全給食で週五日間全学年に実施し、下級生は給食後下校するようになっております。

給食内容はパンにミルクに野菜サラダがついたりフライがついたり、果物がついたり色々で一月のコンダテはほとんど異っております。栄養師と他に二人の給食員が研究してつくったこの食事は味もよく栄養万点で、食生活の指導の立場からも最適です。

この様に本土の学校は外観、内容ともに充実しており実にうらやましいところです。

二、児童の健康保健には細心の注意を

前にも述べたように養護の先生がおり、学級を担任せずもっぱら児童の保健衛生に専念しております。

日々の欠席した児童の欠席理由を確認しその統計を検討する事によって、流感等の伝染病の発生を早く発見し、校医と相談して対策したり、日々起きる病人の世話、傷の手当も一切責任を持ってやってくれるので担任教師はそのことで授業をつぶすような事はありません。

それから毎年四月には医師の身体検査のみでなく、駆虫の一斉投薬、ツベルクリン反応等とやり、陽性の子は、B、C、Gの注射のみでなく、レントゲンをとっておりその慎重さには本当にびっくりさせられました。

又給食等で栄養は充分考慮しておりますが、肝油の方を服用させております。それから遠足に行って感じた事はくた〱に疲れるまで遊ばさないという事でした。

春の遠足はどの学年も徒歩ですが、一、二年生は十二時、三、四年は一時半、五、六年は二時半までには帰校する様になっており、尚翌日の授業は一時間おくらして子供達が充分に睡眠をとって疲労が回復する様に、考慮されております。これはその外お祭等の地方行事等がある場合にも同様な処置をとっております。

三、受持間数は皆一律

学校により、或は人によって異っていると思うが、沖縄の場合上級担任と下級担任とは受持時数においておよそ八〜十時間位の差があって、上学年の教師の負担が非常に重いがここではほとんど一律に負担をしている。

例えば六年のA教師の場合、週授業時数三十二時間の内家庭科（二）音楽（二）社会（一）

（校長の訓話）計五時間あきの時間があり、実際に負担するのは二十七時間です。

又下級の先生（一年）は受持時数二十五時間に上級の応援授業に二〜三時間位でかけますので、上級同様週二十六〜二十七時間の負担となっております。

それで学級編成の希望調査をしても、沖縄みたいに中級、下級に集中して上級希望の少い現象は起らない様です。

尚校長先生は週三時間、教頭先生は六時間授業を持っております。

四、きめられた授業時数は必ず確保

沖縄の場合、誰か研究会等に出張するとか、或は欠勤した場合、そのクラスは同学年、或は隣接の先生が、自習させる事が多く、担任の欠勤はすぐ児童の学習に響く、特に上級の場合自習を見るにも午前中が精一杯で午後は帰す事が多いわけでそのような事が積り積って学習がおくれてしまうわけである。即ち、研究会参加にせよ、病気欠勤にせよ、クラスをあけるという事は後々教師や児童の重い負担となるわけで病気の場合でもゆっくり静養する事も出来ず又法的に年次休暇が認められていても良心的にお願いする事もむつかしいわけである。

しかしこちらでは決して此のような事はみられません。

欠勤のときや出張の場合、助勤係の先生があきの先生（毎時間二人は居る）教頭先生、校長先生等を適当に組んで時間割通りに授業をすすめてもらっています。

所謂四人以上休まない限りに於いて自習はあり得ません。

それは他人に迷惑をかけているんじゃないかと云われるかも知れませんが教師間はお互にそのように助け合っており、後に負担が残らないという点は大きな違いでしょう。

それで法的に許せる限りにおいて年休ももらっており満足できるゆとりのある生活も営めるわけです。

五、通勤は皆自転車で

浜松市は人口三十余万の大都市で、自転車が多いのでは日本一だといわれております。どの家でも二、三台はもっており、勤めにも、映画にも、買物にもすべて自転車でといった具合で、デパート、映画館、会社等の入口には何百台と自転車が並んでおり、一時はどうしたものかとびっくり致しました。

又、朝夕のラッシュアワーの時は自転車やオートの大洪水で道を横断するにも楽ではありません。

婦人も男性同様平気で乗っており特に六、七十台の老人の自転車乗りは珍風景です。

学校の先生方も校長はじめ給仕にいたるまで皆自転車通勤で唯一人小生のみ親ゆずりの二本脚でてく〳〵通っております。

遠い人は二里位離れた所からオートで来るのですからただ事ではありません。

まあこちらでは男にしろ女にしろ自転車に乗れなかったら教員は務まりません。別に自転車乗りの試験があるわけではないが……。

以上感じたまゝに綴ってみましたが最後に先生方の御健康と沖縄教育界の御発展を祈りまして筆をおきます。

恵まれた本土の先生方

伊佐常英

拝啓　其の後先生方には相変らず益々御壮健の由何よりの事で御座います。小生も御蔭様をもちまして元気で日夜研鑽に精出しております。

さて先月研究プランの概要として御送り致し

ました計画案によりまして毎日研究を進めておりますが、学校の都合又は個人の都合で今后幾らか変更もあるかと思いますが現在のところ、案通りうまく行っているようです。私の真の研究テーマの課題は此れからと云うところでありまして未だ報告するに至りませんので学校の全般的な面から私の今まで見た範囲内に於てあらましの感想を御伝えしたいと思います。

㈠恵まれた本土教員

教員の資質の向上、子供の学力低下については現在、沖縄で盛んに叫ばれておることであるが、私は本土教員の中に一歩足を踏み込んで見て成程と思わざるを得なかったのです。私は逆に沖縄の教員はあれでよくもやっているものだと云いたいのです。それに関し私が申し述べたいことは教員の待遇の問題です。

私は殆ど半日位校長室でその面について懇談致しましたが、本土の教員が実に恵まれていることを痛切に感じました。勿論基本給から考えた時、大した差は無いように思いますが、物価の面を考えいろ〳〵と計算したとき結局は基本給でも相等の開きが出て来ると思う。それはともかくとして本俸外の給付が又実に羨ましい程であります。以下その給付についてあらまし述べてみますと、

(1)家族手当

家族の中妻と子供一人迄は夫々月六〇〇円その他の被扶養者には各々四〇〇円が支給される。

(2)傷病手当

肺関係の病気は三ケ年間有給で休養其の他総べての病気について本人は治療入院すべて無料、家族は半額（実費の）残りの半額の半分は互助組合がこれを出してもらうから結局、実費の四分の一を出せばよいことになっている。

(3)ボーナスについて

年二回に支払われるが七月に本俸の四割程度十二月には本俸の二十割強支給されている。

(4)通勤手当

これは昨年まで此の県では委員会から出されていたが今度からP・T・Aから実費の約半額程度の予算で計上されているようである。

(5)保育費

男の教員、女の教員を問わず一率に保育費として月二百円、六ケ月間支給される。

(6)退　職　金

これは又実に大きなものであり退職金を目当にして銀行より資本を借して戴き住宅を建築なさる員も相等多いようである。例をに左あげてみると、

〇月俸30.000円で勤務年数30年の先生の退職金は次のように計算されるようである。

30,00円$\times\frac{60}{100}\times 10=$ [A]

[A]＋[B]＋[C]＝[退職金]

30.000円$\times\frac{65}{100}\times 10=$ [B]

30.000円$\times\frac{70}{100}\times 10=$ [C]

(7)恩給の制度

これについてくわしく申し上げるのは紙面の都合でさしひかえますが何しろ恩給だけで充分とは云えないにしてもけっこう生活はやって行けると云われる位ですから大したものである。

尚其の外の手当給付は沖縄と同じくあるようで以上の事から考えましても本土の教員は、現在は勿論将来まで保護されており腰をすえてじっくり教育の道にいそしんでおることも無理のない話でないでしょうか。真に落着いた基盤の上に立って研究し又指導していく教師と生徒との間には必ずや実の入った立派なものが生れることは当然であると思います。此れがつまり教員の質の向上、子供の学力の低下等の大きな問題のかぎでは無かろうか。

㈡学校運営と予算

学校運営の裏付となる予算の構成について私の学校から申しますと

（A）P・T・A予算の今年の総額は九九万円

（日本金）

（B）市教育委員会予算はP・T・A予算の三分一程度政府予算としては直接市教育委員会補助をしている。

其の他生徒が直接毎月出費するものとして

（C）生徒会費　月額一人宛五〇円、これは大部分がクラブ活動の面の予算となる。

（D）学年費（学級費）月額一人宛四〇円学年としてのあらゆる活動の面に使用、

（E）体育費　月額一人宛一〇円クラブ以外の体育に使用する用具類の費用となる。

大体以上（A）（B）（C）（D）（E）の合計金額が学校運営の面に充分とはいかないにしても不自由なくやっていける予算が出来ていることは沖縄と大部異っていることでしよう。即ち此の大きな予算が学校運営、つまり施設備備品の問題となりひいては子供の学力の向上に大きく影響してくることは申すまでもありません。学力低下は五、六ケ年のギャップがあるとよくいわれておりますが私は此の面にも大きく問題がひそんでいることを痛感しました。

以上いろ〱の面から考えた時私は沖縄の子供達が実にみじめな現状にあることを知りました。だからと云って何も直ぐ本土並の予算にすると云うのではなく年次計画的にでも政府予算を教育予算の為に大巾に拡大してもらい度いことを要望します。

㈢学校行事の在り方と進め方

全部は申し上げることは出来ませんが特に感じた点だけ申し上げます。

⑴、月に二回は必ず父兄の学校参観日が設けられており父兄は自分の子供の学習の状態其の他の面についていろ〱と御話を伺ったり意見を申し上げたりしている。此の参観日は学校全体の場合と学年の場合がある。

⑵、如何なる事をやるにしても各係によって周到綿密な計画に従って全員一致の上で実行に移されると云うことであり、とり分け計画性を持った行事の進め方には全く頭が下った。

⑶、行事の進め方については学校全職員が朝の中にはっきり知ってその上に行われていることであり学校行事のスムースに行く行かないは実にここにあることが痛感された。

⑷、最後に申し上げ度いことは対外的行事と云うのは一ケ年の中に極僅かで殆ど無い状態であり沖縄では大いに反省すべき点でしよう。

㈣教師の研修について

教師の研修の面は未だ充分に調べておりませんが次の様な事は云えると思う。即ち全職員を集めての理論的な講習でなく各教科毎の実際講習（実験講習）が盛んであり講師としては大学の教授、或現場の教師、又は地方の指導主事がこれにあたっているようです。

又現場教師の個人研究発表が希望によって開催されている様であり上からの指示によって研究発表するような事は殆んどない。

㈤、生徒の規律訓練

生徒の規律訓練は実に徹底しており、規律正しいてきぱきとした指導がなされている。沖縄の私達のこれまでの指導そのものが何だかなまぬるい感じがした。訓育面の指導はこれから大いに研究すべき点があると思いますが本土の訓育指導が実に徹底していることを知った。そうかと云って子供は何もちぢこまっておらず沖縄の子供と比較に遠い程明朗であり活発であることは事実である。訓育は二、三の例を申しますと、

⑴、各ホームにはホーム委員長がおり授業の始めと終りはちやんとした合図によって教師に対して礼で始まり礼で終る。

⑵、生徒会礼の際でも合図の鐘で二、三分の短い時間で生徒会長或は生活当番長（週番長）の指揮でちやんと集合完了し先生方の来られるのを待っている。

⑶、先生方の御話、又は校長先生の御話の際

は休めの合図がなければ絶対に休んではいかけい規律訓練をしている。

(4)、話し声が御話中にあったり態度が悪い場合にはひどい御しかりを受ける。

(5)、校則をおかしたり、生徒としてあるまじき行動をやった時は徹底した体罰もやっている。

以上の様にして訓育面、生活面の指導を行っているが、実にてきぱきと張り切って一日の生活が明るく楽しくいっており教師と生徒との親密さは又ほんとに羨しい神である。斯かること等から考え合わした時生徒の訓育指導は沖縄においてもっと／＼反省すべき所があるのではないでしょうか。一面又社会的にも大いに反省すべき余地があると思う。

以上誠に長たらしく私の聞いたまま見たまゝのあらましを断片的に申し述べて私の研究教員報告の第一報と致したいと思います。失礼致しました。

一九五八年五月二十一日

大森第三中校の教育概要について

東京都大田区大森第三中学校
横田裕之

南の島郷土沖縄では大分暑くなっていることでしょう。先生方には益々御清栄にて教育の道にお励みのことと存じます。

私たち第十三回本土派遣沖縄研究教員団一行は去る三月二十八日無事東京へ到着し、四月一日には文部省で内藤初等中等教育局長初め上野初等教育課長、杉江中等教育課長、大島、高山両視学官等御出席のもとで私たちの受入式が挙行された。以来それぞれの配属校で研究テーマを目標に拍車をかけつゝあります。

※ ※

研究調査課広報係の方から何か一報をとのことですが、都教育庁、区教育委員会の訪問研究計画の立案やらで四月は過ぎ去ってしまい、現在はこれとて書くのはない。しかし黙るのも気が許さないので、配属校の概要を記述することにしよう。

一、本校の教育目標

中学校教育の三大目標である「よい人個」「よい公民」「よい聀業人」—民主的社会形成者—を育成する為に生徒の実態、地域社会の実情、国家社会の現実とを洞察して左のような目標を設定している。

1、自主的協力的な人間の育成

我々の為に我々の手で新社会を形成して行こうとする社会人は自由な自律力を発揮し得る合理的で積極的、協力的な性格が基本的条件として必要である。

2、心身の健康

心身共に旺盛な成長期にある中学生として学校生活において心の健康と共に身体の健康を養い自己の能力を通じて社会に奉仕できるような素地を養っておくことが大切である。

◎生徒の生活信条

1、常に正しい判断力と信念をもち、責任ある行動のできる人

2、お互の人格を重んじ礼儀正しい人

3、明るく広い心で体の健康な人

二、本校の校務分掌

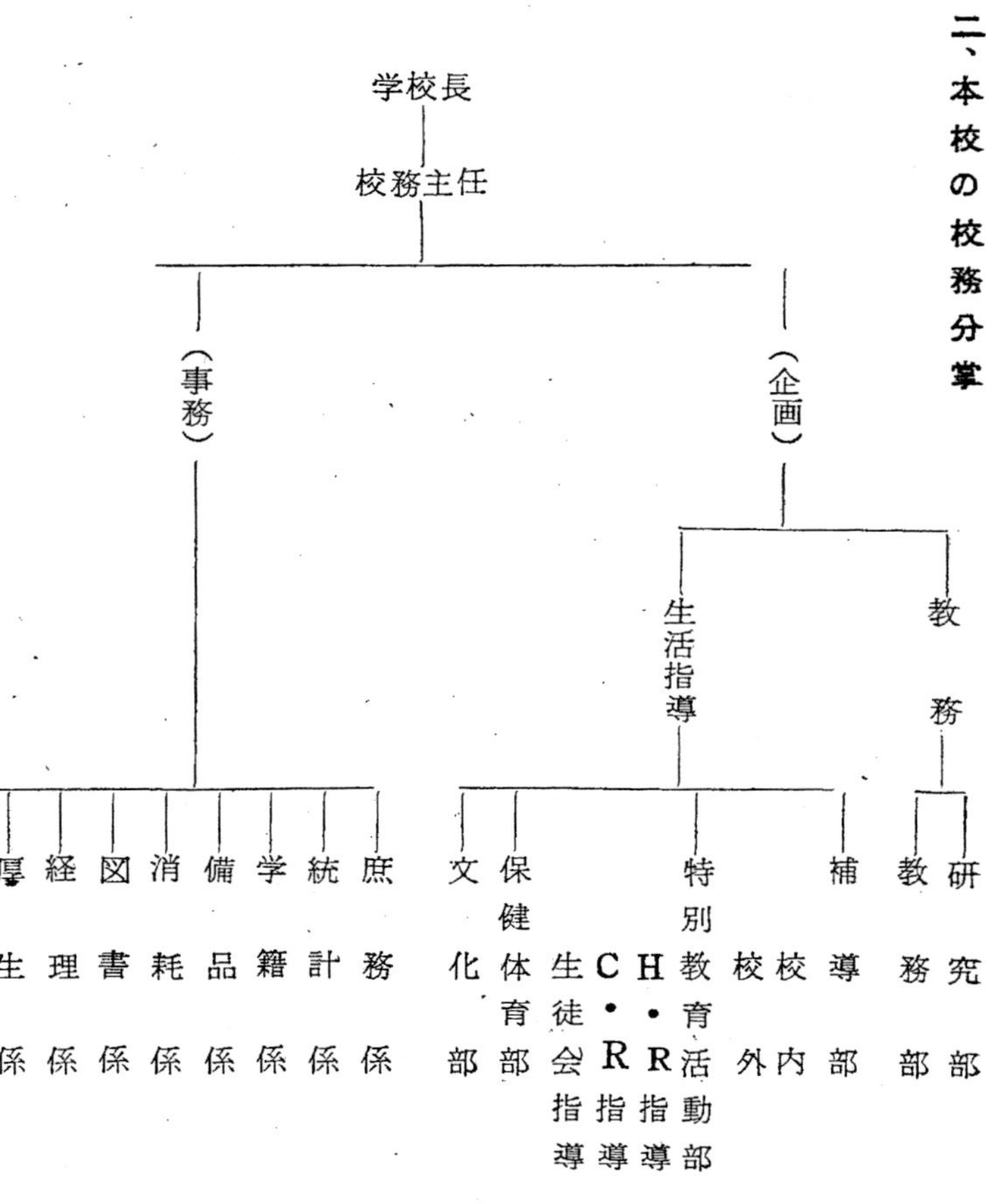

上のような組織に、職員は適材適所の平等に配置され、細分化し、事務能力をあげている。

例えば教務部中の時間割係は日々の補欠授業の配当及処理、時間割変更等自主的にその務めを果している。

三、教育施設

本校は都心部より離れ、東京都二十三区中最も人口の多い（約六三万人）大田区の中央に位し、近くに区役所、銀行、郵便局、病院、保健所等があります。

職員四四名、二八学級、生徒一五一五名で普通教室の他に音楽教室、図書、体育館兼講堂プール、放送室、衛生室、更衣室等がある。

本校には学校施設の理想的整備を図るために学校整備期成会がある。天候に左右されずに全生徒が一か所に集まり顔をつき合わせて心と心が結び合い、知育、体育、徳育に事欠かずに徹底した教育ができる立派な体育館兼講堂及びプール等本校にあるが、これも此の期成会の力によるものである。

生徒の自主的精神を培う最も意義深い生徒会活動や学芸会、音楽会、展示会、各種講習会、P・T・A会、同窓会等は勿論、入学式、卒業式をはじめ年中行事として予定された諸式も常に此処を利用され、たのもしい限りである。

現在も音楽教室、理科実験室、生物教室等三階建のコンクリート建築中である。

大森第三中学校整備期成会々則

第一章　名　称

第一条　本会は大森第三中学校（以下本校という）整備期成会と称し事務所を同校内に置く。

第二章　目　的

第二条　本会は本校施設の理想的整備をもって目的とする。

第三章　事　業

第三条　本会は前条の目的を達成するため左の事業を行う。

(一) 鉄筋校舎建設の促進　(二) プールの建設

(三) その他必要と認められる事業

第四章　運　営

第四条　本会の運営についてはP・T・Aと表裏一体の関係に立ち相互に連絡と提携を密にして行う。

第五章　会　員

第五条　本会の会員は本会の趣旨に賛同する在校生父兄、卒業生父兄及び有志をもって構成する。

第六章　役　員

第六条　本会に左の役員を置く

会長一名　副会長若干名　書記二名（教耺員中より会長これを委嘱）会計二名（P・T・A会計これに当る）会計監査二名（P・T・A会計監査これに当る）顧問、相談役若干名

㈠P・T・A常任委員をもってこれに当る。

㈡地元町会よりの被推薦者を会長これを委嘱する。

第七章　会　計

第七条　本会の会計年度は毎年四月一日に始まり翌年三月三十一日に終る。

第八条　本会の経費はP・T・A助成会費よりの援助金をもってこれにあてる。

第八章　会　議

第九条　総会、役員会は必要に応じ随時会長これを召集する。

付　則

第十条　本会則は昭和三十二年四月一日より実施する。

以上、断片的に本校の一面を思いつくまゝに述べたことをお許しねがいたい。なお教育の諸問題に関して疑問点をお持ちの方はお知らせいただくとその道の学者に当って解決の糸口を見出したいと考えている。

一九五八・五・一五

學校「道徳」年間計画例B案

——単元・題目——

清中M資料No四—二

〈三　三・四・五〉

抜萃

学期	月	第一学年 単元	第一学年 題目	第二学年 単元	第二学年 題目	第三学年 単元	第三学年 題目
第一学期	四月	中学校生活の規律	・学校の生活と規律 ・真の自由とエゴイズム ・規律を守る人守らない人	学校生活におけるくふうと改善	・学校生活と私 ・各組織の機講運営の改善と工夫	個人と集団生活	・社会的存在としての人間 ・正しい集団生活 ・個人及び集団生活の向上
	五月	計画的学習	・計画的学習の必要 ・計画的学習の立案 ・計画的学習のしかた	友情	・仲よしとけんか ・真の友情と誤った友情 ・友を選ぶ	男女の敬愛と協力	・仲間作りと明るい社会の建設

学期	月	主題	内容	主題	内容	主題	内容
第一学期	六月	環境の美化	・環境美化の目的 ・一輪の花と落書 （散らかした紙屑）	公徳心	・私の机、私達の公園 ・日本人の公徳心 ・公共物の利用と愛護 ・遠足、見学と公徳心	理想と現実	・人生と理想 ・真の勇気
	七月	礼儀作法	・礼儀正しい人、不作法な人 ・応待の態度と服装 ・場に応じた方法	順境と逆境	・不幸な生活と原因 ・成功と失敗 ・勇気づけや助言	家庭での生活	・家族の愛情 ・家族内の感情の対立 ・民主的家族とは
	八月	計画的合理的生活の実践		計画的合理的生活の実践		計画的合理的生活の実践	
第二学期	九月	明るい生活と暗い生活	・希望に満ちた生活と暗い生活 ・明るく生きるための工夫と努力 ・生活を切り開いていく力	時間や物の上手な使い力	・我々の生活にむだはないか ・時間の上手な使い方 物の上手な使い方 ・協同の力	敬虔な心	・心の感銘 ・永遠的なものへの憧れ
	十月	交友について	・交　友 ・協調と明るい社会 ・男女の協力	社会に役立つ	・社会の期待 ・任せられる人、頼めない人 ・幻燈会 ・私達の向上と社会	社会正義	・社会悪に対しての在り方 ・社会正義の建設
	十一月	私の尊敬する人	・私の尊敬する人 ・よい点の生かし方	心の豊かな人	・文化の日 ・私の尊敬する人 ・扶養を高めるには ・読書会やスポーツの集い （仲間づくり）	勤　労	・働く人と怠ける人 ・技術の尊重 ・勤労の喜びと感謝

抜萃

第二学期	第三学期		
十二月	一月	二月	三月
自主性と規律	私の長所短所	映画の見方	私の反省と設計
・私の言い方 ・自分の立場と他人の立場 ・自信のある生活	・私の長所短所 ・座右の銘	・よい映画と悪い映画 ・映画の選び方 ・映画の見方 ・映画の味わい方	・思い出 ・私の失敗 ・新しい設計
青年期と個人	善悪の判断と行為	趣味と生活	協同と奉仕
・自己の生活態度 ・青年期の特性 ・個人を伸ばす	・善悪の判断 ・偏見と先入観 ・意見の対立の場合の方法	・よい趣味 ・悪い趣味 ・趣味の育て方	・きれいな教室ときたない教室 ・消極的な人 ・積極的な人
自由と責任	親和と排他心	人生の幸福	感謝と報恩
・家庭生活の自由と責任 ・学校生活での民主的な在り方 ・社会の一員としての民主的な在り方 ・自分の考え	・理解と敬虔 ・愛国心と民族的偏見 ・国際間の親善	・不運や不幸に直面したときの態度 ・人生の幸福	・社会への感謝 ・報恩の道

抜萃

中学校「道徳」年間計画例

—題目目標—

清中M資料No四—三

C案 〈三三・四・五〉

学年	学期／月／単元題目	第一学期 4	第一学期 5	第一学期 5
第一学年	題目	新しい中学校生活	社会見学(校外学習)	母の日
中学校生活を理解し適応して望ましい人間関係をきずく。	目標	・学校におけるきまりがわかり集団生活における秩序を守る。 ・人にはそれぞれ個性があり互に尊重し、協力しなければならない事が分る。 ・生活環境を整えることは生活の基礎的条件であることが分る。 ・生活環境の整備美化に積極的に努力する。	・公衆道徳を守る。 ・安全にして規則正しい団体行動がとれる母の日。	・母の愛情と誠意がわかる。 ・母の愛情と誠意にこたえる生活をしようとする。
第二学年	題目	二年生の自覚	競争とけんか	愛情のある生活
個性の伸長と社会性の拡充をはかり、学校生活を充実する。	目標	・中等学年であることを自覚し、自律的な生活態度をもつ。 ・学校生活におけるきまりを守り、明るい社会を建設するようにつとめる。	・人が進歩し発展するためには、ほどよい競争の必要がわかる。 ・友だちの間で意見が衝突した場合にどんな処置をとつたらよいかがわかる。	・人間生活は互に敬愛することによつて保たれていることがわかる。 ・他人の立場を理解し寛容の態度をもつ。 ・愛情の尊さがわかり愛情豊かな心をもつ。
第3学年	題目	最上級生の自覚	年青期	幸福
個性の伸長と社会性の拡充を促し、その調和を見るとともに自己の適性や使命を知る。	目標	・最上級生としての自覚をもち自分の責任を果たし学校生活における規律を守ることの重要さがわかる。 ・学校生活におけるきまりをまもり協力的な人間関係をうちたてる事の必要さがわかる。 ・学校生活における望ましい人間関係がわかる。	・複雑で微妙な青年期を有意義と健全に過さなければならないことがわかる ・悩みをもつのは青年期の特色であり、その悩みを解決するのに正しい態度がとれる。	・物質的な豊かさや感覚的な快楽だけで幸福が与えられるものではないことがわかる。 ・人生における宗教の意義を正しく理解する。

抜萃

第一学期				第二学期	
6	6	7		9	9
効果的な学習 ・自主的な学習ができる。 ・効果的な学習ができる。	**農繁休業** ・よい生活のためにの効果的な計画がたてられる。 ・生活の向上のためには勤労の必要な事を知り自分の役割と責任とを知る。	**夏休みの計画** ・夏休みの意義を理解する。 ・節度があり均衡のとれた生活について理解する。 ・合理的な夏休みの計画をたてる。	夏季休暇	**夏休みの反省** ・夏休みの生活を冷静に反省することによつて計画と実際とが深い関係にあることが分る。 ・第二学期への心構えを固める。	**赤い羽根** ・社会福祉の精神や慈善の在り方がわかる。 ・社会連帯性の意識をたかめる。
生活設計 ・合理的で充実した生活を営なもうとする。 ・反省しつゝ向上する態度をもつ。	**農繁休業** ・勤労をとおして積極的に共同生活に参加する意欲をもつ。 ・自分の果すべき仕事の役割と責任を自覚し充実した生活をする。	**夏休みの計画** ・自主的個性的な計画をたてられる。 ・自律的な生活をすることができる。		**夏休みの反省** ・夏の反省をまとめる。 ・第二学期の生活の心構えをつくる。	**赤い羽根** ・共同募金の意義がわかり持ちつ持たれつする社会生活について理解する。 ・社会福祉の精神がわかり気の毒な人に手をさしのべられるようになる。 ・寄付について、その寄付目的がわかる。
現実と理想 ・人は常に理想をもつて生活して行くことがたいせつであることがわかる。 ・理想は現実への努力によつて実現されることを知る。	**心の美しさ** ・内面的な美しさに気づく。 ・人の正しい見方についての考えを深める。 ・毎日の行い。	**夏休みの計画** ・夏休みの意義がわかる。 ・夏休みに適切な仕事がわかる。 ・目的にそつた計画をたてることができる。		**夏休みの反省** ・夏休みの反省をまとめ第二学期の心構えをつくる。 ・よい結果は綿密な計画と、不断の努力によつて得られることを知る。	**学習と運動** ・身体も精神も節度があり、均衡のとれた生活をすることによつて健康な成長と発展をとげることを理解する。 ・スポーツが人生に及ぼす影響について知る。

第二学期		
月	主題	目標
10	趣味に生きる	•有効な余暇利用のあり方がわかる。 •自然や書物を愛し、すぐれた芸術に親しみ、健全なスポーツに親しむこと、日々の生活を豊かに幸福にさせることを自覚する
10	文化の日	•真理を愛し、人生の理想をたてる。 •世界の国々や人々に対して変らぬ尊敬や愛情を持つ。
10	判断と行動	•正邪善悪を正しく判断する。 •正しいことを実行する勇気をもつ。 •判断が間違っていたと解つたときは率直に改め、間違つていないと認めたならば人の批判や困難の出現で、これをさまたげない。
10	尊敬する人	•理想的な人間像がわかる。 •誰にもその人でなければ持ち得ない知識や技能のあることを知る。
10	信頼される人	•自由のうらづけとしての責任の意義を理解する。 •社会生活における責任感の重要なことがわかる。
10	働く喜び	•個人の尊さを理解し、自己を生かすようにする。 •自己の生き方を真剣に考える態度をもつ。 •人の尊さは耺業で定まるのでなく生き方できまることを知る。
11	勤労感謝の日	•将来の科学的生産人としての自覚をもつ。 •家族生活を中心として勤労への感謝の念を持つ。 •中学生として積極的に働く態度を身につける。
11	友だち	•他人の心情や行動を理解し親切と寛容の精神をもつようになる。 •あかるい社会をつくるためには冷静な話しあいによる協調の必要事がわかる。
11	新年を迎える	•新しい生活の創造に対して強い敬意を持つ。 •伝統、習俗には理由のあることを知る。
11	読書	•読書に親しみ良書を選んで読む心構えをもつ。 •自己の身体精神に即した希望をもつ。
11	男女の協力	•男女相互敬愛してゆくべきことがわかる。 •男女の特性を理解し協力してゆくべきことを知る。 •男女の交際のあり方がわかる。
11	リーダーの遊び方	•共同生活において指導する役割を果す人柄がわかる。 •いろいろな場面の集団生活におけるリーダがわかる。
11	友情	•友情の美しさを理解する。 •友情の厚い交友関係をつくる。
11	先輩の体験	•先輩の生活経験が尊いものであることがわかり謙虚にきくことの意味がわかる。 •自已の使命を自覚してそれに向つて最善の努力をする。 •自分の適性について考える。
11	公共物	•公共の区別をはつきりもつ。 •公徳心をもつことが地域や国家社会の発達に必要なことがわかる。

抜萃

第三学期			
1		2	
新年の抱負	礼儀	親と子	公共物の愛護
・他人の長所や理想を知り自分の個性を知る。 ・社会の一員としての自己の希望や理想をもつ。	・礼儀は何故必要かが分る。 ・社会生活上必要な礼儀を身につける。 ・自他の敬愛が民主的生活態度の第一歩であることが分る。	・親子の望ましい人間関係についてわかる。 ・親と子が互に深い愛情でむすばれていることがわかる。	・物質を愛護し節約して使いむだのない生活をする。 ・公共物を愛護し公共の福祉を守り育てる態度をもつ。
今年の抱負	集団生活	自由と責任	映画・演劇のみ方
・年頭にいろいろ計画をたてこれを実行することの必要さがわかる。 ・理想と空想の区別がわかり着実な日常生活を営むことの重要さがわかる。	・集団の約束を正直に守り誠実に実行する。 ・集団生活の目標をよく理解し、成員としての自覚をもつて、協力的な関係を発達させる。	・自由には必ず責任がともなうものであることがわかる。 ・日常生活で責任ある態度をとり次代を担う中学生の責任を自覚する。	・映画、演劇の正しい鑑賞ができる。 ・ゆたかな、ふくよかな心は文化価値を尊重し生活を文化的にすることによつてもたらされることがわかる。
新年の抱負	平和な生活	青年学級	社会人としての心構
・希望、理想をもつて生活する。 ・誰もが新年には大きな抱負を持つがそれをいつまでも持ちつづけていく事のたいせつなことがわかる。	・平和な生活をうちたてるためには身近かなところで協力しなければならないものであることがわかる。 ・平和を乱す原因が何であるかがわかる。 ・世界の国々への正しい理解をもつ。 ・愛国心と国際協調、人類愛の精神を理解する。	・卒業後も修養し研修する機会のあることを知る。 ・純粋に真理を愛し、高い理想を追求する態度をもつ。	・自分にふさわしいあり方がわかる。 ・自他の人格を尊重する態度をもつ。 ・生活のどこに幸福を求めるかをきめる。 ・職場の生産性と人間関係をたかめてゆく自覚をもつ。

辺土名

四七年度邊土名地區一ケ年の歩み

沖縄本島北部の東、大宜味、国頭三村をまとめて俗に北部三村と呼んでおり、それが私達の辺土名地区である。東村の人口三、二八五名大宜味が七、六四八名国頭は一一、二六七名で全地区の総人口が二二、二〇〇名（五五年十二月末調）の小地区である。学校は東村に三校、大宜味に高校を含めて五校、国頭が九校合計十七校、教員数男一一九名女一〇四名、計二二三名（本務教員）の小世帯である。

北部三村は気候風土は勿論、風俗習慣が同じであり、言語や生活様式もほとんど相似ている。

陸地の殆んどが山岳地帯で、文化交通には恵まれる事が少く、東北部にはへき地学校と呼ばれる規模の小さい、設備の貧弱な学校を持っているのも私達の地域の特徴である。

しかし文字通り山紫水明で、土曜日曜の本島各地から押し寄せる観光客とバスは、地区名物の一つに数えられつゝある。

他地区他村と同様に当地区も大平洋戦争の惨禍を受けて住家の殆んどが灰尽に帰したが、山地に恵まれた関係も大いに幸したが、負けじ魂の強い山原気象は他に先んじて住家の復旧をみた。

美しい自然の環境は、今も昔と変りなく、戦争を界にして、戦前に見られたこまやかなあたたかい愛情は人間の心から消え失せた。世の頽廃の風潮の中に多くの人達が押し流されたが、本地区にはあの戦前のうるわしい人情がそのまゝ残り、子供達の胸に宿る純真なすなおな気持も今も昔と変りなく、みられるのも、嬉しく思う事の一つである。

最近世上に或は新聞紙上に、青少年のせっ盗傷害桃色遊戯等の不良行為が問題とされ、世の人々を驚かせてその対策に狂奔させているが、本地区にはそのような事が全くみられず、教師の中には「こういう問題はよその地区の問題で、我々の問題でない。」と戯談ながら笑う余裕をみる事の出来るのも、一面我々の地区の子供達のすなおさを実証するようで有難い事だと思っている。

自然の豊かな平和な環境と、教育に関心の深い父兄を持ち、純心の子供に囲まれた本地区の教育が他に比べ充実発展すべき根本的な条件を備えながら、反面文化交通に恵まれない環境と、経済力が余り豊かでないのにあわせ、無資格教員が余りにも多く教員組織の貧弱等の隘路が逆作用して、他の期待する程の成果を挙げていないのを正直に告白しなければならない。

しかし数においては少く、教員の組織においても貧弱をかこちながらも、地区教育発展の為に死者狂いの精進を続けているのが先生方のいつわりない姿である。

それは此処に筆を改めて、本地区の教育活動の一ケ年の歩みを指導行政の立場から努力目標を中心にして申し述べ、色々と反省して今後の参考の資にしたい。

本地区では毎年学年始めに、地区努力目標を設定して、一ケ年間各学校が同一歩調で目標達成のため努力する事になっている。

勿論事前に各教師やP・T・A幹部の意見を徴し、校長会と事務局の密なる連絡協議の下に目標設定のための手続きが行われるのは当然である。此処で昨年五七年度における努力目標を挙げて、逐次その経過をたどり、反省してみたい。

㈠学校経営五ケ年計画案の設定

五六年四月教育布令百六十五号によって、五年以上同一校勤務の校長が異動を余儀なくされた。本地区においても殆んどの校長が布令による異動該当者で、高等学校を除く全校長が異動した。布令が存続する限り、或はたとえ民立法による教育法が制定されるとしても校長の任期の限定は布令同様さけられぬ事であろうし、たとえ法規の制定はなくとも、校長の同一校在任は五ケ年位が適当だとの結論を背景に、そして五ケ年間は異動はなかろうとの含みの下に考慮されたものである。

そのため学校経営五ケ年計画案の設定とその強力な実施が校長会で決定した。

しかも案の樹立設定が八月末日に限ったので余裕が殆んどない。四月赴任早々のことで校長や教員には多忙な一学期である。しかも実施可能な案を作るとなると一通りの苦労ではない。各教科の指導計画や施設設備品の末に至るまで、年次別に作成せねばならぬし、予算や財源の出所も明らかにせねばならぬし、政府の補助金や教育委員会の予算も調査し、P・T・Aの五ケ年計画事業案も勢い作成せねばならなくなった。しかも年次別の図表に表示しなければならないものも出て来て並大抵の事ではない。

校長は耺員に仕事の分担を依頼し、間断ない耺員合同研究会は持つし、P・T・Aの役員を招集して協力を求め、教育委員会教育長との連絡等々。或は便所物置給食室等の施設によっては、技術者の設計や経費見積も出してもらわねばならず、その支出財源を求めたり、文字通り骨身を削られる思いをさせられた。

一校長は「二十有余年教員生活をしてこんな苦しい目にあった事はない。」ともらしていた。

とにかく全職員の協力とP・T・Aの援助、教育委員会の指導助言によって八月末には各学校が計画案を提出してもらった。

校長は毎年毎年学校経営案を樹立設定することは校長の義務でもあり、それなくしての学校経営は行き当りばったりのそしりを招くことは当然である。しかしてものによっては、五ケ年とか長期に亙って計画逐行しなければならない事が数多くあると思う。それ故に長期に亙る計画案の樹立とその実施が要求されることになる。年間計画という一学期の仕事を終り、校長や先生方に対し、指導行政の立場にある私達も心からその労苦に感謝し敬意を表するものであるが、それが単なる机上の案に終らず、強力に実施されて理想の学園が出来る事を期待したい。

(二)各教師の年間計画案

各学校の先生方が毎日毎日教壇実践に臨む以上従来謂われる日案とか週案を作成準備されるであろう事は申し上げるまでもない。

しかし日案のみでは週の見とおしや月のみとおし一ケ年を通ずるみとおしに過不及を生じて完全な見とおしを誤る事が往々にしてある。当地区では特に先生方の年間計画案（進度予定計画案と名付けている）を御願した直接的な目的は「教科教材の完全」と関連を持たす為であった。日案週案月案なるものは、年間計画という視野に立って生まれなければならないという観点からである。

朝に露を踏んで登校し、星をいただいて帰る文字通り寸暇もない先生方の実情を知りながら……。

毎日の授業の準備とその日その日の仕事にくたくた疲れ切る先生方の姿をいつもみており、しかも過労が予想される年間計画という仕事を、五月末日までに仕上げていただかなければならないと思うと、心も重くゆううつにならざるを得なかった。

しかも一面年間計画は教師たる者の是非なさねばならない義務と言える重要な仕事である。それをなすことによって教科教材の深い研究も出来、結果的にはよりよい毎日の実践も出来るのである。日々に子供達が伸びてゆくであろうという事を考えた時、ご無理でもやってもらわねばならなくなった。

新学期早々やるべき仕事は数多いし、毎日毎時間の授業も平常通りやらねばならない。放課後の仕事はこれ又山積みの中にあって、先生方はこの年間計画に対し、一心に精力的に取っ組んでいった。

教科を分担して個別的に研究したり、或は合同討議を持ったりなどして、各教材を深く研究して、一教材（単元）毎に所要時間を計算し、週に配り月に割り、指導要項や連関事項を挙げ、準備事項を記入し、指導法の大綱を挙げる等々して丹念に計画案を作製する。先生方のあの尊い姿には頭のさがる思がした。しかしそれも五月末までには完成して校長の認印と教育長の検閲を受けるようになった。

その間の苦労は想像以上であった。苦労を体験し得ない者に悦楽のだいご味を味う特権は与えられない。ほっとして一息ついた或先生は「余りにも苦しい仕事でした。しかしやらねばならぬ仕事ではある。教科教材全部にわたって目を通し、疑義や不審を同僚と共に解明できて、教材進度の予定が立ったのは嬉しい事であり、その間の大きな収穫でもあった」と一人慰め顔に言っていた。

この先生方の苦労が教壇に力強く生かされて、日に日に伸びゆく子供の姿を想像して何かしら心強いものを感じた。

そしてその記録が実践累加記録として有効に利用されて行くのを心から祈った。

㈢躾の訓練

道徳教育については、日本でも沖縄でも色々な角度から種々論ぜられている。我々としては道徳科とか修身科という教科がない現状（教科の特設を望ましいという意味ではない）においては、全教科、全生活の領域において道徳教育は行わるべきだと考えている。

今日の道徳教育が喧ましく論ぜられているのは、現実としてその頽廃低下に直接な原因がある事は勿論であるが、それが学校教育において当然行わるべくして、事実として行われない処にこのような議論がかもし出されて来るのではないかと思う。

当地区においては、道徳教育の本筋を全教科（特に社会科）並びに児童生活の全領域において為すべきだということを理解している。躾を道徳教育から分離して別個のものとして考える事は、幾多の批判もある事と思うが、理解と便宜という観点から躾を取り出して考えている。

躾は我々が理解するところでは「人間の社会生活団体生活のうちに自然発生的に生まれた生活秩序を維持するための必須な、人間の基本的な行動型式だ」と考えている。

新教育は自由教育だという。民主教育の根本理念は自由であると説いている。勿論そうであるにちがいない。しかし自由というものは放従になる傾向を充分内含しているということを忘れたくない。自由を一方的に考え無思慮に強行する危険がそこにあると思う。

たしかに新教育のよさは数々我々の目に付く。反面その悪い面のある事も事実である。その中新教育の弊とし放従を挙げる事は言い過ぎであろうか。先生方自身新教育の名の下に、自由の美名の下に放従とみられる事をみのがしてはいないだろうか。自由の名におびえて子供の我儘や乱暴拱手傍観しているのではないだろうか。如何なる困難にも打ち勝ち困苦缺乏に耐え得る筋金入りの意志の人こそ社会は要求していのである。しかしこれをすぐ今の小さい子供に要求する事の非心理的非生理的な事はよくわかる。しかしその萌芽はそのまゝでは育たないはずである。そのまゝでは道徳意識の成長もあり得ないと思う。

先生の目の前で窓を飛びこしたり、机の上を土足のままでとびまわったり、授業時間も休み時間と区別のない騒々しさと乱暴が平気で行われているのを見る。行事の際集会の場における野放しの子供の行動はどうだろうか。無作法は野蛮へ通う近道である。

教師は深い学問的な修養によって豊富な知識と堅い信念を持って、子供の現実の姿に具体的に現われる相に透徹した批判と徹底した対策が必要ではないか。

本地区が躾訓練を重要な努力目標として取り挙げた理由も其処にある。

㈣学校の緑化

校地内に樹木の少ない事ほど荒涼としてさびしさを与えるものは外にない。校地の緑化というものが風致の点からも、保健衛生の面からも教育の面から考えても大なものであることは申すまでもない。

緑の木の下のベンチや芝生の上で、夏の暑さに涼を取ったり、無心に本に読みふける姿をみるのは楽しいものである。

樹木や草花は自然環境ではあろうが、子供と交渉が生まれ、子供の精神がそれに通うようになると、最早単なる自然ではなくて、子供をはぐくむ母親の懐にかよう愛情ある自然の友となるものである。

当地区では度々これを取り挙げて強力に推進して相当の効果をみたが、只従来は植える事は一生懸命だが、管理撫育が不充分だった憾がある。植えるは易い。しかし長い年月それを育て上げる注意と努力は容易なことではない。五七年度は㈠の学校経営五ケ年計画の中に織り込み、年次計画によって樹種距離、場所等を細かに図面にあらわして周到な対策を樹立した。職員生徒の愛情と努力によって五年後の緑の学園を想像した時愉快でたまらない。

㈤教科教材の完全消化

これは㈡に挙げた先生方の作成した年間計画の直接的な促進要素になっている。

教科教材の完全消化という事は、あながち教科書を隅から隅まで残すことなく丹念に指導し記憶させよという意味ではない。しかし当地区においては「教科書の教材は原則として完全消化を期す」という事を目標においている。それについての議論はしたくない。

とにかく学校における現状は、毎年毎年教科書の教材さえ終える事ができないが一般ではないか。対内対外的な盛沢山の各種行事に追いまわされて、教科の指導や学習に時間不足を訴えている。一には教師が年度始めに周密な年度計画を持たないのが大きな原因であろうが、毎年のように次の学年に次の受持教師に前学年の負債を背負わしているのが事実である。社会科、国語、教科やその他の技能教科は指導や学習において飛躍も許されようが、形式的系統的な数字などで教師のいい加減の安易な考えから系統的指導を怠って、不用意な飛躍でもしたら、子供こそ気の毒だ。

英語の教科書等学年により学校によっては教科書の半分も終えずに次学年に進むところもある。

教科書の編纂はしかく不用意に教材の配列がなされているものだろうか。

当該学年の教科書の完全消化を前提として次学年の教科書が編成せられているはずである。

当地区では年間計画によって遅くとも二月末迄に全教材全教科を一応終え、三月を復習練習にあて、進度の適正化を考慮している。

㈥教師の資質の向上

単に現われる形は同じ姿にみえようとも、そこには何かしら力の充実や迫力に大きな差があるように思う。我等の不用意にみえる一挙一投足にもそこには理由があるはずである。我等の教壇における実践の諸相は無意味な人真似であってはならないと思う。形は何かの力によって自然に押し出されたものであり力の過程の現れでなければならない。

各学校を巡って、各教師の教壇の実践を見学する度に思う事は、各人が異るように指導の実態にも千差万別である。しかしそれはそれで少しも差しつかえない事と思う。しかしその指導の底を流れる教師の学問的理論的な力に雲泥の相違のあるのを知るのである。

理論に導かれない指導は、舵を失った船の動く如くに似て、進む能わざるに等しいものである。教育の技術は専門的な技術である。我々の仕事の対象は、常に生きており、そして又常に変化しつゝある生命力の充実した子供達である。

現実に生きる子供達の実態に就いての学問や理論。その子供に対する教育技術。その教育技術の生まれる教育諸理論。

理論を背景に持たない指導や、学問的裏付けのない実践は、暗中に模さくして、常に試行錯誤を繰り返し、意図に反して徒労に終り、少しも教育効果の挙らない事を知らねばならない。

他人の模倣からは、形の類似や近似はみられようが、生命の創造は生まれるものではない。教師の不断の学問的な理論的研究を怠ってはならない所以だと思う。

当地区も教師の不断の修養のため自巳研修と校内研修とを高く掲げて、その永続的な実行を促進しているが、今後地区を単位とする同好会組織にまで、盛り上げたいと思っている。

以上当地区の一ケ年の歩みの概略を目標中心に指導行政の立ち場に立ちながらその経過を略述して一願の反省をしてみた。

（教育次長　上原亀吉）

次号予告（四四号）

▲特集夏季施設▼

○夏休みの健康指導
○夏休みの友について
○ことしの夏休みの計画
○銷夏随想
○私の研究
○人物史
○（講座）和寇遺跡と青磁考
○研究教員だより
○地教委めぐり（前原）

あとがき

※強い精神も強健なる身体に宿るとか。強い体をつくることは教育の狙いの枢軸をなす一つと謂ってよい。その意味から、沖縄の児童生徒のすがたの一面にスポットライトをあてゝみた。

※黒田博士の玉稿を得た。その貴重な資料も多くの現場の先生方の研究によって成されたということを思うと愉快でならない。

※しかもこのことは、今後現場で活用され成果を期して待つことができることを思えば、今当面の沖縄教育の諸問題を解決していく教育者の力の核心に触れた感がする。

※今号は保健体育課長お始め課員の諸先生方に特に御骨折りいただいた。

※今号編集、印刷の最中に忘れることのできない二つの特記すべきことがある。一つは沖縄教育界の泰斗屋良朝苗先生がタイムス社表彰の「文化功労賞」を受賞された朗報である。今一つは土地問題解決のため悲壮な決意をもって渡米された代表団の折衝に関する報道が刻々伝えられ、全沖縄は勿論日本々土、全世界の注視と関心と更に同情をこの一点に集めていた時であった。

※一人でも多く、一頁でも先生方の御愛読と御利用を切に希望します。道徳時間特設の一方法として成案された、B・C両案は十分御検討下さい。

※本土派遣研究教員の諸氏からいただいたお便りが多いために嬉しい悲鳴、おかげで今号は頁を二倍にしました。諸氏の労を謝し御健斗を望みたい。

※地教委めぐりの原稿未着のためその一部の掲載を次回にします。石川、読谷嘉手納の両地区早目に御提供下さい。先生方の御投稿（四二号五四頁を御覧下さい）を望みます。

（M・N）

文教時報（第四十三号）（非売品）

一九五八年六月一六日印刷
一九五八年七月　八　日発行

発行所　琉球政府文教局研究調査課
印刷所　南陽印刷所

＊＊＊＊＊五月のできごと＊＊＊＊＊

一日 モーア中将とブース中将の新旧高等弁務官交代式（於米陸軍司令部構内）ドナルド・P・ブース中将は五月一日付で二代目の琉球列島高等弁務官（兼任沖米第九軍司令官）に就任した。
全沖労連協主催第二回統一メーデー（於久茂地広場）
琉銀創立十周年記念

四日 今暁の豪雨坪当り七斗三升
文教局、青年協議会、婦連共催第四回全琉レクリエーション大会開催（於那覇劇場）

五日 沖縄水産高等学校無線通信研究発表会
沖縄子供を守る会では那覇地区の校長、訪問教師を集め対策座談会教育長定例会（於那覇連合委事務局
全連合教育委員長会（於那覇）

七日 生活改善グループの全琉発表大会（於那覇劇場）
立法院「軍使用土地使用料の一括払支払業務停止に関する決議案可決
コザ高等学園騒動問題（応援歌練習問題）で三年生の一部授業放棄

八日 新高等弁務官ブース中将琉球新報社、沖縄タイムス社等報道関係につき初の民間視察を行う。

九日 知能テスト実施（小学校五年、中学校二年）
文教局では琉大、民政府、教職員会現場教員代表を招いて教育四法改正案について研究会（於民政府会議室）

一〇日 白い羽根募金運動開始（六月九日まで一ケ月間）

一一日 六大学通信教育週末試験（十二日まで）

一二日 応援歌練習問題で端を発したコザ高校の学園騒動は学校側の解決案に対し生徒側納得す。
派米代表問題をめぐる立法院全体協議会

一三日 文化財保護委員会、久高島の民族資料を調査（十四日まで）

一四日 軍民合同の（琉米職業訓練諮問会の初会合（於民政府会議室）

一五日 文教審議会（於教職員会ホール）諮問事項道徳教育について、教員人事交流について

一七日 来島中の日本教育新聞社長大山恵佐氏を囲み教育関係者と懇談会（於沖縄タイムスホール）
大山恵佐氏の「日本の教育の状況と沖縄」についてタイムス文化講座（於タイムスホール）波上祭、商工祭（広告カーニバル）
米三軍記念日

一八日 ブラジル移民四百名あるぜんちな丸にて発つ

二〇日 バージャー首席民政官当間主席に渡米についての正式〃招請状〃を手渡した。
第五八回中央教育委員会でへき地教員養成の琉大奨学生決る

二一日 立法院本会議で一九五八年度一般会計補正予算案を可決日本旅行管理権の民移譲要請決議案可決

二二日 琉球大学開学八周年記念
ブース高等弁務官三人の判事で構成する民政府上訴裁判所を設置した。

二三日 沖縄各区教育委員会臨時総会（於教育会館ホール）

二四日 泊小学校開校式
金武射撃場での爆弾投下演習で金武小学校や民家の窓ガラスが壊れた。

二六日 文教審議会（於子供博物館、人事交流について

二七日 文教局では東京教育大学助教授井坂行男氏を招いて〃新しい道徳教育のあり方〃について座談会を開いた。（於教職員共済会）

二八日 教育税完納運動―六月八日まで
軍用地問題解決のための渡米代表団はブース高等弁務官及びバージャー首席民政官と会談した（於民政官室）

二九日 ブース高等弁務官は布令第四十六号（米合衆国土地収用令）における限定は土地保有権（一括払）設定の収用告知及び収用宣告期間を延長するとともに訴願期間についても新な通知があるまで延長中止すると発表した。

三〇日 海外協会と南米拓殖KKの斡旋による第四次南米移民六十九人（十一世帯）那智丸で出発
土地連主催渡米代表の激励会（於岸本ビル）

三一日 当間主席今朝未明（午前三時五〇分）軍用地問題解決及びブラジル移民視察のため渡米代表団より一足先きに出発

文教時報

NO.44

44

1958

琉球　文教局研究調査課

文教時報（第四十四号）

目次

＝巻頭言＝

親しまれる教育誌に

今年も又灼熱の夏がやつて来ました。

海に山に遊ぶ児童等の姿もうれしいものです。

昨年の夏季講習も、まだつい此頃のようですが、また今年も講習がはじまります。暑い最中の受講も楽なものではありませんが、二単位、三単位とかせいでいくのも何か楽しいものです。

文教時報も皆さまの御支援、御鞭撻によつて今まで号を追つて順調に育つてきましたが本号から新しい会計年度を迎え、新しい編集子によつて一段の飛躍を試みたいとはりきつています。

政府の発行する刊行物はとかく読まれることより棚に積まれる方が多いものだ、とも評されています。

どんな貴重な記事があつても最初から相手にされず、あけても見られなければ悲しいことです。政府の刊行物はその性質上、興味本位だけにもいきませんので編集にも苦労はあります。でも文教時報はこれから皆さまの研究或は声を十分取上げ又文教局の意図するところを広く皆さまにお伝えする愛し親しまれ、直かに肌にそうようなみんなの月刊誌にしたいと念願しております。

「角が立たず、しかも流されず、花もあれば実もある教育誌」これが私達のこれからの本誌編集の心がけにしたいと思つています。

何れにせよ手の足らない編集は御期待に沿えるかどうか気にはなりますが今後共皆さまのより一層の御愛顧により多数の方々の御投稿、御批評をいただきまして本誌の発展を期したいと思います。切に御援助をお願い申し上げます。

（喜久山）

夏休みの健康指導

与那嶺仁助

一、慣習のからからぬけだそう

「夏休み」という声が聞える頃になると子供達は、例外なく心をおどらせる。ああもしたい、こうもしたいということが彼等の心をかきむしるからだ。子供中心の学習理論によつて日日の学校生活が営まれている。にしてもやはり夏休みは子供達に親しまれている。

しかしややもすると「やすみ」が近づくにつれて、しだいに希望がうちくだかれ、子供達を悲しみの中に追いこむ。そして「やすみ」の直前になると、重苦しい圧迫感が子供の心をおおいつくす。夏休みの友?。宿題、採集、日記……もりたくさんなプランが要求される。それがほとんど個人差を無視して――。

一体夏休みは何の為に設定されたものであろうか。

昭和三十年に文部次官から都府県教育長あてに出された通達「夏季休業中の児童、生徒の指導について」によると、夏季休業は、児童生徒の心身の休養を主とする期間であるとされている。

南国の一番暑い沖縄の夏季休業は、この点を十分考慮にいれて立案されなければならない。

学習指導、生活指導においても、児童、生徒の健康を常に念頭において計画し、日常授業日には得られない各種の経験をさせ、個人差に応じた適度な宿題が用意され、児童生徒が教師の手を離れても自主的に計画し、実践するように仕向けてほしい。

生活を自主的に設計させるということは、近代教育の大きい目標だから。

月刊「教育研究」の去年の八月号に「夏休みの期間をどう過すか」と題して梅根悟先生の論文が載つている。

その一文を転記すると、

「私は数年前に琉球大学に招かれて沖縄に四ケ月ほど滞在したが、それは四月から七月までの期間だつたので、ちようど夏休みにかかるころまでいたわけである。沖縄の夏はさすがに暑いので私もほとほと閉口したが、それよりも、これはひどいと思つたのは、沖縄の子供達が、戦争で焼き払われたあとに建てられた仮校舎の中で、あの暑い中で、極めて旧式な機械的な教授法のもとに、読み方や算術の学習をやつている様子であつた。

ある小学校を訪問した時のことだが、その学校の校舎の一部は、まだ米軍からもらつたトタン作りのカマボゴ兵舎を教室にしていた。

その日は七月の半ばごろのある日で、屋外に立つていても目がくらむほどの暑さであつたが、一歩教室内に入つたとたんに、私は頭の上から熱湯でもぶつかけられたようなショックを感じた。大げさにいえば白熱したトタン屋根から来る熱気が、私の心気をカーッとさせる程の強さで私の全身を圧迫するのである。

その熱気の中で、三年生か、四年生の子供達が、算術の計算練習をやらされていたのである。暑さになれている沖縄の子供たちであるとしても、これは全く煉獄のような状態である。まさに児童虐待である。

ところで私はその学校からの帰り途に、アメリカ人の小学校のそばを自動車で通過したのだが、そこはひつそり閑として人けがない。同行の文教部の人にきいてみると、アメリカン、スクールはここでは六月一杯で授業をやめて、七、八、九と三ケ月夏休みだという。この学校はいうまでもなく堂々たる校舎で、沖縄の子供たちのトタン屋根教室に比べたら、まるで天国のような校舎だし、それでいて、もうとうに夏休みになつているのである。

このコントラストは非常に印象的だつた。私は沖縄の教育行政当局がもつと気をきかせて、あんなトタン屋根教室に入つている子供だけでもせめて夏休みを早めるか、朝早い間だけ授業をさせるかしてくれることを、要望せずにはいられなかつた。またお上できめられた掟だとばかりに、こんな児童虐待なことを平気でつづけている学校側の自主性のなさを、情なく思わないでいられなかつた」……

私達は慣習のからからぬけだし、夏休みの方法や時期期間、短縮授業等も検討して、夏休みを心おどらせて待つているであろう児童生徒を、思う存分せのびさせ、たしかな成長をとげさせたいものである。

二、夏休みの健康特色をはっきりつかもう

夏休みの健康指導を考えるにあたつて、まず夏休みの健康特色を、はっきり認識しておくことが大切である。

1 高温、高湿で赤痢、疫痢、下痢、日射病、夏やせ等の健康障害がおこりやすい。

2 休みが長期にわたるので、ややもすると気がゆるみ不健康な生活になりやすい。

3 海や山あそびに、安全教育がより大切である。

4 暑さと開放感から日常生活が不規則になり、悪い習慣がつきやすい。

5 夏はとかく飲物が多くなり、食欲が減退し、偏食になりやすい。

※学校からの報告による事故一覧表（五七年）

月	交通	爆発	水泳	その他	計
1	2	2			4
2	2				2
3	2				2
4				1	1
5	3		5		8
6	2		2	2	6
7	2		5		7
8					
9	1	1	2	3	7
10	1				1
11	5	1		1	7
12	1	1	1	1	4
計	21	5	15	8	49

三、確かな計画を樹立しよう。

1 実態を把握しよう

指導計画立案の第一歩として、夏休みの健康の特色をはっきりつかみ、子供達の実態を把握することが大切である。

その第一は去年の夏休みの実態を知ること、第二に現在の健康状態を知ることである。

a 去年の夏休みの反省

(1) 。どんな病気にかかつたか、。どんなけがをしたか、。体重はどうだつたろうか、。医者にかかつたか等を調べてみる。

(2) 調査がまとまつたら、児童、生徒保健委員会で検討を加え、今年の生活設計の資料にする。

少々の手数がかかつても図表や説明等子供達の研究にさせ、関心をたかめていく。

b 健康状況の把握

四月の身体検査の結果を十分に知ること。しかし子供達の中にはトラホームやむし歯の治療をしなかつたり、近視でいてそのままにしている者が多いと思われる。従つて夏休み前には、

(1) せめて異常のあつた子供達でも校医等の健康相談を行い、一人一人によくその治療の方法を指導したい。

(2) 健康相談のできない学校では身体検査票や日日の観察カード等から丁寧に調べ、個人個人の健康を追求し、実態を把握したい。

(3) 観察カードから更に習慣形成の実態を知るように努めたい。

2 健康生活指導票の作成

夏休みは子供達の指導の場が学校から、家庭や社会に移ることである。従つて以上の実態の把握から更にすすんで個人の生活指導票を作成し、父兄によく協力してもらうように配慮したい。

教師は長期の講習のため、思うように家庭訪問や子供達の指導ができない。どんな親でも我子の健康を願わない者はない。世の親たちの素朴な願いに耳を傾け、一人一人の健康生活上の留意点を記し、学校と家庭を結ぶ教育を展開しよう。

3 健康生活日課表の作成

子供たちは新学期の緊張感から急に開放され、生活が不規則になつてくる。折角、学校でつくつたよい健康習慣も乱れ勝ちになる。

児童、生徒の保健委員会は、もとより学級やホーム・ルームにおいても十分検討し、子供達によって日課がつくられることと思うが、教師の指導も含め、実態に即した健康生活表をつくり、そして、根強い実践活動を促したいものである。

従来ややもすると「夏休みの友」中心の生活指導になりがちであつたが反省の必要があると思う。

夏休みは健康が第一であり、第二が学習であつてよいと思う。学級やホーム・ルームではこのような考え方にたつて、個人の健康状況、健康生活の実践状況を分析し、健康の保持増進をはかり自主的な生活設計をたてさせ実践させたい。その為には健康生活日課表と共に健康生活日誌を継続的に書かせ、休み後にいろいろ反省の資料にしたい。

4 学校保健委員会の開催

健康生活の実態把握も健康指導計画も一通りできたら学校保健委員会を開催したい。長い間、直接的な

（6ページへつづく）

夏休みの友について

沖縄教職員会　平敷静男

(まえがき)

教職員会が自体で「夏休みの友」を編集したのは一九五五年で、印刷は東京か大阪でやつたのです。それは表紙の色刷り或はコストの点などで、その頃の沖縄の印刷技術では、到底本土とたちうちできなかつたからです。

一九五六年までは従前通りの方法をとり、一九五七年になつて始めて印刷を会館印刷所ですることになりました。

使用活字は、「教育活字」なので、むしろ生徒にとつては親しみ易いものではなかろうかと考えたのであるが、表紙の色刷りについては、随分見劣りするのではないかと不安だつたのです。然し結果は優るとも劣らない見事なものでありました。これで私達は「夏休みの友」編集について、大いに自信を持つたのです

編集印刷とも沖縄でやることになつてから、今年で二年目というわけです。

(編集方針)

さて今年の「夏休みの友」については、二月十三日の編集会議で、次のように編集方針がきまりました。

1　文教局編集の教育課程に示された時間配当表と、夏休みの性格から教科別に分量を検討する。

2　夏休みは学校生活の連続である。唯学校での学習が家庭にうつり、児童生徒個々の自学自習になるだけである。従つて夏休みの友には全教科をとりあげる。

3　全琉の児童、生徒を対象とするので、問題の程度及びその進度を充分考慮する。

4　去年のものを再検討し、教科書の改まる教科はつくりなおす。

5　教材は沖縄のものを取材してもよいが、全琉的なものをとりあげる。

6　三色刷りをやめて、一色の色刷り頁とカットをふやす。

7　従来のものより、さし絵カットをふやしてより親しみ易いものにする。

8　一、二年に使用する「さし絵」や「カット」は全部つくりかえるので（去年は凸版にしてないので）思い切つて書きなおしてもよい。

9　上段の月日、曜日、天候らんは、冬休みの友に準じて、見出し、カットを入れるようにする。

以上が根本方針であるが、それにそうて小学校では各学年、中学校では、各教科について、具体的な編集方針を次のようにうち出したのです。

【小学校第一学年】

1　入学後、始めての夏休みを楽しいものとして迎えさせたい意図をもつて編集した。

2　机の前で考えてすぐかける問題よりなるべく作業によつて経験できるものをとつた。

3　字のけいこは教科書に出てくる頻度数の十回以内のものからとつた。名詞は身近にあるものをとつた。

4　全体として、一学期中に学習した基礎的な問題を全部とつたつもりである。

5　入学後四ケ月しかたつてない一年生には問題の読解には、随分困難を感じると思われるので、おうちの方の御指導をお願いする。

【小学校第二学年】

1　子供達が親しみを持ち、休み中よい友であるようにと、さし絵やカットも多くいれた。

2　特に読み物を取り入れ、興味深いものにしたい。

3　学習教材は一学期中の既習教材の総復習的要素を取りあげ、どの子供にも学習していける様にしていつた。

4　長い休み中の生活指導の面も学習している中に習得できるように考えた。

【小学校　第三学年】

1　親しみのもてる興味深い問題をとりあげた。

2　一学期間の総復習的な各要素から出題した。

3　誰にでも出来るが、能力の差にも応じられるような深さがあり、発展性の期待できるような問題をとりあげた。

4 紙面の有効な利用を考えた。

【小学校　第四学年】

1 どの子にも親しみのもてるものにした。
2 学年の成績を上中下に分けて考えた時、中位児童を対象に出題した。
3 成績下位の児童が余り負担を感じないような問題又能力のある児童は、すゝんで研究するような発展性のある問題を考えた。
4 出題の範囲は七月中旬、教科書を主として問題を考えた。
5 読み物は本土児童の作文中から取材し、自分達の生活と考え合わせるようなものを選んだ。

【小学校　第五学年】

1 長い休みの学習であるので子供たちが自発的に喜んで学習できるような問題を考えた。
2 子供達が教科書を開いて学習できるような問題をおおくとりいれた。
3 五年の一学期の総復習であるので、各教科とも、基礎的な要素を中心に問題を作成した。

以上が小学校各学年の編集方針であるが、中学校においては、各教科各学年毎に一層具体的な方針をうち出しているが、余り煩雑になるので割愛することにします。

【表紙について】

表紙は編集委員の比嘉秀雄先生（豊見城中）の筆によるもので、その構想は、小校では、「低学年、中学年は南国の象徴たる海の美しさと、海の生物を中心とした。高学年は郷土色を持たし、紅型南国の植物を描いた。」中校では「郷土の工芸品紅型をはじめ、陶器並びに植物を描き色彩も明るく南国の夏を考慮に入れて描いた。」とある通り、表紙から明るい沖縄の夏の気分が生き生きと感じられるのです。今更のように郷土の美しさをしみじみと考えてみる程です。

【編集委員】

次に編集委員の方々を紹介致しましよう。

△小学校委員

一年　又吉トヨ（前島小学校）
二年　当間正典（美東小学校）
三年　上江洲安治（前原教育長事務所）
四年　奥里千代（城西小学校）
五年　嶺井政子（開南小学校）
六年　川平恵二（久茂地小学校）

△中学校委員

国語科　与儀利夫（上山中学校）
数学科　前城仁幹（真和志中学校）
社会科　真栄田義弘（那覇中学校）
理科　屋良朝惟（寄宮中学校）
英語科　中村春己（美東中学校）
職家科　永山清幸（東風平中学校）
音楽科 一年特活　糸洲長幸（寄宮中学校）
国工科 二年特活　比嘉秀雄（豊見城中学校）
体育科 三年特活　玉城幸男（仲西中学校）

以上十五名の方々で編集委員長は当間嗣永先生（美東中学校長）です。

【編集の過程】

二月十三日に最初の編集会議が持たれたことは、既に述べた通りですが、編集方針と分量割当及び原稿についての注意等を決定、又解答表もつける事などを申し合わせたのです。

それから編集委員の先生方は各職場において、授業のかたわら編集方針に従つて、その内容の研究と、原稿作成にとりかかつたのですが、十分なる研究時間を見出すには余りに多忙な為、苦心は一通りでなかつたようです。その間小学校においては六回、中学校においては四回にわたる編集委員会を持ち、原稿について「問題の適否」「発問の適否」「誤字、脱字の訂正」「形式の統一」等について、相互に検討し合いその完璧を期したのです。このような過程を経て、三月二八日編集委員の全体会議を持ち、全般的な検討を終えて原稿を締切つたのです。

それから出来上つた原稿について、更に本会教文部で検討し、印刷にまわしたのが五月上旬でした。六月現在で既に印刷を完了し、目下製本中です。

部数も逐年増加の一途を辿り、一九五五年約十二万部、一九五六年約十二万部、一九五七年約十五万部、一九五八年約十七万部となつています。これは全琉の小中校の児童在籍約十七万を考えますと、殆んど一〇〇％に近く、編集した本会にとつて実に嬉しいことです。それだけにまたこの「夏休みの友」が児童生徒の夏休みの生活において、有効に使われるようにということが大きな願なのです。

【教師と父兄】

さて次にこの「夏休の友」の利用について、教師父兄の心得ともいうべきものについて二、三述べてみましよう。

その前に夏休みの性格について考えてみますと、一つには保健衛生面から考えられるもので、即ち適当な休養、適当な睡眠、適当な運動、適当な食事で、児童生徒の健康増進を図ることであり、二つには学習面から考えられるもので、即ち学校生活で得られないものを子供達につかませるよい機会であること、換言すれば自主的学習の習慣を身につけさせる良い機会であるということです。

従つて「夏休みの友」の利用も、この夏休みの性格にそうて考えられるべきです。一口にいうと「夏休みの生活プランの中に位置づける」ということになりましよう。次に一、二、の例を挙げると、

1 日課表を作成して時間的生活（勉強）の習慣をつけさせる。

勉強を一ぺんに片づけるのでなく、きめられた分量を、朝の涼しい中に二、三時間継続して学習にあてるなど。

2 地域（部落或は近隣）の生活プランを児童会、生徒会等を通して立てさせる。

バラバラの日課表では、勉強時間中に、友達が遊びに誘うなど、不都合が多くともすれば実行不可能になる。

3 無理に勉強させるのでなく、喜んで勉強したくなるような状態に子供をおいてやる。

但し勉強すれば好きなものを買つてやるなどの約束で動かしていくのはよいことではない。

4 「夏休みの友」の問題から学習を発展させるようにしむけていく。

例えば国語科では、子どもの日常の読書生活はコマギレ的なものなので、部厚な本を読み通させ、読書記録をつくらせるなど。

以上思いつくまゝを述べたのであるが、他にもいろいろありましよう。

この「夏休みの友」が子どもの成長にとつて、名実伴うことを祈念している次第です。

（文教部長）

—三ページよりつづく—

学校での指導から開放される子供達であるので、自主的にといつても、やはり、家庭の協力や地域社会の協力が必要である。それには、何といつても学校保健委員会が大切である。この学校保健委員会によつて、すばらしい成績を挙げている学校がある。健康生活の実現も安全生活の確保も、この学校保健委員会によつてはじめて目的が達成できる。

四、長期休暇中の反省をしよう

夏休みの終了後、大体の学校では成績品の展示会を催しているようであるが、その中にぜひ、健康生活の評価をやつていただきたい。

1 けがや水の事故は、昨年よりも減つたか
2 病気にかかつた児童、生徒は昨年よりも減つたか。
3 学校で指導した諸疾病の処置がなされていたかどうか、昨年の同学年と比較してみる。
4 体重は休み前に比し増えたか。
5 歯みがきや手洗いの習慣はよくなつたか。
6 宿題や学習はきちんとやつているか。
7 家庭や地域社会の協力は去年よりもよくなつたか。
8 皮ふの摩擦はよく行うようになつたか。

なお水泳に対する問題は健康指導上大きな問題であるので別に記することにする。以上健康指導上の諸問題について述べたが、全琉の子供達が夏休みをそれぞれ希望にみちた充実した健康を実践し、たしかな成長を期待し筆をおく。

（保健体育課主事）

次号予告（四五号）

▲**特集 運動会**

○こんなことをやつてみては
○運動会前後の健康管理
○運動会における放送の望ましい在り方
○演技・マスゲーム・ダンス・タンブリング
○練習・予算・プログラム・指導法
△運動会 今昔
△父兄として—運動会へ望むもの
△私の見た他府県の運動会
○わが校の運動会 （小校・中校・高校）
○運動会は私達の手で （小校・中校）
○和寇遺跡と青磁考（2）
○教育委員会めぐり「名護」

文教局移転

。七月十七日文教局は第二庁舎北側の二階へ移転しました。

。これまで行政府ビルと立法院の一階の二ケ所に分れていたのがやつと一緒にまとまりました。

ことしの夏休みの計畫

越来小学校

一 夏休みの特質

1 長期に亘る（七月二五日ー九月四日　四十二日間）　2 暑い時期

3 学校生活からの解放　4 余暇が多い

二 家庭における生活指導

1 学習について

(イ) 毎日規則正しい生活（日課表）

。起床……………午前六時
。清掃（体操）………仝　七時
。朝食………………仝　八時
。朝の勉強…………仝　八時ー九時
。昼食………………正午ー午後一時
。午睡………………午後一時ー二時
。夕の勉強…………仝　六時ー七時
。夕食………………仝　七時ー八時
。就寝………………仝　九時

(ロ) 夏休みの友　(ハ) 日記をつける

(ニ) 言語生活（共通語励行）　(ホ) 読書

(ヘ) 文通（友人や先生に）

2 お手伝（相応にできることを毎日やる。予めきめておく。）

掃除、水汲み、子守、台所お手伝、洗濯

3 あそび

(イ) ひかげであそぶ

(ロ) 水あそびに注意（水難予防）

水泳上の注意

。事前の健康診断

。不潔な場所、危険な場所　。水泳前

。游泳中の心得　。上つてからの注意

(ハ) 路上で遊ばない（交通事故妨害）

(ニ) 爆発物に注意

(ホ) 危険なあそび（爆竹、スケート等）

(ヘ) 不健全なあそび（玉ころがし、めんこ）

4 衛生面

(イ) 食事を時間的に　(ロ) 暴飲暴食にならぬよう（盆行事）

(ハ) 冷しものに注意　(ニ) 食後の休養

(ホ) 買喰いをつつしむ　(ヘ) 外出には着帽

(ト) 昼寝奨励（一時間位）　(チ) 蝿蚊の退治（脳炎）　(リ) 汗のしまつ　(ヌ) 早寝早起

(ル) ラジオ体操会　(ヲ) 家屋内外の清掃

5 社会性の涵養

(イ) 部落の班清掃（毎朝）　(ロ) 部落児童会

6 不良化防止

(イ) アルバイト禁止　(ロ) 交友関係に注意

(ハ) 夜あそびをしない　(ニ) むだづかいをしない

(ホ) 観映は父兄同伴で　(ヘ) さかり場への出入に注意

7 家庭の配慮を要望

(イ) 家族でピクニック　(ロ) 海水浴

(ハ) 親戚訪問　(ニ) 夕食後の一家団欒

(ホ) 観映　(ヘ) 学校との連絡ー事故ある場合は必ず励行のこと

三 学校における指導

1 出校日　四回（五の日）

八月五日、十五日、二十五日、九月五日

。当日は必ず出席のこと　旅行などは他の日でなす

その日の行事

学級で話合い、宿題点検、清掃、レクレーション、写生会、お話会等

2 日直当番

六年生から男女各五名宛、出校仕事、日直の先生の御手伝

（校内清掃、花園手入、連絡、戸締）

3 学習会

日直、宿直の勤務日を利用して、級児を出校せしめ、指導をなす。（学級別に計画立案）

4 校外児童会（公民館を利用して行う。）

5 随時の家庭訪問

特に出校日に欠席した児については必ず家庭訪問をなす。

四 休暇後

1 夏季学習展示会を開く

図画、習字、作文、地図日記、夏休みの友、標本（昆虫、植物、貝殻）工作品

2 発表会（お話会、音楽、体育会）

五 PTAの呼びかけ

学校PTA及び学級PTAを休暇前に開き、この計画を通達し、更に日課表等は、各児童を通じて家庭に配布し、父兄母姉の協力を御願いする。

心の旅路〃学校づくり〃

渡久地　政功

夏は人間の「放浪の月」ともいわれている。

「旅人とわが名よばれん初時雨。」―は、芭蕉翁の有名な〃旅の句〃で俳句として、最も重んじている「季題」、すなわち季節を表わす〃初時雨〃の句によつて、その情趣と旅人の心情や興趣を、たつぷり盛つた名句である。

――これは、旅に出て外界の景色や風物に心が奪われるのではなくて、むしろ、その人の内面の世界を現わし、且つ自分で見ている。―それが本当の〃旅〃であるのかも知れない。

まことに、夏は〃心の旅路〃を楽しむにも最もふさわしい月であると思う。

この名句を味わっていると、爽やかな夏の感触を充分に愉しむことが出来て、「銷夏随想」も自らこんこんと湧き出てくる思いがする。

※　※

〃校長〃という責任者の心は、つねにみなそれぞれの「学校づくり」に明け暮れている。

「ただ見ては何の苦もなき水鳥の
　足にひまなきわが思いかな。」

――という名歌のように、外見はいかにも、おつとりして、何の〃風情〃もない生き物のようではあるが、しかし、小さいその心にも大きな思いが絶え間なく躍動して、意馬心猿の譬のように、しばしの憩いをする暇さえないのである。

※　※

私の〃心〃も、「よい学校をつくりたい。」……そのためには〃楽しい学校〃にしたいと、ひたすらに念願している。

楽しい学校とは、明るくて美しい行き届いた学校を構想しつづけている。

その天翔ける夢を、「十二景」のテーマにして、絵巻式に繰り展げて銷夏の随想とする。

第一景

生徒の一人一人が、毎日の学校生活を明るく朗らかに、楽しく伸び伸びと過ごす所であり、また職員や父兄、卒業生にも楽しい学校である。

第二景

「よい学びの場」であり、「よい生活の場」でもあるから、生徒の学習意欲を充分に満足、伸長させる設備と、生徒の精力を遺憾なく発散させ、動的本能に堪えられる広くて、堅強施設が行き届いている楽しい学校である。

第三景

健康的で、最も安全な場所である。そして通風、採光と清掃、姿勢、健康などの保健衛生にもよく注意して、危険防止に完全配慮がされている楽しい学校である。

第四景

うるおいとやさしさが充満していて、校庭は常に緑に映え、四季には折々の花が色どられ、室内はよく整備されて情操的配慮が充分である楽しい学校である。

第五景

いつでも明朗で積極的な協力一致がある。互に善意寛容、理解をもつて尊敬し合い、信頼して力強く助け合っている楽しい学校である。

第六景

能率的実践の雰囲気が醸成されていて、すべてが計画性に富み、物心ともに無駄がなく、不断の反省研究、創意、努力によつて、常に〃開拓〃と〃前進〃をし続けている楽しい学校である。

第七景

発言が自由である。そして、建設的、協力的で明るさに満ち、責任のある話し合いで活気づいている楽しい学校である。

第八景

「自由」と「放縦」がよく区別されている。勝手気儘、無秩序、不作法を慎しみ、元気はつらつとして、正しく明るい学校生活に息づいている楽しい学校である。

第九景

個々の生徒を生かすために、結果の評定よりも、生徒一人一人の動機、目的、態度、努力などの過程を重んじている楽しい学校である。

第十景

職員室は、いつでも明るい。―笑顔、安心、信頼、熱意、健康が溢れている楽しい学校である。

第十一景

教師と生徒と父兄が、和合協力して、ひたすらに教育の道を突進している楽しい学校である。

第十二景

卒業生が喜こんで母校訪問をし協力職員として、後輩の指導をするとともに、多くの集会をもつて教育の後援や互の連絡、提携をする楽しい学校である。

（真和志中学校長）

銷夏法ということ

川平朝申

銷夏法？と問われると全く答に窮して仕舞う。私はこれで四十数年南国の猛暑の中で暮して来たが、その間別段銷夏法に就いて工夫をした事はない。むしろ冬になると夏の来るのがまちどおしいと思うた位であつた。

私はもう五十歳に手がとどこうとしている。その半数は台湾で過ごした。台湾の夏は沖縄の様にムシムシしない極めてたくましい暑さであつた、夏の真昼間水溜に目をほそめて水浴をしている水牛を見るとこちらまでが涼を感じる。人間よりも水牛の方が結構銷夏法に就いて苦心している。当時の台湾は官吏の天国であつたが、それだけに服装はこちらの様に身勝手の出来ない苦痛もあつた、文官服といつて軍人同様の制服を着用させられ、春夏秋冬厳めしいでたちで出勤したもので、真夏の銷夏法は上衣をぬぎすて、褌一本になつて、冷えきつたビールをジョッキ一杯ぐつと飲みほし藤椅子に寝ころんだ時の気持は何にもたとえ様のない銷夏法の一つであつた。

これとて工夫しての行ではなく汗ばんだ上衣やシャツをぬぎすてるのは必然なことであつて、妻の好意が私にこの様な快意を提供してくれたものである。

又或る時は台北の一流映画館（冷房装置がされている）にはいり込んで后睡をしながら涼を入れ次の仕事の能率を倍加さすということもあつた。これも銷夏法という念の入つたものではなく、私の任務（台湾総督府情報部勤務）が都合よくそうさせてくれた。

大東亜戦争中は真夏を空気の流通さえも悪い防空作戦室でしぼる程の汗を浴びながら執務をしたし終戦直前は七、八月の猛暑の最中だつたが毎日の様に一トン爆弾の落下する奇妙な圧迫音に結構冷えびえした冷感を味うことが出来たし、これも銷夏法等とあらたまつて工夫したことではなかつた。

最近でも矢張り仕事に追いまくられている性か銷夏法などと殊更考をめぐらすということはない。それ程余裕のある身分でもないから。

私の事務所には扇風器があるので思い出したようにぶんぶん廻わすが、銷夏という効果よりペラの回転騒音の方が耳について能率半減、矢張り仕事に夢中になつて暑さを忘れることが一番いい様である。

私の妻は那覇に小さな、しるこ屋を経営しているが、お客様の銷夏法に就いては極めて真剣に考慮していて、夏季に入ると冷房装置をし真夏のお客様のサービスには、いたれりつくせりの様だ。

最後に強いて私に銷夏法？と問われるならば次の様にお答えしたい。

「仕事熱心になること」つまり夢中に仕事と取つ組んでいると、いつしか暑さを忘れて仕舞うものだ。

もう一つは暑さを愉しむこと、太陽サンランと照り輝く夏という季節は男性的でいいものだから。

児等を見守りながら

小橋川カナ

あつという間に、つゆがあけて今年は去年のように水でなやまされそうで、不安にかられている。ただでさえ水の乏しい上本部村の子供達の上に、潤沢に雨を降らしてもらいたいのが、何よりの念願である。急にやけつく暑さが、やつてきている。涼しいのは何といつても、山原の夏である。

みどりの木々、青い海に、くつきりと浮ぶ白浜の水無島。高台に建てられた謝花校の前面は、何とも言えないこれ等の光景の一つ一つである。時々刻々と変わるその風景は、見た人でなければ、味わえない絶景であつて、そこから吹いてくる涼しい風は、何といつても格別である。

その自然に恵まれて育つ子供達の学園も、涼しくて楽しい場である。おはようございますのあいさつに始つて、水をまく、箒を手にする、落葉を拾う、つゞいてしずかな写本の時間、可愛いよみの声、掛算九九の練習、次から次へといそしむ、子供等の日常は、喜びに満ちみちた学園である。大木のガジマルの下、五丈の松の木蔭は、どの学校にもみられない。

戦前そのまゝの、なごりをとめて、嬉々ととびまわる子供達の、前途を祝福せずにはおられない。なごやかさは言いしれぬよろこびで一杯である。これらの一つ一つは、わたくしにじかに呼びかけてくる。

反省材料にもなつてくれる。真夏の日ながは、特に私にあこがれをもたす季節である。ゆつくりとした日曜日、何かしら解放されたという。軽やかな気分で、ふだんせわしく、あれやこれやと、考えていく間に立つて、ゆつくり読書する。ふだんは必要にせまられて、教育書に目を通すのがせきの山、新鮮で人間的にゆたかなものを、広い範囲の読書によつて求めたい、明日の教育へのエネルギー蓄積のためにも、夏の日ながはぜひありたいものである。

ふだんはとかくわが子の面倒もみられず、すまないと思うこともこの季節は何とかみられる気がする。わが家のあちらこちら、少しは文化的に便利になおしたり、整理して見たい、これは貧しい故のさゝやかな願いの一つでしょうか。

拭きたての縁側で、うちわをつかう浴衣の夏、台所のすだれを高くゆるがす山原の夏、

更に自然界は、子供の興味を刺激してくれるものでみちあふれている。

暑いのに昆虫採集に出かけたり、川辺に魚を求め水泳によろこびをたゝえて、出かけることは、親や教師の、すゝめを待つまでもない。この自発的な興味こそは、何物にも代えがたい学習の原動力である。

暑さも、かわきも、空腹さえも、忘れさせるこの興味こそは、この子供の全人格の発展にとつて、なくしてはならないものである。

しかしこの興味は、子供を、身の危険に近づけるものである。

しかし生命の危険にさえ、子供をかり立てる程の恐ろしい力をもつている。

これを建設的な方向に利用しなければならないことは、子供をあずかる教師として、大いに研究しなければならない。

あぶないからといつて、やめさせたり、おさえたり、しかつたりしてうもらしてしまつたならば、子供の人格は、円満に伸展する前途を、はばまれてしまう。

子供達が、自分の力のありつたけを発揮して活動する自己活動の好機は、この暑さの夏であり、暑さを忘れるチャンスの一つ一つである。

（謝花小学校長）

小学校在転三ケ月

富名腰義幸

中学十年卒業。小学三年受持となつて三ケ月。今更のように、わからない事の多いのに、どぎまぎ、おろおろ。

しかし、わからない事が多いという事の自覚は、一見、物悲しいように見えるかも知れないが、私にとつては、喜びの源泉でもある。

「先生これたべて」とまだ熟しない桃の実を、大事そうにさし出す純真な魂に、尻をたたかれ続けの私は、暑い寒いと言つてばかりいられる柄ではないらしい。

（屋部小学校教頭）

夏季二題

浦崎律子

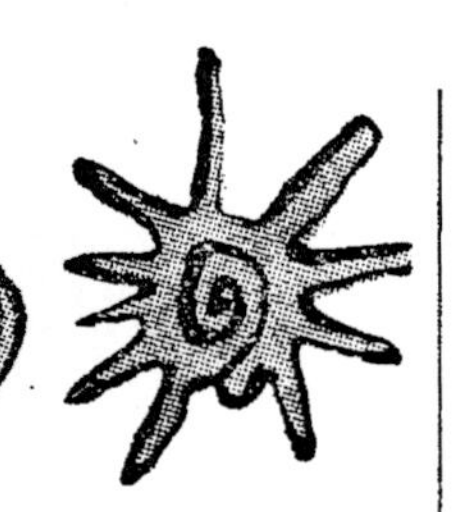

夏休みの宿題について

一学期も終りに近くなつた頃子供等に「夏休みは無くてもいいんじやない？」と発問すると、「それは困る」と言い、そして異句同音に「待ち遠しい」と答え、楽しい計画を発表します。けれども、夏休みも終り二学期を迎えるとくたびれた顔をして「夏休みはつまらなかつた」と言い出す。この矛盾は何が原因しているのでしよう。

去年の五年生の反省では

◦宿題が多すぎて他の研究ができない。
◦家の人は仕事だけ言いやけるので難儀だつた。
◦家の人は旅行に連れて行こうと約束し乍ら実行

しなかつた。

等といろいろと述べてくれましたが、この問題はうまく解決されぬうちに年度が変わり、そして去年と全く同じ方法で夏休みを迎えようとしております。

「宿題を無くする」良い事だとは百も承知していながら、やはり宿題に依つて子供をしばる事しか知らない自分の力の足りなさに歯がゆさを覚えます。

それとも「宿題は子供をしばる」という考え方が間違つているのでしょうか。

この機会に皆さんのご意見をいただき、今後の参考にいたしたいと存じます。

自殺について
子供はどう見るか

六月に入つてから日琉学生や少年工員の自殺事件が相ついで起り世の人々はいろいろと考えさせられましたが、子供等はこれに対してどう考えるか日記の中から記述してみます。

(Y君の日記)

今日、先生から公費学生や豊見山少年の話を聞いた。ラジオでも同じようなことを話していたそうだが、死ぬ時は、こわくなかつたかなあー。ぼくならそんなことはこわくてできないだろう。お父さんやお母さんがかわいそうだなあ、今ごろないて悲しんでいるだろう。ぼくも日本へ行つたらあんなになるはずだから、もうどこへも行かない。

(H子の日記)

自殺してしまつた二人のようになつたら私はどうなるだろう。世の中にこんなにおそろしいことがまたとあるだろうか。自分の望みがかなえられないからといつて死ぬ。そんなばかなことがあるだろうか。もし、ほんとうだとしても私には信じられない。どんなにまずしく苦しくても正しく強く生きて行く中にいつかはきつとしあわせな日が来ると思う。

(M君の日記)

先生、そんな話はやめて下さい。そんなことはぼくたちには関係のないことです。

以上三点の中、私はH子の考えが一番正しいと考えていました。所が或座談会の席上で私の考えについて反対の意見が出ました。そしてこの方々のおつしやる事にはM君の方が正しいと思う。その訳は「子供にとつて自殺なんていうものは、そんなに重大な問題として考えられないだろう。だから聞かさない方が良い」との事でした。

とすると、これを話材にして、社会問題に視野を広げ人間の生き方について考えさせようとした私の指導に対してどう考えますか。みなさんの卒直な御意見をいただけたら幸いに存じます。

(宮森小学校教諭)

ー四五頁よりつづくー

Oral introduction は益々困難を感じている。これは新教材における最も大切な段階であつて、私達教師のゆるがせにできない所である。Oral introduction は既習の単純化した文脈から、新語、新構成を導入するものであるということは理屈の上では理解できているが、実際、この教授法をとり入れる時、導入されるべき新語や構文にはどんな構文が最もふさわしいか、又生徒に最も理解し易いかと頭を悩ましているわけだが、山家先生の回を重ねる御指導のお蔭で、だんだんと、その tecnique が上達してくるような気がしてこんな導入をしたら生徒達はどれ位の反応をあらわすだろうかと興味が湧いて来た。しかしなんといつても new words の既習の語いを用いての Contex の中での導入には悩まされている。

(3) 生徒の学習状態

従来の Translation-grammer method から Oral approach に変更されたので生徒は相当迷つているようだ。特に drill 的積み重ねによつて展開される Pattern practice と、既習の語いを用いて新らしい structure を導入し、これを理解、識別させる Oral intro-duction になじむためには現在の所 smooth にいかぬため、生徒も私も共に苦労しているといつた状態にある。それで Written test の成績も、A、B、C、D、Eの五段階評価の中のAクラスが二十%内外で、DEクラスが五〇%を占め、おもわしくない、これは生徒はまだ Pattern practice になじまない事と教師はその教授法に習熟しないためであり、まだ研究のスタートをきつただけで、たつた一ケ月間の実験で、それがどうと判断を下すことはできないわけだが、まあ短期間に効果をあげようとあせることなく新教授法を実現するために幾多の困難の征服しなければならないとつくづく感じ渡日して二ケ月間の経過を報告し、今後地道に研究を進めていきたい。

ハンシーとタンメー

山元芙美子

時は支那事変の始まる数年前のこと、

背はえびのように曲つたりとはいえ、ランランと輝くまなこ、わしのような鋭い鼻、雪のような長いあごひげは人を威圧し、古武士を思わすその風貌と相まつて頭の上にチョコンと鎮座まします封建時代の遺物カタカシラ（チョンマゲ）。

そのカタカシラに中折帽子をのつけた彼は七十三才の古来稀なるよわいで大阪見物にと出かけたものである。

この旅行を計画した孝行息子達は手をかえ品をかえてこの頑固親父のカタカシラを切らそうとしたが親支派の彼は強固である。

「カタカシラを切つてしまつては、あの世の御先祖様に何のかんばせあつて相まみえんや、大切な髪を切つてまで大阪見物はしなくてもよい。」と、絶対承知しない。

この頑固親父、自ら学者をもつて任じその生活はすべて孔孟の教えに従つて自分を律しているのである。

ところで、「武士は食わねど高揚子」の彼も「ジシードゥヤル（時勢だ）」とあきらめて、商人に転じたのであるが、人間の心理とは妙なもので、武士の生兵法どころか口は悪いが正直な人柄が当つて商売は繁昌した。

彼は絶対掛値をしない。お客というものは一応は値切らなければ承知しない。どこどこの店は何銭やすいからこちらも負けなさいとでも云おうものなら「安い店で買え」と一言奥に引込んでしまう。少しでも品物をくさそうものなら「ヨーウケー（よせ）」と目を怒らして品物をふんだくつて元の陳列へガチャンとなおす、後は客が何と云つても「よそで買え」といつて聞かない。

品物を見比べて「どちらが長持ちしますか」等愚問でも発すると、「わしに聞いてもわからん、両方一緒に使つてみい」、或いは「作つた人に聞け」とどやされる。気の弱いものはびつくりする。気の強いものは「カンプタンメー、クファグータンメー（頑固爺）」といきなり立つ。と「あゝ頑固が商売だ」とやりかえす。それでいて不思議によく売れる。けんかして帰つた客が戻つて来て買う。一度けんかした客は次から仲好しになる。どこかに人なつつこい魅力があつたのだろう。

しつつこく値切ろうものなら、「よし、お前がそれだけの値段で作つたら、わしが買つてやるよ」とタンカを切る。

こう云つた奇人であるから、チョンマゲの上阪でも平気である。

ところで、あいにく乗り合わせた時の知事閣下が、琉球のこの生きた文化財を見たいとの仰せに「わしは見世物ではない。カタヒチャー（不具者）ではないわい」と、恐れ気もなく面接をことわつた、「そんなに見たいなら自分で足を運んだらいいだろう」とプンプン。とうとう知事閣下御自身で面会に来られたということである。

さて、上阪した彼は、京、大阪、奈良の名所旧跡を残す処なく見物したが、四六時中帽子をかぶつているわけにも行かず、脱帽した彼の頭の異様さに周囲の人々は目を見張り、物見高い人たちの集中の的になつた。最初は「ユンガシマサヌ、ドケー（うるさいどけ）」と勿論方言でどなつたが、その言葉に周囲はますますたかるばかり、はじめは年おいた相撲取りとでも思つたらしいのが言葉の違いに異人とでも思つたかも知れない。

さすがの頑固親父も死ぬ思いで大事な命から二番目のマゲをチョン、二三日はくやしくて眠れず男泣きをしたとか。

帰郷した彼は、意気消沈、まるい頭をなでてガイタンして曰く、「あゝわが世もおわれり」と、それでも負け惜しみは強く、「わしは平気だつたが、案内をする息子がジロジロ見られて気の毒だつたので可愛想でな」ですつて、

頑固で口は悪いが、随分思いやりのある人であつた。

暑いさ中に赤子をおつて祭りに行く人を呼びとめては、「「おい、この親馬鹿野郎」、お前が楽しむために子供を苦しめるか」と縁もゆかりもない赤の他人にも訓戒をして元来た道に戻してやる。子供にアイスケーキをシャブらしていると、物もいわずにとつて捨てて「親のくいしんぼうは子供を殺す、お前は生む方法は知つて育てる方法は知らないか」と、叱りつける。

漢学者である彼は毎朝大道易者の持つような大きな虫眼鏡で、新聞を隅から隅まで読む。だから物知りである。処が標準語は話せない、日誌や売上はたん念に筆で認める。

彼は、夜のひととき、決つてうら若い花嫁に孔孟

の教えを説くのが大得意であつた。「子曰……………」を静かに正座して説く、それを尤もらしい顔つきで聞いているど御満悦であつた。

しかし毎日の講義にうんざりした嫁は或晩「子曰……」といつたとたん反射的に「シシの汁チユマカイ（一杯）」とやりだしたからたまらない、烈火の如く怒つた老学者は「おそれ多くも孔子様や孟子様の教えを茶化するとは何ごとか。そんな者は嫁に出来ない。家に帰れ」と散々叱られた。それにもこりず或日御飯をこがしたので「アッタル、ジュウシイ（雑炊）ナンチクサラチ（こげつかせて）」（忠臣楠子の墓を茶化した言葉）と思わず口を出た。もう引込めない、どんなに叱られるかと思つていたが、馬鹿につける薬はないと思つたのか、「仕様のない奴だ」ですまされて拍子抜けした事もあつた。

飯を炊く時に釜のふたでもあけようものなら「一体学校で何を勉強した。飯が炊けたかどうかは火吹竹を耳に当てたらすぐわかる。ゴトゴトいううちは生米スウーいうようになつたら蒸れている。以後心得ておけ」と。早速実験してみるとそのとおりで感心した。

ヒーフチヌミーカラ、テントウウガマー（火吹竹の小さい穴から世界を見る。井の中の蛙の意）ということわざがあるが、「見る」のと「聞く」のでは大違いである。

支那事変が起つた時に「親元に弓を引いたばちが当る」と悲しんでいた老人も事変半ばに此の世を去つたが最後までチヨンマゲの事を気にしていた。

この頑固親父が私の舅で、私はその頃の若い嫁であつた。

× × ×

疎開先での話である。当時、川上で発生した赤痢が次第に川下に伝染し、川口の私達の部落が一番ひどかつた。一家から三人も死ぬ状況であつた。

疎開中のことゝて村人には随分お世話になつているので、お悔みが日課のようになつていた。

或る時、お悔みに行つたおばあさん、口をモグモグさせていたが決心したように、「全く肝ぐろいですね」と、方言を直訳した。相手には「お気の毒です」というその真意が解けない、何でも「腹ぐろい」に感違いしたらしい。

子供をなくして悲しんでいるのに失礼な事を云うとカンカンに怒つた、ばあさんも人が悔みを云つたら怒るとはと立腹の態しばし双方チンプンカンプン結極、言葉の意味が解けてケリはついたものの、笑うわけにもいかず全く困つた。

この婆さん満員バスの中で隣の人の足を踏んだ。「痛い!!気をつけろ」とどなつた。するとばあさん、ピヨコンと頭を下げて「どうもありがとうございます。」と謝つたつもりでいる。相手もその真妙な態度にあきれて吹き出して終つたとか。

又、電車の中で新聞を逆さにして拡げていると、隣の人が「おばさん、逆さまですよ」と注意したら「どうも年をとると眼がかなわなくてね（目が不自由でね）」と返事をしたそうだ。

このばあさん、始終あちこちで罪のない失敗をやる。

夏の暑い昼下り、畑で草取りをしている農夫に向つて、「あなたの嫁は感心だ、今、川でハマッてたよ」、さあ、びつくりした農夫、「ど、ど、どこですか」とゆび指す方へかけ出した。おばあさんわけがわからない、後からノコノコついて行く、農夫は「川にはまつているよー」と叫びながら下りていつた。人々も後に続いた。

ばあさん後でさんざん怒られた、彼女は、せい出して働いていると賞めたつもりのが飛んだ人騒せをしたわけである。

近所の子供が転んで怪我をした。「あゝヤマシタか（けがしたのか）」に子供の母親は「いいえばあさんうちの二男坊ですよ」といつたら、ばあさん「あゝ、そうか」ですましている。

失敗ばかり繰返えしているこの婆さんが大手柄をあげたのである。民間療法にくわしい彼女は近所に病人があると必ず自分の知識を与える、すると不思議によく利く、熱病にミミズのスープ、むかでの酒漬けは切傷にと親切に世話してやる。

丁度、赤痢流行の頃、不思議に沖縄の疎開者からは一人も病人が出ない、ふだん小馬鹿にしていた村人達も之ほマカ不思議とその秘訣を聞きに来た。この時とばかりばあさん、「大体あなた方は食じ療法を知らない、ぜいたくしているから抵抗力がない、我々沖縄人はここに来て困苦に堪えて、雑草を食べているがそれは総べて薬草である。だから強いんだ」と、外者扱いのうつぷんを晴らした。

村人達の歎願をうけてその特効薬草を教えた処、この薬草（?）が評判になり野に山に薬草刈がいつぱいで、たちまち此の草はどこにも見当らなくなる程とりつくされた。

名前は忘れたが田舎の畑等で之を見つけるとあのばあさんを思い出す。疎開から帰つて一度もあつた事はないが、お手のものの療法できつと長生きしている事だろう。
兎に角秋が近づいた故もあつたか赤痢は下火になつた。

× × ×

昔のタンメーにしろ、ハンシーにせよ、封建性の生活の中にも愛すべき一面を持つていた。兎に角、昔の人達は偉かつた。
「年の甲は亀の甲」とよくいうが、何か教えられるものがある。
彼等は彼等なりの時代の生き方を全うした偉人であると思う。

学級会活動を育てるための発言の指導

白保小学校　久高利男

指導事例

①学級の実態

。在籍　三七名　男二一、女一六
。労働奉仕を嫌う。
。話合つて決めた事も実践しないことが多い。
。男女共学を喜ばない。
。男女何れも同性の意見に善悪かまわず賛成し、男女の対立が甚だしい。
。相談会は男女の対立を増加するようなものとなりかねない。
。発言する児童　一三人
。発言の多くは一部の人の言葉のやりとりで終始する。
。問題児としてはK・Y・M子の三人がいる。

(1) K君（知能遅進）
中耳炎のためみんなから「みんじやい」「みんかー」「ふつちやりむぬ」といっていじめられ、遊ぼうとするものは一人もいない皆にのけ者にされ暗い表情となり孤立しがちである。

(2) Y君（知能は普通）
体つきががつちりとしてよくしやべりおとなしい子供をいじめる。特に女児に対しては何の理由もなくわざとそばへよつていつてたたいたり帰途待ちうけて「鉛筆を持つて来てくれんとたたいてやるからな」とおどしたりして反社会的な行動をとる。

(3) M子（知能遅進）
交友関係に於ては別に問題点はなく、ひそひそと話したり遊んだりしている。然し教師に対しては全く口を利かずそばに寄ることを恐れ話しかけても顔を真蒼にして下をうつ向き返事どころか頭さえもふつてくれない。

(4) その他特に指導を要する遅進児が二人いる。

②指導の方向

学級全体を次のような方向に持つていきたいと思つている。

(1) 友達と仲良く遊び一緒に勉強したり仕事をする
(2) のびのびと自由に発表出来るようにする。
(3) 自ら考え計画し処理、解決をする。
(4) きまりのあることを理解し他人に迷惑をかけない。
(5) 学級の仕事は全員が学級の一員として平等に働く。
(6) ばらばらな個人を小集団に結びつける。

③学級集会

朝の話し合い。

あらゆる機会を通してみんなが自由に発表出来るように又他人の立場を理解できる様に育てたいと思い、日直が交替で司会になつて話し合いを進めることにしたが、発言しないのは劣等感に起因するものが多い。

形式的な話し合いを砕く事により気安く話せる様な雰囲気を作る必要を感じ次のような事を話した「先生の四年生の時の話しをしましょうね、ある日ね、お母さんがいみじるの中に兄さんのものとしておいてある餅をとつて食べようとして箱をおいて取ろうとしたらいみじるの紐が切れて箱と一緒にひつくり返つてね」というと皆パチパチ手を叩いて笑い「僕もな砂糖を盗んで食べてお母さんに追われたよ」とか次々と児童の失敗談が飛び出して来た。それから毎日一題ずつ夢や気軽に話せるいろいろな事を話すうちに子供達は帰校後の失敗、成功、叱られた事等話すようになり回を重ねるに従って発表する子が増えるようになつた。

「一人の悲しみは皆の悲しみであり一人の喜びは皆の喜びである」私はこの言葉のこころが一人一人の児童の内に育てられる事を念願しつつ努力している。

。学級集会には朝の話し合いの外に月に一度誕生会発表会をもつている。

④係活動

四年に進級した子供達は教室が変り教科書も変ると新しい希望に胸はふくらみ、花園を作り変えよう学級文庫も作ろうという声が高まって来た。この様な子供達の意欲を基にして学級内の身近な生活経験を通してどんな仕事があるかを話し合わせ相談会をもつて次のような係をおく事にした。

そして各係長を互選によって選び（男女各々四名）係長係員を指名し（大体男女同数になるように）て八つの係を組織した。この係は大体仲の良いもの同志の四、五人の集合体になつた。

一学期の反省会で怠けた係長がいたからと言う事で現在は任期を一番期間として毎学期毎に選び変えることになつている。尚各係は次の通りである。

(1) 花園係　花園作りの計画や手入れ等
(2) 文庫係　文庫の運営図書の購入
(3) 衛生係　衛生検査、教室の検査
(4) 会計係　徴収袋の作製、集金、会計簿の整理の手伝い
(5) 体育係　体育行事の計画
(6) 仲良係　朝の自習の計画、皆が仲よくするようにする。
(7) 新聞係　壁新聞を作る。
(8) 兎の係　兎の世話、兎当番の割当て

。一学期間掲示係があつたが自主的な活動分野が狭いため有名無実に等しかつた。そこへ父兄より兎の寄贈があつたので掲示係は解消し兎の係が誕生した。

。係活動を通して児童は何を学びどのように成長していつたかについて事例を通して述べてみよう。

例一

個々の児童は学級の一員として一役を持ち係の一員として相談や仕事に参加する事が大切だ。そこに社会意識が生まれてくる「二学期に(九月)部落の公園の管理を学校が引き受けて実施するようになつたためその管理を各学級で分担して行うことになつた学級への割当が決定すると花園の係は早速計画を立て、各係別に手入れしようという事になり、各係別にいろいろと計画し放課后、日曜等係単位で自発的に手入を始めた。この花園作りを通してあれ程仲のわるかつた男児と女児が共に働く中に自然に仲良くなり恥かしいとか「やーいやーい」というひやかし等次第に少なくなつた。

いつもつまはじきされたK君（前記）もグループの一員に認められるようになり、皆と遊ぶ事が出来明るい笑顔が見られる様になつた。今まではらばらだつた個人が現在小集団によつて結び付く様になりつつある。

私は生活指導のために特別のグループを編成せずに各係を生活指導の単位とした。それは仕事を通して児童間の結び付きが深いため集団を通しての個人指導が容易であると同時に集団そのものに対する指導も行いやすい。

各係の人員の構成は結果的に見ると好きなもの同志が四、五人集まつたものであるため、小集団指導には好適であつた。小集団と個人との結び付きが円滑に行けば集団と集団との結び付に発展させたい。そうする事によつて集団内の自己の働きが学級という大きな集団に貢献しているという事実を経験を通して体得するであろう。そこに始めて「私は」という自己意識から脱皮し「私達は」という共同意識が生まれ社会性が養われて行くものと思う。

例二　―

教師にものいわぬM子

「M子は受持つた当初から名前を呼んでも返事をせず話かけても首さえ振つてくれなかつた。指導要録を見ると話せる子にしたいと記録されている。母親は「前の担任の先生も話せる子にしたいと話していましたが私も困つています。家ではあれでもよくおしやべりするのですが―どうかよろしく」と言つた程度でその原因はつかめなかつた。教師に対する恐怖心か、それとも劣等感の過剰かいずれにしてもM子と遊ぶ機会を持つ必要があると思いM子が友達と遊んでいるのを見る度にごく自然に遊びの中に入つていくようにした。しかしM子は私が入ると遊びを止めて黙りこんでしまう。私があせればあせる程M子は私から遠ざかつていくばかりである。私は到々匙を投げてしまつた。

十一月九日、父兄が兎を寄贈してくれたので兎の係が誕生した。十二月八日この日はM子が私と話をしてくれた日である。

日曜日の午后M子がおしやべりのN子と二人で学校の裏道を通つて行くのに出会つた。「何処へ行くの」と声をかけるとN子が「兎の草刈りに」というのでついて行くことにした。公園の入口に真赤なカンナの花がゆれていた。何気なく「わあーあの花真黄色だね」といつて指差すとM子は笑い声と共に「せんーだー真赤だよ」と私に言葉を返した。私がM子から声をかけられたのはこれが始めてである。

茨の多い野原に出た。M子は素足だ「あぶないからおぶつてやろう」というと首を横に振るので「先生は大人だから大丈夫Mちやんこの草履はいて」というと喜んではいてくれた。しばらく行くと石が積まれていた。子供には無理の様だつたのでM子の手を取つて先に越えさせてやる。M子に手を差し出すと今までのM子と違い気安く寄つて来た。私はM子との間にある障壁が段々薄れていくのを感じた。草を刈りつつ色々話をすると言葉は少ないが返事をしてくれるM子が「先生バンザクロ」といつてまだ固いバンザクロをちぎつてくれた。M子に手を引かれつつ明日も一緒に草刈りに行く事を約束する。M子の当番中（一週間）私は一緒に草刈りにかよいつづけた。M子は日増しに話をする回数が多くなつて来た。M子が普通児並に話せる様になる事を期待しつつ努力を続けている」

以上の例の様な特殊児童に対しては人為的な面接の機会をもつより自然の機会を利用した方が有効である。係活動はこうした生活指導の機会を数多く与えてくれる。

⑤学級委員会活動

係が出来て子供が一人一人役を持つと各係は寄り合いあれもしようこれもしようと活動意欲が高まつて来て子供なりの計画を立てる。学級会（四月十四日）で各係の計画その他いろいろの問題が板書された。しかし沢山板書されたものの中から何を先に決めてよいか話し合つたが各係は自分達の案を先にする事を主張し一歩もゆずらない。一時間たつても議題を取り上げる事が出来ない。そこで何故学級会が出来なかつたかを反省させ、どうすればうまく議題を取り上げるだろうかについて話合を行わせたところ各係長及び級長副級長が構成メンバーとなる学級委員会が生まれた。その後委員会でもつて各係では個人から出された問題についていずれが急を要し又重要な問題であるかを話し合つて学級会に掲案する議題を決めることになつた。

決議された事項の実践状況　○実践されたもの　×実践されなかつたもの　△実践されたが継続されなかつたもの

月	日	決議された事項	提案者	実践状況	決議された数	実行された数
四	10	学級の仕事の係を決めよう	教師（助言）	○	四	四
	12	四月生れのたんじよう会をしよう	個人	○		
	13	ざつしを集めよう（学級文庫作り）	文庫係	○		
	27	A組と野球（男）キャプテンボールのしようぶをしよう	体育係	○		
五	2	毎週新聞を作ろう	新聞係	△	六	二
	5	遠足の計画	個人	○		
	11	母の日は学級でげきとゆうぎをしよう	学校委員	○		
	11	衛生検査を毎週しよう	個人	△		
	25	なかよくするにはどうしたらよいか	衛生係	×		
	25	男は女をいじめないこと	仲よし係	×		
六	8	学級費を納めない人がいるがどうしたらよいか（表に作つて成績をとる）	会計係	○	三	三
	15	小運動会はどうしようか（計画）	体育係	○		
	29	流行性感冒にかからないようにするにはどうしたらよいか	衛生係	○		
	6	学級PTA会で発表会をしよう	個人	×		

前掲の表を見てもわかる様に決議された議題は学級を中心とした自分の生活に直接関係のある身近な問題である。視野の狭さを感じるが現段階でこれ以上のものを要求すると実行されないきらいがあるので当分現状のままにしておきたい。学級会活動が軌道にのれば学校生活、社会生活等の面にも児童の視野を広げる必要があることを感じている。実践された決議事項と実践されなかつた決議事項を比較してみると左の様な特色を見ることが出来る。

実践された事項の特色

一、活動的なものである。

二、学級内の問題である。

三、直接自分達の生活に関係のあるものである。

四、結果がすぐ表われるものである。

五、レクレーション的なものである。

実践されなかつた事項

一、静的な生活指導に関係のあるもの。

二、学級以外の集団との結び付きを必要とするもの

三、結果が現れるまでに時間のかかるもの。

四、継続的なもの。

。決議された事項を如何にして実践に移し継続させるか、そのための教師の補導技術について大いに研究する必要を感じている。

別表B　児童の発言状況

一、a表及びb表はいずれも学級内の問題で結果がすぐ現われるような類似した議題である。

二、b表の坐席は、実際そうではないが個人がどのように交つたかを比較しやすいようにa表の坐席と同位置にした。

三、数字は発言回数を現わす。

七	13	水泳をしたい	個人	×	四	一
	20	係の反省	教師	○		
	24	夏休みのキャンプ	個人	×		
九	7	委員選出と組織	教師（助言）	○	七	三
	7	週番はあつた方がよい	個人	○		
	14	毎週日曜に大そうじをしたい、	衛生係	△		
	14	運動会には何をしようか	体育係	×		
	14	公園の手入れをしよう	花園係	○		
	21	ざつしの整理をしよう（表をつける破れたものの修理）	文庫係	×		
	21	地区別に係を出して学級費を集めたらどうでしょう	会計係	×		
十	19	毎週一回係の相談会をしよう	教師（助言）	○	六	五
	19	各係で公園を分けて手入れしよう	花園係	○		
	19	雑誌の修繕をしよう	文庫係	○		
	26	男もさんや君をつけましょう	仲よし係	×		
	26	衛生検査を毎週三回ずつする	衛生係	○		
	26	各係で順番で交替で新聞を作る	新聞係	○		
十一	9	兎を飼つたらどうか	個人	○	六	三
	13	学級のきまりを作つて守ろう	個人	△		
	13	他の教室に入つてじやましないようにしよう	仲よし係	○		
	13	兎の係をきめよう	個人	○		
	16	ろうかを走らないようにしよう	仲よし係	×		
	16	ミルクを飲む時静かにするにはどうすればよいか	週番	×		
十二	6	公園の手入れをしよう	花園係	○	二	二
	14	新聞の一等を決めよう	新聞係	○		

B表　児童の発言状況

【a表】議題　学級文庫を作ろう（四月十三日）

【b表】議題　新聞の一等を決めよう（十二月十四日）

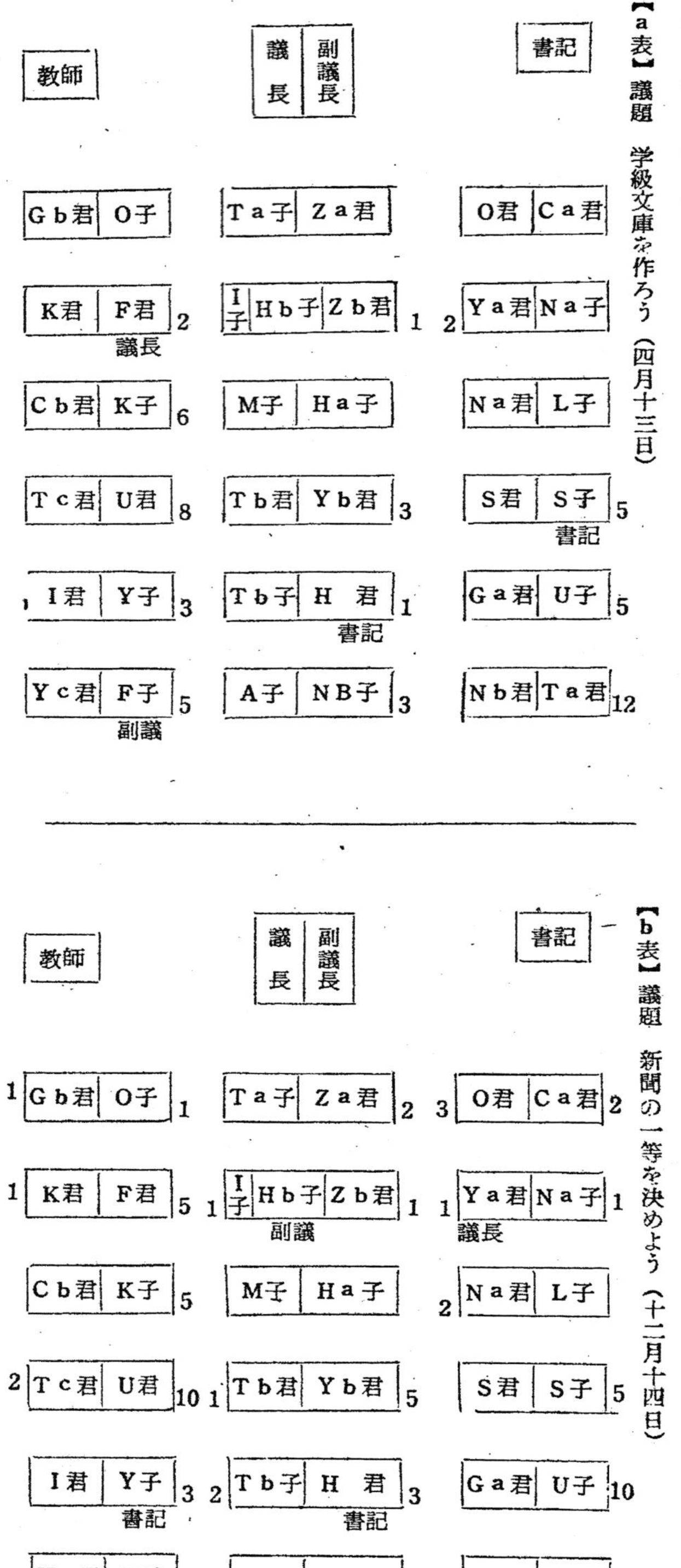

a表における発言は特定の個人に限定され発言者がきわめて少ないが

b表においては学級の大部分が発言している。

今後は未だ発言出来ずに残されている子を如何にして発言できる子にもつていくかを研究していきたい。

（発言の深度と討議の時間的推移に関する調査表省略）

六、まとめ

この学級は私が三年から受持つた学級である。その頃から子供の自治活動を念頭において色々な組織を作りあれこれ手をつくしてきた。

しかし子供の本来的な芽ばえでなく組織の為の組織となり従つて問題意識も起らずかえつて教師への反感を高めるばかりで結果失敗に終つた。

四年生になつてからは今まで述べて来たようなあゆみをして来たのであるがまだ満足な結果は得られていない。

私は現在までのいとなみによつて教科外の活動の中に生活指導の体系を究明していきたいと思つている。

（白保小学校教諭）

ー二十頁よりつづくー

おります。

今年度の場合は、いささか納得のいかない結果がありましたが、それも課程選択の対策と選抜法の研究によつて是正できるものと思います。

屋部中学校においては今後も進路（職業）指導の立場から　たしかな進学指導の研究、実践への努力が継続されて一層の成果が上りますよう期待をいたしまして筆をおくことにいたします。

進学指導のための資料

名護中学校　教諭　中村秀雄

進学指導と云うと、すぐ、課外指導（補習指導）と誤解されがちであるが、本土の中学や高校では進路指導（職業指導の一分野として「職業指導主事」が各学校に設置されて、学校の全体計画の中で入学当初から卒業までに一貫した計画によつて継続的におちなく実施されているし、また、その効果的能率的指導の研究が進められているようであります。

四月の教員移動で転勤して参りましたが、創立以来たえず頭を悩ましてきた進学指導の問題について、前任校の屋部中学校で五六年実験学校研究に「中学校における進路指導」をテーマにとつて以来、進学指導の資料も、作成し逐次改善を加えながら、利用してきましたのでその一部をここに提示して大方の御批正を仰ぎたいと存じます。

進学指導が教育の一領域であるとか、また、進学指導はまつたく職業（進路）指導の中に包含されるとかその考え方はいずれをとろうと、それは将来個人が「良い職業人」を目指して「学校を選択し、その準備をなし、進学してそれにおいて進歩向上することを援助する。」教育活動であることにはかわりはないと思います。

しかし、琉球教育法（布令六六号）の施行規則に「中学校は職業指導主事をおくものとする」「職業指導主事は教諭をもつてこれにあてる。校長の監督を受け生徒の職業指導をつかさどる。」とあるし、また、日本復帰を期待し、日本本土との教育の断層を生じさせないことが吾人の念願であるから後者の考え方をとつた方が妥当だと思われます。このことは主題からそれているとは思いますが、敢て申し上げる理由は中学校における進路指導主事の設置が前者の考え方によつて遅延し、はては押しまくられて地の果に消えてしまいそうな懸念がないでもありませんので機会あるごとに強調し確認して、みんなして設置促進の世論にまで高めるよう叫びたい心からであります。

さて、教科指導やホームルーム活動を通して学校情報の提供も行われ、知能、向性、標準学力、職業興味、職業適性の諸客観検査も逐次行われ教師の直観に裏付られた個性調査の資料も大方まとまり、いよいよ大詰へ来て生徒や父兄との進路相談、すなわち志望校の選択、決定の段階になります。大体十二月の下旬ころに進学者の保護者会を開き、生徒と父兄へ次の資料を提示いたします。勿論実力涵養のための指導と対策や学校調査なども、年次月次計画の中でおちなく実施されていることはいうまでもありません。

資料としてその主なものは

① 前年度の男女別　高校別、卒業年次別進学状況
② 前年度高校進学者知能段階分配（図表1）
③ 模擬テスト得点分配（図表2）
④ 前年度進学者の内申と学力検査の関係（図3）

以上のうち②は教師のみの参考資料で父兄や生徒には知らさない。その他はプリントにしそれぞれの統計図に対応させて生徒個人の模試教科得点と二学期末の学習成績の偏差値（SS）（通知表と同一のもの）を記入して生徒と父兄に配布し、それを資料に集団相談および個別相談を行います。

資料②

56年度校種別進学者知能段階

知能偏差値 ＼ 校種・性別	普通高校 男	普通高校 女	職業高校 男	職業高校 女	段階
75以上					最上
65～74	3	2			上
55～64	6	11	6	3	普通上
45～54	3	7	2	5	普通
35～44					普通下
25～34					下
24以下					最下

・田中B式知能検査
・教師のみの資料で公表はしない
・過年度卒は含んでいません

四五－五四の普通知の合格者が一七人ありますが五〇以下はその中五人だけです、ですから普通下知の者には荷が勝ち過ぎることを暗示して無理な進路を固執することのないように除々に善導していく必要があり

ます。

資料③　模擬テスト得点分配

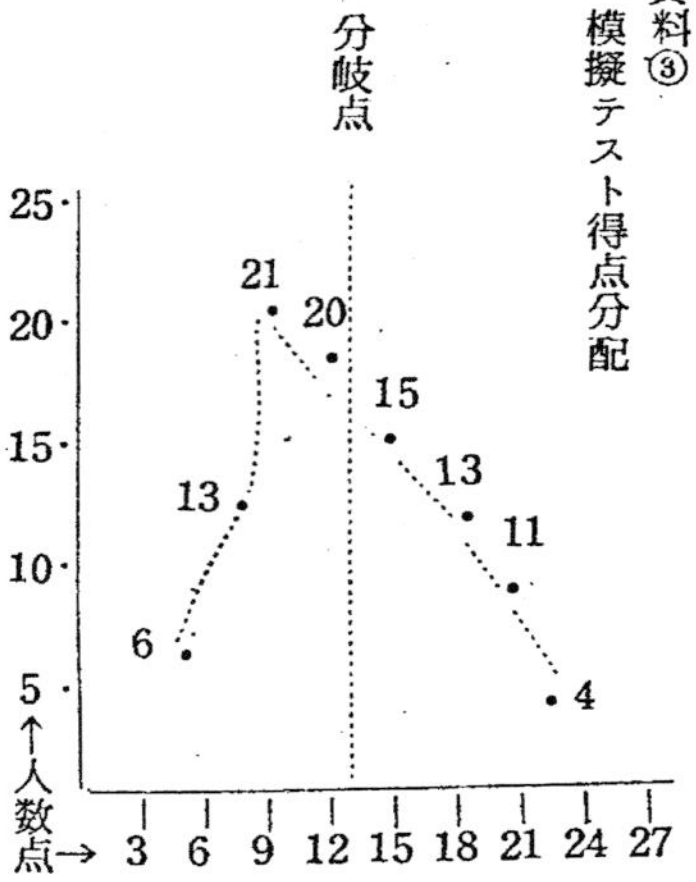

分岐点

25・
20・
15・
10・
5・
↑人数
得点→ 3 6 9 12 15 18 21 24 27

6　13　21　20　15　13　11　4

義務教育測定の出題要領（形式、内容、実施方法）で三回実施。前年度および過去三ケ年の学校の合格率でおさえ合否の分岐線を引き生徒自身の位置がはっきり分るようにその得点の位置する○を赤インクでマークする。

資料④

56年度高校進学者の内申と学力検査の関係

義務教育学力測定の段階（数字は総点） ＼ 学習成績の段階（数字は偏差値）	九 70	八 65	七 60	六 55	五 50	四 45	三 40	二 35	一 30
九 240									
八 210	1 1								
七 180	1 1	7 7							
六 150		2 2	7 7						
五 120			3 3	14 14	7 6				
四 90				6 2	8 5	7 0			
三 60						10 0	6 0		
二 30								2 0	
一 0									

上段の数字は受験者数　下段は数字は合格者数

[　]内は受験者がみんな合格している。生徒や父兄はそれぞれ個人の模擬テスト成績と学習成績とでどの位置にあるかを知り大体進学の可能性のメドをつけることができる。

義務教育測定で四の段階の者で学習成績六より五の段階の者の合格率はよくなつているが、それは学校選択の差異による結果である。

さらに、教師のみの判断資料として進学校種別にも細密に分類した表を作成し助言の適正を期しています。

このような資料の統計作成は進路指導部の分掌でありますが、今年も合否決定後直ぐに資料をまとめてみたら、高校測の課程別採用のための過渡期の様相が表れていますので提示して考察してみたいと思います。

57年度高校進学者の内申と学力検査の関係

義務教育学力測定の段階（数字は総点） ＼ 学習成績の段階（数字は偏差値ＳＳ）	九 70	八 65	七 60	六 55	五 50	四 45	三 40	二 35	一 30
九 240									
八 210	3 3	2 2							
七 180		5 5	7 7						
六 150			6 4 △	11 8	1 1	1 1 △			
五 120				8 6	9 5	2 0			
四 90					4 2 △	4 0			
三 60					1 0	2 0	1 0		
二 30									
一 0									

上段の数字は受験者数　下段の数字は合格者数

学習成績の七段階と学力検査の六段階の者が二名不合しているが、それらは偏差値が60ですから普通上の成績で例年ならば当然合格の圏内である。そこで卒業生の四四%が進学しているのに学年中二割以内に位置する優者が敗北の憂目に合い、逆に昨年は一七人中一人も合格していない、学習成績で四の段階すなわち偏差値45で普通のすれすれの生徒は合格しているという番狂わせの結果がでています。

教師だけの参考資料としては校種別、課程別にも分類してありますがそれは省略いたします。

学習成績の評価がより客観性をもち年次別に比較でき、このように、学習成績を各教科とも考査の素点をそのまま総計して平均を求めて学年における生徒の位置を示していた従来のやり方から、毎学期末に学年毎に各教科の標準偏差（ＳＤ）を算出しそれによって生徒個々の学習成績の偏差値（ＳＳ）を求めるようになつてから三年を経過しております。

今日では父兄も通知表や卒業式　学事奨励会における区別成績統計の偏差値の見方にもなれてまいりました。

このような資料を提示して学校の選択、進学可能の判断に供しておりますが、保護者や生徒が自分の能力をよく知りどの程度入学の可能性を予想しておればよいかということを知つていることは、合否決定後、とかく起りがちな好ましくない空気の醸成を未然に防止することができ、あたかも諸種のスポーツ競技におけるファインプレーのような後くさりのないすがすがしささえ感じてまいりました。

また、生徒のガイダンスの上からも問題を孕んだことなく学校や教師への信頼を確立し得たものと信じて

十八頁へつづく

人物史

「牧志朝忠の生がい」

饒平名浩太郎

◎牧志朝忠年譜

向氏
玉川御殿……　板良敷親雲上
　├外間親雲上（南風原地頭）
　├板良敷親雲上（知念地頭）
　└牧志親雲上　朝忠（直和志間切地頭）
　　＝ナベ（亀川氏の女）
　　　├朝英（二十五才病没）
　　　├朝昭（売卜を業とす）
　　　└朝珍（天願で没）
明治三十一年悲惨な生活の中に病没

○文政元年（戊寅）（一八一八年）首里に生る。
向氏板良敷親雲上の三子

○一八二六年＝九才
文政九年丙戌…首里国学に入学し経書を学ぶ

○一八三八年＝二十一才
天保九年（戊戌）支那に留学、北京に於て孔憲城より教を受く

○一八四〇年＝二十三才
天保十一年（庚子）（福州に於て文人林英奇と知り詩句の交換をなす

○一八四四年　フランスと開国につき折衝談判す

○一八四七年（弘化四年）
ベッテルハイムに近づく機会をもち英語に深い興味をもつ

○一八五一年九月＝三十三才
嘉永四年　辛亥
薩摩藩より褒賞として金子参拾両を受く。
（異国通事として其の功を嘉す。）

○一八五三年＝三五才
嘉永六年癸丑十月二日
異国通事としてその功あり再度薩摩藩より褒状を受く

○一八五三年　三十五才　嘉永六年
薩摩藩の命により藩士園田仁右衛門、大窪八郎に英語の教授をなす。

○同年九月
ペリー一行に対し通事として折衝に当る。

○一八五五年（三十七才）
安政二年乙卯三月
異国通事としてその功著れ薩摩藩より褒賞として金子参拾両を受く。

○一八五五年　三十七才（安政二年乙卯）
読谷山間切大湾村地頭に任ぜられ、大湾親雲上と名乗る。

○同年　フランス艦隊来琉貿易を求め二百余の兵士議場かこみ談判をする。朝忠其の調定役として重大な決意を以て調印を終る。

○一八五七年　三十九才
安政四年丁巳十月
特進して十五人席詰を命ぜられ、薩摩よりの親任厚し。

○一八五七年＝三十九才　安政四年十一月
日帳主取に任ぜられ、同時に異国通事をも兼ねる。知行高二十石を給せらる。

○一八五八年＝四十才　安政五年戊午三月
薩摩藩その功をねぎらい、賞与品を賜う。品目次の通り。

茶	十五斤	国分煙草	拾斤
晒布	五疋	提重箱	一組

○一八五八年　四十才　安政五年戊午四月
真和志間切牧志地頭に任ぜられ、これより牧志親雲上と名乗る。唐名―向永功

○同年八月
薩摩藩の命により、藩士市来正右衛門、岩下新之烝に英語を教授す。

○同年九月
薩摩藩主島津斉彬の命により、フランスより汽船購入と汽船附属品購入の件につき協力す。（銃砲其他）市来四郎、在番奉行高橋縫殿及恩河朝恒と共に其事摂政大里王子尚悼三司官座喜味盛普等に反対さる。

○一八五九年　四十一才　安政六年巳未
齊彬くずれの犠牲となつて投獄され（久米島に十年の流刑に擬す。）一八六二年まで獄中に呻吟す。
薩摩藩の対琉政策俄然一変す。

○一八六二年　四十四才　文久二年壬戌六月
薩摩藩の密命により無罪放免となり上薩途中伊平屋渡中に於て入水　四十四年の生涯を終る。

※　※

幕末の風雲急を告げたとき、薩摩は従来のような名を棄て実を取るという政策を廃棄して、主従関係を取るようになつたのは、一七〇九年宝永六年九月二十六日付の薩摩から琉球に達した公文によつて、その一ぱんを窺らことができる。

㈠　道中宿幕の儀、日本向の幕にては不相応に候、何ぞ替為幕地にて、仕立も替え候様有之度候、縞珍たい類の物に切入など可然哉。
㈠　長刀拵様錦物付候様能々可有吟味候。
㈠　右之外海陸旅立の諸道具、異朝の風物に似候様に可有之、日本向に不紛敷様に可相調。
㈠　両具右同断

これは琉球使臣が江戸に行く服装や儀仗はすべて異国風に作り、日本式に紛らわしいものを一切禁止せよということである。ところが琉球では、つとめて和歌謡曲、茶湯、生花等を奨励して、日本趣味を鼓吹しているのであるから、琉球自身甚だ矛盾した運命にあつたのである。

こういうときに、異国船は次第にはげしく往来するようになり、一八四八年（嘉永元年）から一八五七年（安政四年）の間には、英国船はじめフランス、アメリカ等の商船が頻りに往来する。米国の水師提督ペリーと一年有半も折衝を重ねて、条約を締結したのを見た薩摩藩主島津齊彬は、いよいよ沖縄の名儀で新しい政治政策を決行しようと企て、琉球政府にその準備方を命令してきた。

丁度その頃安政二年（一八五五年）仏国も、やつてきて無理に互市条約を調印させ、翌一八五六年からは仏人の住宅も出来るし、米、仏等の異国人が市井に往来する者が多くなり、琉球では歌舞・音曲の類も禁じられるという仕末で、商売は門を閉じてしまい、さながら喪中にある心地であつたといわれている。

おまけにこの年（一八五六年）イギリスがインドを攻略し東亜の風雲はいよいよ険悪になつたので、八月十五日に島津齊彬は市来正右衛門を沖縄に派遣して、米英、仏三国へ薩摩、沖縄の青年を留学させ汽船を購入するよう折衝せよと、密命を下して来た。（市来正右衛門は後に牧志朝忠から英語を学んだ者である。）たまたま上薩中であつた御物奉行の恩河親方も市来と共に、帰国して、薩摩の密命伝達の遂行に関する方策を練つた。

この薩摩の密命というのが後に牧志朝忠の致命傷にもなつた難題であつたのだ。

牧志朝忠は文政元年（戊寅一八一八年）首里に生れ、板良敷（知念）朝展といつた。向氏玉川御殿の後裔、板良敷（知念）親雲上の三子で始め大湾親雲上と称した。九才にして国学に入学して修業をつみ、二十一才で冊封謝恩使法兼城親方に随行して、支那に渡り、北京で五経博士孔憲城に謁して教を受けた。

孔憲城は孔子七十二世の孫に当り、一世の碩学であつた。留学中孔憲城は朝忠のえい才を愛して、辞帰するとき、七絶詩二章を贈つている。福州では文人林英奇と知り詩句のやりとりをしている。

帰国してから異国通事、与世山親方から英語を学び師与世山親方が平等所大屋子に進むと、その後を受けて異国通事に任ぜられるようになつた。

朝忠が英語に深い興味をもつようになつたのは、当時波之上護国寺にいたベッテルハイムに負うことも大であつたといわれている。異国通事になつてから朝忠は文字どおり昼夜の別なく外国との折衝通事に当り、安眠することすらできず国事の尽瘁した。

当時国王尚泰が未だ幼少であつたため、国祖母（尚灝の妃）は外国関係にいたく心を苦しめていたので、朝忠をわざわざ崎山離宮に召して慰労し、優渥な詔書さへ賜わつたので、朝忠はいよいよ重責に感じて、日夜夙励した。彼の四十四年の生涯は全く文字通り粉骨砕身身を賭しての外交折衝に終始したといつてよい。

㈠　米琉和親条約と牧志朝忠

弘化以来英、米、露、仏の諸国が来琉して条約を求むることがはげしくなつた。しかしながら当時の琉球は、薩摩の支配下にあつて、外交事件を自ら処理することが出来なかつたので、琉球としては其の事由を具して薩摩に裁定を乞わねばならない仕末であつた。

ところが鎖国の日本では鎖国令によつて決する以外どうにもならず、琉球からの諸要求を拒絶するのみならず、幕府の厳達と称して、薩摩では重臣野元一郎川上式部、小松相馬、諏訪数馬、島津帯刀等の諸臣が替る替る来琉して監視に当らせるようになつた。

外国人は要求を拒絶されると、強制威圧して暴行をも辞せない有様で、この国始つて以来の国難多事、危殆に瀕する状態となり朝野騒然として収拾すべからざる有様であつた。

アメリカの水師提督ペリーは自ら国王に謁見して条約の聴許を得ようとして、数百の兵と大砲を挽き軍旗軍楽隊を先頭に首里に進出してきた。攝政三司官及び衆官は集つて善後策を協議したが、法司座喜味親方は城門を閉ざして、これを拒絶することを主張して譲らなかつた。そのために衆官もその主張に応ずるようになつた。通事牧志朝忠は、これを不可として城内で礼週せんことを請うた。法司小禄親方や、久米村の源河親方は朝忠の意見に賛同したが、座喜味親方一派の強硬な主張に抗しきれず、米軍の城内侵入をかたく拒絶したので、米兵は武器をとつて侵入した。衆官はおそれて一語も発することができず、止むなく城門を開いて迎えることになつて、彼等一行を待週した。

ペリー一行の強硬な開国主張の間にあつて、通事牧志朝忠が悄惶として奔走した状況は察しても余りあるものがあつた。（賞一号証）

ペリーは強いて国王に謁して、速かに条約の調印をせまろうとしたが、総理官は国王が未だ幼少で礼を行うことができないからという理由をたてに、総理が自ら厳重な談判を重ねた結果遂に和親条約を締結するに至つた。

又仏人が客館を久米村松林中に建築しようという建議をもち出して来た際にも、朝忠はよく折衝を重ね、事情止むを得ずとして、その請を許すことを決意した。ところが政庁の衆官はいつかな聴きいれず、総理官をして、久米村通事を帯同させて、仏人の請を拒絶することにした。仏人は怒つて総理を掠置しようとしたので、大騒動となり、朝野驚倒せんばかりの有様であつた。朝忠はよく応酬折衝弁明につとめ仏人に交渉し、漸く事なきを得た。（賞三号証）

たまたま米兵泥酔に乗じて、那覇市中の人家に侵入して婦人をとらえて辱しめようとした。婦人の悲鳴をきいて駈けつけた青年数十名は逃げ去ろうとする米兵にそれぞれ投石して枢殺してしまつた。米側はその実情を知らずに擅殺したものとして、政庁に犯人の探索を厳重に要求してきた。けれども犯人をあげることができず、その措置に困つてしまつた。政庁では窮余の策として、官名小使にいい含めて、例の婦人の子としてこれをでつちあげ、総理がひいて米艦に行き、この者が母の難を救うために殺害したという事を訴えた。提督も始めて米兵の非をさとり、強いてその罪を問わなかつた。朝忠が事件処理のため、通弁よく務めて事なきを得たことはその賞詞によつて明かである。

（二）ベッテルハイムと牧志朝忠

ベッテルハイムは一八一一年ハンガリーのプレスブルグに生れ、医学を学んだ。

一八三六年二十五歳の時、博士号を受け、一八四三年英国婦人と結婚し、ウイリヤム・ルウイス師から洗礼を受けて、宣教師となつた人である。一八一六年（文化十三年）彼の叔父バジルホール一行が琉球諸島訪問から、一行中の信心な士官達によつて組織された琉球海軍伝道会は、琉球に宣教師を派遣することになつた。

こうして一八四六年（弘化三年）ベッテルハイム夫妻は、マックチエーの率いた英国商船で琉球那覇港に送られてきた。一行は夫妻の外に子供二人、支那人料理番二人で大きな洋犬二頭がその家族であつた。琉球政府はこれら一行を波之上の護国寺においた。これからベッテルハイムの八年間の殉教生活が始つたのであるが、弘化の黒船騒動以来、琉球でも、その取締監視が喧しく、政庁では関番をおいて警備を厳重にすることになつた。こういうことでベッテルハイム渡来後はその身辺や護国寺の門前にも番小屋が作られて、番人がおかれ他行のときは尾行させて、人民との折触を防止するという方針をとるようになつた。

薩摩の島津齊彬は早晩開国の機運が来るに相違ないとみてとり、その新機運に即応すべく、計画を色々と講じ、異国人に対しても幕府の禁令に抵触しない限りつとめて手荒な事を避けて、不即不離の態度をとり、この辺から事難を醸すことのないよう、又場合によつては彼等を利用して開国進取の先鞭を打とうという方針であつたから、一八四七年（弘化四年）ベッテルハイム渡来の翌年には、薩摩藩士岩切英助が齊彬の内命でベッテルハイムから英語を学ぶことになつた。

その紹介に当つたのが朝忠でこのとき以来通事板良敷も岩切と共に、ベッテルハイムに近づく機会をもつようになつたのである。

一八五一年板良敷はベッテルハイムから、論語仮名文の解釈書を探してくれるよう頼まれたので、早速事の次第を政庁に具申したところが、政庁では経書講読の申し出は大へん結構であると悦んで、その依頼に応じたが、あにはからん、ベッテルハイムの目的は経書の講読ではなく、経書に使つている文学と言葉であつたのである。

五月十四日政庁の命で探し求めた「論語俚諺鈔一部」を板良敷は護国寺に持参してベッテルハイムに手渡した。この書は四書俚諺鈔の一部で毛利貞齋の編述になるものであるから琉球では最も貴重な書であつた。ベッテルハイムは板良敷の持参した書を見て、虫入だからぜひ新本を探して呉れと頼んだ。こうして板良敷は苦心の末、東村の我喜屋家からこれを借用し、別に小学口義一解部とを求めて、二十一日寺に届けている。この頃から板良敷は政庁からも注意されるようになったらしいが、政庁でも薩摩に懸念しながらも国事にそなえるためにはぜひ英語を勉学させねばならぬという考えであったらしいから、板良敷も、うすうす政庁の考えはのんでいたもようである。

翌年一八五二年（嘉永五年）六月二日頃からベッテルハイムは、琉球語の研究を行うことになっていたらしく、通事、屋宜と名護の両人が寺に行ったとき、「漢字調、天主教之様成書物」を取出してきて、意味を訪ねている。両人は政庁から心得通り「意味が判りかねる」と返答したので、寺から追出されてしまった。その後富村、比屋根の両人が交替することになった。

十二月四日板良敷が寺に行ったとき、ベッテルハイムは茶菓子や酒などを出して饗応し、扇子を取出してその草仮名などを習ったりしているのであるから、板良敷はベッテルハイムから相当信用されていたものと見ることができる。

ところがそのときベッテルハイムが持出した扇子にはヤソの一件が書いてあるので驚いた板良敷は、皆目分らない旨を申して断った。しかし熱心なベッテルハイムは「仮字節用」さえあれば分るから是非訳文してくれと頼んだ。板良敷はその扇子の出所を訊ねてみたが、ベッテルハイムはその出所に要領を得ない返事をしている。前述のように政庁では始め聖書を嫌って琉球語を教わりたければ経書によって教えてやろうと一時、逃れのつもりで言い出してしまったのが、退引ならぬ羽目となって一八四一年八月七日から小学の教授を始めねばならぬようになった。彼は通事などが聖書をもち出されると、きっと渋っているので、いよいよ自学自修による外はないと決心し、極めて熱烈に仮字節用を欲したのである。これを知って政庁は、そのために同年十二月二十日には「仮字節用草仮名字類の書物は、一切格護方入念なるべきこと。」と布を出している。

ところがベッテルハイムの熱心な使命は、政庁の妨害も、通事の拒絶も、これを阻止することができず、嘉永五年（一八五二）八月下旬には、馬太、馬可、約翰三伝の琉球訳を終えて路加伝の浄書に移るようになっていた。

この事がたまたま薩摩の在番奉行野元一郎のきくところとなり、在番奉行はかんかんになって怒り出し、事は琉球政庁の怠慢ということとなって、通事一同譴責を受け、嘉永五年八月十七日には始末書の提出を命ぜられたりした。

(三) 牧志恩河事件の顛末

牧志朝忠の功績については、その次子朝昭が明治三十三年十二月県知事奈良原繁に提出しようとした請願書によって、その全貌を知ることができる。その請願の内容は「亡父牧志朝忠は旧藩時代から異国通事として藩庁のために尽瘁した功によって、特進し日帳主取となり、知行高二十石と、真和志間切地頭所を領したが讒口によって罪を受け処分を受けて地頭所を取揚げられた。その後無罪放免となったが、未だ復禄の御沙汰がないから、この際復禄の恩典を蒙り、生前の名誉を恢復したく請願致します。

「抑も日本が鎖国の間西洋の各国は日本の情態実状を知る由もなく、その実情を窺わんとして、弘化元年以来英、米、露は相続いて来琉し、特に英、仏は久しく那覇に寄留し、外国船は頻繁に来港し、外国人は藩庁に迫って条約を締結しようと要求した。

当時琉球は薩摩の支配を受けていたので、外交事務も専裁することができず、琉球では事由を具してその裁を請うていた。当時日本は鎖国の情態にあったので薩摩は琉球に対して外人の要求を拒絶させた。外国人等は要求が拒絶されたことを憤り動もすると強制威圧を加える有様で、藩事は多端、危殆の情況にあった。

このとき朝忠は通事として国事に奔走し、夜もろくろく眠ることができず、尽瘁したために無事平和に帰することができた。その頃藩王はまだ幼冲であったため先王尚灝の妃国母は、朝忠の精励に感じられ朝忠を崎山の別殿に召して慰労せられ、優握なことばをかけられるなど信任が厚かった。

のみならず薩摩でもその功績を嘉して褒状賞品を賜ったことは（一号証、三号証、一〇号証によっても知ることができる。更に琉球政庁の褒状賞状を賜い（二号証、四号証、五号証）特進して十五人詰となり、日帳主取に任じられた。

それは多難な外交事務を負い一歩誤れば大禍を惹起するやも測り知れない、危急存亡の秋に当って、身を藩庁の犠牲に供し、粉骨砕身尽瘁した功は毫も掩うことはできない。従ってその恩賞栄誉も又一身に余るものがあったため、他人の猜忌するところとなり、遂に無根の風説のため嫌疑を受け罪の証拠なきも、拷問糺鞫の惨酷な責を受け十年の処分となり、地頭所を取あげられ、獄中四年を呻吟せり、図らずも薩摩藩の命によって無罪放免となり青天白日の身となって薩摩の役人に命ぜられ、薩摩使臣市来次郎と共に薩摩に赴く途中入水自殺して果てた。朝忠は大功あれども罪なし、況や無罪放免となりながら、未だ復禄の恩典を受けず、生前の名誉を恢復することのできないのは遺憾千万、子としての情忍び難いものがある。云々」

それでは牧志恩河事件というのはどういうものであつたか。

恩河は御物奉行で進歩的な政治家、島津齊彬とは意気投合していた、それに大湾親雲上（牧志朝忠）がよくこれを助けた。大湾は支那語に堪能で、英語も解していたので齊彬の琉球政策を遂行するには、うつてつけの人物である。市来正右衛門はかつて朝忠から英語を学んだことがあり、師弟の間柄にある。齊彬密命を受けて来琉すると、直ちに朝忠をあげて表十五人席に列せられ、ついで日取主帳に任じた。

一八五六年十二月三日市来は琉球政庁の高官を旅館に招いて、八ケ条の密命を伝えたが、議事をまとめることができず、市来は恩河、大湾を居残らせて熟談した結果、両人が高官達に命を説得すべく、誓つてわかれた。高官のうち玉川王子、小禄親方は親交があつたので、内意を遵奉する約束をしたが、座喜味親方等は従来の方針に抵触するからといつて、命を拒絶した。しかしながら薩摩の強硬な命令とあつては致し方なく、市来正右衛門の説得と、恩河大湾の斡旋で不承不承諾した。

十二月十五日衆官は招集を受けて密命中のフランスから汽船を購入する議について協議させた結果、トカラ島商人に依頼することに決した。（トカラは大島の北に連る群島で外交上、支那に対して薩摩との関係を秘した時代には、薩摩のことをトカラと称してごまかした。）市来正右衛門は琉装して、トカラの医師伊知良親雲上と名乗つて、牧志朝忠の紹介で仏人に近づき ①留学生派遣の件 ②軍艦購入の件 ③貿易開始の件等を数次に亘つて談判した。薩摩の考ではこの密命を遂行するために、反対派である座喜味親方の三司官職は都不合ということになつて、座喜味は三司官職を免ぜられたが、これを座喜味一派の反対派は、恩河牧志の所為とした。

かくて七月二十六日軍艦注文の契約書ができあがつた。こえて八月二日市来、小禄、恩河、牧志は仏人と会見して、契約文を交附し、フランスは一八五九年三月までに一切の注文品が到着する段取になつていた。

市来はそれで八月二十九日には、その顛末を報告するため上薩した。

ところが七月十六日談判の進捗中、当の藩主島津齊彬が急死し、島津茂久が襲封したので、前代の政策はすつかりくつがえされてしまつた。

茂久は齊彬の甥即久光の子である。未だ幼冲であつたから、安政六年から父久光が後見となつて、実権を握つてしまつた。彼は権謀家で文久元年大久保一蔵らの誠忠組の士を登用したり、西郷の配流を救してやつたり、藩内の改革を断行し、幕府の動揺に乗じて、公武合体を策動したりした。久光のとつた「齊彬くずれ」というのもこうした久光の性格からでたものであつた。（久光は齊彬の異母弟頑固一徹、尊攘の筆頭で齊彬とは対立反目した。）

坂下門の変後、久光は愈々時至つたと見て、文久二年（一八六二）三月千余の兵を率いて鹿児島を出発した。久光が改革派を登用したのは、あくまでその活動を自己の権力のもとに統制しようということにあつたから、出発に際しては、藩士が尊攘過激の徒と、私に交るのを禁じたり、西郷が命をまたずに上阪しただけで再び流配したりした。これは藩主をめぐる上層部の改革派をかいらい化していつた、長州とよいコントラストをなしている。

東上した久光は四月十六日京都に入つて近衛忠照らに面会して、公武合体幕政改革、浪士取締などについて意見を具申した。このことは久光が憂うるように、公武合体にあきたらぬ各藩尊攘の士は、脱藩して京阪の間に集合しつゝあつたからである。薩摩藩士有馬新七らが久光の行動に愛想をつかして、関白九条尚忠、所司代酒井忠義を斬つて義挙の魁としようとしたのもこうした事情からであつた。

久光は彼等の宿所であつた寺田屋に近臣をやつて鎮撫したが、きかなかつたので斬り殺してしまつた。（寺田屋事件）朝廷は久光の要請によつて、大原重徳を勅使として江戸に派遣した。勅使と共に久光などが、幕政改革に成功して（久らくしたのは、その頃まで尊攘の風潮がさほど高まつていなかつた為であつた。

久光は前藩主と正反対の対琉政策をとつたので、琉球に於て実行されようとした齊彬の政策は俄然崩壊した。その結果契約当事者であつた市来正右衛門は、割腹して仏人に謝せんとしたが、恩河の思いつきで、高官等をフランスと会見させ、「伊知良は落馬して死んだので、代金調達の道がないから、代る人物を得るまで契約猶余をして貰いたいと嘆願した。数回折衝の結果、違約金として一万$を納めて契約を取消した。

当の伊知良は姿をかえてちつ居し、フランス人の目をさけて翌年帰国してしまつた。この際の数次に亘る折衝も、牧志朝忠の献身的通弁によるものである。

政庁では（玉川王子—斉彬の知遇を受けた）小禄、恩河、牧志が薩摩の手足となつて国を誤ろうとしたとし、あまつさえ薩摩と結んで、「玉川王子を国王に（小禄親方朝槙—尚灝の七男）擁立しようと企んだ」というかどによつて、小禄以下入獄となつたのである。法司小禄は、前法司座喜味の後任薦挙に干渉したという、あらざる嫌疑を受け又牧志朝忠はその連繋者であるということで、それぞれ投獄されたのである。もつとも重刑に処せられたのが牧志で、彼は十年間の久米島流刑に擬せられ、終身禁獄ということになつたのである。

その後小禄は保釈されたが獄中での拷問のため病死し、恩河は拷問によつて獄中で死んだ。牧志はそれから四年後文久二年壬戌六月薩藩の命で無罪放免となり召集を受けた。薩摩では、彼の語学の練達を知つて、外交事務を授けんがためであつた。牧志朝忠は四年間の獄中生活から解放されて、在番奉行市来次十郎に面会し、那覇の客館で接待を受け、無罪放免になつたことは薩摩からの命であることを知らされた。

琉球政庁では薩摩からの報告を受けて驚愕し、その報告をおし留めようとしたが許されず、異国通事、長堂氏を牧志に変えて薩摩入をさせて貰うよう、法司宜野湾親方をつかつて請願したが、いつかな聴入れられず、牧志は七月十九日鹿児島に立つたのであるが、責任感の強い彼は、伊平屋渡渡中に於て入水して果て、玉川王子は法の裁きこそ受けなかつたが神託によつて幽閉、神前で詰問され、糸満の客舎で病死した。これが牧志恩河事件である。

牧志朝忠がよく、盤根錯節危急存亡の母国を救い憂国の至情を以て諸外国の応酬折衝の大任を果したことは、向象賢、蔡温の大功に比しても、あながら一等を輸するものではなかつた。にも不拘かくの如く悲惨な最期を遂げねばならなかつた苦衷は、察しても尚余りあるものがある。

彼は琉球政庁からも決して忌嫌われた存在ではなかつた。まして薩藩からの信任が如何に厚かつたかは幾多の褒状賞詞がよくこれを物語つている。

嘉永六年（癸丑十月）政庁よりの褒状には

「御当地には弘化元年以来異国船が頻繁に往来し、種々難題のみ申し立又外人逗留等についても、その方は最初から通事係として相勤め、其の御用弁宜しく、従つて嘉永元年二月には御用意方筆者に昇進せしられ、その上通事としての功労によつて嘉永三年六月には銭御蔵筆者御心付を仰付けられたが、その後も異国通事の勤に精励し、そのため特にその功を思召され、別段の吟味を以て、当分御用意方勤通で銭御蔵を退役、嘉永四年には御物奉行仮筆者、同様の勤の功労御取持仰せつけられ、余之定役入中闕先次第旅役へも御付届可被仰付候条、難有奉承知、本職掛て夷人方へ通詞向之嗜、猶以入念、全御用弁行届候様、精々勤務可有之候、此旨御差図にて候。」

又安政四年丁巳十五人席詰に命ぜられたときの三司官壬命を請う書状によれば

「右者異国人逗留中且異国船渡来毎によく通弁し難題の応答に向い、昼夜を問わず骨折その精勤は抜群で御用立をした、よつて別段の御思召を以て、これより十五人席へ相詰、そして日帳主取代合の節仰付られ、通弁のことは以後共是まで通り、仰付るという御国元からの仰渡してあるから、当分は申口方吟味役席へ相詰、日帳主取合明次第召進められ、その中吟味役知高之物成下され、異国人通弁の儀もいよいよこれまで通り被仰付被下度奉存候事。」

こうして彼が官途にあつた頃は、首里崎山村に家宅を持つて妻子も平和な生活を営んでいたが、彼が罪を得て地頭所を取あげられると、妻子は忽ち生活に困窮してしまい、止むなく家宅も売払い、西原間切石嶺村に移住した。其の後妻ナベは紡織に従い、子は耕耘で漸く糊口を凌いでいた。こうい落魄のうちに長子朝英が二十五才で病没したので、一家は再び具志川間切天願村に流転し、次子、朝昭は専ら売卜を業としていたが芸も熟達せず、生活はいよいよ窮迫するばかり、この辛苦の中に三子朝珍は病没してしまい、母子は殆ど衣食にも事欠く惨状であつた。この悲惨の中に母ナベは七十余才、老衰多病、明治三十一年に死亡した。

遺児朝照は母の死後首里に帰り、売卜を業として生活したが明治三十三年十二月父朝忠復禄の儀を請願しようとして、請願書を調製提出しようとしたが間もなく彼も病没し、請願書は県庁に提出するに至らずそのままとなつてしまつた。

（那覇高等学校教諭）

講座

和こう遺跡と青磁考

稲村賢敷

拙著「琉球諸島における和寇史跡の研究」については、学界先輩の方々から手紙を下さつて、日本史学界の大きな盲点になつている和寇史にとつて、新しい研究の分野を開いてくれたというので ほめて下さるので、著者として無上の光栄に存じて居りますが、中には和寇遺跡と青磁破片の出土とが如何なる関係を持つているかということを、質問して下さる方もありますので、本稿は主としてこれに対するお答えのつもりで書くことにしました。

和寇遺跡といゝますと、誰でもすぐ琉球に和寇があつたものとお考えになり勝でありますが、これは和寇のあつた遺跡ではなくて、琉球諸島を根拠地として支那沿岸を掠奪した根拠地の遺跡であります。日本々土から直ちに支那沿岸を襲撃するためには、五六昼夜又はそれ以上を要し、その上風波の難や飲料水の補給、食糧準備、船舶の修理等の必要もあろうし、又居住地を隠匿しなければならん事情等もあつて、彼等は琉球諸島の中でも特に辺鄙で外部との関係のない、そして支那大陸に最も近い先島諸島を選んで彼等の根拠地を設定したように思われます。そして是等の根拠地は只一時的の碇泊地というよりも、半永久的居住地となつたようで、その遺跡内には日本の野武士等の住居にふさわしい小さい城廓があつたり、堅固な石垣でかこまれた屋敷跡があつて、これ等は当時その地方の勢力家であつた按司の居城よりも寧ろ立派であるという事も注意すべき事であります。彼等は概して附近の住民とはあまり交渉なく住んでいたようでありまして、伝説もあまり残つてをりませんが、他の遺跡と違い和寇遺跡に共通の点としては、青磁や南蛮焼の破片が多量に拾得されまして支那大陸と密接な関係のあつた事を語つている事は注意しなければなりません。

和寇という名称は勿論日本で使用したものではありません、又彼等自ら和寇と称した筈もないので、琉球諸島でも和寇という言葉は残つていません、只伝説には「やまと人」、「やまとがふ」（やまと人の屋敷）「やまと墓」等の名称と共に、鍛冶、造船、築城、等の伝説が残つてをりますが、それと共に多量の青磁破片の出土があるのであります、それで和寇という名称は、高麗紀、明史其他室町時代当時の支那の文献に多く出てをりまして譬えば「和寇山東」「和寇福州云々」等のように彼地の史籍にでゝいる名称から起つたのであります。又彼等は琉球諸島に対しては其の居住地の安全をはかる点からも、島民との融和をはかる必要があつたので暴力をふるうようなことはなかつたようです。そして先進民族として其の技術及知識を以て島民を指導する立場でいつたので、琉球各地の文化は彼等によつて急速に進歩したのであります。その主なるものを挙げますと、鍛治の伝来、鉄製農具の普及、そしてこれにともなう農業の発達を挙げることができる。それは和寇遺跡の附近には鍛治の伝来を物語る伝説や遺跡があることに依つて知る事ができます（倭寇史跡の研究、七六頁、八三頁、三一六頁、三二九頁）又造船技術も和寇によつて伝来したものであり（同書五七頁、七一頁、三一九頁参照）其他製陶、製瓦の技術、天文、暦法、卜占、航海に関する知識も和寇によつて伝えられたものであつて（同書九八頁、一〇二頁一五一頁、一八五頁、二〇四頁）、琉球諸島が十四世紀の頃から急速に発達したのは、これ等の「やまと人」たちが琉球各地に渡来して、半永久的の居住地をつくり、その子孫をこれ等の地方に残したゝめであるということができる、それでこれ等の恩人に対して和寇と称することは適当でないのでありますが、これは只「やまと人」遺跡としますと年代が不明になる虞れがあります、琉球には古く平家一族が南島落をしたという話もあり、又慶長十四年薩摩の琉球征伐の遺跡もありますので、これ等とはつきり区別して十四世紀から十六世紀まで約三百年間に、支那東南沿岸を荒しまわつた所謂和寇の遺跡である事を明らかにするためにこの名称を使用したのであります。

又他の一つの問題としては当時支那及南蛮地方に渡つた日本人の中には、必ずしも寇賊を働いた者ばかりではなく、貿易のために行つた人も多いから、総てこれらを和寇と称することは穏当でないという議論もあります。一応もつともな議論でありますが、当時の文献に依つて実状を調べてみますと、「相手側に充分な防備がなされていると見れば、貢又は商と称して貿易をするが、防備不充分であると見るや直ちに変じて寇賊となる」というのが実状でありまして、室町幕府の貢船免状ともいうべき勘合ふを所持していながら、寇賊を働いたことも屢々あつたようでありまして、寇と商とは其の状況に依つて変化するというのが実状であつたのであります。それで支那の史籍にも「寇と商と別ならず」という記録は多く見られるのでありますから、当時支那、南蛮に往来して寇賊をなし又交易に従事した「やまと人」はこれを一括して和寇史跡とする事が事実に適しているし又便宜でもあると考えるのであります。

これだけの前書をして、これから和寇遺跡と青磁破片の出土との関係について述べたいと思いますが、それには先ず青磁とは如何なる焼物であるか、そして其の製作地、製作年代、用途、並世界各地に於ける青磁破片の出土分布及これに対する解説を述べる事が必要であると思います。

学術的にいえば青磁とは鉄質の胎土を使用して緑釉を施した磁器であるということになりますが、原料として使用する胎土や釉色の相違によつて製品に大きな品質の相違がありますので製産地の支那でも宋代（今から六、七百年前）の製品を以て高級品となし、それから元、明、清と時代がたつに従つて品質が低下しているのは、原料が得られなかつたゝめだといわれて居ります。それで高麗青磁とか、日本の瀬戸青磁というのも名称はありますが、これは支那青磁の模造品でありまして一見してはつきり区別がつくのであります。

一般に吾々が見て青磁であると認定するためには次のような点が標準となると思います。

一、胎土が灰白色で堅磁質であること。

二、釉色は天青色から濃緑色までいろ〳〵で概して緑色調であり、透明度も高いもの低いものがあるが、釉色は明末以後になると黄橙色となつているのは釉が得られなかつたゝめだと言われてをります。

三、多くは釉部にヒヾ（貫入）のあるのが普通であるが、砧手のような極上質のものにはないのもある。琉球各地の出土品はほとんど貫入がある。

四、釉裏には浮ぼ丹の模様のはいつたものもあるが、明時代の青花磁のような多彩な模様を描いたものはない。

これ等は外見上の特色であるが、支那では古くから其の焼成の様式に依つて、青磁を定窯、汝窯、官窯、哥窯の四つに分けてをります。定窯は北宋時代（平安時代末期）に河北省で焼成された黄色調をおびた牙白色の磁器でありますから白磁と称すべきもので（中国の陶磁一三頁）日本でいう青磁の中にはいらないのであります。汝窯は河南省洛陽附近の製作だと言われていますが窯跡はまだはつきりしてをりません、これは北宋最後の徽宗皇帝が定器の代用品として作らしたということでありますから、後世の官窯の始りであろうとも考えられますが、当時北宋の国勢は日に衰えて、やがて満州族の金のために江北の地を奪われ、楊子江南の抗州に遷都して僅に南宋として余命を維持した程でありますから、河南省汝窯の青磁もあまり盛んであつたとは思われません、

それで青磁の産地としては前述した定、汝、官、哥の四つの中で官窯、哥窯、の二つが盛んであつたと考えられますが、この製作地は二つとも浙江省で帝都抗州の附近になつてをります。官ようは皇室御用の器具を造らしめたことからこの名称が起つたものでありますが作品が少かつたゝめか現存しているものは極めて少いのであります。

それで最後の哥窯でありますが、これは浙江省竜泉県処州の人で章生一、章生二という兄弟が窯業を始めたので、兄の製作と哥窯と称し、弟の製作は地名によつて竜泉窯と称したことから起つた名称でありますが、二つを一所にして竜泉よう又は竜泉青磁として一般にとおつてをります。技術からいうと竜泉地方には唐時代から越州窯を製作してをりますから、竜泉青磁もその技法を伝え、これを改良したものでありますが、越州窯はまだ青磁ではありませんから（中国の陶磁一〇頁）、竜泉青磁が完成されたのは南宋時代であるということができます。それで青磁はその産地及年代について考えますと、南宋時代（平安時代末期以後）浙江省附近に始つた窯法であるということができます。殊に青磁の中でも竜泉青磁はその生産量が最も多く、年代も南宋以来、元、明、清と引続いて生産されまして製品も日本は勿論、近東の各地や西欧諸国にまで行きわたつてをります。品質の点では章生兄弟はその道の名工であつた上に、当時官窯に使用した原料を民間に流したこともあつて所謂古竜泉と称する青磁は無類の名器として珍重されてをります。我国に渡来した青磁もほとんどこの竜泉窯でありまして、南宋時代のものを「きぬた青磁」といゝ、明時代のものを天

竜寺手、元時代のものを七官手と称してをります。

明時代には青磁の外に、青花磁と称する窯（よう）法が起りまして、釉表又は釉裏にいろ〳〵の色彩を以て描画する上絵付という技法が発達しました。この青花磁はいろ〳〵の色彩を使用してありますので青磁とは全く別個のものでありますが、陶磁芸術としては恐らく世界最高のものということができましよう。こうして明磁の声価は世界的に高くなつたので、その需要も非常に増加したのであります。竜泉青磁が世界的に広く分布しているのもこうしたことが原因になつたと思います。明青磁は所謂天竜寺手と称する竜泉窯の製品がその代表的なものでありまして、色は緑色又は濃緑色となり、品質は宋時代のものにくらべて、いくらか劣りますが製産量は非常に増加してをります。琉球諸島の遺跡から出土する青磁破片はほとんどこの竜泉青磁でありまして、緑色調のものが多く、稀に黄橙色の白磁に近いものがあるのは緑釉の欠乏のためだと思います。年代としては元、明時代の製作だと思われます。

次に青磁の用途及その分布状態について調べてみると、我国で青磁の需要がふえてきたのは鎌倉時代に禅宗の信仰が武士社会に盛んになり、それにともなつて喫茶の風が流行したことが原因となつているようです、即ち仏具又は茶器として青磁の輸入が年々ふえてきたものと思われます。茶道は室町時代に始つたように伝つてをりますが、近年鎌倉海岸から夥しい青磁破片が発掘された事から考えると、鎌倉五山を中心として武士階級の生活の中に茶道の流行があつた事も考えられます。これ等は将来歴史地理学の発達に依つて明らかになる事だと思います。

日本には古来尾張国山田郡主恵に斎部の窯があつて陶磁器を生産したといわれてをりますが、所謂日本青磁は鎌倉時代に加藤景正が南支の天目釉を輸入して古潮戸を焼成したのが始めだといわれてをります。製品としては香炉、仏花瓶、合子等の仏具が主であつたとされてをりますが、その技術は「形姿、文様の上で宋磁の技術を模倣しようとしたが、製陶技術面では彼地の技術をとり入れていない、それで陶技は斎をう以来の伝承を一歩も出ていない」（日本の陶磁三九頁）といわれてをりまして、その原因として第一に竜泉焼のような青緑色をだすには釉質が適当でなかつた第二には技術水準がこれをこなす程度に達していなかつた（日本の陶磁四〇頁）という二つを挙げ、そのために潮戸青磁と称するものは色が黄橙色で支那青磁とは明らかに区別がつくと言われてをり、又茶器として尊重された話もないのであります。こうして鎌倉時代から室町時代にかけて喫茶の流行にともなつて唐物尊重の気風はます〳〵盛んであり、支那青磁の輸入は夥しい数量に達したのであります。この事は堺鑑に「当時唐茶碗トイフハ、大ムネ青磁ナリ、他人会記四巻ニアル宗久拝見記ヲ参照セバ、思ヒ半ニスグルモノアラン」と記されている事に依つても茶器としての青磁の輸入が莫大の数量に達したことが考えられます。

桃山時代になつて秀吉が千利休という茶人の好尚によつて朝鮮の陶工に命じて茶碗を焼かしめましたが、これは器底に「聚楽」の二字を書き入れてあることから楽焼という名称で茶人仲間に愛好されました、又桃山、江戸時代に古田織部正という人が、その好尚に依つて製作された潮戸系の茶碗に織部焼というのがあつて、これも広く愛用されました。こうして桃山時代以降になると和製の陶磁器が茶器として広く使用されるようになつたので支那青磁の輸入は著しく減少したようであります。それで唐物尊重の風尚に乗つて茶器又は仏具として多量の支那青磁が輸入されたのは鎌倉時代から始つて室町時代二百四、五十年間がその絶頂であつたと考えてよいと思います、従つて室町時代の貿易港として名高い堺、博多、唐津、坊の津等の海岸から青磁破片が多量発掘されるのは当然の事として考えられます。この事は又琉球諸島の各地から多量の青磁破片が拾得又は発掘される事とも何らかの関係があるように考えられるというのは、当時琉球の社会はこうした貴重な器具を必要とする程に発達していなかつたし、又茶道等も流行していなかつたから、これ等の青磁は日本に於ける需要を目標として支那から持つてきたものであろうという事であります、当時琉球との交易に於いて青磁が最も喜ばれたということは察度王二十七年（西紀一三七六年、吉野時代末期）の球陽の記録に依つても知る事ができます。

「明大祖、刑部侍郎李浩を使し琉球に至り馬及硫黄を買わしむ、この時国俗に市易はぐわん綺を喜ばず、惟磁器、鉄釜を尚ぶ、李浩帰りこの事をのたまう、次後市易多く是の物を用う」（琉陽）

即ち明の大祖が琉球に使をつかわし馬と硫黄を買い求めしめた所が、琉球の方では交易の品物として生糸又は絹織物を喜ばず惟磁器と鉄釜を欲したので、その後の交易には多くこれを用いたという記録であるが、当時支那との交通が開けたばかりで民度の低い琉球に於いて、茶道等はまだ流行していなかつたと思われるし、寧ろ生糸、絹織物のような絢爛たる商品が喜ばれなければならんと思われるのに、実際においては「市易ぐわん綺を喜ばす、惟磁器、鉄釜を尙ぶ」というのは何の故であろうか、鉄釜は彼等の日常生活の用具として珍重された事であろうが、磁器は当時青磁に対する需要が年々盛んになりつゝある日本市場に売り込む為に欲求されたものであろうと考えざるを得ないのであります、この支那磁器に対する欲求は琉球諸島各地の遺跡から発掘される青磁破片についても同様な事が考えられるんぢやなかろうか、或は説を異にする人は察度王時代に明国と琉球との交易において磁器が尊重されたというのは、当時既に首里や浦添を中心とした琉球の中央部においては文化も進み喫茶の風も伝つてをつたものであろう、従つて琉球諸島の遺跡から青磁が発掘されるという事も、必ずしも日本市場に売り出すためであつたと許りは考えられない、という事も説としては考えられるけれども実際に合わない、その理由としては琉球に日本風の趣味として茶道や生花等が伝えられたのは慶長十四年に薩摩軍が琉球を征伐して事実上これをその附庸国としてから後の事であるし、それよりも三百年も前の察度王時代に日本風の輸入などは考えられないし、又明国とも朝貢、交易を始めたばかりであるから、これ等の青磁類が琉球内部の需要に依つて持ちこまれたものであるとは考えられない。又琉球諸島各地において発掘される青磁の量は莫大のもので琉球内部の需要だけでは到底捌ききれないものである、当時日本においては茶の湯の盛行につれて青磁の需要はます／＼盛んであり、法外の高価を以て青磁が取引されていたのであるから、琉球の市易において青磁が喜ばれたというのは、琉球内部の需要のためではなくて日本に売り出して数倍の利益を得んがためであつたと考えられるのである。

次にこれと関係して支那と諸外国との取引関係についても調べて見る必要があると思う。

宋時代は海外貿易については厳しい取締りはなかつたようで日本及南蛮諸国との間に割合に自由な取引きが行われてをつた、「宋代における東西交通の発達は東洋史上もつとも注目すべき現象であつて、その貿易収入は宋人国庫の大きな財源であつた」（世界美術全集七四頁）ということも言われているから、当時宋青磁が日本及近東諸国に流出したことも考えられる、殊に宋に次いで起つた蒙古民族の元は、アジア、ヨーロツパに跨る大帝国を建設したから、東西の交通、貿易も自由となり、支那商船は遠くペルシヤ、アフリカ海岸に到るまで航路を開き、アラビア商人は又広東、泉州に来て商館を開き貿易をしたので支那商品の販路も世界的に拡張されたのである。当時支那商品で近東及西欧諸国で最も需要の多かつたのは、生糸、絹織物に次いで支那の磁器であつたというから、今日近東、及西欧諸国で発掘される青磁破片は元帝国時代の東西交易に依つて輸出されたものであろうと思う。しかし元時代には日本と支那大陸との交通及取引関係はほとんど杜絶状態であつたというのは、例の元寇の関係で日本に対する警戒が厳しかつたので、僅に密貿易船の往復があつた位のものである。元時代における琉球と支那との関係については、ほとんど考える事はできないそして元が滅び明が興るようになつて、中山王察度の二十三年（西紀一三七二年室町時代初期）になつて明の大祖の招諭によつて初めて入貢関係が生じたのであるから、漂流船がたま／＼支那沿岸に到着したという関係以上に取引関係などは考えられないのである。

明時代になると対外関係は元時代のように自由ではなく、国家の監督下に数量を制限して行われた、即ち寧波市舶司は日本との十年一貢の貿易を司り、福州舶司は琉球の二年一貢の朝貢船及接貢船を司り、広州市舶司は南亜諸国の貿易船を司らしめたのであります、従つてこうした日明間における貿易上の隘路を通して輸入される僅少なる物資を以てしては、当時茶道の流行にともなつて年々盛んになつてきた、武士階級及富商仲間の唐渡り、物に対する欲求を満たすことは到底できなかつたのでありまして、そこに密貿易者や和寇が活躍する余地があつたのであります。

当時貿易外における物資の取引がどうして行われてたかというと、島夷伝の記事に「王直なる者あり、奸にして禁物を出して諸夷に歴市し富を致す、夷人これに信服し貨至れば直を主として絵（仲買人）となす」（異称日本伝三二〇頁）この記録は最も簡明に当時の密貿易関係を表してをりまして、即ち諸外国の商が直接に支那商人から貨物を買う事は禁ぜられているので仲買人として王直を仲に立てゝ買つたのであります、そしてこの王直は後に和寇の首領となつて肥前松浦の津に拠り城を築いて徽王と称した（島夷伝）ともある人物であるから、この取引が日明間の密貿易である事は明らかであります、こうして支那人を仲において取引をしたのであるから、国禁を犯していくらでも手に入れる事ができたであろうが、支那商人も狡猾で値を先取りして仲々品物を渡さないので、「夷人大いに怒り、国王の金を持ち来りてその代償を得ず、いかにして帰り報ぜん」というので乱暴をするようになる、王直もまた「寇により其の代償を得せしむ」と記されているように、貿易に依つて得られないので和寇を働

（四六ページへ）

研究教員だより

道徳教育をめぐって

配属校　東京都品川区立芳水小学校
玉那覇正孝

過去十ケ年間の生活指導が、いろ〳〵と反省され検討され、人間形成の上から道徳指導は、きわめて重要な教育活動であるという観点から、文部省では手引をだし、一応目標、指導内容、指導の方法等を示して各学校へ配布し、四月一日から道徳という時間が、週一時間特設されることになつた。現場ではこれがどう受けとられたかということは、一言として言うことはできないが、見た範囲、聞いた範囲では、一応時間表にはあげて、従来の生活指導の方法でやつている所や、文部省の手引書を参考に、自分の学校の生活指導のカリキユラムを再編成して行つている学校や、研究的にやつている学校や、その他いろ〳〵な方法でやつている。

マスコミでもこれがとりあげられていろ〳〵論議されている。都の教育研究所でも、研究会、講習会、学者を集めてのシンポジウム等を行い、真剣に道道教育をいろいろな立場から、各方面から検討していつている。

従来のガイダンスの立場から、直接経験を重要視して生活体験を通して行う教育活動は、全人的教育を行う上に大いに役立つたと思うが、しかしその不足の点としてあげられるのは、身近かな、末梢的なもので終るとか、絶えず外から加えようとするものが多く、内からの指導、立志的面の指導が足りない、或は学年が異つても同じ問題がとりあげられ、しかもくりかえされる。等々があるといわれている。これらのものを反省していこうという方向に進んでいるのが、真剣に道徳教育をとり上げている学校のいき方のようである。倉沢剛先生は道徳教育の位置づけを図示して次のように説明された。

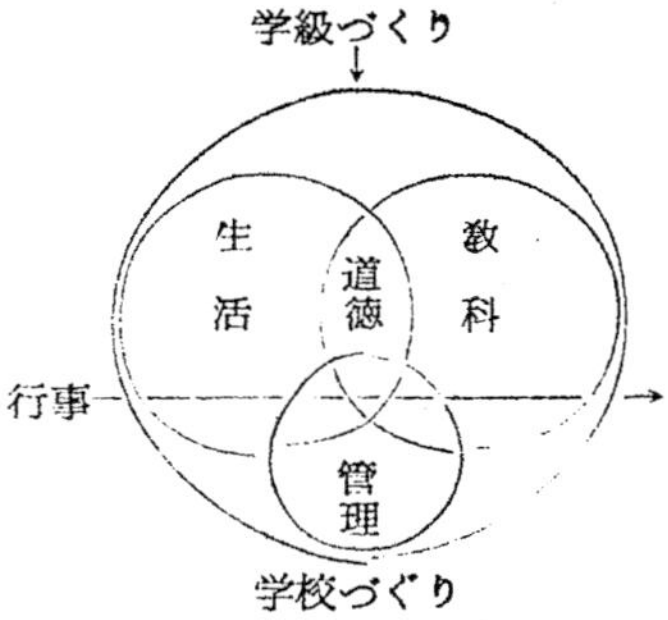

学級づくり
生活　道徳　教科
行事
管理
学校づくり

学校の教育活動の中で最も大きな教育指導と生活指科導更に学校管理の交差点にあたる部分が道徳教育である。そしてその間を流れるものに学校行事ということが考えられる。そして更に全体の学校づくりの立場から一番大切なことは、学級づくりということである。学級で目標をしつかりおさえて、自己をさらけだして、児童の心情にうつたえていく所に道徳教育がある。

勿論特設時間一時間で道徳教育が完全に行われると考える人は一人もいない、しかしながら一番留意しなければならないものは、教師が手引書にたより、目標のしつかりした把握もなく、日々の教科指導の忙がしさにまぎれ、安易にこれを取り扱い、単なる徳目主義的な教育になつてしまうことである。

道徳教育とは、「道徳ということを口にしない教育だ」「これが真の道徳教育だと芳水小校の校長さんはいつている。真にうがつたことだと思う。私たち沖縄にとつて最も必要なことは、対象である児童をめぐる諸問題、学校の状態、教師の問題、地域社会の問題、環境の問題、各教科からの影響の問題、衣食住の問題、心情の問題、言語、習慣、倫理、国際的諸問題等々を、総ゆる角度から検討して地域に促した人間象を再確認していつて、道徳指導のカリキユラムを作成し、これを受動的に受け入れるのではなくして、むしろ道徳教育をやろうという意識の高まりこそ大切ではなかろうかと思う。

投稿案内　気安く書けるページに

- 教育に関する論文、学習指導の経過記録等の投稿は毎号多く編集者の幸とするところですが、現場の先生方の文芸、児童の作品紹介、カット、写真、随筆等の寄稿が稀であります。文教時報に興をそえ内容を豊かにするために気楽な御執筆を望みます。
- 教育現場で御苦労の際、御不審の点や御悩みでもありましたらどうぞ。その道の専門の先生へ適切な御指導御助言をいただくことにします。

赴任校の様子

配属校
勤務校　東京都新宿区立淀橋第六小学校

金城唯勝

三十年振りに雪を見たといわれたその日、あこがれの東京についた。噂に聞く大東京は想像以上に私を全く戸迷いさせ、特にホームにおいては無学文盲の如く、時には慌てふためき或は迷い子になり進退極まること例の如く。七色のネオンがまばゆい程に輝く銀座や有楽町の夜景に気を奪われて全く夢の竜宮に来た感じ、その急激な環境や気候の変り方に感覚を奪われた一時呆然とした様子。時がたつにつれ漸く我にかえりつつある此の頃である。扨てその短かい一ケ月余の私の見た赴任校のあらましを簡単にお知らせ致しましょう。

㈠ 学校の様子

・校舎は今年三五周年を迎える木造二階建で一部三階のコンクリート建
・学級数（一年3、二年3、三年4、四年4、五年4、六年3の二十一学級）
・職員数（男子十七人、女子十一人計二八人）
・児童数（男児五六七人、女児五三四人計一、一〇一人）
・用務員、警備員、書記合わせて十一人
・運動場は全面アスフワルトで一、二〇〇坪
・プールがあつて講堂候補地も三〇〇坪有す

㈡ 学校の環境

環境は住宅街で繁華街や交通の激しい道路から離れており、南は旧東京都の水道路が土手として残り西に四階建の鉄筋アパートが幾棟も聳え住宅地の様相を表わし北と東は勤め人の住宅地で瓦屋根が建てこんでいる。只一ケ所天然温泉を掘り産業地の形態を現出して静かに昔の名残りを止めている。学校の周囲はコンクリートべいでめぐらしイチョウ、モミジ、ケヤキ等の大木で緑化されている。

㈢ 本校の教育

一、目　標

教育基本法に則り心身共に健康な社会人に育成する。

二、方　針

・自主独立の活動があらゆる時と場所に於て発揮できる様指導する。
・勤労を尊び互に協力し自己の責任を完うする精神を涵養する。
・互に人格を尊重し道義を重んずる資質を涵養する。
・保健衛生に対する理解と実践に努め体位の向上を図る。
・興味と経験を中心とし自発的学習によつて個性の伸展を図る。

三、本年度の努力目標

A　道徳指導の研究
B　体育の能率的学習

㈣ 学習面

・明朗活発で特に応答はどの子供でもはきはきしている。
・学習中の態度は真剣そのものである。
・常に児童の自主性を重んじ自治活動も盛ん。
・視聴覚教育も重要視している。
・家庭学習のドリルブックを各科一括購入して与えている。

㈤ 生活指導の面

・お便所の帰りや給食前の手洗いが徹底している。
・始業始めのベルと同時にさつと教室へ入る気持よさ。
・校内は勿論校外におけるあいさつが徹底している。
・校外学習など約束や規則を犯す自分勝手な子供は見受けられない。
・教師を信頼し教師の言う事は徹底して守る。
・飼育している動物をいじめたり花木をちぎる子はめつたにいない。
・家庭教育が十分行き届いている。
・但し級友間の喧嘩はたまに見受ける。

㈥ 体育面

・身体的な訓練に重きを置いている。
・徒手体操や集団行動を重視している。
・保健教育を重視し身体検査は綿密に検査す。
・一年生も校医の前で平気で検査を受ける。
・高学年の女児でも普通に素はだになつて胸囲を計つてもらつている。
・用具の管理も上級生が行つている。
・体育時は鉢巻使用で全員軽装。

㈦ 金銭徴集

・教育活動に必要なだけなら金銭徴集は遠慮しない学校学年学級でも。
・但し校外学習（遠足）においては中学年以下五十円以内高学年は百円以内という事がある。

㈥　PTA活動
・PTA活動も盛んで月二回PTA会費集金日があり父兄が学校にきて学級毎に金を徴集している。
・学級PTAの他に授業参観日が月三回ある。
・校外学習にも父兄がついて行き世話を見ている。

㈦　先生方の勤務状況
・一時間以上かかる通勤者が多いが八時十五分までには全員揃つている。
・始業のベルと同時に教室へ向う。
・暇さえあればたえず運動やレクレエーションで楽しむ。
・週一回の学年会は教材研究が中心で週一回週案を提出する。
・民主的で互に信頼し尊敬し合つて和やかである。
・勤務時間は四時迄で特別に用のない教師はさつと帰宅する。
・勤務評定には反対している。

㈧　施設面
普通教室以外に特別教室が多くありその内容施設が十分に整い羨ましい限りである。
・保健室は診療室みたいで専任の養護教諭がいる。
・更衣室の完備　教具室の完備　映写機あり
・図書室の〃〃　用務員室の〃〃　幻灯機〃〃
・理科室の〃〃　警備員室の〃〃
・音楽室の〃〃　完全給食設備の〃〃
・図工室の〃〃　放送室の〃〃
・準備室の〃〃　水道施設あり水は豊富

㈨　特別教育活動面
・児童会活動も盛んで四年生以上で会長選挙をする。
・週番活動も自主的で放送時間、朝礼時或は掲示板を利用して指導している。
・学校放送室の設備は放送局みたいである。
・映画教室も月一回校外学習は春秋の二回。

㈩　その他
・お便所はいつでも清潔で気持がよく螢光灯までついている。
・校内はちり一枚も見受けた事がない。
・音楽、図工の専任の先生がいる。
・教室の入口や校長室に時間割を明示。

以上は赴任校のあらましであるが上京してから短期日であるため充分お知らせする事は出来ませんが、大東京の真中で進歩したその学校の雰囲気にひたり研究テーマに限らず学校運営全般にわたつて着目していきたいと思います。設備の完備と教育活動に必要なだけの金さえ与えれば沖縄教育も近い将来に於い東京のレベルに返づく事は疑いない。先生方のたゆまぬ努力と御研究をお願いし御健斗を祈り上げます。

昭和三十三年五月十九日

基礎的生活態度の実践を期す城山中学

配属校　静岡県磐田市立城山中学校
勤務校　下地中学校
砂川恵正

教育とは「人間が人間にまで形成すること。」であり、この人間にまでと言う目標は吾々が理想とする人間像である。と去る五月十日京大の下程勇吉教授は「道徳教育に於ける人間像」と題して講演をなされ、更にこの人間像を次の五つに分けて、日常人・自由人・自律人・そして完成としての宗教人という事を挙げられた。

勿論これらの人間像が個々別々に形成されるわけでなく、互に連繋し、総合されたものでなければならない。そして公衆道徳を守る人間。公徳心のある躾を守る人。他人に迷惑をかけない人間これが日常人であり、この育成が道徳教育に於ける第一の目標でなかろうか、と話された。しかしこの躾のできた、他人に迷惑をかけない。現代人としてのエチケットを持つと言う事は、言い易く、行い難き難関事であると思うがここに以上の事柄の実践徹底を目ざして、日夜努力を続けている学校がある。配属校城山中学校がそうである。

玄関に立つと先ず「静かな城山中学校 この廊下」と書かれた標語が眼につく。心の中で「静かに歩け廊下は静かに」と言う日常ありふれた文句とを対照し反すうしてみた。針の音でも聞えそうな感じ心の落ちつく感じ等々、強制でなく自然である。生徒の起居動作もこの標語以上に静かである。その上犯し難い気品さえある。それは又礼儀正しさが故であろうか。このような雰囲気が一朝一夕に出来あがるもので無い事は言を俟たない。過去数年に亘る訓育実践の結果であろう。

即ち城山中学の研究し続けて来た「基礎的生活態度」の徹底にあると思う。本校本学年度の教育努力目標に次の様な事が挙げられている。即ち

全職員共通の理解のもとに基礎的生活態度（特に礼）の徹底を期し。民主的な道徳教育の振興をはかりつゝ特に実践を通して左の努力目標を達成する。(一)実力の養成、(二)道徳の実践活動、(三)体力の増進と運動の振興、(四)生徒会活動の強化、(五)環境の整備、(六)特殊教育の研究

この中にも基礎的生活態度の実践徹底が特筆されている。この基礎的なものこそ日常としての態度であろうと私は思う。故に日常人としての生活態度の実践に励んでいる城山中は又道徳教育の基盤を培っているといっても過言でない。

「静かな歩行」それは他人に迷惑をかけないばかりか、寧ろ好感をすら感じさせるものである。しからば、「基礎的生活態度」とはと言うことになってくるが、「名前を呼ばれたら正しく「ハイ」と答えたり。振鈴と共に口を閉じて教室に入り授業の準備をするとか、極めて身近な、そして誰でも出来る事で、しかもおろそかにされがちな事柄である、内容として採り上げられているものには。

1　学習態度として、姿勢を正し、発表、書写の態度を厳正にする

2　自主的態度として、振鈴と共に行動し、作業態度は常に率先推範の精神を忘れず。集団行動は社会的連帯性を重んじ自主的にする。

3　日常生活態度として
あいさつ、礼、言葉遣い、服装、歩き方等エチケットを重んじ、校舎校具を愛護し時間を厳守する等

以上の事柄を何時、どのようにして指導し実践するかということになりますがしつけは随時随所に全機会主義がなされる事は何人も承知の事であり、特にホームルーム指導、生徒会活動等に於ては期して待つべきものが大である。校長先生は先般職員会及び生徒会中央委員会において、学校教育方針として人間に取って最も根本的な問題は「より旺盛な生活力」ということである。教育が子供の生活力育成のための直接切込む糸口としては、従来言いふるされて来ている知徳体の三順域からであると考えられる以上、この三順域のどの面から具体的突込んでゆくかを検討して見る必要がある本校に於ては本年度は特に

(1)　知的分野に於ては、「実力をつける」ということにしぼって進みたい。その為にはすべての授業が「思考」する事に配慮され実験実技の重視ドリル時間の設定、図書館整備と活用ということに具体化される。

(2)　「道徳の実践活動」は礼をもって出発点とし礼を以て帰結点とする。その為には従来の当校のホームルームの指導計画を再検討し強力に実践する。

(3)　「強健な体力の練成」は野球、水泳（全校皆泳）をピークとして体育クラブの活発な活動を促進する。

これら三分野は「実践」ということばによって統一され、而もその表現は「礼」とする。「礼」は相手の人格を尊重すると共に、おのずから社会秩序の確立を将来し而もなごやかな雰囲気の中に「和」を醸成するものである、端的に当校の方針を言い現わすならば「もりもり勉強につこりあいさつ」という合言葉の実践につきると話された。なお又以上の事柄を図示するならば、

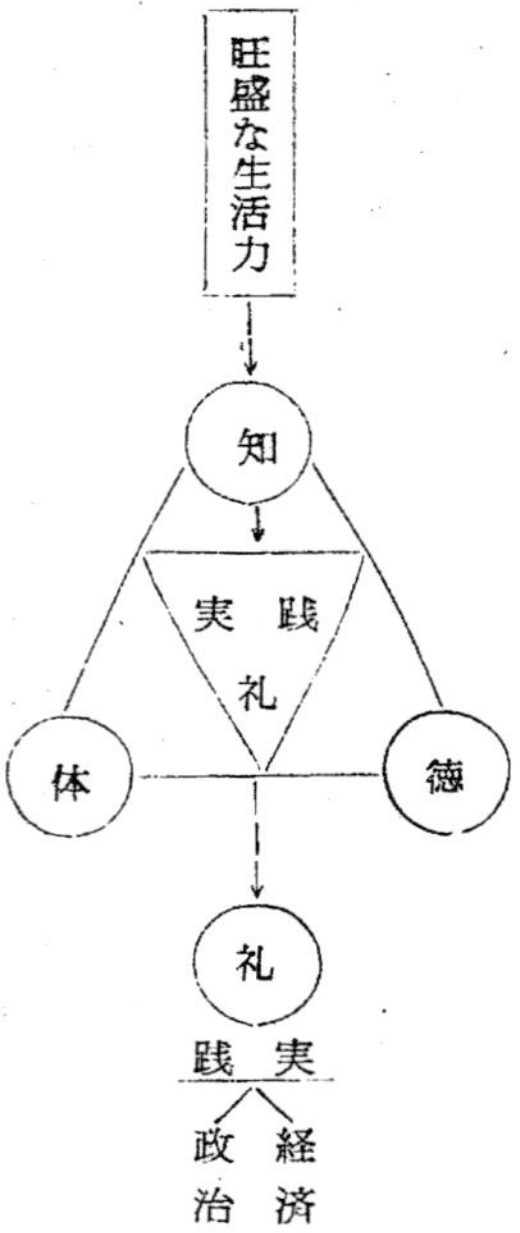

旺盛な生活力
知
実践
礼
体
徳
礼
実践
経済力
政治力
文化向上

右図に示す如くである。

次に基礎的生活態度の実際指導の例を挙げると、（いろいろの調査診断もなされているがその方法は省略する）

あいさつについて

1　生徒会活動により生徒の自主的な自覚を高め中

央委員会週番生活部会の活動と相まって各チームへまで浸透させる。

2 あいさつに関するポスター、標語、四つ葉の声（註校章は四つ葉のクローバーを型どつたものであり、健康、叡智、誠実責任の象徴であるといわれる又四つ葉の聞は愛校心に燃える建設的意見交換の場である）等を募集し校内に貼付して自覚を深める。校内各所に見られる標語の主なるものには。

きょうの出発、明るいあいさつ。君もわたしも笑顔であいさつ。みんな笑顔で明かるいあいさつ。ちよつとした会釈が心やわらげる。

(3) ホームルームで生徒の話合いや反省によりなごやかな挨拶を行う。

(4) 朝礼と授業を通してこれは一齊に行う機会であり、生徒は挨拶もし易く指導も行い易い（後述してあるが生徒の一日の中にある授業の始め、終りのお願いします、ありがとうございましたのあいさつは教師の意欲を湧きたたせるものである毎時間）実際に体験して、

(5) 教師の実践による。

(6) 校外での実践通学、自治会の自発的自践ＰＴＡの協力、

等々、前述致しましたように指導の場というものが限定されるべきものでない故随時随所に適切な指導が成される事は当然である。以上城小中学の基礎的生活態度の実践態度の実践を中心に述べて参にましたが、これらの事からしても、すでに生徒はある程度道徳的な心情態度習慣を常日頃から育まれていると思う、最後にホームルーム計画の上で見る指導順域と城小中学校生徒の一日を表示して稿を閉じたいと思います。

(一) ホームルーム計画の指導領域と其の強調点

学年＼焦点	教育指導	健康指導	社会性指導	道徳性指導	職業指導	趣味指導
一年	◎	○		◎		○
二年	◎	○	◎			○
三年		○	◎	◎	◎	○

註 ◎強調点 ○学年を通じて大体同じように取扱われるもの

(二) 城山中学生徒の一日

時刻と項目	仕事	生活態度
六、〇〇 起床	洗面、寝具の整理、家事手伝い、登校準備、朝食 等	早起の習慣を身につける、寝具の整理整頓、洗面（歯の衛生、冷水乾ブマサツ） 毎朝きめて家事の手伝い、登校の準備、忘れ物、服装検討、 朝のあいさつ、家できめた様に、神仏拝は家の定めで実行 朝食のとり方、感謝して明るく
七、〇〇 七、三〇 登校 週番 当番 着校	遠近により加減 家を出る時刻を定める	正しい歩行、サッサと元気で右側を、横断特に留意、カバンを持つ手は時々かえる、 定めた通学道路、朝の挨拶、礼を正しく（生徒隣人、先生間）男子脱帽
八、〇〇 着校	学習準備 当番御用伺い	入室、入金は定めた昇降口から―はきもの雨具のおき方、直ちに教室へ、学習具の整理、 用事を終えて自習にかかる、朝の清掃は八時五分に終る

時刻と項目	仕事	生活態度
八、一〇 朝会	真剣な自習	ベルと共に口をとじはじめる僅十分間真剣にやる、自ら進んで行う
自習 放送 H・R	月、土は、外朝会、八、一〇より、火、水木会は放送朝会を八、一五～八、二〇までつづけて自習八、三〇まで 外・集合、整列、あいさつ、週番の話、伝達、その他、校歌、教室に向う、 内・放送、起立、あいさつ、週番の話、伝達、其の他 H・R	外朝会の時は直ちに運動場へ、敏速、無口の集合、委員長は一番前、正しい姿勢、整頓 休め―ベルと共に正しい姿勢、礼はまごころこめて正しく全校一心 話のきき方―一語ものがすな、目できく態度、 校歌―明るく元気で、歩き方、レコードに合せてクラスの協力のしるし 正しく立つ、腰掛のそばに、正しい礼（おはようございます）着席の合図で音をたてないように早く席につく、正しい姿勢で話をきく、必要なことはノートにかく H・Rは各組できめた方法で短時間に。
八、三〇 朝会終	第一時の準備	廊下をとばない、右側を歩く、先生にえしやく
八、三五 一時始	着席準備、起立、礼、学習	ベルト共に口をとじ席につく、―教科書ノートを出す、先生を待つ、先生入室で起立（定められた腰掛の側に）先生が教卓の前に立たれたら福（お願いしますの心持で正しく） 真剣な学習―一言も聞きのがすな進んで学ぶ態度、発表し挙手（のばして）はいと語尾をつくり姿勢→ひじをつかない、書く姿勢に注意、ノートは正しく大切に、わかるように先生の終りの言葉まで直ちに起立、終りますの合図で礼、（ありがとうございますの心持で）
九、二五 終	朴上の片付け、用事をなす 当番御用伺い、次時の準備	廊下の歩き方、（右側静かにとばない）授業中会議中等の室の前を通る時は特に注意して一時に準ず、四時限終ると同時に洗手、順序正しく敏速に、当番は茶の用意。
九、三五 十二、二五	二、三、四時限	
一二、三〇 昼休	洗手、食事、（放送）、伝達、先生の話、 運動、当番御用伺い	・食事体法―いただきます、ごちそうさまでした、放送をききつつなごやかによくかんで ・伝達や先生のお話をしっかりきく、晴天の日は全員舎外に出て運動、（余り強くないよう） 雨天は静かに教室で休む（読書）
一、一〇 予鈴	運動やめ、学習の準備	鈴と共に運動やめ手伝い敏速教室に入る。
一、一五 五時 三、五 六時	第一時に準ず	

時刻と項目	仕事	生活態度
三、一〇 三、二〇 } HR	反省、伝達、その他	各組で定められた方法で自治的に行う、反省はけんきよで積極的になごやかにまじめ、伝達はしつかりきく、明日の準備をしつかりきく（生活のしおり）
三、二〇 三、四〇 } 清掃	当番、清掃他生徒の下校、運動	計画的に協力して、敏速に、用具はていねいにすみずみまで整頓（紙屑箱、掃除道具箱）終つたら週番に報告、検閲を受ける（時間内に終る）検閲が終つたらR・H先生にも戸締りし、感謝してわかれる。
運動	1 クラブ生	定められた時刻に一定の場所に集合（服装をかえる→おき方）直ちに運動にうつる。 主将を中心に明るく協力し真剣な練習、能率的に病気その他でやれない時は見学。 先生の御指導には己を空うしてうけ入れる（不平禁物）
	2 一般生	五時で終る―不十分のときは五時半、（先生付添六時まで）
四、五〇 予鈴	下校準備	用具の整頓後片づけしつかり、H・R終了後一時間位なるべく運動を行う。
五、〇〇 本鈴	不校	五時まで（やむを得ないとき五時半それ以後は居残り届を出して先生は付添で六時まで） 正しい歩行サッサと帰宅、横断注意、途中より道くない礼をしましよう登校と同じ
六、〇〇 七、三〇	学習 家事手伝い 夕食 休養 } 等	少し休んだら直ちに家庭学習、或は家事手伝い、し出来る限り進んで家事手伝を学習の延長として、夕食―し家族そろつてなごやかなたのしい食事し感謝のまごころで 食後の活し合い、学校やその他であつたことのお話明日お願いすることなどを
八、〇〇 一〇、〇〇 } 学習	夜の学習 一日二時間以上（食前を含めて）	真剣に実のある勉強（宿題復習、予習）大体十時を目標に此む得ないとき十一時まで 明日の準備（電灯は明るく）夜の外出は家人と共に床をとる夜のあいさつねて本をよまない。
一〇、三〇 就寝		
備考		① 土曜日の午後は平日に準じた生活 ② 九月下旬～四月上旬までは二十分おくれるがこれに従つた態度で生活する。 ③ 週番、当番の生活態度は別に定める。

歩みと歩み

配属校　横浜市立日枝小学校
勤務校　松川小学校　米田精仁

色はたしかに浅黒い、しかし日本人としてのレッテルは鮮明に貼られている事は間違いない。浅黒いからといってなにも憂うる事はない。道ゆく人々はなかなか丈夫そうな紳士じや、と視線をむけてくれる。いとも満悦である。人間はそれぞれの個性をもつている、その個性を着実に発揮すればよいのである。教育においても、またしかりである。混頓とした過去十年余の沖縄教育が年々新らしい目標に向つて力強く進んでいくことは、大変喜ばしいことである。しかし他方においても同じ事が寸時暇なく行われていることは忘れてはなるまい。それでは本土の教育がどのように行われているかについてふれてみることにするが、我々が沖縄でえがいていたような事は本土一円に共通するものでないということを念頭においてもらいたい。私の学校は配属校だけあつて市の中心部に所在し環境は恵まれ、校舎、施設用具が充実した学校で、多数の在籍と四十五名の職員組織である。私のテーマが小学校保健体育で、当校は保健体育の五大都市研究校で、五月五、六、七の両日発表会が予定され、市指定道徳教育の実験学校でもある。四月の初旬内に年間主要行事、教育実践、研究計画大要等の案が作成され、それにのつとつて日常の学習指導を行い、合理的且つ能率的に学校経営が行われている。それでは体育学習がどのように指導されているかについて記してみたい。その形態を次の二つに大別してみる。

1、教師を中心とした一齊指導
2、グループ学習

一齊指導については省略し私の知る範囲内でのグループ活動による授業について簡単にのべ、どのように展開され、どのような特色をもつているかについて記してみたい。

(A) グループ学習の特性

① 児童の生活実態が小グループで活動している。
② 学級という大きな集団では経験されない場合が多いが小範囲の為学習する機会が多い。
③ 小グループ故に成員の欲求が満たされている。
④ グループの間に親密な関係ができ協力的精神が養われる。
⑤ 個人と社会的面を一体とした指導が適当である。
⑥ 施設用具の乏しい所では少ないものを最大限に利用出来、特に沖縄の場合は適切である。

と私は思うのである。学習内容の相違はないが方法や指導技術の研究が充分でなかつたことを自分の過去を反省したのである。興味と欲求を与えつつ指導するということは、体育学習のみならず、他教科においても共通なことがいえると思うのである。

(B) グループ構成はどのようにしたらよいか、その問題は教師によつて多少異なるようだが私の感じた事は

① 自主活動を主にしての編成
② 身体発達状態の均衡配分
③ 男女の適当な組合わせ
④ 指導能力の適切な配慮
⑤ 対人関係

構成方法は色々あることだろうが、それをうまく組織し軌道に乗せるまでには相当の困難があろう。亦ソシオグラムを参考に相互に密接な児童を中心に構成しているところもある。

(C) 学習内容と教師の計画

① 内容を充分見当し、学習単元計画を立てている。
② 主内容は、徒手、リズム、力試し、器具使用の運動が多く同系のカリキユラムによつて進められ、時間、内容の度合いは学年適切に配慮され行われている。
③ 学級全体がグループ別に編成されているが同じ学習内容は行つておらず、例えばAグループは巾跳、Bグループは跳箱というようにリーダーを中心にして行われている。
④ 一齊指導の時より教師は内容を各グループに教授しなければならないので負担は大きくなる感を抱くがリーダーが身についてグループ指導が充分できれば教師は個人個人の指導に充分力を注ぐ事が出来よう。

(D) グループの人数と数

内容によつても異るし上、中、下の学年によつても

異る。五、六年なら七乃至一〇名位が適当のようだ。数は施設、用具を勘案し構成するのが望ましく、前にのべた事を考慮しリーダーとして適当の子供がどれほど選出する事が可能かを考え、リーダー選出には信頼、指導力、技能と三拍子揃った選出が望ましい。グループ学習について簡単にのべたが、沖縄においてもこれからの学習形態をどのように進めていくかは、体育指導の大きな研究課題といえよう。充分なる探究が出来ず、しかも充分なる表現も出来ませんで解するに苦心されたことと思いますが私の見聞の一端を記し参考にもなれば幸いに存じます。

職業指導全國協議大会に参加して

配属校　静岡県清水市立有度中学校
永山清幸

五月八日から十一日まで四日間奈良学芸大学において職業家庭科教育および職業指導全国大会が開催されたのでありますが、私も七日に静岡を出発して八日から十一日まで同大会に参加致しました。そこで大会の模様のあらましを述べると共に私の感じた点を記してみたいと思います。

第一日（五月八日）午前九・三〇～一〇・三〇
開会式　午前一〇・三〇～十二・〇〇特別講演
文部省初等中等教育局長内藤与三郎氏
（要旨はおよそ次のようなことだつたと記憶しております）

小学校中学校教科課程の改訂について。

日本は文化・産業共の他あらゆる面において他国に優るとも劣つていない特に物が安い点については他国を凌駕している。しかし品質の面においては必ずしもそうではない、この欠点打解の道は職業教育の振興にありその努力をまつのみである。この重大な任務を果すためには、それに適する教育制度を必要とするのです。現在中学校生徒の進路は進学五割（全日四割定時一割）就職五割に対して一齊の教育制度の問題があるのです。即ち五割の生徒は充分な職業技術教育が果されないで実社会に出ているのです。ヨーロッパでは中学校において基礎的な職業技術教育がなされているため、別に高等学校、大学へと進学しなくとも充分社会の要求を満し得るのです。

しかるに日本の現状は進学中心になりつつあるのです。特に高等学校においては二〇％の進学に対して普通課程が余りにも多い。これ等諸問題の打解策として今度の改訂がなされたのです。この改訂は道徳教育の時間特設、科学技術教育の振興という二つ大きな目的をもつております。

小学校

1、道徳教育の時間特設（本年度から実施）
2、基礎学力の充実（国語算数の充実）
3、科学技術教育の振興（理数科技術教育）

中学校

1、道徳教育の特設（本年度より実施）
2、科学技術教育の振興（生徒の進路に即した教育）
　イ、図工と職家を美術と技術科に改訂
　（技術科は男子に工的内容を、女子には家庭的内容を中心に）
　ロ、理数科の時間をふやす。

高等学校

1、中堅産業人の育成
　イ、定時制課程の充実
　ロ、通信教育の問題
　ハ、定時制制度と会社の技能養成制度について

ここでは中学校の技術科について話してみる現行の職業・家庭科は農業・工業・商業・家庭各々の基礎的な技術を授けることになつているが、これが実施は種々の困難点があると思う。そこで技術科を新設し各職業に共通した科学技術教育を施す。即ち男女に工的内容中心に女子に家庭的内容を中心にという意味である。

（次に約三〇分程度質疑応答の時間が与えられ会員からいろいろな問題が出されたが、同局長は次のように答えておられた。）

問1　道徳教育について特設しなければならなかつた理由は？

答　道徳教育は勿論各教科において行なわれていることはよく解るが、これだけでは現在の日本の社会状勢において又その将来を考えるときに充分ではないと思う。この不足を補うという点と又各教科における道徳教育をまとめる時間を与えたので

す。

又世界各国とも道徳教育と科学技術教育は重視されている現状であります。

問2 道徳は教えるものでない又おしつけるものではないと思うが、当局はどう思うか？

答 教えねば解らないはずだ、民主主義のみを口にしてしつけが足りない。何も自由や甘やかすのが民主主義ではない又子供の幸福ではないと思う。

問3 新しい教科の免許状はどうなるのか？

答 現在のままにしておくが、現職教育を重点的にやる。

問4 技術科の予算措置はどうとられているか？

答 本年度より五ケ年計画で三七年度までには充実出来るように考えている。

問5 小学校は三六年度より中学校は三七年度より実施となつているが、この年度までのあり方はどうすればよいか？

答 今度の改訂の実施は次のような段階をふんで行なわれる。それまでは指導要領も教科書も出来ていないので現行のを使うが、出来るだけ改訂の趣旨に近いようにしてもらたい。

学校	研究	検定	実施
小学校	三四年	三五年	三六年
中学校	三五年	三六年	三七年

問6 選択は劣等感をもたさないか。

答 大学や高等学校に進学する生徒が偉いと考えるのが間違いであつて、其の子の特性に応じて成長発達させ実社会に出てこの特性が発揮出来る。ということが子供の幸福と考える。

そこは技術担任教師諸君の力で劣等感をもたさないように努力してもらいたい。米国では学歴よりも実力がものをいう。日本においてのみの欠点だと考える。

問7 中学校における職業指導主事の専任制についてどう思うか？

答 職業指導は全職員が全力を尽してやり職業指導主事はこれをまとめる役目であると思う。又教科をとうして生徒と近親感はもてるのであつて、専任では事務的になつてしまう。しかし担当時間数は考慮すべきであると思う。

午後一・〇〇～四・〇〇　研究協議

研究題目（職業・家庭科の効率を高めるため、今後の必修および選択の担うべき具体的役割はいかにあるべきか）

（この協議題で二、三の意見を紹介します）

意見A 必修および選択のねらい等は明確にされていない、選択については学習指導要領の指導計画の中に「生徒の興味や必要などを考慮して計画する、この場合の内容は組織の表にないものをとり上げることが出来る」とあるだけである。ある人はいう、必要も選択も職業科の時間であるから職業科のねらいと違いはない、ただ教材のとり上げ方にちがいがあるだけであると……。ところが現場の教師が実地にある一時間の授業時間をとらえてみるといつたいその役割はどうなのか、教えるものにも学ぶものにも、どれほど明確になつているかという点になると疑問を感じないではいられない。先程の内藤局長のお話によると昭和三五年が教科内容の研究の段階とのことであるが、この教科内容の精選を期待するものである。

意見B 性格の単一化をねらうことが大切だと思う。従来の職業・家庭は複雑怪奇な教科だと誰もがいう。性格環境から異なるカリキュラム構成の問題、社会科、理科、図工科、保健体育科他教科との関連、又職業指導との結びつき等々、教科を担当している教師でさえその姿を適格につかむことは困難である。理想を語つて現実が伴わないとは既に過去が物語つている、このようなたえられない程に本教科に過重の負担を与えてはならない。そこで

① 侵されない教材内容を確立して教科間の重複をさける。
② 性別により二系列を確立すること。
③ 職業指導を大巾にホームルームに委譲して、先づ本教科内容とその運営を単一化することが先決であると思う。

意見C 技術の系統化をさらに重視すること。男子に工的内容、女子に家庭的内容を主軸としての再編成は一応うなづける。しかし義務教育という基盤に立つて、基礎的な生活活動を経験させるという線は確保されなくてはならない、徒らに技術の切り売りに走つて、うるおいのない無味乾燥なものに仕上げては意味をなさない、生活の豊かさとうるおいとを得させるための本教科であるべき使命は十分に生かされなくてはならない。

二日前　九・〇〇～十二・〇〇　研究協議（職業指導）

研究議題　「学校職業指導の進展をはばむ問題点とこれが打解のための具体的方法について」

講演　九・〇〇～一〇・〇〇　中学校進路指導の時間

特設について　東京大学教授
教育課程審議会委員　安藤堯雄氏

（講演の要旨）

昨年九月から中学校の教育課程全般にわたつて再検討を行なつてきた。文部省教育課程審議会は去る三月一日の審議会で全教科の時間配当を決め学校行事関係を除く一切の審議を終了した。そこで中学校進路指導の時間特設についてお話する前に、全体的構造の改訂について申し述べてみたいと思う。

第一に教科についてみるならば図画工作が改組されて美術科となり、その生産技術的部分は技術科において取扱うこととされ、職業、家庭科は根本的に技術科となつて工的内容を中心とする系列と家庭的内容を中心とする系列とに分節される。又選択教科として現行の一群から五群までがそれぞれ独立の教科とし農業、工業、商業、水産、家庭として課せられることになつた。なお外国語、其の他の教科も選択教科であることには変りない。

第二に現行の特別教育活動に大きな改革が見られたのです。その一つは道徳教育のための特設時間となつた。これは教科ではなくて現在のホームルームで行なわれている道徳指導を内容的に充実整備しようとするものである。

その二つは特別教育活動の主な分野が　①生徒会活動　②クラブ活動　③学級活動　④全校又は学年の集会活動と規定され、その中の　③学級活動についてのみ実施時間が毎学年最低三五時間がきめられその主な内容は　①学級としての諸問題の話し合いと処理　②進路指導　③健康指導　④レクリエーションがあげられる。

その中の　②進路指導についてのみ毎学年計画的に実施し卒業までの実施時間数は四〇時間以上とする。これが実施指導に当つては「進路情報を含む」ということに注意しなければならない。即ち進路選択に必要な学校情報、職業情報などの提供を中心とするものである諸検査、諸調査、進路相談などの個別的なものは学校行事として計画され実施されねばならない。

註「学級活動は従来のホームルームで進路指導は従来の職業指導と考えてよい。」

一〇・一〇〜一二・〇〇　研究討議

意見A　職業指導の指導上の問題（大学における教育学部職業指導課）

イ　内部の問題（職員および学生の理解が足りない）

ロ　外部の問題（職業指導の学生が大学を卒業して各府県の学校に就職する場合、就職試験にその課目が入つていないため専攻してない科目をうけるので困る。）

ハ　職業指導を専攻しようとする学生が少ない。

次は四人の意見を問題点、打解策とに分けて述べてみます。

問　題　点

① 職業指導に対する教育行政担当者、校長、および教員の理解が足りない。

② 職業指導主事を担当する適任者が少ない。

③ 父兄及雇用者の認識不足。

④ 従来の教育課程において職業指導の位置づけが明確にされてなかつた。

打　解　策

① 学習指導要領を早急に発表してもらいたい。

② 中高校の教員免許状取得に職業指導を必修単位にしてもらいたい。

③ 職業指導の場と時間特設の趣旨徹底を図つてもらいたい。

(4) 父兄や雇用者の理解をうることが大事である。

（この外数多くの意見が出ていたが大体同じようなことでありましたので省略致します）

一・〇〇〜四・三〇　研究発表（職業、家庭科）

省　略

三日前　九・〇〇〜一二・〇〇　研究発表（職業指導）省略

一・〇〇〜四・三〇　協議懇談

文部省初等中等教育局職業教育課主事水谷統夫氏を中心にいろいろな話し合いがなされたのです。技術化に代つて生活技術と科学技術が出来た場合現行のものとどう変るでしよう。？　教科内容の教材等については調査研究会で目下研究されておりますので現在のところはつきり申し上げられませんが、大差はないと思います。二群的なものと家庭的なものを中心にもつていくことと、生産的な技術的なものを図工から取り出すことだと思います。家庭的なものも生活改善的な家庭器具を通して生活技術的な家庭科へと、即ち性格的には大差はないと思います。ただ技術である以上技術を重視するのであつて内容は大差はないと思う。

四日目　九・〇〇〜四・〇〇　旧奈良市内見学

次に私の所感を申し述べてみたいと思います。この大会に参加して本土の先生方が職業指導に対して実に真剣にとつくんでおられることが北は北海道から南は鹿児島まで多額の経費と時間を費やして四〇〇余の教師が参加し研究発表にしろ研究協議にしろよく調査研究され綿密な指導がなされていることからもうかがわれる。例えば私の配属校有度中学校では進路委員会が組織され理論と実践が伴つた指導が行われていることである。即ち個人理解把握のための諸検査および調査の実施。職業情報学校情報等の整備提供、教科やクラブ活動を通しての個性観察記録等これらの諸記録が個人別に進路指導票に記入されており又クラブ活動においては一個の独立作業について技能態度のプロフィルを作り個人差が容易に発見出来るようにされ、これ等にもとづく面接相談が計画的に実施されているのである。このようにして指導目標の達成のため、よりよい個人の理解把握の方法が追求され、生徒各個人がそれぞれ個性を発揮し最大限に伸し得るような教育がなされている。又外部との協力体勢がよく出来ていることである。

職業指導主事は担当時数が週一六時間であつて常に関係官庁雇用主と密接な連繋がとられている。例えば雇用主側を調査しこれにもとづいて就職あつせんと補導がなされ又就職後の追指導等と組織的な連繋が実にうまくいつている。

本年三月卒業した生徒進路状況は進学四八%、就職五二%であるが、就職希望の生徒は二月二四日現在において九五%決まり卒業時までには一〇〇%決定をみたとのことである。又進学においても公立私立合わせて一六校に入学することが出来、合格率九六%に達していると云われる。このようにして生徒は希望に満ち明朗そのものである。

教科学習においても作業学習においても自分は将来これで生きるのだと大きな希望をもつて学んでいる姿は実にうらやましい。

ここで沖縄の生徒を考えた時感概無量である。

職業家庭科の実技指導をしても初めは好奇心から生徒は機械等をよく見て、よく聞いて操作をしているようであるが、その技術を自分のものにしようとはしない、このようにして多くの生徒が学習に興味をもたないのは単に生徒を責めるわけにはいかないと思う。

少年よ大志を抱けというが沖縄の現状では生徒はなんの希望も持てないのである。沖縄の教育はこの大きな障壁にぶつかつているのではなかろうか、この打解策は沖縄も本土同様早急に職業指導主事制度を設けてその担当時数を半減して、少くとも毎年一月には本土に派遣し就職あつせん、補導、追指導に努めるべきであると思う。一昨年からよく文教局その他から本土への就職希望調査がなされ、又本土の業者からの求職希望があつたなどとよく聞かされたのであるが一こうにその実現をみないような現状である。このような他力本願では中々その実現はほど遠いことだと思う。

本土においては九州四国北陸東北等の各地方このような方法で関東近畿東海地方へこのような方法で就職あつせん補導追指導がなされていると聞く、私達が鹿児島から乗つた列車にも鹿児島から集団就職の卒業生が乗つておりこれ等は希望に満ち自分の職場をゆめ見ながら語り合つているさまは実に楽しそうであつた。

この実現には幾多の問題があると思う。基礎学力の問題、技術習得の問題、地域環境への適応……などであると思うが、職業家庭科が技術科に改訂され二群を中心とした科学技術の指導や選択等はこの問題を打解することによつて児童生徒に希望をもたせ学習興味をもたせてその教育効果は現われるのだと思う。

生徒がそれぞれ個性を発揮し最大限に伸ばすことの出来るような制度が必要であると思います。以上大会のようすと私の所感の一端を申し述べ諸先生方の御批判をあおぎたいと思います。

東京都の農業教育について

配属校　東京都立農芸高等学校　藤田長信

私は去つた四月農業教育研究のため研究教員として、東京都立農芸高校に配置され、僅か二ケ月しかならないが東京都における農業教育はいかになされつゝあるか、述べて見たいと思う。東京都には農業高校が五校あつて各学校とも学校名が課程の特色を生かしてそれにふさわしいように つけられている。

園芸高校においては園芸、造園、農産製造、農芸高校においては園芸、畜産、農産製造、農林高校においては農業、林業、農業土木、家庭、農産高校においては農産製造、園芸等の課程が設けられ、その中には中心校的な課程があつて各々その学校の特色をあらわしている。施設々備も産業教育振興法によつて国及都の補助金で課程別に毎年充実され、去年度までに一般設備は基準の六四%に達したといわれている。各学校においては生産技術の飛躍的発展と地域産業との連けいに即応するよう特別設備を中心校的な役割をもつている課程から充実している。これらの設備は生産技術向上のためたえず利用され且つ生産のともなうものでなければならず、学校運営も設備の高度利用に留意して営まれなければならない。

そのため農芸高校においては日々の教科実習の外に教科実習で習得した知識や技術を身につけさせる為週当番実習制を設け交替で技術修練につとめている。教科実習や当番実習によつて生産されたパン、牛乳、味噌、醤油、漬物、卵、野菜等は生徒の中食に或は学校周辺の一般家庭に校内販売所から市価よりも安値で売却されている。その収入が去年度園芸課程が百十八万円、農産製造課程が九百六十万円、畜産課程が三百八十万円、計壱千四百八十万円というすばらしい額である。之も適切な指導運営と設備の充実によつてあげられたもので、沖縄も早く産業振興のための政策を樹立して日本々土と同様な産業教育の充実を図りたいものである。

産業教育の振興は施設々備等物的面のみでは達成されるものでなく、指導者に優秀な人材を得ることが必要であり、しかも産業教育において、その勤務の特性から教員の定数、待遇に特別な措置が講ぜられなければならない、農業に関する教育は第一次産業に直結する極めて重要なものであるにもかゝわらず仕事が地味であるため、とかく敬遠され勝であり更に勤務内容は自然的条件に支配され易く、且生物を相手とするものであるため時間を超越し寸時もゆるがせに出来ない性質のものである。高等学校の農業科の教員は農場、畜舎において作物、家畜等の生命をもつものの栽培、飼育を担当し、その管理の責任から寸時も解放されることなく、日曜出勤等まれではない。更に生徒の教育に際してもこれら栽培、飼育の実習等は他の一般教科より極度に困難な実習を伴うものである。これ等の責務から生ずる細心にして周到を要する適時適切な措置などの勤務は特別なものである事から産業教育振興法に基づき特別措置として農水手当、俸給の百分の七の金額が去年四月から支給されている。このようにして日本々土では国力発展の基盤をなす産業の振興は産業教育の進展にあることを重視し、産業教育振興法によつて設備の充実や農水手当を支給し、且指導者養成講座の開設によつて指導者の技術向上を図る等特別措置を講じて産業教育の振興に寄与している。沖縄もこのような特別措置を講じて農業技術向上の場を与えると共に指導者の生活保護と技術、修練の機会をつくつてもらいたいものである。

『東京都中学校英語指導の実情』

配属校　東京都豊島区立高田中学校

眞栄平　房　敬

英語教授法の理論は現在発行されている図書を読めばわかることだし、こゝで各種教授法の優劣を論じようという気はない。たゞ都内の現場教師の教授法の生の実情をお知らせして教授法に関心のある方の参考にしたい。

研究教員着任前の予想は今迄の研究教員の方の発表されたことや雑誌等を通して最も新しい科学的な教授法として礼讃を浴びているフリーズ博士の Oral Approach が時代の脚光を浴びて東京都内は勿論全国的にとり入れているものと想像していた。しかし着任して二ケ月余になるが其の間文部省や東京都教育庁の英語指導主事の推薦する東大、教育大、学芸大の付属中学校はじめ区立の英語教育で有名な中学校数校を参観したが教授法の実情は着任前の予想と随分かけはなれ、東大付中其他一、二校を除いては殆んどの学校がパーマ氏の Oral Method が主であり、授業の展開は主として教師の問に対し機械的なおうむ返しの drill が行われ、一見華やかに見えるが、story の内容に従つて drill が行われているため Production の面よりはむしろ Recognition の面の drill であり form よりも Meaning structure よりも story の内容に傾き本当に生徒に Production させるような drill は余り見られない。フリーズ氏の強調する Pattein Practice 即ち言語を教えるのに form を重視して story には関係なくその時間の目標としている structure を重点的にたゝく drill はあまり見られない実情である。勿論都内の全校を参観したのではないが参観した学校は何れも英語教育で有名な代表校であるが故に大体都内全校をおしはかることが出来ると思う。

昨年 Pattern Practice の研究指定校であつたH中学では英語主任外一、二名の方が Pattern Practice を続けており他の英語担当教師は現在では逆戻りして古い method でやつておる。それには色々原因があると思うが入試問題との関係があつて Oral Approach だけでは不安で上級になると method というよりも知識の詰込が大事であると其現場教師はもらしている。又文部省の英語指導主事と東京都教育庁の指導主事が教授法をめぐつて意見が対立していることも間接的に関係があるようである。しかし何といつても英語教育の研究がどこの学校でも Oral APProach に方向ずけられているのは確かであるが、ただ現場の教壇の上まではまだまだ登場していないのが全般的な実情である。

無論フリーズ氏の Oral Approach ですばらしい成果をあげている学校もあるがそれは極めて少数であるので別にお知らせすることにしてこゝでは略す。

今迄の研究教員の多くの方が英語教育に限らず他の面でも表の美しい面だけを公表されて裏の全般的な実情をあまり伝えてくれなかつたために予想と実情がかなりかけはなれている感をもつので、特に次回の研究教員希望者の参考にしたいためにこゝでしいて全般的な実情をお伝えするのである。

研究経過

配置校　東京都渋谷区立広尾中学校
棚原良雄

(I) 研究教員を希望した理由

私は現在、研究教員として本土に派遣されている者です、研究テーマは「英語教育と新教授法」に於ける「Patten practice と Oral introduction」で配属校は東京都渋谷区立広尾中学校です。私が研究教員を希望した動機は、つまり英語教育の旧教授法たる Translation-Grammar method は役に立たない教授法だとされているので、又授業をしながら常にそれに悩まされていた。それで専門家の著わした教授法に関する書を読みつゝそのTranslation-grammar method より脱却しようとして役に立つ Oral approach への教授法をすゝめることに努力してきたわけですが、なにしろ自分の力の足りなさに、また旧教授法に逆もどりするという有様であつた。それでは、生徒は過重の負担に苦しみ、しかも骨折つただけの効果はあがらず、第一精力の浪費となつて廻り道するだけである。それで、どうしても実際に役立つ新教授法の真相を摑むためには、先進して現在実施している本土の Oral approach の根幹をなす「Pattern practice と Oral introduction」の研究をなし、その悩みを打開しなければならないと思つたからである。

(II) 研究計画

それでは早速現在までの研究計画を記述してみたいと思う。先づ私は週計画として

(1) 校内研究一週五時間授業を担当し、教授法の実際研究をなす。

(2) 権威者の訪問—権威者としては新授業法の実際家である。東京教育大の池永勝雅先生、太田朗先生、東京大学附属中高校教諭伊藤健三先生ＥＬＥＣ主事山家保先生に直接会つて指導を受けている。

(3) 有名校の授業参観—これらの学校は前年度で研究発表をした学校ですので、それだけの自信と誇りを持つてをり、心良く引き受けてくれ、参観後も、研究中の苦心談、その後の計画について丁寧に話してくれます。このように週計画をずつとくり返して計画をすゝめている。

次に六ケ月間の全体的な研究計画としては、配属校に赴任し、四月当初に東京教育委員会指導主事、福井保先生、ＥＬＥＣ主事山家保先生、文部

省指導主事、突戸良平先生の指導助言を得て、研究テーマ「Oral approach」に於ける「Patten practice と Oral introduction の technique」を研究することについて、第一期（四月〜五月）、第二期（六月〜七月）、第三期（八月〜九月）に分けて研究計画を立てた。

第一期（四月〜五月）

1 新教授法の理論の研究と、その実際に慣れるようにする。

2 **Pattern practice** の構成について 研究

第2期（6月〜7月）

1 **balance** のとれた一時間の授業の進め方の研究

2 **Oral introduction** についての研究

第3期（8月〜9月）

1 授業の進め方に工夫を加える

2 **Patten practice** と **Oral introduction** の **list** を作成する。

3 報告書の作成

◎6月以降山家先生に又授業を見ていただいて指導を受けることにしている。

(Ⅲ) 実践研究の経過

研究計画にもとづいて4月以降、研究を進めてきた経過を

(1) 山家先生から指導を受けた点

(2) 私の努力した点

(3) 生徒の学習状態

以上三つの点から記述する。

第1期（4月〜5月）

(1) 指導を受けた点

日本英語教育研究会は、米国ミシガン大学フリーズ博士を招聘して、英語教育専門会議を開き、日本の英語教育の諸問題を検討した結果、最新の言語理論と科学実証に基く耳と口から教える新らしい英語教授又法(**Oral approach**) は従来の目から教える教授法に比べ、はるかに有効であり、かつ能率的であるとの結論が得られたとのことである。だから、ぜひこの教授法でなければ生徒の能力を伸ばすことが出来ないと前提し先づ、新教授法の授業形態になれるまでの段階として、各学習作業に割当てられた、時間を厳守し、各学習作業を時間内で済まして次の学習作業に移ること、それには教材研究を充分に行つて、無理のない、準備計画をしなければならない。宿題としては常に前時で習つた既習の英文の暗誦にあて、**Pattern practice** や **Oral introduction** に慣れるようにすること、

(2) 私の努力した点

先づ私は二、三人の先生からすゝめられた、山家先生の著書「Pattern practiceとContrast」開隆堂発行を手に入れ、「新教授法」の理論の研究を始めた。何度も重要個所を読みかえし、どうにか理論は一応理解したような気がしたので、早速四月下旬より、新らしい指導形態により、授業を担当し、実際的な授業運用面の研究に入つた。

最初は先進校の実践記録等を参考にして、やつてみたが模倣さえできない状態であつた。これは自分の教材研究の足りなさと、指導法の理論の研究が浅いことに原因するのだと痛感し、尚一層その方面に努力すると同時に、先進校の授業参観をして多くの指導を受けた。

次に一時間の授業の流れで、特に苦痛を感ずるのは、学習作業での時間配分を守つて授業を進めることである。今までの授業をふりかえつて見ますと大体 reading が終り Translation に入ろうとする時に終りのベルが鳴るという状態で、まだ満足した授業をやつたことがない。時間を守つて各々の学習作業の目的を果すためには、教材研究を十分にやり学習作業の運用にしつかりした計画をもたなければならないということを知るようになつた。

授業の流れで生徒の最も困難を感ずる Pattern prodctice の研究に重点をおくことにした。これは生徒の前時に習つた、暗誦している英文を基礎として肯定文でも、疑問文でも、否定文でも、感嘆文でも自由自在に言つたり、書いたり出来るようにすることだが、まだ新らしい指導法に切りかえられて間もない二年生で、又既習事項が充分身についていないため、なかなか、うまくいかない、それで、自分の technique にもまだぎこちない点があり、尚一層 Pattern practice の構成の研究に磨きをかけ、生徒には単純な Pattern を与えて興味をそがないように drill し程度を下げなければならないと思つた。

—一一ページへつづく—

前原連合区

一九五八年度指導努力點

一、教育行財政の強化
1 教育諸法規の整備と運営の合理化
2 教育税の完納　3 政府補助金の増額促進
4 へき地教育の振興

二、学校運営の合理化
1 校地、校舎の計画（五ケ年後を予想して）
2 施設、設備、備品の充実計画
3 教員組織の適正と強化計画
4 学校行事の合理化　5 学校事務の能率化
6 最低授業時数の完全確保

三、道徳教育の振興
1 道徳教育の研究促進
2 特別教育活動の反省と充実
3 協同感の育成（仲間づくり、学級づくり）

四、職業教育の強化
1 施設、備品の充実計画
2 進路指導の強化　3 技術教育の重視

五、健康教育の強化
1 体育指導の正しい在り方の研究

六、情操教育の重視
1 情操環境の整備　2 創作活動の重視

七、科学教育の振興
1 科学精神の尊重　2 生活の合理化、科学化

八、学習指導の改善
1 自主的、自発的学習態度の育成
2 指導の個別化　3 学習の共同化
4 教室環境の合理化　5 教材研究の徹底
6 学習形態の研究（相互学習、話し合い学習の研究）

九、生産指導の徹底
1 安全教育計画の樹立
2 長欠児、問題児の補導強化
3 児童会、生徒会の指導強化
4 校外指導の徹底

一〇、教師の資質の向上
1 自主性の確立　2 研究図書の充実
3 共同研究の組織育成（校内、隣校、同好会）
4 校内研修会の計画的実践
5 服務規律の厳守

一一、社会教育の振興
1 公民館の設置奨励　2 新生活運動の促進
3 青年・婦人・成人学級の強化（一校区一学級主義）
4 P・T・Aの活動強化

※三〇ページよりつづく

いて其の代償を得るというようになったのであります。これは日本から来た商人たちが、その目的の物質を得るために如何に熱心であったか、そのためには彼等は密貿易ばかりでなく、和寇行為に出る事も敢えて辞せなかったのであります。

琉球でもこの事は同様でありまして、先にも琉球との取引で磁器が最も喜ばれたということを述べたが、その後暫くして武寧王九年（西紀一四〇四年）の記録に

山南王汪応祖の使臣処州にて磁器を市う、礼部その不法を責む、成祖曰く遠人利のために来るのみ朝廷はよくこれを懐くべく、これを罪するに足らず（球陽）

これは山南王の使臣が青磁の産地である竜泉県処州で青磁買ったゝめに、法に依って処罰されようとしたが明成祖の特別なる恩典に依って許されたことを語るものであって、当時日本商人ばかりではなく琉球に於いても、いかに青磁に対する欲求が盛んであったかを語るものであり、又朝貢のために使わされた使臣でさえも、自由に市販する事は法に依って厳しく禁止されていたのであるから、民間商人が自由に貿易するという事などは全く考えられないという事が言えると思います。（以下次号へ）

文教局発行の諸印刷物（六月）

学校教育課
。現行教育関係法令集
。日琉派遣研究教員「研究集録」

研究調査課
。教育要覧一九五八年度版
。琉球史料　第三集「教育編」

社会教育課
。視聴覚教育のしおり
。婦人会の手引―会議について―
。社会教育教育課程　目標編（試案）

保健体育課
。学校衛生統計調査報告書
―児童生徒の発育状況並疾病の状況―
。教育課程資料編　中学校保健体育科

職業教育課
。高等学校基準教育課程（工業科編、商業科編、水産科編、家庭科編、農業科編）
。中高校基準教育課程　職業指導資料編

六月のできごと

二日　当間主席、岸首相、藤山外相、マッカーサ（駐日）米大使等とそれぐ会談、対米交渉の基本態度説明す。

三日　文教局主催「新しい道徳指導のあり方」について東京教育大学助教授井坂行男氏の道徳教育講習会開く（於教育会館ホール）

四日　沖縄教職員会では第一回幼稚園教師の会を開いた。

五日　文教局指定商業高校職業教育研究発表会
立法院本会議「核兵器持込反対決議案」上程可決

六日　文教審議会、教員交流の方策に対する答申をまとめた（於子供博物館）

七日　文教局主催第五回社会教育総合研修大会（那覇劇場）

八日　八重山農林高校修学旅行団一行百八人来島

九日　土地総連主催「四原則貫徹渡米代表激励住民大会」（於那覇劇場）
一九五九年度一般会計予算案を民政府正式承認
沖縄教職員会長屋良朝苗氏帰任（那覇に本土教職員共済会の宿舎をつくるために文部省、大蔵省に折衝）

十日　沖縄タイムス文化講座（作家川端康成、画家鳥海青児、社会事業家沢田美喜、横山初子四氏）
派米代表団出発（安里積千代、与儀達敏、赤義嶺信、渡慶次賀善、柔江朝幸）
財団法人嘉数学園沖縄短大開学式

十二日　行政府は一九五九年度一般会計予算案を立法院に送った。
軍用地問題解決対米折衝の基本方針について渡米代表の安里、与儀、赤嶺、柔江、渡慶次の五氏を団む外務省との具体的な協議会が開かれた。

十三日　海外協会斡旋による一般呼寄南洋移民団八世帯（六十人）出発

十四日　第一回へき地教育振興大会（於教職員会ホール）
沖高体連主催第六回夏季球技大会（於那覇高校）
首里博物館さきごろ本土で集めた琉球の古文化財百五十五点の展示会
渡米代表団五氏岸首相、藤山外相と会見

十五日　渡米代表団五氏羽田発渡米の途につく（よる十一時五十九分パンアメリカン機）

十七日　太田副主席立法院本会議に於て五九年度における施政方針（ゼネラル・メッセージ）朗読
立法院「当間主席の発言に対する抗議決議案」「一括払阻止に関する渡米代表団への激励決議案」可決

十九日　那覇出港のオランダ船チチレンカ号でアルゼンチン及びブラジルへ十八人の移民出発

二十日　臨時中央教育委員会で公立高校敷地賃貸料補助金割当及び五九年度文教局暫定予算見積の承認

二十一日　琉大、教職員会、教育長、現場教師（校長）文教局民政府教育部の関係者代表で教育職員免許法案の研究委員会（於民政府会議室）

二十三日　沖縄タイムス賞受賞二氏決る。文化賞東恩納寛惇、屋良朝苗

二十四日　中央教育委員会で小中校の設置基準の改正
伊江西分校の独立認可可決

二十五日　文部省社会教育官二宮徳馬氏を囲んで社会教育について懇談会（於文教局）

二十六日　第三回高校陸上競技選手権大会（於首里高校グラウンド）

二十七日　標準学力テスト実施、小学校五年国語、算数、中学校二年　国語、数学
渡米代表団五陸軍主脳と個別折衝はじまる（ゲーリー民事軍政局長、レムニツァー大将、テーラー大将、モーアー中将、ブラッカー陸軍長官）
中央教育委員会では教育区公務員法案外三重要法案を審議

二十八日　立法院本会議に於て新年度一般会計暫定予算案（二ヶ月）可決
全国高校野球選手権大会沖縄予選はじまる（於那覇高校球場）

二十九日　沖縄教職員会定例総会、役員選挙の結果屋良会長、阿波根副会長、新里事務局長留任、夏季高校体育選手権大会（柔道、剣道、体操、水泳、相撲）
沖縄タイムス社主催第六回全琉小、中、高校写生大会

文教時報（第四十四號）
（非売品）

一九五八年七月　五日　印刷
一九五八年七月十五日　発行

発行所　琉球政府文教局 研究調査課

印刷所　ひかり印刷所

文教時報

NO.45

45

1958

琉球　文教局研究調査課

文教時報 (オ45号)

目　次

＝巻頭言＝　健康を育てるために

喜屋武　眞　栄

健康で明朗で、磨かれた知性と豊かな教養を身につけた文化人を育成すること、それは現代の教育者の相言葉である。即ち心身共に健康な人間育成ということである。

今日の教育において、健康教育の比重というものが大きく浮び上ったにもかかわらず、現実の学校の姿はまさに健康教育の軽視を思わせる幾多の事実がある。即ち小学校設置基準に、ちゃんと、学校には、学級数の普通教室、校長室、事務室、備品室、保健室、給水場、便所、給食準備室の施設を備え、これらの施設は常に改善されなければならないとうたわれており、更に理科室図画工作室、音楽室、図書室、体育館、講堂、校長住宅の施設を備えるように努めなければならないとうたわれている。

このように健康教育の比重からすると、特別教室としての施設よりも、先づ優先しなければならないのは普通教室、校長室、事務室、備品室もさることながら、保健室、給水場、便所、給食準備室もその例にもれてはならない施設であるべきはずである。

特別教室を造ることがわるいというのではない、私が言いたいことは図書室のないことを残念がる、教師の声はよくきかされるが、保健室のないことや基準便所のないことや給食準備室のないことを心配する教師の声は残念にして余りきかないということである。

更に「学習用図書、実験用器具、機械模型、体育用器具、保健衛生用備品並びに急救用薬品一組給食用備品及びその他の校具を備えなければならない」とあり、これらの校具は「学習上、保健衛生上、有効適切なものであり、かつ常に改善し、補充されなければならない」とある。

又「学校の規模に従い保健衛生上必要な給水設備を備え、その水質は衛生上無害であると証明されたものでなければならない」とあるにもかかわらず、実態は次の通りである。教育家も、教育行政家も、そして政治家も三思、三省すべきことではないだろうか、若き世代の健康を育てるために。

(一) **給食準備室**（一九五八年二月現在）

	有	無
小学校	一二〇校	一〇三校
中学校	四三校	二五校

(附記)
小学校二二三校、中学校六八校に対する給食準備室の有、無の調査である。

(二) **給水施設**（一九五八年一月現在）

水道	九〇校	三一、九％
井戸	七九校	二八　％
タンク	一一二校	三九、七％

(附記)
小学校中学校併せて二八二校に対する水道、井戸、タンク使用の調査である。

(三) **保健室**（一九五八年一月現在）

	有	無
中学校	一六校（一七・四％）	七九校（八二・六％）
高等学校	四校（二〇％）	一六校（八〇％）

(附記)
中学校九四校、高等学校二〇校に対する保健室の有無の調査である。

(四) **更衣室**（一九五八年一月現在）

	有	無
中学校	七校（七・四％）	八七校（九二・六％）
高等学校	八校（四〇％）	一二校（六〇％）

(附記)
中学校九四校、高等学校二〇校に対する更衣室の有無の調査である。

（保健体育課長）

運動会の理想像

琉球大学助教授　新里紹正

(一)

運動会が、あるいは体育祭とか、体育会とか、いろいろの異つた名称で呼ばれているけれども、長いあいだ学校教育の中に、強固な地位を占めてきたことについては、それなりの理由があり、また、近年さらに盛大になつていくかに見える傾向も、一般的には、好ましいことであるといえよう。

しかしながら、古い伝統そのものの中にも、近年の新しい傾向の中にも、多少の反省や、検討を要する点があるのではないかと思われるので、本稿は、主として、例年のことではあるが、「運動会は、このようなものでありたい」と思ういくつかの点について、率直に、わたくしの見解を述べ、御批正をいただきたい。

運動会が、こんにち、学校教育の中で、重要な行事として取扱われ、広く普及し、また古い伝統をもつに至つたことは、学校教育における一つの特長であるといえよう。

そこで、まず、わたくしたちが、こんにち企図し、運営してきた運動会が、およそどのような特色をもつて発達してきたか、ということを考えることによつてこれからの運動会の在り方や、あるいは、検討すべきいくつかの問題点を把握させる多少の手がかりになると思われるので、その点から進めていきたい。

(二)

まず才一に、今まで、わたくしたちが企図し、運営してきた運動会は、いわゆる純粋の体育的性格にとどまることなく、それに、多分にレクリエーション的な気分が加味されているということである。

いうまでもなく、この両者の強調の関係は、運動会の在り方を方向づける重要な指針になると思われるがこれは、時代によつて、あるいは、学校によつて、地域社会との結びつきによつて、いろいろ異つてくるものである。

少くとも、こんにち沖縄で行われている運動会は、一般的には、レクリエーション的な性格が、かなりの重みをもつて行われてきたことは否定できないであろう。

そして、ここで、はつきりいえることは、このような性格をおびた運動会であるがために、すべての子供たちに、「待ちに待つた運動会」として愛好され、期待されたばかりでなく、父兄や地域社会の人々からも長い年月にわたつて、親しまれてきた主な理由であるということである。

ことに、比較的厳格で、むしろ、どちらかというとかた苦しい雰囲気の強かつた過去の学校教育において年一回催されるこのような性格をおびた運動会は、ただ一つの、うちくつろいだ気分を生み出す大きな機会にさえなつたといえるのである。

運動会のもつ、このような特色は、現在のように、学校の性格が変り、すべての面で、大きな転換が行われた新しい制度の学校においても、育成こそすれ、うしないたくない重要な要素であると、わたくしは思つている。

そして、このように比較的気楽な気持ちで行われる運動会の体験を通して、子供たちは勿論、地域社会の人人が、体育を理解し、スポーツに近づく機会を与えた功績は、実に特筆すべきものがあつたのである。

(三)

才二に、運動会は学校あげての、大規模な行事であるということである。

単元学習とか、生活学習とかの中にとり入れられていわゆる正規のカリキユラムの中に吸収されるようになつたこんにちの学校教育の制度が生れるまでは、ほとんど、教科外的な扱いを受けた活動としての運動会であり、その線に沿つて、実施されてきたのである。

ところが、それにもかかわらず、相当の時間をさいて、正規の授業を一時中止してさえも、特別の準備をしてきた。

ましてや、子供たちの、生活現実に即した教育を重視するこんにちの学校において、堂々と運動会を内容にした教育課程が設定され、いわゆる単元学習としてすべての教科にわたつて展開されていくことは、当然なことであるといえよう。

このことは、前にも述べたように、ともすれば、過去の学校においては、年間を通して、ほとんどただ一つの全校あげての協力を要求された大きな行事であつたのであるが、しかし、運動会のもつこのような意義は、今日の、いわゆる新教育時代になつても、ますます、重視こそすれ、決して、軽視されてよい理由はないのである。

ましてや、子供たちの側から見ると、全校あげての協力といつても、とかく、教師の指示によつて、割当てられた役割を忠実に果せばよいという過去の考え方から脱却して、真の意味での自主的な協力関係を実施していくことは、年一回の運動会が、最もかっこうな機会であるということが、たしかにいえるのである。

以上のような、いろいろの要素が、伝統的に、一年中で最も楽しい学校行事として、運動会は、子供たちに深い印象を与えている理由ではなかろうか。

才三に、このような性格をもつた運動会は、父兄や地域社会の人々からも、長い年月にわたつて、関心と支持を得ている学校の行事として、おそらく、最大なものであろう。

最近、特に強調されてきた学校と父兄、ならびに、地域社会との結合が、たとえ、極めて素朴な形ではあつても、すでに長い期間にわたつて、現実に、実現させてきたという運動会のもつ意義は、高く評価していいのである。

つまり、地域社会学校という、教育の理想を具体的に、おしすすめていくには、年一回の、このような運動会が、最も大きな役割を果しているものとはつきりいい得ることが出来るのである。

このように、村や町をあげての楽しい行事である運動会のもつ性格は、おそらく、沖縄特有のものでありまたそれ相応の成果をあげているものと、高く評価したい。

さて、以上述べてきたことは、少くとも、われわれの運動会の在り方を論ずる上に、基本的な要素であり教育的な意義を有するものであろう。

しかしながら、このような、いろいろの要素や意義や役割をもつている運動会も、毎年のように、その在り方が論ぜられているが、ただ時代の流れに棹さすのみでは充分とはいえないのである。

わたくしたちの教育的意図は、常に高い理想の指示するところに従わなければならないことは勿論であるが、更に、時代の推移を洞察し、社会的背景においてその現実にそうことが必要である。現実を無視した運動会に、何らの効果も期待出来ないだろうし、子供たちにとつても、期待にそわないものになつてしまうだろう。

毎年運動会の時期になると、煩悶するいくたの問題が生じてくるが、少くとも、次のようなことが、一応問題点になると思われるので、これについて、わたくしの考えを率直に述べたい。

四

問題点となるべきその一は、娯楽的要素が過剰ということである。この点については、運動会の在り方を論ずる上に、重要なことの一つで、例年のことながら大なり、小なり論及されているが、これについて、しばらく考察してみたい。

過去の学校教育において、比較的厳粛面を強調された反動として、戦後、うちくつろいだ気分の楽しさをとりもどそうとした傾向は当然であつたであろう。しかし、その行きすぎが、単に目先きの、こつけいさを追う軽薄で、品のない余興のはんらんという現象さえ、ところによつては見受けられたのであるが、このようなことが、学校教育の貴重な時間を奪いとつていいという理由がないことは、いうまでもない。

その才二は、演技の見事さを競う偏見さについてである。この傾向は、実は、運動会の歴史とともに古いもので、教師の指導のよしあしを批評する公開の、いわゆる批判会のごときものとなつては、子供たちの学習成果の発表会ではなく、教師自身の能力の発表会化した運動会になつてしまうであろう。

従つて、子供たちの、心身の調整も出来ていない夏休み明けの、しかも、残暑きびしい中で、必修時体育の体系をみだすような練習で行われる結果になつてしまうのは当然のなりゆきである。

中には、平素の学習活動とはほど遠い、発育段階を無視した団体競技などが見られるような場合もでてくるのであるが、そのためややもすると、正常な教育の妨害だと非難されることも、またわたくしたちが、よく知つているところである。

さらにまた、いちじるしい普及発達を見た各種スポーツのため、学校内外の対抗競技が数多く催されるようになつた今日、体育教師や体育主任の独占的奮斗にまたねばならないというような運動会は、少くとも、現在の教育活動のありかたから考えて、根本的に検討を加えなければならないのではなかろうか。

過去において、他に競技会のような催しをもたなかつた時代には、体育教師や体育主任は、そのような役割をもあわせて果す必要があつたのであるが、現在では、すでに、そのような存在理由を失つてしまつたことに注目しなければならない。

いいかえると、運動会は、体育教師や体育主任の専有物ではなく、すべての教師の結集が要求されるものである。

演技の結果の見事さを競う最大の弊害は、子供たちの自主的な活動を抑圧するものであることは勿論である。

そして、このことは、教師中心の注入教育を強化する結果になり、特に、教育一般への妨害を最小限度にとどめようとして、練習期間を短縮しようと考え、結局練習すれば出来るという「可能の原理」からでなく「必要の原理」から、逆コース的な、練習法、指導法に拍車をかけることになるのである。

そして、やがて。運動会の重圧からの解放を求めて見出された一つの方策が、運動会の時期の繰上げ実施ということである。

すなわち、やつかいな行事は早めに済ませという考えから、九月のうちに終つてしまえという新傾向である。

この一事を見ても、運動会が、学校の教育活動の一コマではなく、特殊の行事としか考えられない印象を与える結果になつてしまうのである。

燈火親しむの候に、できるだけ勉強から注意をそらさぬためには、子供たちの脳裡につきまとう誘惑の源泉を、一日も早く断ち切つてしまうための、苦肉の策としか考えられない。

夏休み明けの、残暑の時期に注入的な速成教育をすることの弊は、いうまでもないのであるが、前にも述べたように、秋たけなわの時期に、澄みわたつた大空を仰いで、心ゆくまで、日頃の学習の、自然の発展としての活動をもとにして、お互に楽しみを共にすることの積極的効用を放棄する損失は、実に大きなものであろう。

もしも、いわゆる必要悪として、申訳的な催しであり、運動会であるならば、むしろ、やらない方がより教育的であり、ここで、今一度真剣に検討されなければならないだろう。

問題点となるべきものとして最後に、運動会に対する父兄や地域社会の役割についてである。

その才一は、熱心な協力のゆきすぎが、学校の主体性、特に子供たちの自主性を索制することへの警戒の必要さである。

学校の運動会であるかぎり、量的には、どれほど多くの協力をしても、その立場は、あくまでも補助的であり、側面的でなければならない。

その才二は、これに反し、父兄や地域社会が主体的に働きかけると、より効果的であろうと思われる重要な役割についてである。

それは、子供たちの運動会を機会にPTAの組織を母体とするレクリエーションのもち方、さらに進んでは、社会人としての生活態度の向上を目ざすところの地域社会を単位とする成人教育を活発に推進してゆくことは出来ないだろうかということである。

その手はじめに、老幼男女相ともに、手がるで、上品なレクリエーションを楽しむことを学び、次才に卑近な公衆道徳から、広くは日常の社会生活における協力態度の改善が、現在の、沖縄の社会に、いかに急を要するかを自覚させながら、無形の力に促されつつ前進してゆくことが、最も自然なゆき方であろう。このような活動は、勿論、教師たちからよりも、父兄側からの推進を期待したいところである。

(五)

さて、こういうように考えてくると、これからの運動会の望ましい方向も、おのずから定まつてくるように思われる。つまり、

(一) 運動会は、子供たちの全生活にわたる綜合的な発表会でなければならない。

すなわち、前にも述べたように、平素の学習活動の展開であり、同時に、学校生活におけるレクリエーシ

※ **八重山地区某小学校**

運動会報告資料の中から (1)

1、運動会の練習について

○ 練習期間中、他教科の指導時間を割かずに、体育の時間と、放課後特設された短時間に実施し、効果を挙げた点はよかつた。

○ 下校時刻は平常の下校時刻を厳守し得た。

○ 予行演習は、もう少し計画的、意図的に行うべきであつた。そして反省会もきびしくもたれるべきだつた。それが欠けた為、当日の運営にまずい点があつた。

2、外部諸団体の参加協力について

○ 極めて熱心で自主的積極的に参加協力し、連絡会議なども極めて真剣に行われた。

○ 出場回数は多いと思われる。之が予定時間を長びかせた大きな原因である。

○ 種目や内容、方法等も研究すべきである。

3、当日の進行について

○ 進行は全くまずかつた、種目間のつながりがうまくいかない。継続的に出、入場出来るような指導と計画が必要である。

○ 時間のゆとりがない場合、演技中の指導者も臨機応変の知えをはたらかせる必要がある。例へば、競技ものの距離の短縮、組数を多くする。

4、演技について

○ 運動量が能力に応じて均等に配慮されること。

○ しくじつたにもかかわらず、立派に出来たものとして演技を進行させることはどうかと思う。

ヨンでありたいと願うのである。

その意味で、わたくしは、体育祭とか、体育会とかのような、体育中心であるかのような感じを抱かせる名称すらさけて、長い年月共に親しんできた「運動会」の名称を存置したいと思う。そして、上品な、子供たちにふさわしい種目が、次から次へと展開され、正しいレクリエーションを楽しむ学校の祭典でありたいと念願するものである。

その結果、おのずから、体育の必要性も理解され、またスポーツへの正しい考え方や、やり方が再認識されるとか、あるいは、消極的な性格の子供が、積極的な行動態度を学ぶとか、視覚、聴覚、行動形式などを通して美的感覚を洗練するなど、いろいろの効果がねらわれることは、大変のぞましいことだと思う。

(二) 運動会の才二の中心目標として、民主的な共同活動の訓練ということをあげたい。

このことは、今までのように、演技の場所を中心とする考え方から、運動会の運営全体への、指導目標を移行させることを意味するものである。

多数のものが、全員組織の力を適して、大きな事業を完遂してゆくという能力が、わたくしたち沖縄人の弱点の一つであると考えられるが、このような能力の学習のためにも、楽しいレクリエーションという共通目標を目ざす総合的な活動は、運動会が、たしかに好個の条件を提供するものといえるのである。

また、いわゆる、自主性、創造性なども、このような運動会という共同事業の中に、ただちに生かされていくということを体験させたいものである。

このような立場にたつとき舞台の上での完成された演劇を鑑賞するような態度は、完全に放棄され、カリキュラムの年間を通しての自然の展開の過程における一つの山として、運動会の運営が学習されることになるのでなければならないのではないだろうか。

全教科の学習や、あるいは、特別教育活動の全部門の一切が、あげて、直接間接に、一つの共通目標に向つて結集されることになるのであるが、このことは、運動会のための、特別の大がかりな準備をしなければならないということを意味するものでないことは勿論である。

学校全体をあげての、このような展開は、やがて、教師や子供たちの身心の負担を軽減し、また、学校の一年間の教育計画の進行を円滿に運営してゆくゆえんともなるのである。

各領域の学習が、すべて、必ずしも、直接的に運動会を対象としないで、学年のすすむごとに、学習してゆく努力目標の角度が、そのつど切り替えられてゆくとき、毎年同じ単元を繰返すという単調さを救い、またそれぞれの領域の学習の発展の流れを、度を超えて乱すことも避けられると思うのである。

要するに、一般的に、ある特定の教科の、特定の単元の指導を完全にするためには、その教科、その単元のわくを越えて、学校全体の雰囲気、生活態度、学習態度などのすべての要因が働かなければならないという指導上の原理が、運動会においても、同様に適用されなければならない。

※

さて、以上のように、運動会に対して、わたくしの考えている理想像を、ながながと、描き出してきたつもりであるが、要するに、運動会という学校行事のもつよさを、ますます伸ばしてゆくことによつて、学校と父兄と地域社会との、よりよき同調と成長と発展を念願してやまないものである。

しくじつた場合はあらためて行つてよい。

○ 運動会当日でも授業の場であり、学習指導の場でなければならない。

○ 単なる見せ物ではないから、常に指導の場に対する意識をもつことである。

5、賞品について

○ 賞状、記録證等もつととり入れたい。

○ 本校の記録證は、永続したい。

○ 賞品にこだわらず、賞状等によつて激励と指導がなされるようにしたい。

6、受賞態度

○ まことに指導不十分である。演技以外の児童生徒の行動に案外気を配つていない。一寸したところで教養の身につかない点が現われる。

集合、解散、場内通行、係員の行動等、

7、プログラム

○ プログラム編成はまずかつた。時間配当、教材種別を考慮すべきである。

○ プログラムは運動会当日の生命である。純化され統合された指導案であると考えるべきである。従つて全職員の真剣な討議を重ねるべきである。

※運動会はこうありたい※

第二学期にはどちらの学校でも運動会が行われます。それぞれの学校ではもうすでに多年の経験や、去年の運動会の反省等から立派な計画をたて、実践にうつされていることと思いますが、私達の方でも去年、各学校から報告して下さつた資料や、実際運動会を見せていただいたこと等を中心に「運動会はこうありたい」というテーマのもとに、研究会を催しました。皆様に何かの参考になれば、幸いだと思います。

保健体育課

○とき　一九五八年七月二十四日
○ところ　保健体育課
○出席者
司会　保健体育課長　喜屋武　真栄
参加者　（琉大）　小橋川　寛　大城　実
新里　紹正　外間政太郎
宮城　勇　香村千恵子
（文教局）謝花　喜俊　屋良　朝晴
屋部　和則　新垣　真子
与那嶺仁助

運動会の性格について

運動会のあり方を左右するものは、この運動会の性格、即ち運動会のねらいを明確に把握するか否かにあると思います。運動会は学校行事の一つであり、従つて教育計画の中に正しく位置づけられ、あくまで学校を主体に子供達を中心に実施しなければならないということであります。父兄とともに、地域の人たちとともに―ということが、その方法や、限度を十分考えないと子供達を忘れてしまう原因になりやすいものです。

地域の方々、父兄の方々の参加協力ということも勿論大切ですが、それは「子供達の運動会」がより立派なものに、子供の成長が質的にも量的にもより大なるものになるようにとの考え方に立つて参加し、協力していただきたいということであります。

報告資料によりますと、小学校、中学校の合同運動会が催されているところもあるようですが、前述のように望ましくないあり方といえます。猶ごくわずかの学校ですが学校運動会のプログラムの中に青年競技会も一緒に実施しているのもあるようですが、子供の為にも、一方青年会の自主的自発的活動の助長の立場からも、是非分離させていただきたいと思います。

運動会の練習について

報告された資料によりますと、運動会の練習のために教科の時間を割くということはどの地区、どの学校にもないようであります。ところが、運動会はその性格やそれに対する種目からして、隣接学年や、全校児童生徒を対象とした演技が考えられる為にどうしても特定の時間が必要になつてきます。この時間をつくりだすのに学校では大変苦労され、工夫されていることがよくうかがわれます。

授業を割かないという方針ですすめられることは結構ですが、それはあくまでも子供の成長にプラスになるということでなければいけないと思います。一部の学校ですが、授業を短縮し、休み時間、昼食時間を短縮してまとまつた時間にし、昼食前に練習したり、放課後二時間、三時間と練習して帰りが遅くなつたり、又練習のために体育以外の教科の時間をつぶしたら、運動会終了後の体育の時間から差引き、ある期間体育の学習が行なわれないような学校もあるようであります。

このような学校は、もつと早くから運動会の計画をやり、運動会の性格を皆で確認して、ほんとうに「子供のためになる運動会」にしてほしいと思います。平常の日課表を短縮等しないで、一週間に三時間ある体育と保健の学習時間を編成替えすることによつて、隣接学年としての演技練習、全体としての演技練習も可能となります。そして平常の下校時間には、たとえ運動会前であつても全員下校させるようにしてほしいと思います。

練習期間中は、夏季休暇後の第二学期の始めである九月と十月頃になると思われますし、南国の暑い沖縄で休む時間や、昼食の時間も短縮し、又は放課後おそくまで練習するということは、健康管理の立場から、日常の学習活動の面から、望ましくないと思います。一層の研究と工夫を期待いたします。

例

時＼曜	月	火	水	木	金	土
5	1年	2	3	1.2	全	
6	4年	5	6	3.4	5.6	

なお単元的に取扱うこと等も考えられることでしょう。

運動会の運営について

ほとんどの学校が、運営のための組織を、運動会当日までのもの、運動会当日のもの、終了後の整理分担とよく実施されているように思われます。ところが一部の学校からの報告によりますと、プログラム通りに進行できなかつたのは、父兄、同窓生、婦人会、青年会、来賓等の演技に相当の時間がかかつたとあります。今年はこのようなことのないように努力いたしましょう。又運営で忘れていけないことは、音楽と放送であります。進行上の上からも、教育の一貫として公開される立場からも、一層効果的に活用するようにつとめましょう。

運動会の服装について

運動会の為に各家庭でお金を多く使用しているのは弁当と服装であります。この二つのものは学校の生徒方というより、むしろ父兄の方々にお願いしたいものだと思いますが、運動会のための服装という考え方はその背後には日頃の服装はどうでもよいということはないでしょうか、人間の弱さからくるものかも知れませんが、運動会当日も、日常の体育学習の服装で参加するように、お一人お一人の父兄の方々が協力していただいたら、すぐ実行できることだと思います。

又ある学校では運動会当日、校長先生はじめ全職員も子供達と同様に、運動できる服装で臨んで居られる姿を見たことがありますが、大変よいことだと思います。

全体一体感が味わえ、運動会への参列者でなく参加者であるとの無言の教えとなると思います。

できれば父兄の方々もそのようなお立場で参加して下さつたらと思います。

P・T・Aの協力のあり方について

まず才一に運動会の性格をよく理解していただきたいことであります。ある学校が去年から青年競技会と運動会とを別々に実施し、しかも小学校と中学校と別の日に運動会を催したところ、小学校側のある父兄が「青年の競技種目が少なくて静か過ぎた、もつと青年の種目や中学生ののを増してもらいたい」と反省会で話して居られたようですが、運動会はあくまで「子供のもの」であり、小学生でも、彼等なりに運動会を計画し、運営に参加し、反省して次の運動をよりよいものにしていくという学習活動で終始するものでなければと思います。

運動会は学習の機会であり、日常学習の発展の機会であります。このように自主的に自律的に指導された子供達は、やがて、一家の経済を、村の振興を、一国の繁栄を自主的に考えて処理していく、大人となるでありましょう。

才二に運動会をスムースに終らせる為に、それぞれの組織にすすんで参加し、父兄の立場から十分に協力していただきたいということであり、三番目には、当日の運動会には開会式から、閉会式まで参加していただきたいことであり、四つ目に、精神的に協力していただきたいことであります。

当日開放された教室の道具の取扱いをていねいにするとか、土足で教室に上らぬとか、小さい子供達を場内に出さないとか、運動場に紙くづや食べかす等を散らさぬとか、庭園や樹木を大切にするとか等であります。

最後に大切なことは、家庭における子供達の健康管理を十分にしていただきたいことであります。子供達は日頃より運動量が多く疲れていることが多いと思います、そこで、睡眠や、栄養、手伝い等も考慮し、無理にならぬようにしてほしいということであります。

豫算について

運動会の性格やその効果等から考えて、どうしても委員会予算に計上してほしいということであります。大部分の学校が委員会予算に計上されているようですが、まだ一部の学校では寄附や、P・T・Aにたよつているのもあります。これでは運動会の性格やねらいはわかりつつも、思いきつた、ほんとうに「子供の為になる運動会」は困難かと思います。

予算の中では報告書類によりますと、賞品代が一番多額になつておりますが、この賞品につきましても、その考え方や、品物等も十分研究してほしいと思います。

例えば、採点競技等では勝つたところに、バレーボールや、縄とび用の縄を与える等も考えられるでしよう。運動用具が貧弱で、日常学習にも困るような現状では、こういうこともよい方法ではないでしようか。

日常体育学習と運動会について

カリキユラムと直結して計画的に指導し、その中から適当なものを運動会に公開するという考え方であるまた行進やその他の集団行動にしても運動会の直前になつて全校の子供達を、何回も何回も練習させるといつた方法よりも、子供達の個々をみつめながら日頃の体育学習で少しずつ系統的に指導し、あるいは集団的に指導する機会があれば、そう無理しなくてもできると思う。

新しい体育では、単に技術を高めるだけでなく、協力し合う、人間関係や、社会的性格の育成、余暇の善用を強調しています。もし平素の体育学習でこのことを常に意識し、学習内容（指導内容）として展開されていたとしたら、運動会の運営は実に円滑にいき、それこそ、学習結果の発展となることでしよう。

子供達が成長する運動会、過程を重視する運動会、父兄や教師が「こども」を知る機会、みんなが楽しい運動会、こういう運動会を私達はのそんでやみません。

なお各学校から報告して下さつた資料は大変参考になりました。心から感謝いたします。

（文責、与那嶺）

指導のこつ

英語の學習指導と実生活

吉浜　甫

今日新しい教授法といえば Fries Method であるが、その行き方は旧来の訳読式（文法重点主義）の教授法に大きな革命期を与えたものと云えよう。Dr. Fries の弟子で Fries Method を九州で実践教授しているガイガー女子は旧式の英語教授法を評して「日本の教師達は教科書で教えることをせず教科書を教えている」と云い、英語学習を実生活と結びつけ、生きた言語としての学習活動を力説している。

尤もだと思う。実生活と遊離した book English の授業を週何時間もやられたら生徒もたまらない。

生活を離れ、教科書の中で学ぶということは興味が続かず学習意慾を喪失する。興味と関心の乏しいところに学習の進歩は期待できない。難解な外国語たる英語の学習である以上、それは生活経験を通して興味と関心を持つて実生活の中で学ばれねばならない。そうして始めて真の理解に近ずくことも可能であろう。

このような学習指導が是非なされねばならない。そうするには教師は教科書に出てくる英文の基礎的な重要な型を生活の中に引入れて、こなせるように日頃から教科書を幾度も幾度も読んで研究していなければならない。ところが教師は忙しい。忙しいけれども何をおいてもこれだけはやらねば効果的学習指導は困難である。

文中の重要な構文は難解な文法的説明で理解させるよりは、身近かな興味多い実生活の中から易しい例文を拾い上げ、それを耳や口を通して十分に Drill する。そのような重要な型は絶えず計画的に Drill する。時に Oral-composition や Dictation も必要であろう。但し Dictation の際は決して難解の語を含めてはならない。

このようにして進めていても、中学一年から二年三年、そして高校と次才に語いは殖え、文は長く複雑になつてくる。どのようにして生徒がそれについていけるようにするか、それには「習うより慣れよ」である。英語は殊にそうである。多読させることである。教科書や生徒に適する副読本（開隆堂発行など）を与えてどんどん読ますことである。

副読本と云うとすぐ「教科書だけでも四苦八苦だのに副読本など………」と云う人がいるが、従来は余りに文法にこだわり過ぎて本を読ますことを忘れていた、否読めないようにしていたのではないか。即ち文中にto～が出てくると「これは何的用法だろうか」「何の目的になつているのだろう」と頭をかしげ、次にthatがくると、「関係代名詞かな」「指示代名詞か」「接続詞ではないだろうな」そして—ingが来ると「はて！これは？」と考え込んでしまつて、全文としての内容に到つては、どうにも収拾がつかない。興味や悦びなどという言葉とは縁のないそれこそ大エネルギーを要す苦労は避けられない。

英文に対面すると緊張しきつていて読むなどということはできない。即ち「英文を分析し研究すること以外はできない小さな文法学者の卵達をたくさん作つていたのではないだろうか」とつくづく思う。

（学校教育課主事）

運動会のマスゲームについて

屋部和則

○はじめに

秋の運動会の季節を迎えて、われわれ体育指導者の仕事は急に多忙を極めてきた。秋季運動会という行事が学校行事の中で最も大きな行事として行われているので、自然にその責任を痛感せざるを得なくなつてくるのは当然である。

さて、このような重大な秋季運動会に、毎年のように小学校といわず中学校、高等学校も、その中心教材として合同体操が実施されてきているが、それがどよのうにして作成され、どのようにして指導していったらよいか、これは運動会も近づくにつれて誰でも関心を持つ問題であろう。

○マスゲームとは

集団的に行う徒手的運動を言う。徒手体操は集団的に行う場合でも個人を対象としたものである。リズム体操、矯正体操にしろ個人差を前提とする。

マスゲームは、集団的斉一運動の表現性を才一義的問題とする。

或るときは審美的観点から、又或るときは国民的精神運動として観衆を前提とし、一斉に動作する為に形式が限定される。（体育大辞典による）

したがつてマスゲームとは、集団美と健康とを結びつけたデモストレーションの一つの姿である。従つて観衆というものを考えた体操である。即ち見せるとか見てもらうとかいうことが、欠かれない条件になつてくるのである。このことは何らかの形において、何らかの方法によつて見る人の心を摑むような美しさとかある感激をあたえるようなものをもたねばならぬということになるのである。

個人個人がどれ程要領にかなつた動きをしようと、又その体操が健康を増進させるのに価値あるものであろうと、集団としてながめた時にみすぼらしい貧弱なものであった場合には、マスゲームとしては不成功不適当であるといわなければならない。然し集団的な美を考えるあまり、体操の約束を破つたり、「見せ物」におちてしまわないようにすることも忘れてはならない。

集団体操は見た目も美しいし、食べてもおいしい料理でなければならない。即ちよい体操であり、それがそのまま人に迫るような集団美を醸成するような、二つの条件を最大限に満足させるものでなければならない。

○合同体操はどう作成し展開したらよいか

運動会には大運動会あり、小運動会あり、二、三校の連合運動会、児童、教師、P・T・Aの三味一体の運動会があり、その性格によつて、マスゲームに対する考え方が異るでしようし、又その内容が質的にも量的にも変つてくるものと思われますが、事例をあげて説明したい。

○ラジオ体操（既成作品）

ラジオ体操才一、才二あたりが一般的に多く利用されているようでありますが、これは児童生徒の興味や関心を無視して、いやおうなしに教師の意図のままに準備運動、整理運動にも又運動会の中間で行う合同体操にもとりあげているのではなかろうか、或はただ習慣的に毎年マスゲームとして行われているから、今年もというような考えが多いのではなかろうか。

この習慣の源をたどつてみると、児童生徒の興味関心を無視して大人たちが、自己満足のために考えだしたマスゲームというものに到着する場合が多いようである。しかし指導要領もラジオ体操を学習に利用することは否定はしてないので、準備運動や合同体操としてやることは悪いとは考えられないが、児童生徒の心身の健康を増進するという立場から、単なる習慣で行うのでなしに、児童生徒のかゆい所に注意してやるところがほしい感がする。

即ちしつかりした「ねらい」をもち、児童生徒の興味や関心、発達上の特殊性をも考慮した、子供達がよろこんでやる合同体操であることが望ましい、せつかくの楽しい運動会がいやな運動会にならないように、児童生徒を中心に考えていきたいものである。

○自校体操

一歩進んだ学校においては、ラジオ体操等でお茶をにごすことではおもしろくないとし、子供達の興味や関心それに子供達の発達段階をも考慮して、自校の実状に則した自分達の学校の体操を作成して、実施するようになつた事は大変よいことだと思う。そのような学校が年々増加しつつあることはよろこびにたえない。

この自校体操にも二つの型がある。その一つは低、中、高学年の発達段階に即したそれぞれの運動を組合わす。下肢の運動に例をとると、低学年では二人組のシーソを模倣化して低学年なりに、中学年では手を腰にとつて踵をあげ膝を半屈する程度の運動を、高学年では一段と程度を高くし、腕を前と上にあげ、拳踵半屈膝の運動とそれぞれの能力、段階に即したのを、下肢の運動から呼吸まで一連にまとめ、一つのレコードに合わしてやる、即ち発達上の特殊性を考慮した低、中高学年の三つの段階からなる一連体操を同一のレコードに合わして行う形と、他の一つは、一年から六年まで同一の運動で実施するのであるが、四年生ぐらいを対象として組合わせ一連の体操をリズムにのせてやる形である。

その時の基本的な考え方として、①中間の四年生ぐらいを対象とする。②運動は必要と思われる最小限度にとどめ短時間で終る。③教材は基本的、代表的にして簡易なものにする。④運動の結合や連続は自然で流動的にする。⑤マスゲームとしては、美的表現を創意工夫することなどが作成上の基本的な考え方になろう。

○児童生徒の自発学習としての合同体操

自発学習としての合同体操というのは、既成作品など教師がきめた運動を児童生徒に覚えさせる教師中心ではなく、又一歩前進した考えではあるが、あくまで主体が教師である自校体操等より、更に一歩前進して合同体操の学習を正課体育として行い、努めて児童の計画と参加による児童、生徒を中心とした合同体操の作成と展開で、運動の演技はその延長することである。この場合の基本的な考え方として次の事がいえる。

(1)児童が合同体操のねらいをよく理解し、興味をもつて学習すること。
(2)児童が合同体操の計画や運営に参加すること。
(3)合同体操の学習を正課体育として行い、運動会の演技はその延長とすること。
(4)小さい集団活動からだんだんに大きい集団活動へ発展させること。

そして運動会で行う合同体操の学習を、正課体育として継続的に実施する場合の学習計画の一例を示してみると、

△学習のねらい
運動会で行うリズミカルな合同体操を自分たちで作つて練習する。

△学　習　者
小学校五・六年生

△学習期間
五時間ぐらい

△学習の段階
(1)オ一時限……計画の理解。グルーピング役割の決定。基本的運動の練習
(2)オ二・三時限目……グループ練習（各グループで合同体操を作つて練習する）
(3)オ四・五時限目……学級あるいは学年で行う合同体操の決定。グループ練習。合同練習運動会の場合の入退場もふくめて練習する。

以上のようなグループ学習によつて、児童の活動を中心として児童が主体で合同体操を作り練習して、運動会に参加する所までもつていきたいものである。教師の適切な指導が必要であることはこれ又申すまでもないことである。指導上の要点と思われることをいくつかあげると、

(1)学習の全体計画を話し合いによつて児童によく説明し学習の動機づけをする。
(2)グルーピングの方法は一様にきめられないが、異質グループがよいと思う。グルーピングは児童の意見を聞きながら、教師が中心になつて行うのがよい。
(3)基本的運動については、その要点だけを教師が中心になつて、全員に教え、あとは各グループでくふう練習するようにする。
(4)運動の拍子をとるために、各グループにカスタネツト、タンバリンなど使わせるのがよい。
(5)各グループが一連の合同体操をつくつたら、それをもとにして教師と各グループのリーダーとが、一緒になつて学級あるいは学年の合同体操をつくる。
(6)学級あるいは学年で行う合同体操がきまつたら、音楽の先生に作曲してもらつて行うと理想的である。

以上合同体操の基本的な問題や、強制から脱皮した新らしい学習にしたがつた合同体操の指導や方法などについて書いたつもりでありますが、まとまりがなく内容も貧弱でありますので皆様の善意で不十分な点をおぎなつて下さるようお願い致します。―次頁の小・中校マスゲームを参考にして下さい。

（保健体育課主事）

※　※　※

小学校におけるマスゲームの一例

かけ足で開列

開列が終ったらその場とび（軽くはづむように）

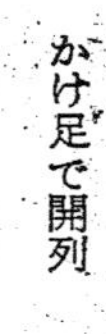

脚をひらいて止る

腕を側にふります

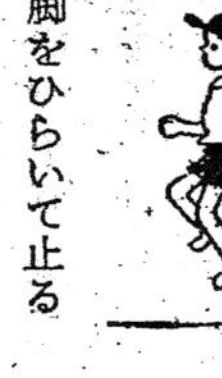

まわしましょう
内まわし、外まわし

まわした腕を胸にとる。

指先でトントン軽く胸をたたき、たたいたところをたたきながら胸をそらせる（伸す）

自分自分で体の側まげ周囲の人と動作が合わなくてもよいから思いきり十分にまげる。

同じように体をねぢる運動

一緒に体を大きくまわします。

膝のまげのばし

膝のまげのばしからもう一度そのばとび。

左右にとべ。

次は前後とび。

その場とびにもどり三つめに高く。

だんだん跳躍を小さくしてとまる。

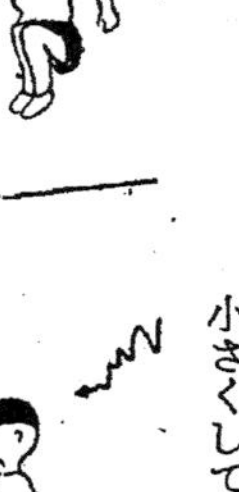

腕を静かに大きく前後にまわし乍ら呼吸をととのえて終り。

中学校に於けるマスゲームの一例

（才一運動）上下肢　膝を屈伸ばして、腕を前と上に振る運動

○腕と脚の動作のタイミングが合うようにする。
○伸ばした時には踵膝がついてよくのび振りあげた肘が後方に折れないようにする。
（八呼間二二回）

（才二運動）上肢　腕を側にひらきつづいて上に振り上げる運動

○腕を肩の高さに挙げ水平に開く
○肩根まで側に開く（はねかえつて帰つてくるように）
○上に振りあげる時は肩幅に肘がゆるまぬ様耳のそばを通して振り上げる。

（才三運動）胸　片足を前に出しながら胸を伸展する運動

○出した左脚に体重をのせる
○才八胸椎（乳房を結んだ線）を伸ばすようにする。
○顎を軽くひく（八呼間二回）

（才四運動）上下肢　腕と腕を側に振る運動

○爪先や膝を伸ばし、側に高く振る。
○顎を出さない。
○腕は斜上まで両方同じ高さに振り上げる
（八呼間二回）

（才五運動）背　体を前屈し、腕を前下に垂れる運動

○膝をゆるめない
○頭も胴体と同じ曲線の中に入れるつもりで下にまげる。
○体を起した時には正しい直立姿勢をとる。
（八呼間二回）

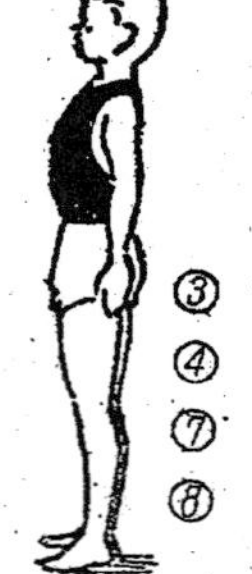

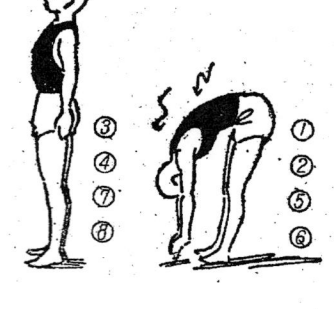

(才六運動) 胴体の運動

片腕を側にひらきながら体を側に捻る運動
(間に腕の上振りを入れる)

○なるべく足の位置を動かさないようにする。
○顔も体を捻る方向にまわす。
○運動がとぎれないように円滑に行う。
(六呼間四回)

(才七運動) 体側

腕を交叉して側にふり、体側を軽く打つてから調子をつけて側に屈げる運動

○屈げる時には頭も一緒にまげる。
○体側にとつた腕は肘が後方に向かないように、体と同じ面に腕の位置を保つようにする。
(八呼間二回)

(才八運動) 脊腹

腕をふり体を前後に深くまげる運動

○後屈の時には後方の地平線(相当するもの)をみるようにする。
○腕の振動を体の前後屈にマツチさせる。
(十呼間二回)

(才九運動) 背

足を前に出し、体を前倒し腕を前と上に振る運動

○上体と脚の線が一線になるように前倒する。
○あごを引いて背すじを伸ばす。
○二回目は脚をかえて行う(八呼間二回)

(才十運動) 上下肢

足を側に出し腕を上に伸ばす運動

○スタッカツトにきびきび行う
○手を肩にとる時上膊を胴体からなるべくはなさぬ様にする。
○腕を上に伸ばす時は肘をゆるめず肩巾にのばす
(八呼間二回)

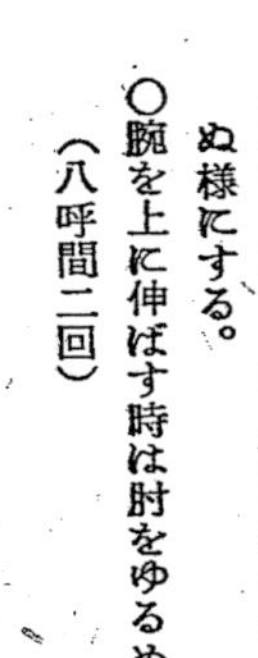

(才十一運動) 胴体

上体を脱力してぐるぐるまわす運動

○まわす時アクセントをはじめにつける。
○脱力した両腕が最大の円を腰のまわりに画くようにする。
○四呼間で一回まわす二回目は反対にまわす
(八呼間二回)

（才十二運動）脊腹と上下肢

頭上と体前で拍手しながら体をそらせ脚を前に振る運動

○体を大きくのばし軽く拍手する。

○スピーディにハキハキと行う。

○脚を前にふる時体を前屈したり両脚の膝をまげないようにする。（八呼間二回）

（才十三運動）跳躍

○その場で一、二、三、四、と跳ぶ。五、六は半膝で腕を斜上に挙げる（以上二回）

○続いて腕を上にふり上げて上方に大きく跳びあがる。この跳躍を二回繰返す。（小跳躍大跳躍八呼間二回）

（才十四運動）上下肢

腕を斜上にふりあげ、膝を屈げ股を挙げる運動

○支持脚を伸ばし、股を胸の近くに引きあげる。

○ゆるやかに大きく行う。

○最後の動作で腕は体側。

（八呼間二回）

（才十五運動）呼吸運動

○腕を斜上に挙げながら呼吸をととのえる。

（八呼間二回）

運動会の音樂について

新垣真子

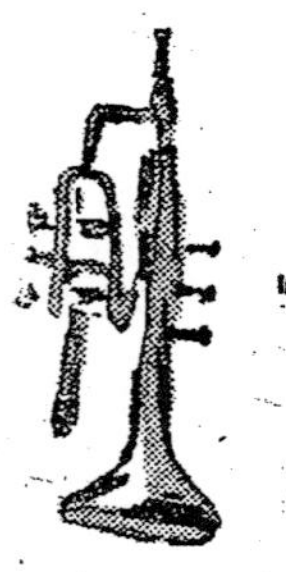

誰でも子供の頃の運動会は恐らく楽しい想い出でありましよう。それは平素とちがつた解放的な情緒豊かな雰囲気の中で行なわれる事に楽しさがあるかも知れません。又皆で協同して一つの行事を行うために楽しさがあるのかも知れません。

とにかく運動会という言葉をきいたり、話すだけでも何かしら心の中から楽しくなり、澄み切つて高く晴れた青空、力一ぱいのびのびと躍動する姿を思うかたわらから勇ましく心をひき立たせる音楽もきこえてくるようです。

以前の学校は運動会が間近くなると朝から午後まで時には、その時間でも足らずに日暮れまでも練習していたものでしたが、運動会は学習の一部であるという考えで練習が学習時間の中に織り込まれてからは普段から運動会の為の指導がなされていますので当日の飾りつけの準備にしても適当な時間で用意されています。

音楽についてもそのとおりでレコード等も普段から計画を立てて揃えておくことです。自分が何回も聴いているレコードは児童生徒の耳にも馴染んでいますので手間どらずに調子にのります。それですからレコード購入費を学校の予算に組んで平日の授業に使いながら運動会の準備にあてることです。

音楽堂の場所は児童、生徒の控席の向い側が良く、その日の運営の中心場所として、人の出入に時間をとらない様にし、関係のない人を中へ入れない様にすることです。

当日は始まる前から楽しい気分を作ることは音楽係の重要な仕事であります。しかしやたらにレコードばかりの掛けどおしでも効果は上らないと思われます。学校においで下さつたお客さまに親しい気持で親切に今日のプログラムの説明をするとか、その場によく合うレコードを適当なボリユームで流したいものです。

いざこれから運動開始という時は、フアンフアレーを奏して見るのは如何なものでしよう。徒歩競走の時は軽いリズムの

クシコスポスト（ネツケ作曲）
トルコマーチ（ベートーベン作曲）
ウイリアムテル序曲の終曲（ロツシーニ作曲）

などはよろこばれると思います。行進の時は児童生徒の普段からきき馴れている曲を送つ上げるのがリズムにのせる良い方法だと思います。

例えば低学年は

くつがなる（弘田龍大郎作曲）
むすんでひらいて（ジヤンジヤツクルソー作曲）
きらきらぼし（モーツアルト作曲）

行進曲などは誰でも弾けて、きもちよく子供の行進に添うていくことができます。

それから中学年向きには

ガール王行進曲（ウンラート作曲）
旧友（タイケ作曲）
軍隊行進曲（シユーベルト作曲）

高学年には

歌劇「タンホイザー」大行進ワーグナ作曲
歌劇「予言者」戴冠式行進曲マイエルベール作曲

などは如何でしよう。競技は他の種目とちがつて観客の注目を集めない時がありますからその場の雰囲気を白けさせない為に、レコードや競技の説明を上手にやつて会場を引しめて行く工夫が必要です。

中食時には静かな音楽を流して、落付いた昼食をつかつてもらい、神経を休めさせる時間ですからピアノを弾じても良いし、レコードを奏することや、前以て児童生徒が録音したものなどを放送することも良いことだと思われます。父兄は放送される声に聞きおぼえがあつて耳を聳てると、それは自分の子供だとか、隣りの子だとか、親類の子だとか言うことになると中食最中のあちらこちらで嬉しそうな、楽しそうなざわめきも起り軽い冗談も湧いて好ましい雰囲気が作れるのではないでしようか。

レコードを使う時は

白鳥（サンサーンス作曲）

（四六頁下段につづく）

運動会の反省と評價

与那嶺　助仁

運動会がそのねらいを達成することが出来たか、当日までの過程は無理なく教育的に行われてきたか、等を教師、児童生徒、P・T・A一般観覧者のそれぞれの立場から反省評価し次会の参考にすることは極めて重要なことであります。日常の体育学習でもこの評価させるということは、学習内容（指導の内容）の一つになつて居り、強調されて居ります。

従つて、運動会が終つたら評価する具体的な内容を決定して、学級別に体育部員（または評価委員）等が中心になつて反省会をもち、更に児童会（生徒会）でまとめることも一つの方法でしよう。P・T・Aの方や、一般観覧者に評価してもらう場合は、評価項目を上中下位の三つに分け、○△×と記されるような簡単な方法で行い、それを誰が、いつ、どこで依頼し、誰がどのようにしてまとめるかを考慮しておかないと困まると思います。

次に宮崎県の某小学校の評価項目を参考に記します

例　練習計画とその実践

類別	項目	評価
競走系統	1　皆が愉快にしかも全力をだすように工夫されたか	
	2　走の一般的な知識や方法を理解するように工夫されたか	
	3　練習は合理的に計画的になされたか	
	4　勝負に対する正しい態度が育成されたか	
	5　応援に対する態度はよかつたか	
	6　集団的な取扱いは効果的に児童本位になされたか	
	7　一回の走者の数や能力が考慮されて行われたか	
	8　児童の話し合いが中心になつて計画されたか	
	9　カリキユラムのくみ方、体育時間の取扱いは適切であつたか	
	10　バトンタッチはどのように進歩したか	
	11　スタート、決勝の方法は学年相応に正しく出来たか	
	12　トラックの整備はよく、係の審判もよかつたか	
	13　受賞の態度はよかつたか	
	14　順番を待つ態度、疾走後直ちに帰席して見学する態度はよかつたか	
	15　びんしよう性、きびん性、持久力は培われたか	
団技系統	1　カリキユラム上から考えられた、内容であつたか	
	2　児童との話し合いが充分なされた内容であり、練習がなされたか	
	3　チームの一員として全力を発揮し、助け合いがなされたか	
	4　正しいチームゲームを理解し、遊びの善導になつたか	
	5　敢斗、明朗の精神を培うように指導されたか	
	6　カリキユラムのくみ方、体育時間の取扱いは適切であつたか	
	7　学校の施設用具は活用されたか	
	8　学年相応の内容で、体育的価値が発揮できたか	
	9　応援やゲームをする態度はよかつたか	
	10　個人の能力を伸ばす機会が与えられたか	

類別	項目	評点
リズム系統	1 学年相応の内容であるか	
	2 基礎練習はむりなくなされたか	
	3 個人の意見、表現、グループの助け合いが考慮された練習であつたか	
	4 児童がよろこんで練習したか	
	5 豊かな情操が培われ、のびのびと表現したか	
	6 創作リズムの雰囲気が、かもしだされたか	
	7 柔軟性を増し、リズミカルに動き、楽しみを味いつつ練習したか	
	8 過労になり、興味をなくした指導ではなかつたか	
	9 運動会が創作発表の機会となつたか	
行進、体操その他		

運動会の反省と評価

類別	項目	評点
期日	気候、練習、父兄の参加などの点から考えて適当であつたか	
会場設備	1 児童の見学、入席退場の位置は指揮管理の上から適当であつたか	
	2 トラック、フイルドはよく清掃され、標識など子供向きによくなされたか	
	3 用具の設備、整理はよくされたか	
	4 薬品の準備、救急処置の場所は適当であつたか	
	5 用具はよく活用され且当日使用されたものは日常指導に活用されるか	
	6 スピーカーの位置、音色は適当であつたか	
	7 父兄の観覧席は適当に準備されたか	
	8 売店、飾付など教育上の考慮がなされたか	
	9 便所の設置、手洗水の用意、チリ箱等の準備はなされたか	
プログラム編成	1 印刷表現は明瞭で子供に理解出来るよう工夫されて作製されていたか	
	2 運動会が学習の一環であるという教育的意図のもとに編成されたか	
	3 順序、配列を考慮し、興味ある編成であつたか	
	4 学年、心身の発達を考えて編成されていたか	
	5 時間は正確に予定通りスムースに進行したか	
	5 開会、閉会の時刻は適切であつたか	
	7 地域社会の参加は適当で教育的なものであつたかその態度は	
	8 プログラムは計画どおり変更せずに進行したか	
内容一般並に運営管理	1 一日の運動量は子供の心身相応のものであつたか	
	2 準備及び整理運動は欠かさずに行われたか	
	3 児童の参加は協力的であつたか	
	4 必要なきまりを作りよく実行したか	
	5 役員の人数は適当で且役割をよく自覚し、積極的であつたか	
	6 不正を許容する点はなかつたか	
	7 集団行動はきまり正しく行われたか	
	8 遊ぎは学年、運動会に適したものであつたか。	
	9 個々の子供の動作は正確であつたか	

区分	項目	
	10 服装（職員、児童）は適切であつたか	
	11 スピーカーは教育的に効果的によく活用されたか	
	12 見学者の取扱いは適当であつたか	
	13 事故や故障は起らなかつたか	
応援及観覧	1 子供の応援態度はよかつたか	
	2 積極的であつたか	
	3 控席における態度はよかつたか	
	4 父兄並に地域社会の人々の観覧態度はよかつたか	
	5 食事後の跡はよく始末されていたか	
後始末	1 運動会終了後の清掃片付はよくなされたか	
	2 用具の跡始末整理整頓はよくなされたか	
	3 運動会後の保健指導を充分したか	
	4 翌日からの学習に差支えないよう特に疲労度を観察し指導して帰宅させたか	
会計	会計を明確にし、収支をしつかりなしておいたか	
反省	1 児童の学習目標は充分果されたか	
	2 学校、地域社会間の好ましい関係はより深まつたか	
	3 反省会の時期は適切であつたか	
	4 適当な計画にもとづいて具体的に評価反省がなされたか	
	5 反省会に児童の参加は考慮されたか	
	6 反省記録をその後の学習指導に又次年度の参考に資するよう用意されたか	
その他	7 いろいろの記録、評価の結果はよく整理され、大切に保管されているか	

前掲の表は某小学校の内容ですが、評価は進歩、改善のためのものであり、話し合い作文等を通して、内容や役割について、よかつた点、改善すべき点を明らかにし、記録に残して運動会のしめくくりにしたいと思います。

書くこと、記録することは確認することであり、検討することであり、更にそれは、探究することであり、問題を発見することであります。

個性豊かな、そして汗のにじんだ記録、血の通つた教育記録の放つ光は尊いものであります。

要するに運動会は児童生徒がどのような形で、どの程度まで参加したか、ということでそのねらいが左右されると思われます。

小学校の子供達でも計画や運営に参加し、すばらしい成果を収めた学校があります。

しかしこれは一挙にできるようになつたのでなくて、日常の学習指導で、少しづつの辛抱強い積み上げがそれを可能にするのです。最も重要なことは日常の継続的な指導であります。

子供たちを計画に参加させる仕方は、学校によつて異ると思います。これを実現したいくつかの学校についてみますと、徐々に子供達の活動分野を拡げていくことで、切り換えの才一年目と二年目あたりが困難で、ここを乗りこえると、案外楽になるようです。もし切り換えができないようでしたら日常の授業を反省してみる必要があります。

（保健体育課主事）

東京都の運動会を見聞して

那覇市壺屋小学校
天川幸一

○はじめに

江戸といつても広うござんす。その真唯中に投げ出されて、文部省の指示通り配属校に着任した二日目に、都内の小学校の運動会を見聞してからはや十カ月、今や観る立場から実践する立場に変わり、反省を迫られた。学校行事の最大なものとして運動会の持つ意義は実に大きい。そのあり方については多方面から研究されてきたが、実践面において多少マンネリズムの感を免れない。

のぞましい運動会とはどのようなものか、又、その指導目標をどこにおくかによつて決められるわけであるが、学校教育の一環として学校生活と結びついた児童の喜ぶ楽しい運動会を実際に観せてもらつたのと聴いたもの、それに目黒区や都下百数十校の実態の上にたつて考察してみよう。

○教育的意義は活かされているか

体育大辞典には運動会は、主として平素の学習結果を多数の人々の前に展示して反省と発奮のチャンスとすると共に児童、教師、父兄の親睦を深める事にあると記されているが、その意義がどのように活かされているか統計に表われた目標分析から考察しよう。各学校の実情によつて目標が異つており小分けすればいろいろあるがここでは大きく二つに分けて調査してみた。

① 日常の体育学習の綜合発表を主とするものが四十七パーセント

② ①とレクレーションを同等に考える。が五十三パーセントとなつている。その意味から訓練主義の保守的、見世物的運動会ではなく、お祭り騒ぎの反動を脱して、正しい運動会を目標にしている点から、充分にその意義が活かされているといつてよい。

○教育的価値

運動会を教育活動の一環として考えてみた時その価値は極めて大きい。しかし健全な運営がなされないと、価値は内く失なわれてしまう。身体的な効果は平素の体育学習でも認められるけれども、運動会では倍加も出来得る。それで身体的効果の面と、精神的効果の面を合わせて、自治活動や学校と父兄の理解の面から検討を加えてみたい。

① 身体的効果

何といつても身体活動が主となる行事であれば身体的な効果（発育と鍛錬）が認められなければ価値は半減してしまう。従つて運動会の為という事を寸時も忘れてはならない。その為には平素からの教育が徹底していなければならないが、実際にはなかなかそう理想通りには行かない。

成果を急いで児童の実態に立脚しない運営、つまり非合理的、非教育的な方法で実施された場合は、効果の半減どころか弊害を伴う心配があるので充分意を払うべきであろう。それには先ず建康管理を考慮する必要がある。

a 参加者の決定

イ 最も理想的な方法として校医の診断が考えられる、が区によっては最高五十パーセントの高率を示している所があり、都内の平均十五パーセントという羨ましい運営がなされている。

ロ 養護教諭が連絡して担任が決定するが、最高百パーセントを示す区があり平均で七十二パーセントとなっている。

ハ 取り立ててやっていない、というのが十三パーセントとなっているのはどうかと思われた。何れにしても担任だけで決定を強いられる沖縄ではもっと反省しなければならない。

b 個人参加回数

。低学年

二回（五・四％）、三回（七五・三％）、四回（一六・三％）、五回（二・二％）、六回（〇・八％）

。中学年

二回（四・八％）、三回（五五・一％）、四回（三二・五％）、五回（六％）、六回）一・六％）

。高学年

二回（二・一％）三回（三四・四％）、四回（三六・四％）、五回（一四％）六回（一・三％）、七回（〇・八％）

以上でわかるように低学年で三回が圧倒的に多く中

学年では三回から四回が多く、高学年では四回が多く三回、五回とその範囲が広くなつている。

七回出場の事実からみて無理している点はどうかと思つた。特にそういう小規模の学校の上級生は自治活動の美名を借りて役員の肉体的労仂たけを強いられて疲労度が無視されるおそれがあるから。

c 演技時間と所要時間

これは都全体の統計を出せなかつたので目黒区たけの資料に基づいて参考のために記述してみたい。

低学年では三十分が最も多く二十五パーセント、中学年では三十分が二十五パーセント、三十五分が十五パーセント、四十分が二十パーセントになつている。

所要時間は七時間半が三十パーセントで、八時間が二十五パーセント、結局七―八時間で全体の七十パーセントに近い率を示している。（昼食時四十―六十分を含む）

d 演技練習

これはカリキユラムや年間計画によつて常時実施して規定の時間内に出来るようにして特殊種目だけに時間を採るべきたと思う、が現在はその域まで達していない所が多い。それで練習に要した時間を当日前一週間を一日に平均してみよう。

二時間が四十五パーセントで、三時間が二十パーセント、一時間が二十五パーセントとなつている。疲労度合から考えて三時間は好ましくない。せめて一時間程度で指導したいものである。もう一つ注目に値するのは、練習時間を長く要したのがリズム運動となつている事であろう。全体的に眺めて平素からリズム運動を熱心に実施している学校の少いのは今一度教師は猛省すべきではないかと考える。

② 自治活動の好機

従来の運動会は教師が企画運営し、児童生徒はそれに従つて演技をやり、父兄が観るという行き方が濃厚であつたが、次才に児童が企画運営に参加している事は沖縄も他府県も同じ傾向になつている。どの程度参加しているかを表に纏めますと

原案作成から（四％）、種目決定から（一〇％）、係の割当に（四一％）、プログラム係成に（五％）

右の表でわかるように係の割当に参加しているのが四十一パーセントであり、四十パーセントは運動会の見方や、やり方について児童会で話し合つた程度で終つているのは一寸遺憾である。原案作成は教師の手でやつて種目決定、係の割当、プロ作成に児童を参加させるのが理想的で、原案作成から参加させる事は少し考えるべきではないかと思う。

③ 父兄の参加

運動会を通して学校と父兄の理解を深める事や親睦を計る事は大切であり、演技参加も結構な話である。一回以上の参加が百パーセントになつている事や三回位出場している事はいい傾向と思う。しかしその種目が新鮮味に欠けており、名目はＰＴＡとなつていても役員たけの参加になつている点は反省すべきではないでしようか。ことに経費面からの寄付や儀礼的に流れないように充分な警戒を要する事はいうまでもない。教育的参加は歓迎し気嫌取り演技は廃すべきが妥当と思う。

○ 運動会の準備

① 運動会が体育学習の発表という解釈で演技内容はカリキユーラムと一致するのが望ましい、一学期から準備になつている訳であるが、しかし、運動会全体の準備計画はどうしても綿密になされなければならない。その企画がどこで行なわれているか記してみると、

体育研究部で原案を作成して職員会で決めた学校が六十パーセントで運動会委員構成メンバーは体育研究部とか学年に左右されない）を作つて立案し職員会で決定した所があり、体育研究部と学年代表で作つた所や教務主任、校務主任、視聴覚主任、体育主任という特殊メンバーで作つた所もあつた。出来るなら体育研究部を含む小委員会で立案し職員会で決定し、児童会の問題として、解決、学習の場を与えるのが理想たと思う。時期は大体二学期最初に企画されている点は学ぶ必要があろう。

② 会場設

a 本部席は殆ど朝会の位置と一致させてありその方が国旗掲揚や放送に便利であるとの説明であつた。

b 来賓席は全部作られている。

c 父兄席もあつて学年別に分けられた学校や、地域別に区分された所が十パーセント足らずで大半は自由であつた。

d 児童席に腰掛けの準備された学校も一校は見受けられた。

○予 算

① 負担の主体

市や区の予算で運営している区は少く殆どＰＴＡ負担であつた。それでも寄付依存の少ないのは一大進歩といえよう。

ＰＴＡ負担（七十パーセント）、市や区（二十パーセント）、売店利潤（六パーセント）、寄付（三・六パーセント）、広告（〇・四パーセント）

② 児童一人当の経費（日円）学校単位
最高百三十四円に対し最低三円で都全体の平均は四十四円となつている。

③ 支出の分類
賞品（三六%）、用具（二八%）、施設（一三%）
接待（一一%）、雑費（一二%）

○演技について

① 演技種目は大同小異であり、大別して比率を求めると次表の通りである。

団体種目	三十八%
個人種目	二十六%
リズム	二十一%
児童外	十五%

② 特筆すべきは徒歩で能力別編成をやつた事であろう。

それと五年以上はほとんどクラウチングスタートを実施している点で日常の指導が掴めた事や、コーナートツプの実施された事である。

○おわりに

短期間の見聞で要を得ない書き方をしましたが唯々感心した事は企画が言葉の上だけでなく印刷までされていた事と落着いた運動会であつたという事である。

特に記しておきたい事は健康優良児の発育状況と能力表を貼り出して自校の運動能力表と発育状況を父兄に認識させた点である。

何時の日かその実現の早くなるよう今後の研究の楽しみにしたい。

（壺屋小学校教諭）

社会科教室經営

壁間の利用

平安座中学校
松田州弘

① 国内掛図と歴史掛図（現在）—十四本
九州・中国四国・近畿・中部・関東・奥羽・北海道の各地方図、沖縄の掛図、新日本大地図、日本歴史大地図、明治大正時代地図、江戸時代・安土桃山・平安鎌倉・大和奈良時代地図

② 図表掛張金線　③ 歴史年表（中二年中三年用）

④ 時計　⑤ 寒暖計　⑥ こよみ、

⑦ 外国用掛図（現在）—八本
アジア・ヨーロツパ・アフリカ・南アメリカ・北アメリカ・大洋各州地図、世界大地図二本

⑧ 資料棚
二十二の棚枠に区分して、写真、画報その他指導計画カード等分類して実際指導にすぐ役立つように整理したもの
内容（単元別に分類）—絵はがき新聞切ぬき其の他郷土、日本各地、世界各州、原始古代、封建前記、封建後期、近代史、郷土史、デモクラシ、経済生活、文化継承、世界平和、其の他総合的なもの

⑥ 本立（教科書と教師用書）　⑩ 地球儀

⑪ 模型
水力発電（水路、ダム）、阿蘇火山（複式火山）三角州、扇状地、盆地、台地、河岸段丘、等高線（谷川平野）、平安座島模型　⑫ 万国旗（国連加盟国）　⑬ 与那城村現況（人口、部落、交通地勢）⑭生徒作品図表　⑮は⑫と同じ　⑯ 郷土資料（単元郷土の生活に必要なものをまとめたもの）　⑰ 歴史用掛図（絵）　⑱ 中三社会科掛図　⑲ 画報（民政府発行）⑳㉑ 綜合地図（世界編、日本編）　㉒ 教育史年表　㉓ 低学年用歴史年表（グラフ教室）
㉔琉球王統表、　㉕地層（断層）
厚生土を中心に実際の土をあつめてガラス張の箱に地層の形成状態を表示しその中に断層部をあらわすようにしてある。

廊下の壁間の利用省略

（平安中校教頭、社会科担当）

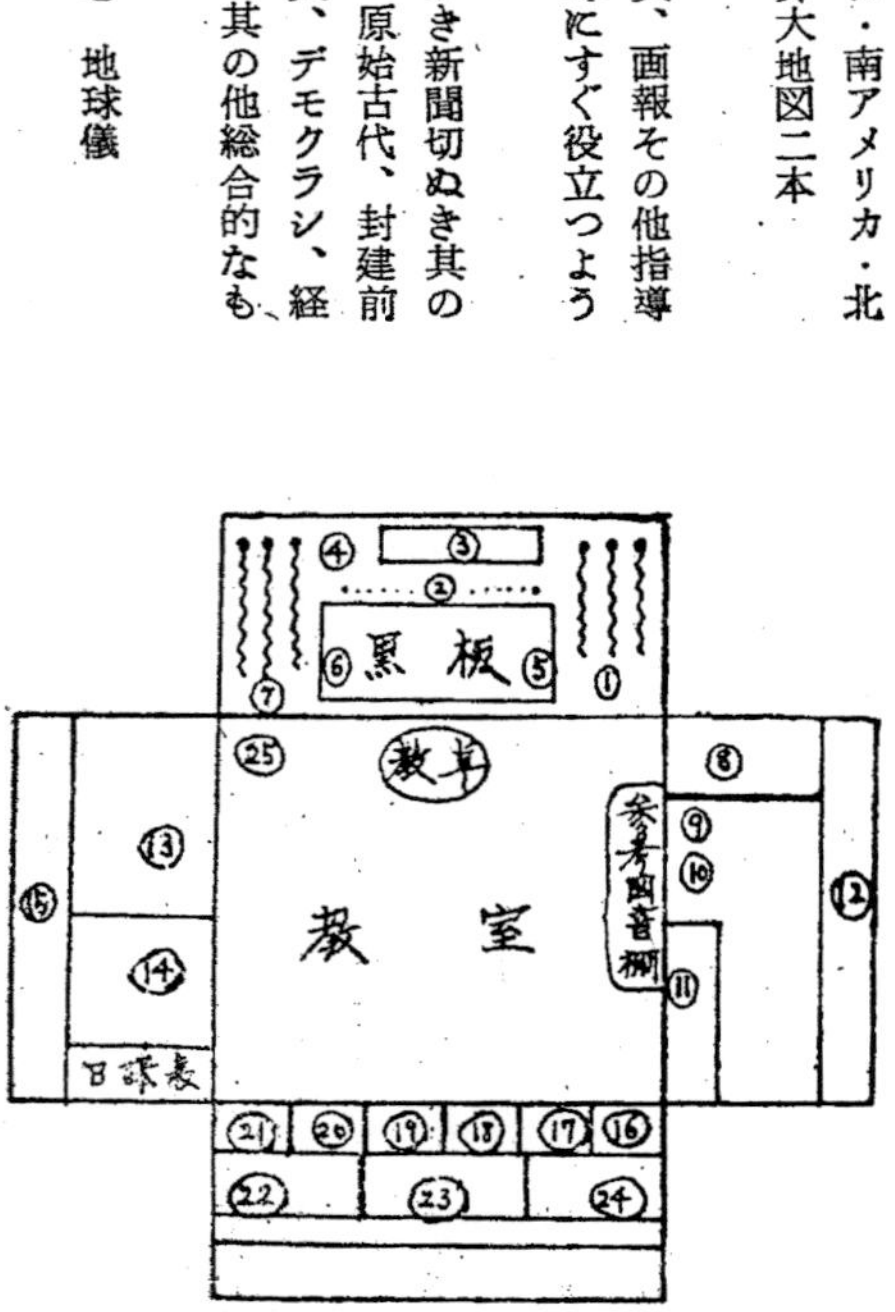

黒板
教卓
教室
参考図書棚
日課表

──指　導　例──

運動会のもち方　（小學校）

大道小学校　那覇政一

運動会は全児童を桧舞台に立たせ得る民主的な学校行事であり、多数の父兄や社会人が学校へ集まる絶好の機会であるのでみなが一日を楽しく過ごすようにしたい。

1　運動会の方針

(イ)　児童に健康の喜びを感じさせ強健な身体を作る。

(ロ)　児童の自主的活動を重視し秩序の保持、責任、協力相互親和などの民主的生活態度を育成する。

(ハ)　皆でたのしい運動会にし児童の活動力を最大限に発揮させる。

(ニ)　日頃の体育学習の発展としてその実際を公開する。

(ホ)　P・T・A協力による運動会（児童、父兄、幼稚園生、教師）

(ヘ)　経費のかからない運動会にする。

(ト)　プログラムに時間計画を入れ進行を順調にする。

2　期日　十月上旬　午前九時～午後四時

3　種目の選定について

(イ)　学年相応の演技で危険性がなく教育的価値大なるもの。

(ロ)　演技に活気があり長時間を要さないもの。

(ハ)　創意工夫をし運動場一杯使用し動きの大なるもの。

(ニ)　種目の内容、体形、入退場等の研究

4　種目及び学年出場回数

。幼稚園(附属区立)遊ぎ、児童父兄の団体競技三回

。一年生～四年生、遊ぎ、児童父兄の団体競技、かけっこ一五回

。五、六年生、ダンス、徒手体操、団体競技、徒競走八回

。全校体操、新ラジオ体操（オ一）二回

。各区リレー、児童（一年～六年生）一回

△所要時間、約七時間（昼食、後始末含む）

5　練　習

(イ)　運動会のための練習時間は特設しない。

(ロ)　全校体操等は四月より毎月一回の全校朝礼の際に指導する。

(ハ)　運動会当日の演技は体育科カリキユラムより選定し、学級、学年で練習を行う。

(ニ)　児童(助演技指導者)によるグループ練習の考慮

6　児童役員

。自主的活動を最大限に生かしたい。

。校内児童会や学級児童会を開いて運動会についていろいろ話し合う。

。五、六年の児童に運動会の諸係を割り当てる。

。各各係腕章を着用。

7　用　具

。運動会に使用する用具は学校（体育部）及び各学年で準備する。

8　服　装

(イ)　新調しない。

。男　子（シャツ、ショートパンツ）

。女　子（上衣、ブルーマ）

。全児童、全職員、紅白キャップ

。全児学年マークを胸に着ける(1)(2)(3)

(ロ)　職員は特定しないが体育に適当な服装をする。

。男子職員（トレーニングシャツ、ズボン）

。女子職員（上衣、ズボン）

9 **装飾**
音楽堂と入退場門だけにする。

10 **賞品**
参加賞として全児童にあげる。

11 **徒競走について**
。各学級、男女各々二組に分け走力別に編成。
。低学年五〇米以内、中学年八〇米以内、高学年一二〇米以内。
。低中学年、スタンディングスタート
。高学年、クラッチングスタート
。走る際、靴は一定（とる、とらない）しない。

12 **会場について**
。児童の控席を十分に考慮する。

。見物席は区毎に指定する。

。校舎は一部の外開放しない。

。机、腰掛を使用しない。

。縄張り使用をやめ石灰で場内を区画する。

13 **健康管理について**
。養護児童は見学させる。

。当日参加させていけない病弱児は父兄のもとに軽い養護児童は学年の控席で見学。

。養護児童は準備期間中に仕事（ポスター児童用係腕章等）に参加させて喜びを与える。

。常に児童の顔色、疲労度、体力等に注意し健康保持に努力する。

14 **各区リレー選定について**
。各区児童会と各区担任教師とで一年～六年生まで男女各々二名を選出する。

。各区リレーの練習は各区児童会と担任教師で行う。

。選手マークは各区児童会と学校（体育部）とで準備する。

15 **P・T・A演技について**
。P・T・A団体演技は一年～四年までの学年に実施し五、六年は児童のみの団体競技を行う。

。時間を無駄にしないように父兄が模範を示す。

。不正をなくし正しい演技のあり方について模範を示す。

。演技や競技の際は下駄ばき、短靴は危険を伴うので全員運動靴を使用するように模範を示す。

。児童を中心にしたP・T・A団体競技にする。

16 **運動会当日の職員控席は児童控席の後方におく**
。児童管理、用具準備、衛生その他の便宜を図る。

17 **児童の持物には総て記名させる**

18 **運動会当日父兄は、各自弁当、ゴザ、湯のみ、ちり袋を持参する**

19 **P・T・Aの体育部で湯茶の準備をする**

20 **音楽ならびに放送について**
。音楽ならびに放送の設備を欠いた場合は効果を半減する。

。レコード及びテープレコダーの利用による演技はその演技指導が放送係と事前に充分連絡をしておく。

。昼食時に学校紹介などをおり込み学校教育に対する関心を高めるように図る。

。合間を利用して種目の解説危険予防等の注意などのアナウンスも必要である。

21 **入退場について**
。体形は中央に低学年その次は中学年（二分する）両端は高学年（二分する）
。背丈の低い子を先頭にして順序よく整列。
。行進の時高学年は低学年の行進も考慮して行進する。
。下級生も出来るだけ上級生の列に並ぶ練習が望ましい。
。入退場は長時間を要しないように考慮する。

22 **P・T・Aの協力活動について**
。P・T・A保健体育部の会合をもち学校側の運動会計画案を検討する。

。各係仕事の分担を行い当日は進んで協力する。

。前日の諸準備当日の後始末も学校と協力してやる。

。前日、当日撒水車の協力を得て運動場に撒水を願う。

23 **校地校舎の保護**
。児童、父兄、教師三者が一体となり保護をしていただく。

24 **場内には演技児童係、児童の係、P・T・Aの係職員以外（写真屋等）は場内に入れない。**

25 **会場の塵の件**
。父兄は各自ちり袋を持参しそれに入れて持つて帰るか、指定場所に集める。

。P・T・A会報を通じ協力を呼びかける。

。各部落会長、婦人会長に協力を呼びかけ塵の処理についてその徹底を期したい。

。市衛生課の塵取車の協力

26 **物売りについて**
。物売りは校内への立入りを禁止する。

。本門裏門に立札をする。

。P・T・Aの方でその指導に当る。

・P・T・Aの福利厚生部の役員の方と児童会両者で軽いバザーを計画する。

27　前日までの準備

・学校側（P・T・A）各学年は用具の準備を前日までに完了する。

・当日の係の児童、P・T・A役員、教師は当日の係仕事の内容について話し合いを持つこと。

・当日の使用具は各係責任をもつて前日まで整える。

28　必要な施設として前日までの準備

(イ) 会場整理、(ロ) 諸ライン引き、(ハ) 学年の使用具、(ニ) 学校としての準備、(ホ)体育部としての準備、(ヘ) 児童控席、(ト) 一般観覧席(チ)音楽堂、入退場門、(リ) 賞品の検討、(ヌ) 花園保護、(ル) 掲示板、(ヲ) 区別指定札、(ワ) 指揮台

※諸施設用具の整備を充分になす。

29　当日の活動で注意する点

・各係は演技に気をとられないよう充分各自責任を果す。

・各係は観覧者に迷惑をかけないよう気を附けること。

・各係は何か問題がある時は互に相談し合い運営がスムースに行くようにする。

30　試演日について

・三日前までに持ち。終了後学級児童会、学校児童会等の反省会を持ち当日がよりよく運営されるよう話し合う。

・各係は当日に準ずる。

31　運動会の運営と組織

・運動会当日迄の各係の仕事

係	仕事
総務	1　各係への諸連絡及び運営の統括 2　運動会全般の原案の作成とその企画 3　他の係に属さぬ事項（各係に共通する用具、物品の注文、渉外） 4　プログラム編成
進行	1　式次オ 2　プログラムによる会の進行（出場予告など）
会場	1　児童の場内整理 2　観覧席及び会場の設計 3　会場の整理清掃及び後始末 4　座席指定札作製 5　児童の見学態度の指導 6　児童の危害予防 7　応援指導
準備	1　当日の用具の配置と搬入出 2　必要な用具の購入及び借用 3　用具の準備、点検、整理 4　演技における用具の配置図作製
放送	1　放送設備レコード類の整備検討 2　伝達事項 3　種目解説、学校紹介

係	仕事
	4　運動会関係一切のアナウンス
音楽	1　音楽効果に関する一切、行進に必要な音楽指導 2　運動会の歌、校歌の指導
接待	1　招待客の接待（湯茶、茶菓子の準備） 2　その後始末
記録	1　練習期間、試演前日の準備当日の模様及び反省会などの一切の記録 2　競技成績の記録
庶務	1　父兄への案内状発送 2　運動会費用の出納を掌る 3　会計書類一切の整理保管 4　寄贈金などの受理保管
救護	1　当日の傷病者を看護する 2　傷病者一覧表と学校統計 3　其の他衛生に関する事一切
賞品	1　賞品購入と包装 2　賞品授与の補助
案内	1　来賓及び父兄の案内

出発	1 徒競走のスタート合図とルールの指導 2 バトン抽せんくじ作製 3 選手名報告用紙作製 4 選手用マーク作製
決勝	1 徒競走の審判及徒競走終了後の指導 2 区別リレー成績採点表作製
召集	1 児童の召集連絡 2 出場の予告退場の誘導
装飾	1 音楽堂の装飾 2 各係章作り配布
掲示	1 プログラム順に種目掲示 2 時計の作製
教室	1 校舎内の巡視と管理及び見物人に対する指導
花園	1 花園樹木の管理及び周辺の見物に対する指導
持物	1 児童持物一切を保管する。

（大道小学校教諭）

児童のための運動会の計画と運営

城前小学校　前田真一

1　全体計画

九月の初旬体育部が昨年度の反省の上に立つた児童を如何によりよく企画運営に参加させ、父兄をどのように教育的に参加させて、運動会の目的を充分に発揮させるかの二点に重点をおいて原案を作製し学校企画委員会で検討を加えて、学校の指導方針をきめ職務会、学校児童会の全体協議会にかけて全体計画を決定し、それに従つて各学年毎に具体的実施計画をたてて指導に当る。

PTAは厚生委員会を開いて学校の計画、日時、PTAの出場種目数、種目内容に従つて（理解の上に立つて決定し）学校への協力の分野をはつきりさせる。

2　企画運営上の注意

(イ)　各学年とも年間計画に従い、種目についてよく研究し、指導法、組み合せ、練習方法など細部にわたつて計画をたて教育効果があがるよう工夫する。

(ロ)、企画運営にあたつては児童とP・T・Aが積極的に参画できるようにする。

しかし児童には何をどこまで、教師はどこまでどのように指導するか、P・T・Aには何をどのように（教育的）参加協力してもらうか、細部にわたつて協議し、お互いの立場を理解して活動できるようにする。この場合「児童の運動会」という言葉に眩惑されて児童の自己本位の、興味的な計画を認めたり、児童の能力の限界をこえるものまで児童にゆだねることは極力さける。

児童が企画運営をスムースに運んでいくには校内競技大会を事前にもつて、経験を積むことが大事であり、一夜漬けでは決して事は運べない。

（本校では三年前から春の運動会を子供の日に実施している）

3　事前の計画

全体計画に従つて行事予定表がたてられると職務会

学校児童会、P・T・A厚生委員会が開かれ、運動会の前日までと当日の係と仕事が決定する。係と仕事を決める時には、特に児童の特別教育活動の各部との関係、前日までの係と当日の係のつながりに注意する。尚当日の係の中でも出発係、審判係などのように練習を必要とするものは前もつて練習しておく。

例

係	前日までにする仕事	当日する仕事	児童	職員	PTA
総務	全体にわたつて手おちのないように各係とよく連絡をとる。いろいろな仕事の方法を考える。	各係とよく連絡をとる。全体の統制がみだれないようにする。じょうずに会がすすむようにする。	児童会長 副会長	前田	
庶務	プログラムの原案 お招きする人の名簿をつくる。案内状をつくる。案内状を送る。	記録係、児童係と一しょになる。	児童会長 副会長	忠輝 山里 伊波 節子	
会計	品物の買い入れ、代金のしはらい。その他会計にかんするしごと。	受付と一しょになる。		忠輝	
運動係	プログラムをくむ。印刷をする。演技場つくり。ラインを引く。	準備係、会場整理係と一しょになる。	五六年男女	嶺井 佐久本	
指揮進行係	総練習の時の進行いろいろな演技の時間をはかる。	全演技の進行と、連絡をとつて予定通り進むようにする。	体育部長 副部長	嶺井	

係	前日までにする仕事	当日する仕事	児童	職員	PTA
召集係	各区青年リレー名簿 職域リレー名簿づくり	演技が始まる五分前までに準備が完全にできるようにする	五六年男女 各2名	澄子	
準備係	演技に必要な用具の準備をする。用具を借りる ポスターつくりと掲示	演技に使う用具の出し入れ。演技の準備を手伝う	六年男 10名	秀夫 池原 屋宜	
出発係	かけつこ名簿をつくる。リレー名簿をつくる。	かけつこの出発を合図する。競争演技の始めと終りの合図をする。	五六年男女 各2名	佐久本	安富祖
審判係（決勝）	三位までに入賞した人のリボンをつくる。各種目の決勝点をよくしらべておく。	正しく一、二位をきめるタイムをとる。競争演技の勝敗をきめる	五六年男女 各2名	知花 伊芸	玉城 真玉橋
監察係	準備係と一しょになる。	かけつこや競争演技の途中のことをよくみる。	五六年男女 各3名	伊波善	
記録係	かけつこの記録用紙 リレーの記録用紙を準備する。	かけつこの成績を記録して放送にまわす。各演技について記録する ※反省会の記録をとる。	六年女 8名	粟国	
計時係	運動係と一しょになる。	かけつこやリレーのタイムをとる。各演技のタイムをとる		知花	垣花 伊波（幸）

係	準備	当日	児童	担当
放送係	放送の計画をたてプログラムをつくる。放送に必要な用具を準備する。	放送用具を調べてきちんとする。演技について説明、勝敗入賞の発表 各種団体との連絡	放送部 音楽部	大山 山里
児童係	会場整理と一しよになる	児童控所の整理と清掃をする	各クラスの会長 副会長	仲嶺 石川 吉野
会場整理係	ラチ作り 会場整理の計画をたてる	会場の整理をする。会場をきれいにする。	五六年男女各5名	吉田 恒子 船越 屋良 伊波 平良
受付係	受付簿をつくる。	受付をする。来賓を案内する。		節子 涼子 宮城
接待係	接待の計画をたてる 接待用具の借入、準備	お客の接待をする		仲本
賞品係	賞品を買つてくる。包装して保管する。	賞品授与の手伝い 成績記録の整理	六年女2名	宮里
掲示係	掲示の計画 掲示用具の準備をする	プログラムの掲示をする 成績を記録掲示する	五六年各2名	石川
救護係	救護材料並びに用具の準備をする。	負傷者、病人の手当てをする。	保健委員	吉野 ミネ 石川

演技種目票
(10月5日提出)

プロNo.		放送内容
種目		
学年		
男女		
種別		
レコード名	入場 / 演技 / 退場	
回数	演技回数 / 競技回数	
演技時間	分	
紅白		
用具名数量		
演技責任者		
指揮者		

※ この票を五部作成して提出し指揮、出発、決勝、準備、放送用のものとす。

本校徒競走名簿のひながた

年組	年　組								
コース	1	2	3	4	5	6	7	8	1
氏名									
順位									
紅白									
タイム									

年組	年　組								
コース	1	2	3	4	5	6	7	8	1
氏名									
順位									
紅白									
タイム									

(4) **プログラム編成**

演技種目を提出してもらい、児童、P・T・Aの意見も充分斟酌し、次の点に留意してプログラムを編成した。

1　全体の流れにリズムを持たせ、バラエティに富ませるため実施学年や、性別、団体種目と個人種目、トラック使用の種目とフイルド使用の種目等の組み合わせを考慮した。

2　全校的種目は午前、午後の部の最初や最後にもつてくる。

3　低学年の種目はなるべく午前中にまわす。

4　児童もよめるようにひらがなを多く使用し、ことばをやさしくする。

5　演技をよどみなく運ぶために各演技の所要時間を綿密に計測してプログラムにおりこむ。

一九五七年秋の運動会プログラム

石川市　城前小学校　十月十三日

かいかい式

1 あつまる
2 はじめのことば
3 校長先生の話
4 うんどうかいのうた
5 えんぎにうつる

じゅんばん	しゅもくべつ	うんどうのなまえ	がくねん	はじめるじこく
1	体	ラジオたいそう	ぜんぶ	九、〇九
2	走	かけっこ(八〇メートル)	四年	九、一七
3	団競	だるまはこび	三年	九、二八
4	走	かけっこ(五〇メートル)	一年	九、三五
5	リズム	はとポッポのたいそう 山のみなさん	ようちえん	九、四四
6	走	かけっこ(八〇メートル)	三年	九、五三
7	団競	ジグザグリレー	五年	一〇、〇〇
8	走	かけっこ(五〇メートル)	ようちえん	一〇、一四
9	団競	たまいれ	一年とふけい	一〇、二〇
10	体	たんぼうたいそう	三、四年男	一〇、三〇
11	リズム	なかよしシーソー シャンシャン小馬	一年	一〇、四〇
12	走	かけっこ(五〇メートル)	二年	一〇、四八
13	リズム	おいもころころ	ようちえん とふけい	一〇、五五
14	走	こうはくリレー	こうはく せんしゅ	一一、〇四
15	リズム	スポーツ日本の朝	五、六年女	一一、一九
16	団競	どうぶつえん	二年	一一、三〇
17	団競	ちきゅうはまわる	ぜんぶ	一一、四五

おひるやすみ

へいかい式

1 あつまる
2 せいせきはつぴよう
3 しようひんをうける
4 校長先生の話
5 校歌
6 おわりのことば

じゅんばん	しゅもくべつ	うんどうのなまえ	がくねん	はじめるじこく
18	リズム	フォークダンス	ぜんぶ	一、〇〇
19	団競	じてんこうてん	四年	一、一五
20	走	どうぞうせいリレー	中、高校せい	一、二七
21	走	三だいリレー	P・T・A	一、四五
22	団競	むかでまつり	六年	二、〇〇
23	走	一〇〇米きょう走	五年	二、一五
24	リズム	カスダでおどろう すたこらさっさ	二年	二、二三
25	団競	すずわり	P・T・A	二、三四
26	走	一〇〇米競走	六年	二、四六
27	リズム	まつりの秋	三、四年女	二、五四
28	走	市内しよくいきリレー	市内 しよくいき	三、〇三
29	体	たのしいたいそう	五六年男	三、一八
30	走	せいねんリレー	各区せんしゅ	三、二六
31	リズム	沖縄おどり ひやみかせ	せんせい 五六年女	三、四一
32	団競	きばせん	五六年男	三、五一
33	走	くべつリレー	各区せんしゅ	四、〇一
34	体	ラジオたいそう	ぜんぶ	四、一〇

児童会からのおねがい

1 運動場のまわりにちり入れをよういしてありますのでちりはそれに入れていただくよう御きようりよく下さい。
2 おかあさん方は小さい子どもを運動場の中に入れないようにして下さい。

――指導例――

プログラムの裏面

一、児童会できめた運動会のもくひよう

1 たのしい運動会にするためしゆもくのえらび方とないようをくふうする
2 きまりをよくまもり仲よくあんぜんにやる
3 ふだんがくしゆうしていることをいかしてやる
4 しごとのないようをよく知り、しつかりやくめをはたす
5 れんしゆうのしかたをくふうする

二、校　歌

(一) あをぞらきよく　伊波しろの
白くかがやく　まなびやよ
ふくぎのみどり　こきところ
ここぞ我らの　城前校

(二) 石川だけの　しらくもの
ひなたもきよく　かげきよく
城のいわおの　かたきいき
そだちそだたん　わが友よ

(三) 見よやあけぐも　あかねぐも
もゆるのぞみの　いさぎよく
めざめまなびて　ひとすじに
よにひかりなれ　城前校

（校歌斉唱の時はP・T・Aも一しよに歌う）

(5) 運動会実施上の強調点

1 運動会当日

イ、個人競技から団体競技に至るまで全校児童を紅白に二分した紅白対抗になつているので応援席（控席）も別々に設け、リーダーの養成と応援のしかたについても事前によく指導しておく。

ロ、綿密な計画と周到な準備のもとに、各係が分担の仕事に対して責任をもち、各係間の連絡が十分できれば当日の組織的な運営は円滑に楽しく進行できるものである。

ハ、P・T・Aの種目に時間の空費が起りがちであるので規制の意味からも演技開始時刻の記入は是非必要である。

ニ、開会式、閉会式も形式にとらわれず、余り長い時間をかけないで楽しい雰囲気をもり上げるようにし、受賞も参加賞だけにとどめ、学級代表者が出て受けることにしている。

2 本校の徒競走について

運動会の種目中、児童にとつても父兄にとつても最も関心の深いのは徒競走であり、父兄はうの目たかの目で集団の中から自分の子供を見つけ出し子供の姿を見守つている。しかしながら教育の現場に於いてはこの種目は最も軽視され、指導も殆んどされておらず。プログラムの不足をみたしているというのがいつわらない現実の姿ではなかろうか、最初から優劣のはつきりした競走は興味のないものであるが、能力の近い者同志がしかも男も女も一緒に肩を並べて走ることは何となく張りがあつて力が湧いてくる。

本校は四、五年前から能力別、男女混成で編成し全学年セパレートコースを走ることになつている。

運動場は斜に白線で八つのセパレートコースがひかれ、低学年は五十米（かけつこ）中学年は八十米（かけつこ）高学年は百米（競走）の距離を走る。

徒競走名簿によつてそれぞれのコースが決められているので、出発係の指図によつて各自のコースにつかされると、放送係はコース名、氏名の発表放送を行う。

児童出発係の合図によつて発走するが四年以上は不正出発がなくやり直しが殆んどない。

決勝点では必らず胸でテープを切らせ全員もれなくゴールインする。

審判の判定が下されると一着から三着までは入賞者として記録され、色別のリボンが胸につけられる。これは個人種目の賞品に代るべきもので、四、五年この方個人種目には授賞を行わない。

記録係は着順、タイム（一着の）三位までの得点を記入し、切取線から切りはなし即刻放送にまわす。放送は入賞者の順位、氏名、タイムを放送することになつている。

短距離走の指導内容

一年　合図をきいて走る
二年　出発の合図をまもるまつすぐ走る
三年　スタンディングスタートの方法をおぼえるセパレートコースで走れる
四年　スタンディングスタートができる
五年　クラウテイングスタートの方法をおぼ

える

六年　からだをやや前に傾けて走る
　　　腕を強く正しく振つて走る

6　運動会の反省

毎年より体育的、より教育的な運動会に進めるためには反省会や、反省記録を通し、または他校の運動会を参観して不断に一段一段とつみかさねていかなければならない。

(1)　学級担任に対する調査

イ、種目はどうしてきめましたか
ロ、練習についやした時間数
ハ、多くどんな時をつかつて練習しました
ニ、どういう組分けをしましたか
ホ、運動会で大変だつたことや苦労した点
ヘ、学習と運動会を結ぶために工夫したこと
ト、経費はどの位かかりましたか
チ、当日参加出来なかつた児童数とその取扱いをどのようにしましたか

。右の調査から新奇な種目をえらばず、平凡ではあるがカリキユラムの中から或は体育教科書の中から種目が選定され、毎年の学年種目が固定の傾向をおびてきた。
。種目が平凡になつてきたので経費がかからない。
。種目の平凡さを補うために技術的な面の指導が加えられ基礎的事柄がよく指導されてきた。
。ルールを徹底的に守らすためにルールづくりから出発した指導が多くなつた。

(2)　児童に対する調査

(イ)　あなたは運動会のため、どんなものを新しく買いましたか。
(ロ)　あなたはやすみ時間や家にかえつてから運動会のれんしゆうをしましたか。
(ハ)　うんどうかいでうれしかつたこと。たのしかつたこと。
(ニ)　いやだつたこと。こまつたこと。かなしかつたこと。
(ホ)　家の人はだれがみにきましたか。
(ヘ)　あなたはどんなことにきをつけてやりましたか。
(ト)　家にかえつて家の人はどんなことをはなしましたか。
(チ)　いちばんいいとおもつた運動の名まえをかいてください。
(リ)　ことしの運動会でなおしたいこと。
(ヌ)　ともだちのしたことでかんしんしたこと。

この調査から
。グループでの練習がさかんになり、やすみ時間や家でもよく練習する。
。運動のために服装を特別に新調するのが少なくなつてきた。
。ルールをまじめに守ると同時に相手の不正にも神経をとがらしている。
。徒競走には随分関心が高い。

運動会はこれでよしということはあり得ない。至るところに問題がころがつていることであろう。去年よりは今年、今年よりは来年というように、前進さすべく、今後も尚一層の研究と努力を続けたいと思つている。

（城前小学校教頭）

運動會のあり方（中學校）

首里中学校　新垣久子

二学期ともなれば一ケ年の行事の中でもつとも大きい運動会がある。生徒はこの時期になると目立つて発刺としてくる。日に焼けた顔が健康美となつてますます身体的にも精神的にもプラスして心身の発

達に役立たしめるのである。そこで運動会のもつ意義も大きくなつてくる。

我が校では運動会の目的に添うように次の三つを主眼として行うことにした。

1　平素の体育学習の効果及び訓育の発表会である。

2　生徒の自治活動をとおしてのよき発表会である。

3　レクレーションとしての体育普及の発表会である。

以上三つの主眼を実践することによつて教育の目的も達成される。

㈠　運動会の持ち方及び練習の仕方

運動会の時期ともなればどの学校でも運動会の運営方針、練習の仕方が問題となつてくる。

理想的な運動会としては平素授業をさかないで行う方がよいとされている。それで体育の授業などで考慮され、種目も適当なものが選定される。

しかしそうはいうもののやはり運動会になると二週間は徹底的に練習期間が必要となる。それは学校生徒の全体としての学習訓練の場である為である。全校生徒の体操の如き、全校ダンスの如き等は当然そこに練習の機会が必要である。全く練習なしにやるというのは理想であるかも知れないが、むしろ練習もしないで運動会に望むということも危険である。

そのために運動会については、学校及び体育部の方では十分に四月から考慮されている。運動会はどうあらねばならぬとか、どういう方法でやるとかということは既に四月来体育のカリキユウラムに組まれ、平素の体育の学習も運動会を目標の一つとして実際活動がなされている。

本校ではそのため、あらかじめ、生徒会及び体育部指導にあたる教師が運動会の運営方針を研究する生徒会の方ではすでに今年のプログラム作成委員もきめられ予定表が作られている。

既に二回ばかり打合せがすんでおり運動会当日までには十回位の打合せがあるだろうと思う。

それはあくまでも生徒自体が研究してなされ、その補導を生徒会及び体育指導部の教師によつてなされる。

定例生徒会案として次のことが討議される。

プログラム作製委員会案による（一九五八・七）

一、競争遊戯として

　一年男子　騎馬戦
　一年女子　なわとび競争
　二年男子　障害物競争
　二年女子　くじびき競争
　三年男子　千変万化
　三年女子　元気でいこう

二、種目として

首里中校体操。ラジオ体操才一、二、棒倒し、器械体操。平均体操。ダンス。つなひき。その他

三、外部的なものとして

イ　父兄の綱引き

ロ　婦人会及び同窓生レクリエーション

等生徒会プログラム委員によつて案がつくられ、補導教師と共に再検討する。

㈡　練習時間

実際に練習を要するものは体育の時間にも行つているが、全体練習として行う時間を考えなければいけない。運動会前二週目より首里中校体操、ラジオ体操才一、才二、全校ダンス等は或程度統制美を必要とするから練習が必要となる。

中間体操の時間は全校生徒の行進練習にあてられる。かようにして練習はつづけられ運動会当日一週間前よりは次の日程表の案によつてなされた。練習の時間が無駄なく能率のあがるように更に運動場使用も考慮に入れて日程表を作製したい。

※　※　※　※　※　※　※　※　※　※

運動場使用日程表（運動会一週間前）

月日	曜日	一時限	二時限	中間体操	三時限	四時限	五時限	六時限	備考
26日	月	授業	授業	ワンズ体 全女ダンス	三男競遊	三年女ダンス	一年女ダンス	二年女ダンス	殊に入退場の練習をする
72	火	〃	〃	〃	一女ダンス	一年男競遊	一女競遊	棒倒し	
82	水	〃	〃	〃	三年男競遊	三年女競遊	平均体操	タンブリング	
92	木	〃	試験のため練習なし						月末テスト各学年
30	金	〃	体操審査会予行演習						
31	土	〃	〃	〃	三女ダンス	一女ダンス	タンブリング	二男三男競遊	

予行演習

予行演習は運動会五、六日前に行つている。予行演習によつて更に反省し運動会当日にのぞむのである。

こちらで当日の役員も再決定しプログラムは出来上る。

次に運動会当日のプログラムを挙げる。

大運動会プログラム

首里中学校

【一九五七年十月十三日】

	種目	出場	時間
1	一、入場 一、開会の辞 一、会長あいさつ 一、生徒会長あいさつ 一、前進歌斉唱 （開会式）		9.00
2	ラジオ体操 才二	全	9.30
3	徒歩	一男	
4	縄跳び競争	一女	
5	楽しい体操（平均体操）	部員	10.00
6	徒歩	三男	
7	ダンス（日本風行進曲）	二女	
8	小校 百米 二百米	三小校	
9	ボートレース	二女	
10	分団リレー（八百）	分男	10.30
11	柔道	部員	
12	小校 四百リレー 八百リレー	三小校	
13	ダンス（伸びゆくわれら）	一女	11.00
14	徒歩	三女	
15	障碍物競争	二男	
16	小校混成リレー	三小校	11.30
17	大綱ひき	全	
18	大綱ひき	PTA	
19	優勝旗授与	小校	12.00
	中食（六〇分） 九州派遣合唱隊紹介		
20	首里中学校体操	全	1.00
21	徒歩	一女	
22	千変万化	三男	1.30
23	親子リレー	PTA	
24	空手	部員	2.00
25	ダンス（秋のワルツ）	三女	
26	徒歩	二女	
27	タンブリング	部員	2.30
28	分団リレー（四百）	分女	

29	顔面神経痛	教生	3.00
30	騎馬戦	一男	
31	徒歩	二男	
32	PTA競遊	PTA	
33	分団メドレー	分男女	3:30
34	クラブリレー	クラブ	
35	お星様	職員	
36	元気で遊ぼう	三女	4.00
37	棒倒し	全男	
38	ダンス（オリエンタルマーチ）	全女	
39	ラジオ体操 才一	全	
40	閉会式 一、入場 一、成績発表 一、優勝カップ授与 一、会長挨拶 一、PTA会長挨拶 一、運動会の歌 一、閉会の辞		4.30

㈢ **レクレーションしてとの運動会**

レクリエションとして父兄の大綱引、同窓生のダンス、親子リレー等は適当だと思う。

運動会はあくまでも生徒自体の運動会であるが、又楽しい運動会だということを味いたい。

㈣ **運動会の反省及び評価**

1 職員全体の反省会をやる。

2 各係（例・演技係、準備係等）の反省会

3 生徒会体育部の教師、プログラム委員合同反省会

4 父兄のアンケート等

5 体育部によつて運動会記録を作る。

㈤ **次にあげたいことは父兄のアンケートである。**

（このアンケートは毎年行われている）

今日の運動会について私達はこう考える。

年　組　保護者名

1 運動会に要した時間の御感想

（調査 №3　　）

2 殊に面白く有意義だつた種目

（調査 №1　　）

3 どうかと思われた種目

（　　）

4 希望する種目

（　　）

5 運動会に要する費用

（調査 №3　　）

6 あなたの御子弟は次の諸点でどれに適しますか、てきとうなものに○をつけて下さい。　）

イ 運動会練習について（№3）

(1) 過労であつたか

(2) 適当であつたか

(3) もつときたえてほしかつた

ロ 運動会練習が始まつて（十月以降）から家庭の学習は（№3）

(1) 全然やらなくなつた

(2) ふだんとかわらない

(3) ふだんよりよくなつた

ハ 運動会のための費用（№3）

百円　　二百円　　三百円

四百円　　五百円　　六百円

七百円～八百円　　九百円～千円　　千円以上

本校では父兄のアンケートは毎年なされ、それによつて翌年の運動会に参考になるようつとめている。

有意義だつた種目　調査 №3

◦タンブリング（一三八）◦平均体操（五七）◦スケーヤーダンス（一二）◦男女別綱曳（一四）◦父兄綱曳（一二）◦婦人会ダンス（二四）◦朝はどこから月見草（三）◦分団リレー（八）◦抽籤競争（一）◦ワンズ体操（四八）◦複合体操男女（四二）◦大井川（二三）◦田毎の月（四二）◦最初の準備運動（六）◦棒倒し（一四）障碍通過競争（六）◦赤下駄白下駄（二）◦女子全ダンス（一三）◦朝だ元気だ（二）

運動会に対する父兄の意見　調査 №3

時間

父兄の不参加者（六六）、提出された枚数（三八〇）、適当である（二七五）、短縮したら（三四）

費用

適当だつた（二五六）、軽減をのぞむ（二八）、もつと奮発してよい（九）、其の他（一）

れんま

過重（一〇）、適当（三三六）、不足（二五）

学習

中止された（三七）、変らない（三一六）、よくなつた（一二）

費用の段階

一（一七）、二（五二）、三（六六）、四（七三）

五（五八）、六（五九）、七（二三）、八（一〇）

九（二）、一〇（二）、一一（二）

（首里中学校教諭）

——指導例——

（高　校）

運動会

北部農林高等学校　岸本　巌

運動会は学校行事中最も大きな行事である。高校に於ける運動会の意義やその性格は各校の実情によって多少異ると思うが職業高校でも農、工、水、商とそれぞれの特色があるので学校に即した運動会となる。

特に我が校の運動会はどのようにしているかについて書いてみたい。本校は勤労青年、農林業、農村家庭の中堅指導者の育成をねらいとしている。

自主的に自分の身体と境遇に応じて運動に親しんで行くようにする。特に学校でも社会でも筋肉運動が多く、高校期の身体発達上骨格筋肉の固癖の予防と疲労の回復に注意し、柔軟体操や個人に適した運動をなるべく多くの運動に親しむようにする。

運動会においても自主的に学校の特色を生し、生徒を中心に指導計画をしている。

一、運動会の性格を充分に生徒へ理解させる

運動会は学校行事として対外的に大きな行事であると共に、日頃の学習の成果を発表し健康の美、力、リズム、興味などいろいろと学校の父兄、地域社会の人々と共に、一日を楽しく鑑賞し、親睦と融和の交流を図るところの行事であり、又レクレイション大会でもある。

生徒の理解と、自主的な計画と、運営練習をさせねばならない。生徒会長を中心としてすべての運営特に練習などをする。

二、計　画

イ　準備委員会の組織

生徒側（生徒会長、副会長）
学校側（学校長、教頭、生徒部長、体育担任）
保護者側（会長、副会長）

ロ　実行委員

1　総務（教頭、生徒部長、体育主任、書記会計）事務の諸連絡、会計、準備の督励、案内状、礼状、賞品などの準備をなす。

2　演技部（生徒会幹事会長、副会長、体育担任）諸演技の指導完成をなす。

3　施設部（工作部、美術部、放送部生徒顧問）会場、放送宣伝など施設の準備をする。

4　プログラム編成部（教頭、生徒部、体育担任）種目の選択所要時間、プログラムの配列印刷などをする。

5　接待及衛生部（家庭クラブ員顧問、校医）衛生と接待の準備をする。

三、方針と種目

できるだけ多くの人が参加するようにする。
当日役員も交代して出場するようにしておく。

○方針と種目の選択

1国体的なもの、2学校の特色的なもの、3学年と性別に分け同じ数であること、4クラブ活動、5個人種目、6レクリエイション的なもの、7一般社会人の参加できるもの、

○種目の選択配分

参加者		数	種目
団体	全校	三	徒手体操マスゲーム
	全男	三	FFT高校体操 棒倒し
	全女	三	ダンス、高校体操
学年	一男女	一	農林音頭
	一男	一	騎馬戦
	一女	一	実習競走
	二男女	一	汗水節
	二、三男女	一	ダンス
	三男女	一	各クラブ紹介
個人		一六	陸上競技町村対抗
クラブ活動		五	器械体操、タンプリング、スタンツ、柔剣道、クラブリレー
職業団体		一	木やり節

（一人当りの出場は八回になる。）

農研、種畜所
営林所、統計局
本　校（五団体）
職場参加　一、職場リレー
中学側　一、中校リレー
同窓生　一、遊戯

来賓父兄　　　一、遊戯

（演技の数は四一回となる。）

四、練習方法

小校、中校、高校と年令に適応した練習方法でなければいけないが、高校では年令も身体の発育も出来ておるので、練習は主として技術の指導をなし自主的に行わせている。

団体でやる体操やダンスの様な反復練習を要してその成果を上げるものと、個人遊戯のような余り練習しなくてもその成果を上げるものとがあるが、特に各校とも団体的なものの練習が難点と思う。

授業をつぶさないのは当然だが、運動会が近づいて練習を始めるのは、生徒の身体発達上いろいろと無理がくるので、不断の体育の時間の一部に取り入れ反復練習をなし、二週間前頃からまとめに入り完成するのがよいと思う。

それが生徒への個人的な矯正も充分でき効果的だと思う。日本でも全般的にはいえないが運動会に対して余り苦労していないようである。運動会について質問したら平常の学習の成果をそのままレクリエイションとして行えばよいとあつさり答えられた事があるが、その通りだと思う。

私達は運動会に対して余りにも考えすぎた感がすると共に無理をしてきた気もする。

練習方法と日程

二週間を総まとめの日程として取つた

一週目……七時限のクラブ活動の時間を利用した。

練習を総合的に要するものを

1団体体操、2ダンス、3タンブリング、器械体操、スタンツ、4FFJ（学校特色）

5農林音頭（学校特色）、6高校体操

右の種目を三つずつ一日交代で練習させ指導を加えた。

クラブ活動種目や個人種目は入退場と二回位の練習でよいと思う。勿論その成果が気になるかも知らないが運動会の性格や生徒の身体上や平常の練習で充分その成果は上げられたと思う。

二週目

大会当日や前準備の週であり完成の週でもあるので特にその週は二日半は運動会行事として行つた。

予行も毎年の事だが演技がプログラム順にスムースに流れるかを見る為に一回行つた。

練習三日目、予行一日、準備半日、大会一日

五、経費

保護者会の中に予算として組む

1総務部五、〇〇〇円、2演技部三、〇〇〇円、

3施設部三、〇〇〇円、4プログラム一、〇〇〇円、5衛生費接待費二、〇〇〇円

6予備費一、〇〇〇円　計一五、〇〇〇円

六、服装について

小校、中校、高校それぞれ異ると思う。身体の発育とか、いろいろ考えられるが、服装も体育授業の服装でよいと思う。本校では、学生服、実習服、体操服と三種類に分けられるが運動会はそれを利用している。体操服として

男子（白ズボン又はトレーニングパンツ、アンダーシャツ）

女子（ブルーマー、又はトレーニングパンツ）

七、後始末と反省会

後始末はその日でかたずける。前日で学年又は各部で教師と共に組んでおく、約一時間ですつかりかたずく。本校は各市町村から父兄が集るので四時終了にしてあるが五時には生徒も下校している。

反省会

反省会は一週間以内に行う事が大切である。生徒会を中心に準備委員で計画、運営、当日までの練習その他いろいろと話し合つたその記録は生徒が保管している。

反省内容は（生徒の意見）

自主的に動いた事（よくやつた）

種目について（練習の時よりもよくできた）

進行（四時の予定が十分のびた雨の為であつた）

運営（練習の少なかつた種目もあつた）

計画（其の他の学校行事とを考慮して、早目に行つた方がよい）

其の他（二、一年に対する希望など）

（北部農林高等学校教諭）

屋良先生の功績を讃えて

～第二回沖縄タイムス社文化賞～

小波藏政光

戦後の沖縄における文化事業中の、一大ヒットともいうべき沖縄タイムズ社主催の文化功労者顕彰において、沖縄教職員会長の屋良先生が、文化賞を受けられたことは、衆目の一致するところでありまして、心からその栄誉を讃えるものであります。

先生は田井等高等学校の教官として、困難な戦後の教育再建に当られ、次いで知念高等学校長、沖縄群島政府文教部長を歴任、現在沖縄教職員会長、同共済会長等の要職に就いておられますが、先生のこれまでの業績の偉大なことは、言葉で言い尽せない程であります。

高等学校の経営に当つては、物的にも、人的にも幾多の不自由とハンデキャップを伴いながら、これをよく克服し、身を以て新しい時代に即応する学校経営の在り方を示し、常に透徹した教育観と、一貫した教育信念をもつて、合理創造の教育を推進してこられた手腕は、実に卓越したものであります。

文教部長として教育行政の責任者の地位に立たれると、全琉校長会を開催し、ややもすれば無気力、退嬰の中に過ぎようとする教育界に、師魂の高揚を叫ばれて生気を注入される等、先生の動くところ必ずその成果をみているのであります。

更に教育職員の待遇改善のためになみなみならぬ努力を払われ、安んじて職務に精進できるような方途を講ぜられその実現をみたことは周知のとおりであります。

今日先生が沖縄教職員会長として六千教師の尊敬と信望をあつめておられるということは先生の人がらを如実に物語つていると考えます。その上、先生は、沖縄戦災校舎復興促進期成会々長、沖縄子どもを守る会々長等を務められ、戦後における沖縄の諸問題解決のために活躍され、先生の熱慮断行の態度と至誠一貫の精神は、多岐にわたる重要な問題を次々解決されました。殊に、本土政府を動かして公立学校共済組合那覇宿泊所の設立も実現の運びになつていることを考えると、先生のエネルギツシュな体力と精神力は、沖縄教育再建のためにのみ消耗されているのではないかと思われ、今更のように尊敬の念に打たれる次才です。

教育才一線に立つ教職員のみなさんと、一般社会人の協力を一つにして事を処する先生が、此の度文化賞を受賞されたことは誠に当然のこととはいえ、一大快事と言わざるを得ません。願わくば屋良先生には一層御自愛なされ沖縄の教育推進のために一段の御配慮を賜わるよう望んで止みません。

（文教局長）

タイムス文化賞に輝く "屋良先生の功績"

徳元八一

—知念高等学校長時代—

1　四七年四月に迎え五〇年一〇月に送る、勤務三ケ年半であつた。

2　率先垂範の良教師。衣食住の不足の時代、人々が先ず喰うことから戦果あさりに没頭している時、先生は歯を喰い縛つて我々がやらなければこの子供等を誰が教育するかこの子供等に何んの罪があつた。沖縄人自ら立たねば如何すると喝破し、涙を拭きながら帯を締直して立つた人。

3　孜々として教育内容の充実に努力し不便と不自由を克服して、学徒に創意工夫の意欲を高め、頭の人腕の人をと科学創作展示会を開催し、世人を驚嘆させたのは誰だ。

4 堅忍不抜の屋良精神―四九年七月二三日の台風グロリヤは親ケ原高台にある知念高校を事の外痛めつけた。職員室、教室、農具室は飛ばされて空中分解、大講堂もトタンの屋根は殆んど飛散して目も当てられぬ大被害、さすがの屋良校長も茫然自失……

校長は決然立ち上つた、職員を督励し、全生徒を励まして夏休みを返上し、民政府跡の資材を貰い受けて鎚音高く遂に教室も講堂も完成し、五百余組の机腰掛も出来、教員住宅も八棟建築した実に舌を巻く程の大事業だ、知念高校には今も屋良精神と云う訓が残つている。

5 人格の光……遠方から通う生徒の身替りに毎朝の飲料水汲、病床を抜け出しての作業監督、のみやかんな研ぎのお手伝、学校移転問題の円満解決、住宅献納の謝絶、在任中三度も起きた抜擢問題、或時は全職員が辞表を纏めて政府に当り、或時は地域各団体が総決起で喰い止め、三度目は遂に文教部長としての交渉に、全琉教育のためだと皆が喜んでお送りしたものだ、之等は実に屋良先生の人格の偉大さを物語るもの。光りは下に置かずすべからく燭台の上に置くべし。タイムスの文化賞は誠にさもありなんと万人が嬉しく思う。

親ケ原、ススキの蔭に巣立ちして、
天かけり行く姿雄々しも。

（沖縄P・T・A連合会長）

信念の人
真の教育者

阿波根朝松

その時代その社会の功労者を定期的に賞する制度として、ノーベル賞や朝日賞などになぞらえタイムス賞が設定されたということは、とざされた小さな沖縄の社会に光を与えるものとして大きな意義を持つ行事である。

更にその才二回受賞者に屋良朝苗会長が選ばれたことは、その戦後における業績から見て当然の順序ではあると思うが、いろいろの意味においてこの機運に到達し得たことは人のため世のため誠に喜ばしい限りである。

屋良会長は文字通り信念の人であり、情熱の人である。その信念のぶつつかる所は岩をも通す力となり、その情熱のほとばしる所は鉄をもとかさずにはおかない概がある。

群島政府文教部長時代、私は那覇地区教職員会長をしていて、屋良部長の協力を得て沖縄全島校長協会を組織し、才一回総会を琉大講堂で催し、気勢を挙げたのであるが、その決議事項として教育行政権の復帰、留日研究教員制度の実現の問題などについて、屋良さんは当時政府要路の人でありながらこのような問題に対する全氏の勇気と推進力はわれわれがタジタジする程驚歎に価するものであつた。

教職員会長になつてからの活動も目ざましい。復帰署名運動、校舎建築募金全国行脚なども血のにじむようなきびしさとはげしさを持つ行動であつた。

先だつての教員宿泊所建設費獲得運動も四ケ月の長期にわたり、ある限りの努力と秘術をつくしてがんばり通し遂に成功にまで持つて行つたようであるが、誠に超人的な活躍ぶりである。

先日二中勤務時代の教え子の数名が私を訪ねて来て、その時代の思い出話をやつて、あれやこれや花が咲いた。彼らの話によれば「中学時代一番こわかつたのは屋良先生であつた。夏のさ中でも、もし教室で転寝の夢をむさぼろうものなら、怒声一喝首筋をつかまれて教室外にほうり出されるのが落ちであつた。」と述懐していた。

そういうことをされても彼らは恨むどころかかえつて思慕を寄せている。無我不偏の愛情を持つているからであろう。どうぞこの機会にますます自重自愛を重ね、郷土再建のため尽されんことを祈念して止まない。

（那覇連合区教育長）

運動会の今昔

上原敏範

文教局から運動会の今昔について書いて呉れという御依頼を受けたので、私は私より先輩の方がいくらも居られるからその方々に御願いしたがよいだろうがとも思つたが、やはり老人の部類に属して居るから、中昔五六十年以後のことは何とか書けないこともあるまい、と考え思出すままに書いて見ることにした。

一、規模……先ず運動会の規模は決して今の様に村や町を挙げてのものではなく、参加団体も今の様に青年会（戦前は青年学校も）婦人会、壮年などの参加はなく、ただ児童生徒だけでやつて居た。

而もその当時は尋常四年まで義務教育ではあつたが就学歩合が低く生徒数は極僅かであつた。高等科は四年で今の中学二年まででしたが、今の南風原、大里与那原の三ケ町村で一学年一学級しかなかつた。見物人も父兄が一、二名ついて行く位でしたから規模は極めて小さいものであつた。

二、形式……形式というか組というかこれは明治三十四、五年以前はいざ知らず今も昔も変りはない。即ち体操、遊戯、団体競技及びレクレーション的なもので組立てられていた。

三、体操……体操は今も昔も徒手体操が主体であつて、昔は一学級か全学年の合同でさせるだけで、今の様に準備運動とか整理運動として全校生徒にさせることはなかつた。今は日常の体操にも見られないが、昔は高等科にアレイ体操、球竿体操、棍棒体操などが課せられ、又尋常科の上級には中頃からワンズ体操とか、半輪体操などが課され、プログラムに組入れられていた。中隊教練は、中学校や師範学校には何時頃からあつたかわからないが、チヨンマゲ姿で銃をかついで教練して居つた、という話もあるからずつと前からあつたろうと思われる、が後に高等科にも木銃の教練が課され、中隊教練が運動会のプログラムにもあつた。戦前青年学校の中隊訓練が盛んであつたことは御承知の通りである。

四、遊戯……遊戯も同学年合同遊戯があるだけで、今のように校戯とか低学年の遊戯を全校生徒にさせることはなかつた。私共の高等科の頃までは今の様にダンスはなく、上級生のプロネート程度のものがあつただけであつた。

五、競技……競技も著しく変つている。

1　団体競技―先ず団体競技の方から書いてみると騎馬戦は昔から今に至るまで盛んである、が昔の帽子取りや鉢巻取りは全く見られない。今でも千変万化どいう名の下に色々の種目を取りまぜて二組か数組かに分けてリレ式にさせて居るが、昔は旗送りといつて徒歩を主とした単純なものであつた。今も低学年にさせているバスケツトボール（籠にボールを投げ入れさせてその数で勝敗を決する）も昔から変らない。それから会場の装飾をかねて薬玉割とか造花結びなどさせていたが今はあまり見受られない。

綱引は昔から変化はないが少なくなつた。昔は綱を重要な体育用具として何処の学校でも備えていたが今はこれを備えている学校は少ない。棒倒は今の五十四、五才の方の中学時代から始まつたと思うが（海軍兵学校には昔からあつたそうだ）其後小学校にも取入れられて今でも盛んである。

2　個人競技―個人競技に一人一脚とか二人三脚とかスプーンレースとかあつたが、今は千変万化に取入れられて居る位だ。何といつても徒歩が個人競技の主体であることは変りはない。昔は旗取競走と云つていた。中学校でも師範学校でも百、二百、四百、六百、八百、千米まであつたが、私共の小学校時代には距離はきまつていなかつた。今の様に厳格なルールもなかつたので、全くのカチクルバセーであつた。又今の幼稚園児の旗取りみたように、決勝線に旗を持つた生徒を立たしてそれの取り勝負であつたから、自分の向うの旗が先に取られて、別の旗に向つて行くまでには後から来た者にそれも取られてしまうことがよくあつて、甚だ不公平であつた。障碍物競走も私共の中学時代からあつて武装してやつていたが、其後小学校の上級生にもさせている。青年学校には無論されていた。

その外中学校にはマストハンドとか人梯とがあつた。昔はどちらの学校も運動場が狭く運動会は出来なかつたのでよく村の馬場でやつていた。ところが競技のルールが備つて大正十年頃から青年にも適用する様になつたが、運動場は不完全であるし、ルールには精しくないし、青年は訓練されて居ないし、色々の関係で悶着を起すことが多かつた。それで運動会の審判員は先生方の鬼門であつた。

六、**服装**……服装も中学校ではあまり変つていない、が私共の高等科時代には、筒袖の和服に下駄ばきであつたから、徒歩などには裾を高くあげて走つていた。

青年の参加は、それよりかなり遅れて居たけれどもやはり和服であつて、シヤツはあつても猿又やヅボンがないから。和服やシヤツの下から赤や白の褌がひらひらと飛び出すことがあつて、その恰好は見られたものではなかつた。

それから今の様に御馳走はなかつたが米の御弁当にはありつけておつたので愉快であつた。

私共の中学時代に運動会に活躍した方々は外間善助さん、渡嘉敷真睦さん、柴田米三さん、今は故人となつた新里与長さん、桑江良秀君等であつた。徳田球一氏は私と同学年であつて、一年の時タイノースプーンに出場したのはよかつたが、頭のフクロもサジのミカンも手でさわつてはいかないのに、中途からは左手は頭のフクロを右手はミカンとサジをわしづかみして走り一着になつていた。無論オミツトになつた。子供の時から変り者であつたようだ。

尚、今だに思出の深いのは、私が尋常一、二年の時だつたろう、那覇の潟原で県下の連合大運動会があつた。県下といつてもどういう範囲から集つたか知らないが、交通不便のときで与那原からでも一泊したものだつた。それで村宿に泊る者もいるし、父兄が遊郭に連れて行く者もいた。

私は従兄に渡地に連れて行かれたがそこには私の兄も居た。砂糖アンラギーを食べたことを覚えて居る。兄達は当時田舎では見られない大柄の浴衣に着更えて居た。見たこともない女達が私共を可愛がつて呉れるので不思議な所と思つた。

それから戦前より進歩した点を一、二書いてみよう。

運動会は戦前も戦後も同じく十月の中旬から下旬までにたいていやるが、戦前は殆んど九月の中旬からその練習に取りかかるので、甚だしく時間をかけて他の学習活動に支障を来たす程であつたが、今は特に多くの時間をかける様なことはない様だ。もう一つは運動会の企画から当日の各係まで、一切児童生徒が教師指導の下に分担し殆んど自主的にやつてのけることだ。只私が最後に要望するのは、尚一層派出にならない様に質実な運動会にすることである。

（中央教育委員）

運動会今昔を想う

崎　浜　秀　主

文教時報運動会特集号に、特に『運動会今昔を想う』という題で何とかかけとの要求である。

早速筆を執つて、書いて見たいと思つたが古往今来六、七十年の星霜を経て、星遷り物変わり、人の世も明治大正の時代を経て、昭和の御代も三十代を越したので想い出しても夢かうつつか、はたまぼろしか、何が何やら後先もわからなくなつたが、強いて往事を追想すれば、明治大正の初め、那覇区時代の運動会というと、奥武の山は天朝山の麓、四面漫湖に囲まれて、松風や潮の音も絶え間なく、夏も涼しい公園の運動場で開かれた或は父兄母姉の中には、物見遊山のように御重やら御菓子を眺めて運動会をそつちのけの人々もいた。

天妃校高等科、年頃の女学生等は、さすがは守礼の民としてしとやかに、手足をあらわに見せびらかすのを恥として袖長の襦袢や裾長の海老茶袴を着けて運動やら体操遊技などやつて、いかにも優美にやさしく見えたが、戦後の今日は、太平洋の孤島沖縄も、空には飛行機、海には汽船で世界各国と貿易し、陸にはバス、タクシー、ハイヤー、三輪車、オートバイ等々、縦横無尽に往来し、或いは無電や電信、電話は亜米利加ワシントンと、トントン、ワシワシ昼夜をわかたず談笑するような国際的世の中となつた。

今日のジユニヤー及びシニアスクールの女学生等は、筋骨隆々として逞ましく、手足もあらわにむきだし裸一貫のように、走高飛び、棒高飛びはては砲丸投げやら、空手まがいの体操などやつて、男生徒を尻目に見ている。将来世界的に雄飛する女性の頼もしさよ。

県下大運動会

明治大帝が教育勅語を、御下賜遊ばされたのは、明治廿三年十月であつた。爾来毎年十月卅日には、若狭町潟原の塩田、競馬場において、県下各小中学校大運動会を催し、北は遠く山原のはてからも、父兄母姉同伴那覇に来り、那覇市中は宿屋、飲食店、各商店等は時ならぬかき入れ時となつた。

中学、師範の衝突事件

吾々の中学五年の時潟原において大運動会があつた。両校生徒が衝突しておめでたい日に怪我人を出したとて、奈良原知事を初め、両校校長等は、内務省及文部省にそれぞれ進退伺を出したとか大騒ぎを演じたことがあつた。

事の起りは運動会が終ると同時に、中学校が真先に隊伍を整え歩武堂々、運動場の正門を出て、美栄橋にかからんとする時、師範学校の隊伍が裏道を横ぎり互に先頭を争うて譲らず、中山門に到る頃には両方怪我人も出た。

師範生は一応寄宿舎に帰り、武装して体操の先生が率い首里区内は勿論のこと、那覇区の要所要所にて片つ端から中学生をなぐつたので、中学校においても不時呼集、総動員して那覇の町は修羅の巷となり、県病院は呉越同舟ともいうべきか両校生徒の負傷者が枕を並べてうなつていた。

運動会の歌

私は師範学校在職九カ年、明治四十五年一月には住みなれし龍潭池畔の校舎を去つて実業界に下り、那覇商業銀行専務取締役となつた。この年私が作つた運動会の歌の作曲は師範学校音楽の教師園山民平氏が作つたと思う。

明治四十五年の年は、
我が沖縄の県民に、
参政権が附与されし、
さてもめでたき年なるぞ、
いとも貴き宮様が、
みそなわしますみ前にて、
体操遊技かけくらべ、
競う我等のうれしさよ、

さて明治四十五年には、沖縄県民に始めて参政権が附与された。仝年三月には代議士選挙が行われ、めでたい栄冠をかち得て、国政に参与せし代議士は首里からは沖縄銀行頭取、高嶺朝教氏（沖縄タイムス社長高嶺朝光氏尊父）那覇からは岸本賀昌氏（元石川県参事官、前沖縄県学務部長）の二氏であつた、二氏は廃藩置県後沖縄から才一回留学生として東京に派遣された太田朝敷氏、山口全述氏、謝花昇氏等と共に派遣された五人組の俊才である。

この歌はいつ、どこで、何校の生徒が歌つたか、又宮様とはどなたのことか、教育界を去つた後のことだからさつぱり記憶にない。

因に明治四十五年といえば廃藩置県後実に三十三年後である。如何に日本政府が沖縄県を殖民地視していたかがうかがわれよう。

※辺土名地区某小中校

―運動会報告資料の中から―(3)

○当日の進行よくした理由

1　児童、生徒の控席を作り、日覆いをして、飲み水をその場所に準備した。
2　「よい運動会をもつための注意」を各家庭に配り協力を依頼した。
3　区の役員会、運動会諸係の打合せ会をもち、運営についての話し合いをした。
4　児童、生徒の諸係りがよく活動した。
5　会場の整理がよく保たれた。特にお母さん方が、子供たちを膝許から離さず、会場の整理が立派に出来た。
6　開会式、閉会式も全父兄区民が参加してもらつた。
7　会場を万国旗等で適当に飾つたので児童生徒、父兄もよろこんでくれた。

※糸満地区某小学校

○子供達の反省内容

1　出来るだけプログラムに「片付け」の時間をもうけてもらいたい。
2　各字の控席にチリ箱を用意する。
3　「物売り」は一定の場所において、運動場内には入れない。

※某高校

○反省（職員）

1　プログラムの数は適当だが、午後の出場は二、三年生が多く進行に支障をきたした。
2　所持品置き場を男女別に設け、且更衣室も十分準備すべきである。
3　日常より、全体の中の個人としての自覚を持たすようにつとめ、全体的な動作とリーダーシツプの養成につとめる必要がある。

生徒（中央委員会）

1　回数は適当だが一方に偏していた。
2　整列は、縦は良かつたが、横は悪かつた。
3　男女共同の演技は、一年生の協力がうすかつた。
4　形式的なもの、例えば高校リレーは廃止した方がよい。
5　入退場の動作がまづかつた。尚指導者と音楽との連絡がうまくいかなかつた。
6　控席の整理係を設けた方がよい。
7　準備、整理体操は、別々のものを、職員、父兄も一緒にやつた方がよい。

体育と健康

徳元八一

一、昔の学校

沖縄に小学校ができたのは明治十四、五年の頃で今から七十年も前のことだ。尤も寺小屋みたいなものは、各村（今の各字）に在つて有志の者に筆等を教えていた様だ。私の郷里玉城間切では下知役詰所が議校になつていた。それから二カ村三カ村合併で大きな瓦茸校舎が出来たのは、十年も後のことだ。私の学校は玉頭尋常小学校と云つて、玉城、具志頭の二カ村で建てたもので、高等小学校は島尻地方で一カ所（兼城村の座波に）あつた。尋常四年を卒えて高等小学校の寄宿舎にはいつたのは、数え年十二才であつた。月曜日には未明に起されて芋やお米を背負つて二里半の道を学校へと急ぐ次ぎの土曜が待遠くて水曜木曜頃が一番淋しく郷愁に襲はれ、夕方になると校舎の蔭でよく泣いたものだ。二年に進級すると学校が分離して佐知城校が出来た……文喜、東具、佐知城、大南、豊禄兼、の五校になつた。尋常校が各村に独立し高等小学校（以上の五校）……が分離して尋常高等小学校が各村に出来尋常科の課程が六カ年となり高等科が二カ年制になつたのはそれからずつと後のことだ。

二、断髪令

私共の尋常校の頃は男女共に結髪で服装も着流で帯も結び前であつた。私は父が学事係（大掟）をしていたので直先に断髪をした中村一朗と云う校長先生がモデルにして各教室を引張廻し休時間に運動場で多くの生徒に初コーシャーを喰わされて泣いたことは今でも覚えている。其頃「大和に生れてクンチヤーボーゴヤーなるよか沖縄に生れてカタカシラー」という歌があつた。断髪するために先生と喧嘩した者、窓を飛び越えて逃げた者、遂に学校を退つて仕舞つた者もいた。

三、昔の体操

徒手体操……独乙式とか瑞典式とか腿をパンパン叩いて赤くなるのを較べ合つたものだ。

亜鈴、球竿、棍棒、機械（鉄棒）木馬（飛箱）信号体操（手旗）等種々変遷をして今日の様になつたのだ。

四、沖縄初の大運動会

運動会のことを「旗小トウエー」といつていた。毎年一回は各学校でやつていたが馬勝負や闘牛程に人気はなかつた。今日のように村民挙つての運動会になつたのは後年のことだ。

日清戦争で勝ち軍をして遼東半島と三億両の賠償金を取つた。そのお祝いの意味であつたか県下大運動会が那覇市の潟原で開催された。

私共下級生は参加出来ず父に伴れて見物に行つたが、会場は縄を張り廻らして厳重な警戒だ。……田舎の小父さんであつたが巡査の制止も聞かず入場する我が子と共にはいろうとして巡査に捕まり張縄で首を締められて苦しんでいるのを見て驚いた。今に其時の光景は覚えている。征服者であつた鹿児島系の巡査「オイコラ式」の警官は実に横暴なもので泣く子もアネアネ巡査といえば泣き止む程だつた。

五、運動会と喧嘩私達の小学校の頃であつた。師範学校（兵式体操）は最も特意で世間のほめものであつたが……中学の生徒からは官費といわれていた。

中学校が潟原の運動会で衝突した事があつた。仲本のセー小とか云う、名前は今に忘れない。

其後も奥武山の運動会で一中が審判者の判定に不満を抱き一騒動起した其の時の審判長は泥軍艦という愛称のある山城興純氏であり一中の応援団長は今の小波蔵文教局長であつたとか。

六、体育と健康

私は総べて体育競技は人間の健康増進の為にあるものと思つている。昔のことだが中学の生徒嘉手納某が運動会にマラソン選手として登場し幾何となく死んで仕舞つた、糸数某という娘が女学校の運動会にハイハードルの選手として出場しその為に健康を損つて在学中に死んだ、選手の人々は各自の記録を練習によつて進展させて喜ぶべきで、決して甲に対し、乙に対して……勝つために自分の体力の限度も考えずやることは無謀のことと思う。……心すべき事だ。

勝つて泣き、負けて泣、其の心境はわかるが……力の相違だ運の問題だとして練習に励むことだ、勝負に勝つて相撲に負けたと云う詞を聞くことがある……正々堂々とスポツマンシツプを発揮すべきだ。……勝敗は時の運、

それから今一つ重量運びだが背柱の正は人体健康の基本であるが重量を一方の肩にして背柱を彎曲させ、そして走るという運動は……如何なるものでしようか。

地方青年の人々が運動会目当の俄仕込みも健康にどうかと思う。

健康を破壊してまで運動競技はないと知つて欲しい……妄言多謝………（沖縄P・T・A連合会長）

——随　　想——

私達の運動会

佐敷中学校
二年　瀬底　美佐子

十月六日、日曜日に小中校連合運動会が催されましたが、その前日は運動会の準備で皆忙がしそうだった。体育部の人達は各自の役割や分担の諸準備をやり、又美術クラブは婦人会のバザーの看板や音楽室の看板、アーチの装飾品作りで非常に忙がしそうだった。私達放送部は、明日はどんなことによく注意を必要とするか等を話し合い機械班は機械の整備と、皆明日の運動会に胸をはずませている。他の生徒は、山から蘇鉄を取って来てアーチをつくり、美術クラブが作ったいろいろな装飾品で美しいアーチができあがりました。音楽室も青々とした蘇鉄の葉で装飾しました。

明日の準備もようやくすみ、帰る生徒の足どりも軽ろやかに、とぶようにして帰宅した。

いよいよ十月六日、日曜日、見わたす大空は雲一つなく日本晴れ、私達の心もあの大空のように晴れ晴れとした気持で今日の運動会を迎えた。運動場の周囲は、観衆の人々で、大海に魚が頭をもちあげたように黒山のようだ。東側には、村の婦人会のバザーの看板がずらりと並んでいる。中央には、日の丸の旗が風に大きくはためき、万国旗もひらひら、木々の小鳥達も今日の運動会が楽しい運動会でありますようにと歌っているにちがいない。

私達生徒会では、決勝、審判係、招待係、出発係、放送係、記録係、賞品係その他多数の係を決めて、今日の運動会が張り合いのある私達の運動会たらしめるため、係をおきました。

音楽堂からは、もう楽しそうな音楽が流れている。私達放送部もさつそく放送をはじめた。九時の開会の合図で、生徒が運動場に黒山を作つた。初めに校長先生、村長さんのお話がありました。村長さんは、「皆さまが今までダンスやあるいは、その他たくさんのいろいろな事を練習して来たことと思います。その練習した技と力を今日皆様の父母の前で発揮してもらいたい」とあいさつなされた。私の頭に浮び出したのが今まで体育の時間や放課後一生懸命になつて、練習をして来たのだから……そうだ今日父母の前で一生懸命にやつてやろうと強く心に誓つて今日の運動会に参加した。

校歌ダンスの創作に当つては、ダンスクラブの部員が夏休みに部長を中心に。顧問の先生の指導の下で創作したものです。きつとダンスクラブ員も大へんだつたことでしようとつくづくダンスクラブの苦労したことがわかつて来た。

プログラムは予定の時間通り順調に進んで行く。私達放送部は、少しの時間を利用して婦人会のバザーの宣伝をしたり、気持ちよい運動会にするには、父兄の皆さまがちりを捨てないようにすることが必要です等と放送したりしました。

中学の全女生徒が演じた田毎の月は、なかなかすばらしかつたと、たくさんのおほめの言葉をもらいました。田毎の月を練習するにあたつて私達は大へん苦労した。一番難かしかつたところは、十字をつくるところや円をつくりながらランニングステップするところだつた。

男生徒の棒倒しは、なかなか勇壮だつた。一対一で終わつたので男生徒は物たりないような顔つきをしていた。音楽クラブもなかなかの腕前で汗を流しながら気持よい音楽を奏でている。

時計の針が四時半をさした時、私達の運動会は皆のよろこびの中で終わつた。

今日の運動会で反省した事は、もう少し前からダンスの練習をしておけばよかつたということでした。それから私が希望することは、小中校の連合の運動会でなく、中学校だけで運動会をもちたいと思います。その理由としては、計画やプログラム、準備なども自分達の手で自主的にやりたいからです。そして、もっとたのしい運動会にしたいからです。それから父兄や先輩の皆さんに招待状を出すのも自分たちの手でやりたいと思います。もう一つは種目をもつとたくさん持つてのびのびとしたダンスやその他いろいろの事をしたいと思うことです。

私のつとめた放送部の仕事もそんなに良い成績ではないが、まあ良くやつたと思う、又来年も今日のような出来ばえのあるたのしい運動会が出来ますようにとそつと神に祈つた。

終り

創作指導

ー教科書を利用しながらー

次の文は川平教育才二集「国語の教科書をみんなが進んで学ぶための指導はどうしたらよいか」の中の一部です。

同校は文教局指定実験学校として研さんされ多大の効果をあげており、集録才二集には参考になる指導例が少なくない。

文中、才一回とあるのは教科書国語六年(II)の読後感、才二回は読後創作を試みたものである。才三回のを読むと児童の創作を楽しむ気持がうかがえてうれしくなる。

（編集係）

——指導事例——

いなごの大旅行をよんで

六年　当間　富

教師（**これは感想文から発表して、創作まで進んでやつた三回にわたる長文のものである**）

私は、いなごの大旅行をよんでおもしろかつた。台湾に暴風雨のあることもはじめて知つた。そしてこんなことを考えた。台湾に暴風雨があつた時はもうみんなさんざんこわれただろうと。

四十五、六の紳士のおなかの大きいこと、今にもわらいたくなる。いなごが汽車にのつたのを車しようざんがみつけて「キップ」といつたらどんなにおもしろいだろう。いいあんばいに見つけられなくて私は安心した。いなごは汽車にのるのが大すきなのだろう。作者がいなごのことを人に知らせないでいたのをたいへんいい人、なさけ深い人だと思つた。

（評）教師（**あなたが作者だつたら……車しようにみつけられたいなごのことをもつとおもしろくかいたでしようね。作つてごらんなさい。いなごが車しようにみつけられたことを考えて……すばらしいでしようきつと。**）

※　※

いなごが、かぎ（嘉義）から二つめぐらいの停車場で紳士がたたこうとすると、飛んでにげまわつた。汽車の中のお客はおどろいてお客の方をみた。乗客がさわいでいるのをきいてかけつけて来た車しようさんは、いなごに「いなご君、きつぷを切らしてくださいね。」といつた。

かわいそうないなごはお金をもつていない。

ますますおどろいたいなご君がどうしようかと心配しているところへ気のやさしい人がのりこんできた。

ひそひそ話したり、わらつたりしている乗客たちのところへきて、やさしく、しずかにいつた。

「みなさん、このいなご君はたいへんおこまりのようです。私がだしてあげますから安心してください。」といつて、車しようにお金を渡しました。それでほつとした乗客たちは自分の席へもどりました。

いなごは、自分をたすけた人をじつとみつめていました。あの人は先生だつたのです。……

（評）校長（**すばらしい考えです。美しいはねをつけた六年の女の子が月の世界へとんで行くようなすばらしい考え方だと思います。もう一ふんばりすれば申し分のないりつぱな感想文になると思います。**

『あの人は先生だつたのです』この考えついたことをかき表わす方法を考えてみたらどうでしようか。大事なところと思いますから。）

そしてこの先生はこんなことをいいました。

「みなさんこのいなご君は私の教え子だつたのです。この子はひじように頭のいい人です。私はいなご君を高等学校へ入れたいけれどこの子の父母がいかせまいとしているのですよ。この子の家はまずしいのでお金をもつてこなかつたと思います。みなさんこの子をかわいそうと思いませんか。」

みんなははつとして、顔を赤くしたり、青くしたりしていました。けれどもこの先生は、しずかにだまつてみていらつしやいました。

先生のことばをだまつてきいていたいなごは、先生のことばがわかつたように涙をながしていつまでも先生をみていました。

先生はいなごの頭をなでながら「いなご君さ、なかないでわらつておくれみんなはあんたの気持がわかりましたよ、これからはまじめにはたらいてりつぱな人になるんですよ。」とやさしくなぐさめてくださいました。

いなごは、家にかえつて、父母にこのことを知らせると、父母もよろこんで「おまえ、先生といつて勉強してりつぱな人になつてきなさい。」といいました。

どんなによろこんだことでしょう。

これまでさびしく思っていたいなごは、毎日先生のもとで勉強できるようになって友だちもたくさんふえました。

いなごは遠いむかしのことを考えるとゆめのようななつかしい気持になるのでした。

今では大学の校長先生になり、子供たちをかわいがり、まずしい人たちのために働いて幸福にくらしています。

。本文のまま掲載しました。

山川武正氏

社会教育課長へ

文部省初中局初等教育課事務官として活躍しておられた本県出身の山川武正氏は、このほど島根県教育委員会、社会教育課長へ御栄転になりました。

辺地教育の権威として知られ、殊に本土を訪れる教育関係職員の私共が、常に御指導と御援助とをいただけた氏の今回の御栄転だけに心から喜ばずにはいられない。

※　＋　＋　※

※　　　　　※

※那覇地区、某小学校

運動会報告資料の中から―(2)

児童会の反省

○良かつた点

1 一、二年生が早く集合してくれたので、よかつた。

2 湯のみ場がたくさん出来てとてもよかつた。

3 P・T・Aのおじさんが親切に手伝つてくれた。

4 P・T・Aの方々が後片ずけをしてくれたので早く帰れた。

○悪かつた点

1 小遣を持つてこないように決められたが守らない者があつた。

2 自分の席を離れてばかりいる者があつた。

3 応援歌をふざけながら、歌つている者があつた。

4 終りに近づくと、応援する者が、コースの前に出て来たので走りにくかつた。

職員の反省

1 自分のクラスの演技より、全体の成果に関心を寄せるべきだ。

2 運動会は、授業の場との方針を確立してすすめられた為、気分的にも、運営面にも楽だつた。

3 一年生のダルマ送りの時、父兄のない子供のために、代理でやつてくれた一父兄には大変ありがたかつた。

(一六頁よりつづく)

ドナウ川のさざなみ(イバノビッチ作曲)

金と銀(レハール作曲)

アンダンテカンタービレ(チャイコフスキー作曲)

詩人と農夫(スッペ作曲)

楽器を弾ずる時も、レコード使用の時も途中で打切る時は小節の切れ目で止めるという事を心得ておくとは大切です。

音楽にもたくさんの曲がありますから毎年毎年変つた曲を使うということも考えられますがその学校として中心になる音楽を持つておくことは卒業生の為に如何でしよう。

卒業生は見物に来てみると、自分達が在学していた頃の曲がきこえた。それで母校に対する親しみが倍加し心の故里といつた感じをおこすことでしよう。愛校心も高まると思います。

以上で簡単ながら運動会の音楽について記しましたが、運動会前日の係の仕事としては、楽器の調律をしておくこと。レコードは使う順序に従つて重ねておいて当日あわてないようにすることが肝要だと思います。

(保健体育課主事)

流行を追う子供達

配属校　東京都江戸川区立
平井南小学校　与那城　茂

久しぶりに都会のごみごみした空気から解放されて、私は校外教授の補助員として観光バスに乗っていた。子供の顔はだれでも生き生きとしている。車内の窓からながれる郊外の風景を眺めている子、歓声をあげてさわいでいる子、ガイドさんが美しい声で説明していく、誰かがガイドさんに質問している。やがて林の中を通って田園の広々とした平野に出る。ちょうど出発して一時間ちょっと、私にも質問をする子、時々どう答えて良いか途方にくれるような質問をする。担任のM先生も満足そうにほほえんで居られる。五年二組の生徒で在籍五十三名、きょうは全員出席している。

出発前は父兄の方多数が学校にこられて見送りやら注意やらして呉れる。あのこのましい情景がまだ私の頭にこびりついている。突然ただ事ならぬ声で車内がざわめいた。ふりかえるとそれは車酔いである。早速M先生が用意してきたバケツをその子の顔の前にさし出す。

一度こういう事がおこると車内中伝染するから困る。座席も考慮したが二人三人と数をました。M先生も弱り切ってとうとう車酔いをはじめた。私はそれ等のあまりお目でたくないことを世話しなければならなかった。バケツ一個に二人も顔をつっこんでいるのを背中をさすったり、顔色の悪い子に薬をのましたり、てんでいそがしい。

汽車や電車に乗りなれている子供達がどうしてこうもバスに弱いかちょっと疑問だった。

ガイドさんが気をきかして「さあ皆さん一緒に歌でもうたいましょう」単調なフシまわしでガイドさんが良いリードぶりをはっきした。子供達は気分転換され、元気な声でうたいだした。車酔した連中もあおい顔をしてうたっている。それでもまだしつこいのが居てバケツにかじりついている。二時間と三十分で鳩の巣の観光地につく。しずかな山林と云うよりは観光客でにぎわい銀座なみならぬにぎやかさだった。

谷間のせせらぎも人間の歓声にうち消されてしまう。各班に別れて昼食をとることになった。職員はバンガローを一つかりて楽しい食事をはじめた。女教員が腕によりをかけてつくった御ちそうでどれもこれも珍味だった。この憩の一時に引率についての所感や、車酔予防の意見が交換されたことは云うまでもない。

予防薬のききめがないことから話しが横にずれていった。休息予定の時間が過ぎて、いよいよ帰るバスに乗ったのはあれから三十分後であった。

また車酔の世話をしなければならないと思うと、何んとなくせっかくもりあがった威勢も消沈してしまう。名護まがりを想像させる峠道をバスは走っている。

ガイドさんが子供向きのセリフで説明をしていく。このセリフは幾通りもあって老人むき紳士むき、ロマンスむきとあるらしい。まさか小学校五年むきと云うのはないだろう。しかしそこ迄こぎつけるようにバス会社は、はりきっているらしい。

そうなると教室で窮屈な授業をやるよりは、観光バスを利用して成果をあげる方法も生れそうだ。奥多摩の山を後にして、バスは走っている、車内ではクイズ大会や童話大会がくりかえされて予想していたとは別に車酔いは一人も出てこなかった。「ガイドさん何か歌ってよ」とS君、K君はS君にふり返って、車内にある名札を指さして、「大森美和子」と書いてあるから大森さんてよぶんだよ」一同くすくすと笑う。ガイドさんはマイクをつかんで「そうね何をうたおうか知ら」、K君、「東京のバスガール」、一同は「そうだそうだそれがいい」と、M君の声にパチパチと拍手をおくる。ガイドさんは担任の顔をちらっと見てから、のり気でない口調で「それではうたいましょう」とうたい出した。

歌詞は忘すれたけど、たしか「恋もある、夢もある」のところだけが教師と云う商売上私の心に残った。うたい終るとO君「いかすじゃないかよ」、M子「お姉ちゃん今度は有楽町で逢いましょうをうたってよね」、ガイドさんまんざらでもなさそうにうたいだす。多分なれているのだろう。都会の子はこういう傾向を持っているのだろうと、私は勝手な解釈をつけた。かえって教師の前でも平気でこう云う歌を好んだりする傾向はかってでも良い。何んでも云える子をつくろうと呼ばれたじゃないか、と云うことも手伝って私をおちつかせた。圧力をかけたところで子供達が感じている現実は現実で、彼等の心に内在していることは事実である。

今度は一人々々にマイクが順々に渡された。だれもかれも音楽の時間におそわった歌をうたっていない。最近のヒットソングばかりだった。こんな楽しい雰囲気にうたううたは流行歌ばかり。ただ音楽の時間に歌えるものをやったのは私と担任と数名の女の子にすぎなかった。もしここに音楽専任の教師が居たらどう云う指導法をとつただろうか。私とは別の方向で解釈して適当に処置していつただろうか。

この学校は東京都の音楽コンクールで三位に入賞したことがある。音楽室にはちやんと記念写真までかかげられている。私はその写真といまこの子供達と比較して考えていた。M先生は一言も云わないでうかぬ顔をして居られる。時々無理に笑顔をつくつて居られる。その心境がよめるような気もした。G君「えーこんどは落語を一席おきかせします」。たしかに専門とひつてきするぐらい上手にしやべりだした。O君「ぼくがつくたうたです」。私はこいつはすばらしい自分で作詩、作曲、をしたものか。音楽の生活化はこの辺にやまをおいているのだろう。胸をはずませながら期待した。車内から一せいに拍手がおくられた。O君はてれくさそうにM教師をうわ目づかいに見た。

S君「はやくやれよ」。O君「ではじめます」また拍手がおくられた。すつかりのり気になつたO君は「僕は少年グレン隊、〃明智なんかへつちやらさ〃さびたナイフがうるえている〃こんちきしよう」ここまで聞いて私は期待をうらぎられ、ある反面みじめさを感んじた。

可愛いぼうやが作詩作曲したのがこれか。一種の恐怖感さえ覚えたのをどうしようもなかつた。子供がテレビやラジオ等のマスコミから受ける影響は確に大きい。学校教育では対抗していけないだけの大きな圧力と魅惑をなげかけている。こんな素質を教育的に方向づければ良いではないかと誰れでも云いたい衝動にかられるであろう。しかし子供に内在しているものを簡単な教育技術でそこまで伸ばすことが出来るだろうか。或は欲求性をどう変化させ得るだろうか。私の心で自問自答が繰返えされた。

M教師はこういう時の教師の義務的な手段をどうとるだろうかと思い、M教師を見たけど何一つ云わないでだまつて聞いていた。同じような作詩作曲が人気者S君によつてうたわれた。私は車酔いにもにた憎悪感で窓外をながめた。

二度とM教師に何かを求めるような目で見ることは私の心がゆるさなかつた。私は平常、この子供達の素直さ明るさに感心している。二度ばかり補教にいつたことがある。その時の授業態度や熱心な勉強ぶり、それから学校のすべての生活態度に沖縄とは比較にならない程優れたことが多いことも知つた。しかしこう云う現象を見たからといつてこれ等のすぐれた点が消えうせるのでもなかつた。むしろこの反問を社会やマスコミに矢をむけたかつた。

P・T・Aで「うちの子はテレビを買つたらちつとも勉強しないんですよ」とぐちをこぼすお母さんの事も想像してみた。一昨日下宿に帰りしな七才ぐらいの女の子が鼻たれをたらしながら「有楽町デ逢イマシヨウ」とうたいながら意気にも肩をふつて歩いていた。こつけいな姿も思い浮べた。確に子供達は歌詩はどうあろうとフシマワシにづられてうたつているとも考えられる。

しかしここでは歌詩内容を認識する段階まできている。うたつているうちにそうなるのだろう。こうしてマスコミは小さいグレン隊や、ロカビリ族を知らず知らず育てているのだ。

学校に帰着したのが六時一五分計画案一分もあますところなく正確だつた。これも校外指導の実施踏査の成果である。子供が各家庭に帰つた後職員の反省会が行われた。三号車も四号車も異口同音にして流行歌のことで論議された。矢張り五年全組が同じ傾向で、いや都内全体がそうだと云いきるだけのものがあつた。

校長はこれに対して歌声運動の協調性やそういう運動に日教組がのり気でないことを批判した。T教師は文部省の音楽教育が型にはまつていて社会性にとぼしく音楽の生活化は専門家が自己満足して成功感を持ているに過ぎぬと云つた。校長はさらにつけ加えて子供の歌声運動をマスコミを通してやつていかねばならぬと述べた。T教師も他の教師もそれには賛成だつた。

当校としてどうやつていくと云うような具体的な問題は話されなかつた。ただビールがいきおいよく泡を出していた。私は生きがえるようにゴクンとのどをならした。

帰りは八時過ぎになつて足が重たかつた。ネオンのあざやかな色に星も顔まけしているように光つていた。トンネルというバーの前を通つたときロカビリの音楽が私を笑つているようにながれている。「あれは音楽の邪道ですよ」と云つた日大の若人が私に云つた言葉が急になつかしみを覚えた。

ここで沖縄の花風やかぎやで風を聞けたらな、沖縄の青い空、しずかな山村、そこでも矢張りロカビリがラジオからながれているのだろうか、川の流れにかわずが逆らつて進んでいるようなものが流行なのだろうか。ほろ酔いの頭の中ではげしい葛藤が生じて今夜は寝られないだろう、レジスタンスの対象は商売意識で氾濫しているマスコミだ。大人は楽しいだろう、この社会は大人のもので子供のものではないから、どこかにきつと楽しい子供の世界が多くできるだろう、馬鹿らしい気のつかい方だつたが私が上京してからの始めてのショクだつたことはまちがいない。

講座

和寇と青磁考

―四四号よりつづく―

稲村賢敷

又琉球の朝貢船や接貢船が福州の港にはいつて琉球舘に落ちつく迄には数ケ所で厳重に検査手続をうけて入港を許可されたのであつて（沖縄一千年史八七頁）、これら正規の朝貢船以外の船で、支那海岸に近づいて貿易を行うということ等到底考えられない事である。こう考えてくると、琉球諸島の各地に現存している遺跡で、そして沖縄本島内の三山の勢力の何れとも関係のない絶海の孤島に、支那で製作され、そして支那から持つて来たとする外には考えられない青磁破片が、夥しい数量のものが拾得又は発掘されるという事実は、これを如何に解釈すべきものであろうか、それには当時日本及び琉球に対して許された入貢という正規の貿易ルートの外に、和寇という事実が認められており、そして明国はこの和寇のために浙江、福建等の沿岸地方が毎年のように荒された記録が、支那の正史にいくらでも記されている事から考えて、これ等の琉球諸島各地の遺跡から出土する青磁類が、和寇に依つて持ち出されたものであると考える事は決して無理ではないと思うのであります。

こうして私は琉球諸島の中でも特に支那大陸に近く、そして当時の琉球政府の管視からも全く隠れている先島諸島にある「やまと人」の遺跡から多量の青磁破片が拾得又は発掘されるのは、その居住者たちが支那と交通関係のあつた事実を証するものであり、そしてこれ等青磁は浙江省龍泉県で製作された所謂龍泉青磁と称するものであつて、その製作年代も品質や色調の上から見て、元、明時代（西紀一二六〇年から一五九〇年）の製品であることや、当時日本に於いては室町時代で茶道の流行と共に青磁に対する需要量が年々増加したが、日明間又は琉明間の貿易は厳しい監督の下に数量を制限して行われて居つたので、この日本に於ける唐渡り物に対する欲求を満足させることはできなかつた。こうして当時支那東南海岸に暴威を振つて、多くの物資を掠奪した和寇と称する人々は、日本市場をあて込んで莫大なる利益を得んがために、これ等の物資を掠奪したであろうから、琉球諸島殊に先島の辺鄙な島々に夥しい多量の青磁破片が拾得されるのは、彼等が便宜上これ等の島々を根拠地としたためであつて、彼等はその掠奪品をこの根拠地に貯蔵しておいて、折を見て日本に渡りこれを売つて莫大の利益を得ていた事と思われる。これ等のことについては当地方の伝説に依つても其の概要を知ることができるのである。

最後に日本の室町時代（十四世紀中頃以降）は琉球では中山王察度の頃で、南蛮貿易が漸く盛んになりつつあつた頃のことであるから、これ等の遺跡は琉球における南蛮貿易の遺跡であろうという説について考えて見たい。そのためには各諸島の遺跡についてその遺物の状況や伝説等について調べて見ることが必要である。先ず久米島における和寇遺跡である具志川城及とんな城跡について遺物及伝説を調べて見ると、この両者からは夥しい青磁破片が拾得される事が両者に共通する点であるが、当時島内に於ける大きな勢力であつた「いしきなわ城」や、その次男と称する仲城按司の築いた「うえぐすく城」からは青磁破片が全く拾得できなかつた事、及前者と後者の間には、はげしい争闘のあつたことが伝説として残つていて、殊に「とんな城主」として伝えられているがさし若按司とその母については、当時の人々の涙を誘う幾多の悲劇物語が伝つている事は注目すべきことである。これ等の遺物の相違及び伝説から考えると、具志川城や「とんなわ城」が貿易港であつたとすれば両者の間にもつと平和的な関係ができたんじやないかと思われるし、又青磁の如きも「いしきなわ城」からも拾得されねばならんと思う。これは具志川城と「とんなわ城」が和寇の根拠地であつて、島内勢力との間にはげしい争いがあつて滅されたものであるとした方が無理のない解釈であると思われる。先島諸島の遺跡にいつて調べて見ると、島民とこれ等の遺跡居住者との間には文化の上で大きな隔りがあつたことが考えられる。宮古島の保良元島にある和寇遺跡からは青磁や南蛮焼の破片が散乱している屋敷跡と隣接して、元島御嶽と称する島民の拝所があり、その附近からは石斧、石槍等の石器時代遺物が拾得される。又石垣島川平部落に近い仲間丘和寇遺跡からも青磁や南蛮焼破片が多量に拾得されると共に、その附近は川平貝塚として知られており、今猶石斧等の石器が拾得される。又波照間島においても「シモタ原城跡」から青磁、南蛮焼破片が拾得されるが、その西方にある一帯の地は金関博士に依って「シモタ原貝塚」として発表されているのである。これ等の事実について考えて見ると、当時島民は文化の程度が低く、造船や航海についても幼稚であっただろうし、大海を乗りきって支那大陸との間に貿易をしたであろうとはどうしても考えられない。殊に命がけの大冒険を犯してこれ等の物資を持ち込んでくるためには、それだけ大きな貿易上の利益がなければならん事であって、それには日本市場において青磁や絹糸等の唐物が法外を以て取引されている事実から考えて、この間の事情に精通している人々であろうという事が考えられる。則これ等の琉球諸島各地にある遺跡は、これに隣接して当時未開状態である島民の居住地があったことが考えられるが、彼等に依って青磁や南蛮焼等の物資が当地に輸入されたという事は到底考えられないから、青磁類を持ち込んだのは島民とは別の人々であると考えざるを得ない。そして彼等は日本人であったと考えるのが穏当であろう。猶これ等の遺跡居住者が日本人であったという事については伝説ばかりでなく、宮古島城辺町の砂川、友利両部落民の間に今猶書写されて伝承されてきた砂川双紙という綴本が、日本陰陽道の秘書である「金烏玉兎集」であるという考証に依って、疑問の余地はないと思うのである（和寇史跡の研究参照）

かようにして是等琉球諸島の各地に散在する遺跡について当時の貿易港であろうと考えてみても、その遺物及び伝説について詳細に検討するならば、その貿易に当った人々は島民ではなくて「やまと人」であり、そして当時支那東南沿岸地方に暴威をふるった和寇と称する人々の居住の地であったという事に帰着するのである。

最後に私はこれ等の和寇遺跡と琉球史との関係について簡単に述べて見たい。先づ八重山諸島について見ると、

一、石垣島川平部落附近にある仲間丘和寇遺跡の首領としては、仲間満慶や「うるか屋まやまと」の名が残っている。仲間満慶が「オヤケ赤蜂」のために殺害されて後、遺跡の居住者達は「うるか屋まやまと」に率いられて現川平部落に移り住んだ。現在彼等の子孫は「パイデノフヤン」（分家した元家の意）と称して三十二戸あるが、村の祭祀や行事には今でもこの人々が中心となって行っている。更に仲間満慶の子孫で後に中山政府から召されて役職についた者は、石垣市に移り住むようになり、憲章氏（英姓）を称して一門繁栄している。（和寇史跡の研究二九九頁）

二、オヤケ赤蜂は波照間島和寇遺跡を代表する英雄である。彼は後に石垣島大浜村に移り「ポウマアカハチ」とも称しているが、西紀一五〇〇年中山に反旗をひるがえしたため、中山軍のために滅された事は名高い話である。

三、「なあたふうじ」も波照間島和寇遺跡を代表する一人であって、その生地も「オヤケ赤蜂」と相隣しているが、如何なる原因によるのか明らかでないが、両人は宿敵関係になっていて、彼は最後まで赤蜂のために苦しめられた。「なあたふうじ」の妹二人は赤蜂の妾となった。赤蜂が滅んだ後彼は中山政府から古見首里大屋子に任ぜられ、その子孫は長栄氏（信姓）を称し八重山島における名門として一族最も栄えた（和寇史跡の研究三二二頁）

四、「なれとう」は「なあたふうじ」の弟であって、その子孫は山陽氏（長姓）を称し一族最も多く繁栄している。

五、ししか殿と称する人も波照間島和寇遺跡を代表する一人であって、赤蜂によって殺害された。赤蜂が滅んだ後その子はヤスク与人職に任ぜられ波照間島に居住した。同島保嘉村の「フタモリ屋」はその本家であると共に部落のトニモトである。保嘉村をはじめ前村、南村等にも一族が多い（同書三二二頁）

六、げらい慶田城（けだぐすく）は西表島祖納の和寇史跡を代表する人である。その子孫は祖納部落に多いが、その中で西表首里大屋子其他の役職に任ぜられた者も多く、彼等は石垣市に移り住むようになり、錦芳氏（用姓）を称し八重山に於ける名門として一族栄えている。（同書三三三頁）

七、幸本ししかあらと称する人は竹富島和寇史跡を代表する人であって、前記の人々よりはいくらか前の人であったと思われる。彼の子孫は主に仲筋部落に住み本家は幸本家（こうんと）と称し部落のトニモトである。

こうして八重山諸島にある和寇史跡は其の地方の住民と密接なつながりを持ち、そして八重山島の歴史はこれらの和寇関係の人々に依つて十五世紀から十六世紀の始頃迄にその基礎がきづかれたのである。其後彼等の子孫にはすぐれた人々が多くあらわれて、政治、経済、文化の上に大きな功績を残しているから、八重山歴史を考える上に、これ等の和寇遺跡を究めることは極めて重要であると言わねばならん。宮古島における和寇遺跡が同島の歴史と如何なる関係があるかを述べると。

一、上比屋山和寇遺跡を代表する人としては十五世紀末頃に砂川大殿と称する人が居るし（和寇遺跡の研究五七頁）、その甥に金志川金盛及び「なきたつ」という英雄が居つた。金志川兄弟は仲宗根豊見親（とよみや）に従つて両度の八重山征伐にも参加して功績があつたが、後に仲宗根とよみやの長男仲屋金盛と争つて滅んだ。

上比屋山居住者たちの子孫は山を下りて砂川、友利の二部落をつくつて住むようになつたが、その子孫は神の書と称して砂川双紙と称する卜占書を書写し伝承しているので、これを以てその血統関係を或る程度明らかにすることができる。猶この砂川双紙が平安時代中頃の天文暦法の学者として知られている安倍晴明の著書「金烏玉兎集」（一名ほき内伝）であることについては和寇史跡の研究において詳細なる考証がなされている。猶宮古島における造船技術、航海、卜占、暦法の知識及び鍛冶、製陶の技術が上比屋山和寇遺跡の居住者たちに依つて伝来されたことは、宮古の文化史上最も重要なことである。（和寇史跡の研究、五一、頁五七頁、八九頁、一〇一頁、一五一頁、一八五頁一八九頁、二〇〇頁等）

二、童名「かあら」は古くは島内に広く使用されたもので、殊に下地町の川満、上地、与那覇、及び久松部落、平良市下里の一部には祖先童名として継承された。童名「かあら」は「日本甲螺」という和寇首領に対する名称と関係があつて、宮古、八重山諸島では童名として古く使用されたこの童名「かあら」が和寇に縁のある名称であることから考えて、その子孫は現在考えられている者より遙に多数であろうということが考えられる。（寇史の研究二四四頁）

こうして宮古島においては八重山島とは違い、和寇史跡に関係のある人々に依つて島の歴史の基礎がきづかれたという事実はない。寧ろ彼等は島民の耳目にふれないように隠れ住んだのであるから、政治上大きな勢力としては現われていないが、文化の各方面にわたつて大きな影響を及ぼし宮古の文化を発達せしめた功績は大きかつた。

沖縄本島についても三山を統一して中山王国の基礎をつくつた才一尚氏の出身については折口信夫博士の「琉球国王の出自」という論説がある。（和寇史跡の研究一九頁抄録）これに依れば南朝の忠臣名和氏の一族は征西将軍懐良親王が肥後の菊地氏を頼つて九州に下られた時、親王に従つて西下し肥後国八代地方に根拠地をおいたが、其後四、五十年を経て征西府が滅亡したので、名和氏も八代地方を去つて肥後海賊を頼り琉球落をした。そして伊平屋島から佐敷馬天へと居住地を移して、尚巴志の時には三山を統一して中山王となつた才一尚氏は、南朝の忠臣として名高い名和氏の一族であるという説を発表された。そして折口博士はその論拠として次の三点を挙げられた。これを簡単に紹介すると。

一、尚巴志の父尚思紹は通称を苗代大親と称しているが、彼は明国に朝貢する関係で「なえしろ」を尚思紹と書いたものであろう。紹はもと絽と書いたものであろう。

二、才一尚氏の起つた佐敷、謝敷という地名は肥後国八代附近にもあつて、名和氏に縁のある地名である。

三、尚巴志の霊石は「月しろ」という名称で呼ばれている。月しろは日本では武神八幡大菩薩を象徴するものであるから、これにも日本との関係を見ることができる。

等の諸点を挙げて居られる。猶私がこの点について附記したいと思うのは征西府と和寇との関係である。吉野朝廷時代に九州肥後に拠つた懐良親王を中心とする征西府が、和寇と表裏一体としての活動をしている事については拙著和寇史跡の研究に詳説した（同書一頁から三六頁参照）これによつても八代附近に根拠をおいていた名和氏一族が、征西府が滅亡して後、肥後海賊を頼つて琉球落をしたという折口博士の説には大いに首肯させられるものがある。猶沖縄本島内における和寇史跡については、今後の調査、研究に依つて明らかにするつもりである。

従来日琉関係については、源為朝の渡琉伝説や、平家一族の南島渡来等が伝えられ、その方面の研究発表もなされてきた。院政時代以後日本における政治上の落武者がその隠棲所として、琉球にきたことは充分に考えられることであるから、私はあながち是を否定するものではないが、恐らくこれは伝説の世界以上にしつかりした論拠を見つけることは困難であろう。又源為朝という一個の英雄や、平家一門と称する限られた少数の人々が、刀折れ矢つきて南島にたどりつき、此処に安住の天地を見つけたとしても、それが琉球の社会、文化、又は民族問題の上に如何程の影響があろうか疑わしい。これにくらべると和寇の問題は吉野時代から室町時代にかけて二百数十年間毎年のように継続的に行われた日本民族の南進の歴史である。高麗紀や明史の記録を一読すれば如何にそれが大規模のものであつたかを知ることができる。その期間からいつても、又活動範囲からいつても、又それに活動する数量からいつても比較にならん程に大規模なものであつた。東支那海を中心として西は遼東から広州にいたる支那大陸の沿岸を洗い、そして日本の堺、博多、唐津、坊の津等の港津とを結んで大活躍をしたのである。琉球諸島はまさに彼等の活動舞台の中心であつて、彼等はここを根拠地として生活し子孫を残した。この沖縄が事の政治、経済、文化、民族問題に大きな根跡を残さない筈はないのである。そして私は過去十数年間琉球諸島を到る所踏査した結果、これ等諸島の民族、文化、政治の上に彼等の影響が予想より以上に大きかつた事を認めることができた。日本の歴史からすればそれは和寇と称するあまり名誉にならない事柄として顧みられないかもしれない。しかし沖縄にとつてはそれは実に沖縄歴史の発祥であり、吾々の祖先の活躍であり、文化の躍進であつて、又民族問題にも大きな関係のある事である。この事は又私が敢えて説を重ねる所以でもあります。

（終り）

形容詞の送りがなの法則

1 形容詞は活用語尾を送りがなとするのを原則とする。ただし、語幹が「し」で終わるものは「し」から送る。

（例）白い　強い　短い　快い　潔い　美しい　著しい　正しい　珍しい　新しい

2 次にあげる八つの形容詞は、例外として左のとおり送りがなをつける。

イ 慣習によるもの—大きい　小さい

ロ 読みあやまりを避けるため

危うい　細かい　少い

×アブナイ　×ホソイ　×スクナクナイ

ハ 語幹が三音でその最後が「た」のもの

冷たい　平たい

ニ 「らかに」のつく副詞と関係あるもの

柔らかい

3 動詞と共通部分のある次のような形容詞は、その共通しない部分を送りがなとする。

（例）明かるい（明ける）輝かしい（輝く）恐ろしい（恐れる）狂おしい（狂う）好ましい（好む）頼もしい（頼む）嘆かわしい（嘆く）恥ずかしい（恥じる）勇ましい（勇む）忌まわしい（忌む）疑わしい（疑う）恨めしい（恨む）望ましい（望む）願わしい（願う）喜ばしい（喜ぶ）煩わしい（煩う）暖かい（暖める・まる）騒がしい（騒ぐ・がす）荒らい（荒れる・らす）

4 動詞に形容詞が加わつて生じた形容詞は、その動詞にも形容詞にも送りがなをつける。

（例）聞き苦しい　待ち遠しい

六月九日付で次の実験学校、研究学校が決まりましたさきに四二号（五月）で紹介した学校と共に本年度教育研究の大いなる成果を期してまちたい。

【実験学校の部】

	教育委員会	学校名	研究領域	備考
1	那覇	上之山中	図書館教育	
2	コザ	コザ小	保健体育	研究学校より指定替え
3	八重山	宮良小	小学校における科学教育	

【研究学校の部】

	教育委員会	学校名	研究領域	備考
1	糸満	糸満高校	社会科教育	
2	〃	豊見城中	国語教育	
3	〃	糸満中	理科教育	
4	那覇	小禄中	読譜指導	
5	普天間	普天高	定時制課程の研究	
6	〃	中城中	国語教育	
7	〃	北谷小	算数教育	
8	コザ	中の町小	図工教育	
9	前原	浜小中	音楽教育	
10	石川	伊波小	国語教育	
11	〃	仲泊中	英語教育	
12	〃	宮森小	生活指導	
13	名護	北山高	社会科教育	
14	石川	石川中	ミルク給食の効果的実施について	
15	辺土名	辺土名高	一般職業課程	
16	〃	奥間小	図工教育	
17	宮古	平良中	理科教育	
18	〃	狩俣中	国語教育	
19	〃	城辺中	国語教育	

一九五八學年教育方針

名護連合区

一、概　況

構成教育区一〇（うち離島三）、学校数＝高校二、中校一〇、小校二〇、併置校一三、生徒数＝高校一、四七八人、中校五、二九六人、小校一六、三六五人、合計二三、一三九人（四月十五日現在）、教員数＝六七八人（うち臨免一〇〇人）、連合区事務局職員九人

地区の特殊事情、離島区三つをかかえていること、そして何れも僻地であること、離島区に十四校あって三分の一に当ることなどがあげられる。

委員会や学校への指導助言には少い職員と予算関係などで十分に行き届かない状態である。離島の学校指導には局の主事は二、三年に一回見えるぐらいの実状であるので、できるだけこちらの主事を少くとも年一回は出したいと考えている。

特に悩みの種は人事の交流であるが、理屈どおりにいかない。ほとんどが島出身者で組織されており釘付け見たいになつている。新卒の適正割当の方法でもとらない限り現職者にはなかなか行き手がない。最近任期制のため、校長の交流は実施されているが、そう簡単ではない。本島内の学校は研究気分も軌道に乗つていると思われるが、離島には局の研究指定校としての機会に恵まれた学校がないのと、同種学校がないため自主的な研究集会をもつことは困難のようだ。多くは校内研究と助教の育成に苦労している。

二、委員会への基本的な指導助言

1 自主的運営の線にもつていくよう
（毎月一回会計係の連絡会議をもつている）
2 学校との密接な関係が保たれるよう
3 予算は住民一人当り百円以上に組むよう
4 宿日直料は五拾円の線に
5 児童生徒の教授用消耗品は五拾円の線に
6 出納監査を常時行うよう
7 基本的施設を早く整備するよう
便所、給水場、給食場、図書室等、
8 校長住宅を建てるよう
9 教育税が完納できるよう
（連合委での表彰方法を考えてみたい）

三、学校教育の努力目標

1 教科指導について
学校に於ては学年別、町村に於ては教科主任別に組織を通して教材研究会をもち教壇実践に重きを置く

2 道徳教育について
各教科を通して生活指導をなし、そこから出発して道徳教育の育成をはかる。

3 図書館について
地区内には既に六校独立図書館があり、その他の学校でも既設建物を利用してその効果をあげているが、今年度は更に既設図書館には内容の充実をはかるよう、未設置の学校には設置を促し、読書指導を一層強化する。

4 視聴覚教育について
掲示教育を計画的にする
校内放送施設の充実、テープコーダーの普及、スライドの作製等により視聴覚を通しての教育を重視する。
これらの施設を利用して言語を純化し、更に生活化に導き躾の教育に資する。
尚図書館教育と視聴覚教育の研究校を定め両面からの教育効果をはかる。

四、社会教育の努力目標

1 一九五七年度における社会教育の目標と成果の概況

目　標	成　果
(1) 公民館の五〇％設置	一〇八の部落数中五八館設して五三％に達する。
(2) 町村婦人会、青年会の幹部研修会により町村婦人会、青年会活動の振興。	婦人会は凡そ八〇％の成果を修めたが青年会は四〇％位の成果を見たに過ぎない。
(3) 各種講座の定期的開設の促進。	公民館講座は概ねよいがＰＴＡ、青年会、婦人会は不充分。

以上の反省と、新しく二、三の目標を取り入れて五八年度の努力目標を左の通り設定する。

2 一九五八学年度の努力目標
(1) 公民館……。十五館増設
。連合区内に公民館連絡協議会を設置し相互研修により既設公民館の充実を図る。
。定期講座の振興により新生活運動の推進体にする
(2) Ｐ・Ｔ・Ａ
。Ｐ・Ｔ・Ａ講座の開設強化
。Ｐ・Ｔ・Ａ予算の研究正常化

(3) 婦人会

。連合区内に婦人会連絡協議会を設置し、相互研修により計画性のある活動を促進する。

(4) 青年会

。町村か校区単位の運営活動に力点を指向する。(字単位では会員が少い。)

。読書活動の奨励

(5) その他全般的な努力点

。各種集会の時間励行

。各種団体のリーダー養成

。各種社会教育活動に関するスライド作成(一組三、コマの二組)

。映写により活動の振興を図る。

次号予告(四六号)

▲特集 新年度の教育計画▼

○新年度の各課事業計画

・庶務課 ・学校教育課 ・職業教育課

・施設課 ・研究調査課 ・社会教育課

・保健体育課

○本土における体育行事について

○夏季施設の反省

○指導例 ホームルーム活動

○研究教員だより

○中央教育委員会だより

局内人事だより

所属課	職名	氏名	発令年月日
庶務課	主事	山城　時正	一九五八年七月十四日
仝	主事	安谷屋玄信	〃　八月　九日
学校教育課	主事	安村　昌享	〃　八月　一日
研究調査課	主事	新城　政信	〃　八月二〇日

あとがき

※二百十日の空模様もどうやら事なく済んだ。間もなく二学期だというので、各学校ではその準備に忙しいことでしよう。

※久しい休み中、随分危惧していた事故も僅少でなにより。先ず先生方の殊の外気を配られた御苦労に深謝したい。

※今夏は例年になく、学校における夏季行事が多かつた。臨海学校、J・R・C活動、遠足、がそれで、高校生あたり同好の者が連れだつて、昆虫採集、サイクリング等と若さを発散させる所全島至る所にあり……それだけに今年の歩みを通じて、更に教育効果をあげるため該指導の反省の機会をもたれるよう是非望みたい。

※本土への旅行者が多かつた。甲子園における野球、高校陸上、水泳その他本土の桧舞台を踏んだ選手の活躍はめざましかつた。この体験や収獲を生かすことは、さしあたつて才二学期の課題の一つと言えそうだ。

※暑いさ中に喜んで御執筆下さつた 新里紹正、徳元八一、崎浜秀主、上原敏範、阿波根朝松、諸氏へ謝意を表します。

※本号は運動会特集号として、保健体育課の職員と現場の先生方の御寄稿で一応まとめました。本年度の才二学期の最大の行事を、より教育的にすすめてもらうための資料にしていただきたい。

※会計年度のかわりめであつたため発行がおくれました。次号に予定している夏季施設の反省・児童作品、四七号に予定している夏季講習について等先生方の玉稿をお待ちしています。

(M・N)

※　※　※　※

文教時報 第四五号 (非売品)

一九五八年九月十四日 印刷
一九五八年九月二十日 発行

発行所 琉球政府文教局 研究調査課

印刷所 共同印刷社

※※※※※

七月のできごと

※※※※※

一日　才二回沖縄タイムス賞贈呈式（受賞者東恩納寛惇、屋良朝苗）明治大学人形劇巡演隊来島（一行学生十二人）
土地問題渡米代表団と米国々防省との間に本折衝はじまる。
琉大学長（安里源秀）就任式

四日　米国独立記念のロデオショウ（於瑞慶覧）
沖縄タイムス社主催才五回新人芸能祭（於タイムス・ホール六日まで）

五日　文教局指定実験学校川平小校研究発表会（国語教育）

六日　岩波映画「海の生命」に出演する子役スター糸数昌二、砂川尚俊、上里喜代一の三君那覇空港出発のCAT機で東京へ

七日　琉球気象台では「六日あさから午後にかけて降つた雨から戦後最高の放射能一七万カウントを検出」と発表した。
国際自由労連調査団来島

八日　民政府新聞課土地問題に対する米琉共同声明発表

十日　空を科学する航空展（於タイムス・ホール、十四日まで）
太田副主席政府立学校視察（南農、水産、工業、商業）

十一日　米留学生二五人出発

十三日　教職員会、立法院議員と教育関係法案と教育予算について懇談会（於教育会館）

十四日　才九回沖縄総合体育祭（於石川相撲場）

十五日　奥中校実験学校発表会
才六十回中央教育委員会定例会で前島幼稚園設置認可す政府内政局に外人税務署発足
立法院予算委員会で文教局関係才出面の一般質問

十六日　沖縄タイムス社主催世界児童生徒美術展（於タイムス・ホール）
安里立法院議長ら渡米代表一行羽田空港帰着

十七日　五渡米代表、マツカーサー大使及び藤山外相と会見、渡米代表の経過を説明するとともにこれまでの援助に礼を述べた。

十八日　教科書展示会（於各地区）
安里立法院議長ら渡米代表一行、岸首相に会い渡米折衝の経過について説明

二十一日　対米折衝団（安里積千代、与儀達敏、桑江朝幸、渡慶次賀善、赤嶺義信）帰る

二十二日　全琉学生大会作品展（於沖縄タイムス）二十四日まで
渡米代表の一行ブース弁務官及バージャー首席民政官と会見し、軍用地問題折衝経過の報告
太田主席代理バージャー民政官この連絡会議で技術センターの新設提案

二十三日　教育法改正の軍民連絡会議（於民政府会議室）
中央教育委員会、私立学校法案審議渡米折衝を終えた当間主席羽田に帰る

二十四日　沖縄産業開発基金設置などを調査するため衆議院外務委員会委員長桜内義雄、中曽根康弘氏来島
当間主席、藤山外相、岸首相と会見、訪米中の政府の協力を感謝す。
中央教育委員会僻地教育振興法案審議可決

二十五日　日本遺族会の才三回沖縄戦跡巡拝遺族団一行三十人来島
中央教育委員会私立学校法案を原案通り可決
夏季手当十割獲得公務員総決起大会（於新庁舎前広場）

二十六日　中央教育委員会、採決の結果屋嘉私立校を公立校に申請通り設置認可す

二十七日　来島中の毎日新聞運動部村社講平氏「メルボルン大会と沖縄マラソンの現状」について講演（於タイムス・ホール）

二十八日　現職教員夏季講習講師団一行三二人来島（団長文部省花井視学官）

二十九日　大学入学資格検定試験（於商業高校）
才一回女教師と母親のつどい（於教育会館）

三十日　ブース高等弁務官「こんどの限定付土地保有権の獲得を廃棄し毎年払を行う準備がある旨」を声明
教育法改正について軍民合同研究会（於民政府会議室）

三十一日　夏季講座（前期）開講

文教時報

NO.46

46

1958

琉球 文教局研究調査課

文 教 時 報 第46号

目　　次

特集 教育関係法令

教育職員免許法

一九五八年九月二日可決

琉球政府立法院は、ここに次の通り定める。

一九五八年九月二日

教育職員免許法

第一章　総則

（この立法の目的）

第一条　この立法は、教育職員の免許に関する基準を定め、教育職員の資質の保持と向上を図ることを目的とする。

（定義）

第二条　この立法で「教育職員」とは、学校教育法（一九五八年立法第三号）第一条に定める小学校、中学校、高等学校、盲学校、ろう学校、養護学校及び幼稚園（以下「学校」という。）の教諭、助教諭、養護教諭、養護助教諭及び講師（以下「教員」という。）並びにこれらの学校の校長（幼稚園の園長を含む。以下同じ。）文教局の指導主事、社会教育主事及び管理主事（次長、課長を含む。以下同じ。）並びに地方教育委員会の教育長、教育次長、指導主事、社会教育主事及び管理主事をいう。

2　この立法で「所轄庁」とは、政府立学校の校長及び教員並びに文教局の指導主事、社会教育主事及び管理主事にあつては、中央教育委員会（以下「中央委員会」という。）公立学校の校長及び教員にあつては、その学校を所管する教育委員会、地方教育委員会の教育長、教育次長、指導主事及び社会教育主事にあつては、当該教育委員会をいう。

（免許）

第三条　教育職員は、この立法により授与する各相当の免許状を有する者でなければならない。

2　講師については、前項の規定にかかわらず、各相当学校の教員の相当免許状を有する者を、管理主事については、教員の免許状を有する者をこれに充てるものとする。

3　盲学校、ろう学校及び養護学校の教員（養護教諭及び養護助教諭並びに盲学校、ろう学校又は養護学校の高等部において特殊の教科の教授を担当する教員を除く。）については、第一項の規定にかかわらず盲学校、ろう学校又は養護学校の教員の免許状のほか、盲学校、ろう学校又は養護学校の各部に相当する学校の教員の免許状を有する者でなければならない。

第二章　免許状

（種類）

第四条　免許状は、普通免許状、仮免許状及び臨時免許状とする。

2　普通免許状は、次のとおりとする。

一　小学校教諭免許状
二　中学校教諭免許状
三　高等学校教諭免許状
四　養護教諭免許状
五　盲学校教諭免許状
六　ろう学校教諭免許状
七　養護学校教諭免許状
八　幼稚園教諭免許状
九　校長免許状
十　教育長免許状
十一　指導主事免許状
十二　社会教育主事免許状

3　普通免許状は、一級及び二級とする。

4　仮免許状は、次のとおりとする。

一　小学校教諭仮免許状
二　中学校教諭仮免許状
三　高等学校教諭仮免許状
四　養護教諭仮免許状
五　盲学校教諭仮免許状
六　ろう学校教諭仮免許状
七　養護学校教諭仮免許状
八　幼稚園教諭仮免許状
九　指導主事仮免許状
十　社会教育主事仮免許状

5　臨時免許状は、次のとおりとする。

一　小学校助教諭免許状
二　中学校助教諭免許状
三　高等学校助教諭免許状
四　養護学校助教諭免許状

五　盲学校助教諭免許状
六　ろう学校助教諭免許状
七　養護学校助教諭免許状
八　幼稚園助教諭免許状

6　中学校及び高等学校の教員の免許状は、次に掲げる各教科について、授与するものとする。

一　中学校の教員にあつては、国語、社会、数学、理科、音楽、図画工作、保健体育、保健、家庭、職業（職業指導及び職業実習（農業、工業、商業、水産及び商船のうちいずれか一以上の実習とする。以下同じ。）を含む。）職業指導、職業実習外国語（英語、ドイツ語、フランス語その他の外国語に分ける。）及び宗教

二　高等学校の教員にあつては、国語、社会、数学理科、音楽、図画、工作、書道、保健体育、保健家庭、家庭実習、農業、農業実習、工業、工業実習、商業、商業実習、水産、水産実習、商船、商船実習、職業指導、外国語（英語、ドイツ語、フランス語その他の外国語に分ける。）及び宗教

（授　与）

第五条　普通免許状及び仮免許状は、別表第一、第二若しくは第三に定める基礎資格を有し、かつ、大学若しくは中央委員会の指定する養護教諭養成機関において別表第一、第二若しくは第三に定める単位を修得した者又は、教育職員検定に合格した者に授与する。ただし、次の各号の一に該当する者には、授与しない。

一　十八才未満の者

二　高等学校を卒業しない者（通常の課程以外の課程におけるこれに相当するものを修了しない者を含む。）ただし中央委員会において高等学校を卒業した者と同等以上の資格を有すると認めた者を除く。

三　禁治産者及び準禁治産者

四　禁こ以上の刑に処せられた者

五　免許状取上げの処分を受け、当該処分の日から二年を経過しない者

六　政府を暴力で破かいすることを主張する政党その他の団体を結成し又はこれに加入した者

2　免許状は、中央委員会（以下「授与権者」という。）が授与する。

3　臨時免許状は、普通免許状又は仮免許状を有する者を採用することができない場合に限り、第一項各号の一に該当しないもので教育職員検定に合格した者に授与する。

（教育職員検定）

第六条　教育職員検定は、受検者の人物、学力実務及び身体について、授与権者が行う。

2　学力及び実務の検定は、前条第三項、第九条第二項ただし書及び第十八条の場合を除くほか、別表第四、第六、第七又は第八の定めるところによつて行わなければならない。

3　一以上の教科についての教諭の免許状を有する者に他の教科についての教諭の免許状を授与するため行う教育職員検定は、第一項の規定にかかわらず、受検者の人物、学力及び身体について行う。この場合における学力の検定は、前項の規定にかかわらず、別表第五の定めるところによつて行わなければならない。

（証明書の発行）

第七条　大学（授与権者の指定する教員養成機関並びに授与権者の認定する講習及び通信教育の開設者を含む。）又は所轄庁は免許状の授与又は教育職員検定を受けようとする者から請求があつたときは、その者の人物、学力、実務及び身体に関する証明書を発行しなければならない。

（授与の場合の公告等）

第八条　授与権者は、免許状を授与したときは、免許状の種類、その者の氏名及び本籍地を原簿に記入するとともに、これらの事項を公告しなければならない。

2　前項の原簿は、授与権者において作製し、保存しなければならない。

（効力の制限）

第九条　中学校及び高等学校の教員の宗教の教科についての免許状にあつては、政府立又は公立の学校の場合には効力を有しない。

2　仮免許状は、その免許状を授与したときから五年間、効力を有する。ただし、一回に限り教育職員検定により、その有効期間を更新することができる。

3　臨時免許状は、その免許状を授与したときから一年間、効力を有する。

第三章　免許状の失効及び取上げ

（失　効）

第十条　免許状を有する者が第五条第一項第三号、第四号、又は第六号に該当するに至つたときは、免許状は、その効力を失う。

2　前項の規定により、免許状が失効したときは、授与権者は、その免許状を返還させるものとする。

（取上げ）

第十一条　免許状を有する者が法令の規定に故意に違反し、又は教育職員たるにふさわしくない非行があつて、その情状が重いと認められたときは、授与権者は第十二条に定める手続きを経て、その免許状を取上げることができる。ただし、現に職にあるものについては、懲戒免職の処分を受け、その情状が重いと認められたときに限る。

（審　査）

第十二条　授与権者が免許状を有する者に対し、前条の規定により、免許状取上げの処分を行おうとするときは、あらかじめ、その者に対し、その処分の事由を記載した説明書を交付しなければならない。

2　授与権者は、前項の説明書を交付したときから三十日を経過した後でなければ、免許状取上げの処分を行つてはならない。

3　第一項の説明書の交付を受けた者は、前項の期間内に、授与権者に対し、審査の請求をすることができる。

4　授与権者は、前項の請求を受理したときは、口頭審理を行わなければならない。口頭審理は、審理を受けるものから請求があつたときは、公開して行わなければならない。

5　審理を受ける者は、すべての口頭審理に出席し、自己の代理人として弁護人を選任し、陳述を行い、証人を出席せしめ、並びに書類、記録その他あらゆる適切な事実及び資料を提出することができる。

6　前項に掲げる者以外の者は、当該事案に関し授与権者に対し、あらゆる事実及び資料を提出することができる。

（失効等の場合の公告等）

第十三条　第十条第二項又は第十一条の授与権者は、免許状が失効したとき、又は免許状取上げの処分を行つたときは、その免許状の種類及び失効又は取上げの事由並びにその者の氏名及び本籍地を公報に公告するとともに、その旨をその者の所轄庁に通知しなければならない。

2　免許状が失効し、若しくは免許状取上げの処分を行つたときは、授与権者は、この旨を第八条の原簿に記入しなければならない。

（通　知）

第十四条　教育職員について、第五条第一項第三号、第四号若しくは第六号又は第十一条に定める事由に該当すると認めたときは、所轄庁は、すみやかにその旨を授与権者に通知しなければならない。

第四章　雑　則

（書換又は再交付）

第十五条　免許状を有する者がその氏名又は本籍地を変更し、又は免許状を破損し、若しくは紛失したときは、その事由をしるして、免許状の書換又は再交付を授与権者に願い出ることができる。

（手数料）

第十六条　免許状の授与、書換若しくは再交付又は教育職員検定を願い出る者は、手数料として、次に掲げる金額を納入しなければならない。

一　普通免許状若しくは仮免許状の授与又はその授与のための教育職員検定（仮免許状の有効期間更新のための教育職員検定を含む。）の場合の手数料の額は、願い出る免許状ごとにそれぞれ五拾円とする。

二　臨時免許状の授与又はその授与のための教育職員検定の場合の手数料の額は、願い出る免許状ごとにそれぞれ弐拾円とする。

三　免許状の書換、又は再交付の場合の手数料の額は、願い出る免許状ごとに、それぞれ弐拾円とする。

2　前項の手数料は、収入印紙をもつて納入するものとし、琉球政府の収入とする。

（盲学校等の教員の特例）

第十七条　盲学校、ろう学校又は養護学校の高等部において、特殊の教科の教授を担任する教員の免許状の授与については、第四条並びに第五条第一項本文及び同条第三項の規定にかかわらず、別に中央教育委員会規則（以下「中央委員会規則」という）の定めるところによる。

2　前項の免許状は、第五条第一項ただし書第二号に掲げる者に対しても授与することができる。

（琉球以外の地域において授与された免許状を有する者等の特例）

第十八条　琉球以外の地域において、授与された教育職員に関する免許状を有する者、又は琉球以外の地域の学校を卒業し、若しくは修了した者については、この立法及びこの立法施行のために発する法令の規定に準じ、教育職員検定により、各相当の免許状を授与することができる。

（委任規定）

第十九条　免許状に関し必要な事項は、この立法及び教育職員免許法施行法（一九五八年立法第七十八号）で定めるもののほか、中央委員会規則で定める。

第五章　罰　則

第二十条　次の各号の一に該当する者は、一年以下の懲役又は一万円以下の罰金に処する。

一　第五条第一項若しくは第三項又は第六条の規定に違反して免許状を授与し、又は教育職員検定を行つた者。

二　虚偽又は不正の事実に基いて、免許状の授与又は教育職員検定を受けた者。

三　第七条の請求があつた場合に、虚偽又は不正の事実に基いて、証明書を発行した者。

第二十一条　第三条の規定に違反して、相当の免許状を有しないにかかわらず、これを教育職員に任命し若しくは雇用し、又は教育職員となつた者は、四千円以下の罰金に処する。

附　則

1　この立法は、一九五九年四月一日から施行する。

2　授与権者は、当分の間、中学校、高等学校又は盲学校、ろう学校若しくは養護学校の中学部若しくは高等部において、ある教科の教授を担任すべき教員を採用することができないと認めるときは、当該学校の校長及び教諭の申請により、一年以内の期間に限り、当該教科についての免許状を有しない教諭が当該教科の教授を担任することを許可することができる。この場合においては、許可を得た教諭は、第三条第一項の規定にかかわらず、当該学校又は当該中学部若しくは高等部において、その許可に係る教科の教授を担任することができる。

3　教員、校長、教育長免許令施行規則（一九五四年中央教育委員会規則第八号）（以下「免許令施行規則」という。）第四章第十六条及び第十七条の規定により、免許状の交付又は授与を受けた者が、第六条第二項別表第四、第六、第七若しくは第八の規定により、それぞれの上級の免許状を受けようとする場合には、同項別表第四、第七若しくは第八の第三欄又は同項別表第六の第二欄に掲げる在職年数については、それぞれの表の第二欄に掲げる免許状の交付又は授与を受けるために必要とする免許令施行規則の第十六条又は第十七条の表の上欄に掲げる資格を得たのち、それぞれの表の第一欄に掲げる学校（これに相当するものとして文部省令で定める旧令による学校を含む。）の教員（これに相当するものとして中央教育委員会規則で定める学校以外の教育施設において教育に従事する者並びに中央教育委員会規則で定める官公庁又は私立学校において教育事務に従事する職員を含む。）として良好な成績で勤務した旨の所轄庁の証明を有する在職年数を通算することができる。

4　第六条第二項別表第四により、中学校又は高等学校の教諭の一級普通免許状を受けようとする者が、次の表の第一欄に掲げる基礎資格を有する者で免許令施行規則第十六条又は第十七条の規定により次の表の第二欄に掲げる免許状の交付又は授与を受けているときは、学力及び実務の検定は、次の表の第三欄及び第四欄によるものとする。

番号	第一欄	第二欄	第三欄	第四欄
	基礎資格	免許令施行規則第十六条又は第十七条の規定により交付又は授与を受けている免許状の種類	第一欄に規定する基礎資格を取得したのち、第二欄に掲げる各免許状に係る学校の教員として良好な成績で勤務した旨の所轄庁の証明を有することを必要とする最低在職年数	第一欄に規定する基礎資格を取得したのち、大学において修得することを必要とする最低単位数
一	旧教員免許令（明治三十三年勅令第百三十四号）による中学校高等学校教員免許状高等女学校教員免許状又は実業高等学校教員免許状を有すること。	中学校教諭 二級普通免許状	一〇	一〇
二	イ 旧教員養成諸学校官制（昭和二十一年勅令第二百八号）第一条に規定する教員養成諸学校のうち修業年限四年の学校を卒業したこと。 ロ 旧専門学校令（明治三十六年勅令第六十一号）による専門学校（以下専門学校という。）のうち修業年限四年以上の学校を卒業したこと	中学校教諭 二級普通免許状	三	一〇

番号	第一欄	第二欄	第三欄	第四欄
三	イ 旧大学令（大正七年勅令第三百八十八号）による学士の称号を有すること。 ロ 旧学位令（大正九年ー勅令第二百号）による学位を有すること。	中学校教諭 二級普通免許状		一〇
四	イ 修業年限四年の教員養成諸学校を卒業したこと。 ロ 修業年限四年以上の専門学校を卒業したこと。	高等学校教諭 二級普通免許状	五	一〇
五	イ 旧大学令による学士の称号を有すること。 ロ 旧学位令による学位を有すること。	高等学校教諭 二級普通免許状	一	一〇

備考

この表の第二号のロ及び第四号のロに掲げる基礎資格を有する者には、これに相当する者として文部省令で定めるものを含むものとする。

5　この立法施行の際、現に大学若しくは養護教諭養成機関に在学し、又は既にこれを卒業した者については、第五条別表第一の備考第二号並びに同条別表第三中在職年数及び最低修得単位数に関する部分の規定にかかわらず、なお教員、校長及び教育免許令（一九五四年琉球列島米国民府布令第百三十四号）並びに免許令施行規則を適用する。

6　教員職員免許法施行法（一九五八年立法第七十八号）第一条第一項の規定により各相当の免許状を有するものとみなされた者で、同条第四項の規定により免許状の交付を受ける者については、第一六条第三号の手数料は免除する。

別表第一

免許状の種類 ＼ 所要資格		基礎資格	大学に於ける最低修得単位数			
			一般教育科目	専門科目		
				教科に関するもの	教職に関するもの	特殊教育に関するもの
小学校教諭	一級普通免許状	学士の称号を有すること	三六	一六	三二	
	二級普通免許状	大学に二年以上在学し六十二単位（内二単位は体育とする。）以上を修得すること	一八	八	二六	
	仮免許状	大学に一年以上在学し三十二単位（一単位は体育とする。）以上を修得すること	六	四	二〇	
中学校教諭	一級普通免許状	学士の称号を有すること	三六	甲 四〇 乙 三二	一八	
	二級普通免許状	大学に二年以上在学し六十二単位（内二単位は体育とする。）以上を修得すること	一八	甲 二〇 乙 一六	一六	
	仮免許状	大学に一年以上在学し三十一単位（内一単位は体育とする。）以上を修得すること	六	一〇	一四	
高等学校教諭	一級普通免許状	イ 修士の学位を有すること ロ 大学の専攻科又はこれと相当する課程に一年以上在学し、三十単位以上を修得すること。	三六	甲 六二 乙 五二	一八	
	二級普通免許状	学士の称号を有すること	三六	甲 四〇 乙 三二	一八	

所要資格／免許状の種類		基礎資格	大学に於ける最低修得単位数 一般教育科目	専門科目 教科に関するもの	専門科目 教職に関するもの	専門科目 特殊教育に関するもの
高等学校教諭	仮免許状	大学に二年以上在学し六十二単位（内二単位は体育とする）以上を修得すること	一八	甲二〇 乙一六	一六	
盲学校ろう学校又は養護学校の教諭	一級普通免許状	小学校、中学校、高等学校又は幼稚園の教諭の普通免許状を有すること				二〇
	二級普通免許状	右に同じ				一〇
	仮免許状	小学校、中学校、高等学校又は幼稚園の教諭の仮免許状を有すること				五
幼稚園教諭	一級普通免許状	学士の称号を有すること	三六	一六	二八	
	二級普通免許状	大学に二年以上在学し六十二単位（内二単位は体育とする。）以上を修得すること	一八	八	一二	
	仮免許状	大学に一年以上在学し三十一単位（内一年位は体育とする。）以上を修得すること	六	四	一六	

備考

一 「単位」は、科目について、その種類に応じ、次に掲げる基準により定める課程を履習した場合に与えられるものとする。（別表第二から第七までの場合においても同様とする。）

イ 一時間の授業につき、二時間の予習又は復習を必要とする講義によるものについては一五時間の授業の課程

ロ 二時間の授業につき、一時間の予習又は復習を必要とする演習によるものについては、三十時間の授業の課程

ハ 前二号に掲げるものを除くほか、予習又は復習を必要としない実験又は実習によるものについては、四十五時間の授業の課程

二 この表の専門科目の単位は、授与権者が、免許状授与の所要資格を得させるための課程として適当と認める課程において修得したものでなければならない。（別表第二及び第三の場合においても同様とする。）

三 この表中「大学」とは、大学の正規の課程大学院及び大学の専攻科の課程並びにこれに相当する他の課程をいう。（別表第二及び第三の場合においても同様とする。）

四 小学校、中学校、幼稚園の教諭の二級普通免許状、仮免許状若しくは高等学校教諭の仮免許状又は盲学校、ろう学校又は養護学校の教諭の一級及び二級の普通免許状若しくは仮免許状の授与の所要資格に関してはこの表中「大学」には、授与権者の指定する。教員養成機関を含むものとする。

五 この表中「甲」とは、中学校の教諭にあつては社会、理科、家庭及び職業の、高等学校の教諭にあつては、社会、理科、家庭、農業、工業、商業、水産及び商船の各教科についての免許状の授与を受ける場合を、「乙」とは、中学校の教諭にあつては、国語、数学、音楽、図画工作、保健体育、保健、職業指導、外国語及び宗教の、高等学校の教諭にあつては国語、数学、音楽、図画、工作、書道、保健体育、保健、職業指導、外国語及び宗教の各教科ついての免許状の授与を受ける場合をいう。（別表第五の場合においても同様とする。）

別表第二

所要資格／免許状の種類		基礎資格	大学又は中央教育委員会の指定する養護教諭養成機関における最低修得単位数 一般教育科目	専門科目 養護に関するもの	専門科目 教職に関するもの
養護教諭	一級普通免許状	イ　学士の称号を有すること	三六	四〇	一〇

免許状の種類		基礎資格			
養護教諭	一級普通免許状	ロ 看護婦学校並びに看護婦の免許に関する布令琉球列島米国民政府布令第百六十二号以下「看護免許令」という）第三条の規定により公衆衛生看護婦の免許を受け、授与権者の指定する養護教諭養成機関に半年以上在学すること。	五	四	六
		ハ 看護婦免許令第三条の規定により看護婦の免許を受け、授与権者の指定する養護教諭養成機関に一年以上在学すること	一〇	一二	八
	二級普通免許状	イ 大学又は授与権者の指定する養護教諭養成機関に二年以上在学し、六十二単位（内二単位は体育とする）以上を修得すること。	一八	三〇	一〇
		ロ 看護免許令第三条の規定により看護婦の免許を受けていること。			
		ハ 看護婦免許令第三条の規定により免許を受け、授与権者の指定する養護教諭養成機関に半年以上在学すること。	五	四	六
	仮免許状	授与権者の指定する養護教諭養成機関に一年以上し、三十一単位（内一単位は体育とする。）以上を修得すること。	五	四	六

別表第三

免許状の種類 \ 所要資格		基礎資格	良好な成績で勤務した旨の所轄庁の証明を有することを必要とする職名及び在職年数 職名	在職年数	大学に於ける最低修得単位数 教科に関するもの	教職に関するもの
校長	一級普通免許状	学士の称号を有し又は教員の一級普通免許状の授与を受ける資格を有すること	教育職員又は官公庁若しくは私立学校における教育事務に関する職	五		四五
	二級普通免許状	右に同じ	右に同じ	三		三〇
教育長	一級普通免許状	右に同じ	右に同じ	五		四五
	二級普通免許状	右に同じ	右に同じ	三		三〇
指導主事	一級普通免許状	教員の一級普通免許状の授与を受ける資格を有すること	指導主事又は教員	七		三〇
	二級普通免許状	右に同じ	教員	五		一五
社会教育主事	一級普通免許状	教員の一級普通免許状の授与を受ける資格を有すること	社会教育主事又は教員	七		三〇
	二級普通免許状	右に同じ	教員	五		一五

備考

この表中、校長及び教育長の免許状授与の所要資格中、教育職員若しくは、官公庁又は私立学校における教育事務に関する職員としての在職年数には、校長の免許状の場合にあつては二年以上、教育長の免許状の場合にあつては一年以上の教員としての在職年数を含むことを要する。

別表第四

第一欄 所要資格 受けようとする免許状の種類		第二欄 有することを第一欄に掲げる学校の教員免許状の種類	第三欄 第二欄に掲げる各免許状を取得したのち第一欄にかかげる学校の教員として良好な成績で勤務した旨の所轄庁の証明を有することを必要とする最低在職年数	第四欄 第二欄に掲げる各免許状を取得したのち大学又は授与権者の認定する講習において修得することを必要とする最低修得単位数
小学校教諭	一級普通免許状	二級普通免許状	五	四五
	二級普通免許状	仮免許状	三	一五
	仮免許状	臨時免許状	三	三〇
中学校教諭	一級普通免許状	二級普通免許状	五	四五
	二級普通免許状	仮免許状	三	一五
	仮免許状	臨時免許状	三	三〇
高校教諭	一級普通免許状	二級普通免許状	三	一五
	二級普通免許状	仮免許状	五	四五
	仮免許状	臨時免許状	五	四五
幼稚園教諭	一級普通免許状	二級普通免許状	五	四五
	二級普通免許状	仮免許状	三	一五
	仮免許状	臨時免許状	三	三〇

備考

一　この表中「大学」とは、大学の正規の課程大学院及び大学の専攻科の課程並びに授与権者が適当と認める他の課程をいう。（別表第五から第八までの場合においても同様とする。）

二　実務の検定は、第三欄により、学力の検定は、第四欄によるものとする。（別表第七及び第八の場合においても同様とする。）

三　第四欄の各項に掲げる各単位数には、同欄の他の項の単位数を含まないものとする。（別表第六から第八までの場合においても同様とする。）

四　大学においても単位を修得することが困難な者については、授与検者の指定する養護教諭養成機関における単位の修得、授与権者の認定する講習若しくは通信教育による単位の修得又は授与権者が大学に委嘱して行う試験の合格による単位の修得をもつて、大学における単位の修得に替えることができる。（別表第五から第八までの場合においても同様とする。）

五　第一欄に掲げる学校の教員には、これに相当するものとして中央委員会規則で定める学校以外の教育施設において教育に従事する者を含むものとし、証明すべき所轄庁については、中央委員会規則で定める。（別表第六の場合においても同様とする。）

六　この表により上級の免許状を受けようとする者について、第三欄に掲げる最低在職年数をこえる在職年数であり、第四欄に掲げる最低単位数が仮免許状及び二級普通免許状にあつては十五単位、一級普通免許状にあつては三十単位をこえるときは、そのこえる在職年数一年につき五単位を、そのこえる単位数を限度として、当該最低単位数から差し引くものとする。
この場合における最低在職年数をこえる在職年数については、中央委員会規則で定める教諭の職における在職年数を通算することができる。（別表第五及び第六の場合においても同様とする。）

七　免許令施行規則第十六条、第十七条若しくは第三十一条又は教育職員免許法施行法（以下「免許法施行法」という。）第一条若しくは第二条の規定により高等学校教諭の二級普通免許状を有する者とみなされ又はその授与を受けた者が本表の規定により高等学校教諭の一級普通免許状の授与を受けようとする場合は、表中第三欄の「三」を「五」に、同表第四欄の「一五」を「四五」に読み替えて、前項の規定を適用する。

八　中学校若しくは高等学校の教諭普通免許状又は高等学校の教諭仮免許状の授与を受ける場合の教科に関する専門科目の単位は、その半数までは、同級の免許状について同時に免許を受けようとする教科に関する単位をもつて、これに替えることができる。

別表第五

	第一欄 所要資格／受けようとする他の教科についての免許状の種類	第二欄 一以上の教科について有することを必要とする第一欄に掲げる学校の教員免許状の種類	第三欄 大学又は授与権者の認定する講習における最低修得単位数 専門科目 教科に関するもの	第三欄 教職に関するもの
中学校教諭	一級普通免許状	一級普通免許状	甲　四〇 乙　三二	三
	二級普通免許状	一級普通免許状又は二級普通免許状	甲　二〇 乙　一六	三
	仮免許状	一級普通免許状又は二級普通免許状又は仮免許状	一〇	三
高等学校教諭	一級普通免許状	一級普通免許状	甲　六二 乙　五二	三
	二級普通免許状	一級普通免許状又は二級普通免許状	甲　四〇 乙　三二	三
	仮免許状	一級普通免許状又は二級普通免許状又は仮免許状	甲　二〇 乙　一六	三

備考

一　学力の検定は、第三欄によるものとする。

二　この表により一級普通免許状又は二級普通免許状を受けようとするものが、当該教科について二級普通免許状又は仮免許状を受けているときは、第三欄に掲げる単位数からそれぞれ修得した単位数を差し引くものとする。

別表第六

	第一欄 所要資格／受けようとする免許状の種類	第二欄 基礎資格	第三欄 第二欄に掲げる各免許状を取得したのち大学又は授与権者の認定する講習において修得することを必要とする最低修得単位数
中学校において職業実習を担任する教諭	一級普通免許状	中学校の職業実習についての教諭の二級普通免許状を取得したのち三年以上、中学校において職業実習を担任する教員として良好な成績で勤務した旨の所轄庁の証明を有すること。	一五
	二級普通免許状	イ大学において、職業実習に関する学科を専攻して、学士の称号を有し一年以上その学科に関する実地の経験を有し、技術優秀と認められること。	
		ロ大学に二年以上在学し、職業実習に関する学科を専攻し、三年以上その学科に関する実地の経験を有し、技術優秀と認められること	
		ハ中学校の職業実習についての教員の仮免許状を取得したのち、六年以上中学校において職業実習を担任する教員として良好な成績で勤務した旨の所轄庁の証明を有すること	

受けようとする免許状の種類		基礎資格	
	仮免許状	イ 第一欄に掲げる実業に関する課程を修めて高等学校（旧中等学校令（昭和十八年勅令第三十六号）による実業学校を含む。）を卒業し、三年以上その実習に関する実地の経験を有し技術優秀と認められること。	
		ロ 中学校又は高等学校の第一欄に掲げるそれぞれの実習について教員の臨時免許状を有し、三年以上中学校において第一欄に掲げるそれぞれの実習を担任する教員として良好な成績で勤務した旨の所轄庁の証明を有すること。	一〇
高等学校において家庭実習農業実習工業実習水産実習又は商船実習を担任する教諭	一級普通免許状	高等学校の第一欄に掲げる実習について教諭の二級普通免許状を取得したのち、三年以上高等学校において第一欄に掲げる実習を担任する教員として良好な成績で勤務した旨の所轄庁の証明を有すること。	一五
	二級普通免許状	イ 大学において第一欄に掲げる実業に関する学科を専攻して、学士の称号を有し、一年以上その学科に関する実地の経験を有し技術優秀と認められること。	
		ロ 高等学校の第一欄に掲げる実習について仮免許状を取得したのち、三年以上高等学校において第一欄に掲げる実習を担任する教員として良好な成績で勤務した旨の所轄庁の証明を有すること。	一〇
	仮免許状	第一欄に掲げる実業の課程を修めて高等学校（旧中等学校令による実業学校を含む。）を卒業し、三年以上その実業に関する実地の経験を有し、技術優秀と認められること。	
		高等学校の第一欄に掲げるそれぞれの実習について教員の臨時免許状を有し、三年以上高等学校においてそれぞれの実習を担任する教員として良好な成績で勤務した旨の所轄庁の証明を有すること	一〇

備考一 実務の検定は、第二欄により、学力の検定は、第三欄によるものとする。

二 この表により中等学校教諭二級普通免許状を受ようとする者が、職業実習に関する学科の課程を修めて高等学校（旧中等学校令による実業学校を含む。）を卒業した者であるときは、中学校において職業実習を担任する教諭の二級普通免許状ハの項第三欄中「二〇」とあるのを「一〇」と読みかえるものとする。

別表第七

第一欄 受けようとする免許状の種類 ＼ 所要資格		第二欄 基礎資格	第三欄 第二欄に規定する基礎資格を取得したのち、養護教諭又は養護助教諭として良好な成績で勤務した旨の所轄庁の証明を有することを必要とする在職年数	第四欄 第二欄に規定する基礎資格を取得したのち、大学又は授与権者の指定する養護教諭養成機関において修得することを必要とする最低修得単位数
養護教諭	一級普通免許状	養護教諭の二級普通免許状を有すること	三	二〇
	二級普通免許状	養護教諭の仮免許状を有すること	三	一〇
	仮免許状	イ 保健婦、助産婦、看護婦法（昭和二十三年法律第二百三号）の規定により看護婦の免許を受けていること。		
		ロ 高等学校（旧中等学校令による高等女学校を含む。）を卒業し、保健婦助産婦、看護婦法の規定により准看護婦の免許を受けていること。		
		ハ 養護助教諭の臨時免許状を有すること。	三	二〇

備考

一 この表より一級普通免許状を受けようとする者が、第五条第一項別表第二の二級普通免許状ロの項により授与された二級普通免許状を有するときは、一級普通免許状の項第三欄中「三」とあるのを「一」と同項第四欄中「二〇」とあるを「一〇」と読みかえるものとする。

二　この表の仮免許状の項第二欄中イに掲げる基礎資格を有する者に仮免許状を授与する場合については、第五条第一項第二号の規定は適用しない。この仮免許状を授与された者に二級普通免許状を授与する場合及びその者に更に一級普通免許状を授与する場合についても同様とする。

三　この表の仮免許状の項第二欄中イに掲げる基礎資格を有し、仮免許状の授与を受けた者に二級普通免状許を授与する場合には、二級普通免許状の項第三欄に掲げる在職年数に関する証明は要しない。

別表第八

第一欄		第二欄	第三欄		第四欄
所要資格／受けようとする免許状の種類		有することを必要とする免許状の種類	第二欄に掲げる免許状を有し、良好な成績で勤務した旨の所轄庁の証明を有することを必要とする職名及び在職年数		第二欄に掲げる各免許状を取得したのち、大学又は授与権者の認定する講習において修得することを必要とする最低修得単位数
			職名	在職年数	
盲学校・ろう学校又は養護学校の教諭	一級普通免許状	盲学校、ろう学校養護学校の教諭の二級普通免許状	盲学校、ろう学校又は養護学校の教員	三	六
	二級普通免許状	イ盲学校、ろう学校又は養護学校の教諭の免許状	右に同じ	三	八
		ロ小学校、中学校、高等学校又は幼稚園の教諭の普通免許状	右に同じ	三	六
	仮免許状	小学校、中学校、高等学校又は幼稚園の教諭の普通免許状			
校長	一級普通免許状	校長の二級普通免許状	教育職員又は官公庁若しくは私立学校における教育事務に関する職	三	八
	二級普通免許状	教員の一級普通免許状	右に同じ	六	一五
教育長	一級普通免許状	教育長の二級普通免許状	教育職員又は官公庁若しくは私立学校における教育事務に関する職	三	八
	二級普通免許状	教員の一級普通免許状	右に同じ	八	一五
指導主事	一級普通免許状	指導主事の二級普通免許状	教育職員又は官公庁若しくは私立学校における教育事務に関する職	三	八
	二級普通免許状	指導主事の仮許状	右に同じ	三	八
	仮免許状	教員の一級普通免許状	教員	五	
社会教育主事	一級普通免許状	社会教育主事の二級普通免許状	教育職員又は官公庁若しくは私立学校における教育事務に関する職	三	八
	二級普通免許状	社会教育主事の仮免許状	右に同じ	三	八
	仮免許状	教員の一級普通免許状	教員	五	

備考

「校長」には、旧群島政府の文教部の課長及び群島政府以前の各群島政府の教育行政部課の長並びに琉球政府文教局の局長、次長及び課長を含み「教員」には政府並びに政庁の教育事務職員を含む。

教育職員免許法施行法

琉球政府立法院は、こゝに次のとおり定める。

一九五八年九月一日

教育職員免許法施行法

（旧令による教育職員免許状を有する者についての特例）

第一条　教員、校長、及び教育長免許令（一九五四年米国民政府布令第百三十四号）（以下「免許令」という。）及び教員、校長、教育長免許令施行規則（一九五四年中央教育委員会規則第八号）（以下「免許令施行規則」という。）によつて免許状を取得した者は、教育職員免許法（一九五八年立法第七十七号）（以下「免許法」という。）第五条第一項本文の規定にかかわらず、免許法による各相当の免許状を有するものとみなす。

2　旧国民学校令（昭和十六年勅令第百四十八号）旧教員免許令（明治三十三年勅令第百三十四号）又は旧幼稚園令（大正十五年勅令第七十四号）の規定により授与された次の表の上欄各号に掲げる教員免許状を有する者は免許法第五条第一項本文の規定にかかわらず、それぞれの下欄に掲げる教員の免許状を有するものとみなす。

番号	上欄	下欄
一	国民学校本科教員免許状	幼稚園、小学校及び中学校の教員の二級普通免許状
二	国民学校専科教員免許状	小学校及び中学校の教員の仮免許状
三	国民学校初等科教員免許状	幼稚園及び小学校の教員の仮免許状
四	国民学校准教員免許状	幼稚園、小学校及び中学校の教員の臨時免許状
五	国民学校初等科准教員免許状	幼稚園及び小学校の教員の臨時免許状
六	国民学校養護教員免許状	養護教諭の二級普通免許状
七	中学校、高等女学校教員免許状 高等女学校教員免許状、実業学校教員免許状	中学校及び高等学校の教員の一級普通免許状並びに小学校の教員の仮免許状
八	高等学校高等科教員免許状、高等女学校高等科及び専攻科教員免許状	中学校及び高等学校の教員の一級普通免許状並びに小学校の教員の仮免許状
九	幼稚園教員免許状	幼稚園の教員の二級普通免許状及び小学校の教員の仮免許状

3　前項の表の各号の下欄に掲げる中学校又は高等学校の教員の免許状に関する免許法第四条第六項に掲げる教科については、中央教育委員会規則で定める。

4　第一項の規定により各相当の免許状を有するものとみなされた者は、当該免許状の第二項の規定により、同項の表の下欄に掲げる教員の免許状を有するものとみなされた者は、それぞれ当該下欄に掲げる教員の免許状の交付を受けるものとする。

5　前項の免許状の交付は、免許法第十五条に規定する免許状の再交付とみなす。

（従前の規定による学校卒業者に対する免許状の授与）

第二条　次の表の上欄各号に掲げる者は免許法第六条第一項の規定による教育職員検定により、それぞれその下欄に掲げる免許状の授与を受けることができる。

番号	上欄	下欄
一	旧師範教育令（昭和十八年勅令第百九号）による師範学校（以下「師範学校」という。）を卒業した者。	幼稚園、小学校及び中学校の教員の二級普通免許状
二	旧師範教育令による青年師範学校（以下「青年師範学校」という。）を卒業した者。	中学校の教員の二級普通免許状並びに小学校及び高等学校の教員の仮免許状
三	旧青年学校教員養成所令（昭和十年勅令第四十七号）による青年学校教員養成所（以下「青年学校教員養成所」という。）又は旧実業補習学校教員養成所令（大正十年勅令第五百二十号）による実業補習学校教員養成所を卒業した者	中学校の教員の二級普通免許状並びに小学校及び高等学校の教員の仮免許状
四	旧大学令（大正七年勅令第三百八十八号）による学士の称号を有する者（この表の第十六号の上欄に掲げる者を除く。）	小学校の教員の仮免許状並びに中学校及び高等学校の教員の二級普通免許状
五	旧大学令による学士の称号を有する者で、三年以上、下欄に掲げる相当学校の教員（下欄に掲げる各学校の教員に相当するものとして文部省令で定める旧令による学校の教員を含む。第七号、第九号、及び第十号の場合においても同様とする。）として良好な成績で勤務した旨の所轄庁の証明を有する者	小学校の教員の二級普通免許状並びに中学校及び高等学校の教員の一級普通免許状
六	旧高等学校令（大正七年勅令第三百八十九号）による高等学校高等科（以下「高等学校高等科」という。）若しくは旧専門学校令（明治三十六年勅令第六十一号）による専門学校（以下「専門学校」という。）を卒業した者又は旧大学令による大学予科（以下「大学予科」という。）を修了した者（この表の第十六号の上欄に掲げる者を除く。）	小学校、中学校及び高等学校の教員の仮免許状
七	高等学校高等科若しくは専門学校を卒業した者又は大学予科を修了した者で三年以上下欄に掲げる相当学校の教員として良好な成績で勤務した旨の所轄庁の証明を有するもの	小学校、中学校及び高等学校の教員の二級普通免許状
八	旧国民学校令による国民学校専科教員免許状を有する者で、専門学校に準ずる各種学校を卒業した者	中学校の教員の二級普通免許状
九	旧国民学校令による、国民学校専科教員免許状を有する者で、五年以上、下欄に掲げる相当学校の教員として良好な成績で勤務した旨の所轄庁の証明を有するもの。	小学校及び中学校の教員の二級普通免許状
十	旧国民学校令による国民学校初等科教員免許状を有するもので、五年以上、下欄に掲げる相当学校の教員として良好な成績で勤務した旨の所轄庁の証明を有するもの	幼稚園及び小学校の教員の二級普通免許状
十一	旧教員免許令による中学校、高等女学校教員免許状、高等女学校教員免許状、実業学校教員免許状、高等女学校高等科及び専攻科教員免許状又は高等学校高等科教員免許状を有する者又は、又はこの表の第二号、第三号、第十三号、若しくは第十六号の上欄に掲げる者で三年以上小学校の教員として良好な成績で勤務した旨の所轄庁の証明を有するもの	小学校の教員の二級普通免許状
十二	前条の表又はこの表の上欄の各号の一に該当しないもので、旧大学令による大学、大学予科、高等学校高等科又は専門学校の教員の経歴を有するもの。	小学校、中学校及び高等学校の教員の仮免許状
十三	教員養成諸学校（師範学校及び青年師範学校を除く。）又は旧教員養成諸学校官制第二条に規定する教員養成所を卒業した者	中学校及び高等学校の教員の二級普通免許状並びに小学校の教員の仮免許状

十四	旧学位令（大正九年勅令第二百号）による学位を有する者	中学校及び高等学校の教員の二級普通免許状
十五	旧教員免許令第二条但書の規定に基く昭和十八年文部省告示第五百号の一に定めるところによつて、旧中等学校令（昭和十八年勅令第三十六号）による実業学校の教員となることのできる者（この表の第十九号の上欄に掲げる者を除く	中学校及び高等学校の教員の二級普通免許状
十六	旧教員免許令に基く教員無試験検定に関する指定学校（明治三十六年文部省告示第三十号）公立、私立学校卒業者に対し、師範学校、中学校、高等女学校教員無試験検定の取扱いを許可した学校（明治四十四年文部省告示第二百四十二号）又は実業学校教員検定に関する規定により無試験検定を受くることを許可したる学校（大正十二年文部省告示第三十五号）を昭和三十二年三月三十一日までに卒業した者	小学校の教員の仮免許状並びに中学校及び高等学校の教員の二級普通免許状
十七	旧教員免許令に基く、高等学校教員課程による無試験検定を受けることを得る者の指定（大正八年文部省告示第二百七十四号）の定めるところによつて指定を受けたもの	小学校の教員の仮免許状並びに中学校及び高等学校の教員の一級普通免許状
十八	イ　旧無線電信講習所官制（昭和十七年勅令第二百七十四号）による無線電信講習所、旧通信院官制（昭和十八年勅令第八百三十一号）による官吏練習所又は旧逓信講習所官制（昭和二十年勅令第百三十五号）による高等逓信講習所における修業年限三年の課程を卒業した者 ロ　第一級無線通信士又は第一級無線技術士の資格を有し、三年以上無線通信に関し実地の経験を有する者で技術優秀と認められる者	中学校及び高等学校の教員の二級普通免許状
十九	船舶職員法（昭和二十六年法律第百四十九号）第五条の規定による甲種二等航海士（以下「甲種二等航海士」という。）又は甲種二等機関士（以下「甲種二等機関士」という。）の海技免状を有する者	中学校及び高等学校の教員の仮免許状
二十	甲種二等航海士又は甲種二等機関士の海技免状を有し、五年以上船舶に関し、実地の経験を有するもので、技術優秀と認められるもの。	中学校及び高等学校の教員の二級普通免許状
二十一	旧専門学校令による高等商船学校及び函館水産専門学校の遠洋漁業科（函館高等水産学校の遠洋漁業科を含む）並びに旧水産講習所官制（明治三十年勅令第四十七号）による第一水産講習所の漁業科（水産講習所の遠洋漁業科及び第一水産講習所の遠洋漁業科を含む）を卒業した者で、船舶職員法第五条の規定による甲種一等航海士若しくは甲種一等機関士の海技免状を有し、三年以上船舶に関し、実地の経験を有する者又は甲種船長、若しくは甲種機関長の海技免状を有する者で、技術優秀と認められるもの	中学校及び高等学校の教員の一級普通免許状
二十二	旧盲学校及びろうあ学校令（大正十二年勅令第三百七十五号）に基く、公立私立盲学校及びろうあ学校規程（大正十二年文部省令第三十四号）（以下「旧公立私立盲学校及びろうあ学校規程」という。）第十条第一項又は第十一条第一項の規定により盲学校又はろうあ学校の教員になることができる者	盲学校又はろう学校の教員の二級普通免許状
二十三	旧公立私立盲学校及びろうあ学校規程第十条第二項又は第十一条第二項の規定により盲学校初等部又はろうあ学校初等部の教員となることができる者	盲学校又はろう学校の教員の仮免許状

二十四	第一条第二項の表の第二号、第七号若しくは第八号の上欄に掲げる教員免許状を有する者又はこの表の第二号から第四号まで、第六号の上欄に掲げる者で、昭和二十二年四月一日以後において幼稚園の教員の職にあつた者	幼稚園の教員の仮免許状
二十五	この表の前号の上欄に掲げる者で、三年以上幼稚園の教員として良好な成績で勤務した旨の所轄庁の証明を有するもの	幼稚園の教員の二級普通免許状
二十六	前条又は本条若しくは免許法第六条第二項別表第四の規定により教員の一級普通免許状を有するものとみなされた者又はその授与を受けることのできるもので六年以上教育職員又は官公庁若しくは私立学校における教育事務に関する職員として良好な成績で勤務した旨の所轄庁の証明を有し、中央教育委員会の規則で定める講習の相当課程を修了したもの。	校長の二級普通免許状
二十七	前条又は本条若しくは免許法第六条第二項別表第四の規定により、教員の一級普通免許状を有するものとみなされ又はその授与を受けることのできるもので九年以上教育職員又は官公庁若しくは私立学校における教育事務に関する職員として良好な成績で勤務した旨の所轄庁の証明を有し、中央教育委員会の規則で定める講習の相当課程を修了したもの。	校長の一級普通免許状
二十八	この表の第二十七号の規定により、校長の一般普通免許状を有するもので、三年以上教育職員又は官公庁若しくは私立学校における教育事務に関する職員として良好な成績で勤務した旨の所轄庁の証明を有し、中央教育委員会の規則で定める講習の相当課程を修了したもの。	教育長の二級普通免許状
二十九	この表の第二十七号の規定により、校長の一級普通免許状を有する者で六年以上教育職員又は官公庁若しくは私立学校における教育事務に関する職員として良好な成績で勤務した旨の所轄庁の証明を有し、中央教育委員会の規則で定める講習の相当課程を修了したもの。	教育長の一級普通免許状
三十	イ　前条又は本条若しくは免許法第六条第二項別表第四の規定により、教員の一級普通免許状を有するものとみなされた者又はその授与を受けることのできるもので五年以上教育職員又は官公庁若しくは私立学校における教育事務に関する職員として良好な成績で勤務した旨の所轄庁の証明を有するもの。 ロ　イ並びにこの表の第三十一号及び第三十二号に掲げる資格を有しない者で、この立法施行の際現に指導主事の職にある者。 ハ　大学の教員（これに相当するものとして文部省令で定める旧令による学校の教員を含む（以下第三十三号の場合においても同様とする。）として五年以上教育に関する科目を担当し、良好な成績で勤務した旨の所轄庁の証明を有するもの。	指導主事の仮免許以
三十一	前条又は本条若しくは免許法第六条第二項別表第四の規定により、教員の一級普通免許状を有するものとみなされた者、又はその授与を受けることのできるもので三年以上教育職員又は官公庁若しくは私立学校における教育事務に関する職員として良好な成績で勤務した旨の所轄庁の証明を有し、中央教育委員会の規則に定める講習の相当課程を修了したもの。	指導主事の二級普通免許状
三十二	前条又は本条若しくは免許法第六条第二項別表第四の規定により、教員の一級普通免許状を有するものとみなされた者又はその授与を受けることのできるもので六年以上教育職員	指導主事の一級普通免許状

	又は官公庁若しくは私立学校における教育事務に関する職員として良好な成績で勤務した旨の所轄庁の証明を有し、中央教育委員会の規則に定める講習の相当課程を修了したもの。	
三十三	イ 前条又は本条若しくは免許法第六条第二項別表第四の規定により教員の一級普通免許状を有するものとみなされた者又はその授与を受けることのできるもので、五年以上教育職員又は官公庁若しくは私立学校における教育事務に関する職員として良好な成績で勤務した旨の所轄庁の証明を有するもの。 ロ イ並びにこの表の第三十四号及び第三十五号に掲げる資格を有しない者で、この立法施行の際現に社会教育主事の職にあるもの。 ハ 大学の教員として五年以上教育に関する科目を担当し、良好な成績で勤務した旨の所轄庁の証明を有するもの。	社会教育主事の仮免許状

2 前項の表の各号の下欄に掲げる中学校又は高等学校の教員の免許状に関する免許法第四条第六項に掲げる教科については、文部省令で定める基準に従い、中央教育委員会規則で定める。

第三条 前条の表の第二十二号及び第二十三号の規定により、盲学校又はろう学校の教員の免許状の授与を受けた者については、当分の間、免許法第三条第三項の規定にかかわらず、盲学校又はろう学校の各部に相当する学校の教員の免許状を有することを要しないものとする。

第四条 第二条に規定する教育職員検定における学力の検定は、第二条の表の各号の上欄に掲げる学校における成績証明書によって行わなければならない。

三十四	前条又は本条若しくは(免許法第六条第三項別表第四)の規定により教員の一級普通免許状を有するものとみなされた者又はその授与を受けることのできるもので三年以上教育職員又は官公庁若しくは私立学校における教育事務に関する職員として良好な成績で勤務した旨の所轄庁の証明を有し、中央教育委員会の規則に定める講習の相当課程を修了したもの。	社会教育主事の二級普通免許状
三十五	前条又は本条若しくは(免許法第六条第二項別表第四)の規定により教員の一級普通免許状を有するものとみなされた者又はその授与を受けることのできるもので六年以上教育職員又は官公庁若しくは私立学校における教育事務に関する職員として良好な成績で勤務した旨の所轄庁の証明を有し、中央教育委員会の規則に定める講習の相当課程を修了したもの。	社会教育主事の一級普通免許状

第五条 第一条又は第二条若しくは免許令施行規則第十六条又は第十七条の規定により、教員の二級普通免許状若しくは仮免許状を有するものとみなされた者又は教員の二級普通免許状若しくは仮免許状の授与を受けることができる者で教職経験が次の各号に掲げる年数(免許令施行規則第十七条及び第二条の表の上欄に掲げる在職年数は含まないものとする。)を良好な成績で勤務した旨の所轄庁の識明を有し、第六条に定める講習の課程を修了した者は免許法第六条第一項の規定による教育職員検定によりそれぞれ相当の教員の一級普通免許状又は二級普通免許状の授与を受けることができる。

一 幼稚園、小学校若しくは中学校の教員の二級普通免許状を有するものとみなされた者又はその授与を受けることのできる者がこれらの学校の教員の一級普通免許状の授与を受ける場合　十年以上

二 幼稚園、小学校若しくは中学校の教員の仮免許状を有するものとみなされた者又はその授与を受けることのできる者が、これらの学校の教員の二級普通免許状の授与を受ける場合　五年以上

三 高等学校の教員の二級普通免許状を有するものとみなされた者又はその授与を受けることのできる者が高等学校の教員の一級普通免許状の授与を受ける場合　五年以上

四 高等学校教員の仮免許状を有する者とみなされた者又はその授与を受けることのできる者が高等

学校の教員の二級普通免許状の授与を受ける場合
十年以上

2 前項に規定する者の小学校から最終学校又は教員養成機関を卒業し、又は修了するに至るまでの学校又はその教員養成機関における修業の年数が、通算して次の表の各号の上欄に掲げる免許状の種類に応じ、それぞれ下欄に規定する年数を超過し、又はこれに不足する場合はその超過又は不足する年数をその者の在職年数に加え又はこれを差し引くものとする。

番号	上欄 免許状の種類	下欄 年数
一	幼稚園及び小学校の教員の二級普通免許状	一四
二	幼稚園、小学校及び中学校の教員の仮免許状	一三
三	中学校の教員の二級普通免許状	一四
四	高等学校の教員の仮免許状	一四
五	高等学校の教員の二級普通免許状	一六
六	養護教諭の二級普通免許状	一四
七	幼稚園、小学校及び中学校の教員の臨時免許状並びに養護助教諭免許状	一二

3 旧国民学校令、旧教員免許令又は旧幼稚園令の規定による教員検定により、教員免許状を授与された者（前項の規定の適用を受ける者を除く。）については、次の表の上欄に掲げる免許状の種類に応じ、それぞれその下欄に掲げる年数を前項に規定する学校又は教員養成機関における修業の年数とみなし、前項の規定を適用する。

番号	上欄 免許状の種類	下欄 年数
一	国民学校本科教員免許状	教員検定合格の年における師範学校卒業に要する修業年数
二	国民学校専科教員免許状	一二
三	国民学校初等科教員免許状	一二
四	国民学校准教員免許状	一一
五	国民学校初等科准教員免許状	一〇
六	国民学校養護教員免許状	一二
七	中学校、高等女学校教員免許状、実業学校教員免許状	一四
八	高等学校高等科教員免許状 高等女学校高等科及び専攻科教員免許状	一七
九	幼稚園教員免許状	一二

第六条 前条第一項の規定により、小学校、中学校、高等学校又は幼稚園の教諭の上級免許状の授与を受けようとするものは、受けようとする免許状の種類に応じ、それぞれ次の表に定める単位を修得しなければならない。

受けようとする免許状の種類		最終修得単位数 一般教育科目	専門科目 教科に関するもの	専門科目 教職に関するもの
小学校教諭	一級普通免許状		一三	一〇
	二級普通免許状		五	一〇
中学校教諭	一級〃		一三	一〇
	二級〃		五	一〇
高等学校教諭	一級〃		一三	一〇
	二級〃		一三	一〇
幼稚園教諭	一級〃		一三	一〇
	二級〃		五	一〇

附　則

1 この立法は、一九五九年四月一日から施行する。

2 この立法施行の際、現に大学若しくは養護教諭養成機関に在学し又は既に卒業した者については教育職員免許法第五条別表第一の備考並びに同条別表第三中在学年数及び最低修得単位数に関する部分の改正にかかわらず、なお免許令並びに免許令施行規則を適用する。

琉球政府立法院は、ここに次のとおり定める。

一九五八年九月一日

へき地教育振興法

（目的）

第一条　この立法は、教育の機会均等の趣旨に基き、かつ、へき地における教育の特殊事情にかんがみ、政府及び地方教育区がへき地における教育を振興するために実施しなければならない諸施策を明らかにし、もつてへき地における教育の水準の向上を図ることを目的とする。

（定義）

第二条　この立法において「へき地学校」とは、交通困難で自然的、経済的、文化的諸条件に恵まれない山間地、離島その他の地域に所在する公立の小学校及び中学校をいう。

（地方教育区の任務）

第三条　地方教育区は、へき地における教育の振興を図るため、当該地方の必要に応じ、次に掲げる事務を行う。

一　へき地学校の教材、教具等の整備へき地学校に勤務する教員の研修その他へき地における教育の内容を充実するため必要な措置を講ずること。

二　へき地学校に勤務する教員及び職員のための住宅の建築、あつ旋その他の福利厚生のため必要な措置を講ずること。

三　体育、音楽等の学校教育及び社会教育の用に供するための施設をへき地学校に設けること。

2　地方教育区は、前項に掲げる事務を行うほか、へき地学校における教員及び職員並びに児童及び生徒の健康管理の適正な実施を図り、児童及び生徒の通学を容易にするため必要な措置を講ずるように努めなければならない。

（中央教育委員会の任務）

第四条　中央教育委員会（以下「中央委員会」という。）は、前条に規定する地方教育区の任務の遂行について、地方教育区に対し、適切な援助を行い、及びへき地学校に勤務する教員の研修について教員に十分な機会を与えるように特別の考慮を払わなければならない。

2　中央委員会は、へき地学校に勤務する教員及び職員に対する特殊勤務手当の支給について、特別の考慮を払わなければならない。

3　中央委員会は、地方教育区の行うへき地学校に勤務する教員及び職員の定員の決定について特別の考慮を払わなければならない。

4　中央委員会は、必要に応じ、へき地学校に勤務する教員の養成施設を設けなければならない。

（文教局長の任務）

第五条　文教局長は、へき地における教育について必要な調査、研究を行い、及び資料を整備し、並びに第三条に規定する地方教育区の任務の遂行について、地方教育区に対し、適切な指導、助言を行い、又は必要なあつ旋をしなければならない。

2　文教局長は、地方教育区の行うへき地学校に勤務する教員及び職員の採用について必要な指導、助言及びあつ旋をしなければならない。

（政府の補助）

第六条　政府は、地方教育区が行う第三条に掲げる事務に要する経費について、予算の範囲内で、その全部又は一部を補助するものとする。

2　前項の規定により政府が補助する場合の経費の範囲、算定基準及び補助の比率は、中央教育委員会規則（以下「中央委員会規則」という。）で定める。

（補助金の返還）

第七条　政府は、政府から補助金の交付を受けた地方教育区が次の各号の一に該当するに至つたときは、当該年度におけるその後の補助金の全部又は一部の交付をやめるとともに、すでに交付した当該年度の補助金の全部又は一部を返還させることができる。

一　補助金を補助の目的以外の目的に使用したとき。

二　正当な理由がなくて補助金の交付を受けた年度内に補助に係る施設を設けないこととなつたとき。

三　補助に係る施設を、正当な理由がなくて補助の目的以外の目的に使用し、又は中央委員会の許可を受けないで処分したとき。

四　補助金の交付の条件に違反したとき。

五　虚偽の方法により補助金の交付を受けたことが

明らかになつたとき、

（補助金の配分）

第八条　中央委員会は、学校施設の建設又は復旧、教材、教具等の整備その他の教育事務に要する経費について地方教育区に交付する補助金の配分を行うに当つては、へき地における教育の特殊性に留意して適切な配分を行わなければならない。

（準用規定）

第九条　この立法及びこの立法に基く中央委員会規則で定めるもののほか、補助金の交付及び返還の手続その他に関する事項は、補助金等に係る予算の執行の適正化に関する立法（一九五七年立法第五十七号）及び同法施行規則（一九五七年規則第百六号）の規定を準用する。

（委任規定）

第十条　この立法の施行に関し必要な事項は、中央委員会規則で定める。

附　則

この立法は、一九五九年七月一日から施行する。

琉球政府立法院は、ここに次のとおり定める。

一九五八年九月二日

学校教育法の一部を改正する立法

学校教育法（一九五八年立法第三号）の一部を次のように改正する。

第八条に次の一項を加える。

5　職業課程のみを置く高等学校の校長については、前各項の規定は適用しないことができる。

本則中「学校看護婦」を「養護教諭」に「臨時教授許可証所持者」を「助教諭」に改める。

第十一条、第十六条第一項及び第三十二条第四項中「中央委員会」を「文教局長」に改める。

第四十四条の次に次の一条を加える。

（専攻科）

第四十四条の二　高等学校には職業課程に限り専攻科を置くことができる。

2　高等学校の専攻科は、高等学校若しくはこれに準ずる学校を卒業した者又は中央委員会の定めるところにより、これと同等以上の学力があると認められた者に対して精深な程度において、特別の事項を教授し、その研究を指導することを目的とし、その修業年限は一年または二年以内とする。

第四十九条第二項中「学校看護婦」の下に「技術職員」を加える。

同条第三項の次に次の一項を加える。

4　技術職員は、技術に従事する。

附　則

この立法は、公布の日から施行する。

琉球政府立法院は、ここに次のとおり定める。

一九五八年九月一日

教育委員会法の一部を改正する立法

教育委員会法（一九五八年立法第二号）の一部を次のように改正する。

第百十一条第一項第十一号中「を編集すること。」を「の設定に関すること。」に改め、第十二号を次のように改める。

十二　学校及びその他の教育機関の設置、廃止、建築、施設及び移転の基準の設定並びにその認可に関すること。

第百十一条第二項を削り、同条第一項に次の一号を加える。

十九　その他法令によりその権限に属する事務に関すること。

第百三十一条第一項中「中央委員会」を「文教局長」に改める。

第百三十三条第一項第三号を次のように改める。

三　職員の出張（校長及び教員の七日をこえる出張を除く。）に関すること。

附則第十号に次のただし書を加える。

たゞし教育長及び教育次長の任期については一九五八年四月一日現在における最近の任命の日から起算する。

別表中の北部地区の項中「恩納教育区」を削り、同表中部地区の項中「石川教育区」の上に「恩納教育区」を同表都市地区の項中「真和志教育区」を削る。

附　則

この立法は、公布の日から施行する。

第六十二回（定例）中央教育委員会　議事日程（案）

日	番号	件名
九月二十二日（月）		1 前回会議録の承認
		2 今回会議録署名人の決定
		3 事務報告
		4 日程の決定
	議案第一号	一九五九年度地方教育区に交付すべき教育補助金の交付額の算定に用いる測定単位及び補正系数
	〃第二号	一九五九年度公立学校教育職員事務職員及び傭人の給料補助金の交付額の算定に関する規則
	〃第三号	一九五九年度公立学校職員旅費補助金の交付額の算定に関する規則
	〃第四号	一九五九年度単位登録料補助金交付額の算定に関する規則
	〃第五号	一九五九年度単位手当補助金交付額の算定に関する規則
	〃第六号	一九五九年度行政補助金の交付額の算定に関する規則
	〃第七号	一九五九年度公立高等学校職業教育補助金の交付額の算定に関する規則
二十三日		休会
二十四日（水）	〃第八号	一九五九年度に建築すべき校舎及び校舎補助金割当方針
	〃第九号	一九五九年度公立学校校舎修繕補助金の交付額の算定に関する規則
	〃第十号	宿日直手当支給規則の一部を改正する規則
	〃第十一号	一九五九年度公立学校教科書補助金の交付額の算定に関する規則
	〃第十二号	一九五九年度学校校医手当補助金の交付額の算定に関する規則
	〃第十三号	一九五九年度公立学校検便費補助金の交付額の算定に関する規則
	〃第十四号	一九五九年度公立学校備品補助金の交付額の算定に関する規則
	〃第十五号	一九五九年度公立中学校職業教育補助金の交付額の算定に関する規則
	〃第十六号	一九五九年度社会教育関係補助金の交付額の算定に関する規則
	〃第十七号	社会教育法施行規則の一部を改正する規則

日	番号	件名
二十五日（木）	議案第十八号	教育財政調査要項の承認について
	〃第十九号	刑務所少年区の廃止について
	〃第二十号	西城小学校創立五十周年記念事業寄附金募集の認可について
	〃第二十一号	那覇中学校創立五十周年記念事業寄附金募集の認可について
	〃第二十二号	兼次小中学校創立六十周年記念事業寄附金募集の認可について
	〃第二十三号	小禄中学校創立十周年記念事業寄附金募集について
	〃第二十四号	中央教育委員会の委員の選挙執行に関する規則
	〃第二十五号	沖縄電気学院設置認可について
	〃第二十六号	糸満尚学館設置認可について
	〃第二十七号	泊補習学院設置認可について
	〃第二十八号	財団法人ひめゆり橘服装学院設置認可について
	〃第二十九号	社会教育のための講座並びに事業等に関する補助金交付に関する規則の一部を改正する規則
二十六日（金）	議案第三十号	八重山高等学校入学料及び授業料徴収規則の一部を改正する規則について
	〃第三十一号	授業料免除の認可について
	〃第三十二号	政府立学校文書種目について
	〃第三十三号	政府立高等学校教科書の採択について
	〃第三十四号	高等学校入学者選抜の方法について
	〃第三十五号	職員人事
	〃第三十六号	一九五九年度第二次校舎建築割当について
	〃第三十七号	那覇教育区小禄小学校校地拡張認可について
	〃第三十八号	浦添教育区浦添小学校校地拡張認可について
	報告	1 屋嘉小中学校の設置者変更認可に関する事務処理について 2 暫定予算による校舎建築状況について 3 フェイ台風災害復旧建築状況について 4 南部農林高等学校創立五十周年記念行事について
	陳情の処理について	校地に関する陳情（楚辺小学校PTA会長）
		その他

学校指導要領各教科改訂案の要点

小学校

かたかなは二年から本格的に　国語

社会　六年までに地歴の基礎を

――（抜　萃　欄）――

国語科

改訂の基本方針

1、社会生活に必要な国語の能力を義務教育中に完成させることを意図して、小学校においては、その基礎を養うことに努めるとともに国語についての関心を高め、国語の学力を確実にする。

2、国語の学習を通して、児童の思考力・社会性・心情などを片寄りなく高めるとともに、他の諸教科の学習の基礎としての国語の学力をいっそう充実させる。

改訂の要点

1、各学年の学習領域を「聞く・話す」「読む」「書く」（作文・書写）の三領域とした。

現行は、聞くこと・話すこと・読むこと・書くこと（作文）・書くこと（書き方）の五領域としているが、現場の意見などを考慮し、「聞いたり話したりする」学習はこれを一つにくくり、文字を書写することは、文章を書くことの基礎であるというたてまえから、これを作文といっしょにくくった。

2、学習指導が発展的、系統的に行えるように、目標・内容をよりいっそう整理して示した。

現行の指導要領の中で、目標および内容に関して、現場の教師に最も活用されているのは、「第三章国語科学習指導の計画」中の「第三節国語能力表」（各領域ごとに学年別に示してある）である。

この能力表に関しては、「ら列的で軽重がわからない」という批判とともに、「これを分析整理して重点的に示してほしい」との要望が強かった。改訂にあたっては、この批判と要望に答えて、能力表に掲げられたものを分析整理して重点的に示し、しかもそれらの目標が学年を追って発展的系統的に高まるように整理して示した。

3、作文の目標・内容をはっきり整理して示し、いずれの地域でも片寄りなく実施できるようにした

作文の指導に関しては、熱心に行なっている学校とそうでない学校との間に学校差がかなり大きく開いている。改訂にあたっては全国いずれの学校でも実施可能ということを考慮に入れて目標・内容を重点的に示すことにした。

4、漢字に関しては、各学年で学習する漢字の数および種類のだいたいを示した。現行指導要領には、学習すべき漢字の数だけが示されているが、これでは地域差によって使用教科書が異なる現状においては、学習指導上支障を生ずることが多いので、どの学年でどのような漢字を学習するという種類を数とともに示すことにした。ただし地域や学校の実情に応じられるように、各学年で学習すべき漢字の数および種類に多少の幅を残した。

5、かたかなは、ひらがなをだいたい習得させた上で、二年から本格的に学習させ、三年で読み書きとともに完全に習得させて、現行より強化をはかるようにした。

現行指導要領では、かたかなは二年から学習を開始することになっているが、改訂案では一年生からかたかなの一部が読めるように示した。周知のようにかたかなは外来語、擬音などのように語として示されることになっているから、日常生活に密着している語の中からその一部が読めるようにしようとしたものである。一年ではそれを書くことまでは要求しない。

6、毛筆による書写は、硬筆による書写とあわせ

て書写能力を養うことを目標として、四年以上の適宜の学年で国語学習の一環として課することにした。

これは現行指導要領と同じ取扱いであるが、あくまでも国語学習の一環として行うこと、書写能力を養うことを目標とすることを再確認したものである。また学校選択であるが実施する場合には、国語学習の他の領域に片寄りが生じないようにとの配慮から、年間の学習時間を越えないことにした。

7、ローマ字学習は、国語学習の一環として、四年からすべての児童が学習することにし、ローマ字書きの語および簡単な文章の読み書きを学習させることにした。ただし、このことのために単独のローマ字教材は国語の教科書の中に収めることにした。現行指導要領では、ローマ字学習は学校選択となっているが、今回の改訂では全国いずれの学校でも国語学習の一環として読み・書きすることになる。ただし、この学習にあたる時間数は四年で年間二十時間程度とし、五、六年ではそれぞれ年間十時間程度とした。

社会科

改訂の基本方針

1、小学校では、児童の発達段階を考慮して中学校のような分野別の学習は行わないが、各学年とも内容を精選、整理して、発展的効果的な学習ができるようにした。

2、道徳教育における社会科の役割を明確にするともに、道徳の時間の指導との密接な関連について配慮した。

3、小・中学校における内容の一貫性を考え、第六学年までに日本の地理・歴史等についての基礎的な理解や概観的なはあくができるようにし、国土に対する愛情や国民的自覚の基礎を養うようにした。

改訂の要点

1、特に第一学年においては、三十年度の改訂であまりに膨脹した生活指導的色彩の強い内容（たとえば整理整とん・健康のために良い習慣・悪い習慣・動植物の愛護など）の整理をはかった。

2、第四学年の郷土の学習については、従来、地域によって扱いにくい内容も含まれていたので、これを整理し、郷土の学習のみに一か年を費すことをやめ、

○第三学年の発展として必要な限度における郷土の学習。

○日本の各地における自然環境や生活様式などの特色についての比較学習。

○大昔の生活・交通の昔と今などの初歩的歴史学習。

などによって内容を構成することにした。

3、第五学年においては、従来特に内容が多すぎ、各産業を網ら的に扱う傾向があり、そのため指導が徹底しないうらみもあったので農業と工業に重点を置く産業の学習を中心とし、かつ四年までの地理的学習とあわせて、この学年終了までに日本の地理のあらましをつかませるようにした。

4、第六学年においては、第五学年までの歴史的学習をまとめながら日本の歴史のあらましをつかませるため、内容の示し方を特に具体的にした。なお、第五学年までの公民的内容のまとめを行うとともに、歴史学習との関連をはかる意味で政治についての学習を行い、また小学校児童として必要な国際理解・国際協調の精神を養う基盤となる程度で世界についての大観を得させる学習を行うことにした。

観察、実験を推進　理科

算数　基礎的な概念原理を

算数科

改訂の基本方針

1、基礎的な学力の向上と科学技術教育の振興に寄与する立場から内容の充実と整備を図るようにした。

2、基礎的な技能の習熟をはかり実際の場合でそれをじゅうぶん活用できるようにした。

3、基礎的な概念や原理の理解をもとにして、指導内容の系統性を明らかにし、指導能率の向上をはかるようにした。

改訂の要点

1、内容の配列については

（1）内容は、次の四つの領域に整理して示した。

A、数と計算　B、量と測定　C、数量関係

D、図形

（現行は、数・計算・測定・表とグラフ・分数・小数・実務問題解決・物の形と図形の九領域に分れている。）

（2）小数・分数の四則計算と百分率歩合などの計算を、小学校で一応完成する立場から、これに関連した内容の指導学年を全般的に早めた。

2、中学校から小学校へおろした内容

（1）小数・分数の乗除計算

（2）百分率・歩合の計算

（3）比例の考え方

（4）公式についての関数的な見方

（5）図形についての求積と対称・回転などの概念

（6）珠算の乗除（地域の必要により指導する）

3、整理された内容

（1）尺貫法の指導（中学校へ）

（2）温度・方位の指導（理科へ）

（3）実務的な内容（社会科・その他へ）（売買・金銭出納など）

理科

改訂の基本方針

1、科学技術の振興のために果す基礎的な役割を考えて、目標をいっそう明確にするとともに、児童の発達段階に応じ、他教科との関連をじゅうぶん考慮して、その内容をいっそう精選し、基礎的なものをいっそう確実に学習させるようにした。

2、観察・実験による学習を推進し、科学的な見方・考え方・扱い方を確実にするようにした。

改訂の要点

1、現行は内容の量が多く、程度も高すぎるものがあるから、これを整理し、基礎的なものに力を入れて学習させることに重点を置いた。

（1）保健関係の内容は、他教科・道徳・生活指導との関連を考慮して精選し、理科では人体の構造機能・病原体・寄生虫などの問題を中心に扱い、習慣形成は省いた。

（2）気象・地質・天体に関する内容は、程度・量の上から整理しかなり少なくなつた。

（3）生物や物理・化学的内容のうち、応用的なものは整理し、基礎的なものに重点を置いた。

2、学年でその内容をおさえ、観察実験の程度を明示することにした。

3、内容の学年配当は、低学年では身近の日常生活における自然の事物・現象についてのそぼくな考察処理を行い、自然に親しむ態度や生物を愛護する気持、自然の環境に疑問をもち、これを解決しようとして実際に行つて確かめようとする態度を養うことに重点を置き、学年が進むにつれて、客観的にものを見たり考えたり、自然の保護や利用、問題解決能力の初歩ならびに自然科学的な基礎的原理の理解を体得できるようにした。

4、内容は一応分野に分けて考え各学年の発展的系統と中学校へのつながりをはつきりさせた。しかし、指導上の組織としては、これにとられることなく、児童の生活経験に即した形態をとり、観察実験を中心とする学習を行うようにした。

音楽　現行を鑑賞と表現に整理

図工　表現の技能・創造力を養う

音楽科

改訂の基本方針

1、現行の歌唱・器楽・鑑賞・創造的表現・リズム反応の五つの領域を、鑑賞と表現の二つの領域に整理し、表現の中を、歌を歌うこと、楽器をひくこと、簡単な旋律を作ることの三分野に分けて示した。

2、音楽科は他教科に比べて地域差や学校差がはなはだしいので、各学年の目標をいっそう明らかにし、内容を、量・質の両面から精選し、かつ系統的発展を考慮して全国の標準化をはかるようにした。

改訂の要点

1、低学年では感覚面に重点を置き、学年が進むに従って理解面や表現技能の面を増し、自主的、創造的な学習ができるようにした。

2、特に低学年は、音楽学習にとつて重要な基礎的段階をなすものであるから、現行よりもその指導を充実した。家庭や幼稚園の教育との関連を考慮して豊かな音楽経験を与え、明るく楽しい学校生活を営ませることをはじめ、よい音楽を数多く聞かせて、リズムやハーモニーに対する感覚を洗練したり、リズム楽器のほかに、簡単な旋律楽器にも親しませていくようにした。

3、児童音楽的情操を育て、生活の中へ音楽を浸透させ、うるおいをもたせるために、特に全国すべての学校で共通に学習する歌唱教材を各学年五曲、鑑賞教材を各学年三曲ずつ示した。

図画工作科

改訂の基本方針

1、児童の絵をかいたり、物を作たりするという表現活動を重視し表現の技能・創造力・実践的な態度などをつちかうことに重点を置いた。さらに美術的な面と技術的な面における統一調和を図り、工作教育の改善充実を期するようにした。

2、各学年における指導の目標と内容をいつそう明確にし、児童の心身の発達段階に応じて学習の内容を構成し、発展的系統的な指導が行われるように配慮した。

改訂の要点

1、学習内容の構成においては、低学年では特に造形的な欲求、興味の満足を中心に考えて、自発的な造形的表現活動を活発にし、学年が進むにつれて造形要素の理解、美の構成についての理解といった面の指導を高めるようにし、また高学年では技術を体得し、これを実践する態度を重視するよう学習内容を発展的、系統的に編成した。

2、各学年における指導の目標を具体的にし、その内容を明確に示した。内容における分野の分け方は、従来は、描画・色彩・図案・工作・鑑賞というように区分されていたが、これを学習の具体的なねらいによつて区分する方式をとり、たとえば、①心の中にあるものを絵で表現する、②外界を観察しながらそれを絵で表現する、③版画を作る、④彫塑を作る　⑤デザインをする　⑥役に立つものを作つたり構成の練習をしたりする　⑦機構的な玩具・模型の類を作る　⑧作品を鑑賞する。というふうに児童の活動を主体とし、学習の具体的なねらいによつて区分し、内容の理解と取扱を容易にすることにした。なお、これらの内容を一方に偏して指導することのないよう、それぞれの分野について指導すべき時間配当の割合を示すことにした。

小学校における教科・道徳の最低時間配当
（改訂案）カッコ内は週時間

学年		1	2	3	4	5	6
教科	国語	238 (7)	315 (9)	280 (8)	280 (8)	245 (7)	245 (7)
	社会	68 (2)	70 (2)	105 (3)	140 (4)	140 (4)	140 (4)
	算数	102 (3)	140 (4)	175 (5)	210 (6)	210 (6)	210 (6)
	理科	68 (2)	70 (2)	105 (3)	105 (3)	140 (4)	140 (4)
	音楽	102 (3)	70 (2)	70 (2)	70 (2)	70 (2)	70 (2)
	図画工作	102 (3)	70 (2)	70 (2)	70 (2)	70 (2)	70 (2)
	家庭	—	—	—	—	70 (2)	70 (2)
	体育	102 (3)	105 (3)	105 (3)	105 (3)	105 (3)	105 (3)
道徳		34 (1)	35 (1)	35 (1)	35 (1)	35 (1)	35 (1)
計		816 (24)	875 (25)	945 (27)	1015 (29)	1085 (31)	1085 (31)

衣食住の実践的な学習　家庭　体育　保健の指導を充実する

家庭科

改訂の基本方針

1、指導内容を精選して日常生活に必要な衣食住などに関する生活技能とし、実践的な学習を中心とするようにした。

2、第五・六学年の男女児童に共通に課することを原則としたが、一部の教材については、性別によりその取扱を考慮した。

改訂の要点

1、目標と内容の示し方は、現行は第五・六学年を一括して示してあるが、改訂案においては、各学年別に示して、これらを明確にした。

2、内容の領域については、現行は家族関係・生活管理・被服・食物・住居の五つに分けて示しているが、改訂案においては被服・食物・すまい・家庭の四領域として示すことにした。

3、現行の家族関係の領域中に含まれている傷の手当、かかりやすい病気の予防や処置などの内容を体育科へ移した。

体育科

改訂の基本針方

1、目標をいっそう明らかにし、内容を精選充実して、各学年別に示し、できるだけその程度を明らかにした。

2、体育科における保健に関する指導をいっそう充実することにした。

改 訂 の 要 点

1、目標については・従来・身体的目標・社会的目標・生活的目標の三つの側面から考えられていたが、これを、①心身の健全な発達、②運動技能の習得と運動技能の生活への活用、③公正・協力・責任などの社会的態度の育成、④運動に関連した健康や安全に対する態度の育成と保健の初歩的な知識の理解の四つの面から具体的に示した。

2、各学年の内容は、①徒手体操 ②器械体操、③陸上運動、④ボール運動、⑤リズム運動 ⑥その他の運動〔水泳、すもう、鬼あそび（三年生）、なわとび（四年まで）〕の六つの領域に分け、その各、領域ごとに運動の技能、態度、健康、安全の三つの面から内容を示した。

3、第五・六学年においては、健康に関する知的理解の領域を設け保健に関する初歩的知識の内容を明らかにした。

4、運動種目については、低学年では、より遊戯的な簡単な運動（器械遊び・リズム運動・鬼遊びなど）を、中学年ではやや形の整つた運動（たとえば、フツトベースボール）を、高学年では既成のスポーツを簡易化した程度のやや組織だつた運動（たとえば、ソフトボール・簡易サツカーなど）を行わせることとした。

5、集団行動に関する指導については各運動の領域に含め得るものは、たとえば、ならびつこ・持久走など）その運動を行う場合に指導し、さらに各学年の「指導上の留意点」に、整列のしかたなどについてその程度を示し、その指導が、おろそかにされないように配慮した。

現行小学校の教科についての時間配当の例

教科＼学年	1.2年	3.4年	5.6年
国語 算数	45%～40%	45%～40%	40%～35%
社会 理科	20%～30%	25%～35%	25%～35%
音楽 図画工作	20%～15%	20%～15%	
家庭			25%～35%
体育	15%	10%	10%
計	100%	100%	100%

備考

（ａ）この表は教科の指導に必要な時間の比率だけを示している、が学校はここに掲げられた教科以外に教育的に有効な活動を行う時間を設けることがのぞましい。

（ｂ）教科と教科以外の活動を指導するに必要な一年間の総時数は、基準として次のように定められる。

第１学年および第２学年　870時間
第３学年および第４学年　970時間
第５学年および第６学年　1,050時間

中学校

読解力を高める　國語

社会　わが國の立場を正しく理解

國語科

改訂の基本方針

1、義務教育中に、生活に必要な国語の能力を確保することを期して、学習領域、程度等を明確にし片寄りのない学習が行われるようにした。

2、教材ならびに学習活動を精選し、基本的、本質的な学習に力を注ぐようにした。

3、読解力をいっそう高め、文章を正確に理解させるように努めた。

4、たとえば尊重する意識を高め正確な表現力を養い、特に作文および書写の指導を充実した。

改訂の要点

1、国語学習の領域は、従来と同じく、聞くこと、話すこと、読むことおよび書くことの上に立って片寄りのない学習をさせる。その際、それぞれの領域の指導する内容を精選し、基礎的、本質的なものとした。

2、読むことの学習の教材は、文学作品に片寄らないで、論理的、科学的な材料も含めることとした。なお、古典については、現代語訳や注釈をつけたり、やさしいものを読ませたりして、基本的な作品に適宜触れさせ、古典に対する関心を持たせるようにした。

3、聞くことおよび話すことの学習、また、作文の学習についても軽視されないように、それぞれ、毎学年の授業時数の$\frac{1}{10}$上を充てるようにした。

4、ことばに関する事項の学習は従来どおり、聞くこと、話すこと、読むことおよび書くことを通して各学年で行うが、第一学年、第二学年では、ある程度まとまった学習をさせ、第三学年では、応用的に学習させるようにした。

5書写の学習は、硬筆および毛筆を使い、主として、第一学年で授業時数の十分の二程度を充てるように、第二学年、第三学年では時宜に応じて計画的に指導するようにした。

6、ローマ字の学習は、小学校において学習した事項を、適宜、応用するように指導することとした。

社会科

改訂の基本方針

1、中学校生徒の発達段階を考慮して、社会科を地理的分野・歴史的分野・政治経済社会的分野の三つに分けて学習させることを原則とした。

2、内容の学年配当を明らかにし学習にいっそうの系統性をもたせた。

3、義務教育としての一貫性を考慮し小学校社会科との関連を密にし、内容を精選し、むだの重複を省いた。

4、現在の社会科の基本的な考え方を継承するとともに、これを深めて、堅持し、世界におけるわが国の立場を正しく理解させ、国土に対する愛情を深め、国民としての自覚を高めることに留意した。

5、道徳の時間の指導との関連に留意して、道徳教育の進展に資するよにした。

改訂の要点

1、第一学年においては、地理的分野について学習させることを原則として、日本および世界の地誌的内容の学習に重点を置くことを明示した。

2、第二学年においては、歴史的分野について学習させることを原則とし、日本史の学習に重点をおき、世界史のあらましにふれさせるようした。特に近代史については、その大きな流れをつかむことができるようにし、地理的分野や政治・経済・社会的分野とのむだな重複を省いた。

3、第三学年においては、政治・経済・社会的分野について学習させることを原則とした。この場合地理的分野や歴史的分野の学習の基礎の上に、発展的、総合的にその学習ができるようにした。また現在の政治・経済・社会的分野に含まれている歴史的発展過程に関する事項は第二学年に移してむだな重複を省いた。

4、学校における道徳教育において、社会科は、社会に関する正しい理解を得させることによって、道徳的判断力を養い、望ましい態度や心情の裏づけをしていくという点で、重要な任務を担当している。このような観点から、現行の社会科における道徳的内容を整理し、道徳の時間の指導との関連を図った。

実測実習なども 数学

理科 科学技術の基礎を養う

数学科

改訂の基本方針

1、基礎学力の向上と科学技術教育の振興に資するため、指導時数を増加するとともに、小学校算数科の内容の改訂の上に立っていっそう系統性をもたせ、内容の充実を図った。

2、基礎的な原理法則の理解や基本的な技能がじゅうぶん身につくようにするとともに、実測・実習などを重視し、実践的な活用の能力を高めるようにした。

3、第三学年において、生徒の進路・特性に応ずる学習ができるようにするため、選択の時間を設けることとした。

改訂の要点

1、内容の精選と系統化を図った。従来取り扱っていた複雑な実務的内容（株式・保険など）および近似値の形式的な取扱は、削除ないし軽減することとした。

2、基礎的な技能や能力の充実を図るようにした。従来、小数・分数の四則は中学校で完成していたが、これを一応小学校で完成させその基礎の上に第一学年から正の数、負の数、文字を用いた式などを扱うこととした。

3、数式については、従来含まれていなかった二次方程式を第三学年に加えることとし、また、比例などの関係についてもその程度を高めることとした。

4、図形については、従来含まれていなかった図形の論証的な取扱をだいたい第二学年から始め、第三学年で中心角と円周角との関係まで扱うこととした。

5、進路・特性に応ずる学習を強化した。第三学年に必修教科として数学百五時以上（週当り三時以上）のほかに、新たに選択教科として数学七十時以上（週当り二時以上）を加え、指導する範囲と内容を拡充し、数学の能力があり、将来、数学を必要とする者の学力の充実を期した。

理科

改訂の基本方針

1、小学校理科との関連を密にし、むだな重複を避け、重点を明らかにして効果的な積重ねができるようにした。

2、指導時数を増加するとともに内容を精選し、基礎的なものがじゅうぶん指導できるようにするとともに、実験・観察を重視し、科学技術振興を養うようにした。

3、生徒の発達に応じた系統性を重視するとともに、内容を二分野に分け、各分野をまとまりのある形で学習させることとした。

4、物理・化学的内容の指導を、これまでよりも重視した。

改訂の要点

1、現行では、指導内容が多すぎ個々の知識の表面的な学習に追われていたので、これを改め、内容を基礎的なものに精選すると同時に、必要な化学や物理に関する内容を加えた。また、実験・観察・実習などがじゅうぶん行われるようにした。

2、現行では、分野に分けず一般理科として課しているが、これを改め、二分野に分けてそれぞれを

（抜萃欄）

中学校の教科・道徳および特別教育活動の最低時間配当

（改訂案）

教科等	学年	1	2	3
必修教科	国語	175 (5)	140 (4)	175 (5)
	社会	140 (4)	175 (5)	140 (4)
	数学	140 (4)	140 (4)	140 (3)
	理科	140 (4)	140 (4)	140 (4)
	音楽	70 (2)	70 (2)	70 (1)
	美術	70 (2)	35 (1)	35 (1)
	保健体育	105 (3)	105 (3)	105 (3)
	技術・家庭	105 (3)	105 (3)	105 (3)
必修教科の時間数		945 (27)	910 (26)	840 (24)
選択教科	外国語	105 (3)	105 (3)	105 (3)
	農業	70 (2)	70 (2)	70 (2)
	工業	70 (2)	70 (2)	70 (2)
	商業	70 (2)	70 (2)	70 (2)
	水産	70 (2)	70 (2)	70 (2)
	家庭	70 (2)	70 (2)	70 (2)
	数学	—	—	70 (2)
	音楽	35 (1)	35 (1)	35 (1)
	美術	35 (1)	35 (1)	35 (1)
選択教科の時間数		105 (3)	105 (3)	105 (3)
道徳		35 (1)	35 (1)	35 (1)
特別教育活動		35 (1)	35 (1)	35 (1)
年間総時間数		1120 (35)	1120 (32)	1120 (32)

注　特別教育活動の時間数として示したものは、学級活動にあてる時間数とする。

最低七十時間ずつ年間を通じて指導することとした。第一分野は、物理的、無機化学的内容を主とし、第二分野は、生物的、地学的なもの、および生化学や化学工業などに関するものを主として組織した。

3、二分野の内容を、生徒の発達に応じて、論理的に関連づけ、発展していくように各学年に配当した。

4、現在では衣・食・住や通信・交通など、生徒の問題を中心として内容を組織する考えをとっているが、これを改めて、基本的な事実・原理・法則を中心とすることにした。この際、学問的な体系によりすぎることなく、つとめて具体的な事象からはいり、帰納的な考え方を重視し、こうして学習させた原理や法則を、実際の応用に結びつけるようにはかった。

選択の時間を置く　音楽

美術　図画工作科を改める

音楽科

改訂の基本方針

1、義務教育の最終段階として、音楽の表現や鑑賞に必要な最低の知識・技能・態度・習慣を身につけさせるため、内容を精選し、指導に体系をもたせる。

2、変声期にある生徒の発展段階に即応して、指導がしやすいように各学年の指導の重点を明示した。

3、生徒の進路や特性に応じてより深く音楽を学習できるように、選択の時間を置くことにした。

改訂の要点

1、譜を見て歌ったり奏したり、また簡単な旋律が作れたり、よい音楽が聞き分けられるなどの基礎的な能力を高めるための学習体系を明らかにした。

2、これまでの音楽の学習では、理論に片寄る傾向が見られるが、今回の改訂では、表現や鑑賞を活ぱつにし、知的理解事項はこれらの表現や鑑賞を通して指導するようにした。

3、現行では、日本の音楽に対する配慮が少ないが、今回の改訂では、身近にある素材、たとえば郷土の歌や民謡などを取り上げ、日本の音楽に対する関心を高めるようにした。

4、生徒の身体的、精神的発達に応じて、第一学年では表現に、第二学年では鑑賞に重点を置くようにし、第三学年では表現と鑑賞とを同時に取り扱うようにした。

5、愛唱歌や愛好する鑑賞曲を数多くもたせるようにした。特に、全国の生徒が共通に歌ったり、聞いたりすることができるように、歌唱教材は各学年三曲、鑑賞教材は各学年五ないし六曲を示した。

現行中学校の教科と時間配当

	教科等＼学年	1	2	3
必修教科	国語	175～280 (5～8)	175～280 (5～8)	140～210 (4～6)
	社会	140～210 (4～6)	140～280 (4～8)	175～315 (5～9)
	数学	140～175 (4～5)	105～175 (3～5)	105～175 (3～5)
	理科	105～175 (3～5)	140～175 (4～5)	140～175 (4～5)
	音楽	70～105 (2～3)	70～105 (2～3)	70～105 (2～3)
	図画工作	70～105 (2～3)	70～105 (2～3)	70～105 (2～3)
	保健体育	105～175 (3～5)	105～175 (3～5)	105～175 (3～5)
	職業家庭	105～140 (3～4)	105～140 (3～4)	105～140 (3～4)
	小計	910～1015 (26～29)	910～1015 (26～29)	910～1015 (26～29)
選択教科	外国語	140～210 (4～6)	140～210 (4～6)	140～210 (4～6)
	職業家庭	105～140 (3～4)	105～140 (3～4)	105～140 (3～4)
	その他の教科	35～210 (1～6)	35～210 (1～6)	35～210 (1～6)
特別教育活動		70～175 (2～5)	70～175 (2～5)	70～175 (2～5)

6、選択教科としての音楽の時間では、生徒の特性に応じて特に器楽や創作の面を深めるようにした。

美術科

改訂の基本方針

1、現行の図画工作を改めて「美術科」とし、その内容を、芸術創造性を主体とした表現や鑑賞活動に関するものとし、工作に関する部分は、技術・家庭科で扱うようにした。

2、内容を精選するとともに、生徒の心身の発達段階に応じて発展的、系統的な指導が行われるように配慮した。また表現に関する基礎的な能力を養うことに重点を置いた。

3、生徒の進路や特性に応じて、より深く美術を学習できるように選択の時間を置くことにした。

改訂の要点

1、現行図画工作科の七つの内容（描画・図案・色彩・図法・製図・工作・配置配合・鑑賞）のうち芸術性創造性を主体にしたものは美術科で扱い、科学的合理的技術的なものを主体にした図法・製図や工作は、技術・家庭科で扱うようにした。

2、内容を ①印象や講想などの表現（絵画・彫塑による表現）②色や形などの基礎練習、③美術的デザインおよび④鑑賞の四つの領域に分け、それぞれまとまりのある学習指導ができるようにした。

3、デザイン教育を重視し、美術的デザインについての基礎的な能力の学習に特に意を用いた。なお生産技術的デザインは、技術・家庭科で扱うようにした。

4、指導が一方に偏することのないよう、それぞれの領域について指導すべき時間のおおよその割合を示した。

——（抜粋欄）——

運動種目を精選 保健体育
技術家庭 科学技術の指導強化

保健体育科

改訂の基本方針

1、運動種目を精選し、生徒の発達段階および性別に応じて、その程度と内容の重点を示した。

2、保健学習と体育学習との指導時数の割合は現行どおりとし、体育学習のうち、特に体育に関する知識と保健学習との関係をいっそう緊密にし、学習効果があがるようにした。

3、保健学習については、理科および技術・家庭科との関連をはかり、その内容を精選した。

改訂の要点

1、現行では、教科の目標について、現行では保健と体育とで別々に示されているが、これを ①心身の健全な発達、②運動技能の向上、③公正・協力・責任などの社会的態度の育成、④健康・安全についての理解・態度および能力の四つの面から統一して示した。また、内容の面でも保健と体育との密接の関連を図った。

2、各学年で指導する運動種目は基本的なものに限り、従来よりいっそう精選した。（たとへば、ボクシング・レスリングなどは生徒の発達に適切なものでないとして省いた）なお基本的なものから除かれた運動種目のうち、テニス・卓球・バドミントンは、生徒の卒業後の生活の関連も考え、第三学年において、指導できるようにした。

3、各学年の内容は、各運動の領域（徒手体操・器械運動・陸上競技・格技・球技・ダンス・水泳）ごとに運動技能、社会的態度（公正・責任・協力など）健康・安全に関する態度の三つの側面から、学年別に可能な範囲でその程度を示した。また体育に関する知識についても一応まとまりをつけ、各運動の指導との関連および保健学習とも関連して行えるようにした。

4、保健学習では、内容を精選し系統的にした。なお、栄養については、現行では、理科および家庭科においても指導しているが、これを主として保健で取り扱うこととした。また環境衛生については、現行では理科で取り扱つているがこれを主として保健で指導することとした。

技術・家庭科

改訂の基本方針

1、現行の職業・家庭科（必修）を改め、これと図画工作科においてきた工作に関する部分と合わせて「技術・家庭科」を新設し、科学技術に関する指導を強化することとした。

2、内容に二系列を設け、男子向きには工的内容を中心とする系列、女子向きには家庭科的内容を中心とする系列を学習させることとした。

3、内容を精選し、系統的な学習ができるようにした。

改訂の要点

1、現行の職業・家庭科は六つの領域（農業・工業・商業・水産・家庭・職業に関する知識等）にわたる広範な内容で組織されており、したがつてその性格・目標もややあいまいであり、他方、図画工作科においては、とかく工作の面の指導がおろそかになりやすく、いずれも基礎的技術に関する指導がふじゆうぶんであつた。このような現状を改め、技術・家庭科を設けて、科学技術に関する指導を強化することとした。

2、現行の職業・家庭科では、地域の実情や学校の事情に応じて内容を選択することができるものとされ、したがつてその教育内容が異なる結果を生じたが、技術・害庭科では、男女の二系列を設けて最低必要な内容を明示し、それを必ず履修されるものとした。

3、他の教科との関連をじゆうぶん考慮して、その内容を精選するとともに、実践的な学習を重視することを明らかにし、また系統的な学習ができるようにした。

4、内容の概要を示すと次のとおりである。

男子向

一年　設計製図・木材加工・金属加工・栽培
二年　設計製図・木材加工・金属加工・機械
三年　機械・電気・総合実習

女子向

一年　調理・被服製作・設計製図・家庭機械・家庭工作
二年　調理・被服製作・家庭機械・家庭工作
三年　調理・被服製作・保育・家庭機械・家庭工作

指導時間数に幅を持たせる　外國語

外國語科

改訂の基本方針

1、外國語科は現行どおり選択教科とし、生徒の進路・特性により指導時数に幅をもたせるようにした。

2、英語の言語材料および聞き、話し、読み、書く学習活動を精選して、基礎的能力が身につくようにした。

3、英語に加えて、ドイツ語およびフランス語の内容も示すこととした。

改訂の要点

1、外国語の各学年の最低指導時数を百五時とし外国語を必要とする者に対してより多くの時数を履修させることができるようにし特に第三学年においては、百七十五時以上履修することができるようにした。

2、英語（A）文型、文法事項、学習活動などのうち、必要にして欠くことのできないものを精選して、学年別に基準として示した。

（B）現行では、語いの概数だけを示しているが、これを改めて、新語の数を第一学年およそ三百語第二学年およそ四百語、第三学年およそ四百語程度とし、そのうち最低必要な五百十七語を具体的に示した。

3、ドイツ語　およびフランス語　英語と同じように、最低必要な言語材料および学習活動を学年別に示した。

農業・工業・商業・水産および 家庭科

改訂の基本方針

1現行の選択教科としての職業・家庭科を改めて農業・工業・商業・水産および家庭科の五教科を新し、必要に応じて、そのうち一以上を履修させるようにした。

2、職業生活または家庭生活への準備的な教養について、その基礎的なものを身につけさせるようにし、特に第三学年においては、地域の事情または生徒の必要に即して、職業または家庭に関する教育を強化することとした。

改訂の要点

1、現行の職業、家庭科においてとられている「生徒の興味や必要などを考慮して」履修させるというたてまえをいっそう明確にし、各教科の内容を整理し、職業生活または家庭生活への準備的な基礎教養を得させるための教科とした。

2、特に第三学年においては、卒業後就職するものまたは家事に従事するものに対して、これらの教科のうち一以上を百四十時（週当り四時）以上履修させることができるようにした。

3、現行の職業・家庭科（選択）においては、必修教科としての職業・家庭科との内容の区分が不明確であったが、今回は、各教科とも選択教科としての内容を明示した。なお現行の職業・家庭科（選択）と同様に、地域の事情や生徒の必要に即して、選択教科の内容に示されていない特殊な内容についても履修させることができるようにした。

4、内容の概要を示すと次のとおりである。

農業科　養畜・農耕・園芸・農産加工
工業科　手仕上・機械仕上・電気工作
商業科　計算事務・文書事務・商事活動・経理
水産科　漁・増殖・水産加工・操船
家庭科　被服・食物・保育・看護・住居・家庭経営

教員養成制度の改善方策

中教審議会答申全文

一、教員養成の基本方針

教員の養成は、国の定める基準によって大学において行うものとする。この基準に基き、必要に応じて国は教員養成を目的とする大学を設置し、または公私立大学について認定する。さらに一般の大学で教員養成を行うのに適当であると認めるものに対して認定を行うほか、一般の大学卒業者で教職教育を欠いている者については、国家検定試験の道を講じる。

義務教育学校の教員の養成については、その必要数を確保するよう国がその養成の責任をもたなければならない。

教員の資質の向上のため教員養成の一環として、現職教育は組織的に行わなければならない。

二、学校種別ごとに必要とされる教員の資質とその育成

教員に必要な資質としては、一般教養、専門学力（技能を含む。以下同じ）教職教養の三つが要求され、しかもこれらが教師としての人格形成の目的意識を中核として有機的に統一されることが必要である。しかして教職教養および専門学力については、各学校種別によってその要請に相違がある。

1、小学校教員

小学校教員は、児童の教育に即する教職教養と全科担当の学力を必要とする。よって小学校教員の養成を目的とする大学で教育する必要がある。（幼稚園教員については原理的にはこれに準ずる。）

2、中学校教員

中学校教員は、生徒の教育に即する教職教養と担当する教科についての学力を必要とするが、担当する教科については、一部に偏しない幅の広い学力が要求される。よって中学校教員の養成を目的とする大学で教育する必要がある。この大学は一教科担当の教員を養成するのが目的であるが、公立中学校教育の現状にかんがみ、当分の間二教科担当の教員をも養成することができるように考慮する必要がある一方、担当教科のうちの一分野について高度の学力をもつ教員も要求されるので、これは主として一般の大学で育成されるものとする。

3、高等学校教員

高等学校教員は、生徒の教育に即する教職教養と、特に担当教科・科目に対する高度の学力を必要とする。よって高等学校教員の養成を目的とする大学は必要であるが現状では主として一般の大学で育成されるものとする。

三、教員養成を目的とする大学における養成

1、目的・性格

教員養成の目的を明確にした教育が行われるとともに、教育に関する学問研究および教員の現職教育が行われる必要がある。

2、教育課程等の基準

教員養成の目的に即する教育課程履修方法・学生補導・卒業認定および教員組織・施設設備等についての基準は国が定める。

基準は、教員の質的向上が確保されるようじゆうぶんな専門的検討を経て決定される必要があるが、特に次のことに留意する。

(イ)教育課程は、一般教育・専門教育・教職教育が有機的に結合されたものでなければならない。なお教職教育のうちで教育実施を重視し、あわせて教師としての人格的形成に留意すること。

(ロ)必要な履修科目の内容・程度を明示すること。

(ハ)付属学校は充実整備すること。

(ニ)補導組織を確保すること。

大学は基準の維持向上に努め、国はその基準の維持について必要な指導監督を行うものとする。

3、教員養成を目的とする大学の設置と認定

(イ)公立の義務教育学校教員の必要数を養成するため、国はその基準に基いて教員養成を目的とする大学(学部)を設ける。(教育大学(学部)と称する。)

(ロ)公私立大学の学部・学科で教員養成を目的とするものは、国が基準に基いて認定する。国は必要に応じ、この基準に基いて、国立大学に教員養成を目的とする学部・教科を設ける。

4、国立の教育大学(学部)

(イ)養成対象とその範囲

(A)小学校教員　公立小学校教員の大部分とする。

(B)中学校教員　公立中学校教員の一定数とする。

(ロ)形　体

(A)単科大学または総合大学の学部とする。単科大の場合は視野が狭くならないように留意し、総合大学の学部とする場合は、教員養成の目的をじゆうぶん果しうるよう運営できる組織としなければならない。

(B)現職教育のための課程を設けるものとする

(ハ)配　置

地方教育行政の区分(都道府県)に従い、各区分ごとに一大学(学部)を置くことを原則とする。

中学校教員については、教科によつてはより広い地域に配置することができるものとする。

(ニ)入学者選抜

(A)人物考査を行う。

(B)高等学校において履修すべき科目を指定できるようにする。

(C)へき地教員の養成等の必要を満たすため、委託学生の制度を設ける。

(ホ)奨学制度

奨学制度を拡大し、じゆうぶんな学費を貸与しうるようにする。その返還の免除についても特に指定した学校に就職した場合、返還免除に要する勤務期間を短縮するなど、特別の措置を講ずる。

(ヘ)卒業者の取扱

全員教員に採用されるよう措置する。そのため(ト)に掲げる機関で調整を行うほか、卒業者に対し就職指定の制度を考慮する必要がある。

(ト)養成数の計画および需給の調整

(A)養成数は、都道府県(広い地域を対象とするものはその地域)ごとの将来における学校種別、教科別の所要教員数、現在数および減耗率に基いて決定するが、その際教科および教育課程の基準などの推移、男女の比率等をも考慮しなければならない。

(B)教員の需給の調整その他教員養成について必要な事項を処理するため、文部省、都道府県教育委員会、教育大学の三者で構成する機関を設ける。

(備考)

(1)国は高等学校教員のうち産業教育教員、芸能科教員等特に必要ある教員の一部および特殊教育教員の大部分の養成を担当する。

(2)高等学校の産業教育教員、芸能科教員等については、全国的な規模で数か所の国立大学にその養成のための学科(課程)を設ける。

(3)特殊教育教員については、国立の教育大学に特殊教育教員の養成課程を設け、普通免許状所有者中の希望者について養成することを原則とするその期間は一年とし、養成数は各都道府県の需要

数の程度とする。

（4）二、三の教員については、奨学等必要な事項について小中学校教員と同様の取扱いをする。

四、一般の大学における養成

一般の大学（教員養成を目的とする大学以外の大学（学部・学科）のうち教員養成に適する学科（専攻）については国が認定する。

1、基準および認定

国は教育課程、履修方法、教員適格の認定、教員組織および施設設備等について基準を定め、これに基いて学科（専攻）を認定する。この場合、教育課程の基準については、教員養成を目的とする大学の教育課程の基準に準ずるものとするが、教育実習を要しない。

大学はその基準の維持向上に努めるものとし、国はその基準の維持について必要な指導監督を行うものとする。

2、仮採用期間中の実習・研修

認定された学科（専攻）において所定の単位を取得して卒業した者の教員採用については仮採用の制度を設け、仮採用された者に対しては、一定の勤務期間、所定の実習・研修を課するものとする。

3、養成対象

中学校教員および高等学校教員とする。

五、國家検定試験

一般の大学の卒業者で教職教育を欠いている者に対し教員資格を付与するため、国家検定試験を行う。

1、受験資格及び試験内容

国家検定試験は大学卒業（小中学校教員については当分の間短期大学卒業を含む）以上を受験資格とし、四の1に掲げる教育課程の基準において、教科に関する専門科目と教職に関する専門科目について試験を行うとともに、教師としての適否の判定も行う。

2、仮採用期間中の実習・研修

国家検定試験に合格した者の教員採用については仮採用の制度を設け、仮採用された者に対しては、一定の勤務期間、所定の実習、研究を課するものとする。

六、教員資格の付与

1、教員資格付与の態様

（イ）教員養成を目的とする大学の卒業者には、正規の教員資格を与える。

（ロ）一般の大学の認定された学科（専攻）において所定の単位を取得した卒業者および国家検定試験合格者には条件付の教員資格を与え、仮採用後一定の勤務期間所定の実習、研修を終了した後、正規の教員資格を与える。この実習・研修は国がその基準を定め、任命権者の責任のもとに一定の計画をもつて行うものとする。この場合、任命権者はその指導組織を整備し、かつ実習、研習のため児童生徒の教育に支障を生じないよう配慮するものとし、教育大学等は任命権者と協力してその研修課程において実習・研究に当るものとする。

（ハ）一つの種類の学校（教科）の教員資格を有している者が他の学校（教科）の教員資格を取得する場合は、学力検定により正規の教員資格を与えることを原則とする。

（備考）

幼稚園教諭、養護教諭、特殊教育学校の教諭および産業教育担当教員の一部等については、必要ある場合は特例を設ける。

2、教員免許状

（イ）教員免許状の授与の適正を期するため、授与権者は国とすることが望ましい。

（ロ）免許状の種類は、幼稚園教員免許状・小学校教員免許状・中学校教員免許状・高等学校教員免許状・養護教員免許状および特殊教育教員免許状とし、従来の一級二級の区別は設けない。ただし高等学校については現行どおりとしまた幼稚園については当分の間一級二級の区別を存置する。

免許状は普通免許状（終身有効）仮免許状（五年有効）・臨時免許状（一年有効）とする。

（ハ）普通免許状は正規の教員資格を有する者に、仮免許状は条件付の教員資格を有する者に与える

（ニ）高等学校教員普通免許状については、前項1の（イ）（ロ）による者には二級免許状を与え。二級免許状または仮免許状を有する者で、大学院に一年以上在学し所定の単位を修得した者は、二級免許状を有する者にあつては直ちに、仮免許状を有する者にあつては、一定の勤務期間、所定の実習を完了した後、一級免許状を与える。

（ホ）中学校の免許状は各教科ごとに設ける。高等学校の免許状は教科によつては科目別に設ける。

（ヘ）臨時免許状は現行どおりとする。

3、経過措置

現行法による普通免許状を有する者の既得権を認め、教諭となることができるようにするとともに、次のことに留意する。

（イ）現行法による臨時・仮免許状を有する者は、その有効期間中既得権を認めるようにすること。

（ロ）法改正時の大学在学者に対しては、一定期間現行法による普通免許状取得を認めるようにすること。

（ハ）現に免許状を受ける資格をもつている者に対しては、当分の間、学力検定の受験資格を認めるようにすること。

（ニ）現行法よる免許状を有する者で新法による検定によつて新法による免許状を取得しようとする者に対しては、検定の受験資格受験科目についての特例を設けるようにすること。

七、現職教育

1、国・地方公共団体および大学の緊密な連繋のもとに、充実した計画的現職教育を行うよう組織する必要がある。

2、教育大学には研修課程を設け継続的に研修が行われるようにするなど、現職教育を制度化する。なお、教育大学以外の教員養成を目的とする大学にも研修課程を設けることが望ましい。

3、現職教育を受けさせるための経費負担、教育に支障ないようにするための代替教員の配置などを措置する。

八、その他

以上の改善方策を効果的にするため、次に掲げる措置を講ずる必要がある。

1、教員の待遇改善と社会的地位の向上。

2、学級規模の縮小と教員定数の増加。

3、教育大学（学部）の教員組織の整備充実および教員の質の向上とその養成。

4、教育大学（学部）の施設設備の充実（分散施設の統合、教育実習施設・寄宿舎の充実等を含む）

（付記）

教員養成を目的する大学および教員養成を行うのに適当であると認める大学の認定は、適当な審議機関にはかつて行われるようにすること。

あとがき

△本号は、新会計年度の始めにあたつて文教局の教育事業の諸計画を特集する予定でしたが、教育関係法令特集にかえました。

△学習指導要領各教科改訂の要点並びに教員養成制度の改善方策は、文部広報より抜萃しました。共に研究の好資料だと思います。ことに十月一日に文部省は指導要領を公にすることになつていますが、要点を一読されることは徒労ではないと思います。

△なお事業計画特集は四十七号としておゝくりします心待ちにしておられた先生方の御寛容を願います。

一九五八年九月十九日　印刷
一九五八年九月三十日　発行

文教時報　第四六号　（非売品）

発行所　琉球政府文教局　研究調査課

印刷所　ひかり印刷所

文教時報

NO.47

47

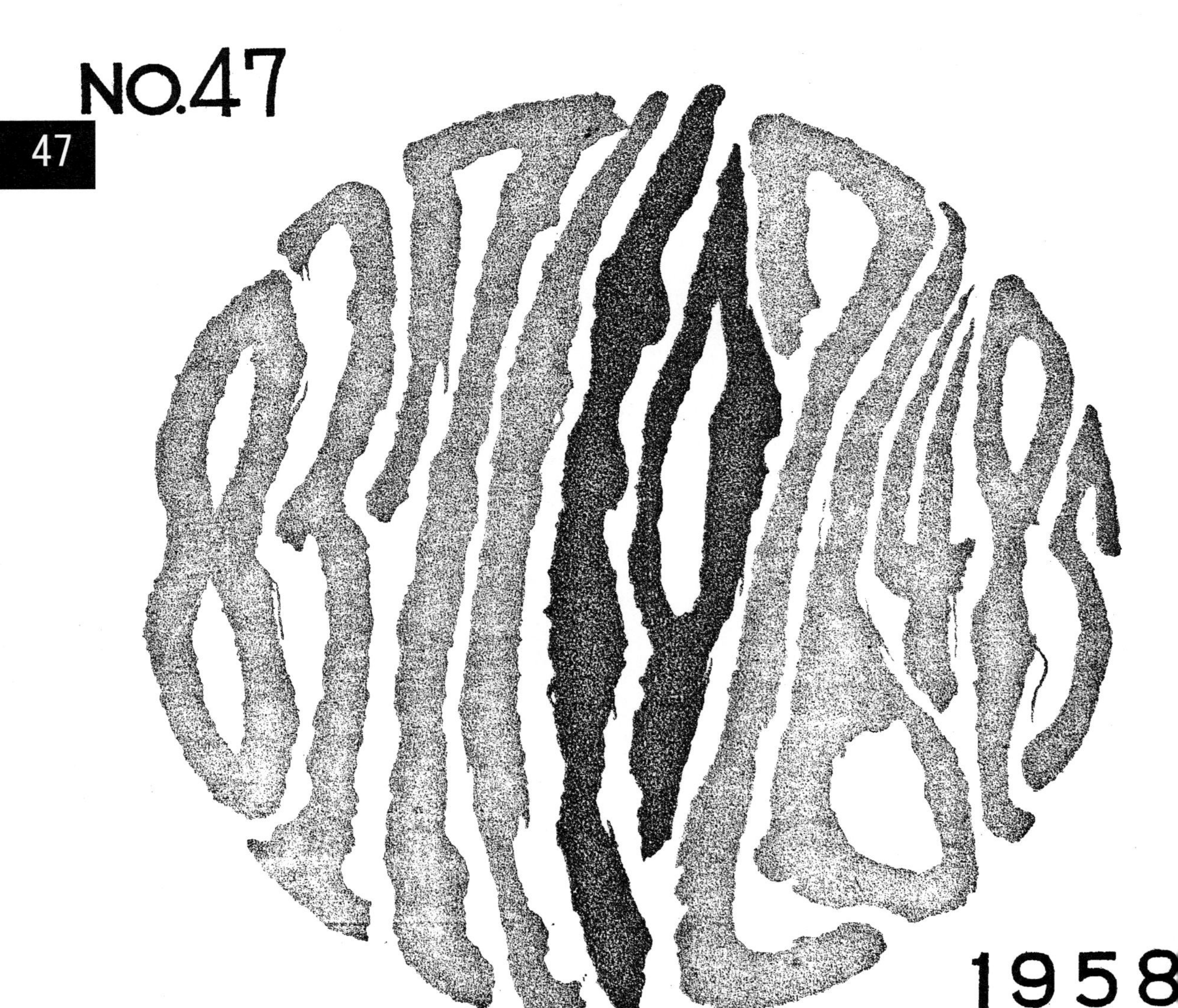

1958

琉球 文教局研究調査課

巻頭言

一九五九会計年度に思う

阿波根朝次

民立法によつて「日本国民の育成」が、教育の目標として高く掲げられた記念すべき年にあたり、本年度の予算編成について最も意を用いた事は、之を財政面からいかに裏打ちするかと言う事であつた。

日本国民の育成は、言葉を換えて言えば「いつ復帰しても恥ずかしくない」人間を育成する事と思う。がそれには「本土並みの教育水準を」と考え、本土における児童生徒一人当りの教育費、国民所得に対する教育費の比率を拠り所として、文教局予算を約十億円と打ち出したのである。この額を査定するにあたつて、後者については、本土における国民所得に対する教育費の比率約五・六%を用いたのであるが、之は貧富の程度が比較的に沖縄に近い諸県が、七%ないし九%である事からして過当な額ではないと思われるにかかわらず、琉球政府の財政事情は之を許さず、主席査定において約七・三七億円に縮減され、議会による修正により約八〇〇万円を増して約七・四五億円と決定された。

困難な政府財政の中で、前記本土並みの教育財政水準を如何にして確保出来るか、今後の課題である。

この不足がちな予算総額の中で、教育の重要政策を行い、学力水準を維持向上させる事は困難な事ではあるが、文教局としては児童生徒の学力向上に直接大きく影響する経費については、極力之が確保に努力し、消費支出は緊縮とは云え前年度補正予算に比し、生徒一人当り七八円の増加を見る事が出来たが、資本的支出即ち校舎建築、施設備品等の面は生徒一人当り四一五円の減少を余儀なくされた。

新規事業についても極力努力を払い、その額はとも角として次のような項目を実施する事になつた。

学校飲料水施設補助、学校看護婦、社会教育主事の市町村配置、へき地学校の教員住宅建設、へき地学校の寄宿舎建設補助、水産練習船の建造、開拓地を持つ市町村への運営費補助、高校定時制特別勤務手当、単級複式手当、校医手当及び検便費の補助、本土よりの指導主事級教員の招へい計画。

尚この予算決定後、学校職業科の備品充実のために、一六万弗（一、九二〇万B円）の軍補助が令達された事を報告して、皆様とともに謝意を表し度い。

次にこの乏しい予算の行使にあたつては、之を効果的かつ能率的に実施する事が必要と思う。そのために地方教育区への補助金を平衡交付金的に流す事になつているが、その外に緊急度を考えて実施し、実施の上は一日も早く教育の実際に活用されること、又計画的行使により予算行使の能率化を計り、年度末に予算残や繰越しを出さぬよう努力することが肝要と思う。これらのことについては、文教局、地方教育委員会、現場と三者一体となつての努力が必要と思われるので、諸賢のご協力を切にお願いする次第である。

（文教局次長）

目次

……新会計年度の事業計画……

甲子園の土を踏んで
首里高校選手の健斗

（写真は首里高校　提供）

75,000人の観衆を集めた開会式（朝日新聞社ヘリコプターより写す）

堂々入場する首里高ナイン　先頭は仲宗根主将

宣誓する首里高校　仲宗根主将

試合開始
首里・敦賀両軍のあいさつ
手前右は敦賀高校

ダックアウトを
元気で飛出す
首里高校チーム

試合前に応援団にあいさつする首里高校ナイン

敦賀二死　一、二塁のとき二塁走者
平口、辻の右前安打で一挙ホームライン
補手　糸数

首里無死、高嶺二ゴロ失で一塁セーフ

甲子園の土をビニールにつめる選手達

震天動地の大のぼり、東アルプススタンド

観衆にはげまされながら退場する首里高校チーム

試合すんで、スコア、ボールド

敢斗した首里高校チームの
選手の勢揃いした顔

7月31日より8月3日まで山口市で行われた昭和33年度全日本バレーボール高校男子選手権大会の宮古農と旭川商（北海道）との対戦

宮古農高校の善戦

（写真は山口県教育庁総務課提供）

立法院における

文教局長の予算説明

一九五九年度

一九五九年度文教局才出予算案の説明を致します。

さきに立法院全会一致で立法されました教育四法にかかげる遠大崇高なる教育の基本的理念は、全住民の前途に一大光明を点じたものとして、教育界は勿論、全住民のひとしく喜びとするところであります。

この教育四法にかかげる諸条項が真に生徒及び住民にサービスされ、将来、沖縄を興す力となるために、教育行政に当る私たちは、教育現場六千教職員はもとより、一般父兄、住民の理解ある御協力によりまして、この理念達成に努力することを決意している次第であります。

ところで、ここ数年来、児童生徒の自然増加と、生徒一人当り教育費の増加によりまして、教育財政の需要は年年増加の一途を辿つていますが、一般財政規模の縮小によりまして、教育財政も大きな影響が与られ、一九五九年度の教育予算編成に当りまして、教育四法の理念達成に最も苦慮したのはこの点でありました。即ち教育法にかかげる日本国民なみの教育を行うために、日本の国及び地方を通ずる財政資料について、調査、研究、分析を行い、琉球政府における教育財政需要の規模を求める等、その適正規模の算出に努力したのであります。国・地方を通ずる公教育費と全国民所得との比率を求め、又は琉球と類似規模府県の公教育費とその府県の県民所得との比率を求め、あるいは、日本の学校種別生徒一人当り教育費から琉球の教育財政需要額を算出する等の合理的方法を考究の上、琉大を除いて約十億円の適正教育需要額を算出したのでありますが、現実の琉球政府財政規模と、その他各分野の財政需要の関係によつて、文教局予算は琉球大学の補助金も含めて総額八〇〇、九六〇、五〇〇円になつたのであります。

この額は、一九五九年度国民所得推計額の四・三七%にあたり、また政府一般会計才出額の三〇・一八%にあたるのでありまして、前年度の当初予算額が国民所得推計額の四・九九%、政府一般会計予算の三〇・二二%であつたのに比べますれば、それぞれ〇・六二%と〇・〇四%の減少で、実額にしまして、五三、七八三、二〇〇円の減少になつているのであります。

一、この予算案では一九五九会計年度の中央地方公費私費を通じての教育財政の全規模はどうなるか。

この一九五九会計年度教育予算案を中心にして考えた場合、琉球大学費も含め、更に地方負担の公費及び私費も加えましても、教育の総需要額は、約九八〇、〇〇〇、〇〇〇円にしかなりませんでこれは国民所得総額の約五・三%に当ります。日本においては、此の比率は全国平均で昭和二八年には五・七三%に達し、琉球と類似規模の小規模県におきましては、昭和二九年は六%から九%までに及びまして、此の比率で推計しますと琉球の総教育費需要額は十億から十六億が適正と考えられますが此の財源を何所にどれだけ求めるかは十分研究努力すべき問題であります。

二、予算編成方針

さて、琉球大学補助金を除く七三七、四六〇、五〇〇円をもつて、教育の重要政策を行い、学力水準を維持向上させることは至難の事ではありますが、文教局と致しましては、次に述べます予算編成方針に基きまして予算を計上し、就中、児童生徒の学力向上に最も影響の大きい経費につきましては、乏しい予算ではありまするが、極力、これが確保に努力を払つたつもりであります。

即ち公教育費には、どうしても欠くことのできない中核的経費があるのでありますが、これが即ち教育費の消費的支出面、即経常費の面であります。この消費的支出面はでき得る限り緊縮をしながらも、前年度の補正予算に比べて、生徒一人当り七八円の増加を見ることができました。しかし、その反面、予算全体の圧縮によりまして、資本的支出、即ち、校舎建築、施設備品等の面は前年度に比べて、七、四九一、九〇〇円の減額で生徒一人当りにして、四一五円の減少を見ている様な次第であります。

予算編成の方針と致しましては、具体的には、教員給与の確保、校舎建築及び施設の充実、児童生徒の学力の向上、職業教育、へき地教育、保健体育、特殊教育、社会教育の振興、教育行財政の確立ということを重点目標としたのであります。

三、予算全体としてのつり合い

また、教育予算全体としてのバランスを考えるに際しましては、日本の事例等を参考にしながらも琉球の特殊な教育事情に立脚しまして、現実に即するように計上した次第であります。例えば、この予算書によりますれば、学校教育費、社会教育費、教育行政費のつり合いは、それぞれ、九三・五対一・五対五・〇%となつていまして、社会教育費と教育行政費が、日本のそれと比べて、その比率が多少高いように思われますが、これは、日本の場合、社会教育費と教育行政費の大部分が、地方負担となつていますが、ここでは、地方教育区の負担力、その他の事情によつて、その比率が増加している次第であります。

また、日本に比べて、資本的支出面の比率が多少高くなり、したがつて、経常的、経費の比率が多少低くなつていますが、これは琉球の特殊な事情を考えました場合、これでも甚だ低きに失するものと思うのであります。又此の比率は前年度予算で二八%でありましたが、今年度は止むなく一八%に圧縮されているのであります。

四、重点的予算項目の説明

全体的な経費のバランスは以上のとおりでありますが、次には、予算項目の重点的なものについて述べることに致します。

教育費の中核をなすものは、教員の給与でありまして、これこそ最も大きく学力と結びつく重要なる経費であります。教員定数の算定につきましては、日本の例を参考にして努力していまして、日本の平均までには至りませんが、給料、手当等の給与額を合算しますと、五三〇、六三七、四〇〇円となり、総予算額の七二%を占めるのでありまして、これが予算書中（P一一六とP八七、P九〇）の給料や手当の補助金及び政府立学校職員の給料手当としてあげてある額でありまして、前年度より総計五一、四〇六、七〇〇円増加しているのであります。

この増加の理由は、児童生徒の自然増、即ち五八年四月に約一四、〇〇〇人、五九年四月に約一二、〇〇〇人の増加に対する教員数の増加、政府公務員なみの定期昇給資格向上による昇給、期末手当の公務員なみの増額、定時制高校における夜間勤務手当の新設、単級復式手当の新設等によりまして、給与全体が増加したのであります。

この最も必要な教員給与費の外に、校舎建築を始めとする設備、備品の充実職業教育、へき地教育の振興等、数多くの多難な教育課題の解決のために努力しなければならないのでありますが、これらの経費のためには二〇六、八二三、〇〇〇円しか残らないのであります。

（次には）校舎建築と職業教育備品、一般備品、及び給食、給水、定時制高校の照明等の資本的経費が政府立公立併せて一三八、九七九、四〇〇円でありまして、この経費は前年に比べて七四、九〇一、九〇〇円の減となり、文教局予算の約一八・四%を占めているのでありますが、建築途上の琉球教育の現状と致しましては甚だ低いのであります。

この経費の中で校舎建築費が政府立、公立併せて三一三教室分計上されていますが、これは一九五八年四月の自然増による教室不足をみたし、木造腐朽校舎の一部（五四教室）改築等のための経費となつていまして、一九五九年四月の自然増加による不足分の建築とその他の木造校舎の改築等については、遺憾ながら計上できなかつたのであります。なお、現在の校舎は全琉小、中、高校を平均しまして生徒一人当り約〇、六坪でありますが、今後六ケ年間に約十億円の建築費を投入する計画をもつてしても、六年後の一九六四年には生徒一人当り〇・七にも達しない約〇・六四でありまして、これを、日本の昭和三二年の生徒一人当り坪数一、一七三坪に比べますれば、今後私達が、如何に大きな努力を払わなければならないかを、痛感する次第であります。

又職業教育のためには施設、備品が、政府立、公立併せて三〇、五三三、〇〇〇円が計上されているのであります。

以上のように、教員給七二%と資本的経費一八・四%が文教局予算の二大支柱をなすものと思われますが、次にはへき地教育を実質的に改善振興することを目標として、へき地手当とへき地に多い単級学級の単級複式手当、合計一、六二三、六〇〇円、へき地勤務教員養成費として一〇〇人分の一、二一〇、〇〇〇円更にへき地出身高校生のための寄宿舎建築費として一、〇〇〇、〇〇〇円を計上してあります。

保健体育の振興方策としては、検便費、校医手当の補助、合計七二七、六〇〇円を計上し、又青年の体力健康検査や各種体育団体の派遣等も前年度程度には実現するつもりで予算を計上してあります。

盲ろう学校をはじめとする特殊教育のためには、今年から新たに予算項目を独立し、特殊学校費二、三〇三、九〇〇円を計上し、前年度より八四、〇〇〇円の増加となつております。

次に社会教育費としましては、公民館、図書館、博物館をはじめとして、文教局や地方の教育委員会が行う社会教育のための経費を合せて一〇、五一〇、四〇〇円を計上してありまして、これは予算総額の一・五%にあたり、新しい事業としては、社会教育主事一〇人を地方教育区に配置する計画と、英語学級講座の開設、宮古のトタンぶき老朽図書館の改築等があります。

次は教育行政費でありますが、これは中央教育委員会及び文教局の運営費や事業費並びに地方教育区の教育行政に補助される経費であります。総額三七、六七九、一〇〇円で文教局予算の約五%でありまして、これらの経費は、文教局の人件費、運営費をはじめとして、政府立学校管理指導、並びに地方教育区や学校関係団体に対して教科書や教育内容、教育方法、行政等について基準を示すと共に、専門的技術的指導、助言、援助を与える経費でありまして、どの項目にしましても教育水準の引上に必要欠くことのできない最少限の経費を計上してあるのでございます。

結び

以上で簡単に重点項目の説明を申し上げましたが一九五九年度の教育費を文教局予算案を中心にして、地方支出金、私費的教育費等の概算を合計しますと、義務教育において、生徒一人当り約三、二六八円の教育費になるのでありまして、日本の最低県の生徒一人当り額B円にして四、〇九九円には、未だ及ばない状態であります。以上を全体的に総合して見ますと、本年度の文教局予算は、その内容におきまして、ぎりぎりの線まで需要を縮小した超緊縮予算といえるかと思う次第であります。

琉球教育を本土の水準まで引上げる事は緊急の主要課題でありますが、之には教育財政の確立が要請されるのでありまして、之が解決には今後立法院と共に又全住民と共に財源の獲得開拓に努力して行きたいと存じます。

先日の総括質問におきましては教育に関する御質問はすべて甚だ建設的なものばかり頂きまして議員各位の教育に対する御関心の深さと御懇意の程が伺われ誠に感謝に堪えない所であります。又民主教育は住民による住民のための住民の教育という意味におきましても、皆様方の格別なる御審議をお願いする次第であります。

文教時報

表紙図案募集

一九五五年の新年号より新しい図案で、文教時報の表紙を飾るべく、次の要領で表紙図案募集をすることにしました。ふるつて応募下さい。

応募規定

○**図案**…内容の取材並びに書体は随意、但し教育誌の表紙にふさわしい絵画又は図案
色彩はタイトル（文字）を含めて三色まで、タイトルは「文教時報」、「一九五九年」、「月」、「号」、「琉球」、文教局研究調査課」の文字を入れる。

○**応募範囲**…同一人二点以内、教育現職並びに教育委員会事務局職員に限る。

○**宛先**…文教局研究調査課

○**締切**…十一月三十日までの消印有効

○**規格**…文教時報の大きさ四六版（7×10インチ）

○**採用**…四点採用、一点宛一九五九年一月より三ヶ月ずつ使用の予定
採用の分には薄謝進呈

○**発表**…本誌一月号

なお審査、作品の処理は一切当課へ一任のこと。

学校教育課というところ

学校教育課

○大自然と学校教育課

学校教育課というところは、海も山も川も谷もあつて、至極美しい自然を思わせるところもある。谷間にかかつた橋が細過ぎて、渡れるかどうかで戸惑つたり、山中でいくつもの道にさしかかつて、何れが正しいかを思案したりもするが、また、アスファルトのようなたんたんとした路上を堂々進軍する場合もあつておもしろい。また旱魃に会つて枯れかかつた作物のようにしなびたり、引き潮満ち潮の干満の現象もあれば、風速五〇米の突風は年間数回を覚悟しなければならない。自然界と役所の間に直接的な関係があつて、相互に作用し合うとは考えないが、役所にも独特の循環過程のあることはたしかである。のたりのたりの小春日和も、澄みわたつた秋空の涼々しさもあるわけだ。

○法の番犬

布令の解釈やその取扱いに悩んだり、骨が折れそうになるまで立法案の作成に頭痛しながらも、出来上つた御馳走がみんなの味覚を満足させるものとならずにたたきつけられることもある。教師の福祉をめざしての行政行為であつても、法を持ち出すと何だか受益者の不利な方面へ引張つて行く圧力を思わせ、法の番犬と誤解されたりもする。

免許更新の近道を選んであげたくてもむずかしい顔をすれば単位を無視されたと思われそうで、ここでもまた暗い気持ちになる。でも新しい免許法が誕生したので受与権者も被受与権者もお互いに安定した明かるく取りさばくことができましよう。

○なやましい選考

研究教員、研修教員など、選考を必要とする問題では、自薦他薦の電話、手紙、訪問などで押されると約束もできないし、あいさつの程度でそらさねばならないが、結果の発表後の各位の表情におびえたりする。それもこちらの勝手都合でする取引の結果ではないが後でお礼のあいさつに接すると悪くはない。

○へき地教育の振興

離島やへき地の問題では、いつももつともな小言や陳情に会つているがなかなかその意に添いえなくてまぶしい気持ちでいる。さいわい来年度からへき地教育振興法が施行されるので法の運用に熱意を傾けねばなるまい。

○馬鹿にできない電話電報料金

文書というものは実に手堅いクセモノでいろいろの様式と期限を必要とする。様式の誤りや、期限の遅延でこちらの活動が停滞する。かといつて放つてもおけないことが多い。その時は電話と打電の道を取るがその料金がまた馬鹿にできない。黙つていてもさわがれるし、助言はあまりききめがない。そんな時である。泣きたくなるのは。

○苦手

人間尊重の原理に出発する新しい社会制度にふさわしい教育行政の施行には、万人の公正と幸福をモットーとするだけに、いろいろと細かい規程がある。どんなに小さいことでも筋道を立てねばそのことから次第に他がほうかいされ、行政の権威を失うものとして慎重を期している。僕の最大の苦手は学校の設置等の問題である。この問題はそれこそ関係者全員の強い関心が寄せられることだから一層問題に対して高熱を発する。寺小屋の夢は現在の教育活動面にも大いに生かすべき点はあるが、組織体としての近代学校のあり方では、少くとも財政の面から、教育効果の面から、学校の規模や通学距離などが当然考慮されねばならない。そのためにその伴断を如何に下すか。これだけでも僕の心は昼が夜になつたり、山が海に化したりするほど胸が焼ける思いがする。

○手のとどかない問題

教師や子供が事故にあつたり、問題を起したりすると警察局からの連絡や注意を受けたり、新聞におどされたりする。直接に打つ手はないし、教育長という間接の道をふんでしか手がとどかない。もどかしい気持も起るがこれは、権限を越えた彼方の災難を自己の責任としての思い過しであるのか。

○民族興隆の根源

しかし楽しいこともある。実験学校や研究学校その他の研修発表会で、日々の歩みの確かさを児童生徒教師の上に見出した時は、沖縄の教育の育ちを思い、わがこととして誇りたくなる。また毎週ある産休届である。よく生むものだ。同時に一校二名という猛者もある。その意気。民族興隆の根源ここにあり。

保健体育の推進策について

保健体育課

心身の健全な発達をねらう全人教育において健康教育は大きな比重を占めることは、論をまたない。

その展開については、周到な計画にもとづいて、学校教育の全領域にわたつて関心が払われ、全学習時にわたつて適切な指導がなされねばならない。

本年度は、健康教育の具体的目標として次の項目をかかげ、その徹底を期したい。

一、姿勢教育の重視
二、保清教育の徹底
三、安全教育の徹底
四、ミルク給食の効果的実施
五、保健体育施設設備の充実
六、寄生虫の駆除
七、運動能力の実態調査
八、指導技術の強化研修
九、保健体育時間の完全確保
十　集団行動の重視

次に一九五九年度において、特に重点として努力していきたい事業の内容は次の通りである。

(一) 学校保健の充実をはかる

1 学校看護婦の設置

民立法によつて立法化された歴史的意義をもつ教育法第二十九条にうたわれている通り、学校看護婦はすべての学校に配置される事になつたことは、学校保健の充実をはかる上から誠に重大な意義をもつものである。ところが予算の裏付けもさることながら学校看護婦資格者が十分養成されていない現状においては、早急にすべての学校に配置する事は不可能なことである。それで児童生徒千人につき一人の割で確保することを目標において、次の年次計画によつて配置していく事にし、今年（第一年次）は十四人を確保し五年後には二百十一人を確保していきたい。

(年次)	人員	
第一年次（一九五九年）	一四人	連合教育区単位に一人宛配置
第二年次（一九六〇年）	三二人	二教育区単位に一人宛配置
第三年次（一九六一年）	六三人	一教育区単位に一人宛配置
第四年次（一九六二年）	一四一人	児童生徒一五〇〇人に付一人宛の割で各教育区に配置
第五年次（一九六三年）	二一一人	児童生徒千人に付一人の割で各教育区に配置

（全琉児童生徒数（小・中・高校、特殊学校）は二一一、三六三人である）

以上の五ケ年計画の実現を期して努力し、然る後に各学校に配置することについては考えていきたい。

2 児童生徒の健康管理の強化

全琉児童生徒の身体検査の結果、疾病面において寄生虫の保有率が高いことは憂慮に堪えない。それで今日まで、社会局を経て寄生虫の駆虫薬を配布して服薬させてきたが、科学的な検査によつて徹底的に駆除することの必要を痛感し、今年から検便費の補助額を要望して、一人宛検便費の一割程度（一人宛二円）補助するための予算（三八二、二〇〇円）が実現した。

毎日の児童生徒の健康生活と直結させるために、各学校において、教師又は生徒自身で検便ができる様になるまで、講習もしていきたい。

3 学校医、学校歯科医の積極的協力の要請

学校医（歯科医）調査によると（一九五八年八月一

日現在）学校医を有する学校は二六三校であるが殆んどが身体検査の期間だけの委任ということになつている実状である。健康教育が重視されねばならない今日、当然日本なみに、学校医（歯科医）は、置かねばならないとすべきが常識であるが、沖縄の場合は「置くことが出きる」と規則にうたわれているところに沖縄の特殊事情があつたわけである。

これは一日も早く改正せねばならない。その校医手当も委員会予算計上が二三三校、PTA予算三〇校となつているが、その額は、年間平均一、五〇〇円程度で最低三〇〇円という学校もある。全く申訳程度のものである。

今後益々積極的な協力をお願いせねばならないわけであるが、その気持を表明する意味において、校医手当補助額として三四五、四〇〇円を計上でき一校平均一、二〇〇円程度の補助ができることになる。

4 教職員の健康管理の強化

教師の健康は直接児童生徒の学力と健康を左右することは申すまでもない。わけても結核は教師病であるとまでいわれているが、全教員に対する罹病率は約二%である。日本本土の場合は約三%となつているが、沖縄の場合は集団検診が徹底してないためでまだ上廻る予想である。

年度別の罹患者数は次の通りである。

一九五五年度　五八人
一九五六年度　四四人
一九五七年度　三五人
一九五八年度　三九人
　計一七六人

となつているが、其の中既に快復して教壇に復帰した者が八三人、退職六人、死亡四人となつている。

現在休養中の者は八三人である。結核休のための補充教員は九〇人を確保してあるが、今年はまだ上廻る予想である。

（二）　学校給食の強化

1 小学校・中学校・幼稚園のミルク給食

一九五五年以来、米国カトリック救済奉仕団ならびに国際キリスト教奉仕団の御厚意によつて年間四千万円（B円）に近い莫大の金額の脱脂粉ミルクが送られて小学校、中学校、高校定時制課定の生徒に無償で、給食をしているが、この恩恵は世界で沖縄だけである。

この九月から更に幼稚園児にも全面的に脱脂ミルクを配給することになつたが、その発育に及ぼす好結果は著しく現われてくる事であろう。

体質体格の改造にまで効果が顕われてきつつあることを喜ぶものである。

ところでこのミルク給食が効果的に実施されていないというのが実状である。その原因はいろいろあるが、最大なる要因は次の点である。

1、水の不自由
2、給食施設の不備
3、給食に対する理解不十分

それで給水の実現、調理室の建築、調理法の技術指導に全力を傾注していきたい。そのための給食附帯費が、二〇万も増額した事は幸だが、指導費が削減された事は、誠に残念だ。

2 高校定時制課程の学校給食

高校の勤労学生の健康については特に関心を寄せていきたい。それで高校定時制課程に対してミルク給食の外に米国の宗教団体の御厚意により、米、メリケン粉、コーンミルの寄贈物資を配給して、各学校完全給食を実施している。それで健康に支障なく学習にはげんでいる。

3 完全給食の実現へ

健康教育の重視は栄養を重視せねばならない。今後どうしても完全給食としてのパン給食の実現を期したい。その資料を整えて目下米国に要望中である。

更に、現在の給食の効果的実施を期すために今年から給食の研究校（石川中校、普天間高校定時制）を指定して研究を進めることにした。

（三）　学校体育の充実

特に指導技術を高めるために実験学校（平安座中校、下地小校、コザ小校、北美小校）と研究校（南風原小校）を指定して着々研究を進めつつある。

更に体育指導者の現職教育のための保健講習会と体育講習会も計画しかつ亦本土から権威ある講師の招へいも実現できることになつている。

（四）　社会体育の振興

1 スポーツ団体の国体派遣

我が沖縄が沖縄県として国民体育大会に参加したのは、第七回の国民体育大会からであつたから、今年で七回目である。年々参加選手は戦前ではみられない程の好成績を上げてきていることは、スポーツ技術の向上とスポーツの生活化を物語るものであつて、よろこびにたえない。しかし全種目参加が我々の願望であるが、予算の規制を受けて、今日迄、その参加が制限されていたことは誠に残念であった。

今日沖縄が置かれている特殊な立場からしても、このような好機会に出来るだけ一人でも余計多数の種目に参加することは、誠に意義あることであると思う。そのためには予算の増額が必要だったが、今年は特に立法院議員、ならびに体協幹部の深い御理解と御協力によって要望が容れられ未だかつてない多数が参加出来るようになったことは愉快に堪えない。

第十三回国民体育大会参加種目ならびに人員

1、陸上競技	一二名
2、水泳競技	六名
3、バレーボール競技	一三名
4、バスケットボール競技	一三名
5、庭球競技	九名
6、卓球競技	六名
7、柔道競技	六名
8、剣道競技	六名
9、相撲競技	五名
10、体操競技	六名
11、本部役員	四名
計	八六名

十月十九日から富山県で行われるが十月九日頃出発の予定である。そのための補助総額は昨年の三二〇、〇〇〇円に対して今年は五九九、〇〇〇円である。

2 競技場建設

国民健康の育成も、スポーツ水準の向上もスポーツ人口の拡充による生活化によらねばならない。そのためには先ず、施設、設備の実現に俟たねばならない。然もそれは「施設の地方分散から」といいたい。その施設は先ず総合グラウンドとプールの実現を期して、あらゆる人々の協力態勢を結集していきたい。

沖縄復興の中核となる人的要素の育成のための健康、その健康は健全性と明朗性を筋金としなければならない。そのための施設の実現を促進するために次の方針によりたい。

1、全琉的及び対外的競技会を開催することの出来る綜合グラウンドの設置を早急に実現するよう推進する。(那覇中心に)

2、各地区に競技場又はプールの設置を早急に実現するよう推進する

3、各市町村に競技場又は簡易プールの設置を早急に実現する。

以上の方針によって自主的に計画するそれぞれの団体に対して、積極的に補助していきたい。

貧困予算の行政府案では昨年の二〇〇万円に対して五〇〇万円に削減されたことは不満に堪えなかったが、幸に立法院議員皆さんの賢明な御配慮によって二〇〇万円に復活したことは、せめてものよろこびであり感謝に堪えない。

一九五九年度の教育施設について

施設課

一、はしがき

教育施設の整備は、現在のわが琉球の教育にとって急務中の急務の一つである。従来政府、地方行政機関、学校及び地域社会の人々の努力によって着々その実績は積重ねられて来たが、年々増加する児童生徒数に追いつくことができず、戦後の木造校舎はいよいよ腐朽し、毎年のように襲う台風による災害は甚大であり、なお理科教育、職業教育の振興上不可欠の実験室実習室等の建設もゆるがせにはできない。これを思い、かれを考えると、なすべきことが多くして予算の足りない焦りを感ずるものである。

こうしたうちに一九五九会計年度を迎えたが昨年度に比べ政府予算が五千万余円も縮小されて、校舎建築関係では、要求教室数の約六〇%程度の建築になっているのは遺憾である。しかしながら政府立学校の施設費、公立学校の給水施設補助金、公立高等学校の寄宿舎建設補助金及びへき地学校勤務教員の住宅建設補助金等が本年度から新しく計上されたのは、職業教育の振興、健康教育の向上、教育の機会均等並びにへき地教育の振興等に明るい見透しがつけられて将来に希望を与えるものであろう。

二、建築について

1、不足教室の充足

本年四月における小学校の不足教室は二一一であるが建築予定数は一八六教室でなお二五教室の不足があるがこれは今後の補正予算で確保すべく努力する。なお今年は予算の成立がおくれ七、八月の二ヶ月は、暫定予算によつて運営されることになり二ヶ月も建築予算が空白におかれることから、二部授業が行われた状況にかんがみ二部授業の早期解消のために、暫定予算では異例の建築予算の計上となり三六教室が現在建築工事中であり今月末までには竣工の予定である。

2、木造校舎の改築

現在の木造校舎のうち若干の戦前建物があるがこれは戦後大修繕を加えたもののすでにその寿命がつき老朽甚しく又大部分の戦後建物は、米松或は生木の島内材で建築されたもので至つてお粗末で蟻害や風水害にあいこれまた改築の必要に迫られており、そのうち本年度において急施を要する九四教室を要求したが五四教室しか実現できず、台風襲来の報がある毎に肝を冷している。その対策として、米国民政府の援助を要請しその実現に努力しているのである。

3、高等学校の耺業科教室の建設

耺業教育の振興は、わが琉球の重大教育政策の一つであつて、その施設と設備の整備充実は急施を要するもので、五八会計年度から本格的に施設されて、農工水商等それぞれの特色とふん囲気を漸く見せるようになつた、が本年はさらに充実させるべく約三六教室、又公立高等学校は、昨年から新設された職業課程のための教室約三二教室が建築される。

4、特殊学校の建設

政府立の盲ろう学校は、教室不足であり、また将来はその教育の特殊にかんがみてそれぞれ独立も考えられるし、澄井、稲沖両校の管理用、衛生用の建物も必要であるので、そのために約九教室分をあてるよう計画してある。

5、公立高等学校の寄宿舎建築補助金

現在公立高等学校で、離島その他のへき地を、その学区に持っているのが数校あるが寄宿舎が皆無であつたり、仮建築物であるために、へき地から進学した生徒は、生活に著しく不自由をしており親の膝下を遠く離れて、自宅通学者に比べて精神的に不遇であり、且つ経済的負担も多く、そのままでは教育の機会均等の原則に反するので、取敢えず本年度は百万円計上し、その建設を促進し、最低必要数の生徒を収容させるよう考慮している。

6、へき地学校勤務教員の住宅建設費補助

去る九月二日へき地教育振興法が立法院で可決され、近日中に公布施行されようとすることはまことに御同慶に堪えないことで政府としては、この立法の趣旨に沿うてへき地勤務教員の住宅建設を計画し、本年度においては百八十万円を四級へき地の教員住宅建設に補助し、へき地の教育に挺身する教師が住居の心配なく、めぐまれない地域の教育に専念していただくようにした。

参考　①、政府立学校建設費一六、四三六、〇〇〇円のうち、米国民政府補助金は、一、三〇〇、〇〇〇円

②、公立学校建設費八二、二四七、八〇〇円のうち、民政府補助金は、八、二〇〇、〇〇〇円

三、施設について

1、政府立耺業高等学校の施設充実

耺業高校には、加工、製造等の工場又は実験実習工作等の教室があるがそれに伴う動力、水道の設備が不完全であり、また農場等の排水にも不備がありさらに体育及び衛生施設が至つて貧弱であるのでそれらの充実のために二、〇五二、五〇〇円を計上し、年次計画によつてその完備を期している。この予算科目は今年からの新設である。

2、公立学校の給水施設の整備

水は、熱と光と共にわれわれ人間の生命維持のためになくてはならぬものであるが地域と場所によつては、この貴重な水が得難いところや、あつても飲料に適しない所もあつて、このような地域の学校の悩みは、察するにあまりあるものがあり、さらに最近頻繁におこる放射能雨水の問題と相まつて、苦悩は更に深くせつかくのミルク給食もその効果を減少するとあつては、児童生徒の健康管理の面と衛生管理の面からその対策は緊急且つ最重要なことがらであるので、今会計年度から新に一、九九〇、〇〇〇円を計上し、学校の実情に即して、雨水タンク、井戸、簡易水道等をつくつて、年次計画で水の問題を解決していきたい。

四、むすび

以上本年度予算による事業のあらましを述べたが施設の面は、その完成には、なお前途は遼遠であるがわれわれ教育にたずさわるものは、一致協力して今の予算獲得に一段の努力を払うべきである。

なおこれと並行してこれら造営物の維持、管理及びその効率的使用の面に一層の研究が必要であると思料されるので、この方面の研修会を計画しているのである。

一九五九年度 社會教育事業計画

社会教育課

一、青少年教育

努力目標

一、青年学級の開設を歓奨しその内容の充実を図る。

1、教育課程の編成

2、学習活動の充実

二、指導者の養成とその育成を図る。

1、指導者の研修

2、団体の自主財政の確立

三、職業教育の充実

主要事業

1、地区別青年学級研究協議会（十月～十二月）

2、研究青年学級の設定（十月）

3、中央青年指導者講習会（九月）

4、ブロック別青年指導者講習会五ヶ所（十一月～三月）

5、市町村別青年指導者講習会六三ヶ所（十一月～三月）

6、職業技術講習会九ヶ所（九月～三月）

7、研究青年会の設定（九月）

8、本土研修派遣（五月）

9、資料の作成配布（一月）

二、婦人教育

努力目標

一、婦人の教養向上のための教育施設の充実を図る。（婦人学級の開設の奨励）

二、指導者の養成

三、婦人団体の育成

1、会員意識の高揚

2、組織運営の民主化

3、自主財政の確立

四、職業教育の充実

主要事業

1、中央婦人指導者講習会（十月）

2、ブロック別婦人指導者講習会（十一月～三月）

3、市町村別婦人指導者講習会（十一月～三月）

4、研究婦人会の設定（九月）

5、本土研修派遣（二月）

6、職業技術講習会（九月～三月）

7、資料の作成配布（十二月）

三、PTA

努力目標

一、組織運営の民主化

二、指導者の養成

三、両親教育の振興（両親学級の設置奨励）

四、児童生徒の校外生活指導組織の強化

主要事業

1、ブロック別PTA指導者講習会(十一月～三月)

2、市町村別PTA指導者講習会（十一月～三月）

3、研究PTAの設定（十月）

4、本土研修派遣（十月）

5、資料の作成配布（一月）

四、社会教育講座

努力目標

一、教育課程の構成

二、学習内容の改善充実

三、共同学習の振興

主要事業

1、研究社会教育講習の設定（十月）

2、教育課程委員会（九月～十二月）

3、資料の作成配布（十二月）

五、視聴覚教育

努力目標

一、視聴覚教育に関する専門的知識技術向上を図る。

二、教育区における視聴覚教育教具の整備充実

三、視聴覚教材の製作奨励

主要事業

1、視聴覚教育技術講習会（十月～十二月）

2、視聴覚器材及び運営状況の調査（九月～六月）

3、教材利用の指導助言

六、レクリーション

努力目標

一、指導者の養成

二、レクリエーションの普及奨励

主要事業

1、レクリエーション指導者講習会（二月）

2、レクリエーション大会

　地区大会（三月）

　中央大会（五月）

3、資料の作成配布（一月）

七、公民館

努力目標

一、職員の研修

二、施設の充実

主要事業

1、公民館職員講習会（九月～十月）（三月～四月）

2、研究公民館の設定（九月）

3、本土研修派遣（十一月）

4、資料の作成配布（一月）

八、新生活運動

努力目標

一、啓蒙運動の徹底

二、組織の拡充強化

三、指導者の養成

主要事業

1、新生活指導者講習会（十一月～二月）

2、研究市町村（部落）の設定（九月）

3、新生活学級の設定（九月）

4、本土研修派遣（十一月）

5、資料の作成配布（一月）

九、社会教育の普及徹底

努力目標

一、大会の開催により社会教育に対する関心の高揚を図る。

主要事業

1、第六回社会教育総合研修大会（五月）

2、資料の作成

十、社会教育主事講習

努力目標

一、社会教育主事の資質の向上を図る

主要事業

1、社会教育主事講習会（十月～五月）

一九五九年度事業計画

研究調査課

研究調査課では、一九五九年度の事業として、概ね次のとおりの方針で左に掲げる諸事業を実施する予定であり、一部はすでに実施している。

一、児童生徒の学力向上および進路指導上の基礎資料を整備する。

。知能検査

。各種学力調査

。高校標準検査（知能検査、職業興味テスト等）

二、教育行財政の基礎資料を整える。

。教育財政調査

。学校基本調査

。学校教員調査

。長欠児童生徒調査

三、教育活動の広報普及を図る。

。文教時報の発刊
。教育要覧の編集発行

四、琉球史料の収集

。琉球歴史資料（社会編）の編集発行

これらの諸事業についてその概略をのべると、

○知能検査は毎年度継続して全琉の小学校五年、中学校二年の全児童生徒に実施し、学校現場における学習指導や個人指導の手がかりにしてもらうようにしているが、これと関連して各学校においても標準学力検査を実施し、知能と学力の相関の上から、より科学的な資料を求めて、学習指導や進路指導又は学級編成等に活用してもらえば一層効果的である。これについては従来の実施結果からみて、現場における検査の操作においては一層正確を期するようにして欲しい。

○高校標準検査は小中学校と同様、学習指導や進路指導の基礎資料として利用してもらうために高校一年と三年に実施することにして、その時期は五月の予定である。

○各種学力調査としては文部省が一昨年から行つている学力の総合的実態調査を文部省と同じ線で、実施することにして、全省の援助協力を得て去る九月二十五日既に実施済みである。今年度は、中学校、高等学校生徒には最終学年に対し、英語の学力テストを実施し、別に中学校二年に職業家庭、高校の最終学年には保健体育のテストを行つた。

なお、小学校は六年の児童に音楽、図工、家庭、教科以外の活動等のテストを実施したが、これで一応殆んどの教科に亘つて学力調査が行われたことになる。この調査は児童生徒の学力の実態を把握して、学習指導や教育条件の整備改善に資することをねらいとして行われてきたものでそれぞれの学校においてこの趣旨に沿うようテスト結果を充分に活用してもらうことを願うものである。

○教育財政調査は一九五六会計年度から実施され、今年度が第四回目になるが、教育指定統計第一号になつている。これは琉球における総教育費について中央及び地方教育委員会がその教育施策を決定するのに役立つ基礎資料をととのえることを目的としている。

調査の時期は十月末でその内容は、学校教育費、社会教育費、教育行政費に分けて財源別に収支状況を調べ、その結果は報告書によつて公表される。

○学校基本調査も前年度に引続いて実施することにしている。これも教育指定統計（第二号）の一つになつていて、教育行政上の基礎資料を得るために教育法に謳われている公私立の小・中学校、高等学校、大学及び各種学校を対象として、毎年五月一日現在で実施されるが、卒業後の状況調査だけは七月一日現在で行われる。

これらの調査の結果はすべて教育財政調査と同様報告書として公表することにしている。今までの調査経過をかえりみると、調査票作成の不備や期限の遅延等があつて結果のまとめに支障を来しがちであるので関係者の一層の理解と協力が望ましい。

○次に今年度の新規事業として学校教員調査を行うことにしているが、全調査は教員の資格、待遇等の向上改善の基礎資料になるような事項について行われるもので十二月に実施する予定である。調査は、全琉の公私立の小・中・高校の全教員を対象とし個票による悉皆調査である。

○長期欠席児童生徒調べは毎年実施する調査の一つで三月末に一ヶ年間の長欠児童生徒についてその家庭環境や欠席の事由等について調査する。

以上の各種の事業を行うために、教育測定調査費という項目で今年度は九五三七、五〇弗（一、一四四、五〇〇B円）の予算が計上されている。

○広報活動は、教育の現場や広く一般に対し現場における教育実践や研究活動について紹介したり、教育行政の経過について情報を提供したりするために毎月「文教時報」を発行し、又年度の終りには教育要覧を編集発行して一ヶ年間の教育の歩みを知らせるようにしている。

この調査のためには三、五七〇弗（四二八、四〇〇B円）の経費を必要とし予算に計上している。最近「文教時報」へ現場から寄稿がふえてきたことは喜ばしいことで教壇実践の記録や教育研究の成果が続々と提供されることを期待するものである。

○琉球歴史の資料編集はこれを始めてから第四年目になつており、既に政治篇二集、教育篇一集を刊行して斯道の研究者に提供したが今年度は社会篇を編集発行する予定である。これに要する経費として一、八四一、六七弗（二二一、〇〇〇B円）が予算化されている。

国語

鑑賞詩の取扱い

稲田小学校「教壇実践記録」より

第五学年

指導者　第一時限目　渡久地　繁　一九五七年十一月二十日
〃　第二時限目　比嘉　次夫　一九五七年十一月二七日
〃　第三時限目　渡久地　繁　一九五七年十二月十二日

一、題材　冬の夜道

二、目標　・詩の持つ内面的な情緒をとらえさせる。
・創造的な表現や、強い感動を受ける、表現をわからせる。

三、全文

冬の夜道

冬の夜道を
ひとりの男が帰つて行く。
はげしい仕事をする人だ。
そのつかれきつた足どりが
そつくり
それを表わしている。
月夜である。

小じやりをふんで
やがて一けんの家の前に
立ち止つた
それからめつくり格子戸をあけた
「お帰りなさい。」
土間に火がもれて
女の人の声がした。
すると、それに続いて
どこか　へやのすみから
一つの小さな声が　言つた
また一つ
また一つ、別の小さな声がさけんだ。
「お帰りなさい。」

冬の夜道は、月が出て
ずいぶん明かるかつた。
それにもまして、
ゆきずりのわたしの心には
明かるい一本のろうそくが　燃えていた。

（津村信夫　作）

四、学習指導計画

第一時限　。詩を読む
。「冬の夜道」を読み鑑賞する。
。作品全体を通して、情緒的な把握を主眼とする。

第二時限　。作者の意図をとらえる

第三時限　。まとめ

指導の実際

一時限目　授業者　渡久地　繁

教　今日は始めてみなさんと一緒にお勉強をするわけですが思つていることや質問したいことは遠慮なくやつて下さい。

児　はい

教　このような文章を習つたことがありますね、なんというのでしよう。

教　武子さん。

T子　詩です。

教　そう、詩といいますね、ではこの詩の中にどんなことが書いてあるかを考えながら読んでみよう。誰かよんで下さい。

教　はい、あなた読んで下さい。　**S子**　「読む」
児童が誤読をしたので教師は「格子戸をあけて」と訂正をする。

教　よく読みました。今の読み方についてなにか気がついたことはありませんか。

教　K子さんあなたはどう思いますか。

K子　始めから終りまで一本調子でよんでいました。

教　「そう。いいところに気がつきましたね、一本調子ということはどういうことかね。

K子　お帰えりなさいと　前にいつたことと、後にいつたこととはちがつた読み方がよい。

教　そうね、それではあなたはどんなによみますか、読んで下さい。

K子　「読む」

教　よろしい、よくよみましたね、今のよみ方についてどう思いますか。

教　はい、こんどはあなた。
T君　女の声がしたというのは、もつと大きい人だと思う。また一つというのは小さい人だと思う。
教　では、あなた読んで下さい。T君「読む」
教　よろしい、とてもよく読みましたね、みなさんがこの詩をよんで自分の心に強く感じたところはありませんか。
教　むずかしいのね、それでは、静かに考えながら読んで下さい。
黙読　二回　その中に教師は教科書の行の通り漢字のみを板書をする。
教　ではこちらを見て下さい。わかりましたかね。
T子　お帰りなさい。
教　そうですね、いいとこに気がつきましたね、先生もそう思います。今のところをもつと深く考えてごらんね、これはあとでね。
では男の人はどんなことを考えているのでしょう。ではもう一度よんでみよう。H君「よむ」
教　よろしい、こちらを見て
板書事項を示し、漢字だけで全児を読ます。
教　では誰か黒板を見て、出来ませんか。
T子「よむ」
教　よく出来ましたね、さあやがておぼえそうですよ、ではもう一人。N君「よむ」
教　それを表わしているの、それはなんですか。
H君　つかれた足どりです。
教　そのとおりですね、ではね、この男はどんな仕事をする人ですか。
Y子　はげしい仕事をする人です。
教　そうはげしい仕事をする人、いいですね、又どこかありませんか。
M君　そのつかれきつた足どりが。
教　うむ、よろしい、よく気がつきましたね。ではこの詩はいくつにわける事が出来ますか。
教　ではあなた。
N君　三つです。
教　どのように分けましたか。
N君　やがて一けんの家の前に立ち止まつたところです。
教　それでいいですかね。
児　ちがいますと　挙手多数
教　待つて下さい。最後まで発表させましょう。
N君　二連目はさいごの「お帰えりなさい」三連目は最後までです。
O君　一連はそれからゆつくり格子戸をあけた。二連は「お帰えりなさい」から最後の「お帰えりなさい」まで、三連は終りまでです。
教　それがよいでしょうね、先生もそう思います。一連はどんなことを歌つた詩であるか、一連だけよんで考えてみましょう。男の気持を味わいながら
（教師　範読）
教　さあ、どんな気持がしたでしょう。その情景を思い出してみましょう、この人はたのしく口笛を吹きながら家へ帰つたのでしょうか。
A子　つかれきつた足どりで帰りました。
教　つかれきつて帰りますね、その時のこの男の気持はどうかね。
T子　さびしそうです。
教　そう、さびしそうに帰つていきますね、このことばはどこでわかりますか。
B君　一人の男が帰つていく
教　そこでも、わかりますね、又。
B子　この絵を見てもわかる。
C子　一人の男が帰つて行く。
教　そうね、そこでもわかりますね、では、次のところへ進みましょう。
（教師が範読をする）
教　どうでしょう。ここはどんな気持がしますかね。
Y君　たのしそうな。
K子　たのしそうな。
M君　おもしろい
M子　元気そうに。
S子　幸福そうな家庭です。
教　ようやく出来ましたね、ほんとうにあたゝかな、幸福な家庭ですね、それはどこでわかりますか。
P君　お帰りなさい。
教　そうです、はじめに「お帰りなさい」という人は誰でしょう。
F子　女の人です。
教　女の人は誰しよう。
おかあさんです。
教　そうですね、おかあさんでしようね、さいごのお帰りなさいという人は誰でしよう。
G君　男の人です。
教　男の人かね。
T子　女の人です。
教　女の人といえば、始めの人と同じかね。
H君　子供です。
教　先生もそう思いますね、多分子供でしようね、では次に進みましよう。

（教師が範読する）

教　どうでしよう。この作者の気持は、どうかね。

K子　さびしそう。

教　さびしい気持かね。

N君　月夜の晩のことが、あかるそうです。

教　それもあるでしようね、もつとないかね。

O君　おかあさんと子供たちが「お帰りなさい」といつたので自分の心が明かるくなつた。

教　その通りですね、ゆきずりの私ではあつたが、心に一本のろうそくがもえたのですね、先生もそう思います、ほんとうにそうであつたか、よんでみましようね。　**O君**「よむ」

教　よろしい、では、この詩をおぼえて見ましよう、さあ誰が早くおぼえるか、こちらを見て、（板書をさす、板書の漢字によつて全文をよます）

T子「よむ」

（ひらがなのところで、ひつかかつたので）

教「ここはなんでしよう。誰か、いませんか。

K子　どこかへやのすみから。（という）

教　よろしい、やがておぼえますよ、誰か、S子さん。　**S子**「よむ」（すらすらとよむ）

教　もう、おぼえていませんか、ではもう一人。

N君「よむ」

教　そこまで（一連）おぼえている人、けしてよいですね。

（一斉に読ましながら、板書の漢字を消して行く）

教　さあ、元気をだして、誰か。　**K子**「よむ」暗誦

教　次は武子さん。　**T子**「よむ」暗誦

教　よろしい、では次に行きましよう。始めをよんでみましよう。　**S君**「よむ」

教　ではもう一人。　**K君**「よむ」

教　では消します。板書の漢字を消して行く。

（児童、待つて下さいとしきりにいう、しばらく待つて消す）

教　それでは誰か　**K子**「よむ」暗誦

教　よろしい、よく出来ました、もつとおりませんかね。では、第三連に行きましよう、これはかんたんですよ、では、あなたよんで下さい。

M君、A君、Y君よむ

教　それでは消します。

（消しながら板書事項を一斉によます）

教　それでは、はじめから暗誦してみましよう。

（消された板書について思い出しながら暗誦）

教　さあ、それでは誰か　**T子**　暗誦

教　よろしい、よく出来ましたね、大人よりもえらいですよ、後の先生方はまだおぼえていませんよ。

教　こんどは、あなた。　**S子**　暗誦

教　よろしい、よく出来ましたね、外に三人手があがりましたよ。

教　それでは、作者はこの文章のなんに動かされたのですか。

S子　冬の夜道は月が出てずいぶん明かるかつたからです。

教　そうね、そこも、あるでしようね

O君　お帰りなさい、「又一つ、又一つ」という心です。

教　そうです、この人の心ですね、この心ということについて、次の時間にやりましよう。では最後に、よんで終りましよう。　**K子**「よむ」

教　今日は始めて先生と一緒にお勉強したのですが、とても気持のよい授業でした。これでおわります。

二時限目　指導者　比嘉次夫

教　この前の教頭先生の次ぎの二時限目を今日はみなさんと一緒にやりましよう。

教　この前は主に冬の夜道の詩を覚えるところまでしたがどの位覚えていますか。

全　はいはい

教　前の時間は六名でしたが、今日は一一名ですね、みなさんがとてもこの詩がすきだということがよくわかります。

教　では読んで下さい。　**全**　読む

教　はいよろしい、この詩の中で解らない言葉がありますか。（七、八名挙手）

教　はいP君。

P君　じやりといつたら何んですか。

教　だれか解る人がいませんか。

教　はいT子さん。

T子　砂などのことです。

教　そうです、学校でも教室の前に名護から運んで来てまいています。

H君　先生、足どりといつたら

教　だれか足どり、わかる人はいませんか。

O君　足を運んでいることです。

K子　つかれきつた足どり

H君　先生、ゆきずりといつたら

教　さあ、だれか調べて来た人はありませんか。

教　はいK子さん。

K子　雪が降つているときに歩くことです。

教　雪が降つているのですか、雪ずりですか。

教　雪が降つているということが書かれていますか。
全　いいえ
教　では解らないらしいですから、教えて上げましよう。
教　通りすがりのことです。
M子　先生はげしいといつたら。
教　さあ、だれかいませんかね。
S子　早く仕事のできることです。
教　早く仕事のできることをはげしいと云うのですか。
N子　はい、こわいこと。
教　そうでしようかね。
T子　大きな工場で早くからいて、遅く帰ること。
K子　それは仕事が無理だということだと思います。
教　そうでしようね、では次は先生から聞きます。だれか土間のことについてわかりますか。
教　解りませんか、まだ一時間残つていますから次までに調べましよう。
教　では格子戸は解りますか。(五、六名挙手)
教　はい、R君
R君　台所の戸のことです。
教　そうかも知れません。しかし、もう少し詳しく調べて来て次の時間に伊礼先生から教つてくださいね。
教　この詩をみなさんはいくつに分けましたか。(一二、三名挙手)
教　はいS子さん。
S子　二つに分けました。
教　二つに分けましたか。M君は。
M君　三つに分けました。
教　はいよろしい、では一番目をO君読んで下さい。
O君　読む
教　はいよろしい、ここまでもう少し深く考えてみましよう。
教　どんな気持でこの男は家に帰るんでしよう。(二名挙手)
教　ちよつと待つて下さいね、問題が少しむずかしい様ですから変えましよう。
教　この男はどんな人ですか。(一〇名位挙手)
教　はいK君
K君　はげしい仕事をする人
教　はげしい仕事をする人ですね、まだありませんか。(一四、五名挙手)
教　はいM君
M君　夜だからはげしい。
教　はいよろしい、その男は一日の仕事をして帰るのですが、何故はげしい仕事ということが解りますか。
H君　一人の男の人が帰つていくから。
教　それだけですか。
S子　つかれきつた足どりで帰つて行くから。
教　それでも解りますね。ではその男の人はどんな気持で家に帰るのでしよう。
A子　さびしそうである。
教　そうですね、外にはありませんか。
T子　自分の家では今家族は何をしているのだろうなあと思つている。
教　そうでしようね。他には。(四、五挙手)
教　はいよろしい、いろいろあると思いますが、前に進みましよう。
教　C君、二番を読んで下さい。
C君　「読む」
教　はいよろしい、男の人は淋しく帰つて行くのですが、お家ではどうでしたか。(一五、六名挙手)
教　はいM子さん。
M子　家族がむかえています。
教　そうね、家族でむかえていますが、最初にむかえたのはだれですか。
教　はいP君
P君　女の人です。
教　そうです女の人です。しかし女でも子供も大人もいますが。
教　はいYさん
Y子　おかあさんです。
教　だれのおかあさん、もつとはつきり云つて下さい。この男の何んにあたりますか。(一八名位挙手)
教　はいH君。
H君　男の人のおくさんです。
教　そうですね、その次におかえりなさいといいましたね。これは、(殆んど全員挙手)
教　はいY子さん。
Y子　子供です。
教　子供は、では一人ですか。(殆んど全員挙手)
教　はいD子さん。
D子　二人です。
K君　先生三名です。
教　はい二名でも三名でもいいでしよう。さあその時の男の気持は
S君　うれしい

教　うれしいにもいろいろありますよ。どんなうれしさでしょう。
教　はいT子さん。
T子　その男最初とてもつかれていたが、家についてみると、子や妻がむかえてくれたのでうれしかつた。
教　ではA子さん三番を読んでください。
A子　「読む」
教　作者はどんな気持で最後の文をまとめたのですか。（二名挙手）
教　はいK子さん。
K子　このつかれきつた男の人を自分の妻や子がむかえてくれるのを見て書いた人は、行きずりではあるが、この家庭は幸福であるということを見て書いてある。
教　とてもよく答えました。ではこの詩を書いた人はどんなところで見ていたのですか。（一〇名位挙手）
教　はいP君
P君　どまで。
教　そうですかね。
D子　先生うら庭でです。
教　詩をつくつた人のうら庭でですか。
D子　わかりません。
教　外にありませんか。
P君　格子戸からのぞいていました。
教　はいK子さん
K子　ゆきずりと書いてあるので、道から通りながらと書いてある。
教　そうです、では、ゆきずりの私の心には一本のローソクが燃えたと書かれていますが、それはどういうことですか。
教　はいS子さん。
S子　さびしそうであつたが、妻や子供がむかえてくれたから、私の心にもローソクの火が燃えていた。
教　では、私の心にローソクが燃えていたのは、つかれきつた男の心にですか、それとも、この詩を書いた人の心にですか。
A子　この詩を作つた人です。
教　そうです、ではこの詩を作つた人は、何故この詩を作るようになつたと思いますか。
教　はいT子さん。
T子　一人の男が淋しそうに帰つて行くのを自分も後しろに見ていたから。
教　ただ見ていたのですか、見ただけでこんな立派な詩が作れたと思いますか。
教　さあ外に、自分の心が淋しくなつてですか。
教　さあいませんか。
P君　道を歩いている姿がおもしろかつたから。
教　そうですかね。
S子　さびしそうな男が通つたから。
教　淋しそうに通つたから自分も淋しくなつてですね。ぢやね、詩を作るようになつたのは、この文章のどこでわかりますか。
教　はいA子さん
A子　一本のローソクが燃えたからです。
教　うん、それでもわかりますね。
M君　先生、夜道でもわかります。
O子　先生、冬の夜道は月がでてずい分明かるかつたからです。
教　いろいろのが出ましたが、もつとありませんか。
教　はい、T子さん。
T子　土間に火がもれて女の人がまつていたからです。
教　そう、ではその女の人は何と言つたのですか。
T子　お帰りなさいと言つた。
教　じや、この詩を作者が作るようになつたのは、お帰りなさい、と云うのを聞いただけでつくつたわけですね。
K子　先生、この詩を作つた人は、その男のおくさんが主人の帰るのを、おそくまで起きてまつているのを見て、いいなあと思つて書いたと思います。
教　はいよろしい、そういう気持が作者に湧いてきたのですね。
教　では次に詩のあちこちをぬき出して書きますから読んでみましょう。

板書

冬の夜道を
……………
……………　（十一行を縮める）
……………
それから、ゆつくり格子戸をあけた。

教　はいここまで読める人（一〇名挙手）
教　はいA子さん　A子　読む（暗誦）
教　はいよく出来ました。次H君　H君　読む
教　はいよく読みました。では次に進みましょう。

板書

お帰りなさい。
…………
…………　（九行を縮める。）
…………
お帰りなさい。

教 はいO君読んでください。　**O君**　読む（暗誦）

教 はいとてもよくできました。次S子さん。

S子 読む（暗誦）

教 これもよく読みました。では次にうつります。

板　書

冬の夜道は………

………………

明かるい一本のろうそくが燃えていた。

教 はいM君こんどはあなたの番。**M君**読む（暗誦）

教 次H君　**H君**　読む（暗誦）

教 二人ともよくできました。では今度は全体を読んでもらいましょう。

教 はいS子さん　**S子**　読む（暗誦）

教 こんな長い詩をよく覚えましたね、とても偉いです。

教 はい今度はH君　H　読む（暗誦）

教 これもとてもよかつたね、では今度は書いてあるのを消しますよ、さあ誰か読める人。

教 はいK子さん　**K子**　読む

教 とてもよく読みました。こんな長いのをよく覚えましたね。

教 ことばこの読みはこのへんで終ります。次に問題を出しますからそれをまとめてみましょう。

板　書

。つかれきつて家に帰る男の人の気持はどうだろう。

。その男をむかえる妻の気持はどうだろう。

。この作者がこの詩を作るようになつたのはどうしてだろう。

教 時間があとわずかですから簡単にまとめて下さい。

全 各自で始める。

教 はいやめてください。まだ書きたいような人が多いですがまとめてあるだけでいいですから、発表してください。はいS子さん

S子 自分の感想、女の人が自分の夫が帰つて来るのを遅くまで起きてまつている、とてもあたたかい感じです。この詩を作つた人は自分も妻が起きているといいがなあということです。

教 このようにまとめるとすばらしいですね、まだ発表したいという顔つきの人が多いですがもう時間が大分過ぎていますので終ります。その前に例の詩を用意してありますからこれを取つてください。

教 プリントの配布

教 みなとりましたね。では自分でこの詩を読んで自分の感じをまとめなさい。

教 では最後に冬の夜道を読んでみましょう。

教 はいM君　**M君**　読む（暗誦）

教 はいよく読みました。次M子さん。

M子読む。

教 はいよく読みました。では今日はこれで終ります。

詩の指導　一、二時限目の話し合い

（反省会）

はじめましょう。

詩について

この詩は一連二連三連となつて、初めての学級であるので心配しましたが、案外子供たちがついて来たのでよかつたんじゃないかと思います。

取り扱い方についていろいろ問題があると思いますので、先生方も想い出しにくいはずですが、第一時間目と第二時間目をひつくるめて話しましょう。

感じをこめながら読んだのはとてもよかつたと思いました。

あまり最初としては感じを表わしすぎたんではないかという気持がしましたがね。

子供たちは、はじめから意しきして読んでいるようであつた。

先生、ここで範読なさつたかね。

はい、なさいました。

一連一連区切つて読んだつもりですがね。

二回教師の読みがあつたようですよ。

第一時限目の目的は

出来るだけ朗読させて鑑賞をさせるということでした。

その意味でしたら、よく出来たと思います。

第三連の感じは第一時間ではまだしつかりとつかんでいなかつたので、第二時限目でてつていさせねば出来なかつたはずだが、二時限でも、てつていはしていなかつたのではないかと思いましたね。

行きずりの人

次夫先生の授業で

どんな気持でこの人は家へという問いはむしろ子供は第二連を想像するのではないか。

それからゆきずりをつかまえて第二連をもつと話さ

せる。

三時間目もあるだろうという意図が強かつたためにせつかく入りかけたのに、そこでとめてしまうのは、おいしいことだと思つた。

あの子供たちなら、三時間分を二時間でやつてのけることはできると思う。

それで一時間で覚えた子供が五名もいたのですからな。

それでは、これを考えていますかね、これを学習したために本当に自分がその男になつて、あたたかい家庭ふんいきを作つていきたいものだと考えた子供がいたかね。

なぜ、この詩を作るようになつたかねという質問は子供をひき出すのにとてもいい質問だと思つたのですが、二連と三連との結びがうまいぐあいに出来なかつたことは、とてもおしいことだつた。第二時間目はこの辺に重点をおきたかつたね。

教訓みたいなものでなく、自然に自分のものにする。

こういう風な感情を表わす教材は、終るまでに間隔をおくものではない、子供たちが、忘れかけているものですから、気ぬけしたのではないかという感じがした。

三時間続けてやると、そういう風な詩感情が、また詩が口ずさむようになるでしょうね。

それから始めにかえりますが、詩をかいた人はどこから見ていたか、という質問の場合、土間、格子戸とかを次の時間にまわそうというのでなく、この時間に語句の指導も必要であつたではないか。

こうし戸は新しい語句ですが、土間は前にも習つたものです。

こうし戸はしばいの場合等に使われているからよくわかりそうなものですがね。

三時間目を鑑賞を主として扱つて見ないといけない。

伊礼先生が見えませんので渡久地先生三時間目をやつて下さい。

ではやりましょう。

お題いいたします。

三時限目　渡久地　繁

教　あけて下さい、今日はどんなところに感動したか、それをよみとつてみたいと思います。それを書いた人は何を感じて、詩をつくつたか、どうしたから、こんな詩になつたんだろうと考えながらよんでみよう。　大勢挙手　**I子**　読む
教　よろしい、よく読みました。
教　武子さん、本をみないでやつて下さい。他の人は本を見て下さい。　**T子**（暗誦）
教　よく出来ましたね、一ケ所だけまちがつたところがあつたね。
児　（別の小さな声がさけんだですね）
教　全体をながめて、この作者は何に感動したか、その前にこの詩の好きなところはどこですか。
N君　また一つ、また一つ別の小さな声がさけんだ。
教　いいところに気がつきましたね。
教　それから、又、誰かいつて下さい、K子さん
K子　ゆきずりの私の心には一本のろうそくが燃えていた。
（ゆきずりの板書）
教　そう、ゆきずりの私の心には一本の明かるいろうそくがもえていた。いいかね、ゆきずりのゆきずりのとは何んですか。　三人挙手
T子　冬の夜みちを歩いていくこと
B君　通りすぎること
教　とおりすがり、いいでしょうね。
教　ゆきずりの私の心に火が燃えた、何んのことですか、火がついたのですか。
O君　行きずりの男のはげしい仕事から、家に帰つていくとやさしいあたたかい気持で妻が、お帰りなさいといつた。
教　おかえりなさいの声ですね、ただ一つの声だけですか、まだあると思いますが。
Mさん　また一つまた一つ別の小さな声がした。
（また一つ）と板書
教　そのあたたかい心が、どうしたのですか。
N子　作者の心にあらわれた。
教　どんにあらわれたのですか。
S子　人の心に……（きこえない）ゆきずりのその人がかえつていく。
教　ゆきずりの初にあらわれた、どんなに……。
K子　作者の感動にあらわれた。
教　どんなにあらわれた……
K子　ゆきずりの私の心には、明かるいろうそくの火が燃えた。
教　そのとおり、ゆきずりの私の心には、明かるい一本のろうそくの火が燃えたのですね。
教　それが、どこでのことでしょう。真昼のことかな。

A君　月夜の晩に道から歩いていた。

教　はいよろしい、月夜の晩に道から歩いていた、それをもつと短かい言葉でついてごらん。

教　Kさんいつてごらんなさい。

Kさん　冬の夜道で（冬の夜道で）と板書

教　そうです、冬の夜道で、この声をきいて作者は自分の心に一本のろうそくがともつたんですね。

教　それでは、一連ではどんな気持で、その男は帰つてくるのですか。

児　なんぎそうに

教　そう、なんぎそうに、また

教　はいU子さん

U子　一人の男がつかれきつたあしどりで

（一人の人）と板書

教　どういう気持で通つていたかね、たのしそうですか。

教　はいB君。

B君　さびしく帰つていく。

教　そうです、淋しく帰つていきますね、どこであらわれていますか。

児　あたたかそうな気持で

教　そのあたたかそうな心で、一本のろうそくの火がもえたのです。

教　本当にそうか、本を見てみましようね。**児**　読む

教　よろしい、自分もそんなことをしたことがあるかね、自分とくらべてみよう、おかあさんが夜おそく帰つてくる時にむかえたことがありませんか。ある人は手をあげてごらん

教　それではS子さん

S子　おとうさんが夜の十一時、会社から帰つて来た時に、子供たちがおかえりなさいと迎えたことがある。

教　その時におとうさんはどんな気持がしたでしようか。

S子　只今といつて、うれしそうな顔をしていた。

教　よろしい、次O君

O君　おかあさんがおそく帰つてきた時、部屋にランプをつけてまつていたら、よろこんで入つていらつしやつた。

教　そうか、よろこんでくれた。次はK子さん

K子　おかあさんがどこかへ行つた時、姉妹がそろつてむかえてあげようといつてまつていたら、只今と帰つて来たので、一しよにおかえりなさいといつたら、よろこんだ。

教　よろしい、みんなこれと同じことを味わつていると思う、自分もこんなことがたくさんあると思いますから、この文と比べて、もう一回よんで、どんなことに気がついたか、書いてみたいと思います。それではよんでから始めましよう。　**E君**　読む

教　それでは、この詩をよんで自分がどう思つたか、或は自分はこれからどうしたいか、考えていることをノートに書いてみよう。

（十分位、書かす）

教　やめて、えんぴつをおいて、途中まででもいいから書いた人は手をあげて下さい。

教　S子さんから発表して下さい。

S子　自分がその男の人の妻である場合は、自分の夫が何時までも帰つてこない時は、子供達と一しよに迎えてくれる、そうして夕ごはんを済ましてねる筈である。又、私がその人の子供であれば、おとうさんが早くかえつて来ないかなあといねむりをしながら待ちます。それから、夫であれば、早く、家にかえろうという気持がなくても、急に妻や子供達が待つているだろうと思つたち少しでも早く帰つたであろう。

教　よろしい、よくまとめました、これはもし、私が妻であつたら、子供であつたら、男であつたらと、三つの立場から考えていますね、まとめ方がいろいろとあると思います。それでは次O君

O君　はげしい仕事をする人が家へつくまではさびしかつたが、家についた時自分の家族がむかえてくれたから、とてもうれしかつただろう。又家族がむかえたのが始めであつたならばよけいうれしかつただろう。それから、作者もこんな家族の中に入りたかつただろうと思う。自分もこの詩にまねて、今からでも真似ようと思う。

教　よろしい、作者もこのような家庭をつくりたかつただろうというところですね、自分もまねてこのようなことをやろうというのですね、勉強した甲斐がありますね、それでは次K子さん

K子　一、小じやりをふんでつかれた足をわが家へ向ける男の人がありましたその場面はきつとさびしいでしよう。つかれた足どり……しかしその人の心の中には、家のことを考えている所でしようか、やがて一軒家の前で足をむけた。

二、家庭は、「お帰りなさい」と親切にあたたかい気持をその人にあたえました。その人はどんな気持だつたでしようか、きつと今までの疲れがすつかりとれて、妻にも感謝の言葉が出たと思います。いやそればかりではない、子供までが、お帰

りなさいとむかえて、くれたのです。その妻や、子供の心のあたたかさに男の人は満足でしょう。その様子を作者は「いいなあ」と思いました。それはゆきずりの私の心には一本の明かるいろうそくが燃えていた。その様な所でわかる。よんだ後の自分の感想、私もその様に母をむかえたことがある。又むかえられたこともある。むかえられたその気持は、私はどのように表わしていいかこまる程だつた。

それは、バレーの練習をして、おそく帰つた時のことだつた、その人に表わせないのも、このような気持をあたえるならば……今後其の様な気持の家庭をつくりたい。

教　はいよろしい、その様な家をつくつていきたい、とてもいいね。今のまとめ方は一のあらすじ、二のあらすじ、三のあらすじを書いてから全体のまとめを書いてあるが、前の二人のようにすぐ全体をひつくるめて、感想を書いてあるが、それがいいでしょうね、他に誰か、はいT子さん

T子　この詩の「お帰りなさい」といつて妻や子供がむかえた所をよんで、私はとても明かるい家庭だなあと思つた。私もおとうさんが用事に行つて帰つて来たら、「お帰りなさい」といつて夕ごはんをいれてやりました。

教　はいよろしい、おとうさんはとてもうれしいことでしよう、いいことですね、それでは次H子さん

H子　会社から帰つてくる人は一人で淋しく家へ帰つていくと、妻や子供達が、たのしく迎えてくれたので、今までの淋しさはどこかえ逃げていつたでしよう。私も家の人が誰でも遅く帰つてくる場合は、妻や子供が迎えたように楽しくむかえようと思います。

教　よろしい、それでは次はN子さん

N子　一、一人の男が淋しく帰つて来たので、妻や子供が元気よくむかえてくれたので、私も家の人のだれかが夜おそくかえつて来たら、そんなふうにやつてみたいと思つた。

二、私はこれを読んで、その人の手や足はどうであつたか、ものの言い方はどうであつたか、それを見たかつた。

三、私もそんな母や兄弟がいたら、いいねーと思つた。

教　よろしい、いいですね、その人の動作まで見たかつたところは、いいことに気がつきましたね、次はこちらを見てください（板書を指しながら）その一つの言葉から作者が感動した。そうしてゆきずりの私が、その声を聞いて一本のろうそくが燃えたのは、冬の夜道のことだつた、今日はよくいろいろと、感想をまとめました。それではもう一度読んで終りたいと思います。おわり

詩の指導　三時限目の話し合い

（反省会）

。反省として、忘れているかと思つたが案外よくやつていた。詩の鑑賞のまとめですから、あれでどうでしようか、一つ話し合つて下さい。

。一番好きな所はどこですかというふうに、高宮先生がおつしやた好きなところはどこかという所を押えたのは、いい取り扱い方だつたと思いますね。

。そう、目的が達していたと思つた。格子戸、土間のことばは前の時限にわかつていなかつたが、今度はわかつていた。

。行きずりがまだ、わかつていないようでしたね。

。たとえばバスが行つた、行きずつたというふうに補導を例を上げていつたら、よかつたと思つたね。

。まとめの発表をどうやるかと期待していました。

。一番目にやつた子はよくやつていましたね。

。三つの立場からよくまとめてあつたので、よし、この子供を発表させ、次は後のO君を見たら、これもよく書いてあつた。次のK子さんを見たら、余りよくなかつたので、机間巡視をおえ、発表の時にその順序でさせようと考えていた。

。こういう優れた発表は後にして、外の子供達から先にしてはどうですか。

。そういう考えもあると思うが、まとめの時間でありますので、出来るだけよくまとめた子供達のものを発表させて、遅れた子は、自分のノートに書き加えていくようにしたからである。

。ここですね、大事な事は道徳的な指導をやるんではなく、子ども自ら知るように指導する必要である。

。一分一秒でも早く帰つていくという気持

。まとめ方がじようずですね。

。前の子は家庭的に環境がそうなつているので、よく書けると思う。

。三時限でよくまとめる事が出来たと思いますね。

。しかも一、二週間はつてあれだけまとめる事が出来たのはよかつたと思う。

。一本のろうそくが燃えていた。

。言葉の説明がよく出来ていたですね。

。遅れた子供に対してのろうそくが燃えたというい

（43ページへつづく）

安田小中校の発表会にのぞんで

学校教育課　金　城　順　一

へき地教育の前進のため、過去一ケ年の間大城貞三校長を中心として、全職員が文字通り血のにじみ出るような努力を続けてきた安田小中校の研究発表会が、去る九月三十日に行われた。

実験学校としての同校の歩みをふり返つてみることも意義があることと思い、あえて禿筆をかえりみず、駄文をものすることにした。

へき地の教育には、現在いろいろの悩みや困難が山積しているが、その中でも〃複式学級の学習指導をどのように改善するか〃が極めて重要な課題であると思う。

この課題を解決するためには、同校でも指摘しているように二つの面が考えられる。その一つは、複式という特殊な学級編成が、学習上どんな施設や教具を要求するか、即ち従来のように異学年が同時に異教科を学習する場合、いわゆる間接指導の弱点を克服するため、児童の自発的な学習意欲を高め、学習能力を伸長させるために必要と思われる種々の教具ー学習手引き、学習カード、ワークブツク、視聴覚教具等ーを整備すること。他の一つは、複式指導の単式化をはかるため、同時同教科同単元の取扱いが可能になるよう、特別な教育課程を構成することである。

安田校は後者の立場から研究を進めたわけである。即ち二ケ学年を一グループとして、学年の枠をはずして同一の取扱いができるようにカリキユラムを構成し複式を単式化して指導する方法である。

この立場が是認されるためには、〃学年〃というものに対する従来の観念ーある固定した、動きのとれない枠のように考えることーをあらため、学年ということは修業年限の区分であつて能力の区分そのものではないということ、即ち学年差はそのまま能力差にはならないということーを再確認して出発する必要があろう。このことは次に示すところの安田校の実態調査の表の一例からもうなずけるように、児童の能力の実態は、必らずしも学年にとらわれず、能力段階が相交錯していることがうかがえる。このことはすでに大方の教師が経験している事実であろう。

点数	○~一○	一一~二○	二一~三○	三一~四○	四一~五○	五一~六○	六一~七○	七一~八○	八一~九○
人員分布	●	●	●●●●△	●●●●△	●●●△	●●●●●△△△	●●△△	●△△	●△△

※　備考　●は三年（二二名）　△は四年（一二名）

このような〃学年〃に対する見解を出発点として、複式理科教育課程の構成という困難な課題にとつくんだわけである。

当日の模様について説明する前に、同校の様子を簡単にお知らせする。

安田校は本島北部の東海岸に面し、小学校は二ケ学年の複式で三学級、中学は一・二年の複式と三年単式の二学級で計五学級。在籍は小学校が八九名、中学が四二名。職員は校長外六名の教員と書記、給仕各一名のささやかな集いである。

研究会当日は局から阿波根次長、金城、当銘の両主事。辺土名地区の宮城教育長、上原次長、更に民政府のクロウフオード部長、琉大ミシガン教授団の団長カール・T・ライト博士の外、地区内の百名近い先生が参加して、安田部落は時ならぬ賑かさを呈した。尚P・T・A幹部が二十数名も参加して、へき地の教育に関心と熱意を示してくれたのは嬉しかつた。

当日は、一・二年複式の理科を教職経験三十余年の宮城カナ先生が〃しやぼん玉〃を、三・四年理科の〃船とグライダー作り〃を宮平守徳先生。五・六年の国語を古堅香代子先生、中学一・二年の理科〃生物にはどのような種類があるか〃を教頭の比嘉盛賢先生、中学三年の英語を高江洲重光先生が、それぞれ指導された。

へき地の学校なので、このような多数の参観者の中で授業を進めるということは極めてまれなので、先生も生徒も多少かたくなつて、平常の元気さが余り見られなかつたのは残念だつたが、とにかく教師も生徒も一生懸命にやつてもらつた。

学習指導の技術的な面については、尚一層の努力と工夫が必要であると思つた。特に学習内容の量と指導時間の問題、題材の種類と児童の技能の程度との関連、施設、設備と学習内容との関係等については今後も大いに研究する必要があろう。

研究発表は大城校長のあいさつの後、教頭の比嘉教諭から研究テーマ設定の理由や、同時同題採用についての基本的態度を明らかにし、従来の〃学年〃に対する考え方を批判し、へき地の学校における教育課程構成上の一般的留意点にふれ、最後に複式理科教育課程の構成の大要について説明がなされた。

次に宮平教諭から、三・四年複式の分についての内容説明が具体的になされた。

〃研究討議の時間〃には二、三の質疑について応答が行われた後、会員からの要望もあつて、最近西日本のへき地教育研究大会から帰られた楚州小中校長の大城貞賢氏から、大会の模様や、本土におけるへき地教育研究の一端を話して戴いたのは、参集した会員にとつても大変有意義であつたと思う。

最後に阿波根次長外二氏から指導助言があつて、予定通りの日程を全部終了して散会した。

同校は複式の理科教育課程の構成の根本方針として、次の六点を挙げてある。

(1) 複式の単式化を原則とする。
A年次案、B年次案の二部に分け、低学年は同時、同単元、異内容とし、高学年は同時、同単元、同内容とする。
(2) 指導計画の地域化を考慮する。
(3) 実験、観察を重視する。
(4) 内容は量より質に重点をおき、教材を精選して理科の教育目標に示された最低を確保する。
(5) 年間三十五週案とする。
(6) 能力別指導を重視する。
個人差に即した能力別指導が複式指導の中核となるので、目標にもある程度の巾をもたし、高い目標と低い目標に分ける。

を掲げているが、

(1) は従来の複式学級の学習指導上の悩みを解消する一つの新しい立場で、本土あたりのへき地教育研究会の研究発表にも、いろい試案として発表されている。
(2) は特に沖縄においては考慮しなければならない問題で、特に理科においては尚更のことである。
(3) は理科の性格から当然だし
(4) は今回の改訂指導要領の基本的立場と相通ずる重要な問題である。
(6) 学習指導が生徒の能力差に即応できるように、高い目標と低い目標を設定したのは、従来の形式的な目標観から一歩脱却して、実際に即するよう配慮した点は特色の一つであろう。

以上の根本方針に基ずいて、小学校一・二年複式、三・四年複式、五・六年複式の三部の理科教育課程を完成、各部をそれぞれA年次案とB年次案に分けてある。更に各部の巻頭に一年から六年までの理科の要素系統表を、天体、自然の変化、生物、保健衛生、機械と道具、の各分野別に掲げ、全教材の系統的研究に役立つよう配慮してある点もよい着想だと思う。

尚、各単元毎に配当時間、学習内容と学習活動、準備、指導上の留意点まで細かく記述して、毎月の教壇実践に直接役立つように工夫した点も、教育課程としては当然のことながら、よかつたと思う。

同校が僅か七名の教員でありながら、最も困難な複式教育課程の構成という仕事にとつくみ、一ケ年そこそこで三二〇枚に亘る部厚い研究物としてまとめあげた努力に対しては全く感謝の外はない。

研究資料や、指導の機会に余り恵まれない、へき地の若い教師達が、七名という少人数ながら、これだけの価値のある教育的労作をものしたというその成功の蔭には、教育に関心と理解のあるP・T・A幹部が機会ある毎に学校側に援助と激励を惜しまなかつたことと、文化的にも何等恵まれていないへき地の児童等の幸福を心から願い。その全人的伸長にすべてを捧げてきた教師の愛情があることを吾々は忘れてはなるまい

このような教師の熱意と努力によつて、困難と隘路に満ち満ちているへき地の教育が一歩々と前進し、ともすれば曇り勝ちなへき地の児等の瞳が、生き生きとした明るさを取戻す日の近からんことを祈りつつこの稿を終りたい。

（学校教育課　主事）

（指導例）

私のホーム・ルーム活動の実際

東風平中学校　知念豊子

◎組織を生み出すまでの活動

四月、新しい気分に包まれた生徒達はみんな笑顔で、新しいクラスで新しい友人、教師と共に学ぶ事を喜び、ホーム・ルーム活動に生気がみなぎります。そこでホーム・ルーム担任はいち早く彼等の仲間（友人）となり彼等と共に学び生活経験を豊かにすることにより仲間意識を高めると共に、話しやすい場の構成に努めることが大切であります。

私のクラスでは新学期の第二週目のロングホーム・ルームの時間に学級の役員選挙を行つた結果次のような係員がおかれました。

室長一名、　副室長一名、　書記二名、
会計二名、　図書係一名、　給食係二名、
統計係一名、　貯金係二名、　整理係三名

それ以後、度々役員集会をもつようになり、「どうしたら学級が楽しくそして男女が互いに理解し合い、家庭的でりつぱなルームになるだろうか」と集会の度毎に考えるようになりました。すると四月の第四週目の土曜日の午後、五名のクラス役員が話し合つた結果「クラス委員会を設けたらどうだろうか」との意見に一致しました。

それが次の週のロングホーム・ルームの時間で設置するよう可決されてからはホーム・ルーム活動が委員会の計画によつて営まれて来ました。

ところが幾人かの生徒が学級の規律を守らぬため常にクラス委員達や教師はその問題になやんで居りました。

一、その問題点として（日常生活やアンケートから）

。授業時間中雑談が多い。
。時々欠課をする生徒がいる。
。何んでもないのにたたく。
。よく友人のかげ口をいう。
。家に帰つても仕事が多く勉強ができない。
。借用したものでもなかなか返してくれない（男生徒）
。貧困な家庭の生徒
。嫉妬深い生徒

以上のように種々雑多な問題があり、生徒の生活はさまざまである。そこで彼等の家庭環境をいくつか抜き出してみました。

二、家庭環境

。母だけに育てられている。

。継母であまり可愛がつてもらえない。

。妹、弟達が多いので私などかえりみない。

。なかなか弁当をもたさない。

。生活苦のための両親の不和が多い。

。勉強室や机がない。

。親が病弱なのでよく欠席、早引をしなければならない。


このように学校では無心に勉学にいそしむ彼等の生活にも、以上のような問題をもちつつ現実の生活と戦いつづけている事がわかりました。

三、それではその生徒達は先ずどのような友を探し求めているでしょうか（アンケートから）

。かげひなたなく誰にでもやさしく親切な人
。なんでも相談し教える事の出来る人
。失敗したときでもはげましてくれる人
。いつでもどこでも助け合うような人等

こうして不遇な環境に住む子供達はホーム・ルーム生活において常に協力を求めているのです。そしてこのような問題をホーム・ルーム委員会に持ち出し、みんなの反省を求め、ホーム・ルーム組織の強化に協力致しました。

それには

。私達の意見箱をつくること。

。学級週番をつくること。

。日記をかくこと。

。委員会の計画と活動が、自主的に行わなければならない等の話し合いが六月三日のロングホーム・ルームの時間に行われ意見箱の材料を学級費で買い早速整理係につくつてもらいました。その後は

指導例

生徒自身のなやみの種となつている問題が投書され毎週のロングホーム・ルームの時間にそれをみんなの力によつて解決してきました。

意見箱を作つたおかげで今まで話すことのできなかつた生徒が投書することにより「自分の意志を通じさせることが出来た」（一学期の反省から）という子供達が多くなり、私自身これまでにない喜びを感じ、これからも「私達の意見箱」を通じ生徒の気持を理解し、男女が仲良く話し合えるホーム・ルームにしたいと組織、活動の面に生徒と共に努力して参りました。

四、「私達の意見箱」の中から生徒達の意見を分類してみますと

◦ホーム・ルーム活動に関するもの（四七名中）一八名

◦自分のことについて相談したもの七名

例 1、K子さんの場合　私には兄弟が多くてとうてい高等学校などへ行けないと思いますが、私はこれからどんな計画をしたらよいでしょうか。

2、友人げんかをしその後反省をして仲なおりをしたいけれどもどうやつたら話せるだろうか。

◦個人的な批判　三名

例 1、N君はよく女生徒をいぢめるので先生で注意して下さい。

2、M君は担任の先生の授業の時には欠課したり遅刻したりしないけれども他の先生の時にはときどきあるから注意して下さい。

◦家庭のこと（連絡等）　三名

例 1、父母が頑固で弁当をもつていくなというので先生から父母に手紙を使つて下さい。

◦学習のやり方の相談　一二名

◦その他　四名

五、その処理

学級（ホーム・ルーム）活動に関するものは全員で話し合い、分類の結果各班活動を行う。その他の問題（例えば、個人的問題について、家庭のことについて等）休み時間や放課後の時間を利用して個人面接を行い相談なり矯正をやつている。

特に品行の悪い子は家庭を訪問したり、学級通信等を出していますが今ではそんな特殊な生徒はおりません。

a、その実際例の一つ

◦全体での話し合い

ある日のクラス委員会で意見箱から出た問題を分類しておりますと「私はホーム・ルームできめられたお昼時間には家にかえらず必らず学校に弁当を持つてくる事が出来なくてすみません」との投書が目に止まりました。

その子はN君でそのお母さんも正常でなく学習面の関心もうすく、細々とくらしている中に彼の成績はふるわず、やゝもするとしずみがちな子供です。私もこの子の「すまないという心持」にひどく心をうたれ、翌日の自習時間を利用し、その理由をきいてみたところ、単に弁当箱がないからだという事です。

それではと思いクラスの委員にN君のことを話してみました。すると、

A君　「弁当箱はいくらでかえますか」

Y子　「四十円か五十円ぐらいでないですか」

A君　「それでは今月の学級費を一円増やしてN君に弁当箱を買つてやつたらどうですか」

S君　「でも出来れば自分でかわした方がいいよ」

T子　「今までもつて来ないのもお金がなくてかえなかつたと思うから私達が一円づつ出し合つて買つてやつた方がよいと思う」

H君　「買つてやることには賛成するが一応クラス全員にその話をして意見をきいてみることにしようではないか」

結果クラス委員会では買うことに決まり、H・R全員にきいてみることにしましたらみんなもその意見に賛成し、購入に行く生徒まで決めN君がみんなと一つしよにたのしく昼食が出来るようになつたわけです。

このようにして意見箱からの問題は一人一人の力が結集すれば困つた人でも救うことができるのだという喜びを与えております。

四　新らしい組織による活動

先ず一学期の反省に夏休み中に是非トレーニングセンターをやつてもらいたいとの要望もありましたし、又私自身T・Cが学校や学級の指導者を養成する意味からもつともよい機会だと思い、去つた八月二十七日から三十一日までの南部地区トレーニングセンターに参加した生徒達と一しよにその計画をし、学級T・Cを九月三日から四日までの二泊三日間行いました。

三日間の活動状況は

第一日目

開会式―紹介―組織説明―赤十字の歴史と精神委員会―村長選挙―村会

第二日目

委員会発表―歌のけいこ―クラブ活動―J・R・Cの意識委員会―オリムピツク―村長選挙―キャ

ンプファイヤーー村会

第三日目

委員会発表ー研究ーレクー救急法ー反省ーお別れ会

以上の日程でクラス代表の合図によつて三日間のT・Cが実に頼もしく、進められ、しかも彼等の日常生活に必要な事がらが班別に処理されていくのです。その姿は友情、団結なくして出来るものではないということを一人一人の胸に刻み込ませたのであります。これが発展して学級の組織もかわりました。

班活動の実際

。ホーム・ルーム委員会

この委員は各字（十三部落）よりその代表者を選び組織されたものでもあり、又各班の班長の集りでもあるわけですが、彼等は意見箱から取り出された問題を一応種類別に分け、ホーム・ルーム全員の話し合いに提出すべきものについての意見交換を行い、次のホーム・ルームの運営を計画する委員会です。

。クラス改風班

一週間の目標、或は一カ月間の目標をきめて、それを徹底させるように学級のみんなを矯正していく。特にこの班の班長は成績優秀なばかりでなく、クラス全員の信望が厚く正義感の強い子であり、常に教師の立場になつてクラスメート達の指導に熱心に当つております。

。学習班

この班は男三名女三名の六名からなるもので、一週間の朝の自習係としてつとめ毎週土曜日はノートの点検まで責任をもちクラス学習の向上に努めております。その方法としては係の曜日をきめ、その日の朝は早く登校し、みんなが来るまでには受持ちの教科を板書しておく、教科は生徒の希望により月曜日（国語）、火曜日（英語）、水曜日（国語）、木曜日（数学）、金曜日（数学）土曜日（英語）の順でその資料は基礎学力を徹底する意味から小学五、六年生程度、中一年生程度の問題をその係の生徒がつくり、特に遅進児の場合は小学校三、四年生程度のものを取り扱つております。（自習時間は学校来てから職員朝礼までの二五分～三〇分）

。司会班

ショート、タイムのホーム・ルームやロングホーム・ルームの時間の問題討議その他一切の司会をする（男三名、女三名で男女一名づつ毎週交替で行う）

。美化班

室内や担当区が常に整頓されるように工夫し、庭園等の設計及びその人事配置を適当にくみその評価をする。又机、腰掛の破損したものの修繕等に当たる。

。レクリエーション班

これは学級をうるおいのある場にするものとして、中食後の余暇やロングホーム・ルームやその他の余暇を利用して「ものまね」「合唱」「独唱」その他みんなの興味ある楽しめるプログラムを計画し、その司会をする。この班では二学期の終業式にレクリエーション大会をする計画をして意気込んでおります。

。文集班

各班からの文集を募り編集する。この班は作文や詩等をかいて、次の新聞班への記事の一つとして役立たせております。又十一月の下旬にはこの班が主体となつて、クラスの話し方大会を計画し、各班から希望者を出して実施しており、男女の優勝者にノートその他には参加賞として鉛筆一本ずつを学級費から出しております。

（審査員は各班から一名ずつと教師）

。新聞班

週間のニュース、作文、詩等を毎週土曜日の午後発行して次のホーム・ルームの時間には読み合わせをしており、それには学級の全員が記者であり記事を集めております。

新聞の名は「学級の友」と呼んでおります。

。研究班

ホーム・ルーム委員会と同じ活動をし、特に毎月の行事計画を受持つ。

※以上のような活動をしており、今月の二十三日（月曜日）のロングホーム・ルームの時間に各班の発表会を予定しております。

◎反省とこれからの指導

これまでこうしたホーム・ルーム活動がさかんに行われるようになつたのもクラス委員会を組織し、彼等が常に学級の中にひそむいろいろな問題をつかみ、毎週土曜日に話し合われるようになつたことがその糸口でありました。又私達の意見箱が彼等にとつてクラスの雰囲気を和やかにさせるものでもありました。

一、私達の意見箱をつくる事により

（41ページへつづく）

〃英語指導における無駄〃の考察

吉　浜　甫

文教時報45号で〃英語の学習指導と実生活〃と題して少し書いたが、何しろ問題は余りにも大きく、紙面は限られているため大ざつぱな抽象論に偏したきらいがあつたが、私としてはこれから次々と個々の問題を一つ一つ取上げていく最初の〃序〃というつもりであつた。それで今回は主題によつて私見を述べ、現場で英語という難科目と取組んで忙殺されている教師達の参考に供したい。

今更云うまでもないが、沖縄の現状は教師に過重な負担を強要している。重大任務の一つである教材研究もなかなかである。そのような中で生徒達が非常に困難を感ずる学科たる英語を指導しようというのだから、ただならぬ仕事である。だからよく云われる。〃此の教科書はむずかし過ぎる〃また〃此の頃の生徒達は勉強意欲がない〃或は〃週三、四時間では時間が足りない〃等々。本当にそうである。教科書も批判の余地はあるし、時間数ももつと欲しいところである。

それだけに毎年開かれる教科書展示会を最大限に活用して吾々各人の意向を教科書選定に反映させ、より良い教科書を選ぶべく努めると共に適当な時間数を確保するように努力したい。そのような努力とともに決して忘れられてはならないのが

〃吾々の教壇実践の中に無駄はないか〃という絶えざる反省である。これは吾々の最大の課題であろう。というのは吾々は無意識の中に大きな無駄をしている場合がよくあるからである。殊に教壇実践は生徒達にとつても教師にとつても学校生活の大部分であるのでそこでなされる無駄は非常に大きい問題であるからだ。それがたとい小さいように見えても、教師が毎日のような無駄を数時間その授業の中で意識せず繰返しているとしたら、週間、月間、学期、そして年間を通じてなされる無駄は大きいものであるし、なおそれを生徒数倍して無駄の延時間数を出すと、全く驚くべき莫大なものになりそうだ。そうしてその無駄は単にそれだけ〃無駄〃であつた。ゼロであつたというにとどまらず、生徒達の学習意欲を殺減する〃大きなマイナス〃であつた事を知る時、自ら慄然とするものがある。それでここに幾つかの実際的問題を取上げて考えてみたい。

1、Reding について

(1) 新教材に入る場合の範読 (model reading) について

新教材の reading を指導する場合には先ず新出語及び既習語であつてもまだ生徒が抵抗を感じそうな難語を書き出し、発音の困難部分を既習の易しい語と比較対象出来るものはそのように理解させたりして幾度も幾度も教師の後につかして練習させ、その後に本文に入つて行くのは普通であり、それは効果的であろう、ところが問題なのはその次に教師が〃私が読むからよく注意して見ておきなさい〃といつて未知の英文たる教材を教師が範読することである。

その教材がほとんど復習に近い程易しいものである場合なら別として、生徒がその語いや内容に相当抵抗を感ずるような教材なら、教師の範読は一考を要する。

というのは、未知の教材であり、然も英語である。教師が順々と読んで行く時生徒はおとなしく頁に目をやつてはいるが、彼等の眼は未知の英文の新奇な語や句や文の上を教師の reading について走つているわけである。その際喰入るように見入つて〃あゝ此の語はこう発音するのか〃この語はここにアクセントがあるんだな〃とか〃こゝで切つて読むんだな〃〃此の語の発音はこうだと思つたら、ああなのか〃などと吟味しているものと期待したいが、特殊の生徒を除いてはそれは無理であろう。

もしそれが無理ならその外に何を期待したらよいか、教師が読み終つた時生徒は〃難しいな〃とか〃先生の読むのはすらばしいが吾々には真以は出来ん〃というように嘆息しているのではないか、といのうは教師が読んでいる時、それを追うだけでも精一杯で、中に何かの瞬間に取はぐれたら英文の頁の上で迷子になり、教師

(37頁へ続く)

児童生徒 作文の頁

おおきいが

じようがく しようがつこう
一ねん よ ぎ と お る

みんなで、おつきみをしていると、おおきいがが、おうちのなかにはいつてきました。

でんきのまわりをぐるぐるまわつています。ぱぱがはえとりでとろうとすると、すぐあつちににげます。またぼくがたおるでおいかけると、ぱぱのあたまのうえをとんでいます。

ぱぱは、がをとろうとして、あしと、てをばたばたうごかして、だんすをしているようです。みんながわらいました。

おねえさんのすかあとにとまつたので、ぱぱがつかまえました。ぼくがはねをさわるとこながついていました。

ぼくとぱぱがちゆうしやをすると、すぐ、うごかなくなりました。がの口は、ながくてまいています。はねが四まいで、つのみたいのが二ほんありました。がは、ほんとにしんでしまいました。

ナハ行き

あがりえ小学校
二年 大 し ろ 正 人

きのう、ごご二じごろおとうさんと、おかあさんと、いち子と四人で ナハへ 行きました。バスには おきやくさんが 十五人ぐらい のつていました。

いち子が 気ぶんがわるいといつておとうさんに だつこされました。カデナーの ところで、二、三かい はきました。ぼくは、へいきでした。でも おなかが すいて たまりません。

しばらくして ナハにつきましたので、すぐしよくどうを さがしましたが、なかなか見つかりません。ほとんどの おみせがしまつていました。みちから あるく 人も少ない。しばらくあるいているうちに いずつ屋というしよくどうが あいて いましたので すぐ 入りました。いち子と ぼくは おそば、おとうさんは オムライス、おかあさんは ハヤシライスです。どれが おいしいか かえつこして たべました。

にもつを たくさん もつているので 小がたハイヤーで シユリの おじさんの いえに 行きました。おばあちやんと、かずちやんがいました。とつても あついので、いどの 水で 手あしを あらいました。たいへん つめたいので気もちが よかつた。

それから、ほとけさまに くだものを そなえてから おいのりをしました。ぶつだんには、おぼんの おそなえものが いつぱいありました。おかしと ジユースを のみながら まんがの本を見てあそびました。しばらくして おじさんがしごとから かえつてきました。夕方になつたので ナハ の正ちやんにいさんのいえへ かえりました。

ナハは あつちこつち でんとうがついていました。すぐ おゆうはんを いただきました。いろいろ ナゴの はなしをしているうちに ねむくなりましたので ウークイを することにしました。そのきは もう十時すぎでした。おわつてから そなえてある ごちそうや くだものを たくさん いただきました。

あしたは、なみの上に およぎに行くことをやくそくしました。それで 早く あしたになれば いいのにとおもいながらねむりました。

＂ふうりん＂

盲聾学校
盲四年 仲 宗 根 敬 子

ふうりんが なつている
ちちんちりんといいねいろ
みんなでふうりんさわつたら
ふうりんはならなかつた。
ふうりんのような
やさしいかわいい
いいこえになれたらなあ。
ふうりんふうりんはじめてさわつてみた
ふうりんちんちん
ちんりん ちんりん

（点訳安富祖忠清先生）

さんぽとふうせん

じょうがく小学校
三年　国吉克正

午ご七時ごろ、

「さんぽに行こう。」とおかあさんとひろちゃんにいうと、

「山形屋へんまで行つてみるね。」といつて兄さんも、一しよに、出かけました。

ゆつくり歩いて行きました。国えいかんが近くなると、ぼくたちは走つて中からふいてくるすずしい風にあたりました。

山形屋に　つくと、ひろちやんが、

「早く三かいに行こう。」といつたので、左がわの　かいだんを上つて行きました。三かいは　おもちやが　ずらりと　ならんでいました。おかあさんはぶつだんのどうぐを見るといいました。そしてぼくたちに
「おもちやを見たら、下においでね。」といつたので、兄さんが「はい。」といつておもちやを見ていました。しばらく　見てからぼく一人
「おかあさんの所へ行くよ。」といつてから、下に下りて行きましたが見えません。しかたがないので、引つかえしました。ひろちやんたちはテレビの前にいました。ぼくもテレビを見ていると、おかさんが、しんぱいして　むかえに来ていました。

かえりに　こうり屋に入りました。つめたいあまい　みぞれをたべて　かえろうとすると、たくさんの　ふうせんが目につきました。ぼくたちが　ほしがつたので、おかあさんが　店の人にたのむと
「どうぞ　おとり下さい。」といつ　たので、ぼくたちは　よろこんで　もらいました。ぼくとひろちやんは赤、兄さんは　みどりでした。

人通りの少ない道に入つたので、ぼくは　アジヤ大会のせい火だといつて、赤いふうせんを高く上げて走りました。ひろちやんもよろこんで「せい火、せい火。」とぼくのまねをして走りました。

お家につくと、こんどは　ふうせんをくびつたぼうをはずしてボールにしました。

一回二回とかぞえながら　みんなでつきました。ボールが　えんがわに　にげようとすると、おかあさんが打つて　よこしました。一ばん多くついたのが八十回でした。

こんどは　ふうせんを　高とびさせるしようぶです。ふくらませたふうせんの口を　たたみにつけ、パッと　手をはなすと、「ブーッ。」と音を立てながら　とぶのです。ぼくはおもしろいので、なん回もしました。ひろちやんは
「おにいちやん、ぼくにもさせて」。となき声を出します。しかたがないので、おしえていたらへたくそなひろちやんは、

「パーン。」と大きな音を立ててパンクさせてしまいました。

世界平和

具志川中学校一年
富山米子

十三年前、広島県に、原爆がおとされた。その原爆が、人々に、おそろしい害を与えたと言うことは、全日本人が、よくしつていることだ。その害をうけた人々は、血を吐いてばつたりたおれたり、普通の人よりは、白血球が少くなり、しだいに弱つて、死んでしまうそうだ。それから、原爆症にかかつた人々から生れた子供は、頭が非常に大きいとか、指が六本とか、又は目が一つしかない、おばけみたいなおそろしい子供が生れたりすると聞く。

現在でも原爆症にかかつた人々は、有名な病院に数多くいて、毎日のむ薬の紙を、つるにおつて、千羽になるまでには、必らずなおると信じて、一羽々々ふえていくのを楽しむと言う人々の心中を察したら、目頭が熱くなり胸の中がしめつけられるようだ。原爆症患者が、冷たいベットを残して、又楽しみにしていたつるを残して、死んで行く人々がたくさんいるそうだ。

それよりも恐しいことは、原水爆実験だ。その実験によつて大きな被害をうけるのも、これまた我々日本人ではないか。それを実験する国の人々が実に、にくらしい。「天水は飲むな」。「雨にぬれるな」。「野類菜も井戸の水でよく洗え」。

等とよく聞かされる。空気はどうだろうか?。これからも原爆症が続々と出るのではないか?。こう考えた時、私は深いため息をついた。「原水爆禁止」と全国民が血をはくまで叫んだらと思つた。

これ等の実験も、世界の強い国々の、よく深い心のあらわれではなかろうか。又、ソ連が、人工衛星をあげれば、アメリカもつくる。ソ連が一号、二号とつくれば、アメリカもつくるぞと言う調子。人工衛星が月の世界まで行く頃にはこれを戦争に使うのではなかろうか。

科学の進歩はもちろん嬉しいことだが、これを戦争のために利用されては、それこそめいわくだ。「戦争!!」絶対反対だ。原水爆や人工衛星等世界平和のために利用するよう、切に希望する。世界の人々が手と手をとり合つて、世界平和を建設したい。

――夏季作品――

〃詩〃

ビール会社

東江小五年　日好由美子

私たちの学校のとなりの、
田んぼの中に、
ビール会社がたつた。
天までとどくように、
白く高く、
せのびしているようだ。
あの中でビールが、
作られるのだ、あのにがい、ビールが。
一かい、二かい、三かい、四かい、五かい、
かぞえてみあげたら、
安全旗がひらひらと、
風にはためいていた。

おばあさん

具志川中学校　二年　金城健夫

夏休みになり、大宜味に行くと、米の取入れで村中がとても忙がしそうだ。此の頃、晴天がずつと続いているので、絶好の稲苅日である。あちらこちらから脱穀機のにぎやかな音が聞えて、あたりをいつそう忙しい気分にしている。稲の頭が重たそうに左右にゆれて、「さあ、早く行け、行け」と言つているようだ。僕は村から一寸離れている売店から自転車を借りて、風のように飛ばした。

どこの家でも、家中そろつて田圃に出ているらしい。小学校の一年生から老人まで……。これこそ農村の一番美しい姿である。汗のにじんだシャツを着て、麦わら帽をかぶつて働いているそのまつ黒い顔、顔、顔。なんて心が暖る風景だろう。

親類の田に着くと、おばあさんが、もう七十余りにもなるが、若い人に負けずにけんめいに働いている。白髪になつた頭、やせて骨のとがつた手足。なんと云つてももう七十の坂を越したのだから、余生を読書や、盆栽いじりなどで楽しんでもらいたいと思う。

しかしおばあさんは家族が「休みなさい」と言つても聞かないで、みんなといつしよに働いている。少しも苦痛でないような表情である。若い時代を無我夢中で働き続けた上に、今もなお、働くことを楽しんでいる姿には、ほんとに頭が下る思いがした。

おばあさんは私がたまに行くと、とても親切にしてくれる。こまかいことにも一々世話をやく。時には、あまり世話してくれるので、かえつて、うるさいと思うこともあるが、ほんとうにいいおばあさんだ。暇の時には、いろいろと村の伝説や歴史を話してくれる。僕にとつては大切なおばあさんだ。皆でもつと大切にしてもらいたいと思う。

それには早く農業経営を機械化して、人手間をできるだけ省いて、余暇を楽しめる農村にしたいものだ。そして、せめて老人ぐらいは、いくら忙がしい時でも、ゆつくりと休んでもらいたいものである。

―――夏季作品―――

此の間、学校の映画見学で「大地の子」を見たが、あの北海道の原始林が見る見る中に木が切りたおされ、耕されて、整然とした耕地になつて行くのを見て、うらやましいなあと思つた。沖縄にもあのような時代が早く来てほしいものだ。

海

東江小校　六年　比嘉静子

ある夜　海岸へ行つた
波は　美しかつた
月に照らされていた
波は　きらきらと　かがいて、
はるか　向こうの方には
一台のバスがはしつていた。
海は　広い
はてもなく　広い。
波に　もまれながら
一せきの　小舟がういていた
海は　しずかに　ねていた
だが　こわい。
いちどおこると
人のいのちをうばうこともある。
海よ、
しずかにねむれ。

夕焼け

石川中学校　三年　石川美代子

「きれいな夕焼けだね」と母はいつた。西の空は赤紫色に燃え上つていた。夕焼けを映して窓ガラスは色ガラスのように見えた。美しいといえば美しい、無気味といえば無気味な今日の夕焼けであつた。

私が庭の片すみでまきわりをしていると、中学一年にもなるというのに、くしやくしやによごれた顔をして陽子が遊びに来た。近所の男の子達や私達は「陽ちやん陽ちやん」といつて陽子をいつもかばつていた。私はまきを割りながら「陽ちやん、姉さん帰つてうれしい?」と聞いた。陽ちやんなんかに、うれしいも悲しいもわかるまいと内心ばかにしながら。陽子は、恥ずかしいような寂しいような面もちで上目づかいに私を見て「うん」といつた。

陽子の姉は親とけんかして家を出たまま二、三年このかた、ずつとゆくえ知れずになつていたのだ。家の人たちは別段さがそうとする様子も見えなかつた、その陽子の姉がこの間子供をつれてひよつこり帰つて来たのだ。初めの中は親たちも気持よくむかえたようだつたが、しばらくすると、又前のようにけんかを始めるようになつた。時々聞き苦しいさわぎやさけび声が私のうちまで聞えてくる。

陽子に「和ちやん（陽子の姉の子）はいくつ」と聞くと「五才」とこたえた、「姉ちやんは」と聞くと「三十二才」だという。「姉ちやんは今までどこにいたの」と聞いてみた、陽子はこたえなかつた、下をうつむきながら、まきを割つていた私はもう一度「ええ?」と聞いた、それでも陽子はだまつていた。ふと顔を上げると、陽子は私に背を向けて庭の石に腰掛け、薄れ行く夕焼けを、けんめいに見つめていた。

その顔は邪気のない、けれども寂しそうな顔であつた。私は「陽ちやんはこんなにかわいい顔だつたかしら」と思つて、じつと陽子を見つめた。そしてお姉さんのことなんて聞かなきやよかつた、と思つた。私がだまつていると、気がついた陽子は「ごめんね、夕焼けがあんまりきれいなもんだから」といつた。野ら帰りの人達が大声で話し合いながら前の道を通りすぎて行つた。

盲聾学校　聾部小学六年　伊佐眞昭

黒い道

盲聾学校
盲中　二年　眞喜屋実蔵

ふと深い悪夢から俺は目覚めた。

気づけば冷い両手をひしと胸に組、身悶えして泣いていた。頬からは未だ生ぬるいものが流れ、枕はひんやり濡れていた。

若しもその時誰か側に起きていたものがいたとすれば、きつとおもつ苦しいうめきと共に、恰も今まさに消え果てんとする傷ついた魂の切なる祈りにもにた、わけもわからぬ一種の言葉を耳にしたであろう。

無力な人間がき然として動かすことのできぬ絶対なる運命の岐路を―恐ろしい絶望と恐怖と悲哀苦悩のどん底―これは紅の夢を慕う人間誰もが知る事実である。

俺は、今この運命の岐路に立つている。すきまじく荒く嶮しい人生の闇路を、疲れ果てた身をひきずりあえいでいる。

道は愈々細くなつたいばらの道だ、

夜は深い、俺は同胞のことを想う。声を出して呼んでみる、あゝ、だが俺の前途には誰もいない、後ろにももちろん誰もいない。只、むなしく俺の声のみがはねかえつてくるばかりだ。

俺は…………………………

突然、いいようもない不安におそわれた。緊張は極点に達した。俺は耳をすます。人声はない。悪感が背筋を伝わる。俺は堪えきれぬ程さびしくなつた、切なくなつた。いつそのことこの身が消えてしまえと思つた。

俺は瞼の底に過去の一切を描きこれに見とれた。過去は常に観念の中で浄化され美化されて、前途の真闇に比してまさに天上の虹に囲まれた世界であつたがそのこうこつたる心境も一瞬にして消え失せた。

眼前の下界が余り見えないだからだ。erethismの消えた後の心境は前にも増してさみしく、悲しい惨めなものだつた。

俺は又勇気をふるい起して歩み出した。虫けらさながらの恰格で、のそりのそりしきつた足先で細道をかすかに探りつつ、石ころや水溜り、でこぼこもあつた。又あるいは、沼地に身をはめ、ようようにしてはい上つたこともあり、心もとなくなつて駈け出し岩根に足を挫いたり、岩壁と正面衝突して気を失う程痛手を受けたこともあつた。只道道泣き悶え救いを求めたが、無論誰もが救いには来てはくれなかつた。いや俺を慰めてくれる者すらついにいなかつた。が決して俺は他人の通り行く道からそう遠く離れていたわけではなかつた。

なぜなら彼等は群をなして時には行列をなして楽しげに互いに語り合つたり冗談口をたたき、愉快に笑い合つて何の悲哀苦痛をも知らぬものの如く疲れた風情はもうとう見当らなかつた。あるいはあつたのかも知れないが彼等はそれを外の何ものかが十分補われ、たまに陰うつなしかめつつらをしたものがいたとしても直ぐケロリとして楽しいひとむれにまじつて言い頼るようだつた。があくまでも彼等の道と俺の道とは全然異つていた。俺はそれを恥じ、それを悔い、それを悲しみ悶えそれを限りなく無念に思つた。

そうして一方では彼の道へ如何にしても渡らんとそればかりを願い欲して…………

だが欲する心が募れば募る程又願いが大きくなればなる程、これに反比例して絶望の態度が深まつていつた。

彼の道とこの道との間は無限の淵で隔つていた。

時には林の繁みや岩山等に妨げられて彼の道を見失つたこともあつたが、こんな時俺はろうばいして、むちやくちやに駈け出したものだつた。

俺が救いを求めて絶叫した時ある人はいつた。「手を延べようとてとどきません。あきらめてお前はお前の道を行くべきだ」とそうしてせいぜいこれを喰つて生きよと、パン屑を投げて与えた。それを見て他の者共はあざけり笑い罵つた。

中には涙を流して哀れんだ。だがそれきりで相変らず双方の関係は平行線に過ぎなかつたのだ。

俺はそれを見て絶望の極に達した。そうしてそのまま側へ崩れかかつた。とその時突如門から御声が聞えた。

「おゝ、わが子よ歎くな、お前はお前の道を真直ぐに行くのだ」

「あゝ、父なる天地の主よ、それは余りにも無慈悲過ぎます。この道は、私に余りに狭く嶮しいのです。」

「おゝ、わが子よ、迷うなお前はその眼の代り杖を求めよ、そうしてそれによつてお前、お前の道を一条に歩み行きその頂上に達さなければならない。」

ここに始めて歓喜してこれを感謝し猛然と立ち上つた。そうだこれから俺は杖を与えよと叫ぼう。

俺は周りを見た。あゝ何としたことだあんなに求めた同胞、俺のように独りきりで彼等の道を歩んでいた。

（原文のまま点訳宮城康輝先生）

新庁舎に移って

石川盛亀

先輩や友人に会うと、時折、「文教局は新庁舎のどつちの方ですか。」とか、「どうですか、新庁舎は?」ときかれることがある。その時、その人によつて通り一ぺんの返事はしてきたものの、今後もこの種の質問が発せられることが予想されるので、ここに一括してその答弁(広報普及の意)を兼ね、又、今後文教局を訪れる方への案内と新庁舎に移つての雑感を述べる。

先ず七月二十五日付公報第五九号には次のようなことが登載されている。

告示第二百四号

次のとおり琉球政府第二庁舎の移転があつたので告示する。

一九五八年七月二十五日

行政主席代理
行政副主席　大田政作

名称	移転月日	移転先
経済局	七月十四日	那覇市上泉町一丁目一番地
法務局、	七月十五日	〃
人事委員会	〃	〃
会計検査院	〃	〃
文化財保護委員会	〃	〃
労働局	七月十六日	〃
中央労働委員会	〃	〃
文教局	七月十七日	〃
社会局	七月十八日	〃

これから、うかがえることは新庁舎が第二庁舎とよばれ、それが、もつとも覚えやすい一丁目一番地に所在していることだ。

すると、従前の琉球政府ビルは第一庁舎ということになるが、誰も第一庁舎とよんでいるのを聞いたことがない。しかし第二庁舎より先に建築されたものであるので、第一庁舎であることは間違なかろう。第一庁舎の玄関には「琉球政府行政ビル、アメリカ合衆国に依り琉球住民へ献呈さる、一九五三年四月」と書いた銅板に刻んだ標札があつて、外来者に異様な感じを与えているものがあるが、この新庁舎には無論こんな文字はどこにも見当らない。これ、すなわち琉球住民によつて、琉球住民のために建てられた正真正銘の庁舎であるからである。これだけでも誇りにしてよいものである。

玄関入口の案内板には次の頁の図のような五局四委員会の配置図がはられ、正服をつけた守衛さんが何時でも心よく案内してくれる。(配置図は次の頁に掲載)

現在文教局は新庁舎の北方、二階の大部分を占め、保健体育課が庁舎配置の関係から南方、経済局隣接の一室を使用している(図参照)

建築課の話によると、新庁舎は一九五七年五月着工し、五　年六月竣工、一ヶ年有余の日時を四、二〇〇万円　巨費を投じて完成したもので、建坪五四八坪、三階　延坪数一、六四三坪に及び、通風採光という点からすれば、今までほとんど地下室潜行の執務をさせられた者にとつて申分ないものといえよう。

これまで行政府ビル地下室、立法院ビル地階(立法院玄関の一階からみれば地下に相当する)と暗い窓のない陰気なところに何年か余儀なくさせられた。文教局の職員が思想的に偏向しているというわけでもなかろうが、一体何の罪あつてか、地下潜行とは?今もつてわからない。文教行政が主席の一般行政と直接のつながりのない外様大名的性格からきたものだと邪推しないでもなかつた。

まあ、それは、ともあれ、新庁舎に移り得たことは僕にとつて一番うれしいことだ。それは地下室での生活の影響から、寿命が短くなるのではないかという心配の種から解消されたからである。それでも、しかし、おかげで、視力が減退し六百円の眼鏡を近頃買わされた。只でさえ少い頭髪の毛も減らされた。

僕にとつてはこれまでの庁舎は一大打撃であつた。将に公務災害に値するものといえよう。(一寸失敬、これは言いすぎか?)

立法院ビル間借りの頃は日直の制度もあつたが、それが新庁舎に移つてからなくなつている。昨年の旧七月十五日のお盆、今年の一月一日の元旦の日直は僕にとつて一生忘れられない思出となるであろう。

今では一階に郵便局があり(室はあつてまだ開店していない)各階に倉庫、手洗があり、手洗の側に男女別用のクーラーがあつて、片足で踏めば何時でもアイス・ウオーターがのどをうるほしてくれる。五局、四行政委員会が一ヶ所に統合されただけでも、連絡に至極便利である。

欲をいえば、食堂やレクレーションの設備(ピンポン場、一寸したバレー、テニスのできる程度のコート)があれば、今まで短くなつただけの寿命のとりかえしがつくと思うがどうだろうか。

新庁舎案内がつい思いがけない個人追憶に走つたが、新庁舎の木の香、ペンキの香の新しさとともに今後幸あれと祈るものである。一九五八、八、二〇

(研究調査課主事)

第二庁舎各局（院・委）配置略図

（一九五八年七月二十五日現在）

1階平面略図

畜産課（342）
林務課（339）
水産課（344）
糖業課（　）
工鉱課（343）
商務課（213）
貿易課（341）
倉庫
宿直室
休憩室
男WC
湯沸場
案内板
女WC
郵便局
次長
次長
健康保険課
保護課
公衆衛生課（378）
医政課
薬務課
福祉課（379）
援護課（381／382）
移民課（380）

2階平面略図

協同組合課（340）
農務課（345）
農業改良課（　）
中央労働委員会（364）
（247）文教局保健体育課
庶務課（338）
次長室（337）
次長室（337）
経済局局長室（341）
倉庫
農業改良課分室
男WC
ホール
女WC
記者クラブ
倉庫
社会局局長室（376）
庶務課（377）
土地課（355）
社会教育課（246）
研究調査課
施設課
職業教育課（262）
学校教育課（260）
庶務課（261）
会議室
文教局局長室（245）

3階平面略図

開拓課（346）
会計検査院（360／361）
文化財保護委員会（388）
人事委員会（243／244）
会議室
男WC
ホール
女WC
倉庫
民事課
検務課
矯正保護課（354）
法制課（353）
庶務課（352）
次長室
法務局局長室（351）
職業安定課（369）
失業保険課（　）
婦人少年課（　）
労働基準課（367）
労政課（368）
庶務課（366）
労働調査課（　）
次長室（　）
労働局局長室（365）

―連載小説―

町の子・村の子（第七回）

宮里靜子

る。

どこへ行つても大小高低さまざまな家だらけ、道という道は山原では見たこともないようなハイヤーやバスだらけ、そしてどこもかしこも人だらけ、それに、ひつきりなしに聞える飛行機のプロペラの音、モーターの音、家々の窓から流れ出るラヂオや蓄音器の歌声、パチンコ屋のジャラジャラ、それが入り乱れて耳に入るのだから、何が何だかわからない。文三が山原でこれまで一番にぎやかで、めまぐるしいと思つたのは学校の運動会だが、那覇のこのめまぐるしさ、にぎやかさ、やがましさは、とても自分たちの学校の運動会などとは比較にならないものだと思つた。

その上、夜の大通り一面に、ついたり消えたりする赤や青の電燈の海、虹のような光の波も、まるで夢の世界へ来たようで、驚きと不思議な気持で一ぱいである。

那覇へ着いて二三日は、どこへ行くにも先生についてもらわないと不安でならなかつたが、そのうち近所に同じ年頃の友だちが出来るようになつた。

名はミー坊といつて、すぐ近くの露路のまがり角にある雑貨店（マチヤグワー）の子供である。

文三がミー坊をはじめて知つたのは那覇へ着いて三日目の夕方であつた。その日、先生といつものようにおふろから帰ると、夕食までの時間は別にすることもないので、おそるおそる表通りまで出てみようと思い、こつそり露路を歩いて行つた、すると、四年生か五年生位の男の子が四人、露路のコンクリート張になつたところに円陣をつくつて、パッチーをしていた。互に順番を言い張り、わめきながら相手のカードめがけてめいめいの手にしたのを勢よくたたきつけていた。どの子もその顔つきといい、今にも相手を突きとばしそうな身ぶりといい、自分よりは強そうだと思うと、文三はかなり離れたところで立止つた。うつかり通り抜けたらどうなるだろう。通り抜けようか、それとも引返そうかと思い迷つた。幸に彼等は遊びに夢中になつて、ここで見ているのには気がつかない。よし、もうしばらく様子をうかがつて、それから進退を決めることにしようと、じつと立ちすくんでいると、皆の中で一番ガッパイで目のくりくりした子が打ちそこねたらしく右手でちよつとガッパイをたたき、残念そうに腕を組んだ。するとその隣の子が

「今度はミー坊だ」

と言つた。ミー坊と呼ばれた面長の子は

「ようし、いくぞ」

意気込んだかと思うと、気合もろとも持つていたカードを地面めがけて力一ぱいたたきつけた。うまく当つたとみえて、ミー坊は腰をかがめて勝ち取つたカードを拾い上げた。ミー坊の左手にはそれまでに勝取つたカードがかなり握られていた。

中断のおわび　作者

読者の皆様から、いろいろな御感想や御批評をいただきながら、幾月かにわたつて書き続け、そして、読んでいただいた小説「町の子、村の子」が、作者の都合や、その他の事情でこれまで心ならずも中断致しましたことを深くおわび申し上げます。

それというのも、文教時報の編集者が欠員になつたり、交替したりで発行がしばらく不順でありましたのと、作者が産休で休んでおりましたのが原因でありました。

このたびは、編集者も専任になりましたし、作者もすつかり元気になりましたので、研究調査課の喜久山課長、親泊、徳山、石川諸先生のおはげましを得て、これから町の子を中心に再び筆を執ることに致します。引続き御愛読下さいますようお願い申し上げます。

（十三）

山原の山河で育つた山川文三にとつて、はじめての那覇は見るもの聞くもの、すべてが驚異そのものであ

相手の子供たちはがつかりしたらしく、口々に
「もう止めよう」

と言つた。

勝誇つたミー坊は、如何にも得意そうに胸を張つてみせたが、相手の子供たちがすつかり興味を失つたように、ぞろぞろと表通りの方へ歩き出すと、仕方なそうにその後を追つた。

文三はそれでちようどよかつたと思つた。みんなの後について雑貨店の前までくると、店の中から中学生くらいの女の子が、しきりに泣きわめく乳呑児を抱いてあやしながら出て来たが、そこへミー坊がやつて来たのを見ると、

「ミー坊、ちよつと抱いていてよ。お母さんはお夕飯の仕度で手が放せないし、あたしは宿題があるのよ」

そう言つて、泣きわめく毛のうすい、頭の大きい乳呑児をミー坊へつき出すようにした。すると、ミー坊はとび退くと同時に
「いやだい、仮分数が泣くといつもそうするんだもん。僕だつて宿題があるんだ」

顔をしかめ、口をゆがめて言つた。

「またそんなことを言う。後でお父さんに言いつけるよ」

「言いつけたつて平気だ。」

「仮分数と言つたことも?」

「うん。だつて先生がちやんと教えたんだぜ。頭の大きいのは仮分数だつて」

「ようし、ぢや、たのまないから!」

そう言つて背を向けたのはミー坊の姉さんで、この雑貨店がミー坊の家だということは文三にもすぐわかつた。

ミー坊は遊び仲間の後を追つて駈け出した。その後姿を見ながら文三はたつた今、二分か三分の間に起つた眼の前の出来事を、しかもその早さを思い返し、町の子のすばしこいのに感心した。と同時にミー坊が、弟であるにちがいないあの頭の大きい乳呑児のことを仮分数といつた意味がはじめて、わかりぷつとふき出しながら、自分の頭へ手をやつて、これはいけないと、すぐにその手を引込めた。

表通りをしばらく行くと、まだ学校にも行つてないような子供たちが大勢で石けりみたいなことをして遊んでいた。男の子も女の子も入り混つている。

その中に文三は髪の毛の色のちがつた女の子と、顔の色の特別に黒い男の子を見つけて、じつとそれに見入つた。女の子の髪は、山原の芭蕉布を織る糸をもみくちやにしたようであるし、男の子の色はヤチンム(焼いも)に似ているなと思いながら見ていると、言葉はどちらも那覇の言葉や共通語を使うので不思議でならなかつた。山原では今までそんな子供を見たことがない。してみるとこれはアメリカーや黒ん坊の子であるにちがいないのに、どうして那覇の言葉や日本の言葉を使うか、そのわけがどう考えてもわからないのであつた。しばらく彼等の遊び方を観察していると、黒ん坊の兵隊が二人肩を並べて向うからやつて来た。二人はしきりに何か話しながら子供たちの前を通り過ぎた。すると
「ハローハロー」

一人の子が手を振りながら言つた。それに気づいて皆の子が同じことを言つて手を振つた。兵隊は子供たちのそれには答えず、話に夢中で通り過ぎてしまつた。子供の一人が今度は
「黒ん坊、黒ん坊」

と兵隊の後姿を見送りながら手をたたいた。すると皆の子供がそれに和した芭蕉髪の女の子はともかく、あの色の黒い男の子が、同じヤチンムの黒ん坊を見て「黒ん坊、黒ん坊」というのが文三にはおかしくなり、不思議でならなかつた。那覇はすべてが不思議なことばかりだと思つた。

次号予告(四八号)

……特集　夏季講習……

(詩)眉　……木村　俊夫

講座

現在の道徳教育……松田　義哲
生活指導と道徳教育…篠崎　謙次
琉球変らざるもの…森　田　清
雑感……大野　量平

カツト　沖縄の印象……河野　太郎

☆私の研究
☆受講メモより
☆論文――民族の自由と独立
☆人物史――儀間真常の事業
☆中教委だより――中教委選挙執行に関する規則
一九五九年度高校入学者選抜要項

入門期指導と能力に応ずる個人指導

配属校　東京都北区堀舟中学校　　久　田　友　明

私のテーマと配属校

当校は去年より2、3年生の能力別編成をなしている。全くの能力別編成ではなく2クラス100名程度を上位クラス (Upper Class) 下位クラス (Lower class) にわけるのである。8クラスあると上位クラスが4クラスと下位が4クラスとでるわけである。3年の方は進学などがあり、その方がむしろ効果的らしいとの事である。

現在3年生は8クラスを、上位クラス4と、下位クラスを4にわけて指導している。2年は上位クラス2、下位クラス2、普通クラス2、1年は普通クラス、これを図表にすると、

三年A	〃B	〃C	〃D	〃E	〃F	〃G	〃H	二年A	〃B	〃C	〃D	〃E	〃F
上位クラス	下位	上位	下位	上位	下位	上位	下位	上位	下位	普通	普通	上位	下位
	〃	〃	〃	〃	〃	〃	〃	〃	〃	〃	〃	〃	〃

1年は全クラス普通編成
1年生Aクラス四時間担当　　私、週4時間担当　　私、週4時間担当
合計週12時間

私は上の表の通り、実際に授業して研究している。（週時間割は略）

1年は、入門期指導のため、2年の2クラスは能力差に応ずる指導のため、はじめ学級を持たない考えもありましたが、配属校校長は、授業を持つた方が研究にはよかろうということで、週12時間持つことになりました。

私の能力に応ずる個人指導というのは普通編成における1時間内で取扱うことを意味していたのです。例えば優秀児にはプリントを与えて自学自習させて、その時間で遅進児の個人指導を実施するという考えでしたが配属校では、上記のような編成になつているので、その中から研究テーマにマッチするのをえらぼうと思つています。

私自身、このような編成授業の経験もなく、沖縄でも数少いと思いますので研究調査してみたいと思つています。

週計画と日案

週、月、水テスト

テスト内容　正進堂発行　中学校必修英語基本文型集

この文型集は、暗誦用として文型183あるが、これを6問ずつ月、水に行う。これはテストと関連した文型をピックアップするのである。

日々の授業は、別紙の通り導入していく、いわゆるパタン指導への前提としている（次頁表）

現在まで知能テスト、2年全学年の標準テストの英語の処理、能力別編成に関する生徒の反応調査とその処理をなしたわけである。又、継続事項として基本文型テストをすでに7回実施している。又空白の時間は、同僚の三名の英語教師の授業を参観している。

この時間割からすると、殆んど他校を参観する時間が持てない。毎日授業があり教材の研究に時間をとると、他校参観は不可能に近いし、又自分の担任のクラスを放棄する事も心苦しい。又、夏休みをはさむので実質的な研究期間が少い気がする。

他教師の授業形態

入門期としてはA・B・Cの歌唱指導はうまい。カードの利用、テープレコーダー、文型カードをよく利用している。2、3年は常時テストをしている（5分間ぐらい）なるべく英語を使用して授業を進めようと意図しているが、生徒の実態の上にたつて決して空転せず適当に日本語を加味している。パタンドリルに非常に意を注いでる。

(28頁より続き)
はどこを読んでいるやら親の手をはなれた子供のように右往左往何とか見つけてほつとしたらreadingは終つたなどという生徒もいる笑えない事実である。実際、新教材の範読は考えものである。即ち、非効果的である。範読はその教材の内容も理解されて後にやれば reading のみならぞ内容をより一層味う一助ともなり予期以上の効果もあろう。それで新教材の reading の指導は終始教師につかして読ませる(reading after teacher)方がよいと思う。

それを幾度も大きな声で繰返させる事によつて各人が自信を持つようになつて来る。難しい文や長い文は始めは幾つにも区切つて、次第に全文へと移していくようにする。これを何偏も続ける。少々舌やあごが疲れることを苦にせずにdrillすべきである。

あんなに面白い野球やテニスでさえ疲れをいとわず、色が黒くなるのもかまわずに汗とほこりでぐつしよりになつて鍛練して始めて一人前になれることを思うと、実際 reading の指導は reading after teacherを幾度も繰返し繰返し行うことが非常に効果的である事は大方の教師達が実験済みであり、よくわかつていることと思う。

この上はただこれを意識的に時を惜んで drill することである。範読の分までこれにあて、十分生徒に自信を持たすことである。

計画表

4.10	授業はじめ
4.14	第一回基本文型テスト
4.16	基本文型テスト
4.25	二年全員学力テスト(全科)英語のテストあり自分の持つている上位クラスと下位クラスの調査実態把握
4.28 4.29 4.30	三年生、二年生の能力別編成に対する生徒の意見調査、各教師別
5.6 5.8 5.12 5.14	テスト 上位クラスと下位クラスの知能指数調査 テスト テスト テスト
以上が配属校着任以来の実施要項	

5.19	基本文型テスト	英語中間テスト
5.20		↓
5.21	基本文型テスト	
5.22		中間テストの結果の調査と今後の努力点の探究
5.23		
5.24		
5.26	基本文型テスト	
5.28	基本文型テスト	

六月 月、水にも基本文型テストの実施
七月 七、八、九日は学期テスト
九月 研究の処理

(2) **一時間の reading の分量について**

吾々の生徒時代、英語教師はよく次の様な計画で授業を進めたものである。即ち〃今日は此の課の reading だ〃そして〃次の時間は解釈〃その次は〃練習問題 (Activities や For study) 〃とう具合に。

これは朝食は〃飯だけ〃昼食は〃おつゆだけ〃そして夕食は〃〜だけ〃というような一本調子の変化に乏しい授業になり、味がない。一時間も reading をそして解釈や文法だけを単調にやられてはたまらない(それでも一時間に一課の reading を終ることは困難である場合が多い。)東京都の指導主事山家保氏はその著書〃Pattern Practice and Contrast の中で変化と興味のある指導法ではなくては英語教授の効果を上げることは困難なことを強調しているが、その中で〃授業中十分間以上同じ作業を続けては興味の持続は困難である〃といつている。まことにもつともなことであり、われわれが日頃の教壇で体験することである、それで結局生徒の興味を持続させるには一時間五〇分の中には五つ以上の作業を計画せねばならないことになる。そして reading の指導も厭きが来て非効果的にならないように考察されねばならない。そしてそれは又簡単である。多くの教師達が試みている方法である。即ち一時間で構文も意味もすべてやつてしまえる分量だけをやることである。そうすれば単調になることなく、然も分量が少いので新語や句もそれだけ少いわけで reading にしても、構文や内容の把握も同じ作業(読方、文法、訳文など)を大量にやられるより余程楽になり興味も湧いて徹底した学習が出来るのである。

要するに、新教材の読方指導は教師の後につかせて万遍なく読ませることを徹底的にやり、各時間の reading は毎時間に内容理解まで終え得る分量だけをやり、全課や段の範読はその課を全部内容まで理解してからする方がよいと思う

読方の問題はまだいろいろある。例えば個人読みとか一斉読み、発音指導等々一応考察を要することであるが、これ等は次号にゆずりたい。なお、本誌上の私見については随時忌憚なき御批判を歓迎致します。

(学校教育課主事)

道徳教育指導者講習会に出席して

配属校 東京都大田区大森第三中学校
勤務先 前原地区具志川中学校 横田裕之

一、はじめに

文部省では、九月六日から九日まで四日間東京上野の国立博物館で道徳教育指導者講習会を開催した。この講習会は関東甲信越地区の小・中学校の校長、指導主事の代表、三百余人を対象に実施されたものである。

従来、道徳教育は学校教育の全面において行われなければならないという基本的な理念は肯定されながらも、方法的には社会科は特に人間関係を取扱う教科であるので、その特性上道徳について特別な地位を占めると比重がかかり今日に至つたのである。

ところが更に一歩進めて、その強化を図るねらいから文部省は道徳の時間の設置を急いだのであろう。そこで、われわれは道徳の時間設置についてどううけとめるか、また、文部省のねらいとする「道徳」とは、いかなるものか、それを検討し、研究する必要は十分にある。

そこで、この講習会を逃すまいと文部省を訪れ、受講方お願いしたら特別な御厚意で受講の許可を得たのである。

二、ものものしい四日間

最初、お茶の水女子大学を会場として予定されたが、日教組を中心とする総評、全学連、地評などのピケ隊で会場が囲まれ、混乱するおそれがあることを予想し、上野の国立博物館に変更された。受講者は全員、毎朝七時半文部省に集合、そして六台のバスに分乗、パトロールカーや白バイ並びに延四千余の警官隊に護衛されながら五日間の予定を一日繰上げ全日程を終了したのである。

文部省から上野まで約四十分、パト・カーに護送され、われわれが通過する度に道行く車輌や人はストップ、三十余台の報道陣がわれわれのバスにつらなり、上空ではヘリコプターがさかんに撮影し、実にものものしい光景であつた。

会場外部では、警官隊と日教組、全学連らとのにらみあい、小ぜりあいなどで騒然としているが、会場は至つて平静、講習会は予定通り九時に開会、まず文部省の内藤初中局長のあいさつ、続いて天野貞祐氏の特別講演「道徳教育について」稲富栄次郎氏の講演「特設時間の意義について」をそれぞれ二時間づつ行い初日は終つた。

二日目からは小・中学校に分かれ、文部省で作つた「道徳指導書」を参考にしながら、年間計画、指導計画、指導法等について研究討議がなされた。

三、道徳教育について

天野貞祐先生は道徳教育について、教育といえばよい人間を作ることであり、教育にはいうまでもなく道徳教育を含んでいる。問題は道徳をどうみるかである。

人間存在は投げこまれた存在である。これはまた人間が運命を背負つていることを意味する。ある事件が起ると、個人の責任というよりも社会が悪い、環境が悪いとよくいわれる。それぞれの重圧下に人間はあえいでいる。このような人間をとり巻く環境も、その基盤は経済生活にあるともいわれる。暮しがよければ考え方もおだやかになり、人間も豊かになる。

しかし人間の存在は自分の運命を自らがつくるものでなければならない。自らが切開いていくというのがまた人間の自由な力である。

私はいま人格の自由は「決断の自由」と「否定の自由」の二つがあると思う。前者は人間の能力の問題であり、後者は自分のわがままを押える否定の自由である。日本では法律上の自由は世界で最も許されていると思う、しかし法律的の自由と人格的な自由のバランスがとれないと社会のつりあいはとれない。

道徳はよく変るといわれる、私はかつて文相のとき道徳の本質は変つていないということを国民に知らせるため「国民道徳実践要領」を出そうとした。これは本質が変らないことを示すためだつた。道徳の本質は変らないが変る場合もある。

われわれはまず善意思を持たねばならないが、これだけではならない。かつての五・一五事件、二・二六事件でも当事者は善意思だと信じていただろう。

善意思だと思うことに客観性がなければならない。この客観性は正しい判断力によつて生まれる。

道徳教育もこの二つの面から行われねばならな

い。修身科は善意思に力を入れたと思う。これだけでは道徳の判断力を養うことはできない。そこで全科を通じて判断力は養われるべきだと私は戦時中から述べてきた。時間特設と全科を通じて行うこととは矛盾しない。

以上は天野先生の講演要旨である。尚、分科会では、生活指導やホーム・ルームと道徳時間との関連等に関して研究討議を行つた。

その席上お茶の水女子大学助教授勝部真長先生は、道徳の位置づけについて次の通り説明された。

即ち学校教育は人格の完成即道徳教育である。道徳は味の素のようなものである。

▲道徳の位置づけ▲

学校教育（人格の完成）
- 教科＝全教科（特に社会科）（学習）…知らしめる
- 教科外の活動＝H・R、生徒会、クラブ活動（生活指導） 学校行事、その他

→ 道徳

生活指導や教科という料理がなければ、味の素は無意味である。二級酒に少し味の素をまぜると非常にうまいが、入れ過ぎると辛くなる。そのように道徳指導は教科指導や生活指導を十分行わねば生きてこない。

四、おわりに

本土の教育界は、いま勤務評定問題、道徳教育問題、新学習指導要領の批判などで激しい。それはついに政治問題化し、世人の口にのぼつている。右するか、左するか一人一人が真剣に考えていかねばならない重大な課題に遭遇しているような感を深くする。

そこで私たちは何に立場を求めるか、それははつきりしている教育基本法、そしてそれを裏づける憲法以外に求めるところはないであろう。

この講習会を通じて感じたことは、文部省が唱える道徳教育は、あくまで憲法や教育基本法に基づくもので「反動」とか「戦争へつながる」ものでなく堂々と公開できる内容であった。しかしややもすると指導如何によっては徳目主義に流れる懸念は多分にある。

道徳の時間設置と共に、学習指導要領も改定された。われわれは、それらを更に研究し検討を加え、望ましい教育の在り方を考察したいものである。

道徳教育二題

東京都江戸川区立 平井南小学校 与那城 茂

特設された道徳の時間

道徳教育は特設されたが、文部省と日教組は対立したまま一学期もすぎてしまつた。今だかつて都内の学校には途方にくれている学校も少くない。なんの批判もなくただ受入れた学校は少ない、これに対して日教組は反対のための反対をしているものだと云う批判もあつた。また真の教育愛からのやもう得ざる闘争だと云う声もきかれた。いずれにせよ吾々はまだ傍観するにとどまるようなものでないことを確信した。たしかに国家の政策や社会機構によつて教育内容や方法が必然的に変革される。また政治権力や弾圧によつてもし真の教育が歪められるならば、大きな問題として反対しなければならないだろう。しかしながら道徳教育の特設が、ただ単にそれのみから生じたものか疑問でもあるし反省もさせられる。だから特設がひもつきだと決定づけるのもどうかと思う。

文部省の道徳指導要項（東京都）に日教組が恐れていた徳目主義の修身科復活というような内容はかかげられていないと思う。文章もわかりやすく方法も具体的に示されている。確かに生活指導の名目をかりたような臭いがしないでもない。だから生活指導の権威者がまつこうから反対しているのも無理はないと思う。

こう云う水かけ論的なものを連続したところできよう明日の子供の教育にどれだけ+になるかは算出できないと思う。ただここで一方に結末をつけてしまわなければならないと考えられる。すでに特設されたのだし、問題は、教師個々の指導方法になつてくることは疑えない。

従来の生活指導の方法か、或は教科でやつてい

つたにせよ、果してどれだけ人間的なモラルを子供に育てたかと云うことは、世相の現実から反省させられる。また特設したからと云つて急速に道徳性が向上すると云う甘い考え方を私は避けたい。何故なら、どんな児童、生徒の欲求のない内容や方法を持つて教育しても、児童、生徒個々の自己概念に変化がない限り同じだ、と云うことを認知できるからである。ロージャスの心理学では、教育における児童生徒の自己概念の強調性を述べている。このような人間の心理的条件を念頭に置けば、確実ではなくとも良い方法が生まれてくることだと思う。

現在私の配属校平井南小校では、スライド映画、紙芝居、児童会等の視聴覚や話し合いによつて道徳教育特設の時間を実践している。

紙芝居の材料の選抜にも教師は非常に神経を使つている。例えば文部省推薦の紙芝居の材料でも学年会でいちいち見当していく熱心さだ。或はわざわざ日曜日の暇をつぶして自作している教師もいる、この教師は文部省推薦の紙芝居をいちいち批判を加えている。そして「どうも臭いです云々」ともらし自作に熱中している。私にはその材料がどうと云うだけの能力を保持していない。しかし教師の材料選択に熱心であることは疑わない。ここで云えることは正面から反対している教師が決して特設を無視していないことである。この点は吾々が広く学びとらねばならないものではないかと思う。つまり教師としての不可欠の条件を守つて反対をしていると云うことになる。

度の過ぎた教師らしくない反抗、と云う批判をする前に吾々に課せられた道徳教育特設をどう実践するか、これが今後の大きな問題だと思う。

なるほど特設されたから文部省の要項通り実践していくのであるが、社会科の中心眼目や生活指導も同様に伸ばしていくことを現場では強調しているし、それから指導法も常に研究されている。

道徳教育とサイコ　ドラマ

最近サイコ・ドラマが盛んに教育場面で研究されていることは事実だ。サイコ・ドラマについて私なりにまとめてみようと思つた途端に私の頭に今迄解つていたような気がしたサイコ・ドラマの輪郭が薄れてしまい解らなくなつた。

これが現在の私の頭の中にあるサイコ・ドラマだ。だから決してまとめたものでなく、何が何だか解らないサイコ・ドラマを気がつくままに記し、どなたかの批判をあおぎそして理解されていけば幸である。

平井南小校で去る七月にサイコ・ドラマを道徳の時間に実践をした、K教師の授業を拝観できたので、これを私の研修メモから抜萃したいと思つている。この学級は四年生で在籍が五二名で道徳教育特設反対のまとになるすしずめ学級である、教室に私が入つていくときれいな字で「夏休みの生活」と板書されていた。授業内容を記す前になぜK教師がサイコ・ドラマを方法としてとりあげたかをふれたい。

従来まで夏休みに入る前に夏休みの生活を話し合つているが児童が決めた約束や方法がなぜか実行されないその原因が調査（質問紙法）によつてたいてい家族関係にあることを予診された。

サイコ・ドラマは空想を創つて現実に戻そうとするもので、児童がどのように空想化するか、またどう云うふうに家庭の現実を象徴するか、そこで空想の劇が創られ演じられそこから問題点を発見して集団思考していこうと云うのである。

K「これから夏休みを迎えますが毎年その前に楽しい夏休みをおくるために話し合がされます。楽しい生活を送るための色々な約束ですが、これが守られてない。」

S君「先生「勉強中」と云う札がかかつていても遊びにさそう人がいます」一同「笑い声がきこる」

K「なるほどこう云う友達もサイコ・ドラマに入れましよう。それから皆さんが書いて出した意見の中にお父さんやお母さん、兄弟のこともかかれています。それでは皆様の問題紙から先生が考えて、

㈠勉強のことなんかかまわないお父さん、㈡勉強ばかりを口にするお母さん、㈢悪い友達、㈣良い友達、㈤よく手つだいする妹、五人の人物があげられた。

K「場面は家の中で勉強している処で、そうだお父さんは会社から帰つてくるところからしよう」、「だれかやつてみないか」するとほとんど全員がハイハイで自発的にのりだした、教師は五人を人選した。

これから脚本なしの演技、演出がおこなわれていくのである、ここで夢中になりすぎてメモをするのを忘れたのであらすじだけを述べてみたい、父にロールされた子はワンマンぶりを発揮した、

研究教員だより

この子の父が思いやられるぐらいに、観客になつた児童はヤンとかワーとか歓声をあげながら熱中していた、「勉強中」と云う札がかかげられて勉強している子をさそう子はたしかに経験者だろう実にうまく誘惑することばを使う、こう云う場面から私はK教師が平常使つている言葉と察知されるものを二、三聞いた、後で失礼とは思い乍らたずねると気まり悪そうにずばりですと答えた。後でまずかつたな、と思つたがしかし私にとつては最大の勉強だつた。

サイコ・ドラマはすじ書きも何もないものを自由に演じ各人の持つている現実の態度や生の言葉が象徴化されていくことを発見したのである、例えば子供に対して冷淡な父であつたり、母がわがままであつたり、それが出演者自身には気が付かないままに必ず内在している自己を投影していく、だから空想劇であるサイコ・ドラマの中でよりよい人間関係を知り道徳教育の役割を果すことは疑えない。

しかしここで注目されることはあくまでも道徳教育であると云うことを忘れてはならないことだろう、だからK教師は補助自我を使つたり演出中にストップをかけて問題を話し合う場面も考慮していた。サイコ・ドラマは一見してばからしい様な空想の即興劇でもあろう、又とんでもない方向にそれることもあろうと云う欠陥もともなつている。しかしこれを続けていくことによつて確に現実の自己が円満になり、同時に円満な人間関係をつくつていくだろう。

けれどもロール・プレイングとは関連こそあれまつたく同一のものではないらしい。

【25頁よりつづき】

。個人個人の意見を述べ合うことができ、たのしいホーム・ルームが出来たという生徒が殆んどです

。意見箱はクラスの一人一人の行動がわかるのでよい。

。無口な人でも自分の考えを述べたとき、ホーム・ルームの時間にその理由を話し合うことができた。

。ホーム・ルームが活発になつて悪い子がいなくなつた。

。議題が多くなりたいへん愉快である。等と反省がなされ単にホーム・ルーム活動においてでなく彼等一人一人の日常生活を知る上にも大切なものだと思つております。

二、班活動をすることにより

この班活動をする動機となつたのは家庭的なクラスを目指すものでありますが特に去つた九月二日～四日までに行われました学級T・C、読いて校内T・Cに参加しての代表者による考案でありまして、学級のみんなの協力なくして何の活動もたのしい学園生活も出来ないものだとの仲間意識の高まりを物語つております。そこで

。班員が助け合つて仕事ができる。

。班が編成されて他の学級より活動がさかんであることがうれしい。

。希望の班に入れたこと。

。特に学習班が出来て朝の自習や自習時間に教えてもらえるのでよい。

。新聞班が学校、学級のニュースをとりあげているので読むことによりうるおいがあるのでよい。

。研究班は毎月の行事計画をしてくれるので、前もつてその準備ができるのでよい。

。今後もずつと続けていきたい。

以上のように班を作つてからはホーム・ルームの全員が、仕事を分担し、協力し、責任をもつて班の育成に努めるようになりました。

三、生徒の要望（反省）

。ホーム・ルームの議長をあと二人増やしてもらいたい。

。クラス委員全員をホーム・ルームの時間の議長にしてもらいたい。

。どんな仕事でもみんなで活動していきたい。

。早登校表をつくろう。

。一部の生徒に責任感がなかつたと思う。

。ある班はあまり活動していないからこれから進んでやつてほしい。

というような生徒の意見を中心に、又これまで出来なかつた小集団指導や個人指導に重きをおき、みんなの力で問題の一つ一つを解決していき、今より以上に明るく楽しい生活の場としていきたいと思います。これは研究というよりむしろ私が今までやつて来ましたホーム・ルーム活動をありのままにかきつづけた失敗の多い記録でありますので、諸先生方の御指導、御批判をあおぎ今後のホーム・ルーム活動に努力していきたいと思います。

×

×

中教委だより

第六十回（定例）会議

一、会期　自 七月十五日　至 七月二十六日（十二日間）

一、会議開催の場所　文教局会議室

一、付議した主な案件

議案番号	題名	審議の結果
議案第一号	文教局組織規則の一部を改正する規則について	原案どおり可決
〃 第二号	文書種目の決定について	原案どおり可決
〃 第三号	前島幼稚園設置認可について	認可決定
〃 第四号	伊平屋中学校創立十周年記念事業寄附金募集認可申請について	認可決定
〃 第五号	学校看護婦の任用並びに給与補助金割当について	一部修正可決
〃 第六号	社会教育主事の任用並びに給与補助金割当基準について	原案どおり可決
〃 第七号	各種学校設置規則の一部を改正する規則について	原案どおり可決
〃 第八号	長田経理専門学校設置認可申請について	認可決定
〃 第九号	教育関係立法案について	
	◦教育職員免許法	原案どおり可決
	◦教育職員免許法施行法	原案どおり可決
	◦へき地教育振興法	原案どおり可決
	◦私立学校法	一部修正可決
	◦教育委員会法の一部を改正する立法	原案どおり可決
	◦学校教育法の一部を改正する立法	原案どおり可決
〃 第十号	教育長選任規程について	原案どおり可決
〃 第十一号	高等学校職業科に関する課程の基準について	原案どおり可決
〃 第十二号	中央教育委員の手当について	原案どおり可決
〃 第十三号	砂川小学校創立五十周年記念事業寄附金募集認可申請について	認可することに決定
〃 第十四号	城辺中学校創立五十周年記念事業寄附金募集認可申請について	右に同じ
〃 第十五号	平真小学校区寄附金募集認可申請について	右に同じ
〃 第十六号	謝花小学校創立七十周年記念事業寄附金募集認可申請について	右に同じ
〃 第十七号	沖縄実務学園の教科に関する勧告について	原案どおり可決
〃 第十八号	コザ高等学校入学料、授業料徴収規則の一部改正認可申請について	認可決定
〃 第十九号	石川高等学校生徒懲戒規程の一部改正認可申請について	認可決定
〃 第二十号	職員人事	原案どおり可決
〃 第二十一号	屋嘉小・中学校の設置者変更の申請について	可決
〃 第二十二号	一九五九年度教科用図書目録設定について	原案どおり可決

第六十一回（臨時）会議

一、会期　自 八月二十一日　至 八月二十五日（五日間）

一、会議開催の場所　文教局会議室

一、付議した主な案件

議案番号	題名	審議の結果
議案第一号	文教局処務規程の一部を改正する規程について	原案どおり可決
〃 第二号	校舎建築割当について	原案どおり可決
〃 第三号	前原高等学校入学料及び授業料徴収規則の一部を改正する規則の認可申請について	認可決定

議案番号	題名	審議の結果
〃 第四号	八重山高等学校入学及び授業料徴収規則の一部を改正する規則の認可申請について	撤回
〃 第五号	読谷高等学校入学料及び授業料徴収規則の認可申請について	認可決定
〃 第六号	普天間高等学校入学料及び授業料徴収規則の認可について	認可決定
〃 第七号	職員人事	原案どおり可決
〃 第八号	屋嘉小学校、同中学校の設置者変更の認可に対する附帯条件について	原案どおり可決

動詞送りがなの法則

1、他動、自動のいずれか一方の形のみで、しかも、形容詞への転化をもたない動詞は、その活用語尾を送りがなとする。ただし、他動または自動の形に二形以上あるもの、および語幹も活用の一部をなすものを除く。

(例) 仰ぐ、商う、敬う、志す。
帯びる、試みる、率いる、顧みる、企てる、控える、告げる、忘れる。

2　語幹が一音で、活用の一部をなす動詞は、最初の一音以外を送りがなとする。

(例) 射る、居る、得る、来る。

3　自動、他動の対応により二形以上のある動詞は、その共通しない部分を送りがなとする。

(例) 上げる＝上がる
生かす＝生きる
聞く＝聞こえる
落とす＝落ちる
尽くす＝尽きる
終える＝終わる
起こす＝起きる＝起こる
休める＝休む＝休まる
連らねる＝連れる＝連らなる

4　自動または他動どうしで二形以上ある動詞も、その共通しない部分を送りがなとする。

(例) 飽きる＝飽く
押さえる＝押す
悔いる＝悔やむ
越す＝越える
向かう＝向く
群らがる＝群れる

5　形容詞または形容動詞と共通部分のある、次のような動詞は、その形容詞又は形容動詞の送りがなの基準に従ってつける。

(例) 惜しむ＝惜しい
悲しむ＝悲しい
苦しむ　苦しい
親しむ＝親しい
憎む＝憎い
怪しむ＝怪しい
確かめる　確かだ
重んずる＝重い
痛める＝痛む＝痛い
近づく＝近い
静める＝静まる＝静かだ。

6　名詞と関係のある動詞は、もとの名詞の部分以外を送りがなとする。

(例) 先だつ　横たわる
気づく　基づく　異なる
逆らう（逆さ）

7　誤読、難続のおそれのある動詞は例外として前項までの規則を適用せず左りのとおりとする。

表わす　著わす　現わす　現われる

（行つた（て）の場合、イッタ（テ）と誤られる。）

8　動詞に他の動詞が加わってできた複合動詞は、おのおのに送りがなをつける。

(例) 受け取る　譲り渡す　届け出る　買い入れる　組み合せる

（20ページよりつづき）

わけが、おぼろげながら捉えたことと思います。

。理智的、道徳的にならないという取り扱い方が必要でしょう。

。それではもう時間がないようですから終りましょう。

おわり

我々の話し合いをまとめてみると

感情が中心になるものであるから、くり返えし読むことによつてその感情を味わわせることが大切で、理屈をこねたり、論理的な取り扱いをしたりしないようにする。

(一) 童謡の指導について

(イ) 主題と客観の未分化な児童心理の上に生まれたものであるから、理知的な指導はしない。

(ロ) 音声を通して繰り返し読ませている間に、自然に情感とその表現の面白さを味わわせる。

(ハ) うたわれている事柄や、場面を豊かに自由に想像させる。

(二) 童詩や詩の指導について

(イ) 童詩に対する鑑賞力は、童謡に比較すると、より深いから、それだけ鑑賞を重んずる。

(ロ) 詩の主題などは理知的、道徳的に考えこまないようにする。

(ハ) 聴覚的だとか、印象的だとか、絵画的だとか、その詩の特質をよく見きわめてから指導する。

(ニ) 具体的にその詩の情景や場面を示し、その間に自然に詩の感情を会得させる。

(ホ) 抒情的なものは、想像を、叙景的のものならば観察を、それぞれよく働かせるように指導する。

(ヘ) 一、二難語句に拘泥して全体の意味、感情をこすことがないように指導する。

一九五八年十 日十四日 印刷
一九五八年十月二十九日 発行

文教時報 第四七号
（非売品）

発行所 琉球政府文教局
研究調査課

印刷所 旭堂印刷所

八月のできごと

一日　文教局、南連共催「苦学生の悩みをきく」懇談会（於商業高校）
当間主席在京県人先輩を招き対米折衝の内容を説明した（於東京三越）

三日　第九回沖縄選手権水上競技大会（於首里プール）
沖縄赤十字社主催全中学校第一回夏期トレーニングセンター開く（於久茂地小校）

四日　電々公社法案民政府から正式承認があつた。
台湾経済視察団一行団長以下二十二人来島

五日　新教育者連盟講師理学博士鹿沼景揚氏（東京学芸大学助教授）来島、約一ケ月にわたり沖縄全島各地で講演
当間主席灘尾文部大臣と会見、教育への援助を要請

六日　安里立法院議長、与儀達敏氏（民主党総裁）太田主席代理は民政府首脳に招かれ、現地正式折衝前の会談
原水爆禁止沖縄県協議会結成

七日　初の軍民合同経済財政諮問会開く（於民政府会議室）
土地問題現地折衝代表団顔ぶれ決まる（安里積千代、当間重剛、与儀達敏、知花英男、長嶺秋夫、山川泰邦、知念朝功、赤嶺義信、桑江朝幸、池原新蔵、渡慶次賀善、安次富信雄）

八日　駐日米軍総司令官兼第五六空軍司令官ロバート・W・バーンズ中将沖縄の軍事施設調査のため来島

九日　教育長定例会（於石川連合区委員会事務局）
沖縄赤十字社主催全島小校J・R・Cトレーニングセンター開く（於久茂地小校）
第四十回全国高校野球選手権大会首里高校対敦賀高校三対零で首里高校惜敗
鹿児島大学小池鉄太郎教授を囲む父兄と教師の図画教育懇談会

十日　全島教職員体育大会（於石川）

十一日　教育音楽講習会ー南部地区（於教育会館ビル）
土地問題現地折衝初の正式会談（於ハーバービュークラブ）米琉共同声明発表す

十二日　原水協主催本島縦断平和行進（名護ー那覇間）

十三日　教員夏季講習（後期）開始

十四日　沖縄英語教育研究会発会（於真和志中校）
アイランド・エンタープライス社労組と警官隊が乱闘騒ぎ

十五日　第十三回終戦記念日
文化財保護委員会七つの三味線の重要文化財指定　文教局主催社会教育主事会（沖縄教職員共済クラブ）

十六日　土地問題現地折衝沖縄側代表全体委員会会議（於主席室）
婦連主催沖縄タイムス社後援琉球織物ファッション・ショー（十七日まで於沖縄タイムス・ホール）

十七日　防犯対策協議会主催少年水泳大会（於首里プール）

十八日　那覇連合区委員会主催、教員講習のため来島中の本土講師小池喜代蔵（大分大学助教授）野間郁夫（埼玉大学助教授）友利明長（埼玉大学助教授）の三氏を招いて幼稚園教育について座談会（於久茂地幼稚園）

二十一日　政府と観光協会共催金武鍾乳洞窟探険
那覇中校三年金城順子さん全国学生書道展に特選入賞発表（沖縄タイムス）
二十一日付赤嶺法務局長退職発令、久貝法務局次長代理任命

二十二日　ブース高等弁務官布告第十号「政治犯への恩赦」公布
政治犯百余人の恩赦を発表

二十三日　ブース高等弁務官は民政府新聞課を通じて琉球における単一通貨経済の目的を達成するために早急に「B円」を「米ドル」通貨と切替えることを決定したと発表した。

二十四日　民政府、琉球政府、琉銀三者による米ドル切替軍民合同協議会（於民政府会議室）
本田安次氏（日本文化財保護委員）と三隅治雄氏（東京国立文化財研究所）の来島を歓迎して琉球古典芸能鑑賞会（於沖縄タイムス・ホール）
沖縄体協主催一九五八年度夏季体育大会（野球、庭球、卓球、排籠球、剣道、柔道）
全日本中校放送陸上競技沖縄大会（於工業高校）

二十五日　米国陸軍長官ウイルバー・M・ブラッカー氏来島
中央教育委員会において、先月二十五日に公立認可になつた金武村屋嘉校問題について「二ケ年以内に嘉芸校に統合」を条件として再認可

二十六日　ブラッカー米陸軍長官は立法院本会議場で政府、立法院、市町村長、各界代表約百五十人に対し演説、同日一時半東京へ向け出発

二十七日　立法院本会議で一九五九会計年度一般会計予算案可決

二十八日　小波蔵文教局長、文部省への補助金折衝、本土の教育事情、関東関西の沖縄学生寮視察のためN・W・A機で上京
教員夏季講習会終る。

二十九日　ドル切替に伴う暫定切手及び収入印紙の入札（切手の島内印刷は今回が初めて）

三十日　在沖米陸軍副司令官ジョージ・T。ポーアーズ准将着任

三十一日　本土招聘教授団と琉大教授団との懇談会（志喜屋図書館）
沖陸協主催第九回全島陸上選手権大会（於中央高校）

文教時報

NO.48

48

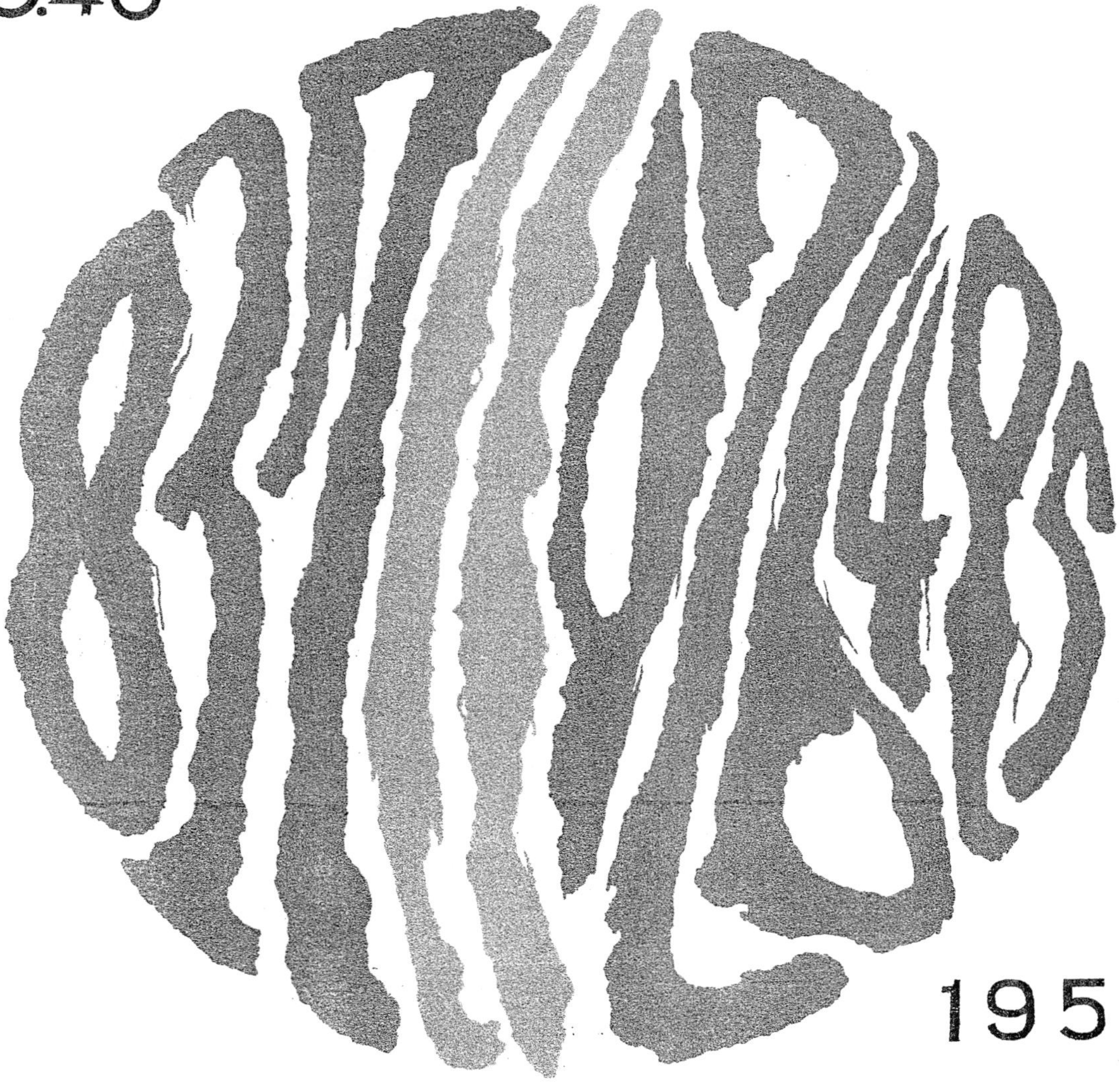

1958

琉球　文教局研究調査課

眉

木村俊夫

一、沖縄の同胞よ
御身等は
その胸内（むなち）
しめやかな愛情（なさけ）に溢れ
その流れ
静かにうねる
そのうねり
優しき民謡（うた）となりて
遊子の情（こゝろ）を
この島につなぐ

二、沖縄の同胞よ
御身等は
その性質（さが）
しなやかな弾力に満ち
その力
静かに暴圧に耐え
その忍従
愛（かな）しさ旋律（うた）となりて
遊子の瞳（め）
この島にうるむ

三、沖縄の同胞よ
御身等は
その身内（みうち）に
なにを秘むるや
その秘めごと
静かに芽吹き
その芽
逞しき律動（ウタ）となれば
遊子の眉
この島に開かん

（茨城大学助教授）

文教時報目次（第四八号）

……**特集** 夏季講習……

〈那覇会場　道徳教育をとく松田先生〉

現代の道徳教育

松田義哲

教育界はまたもや混迷の様相を深めて来ている。盛んに道徳教育の問題が論ぜられている。しかしその殆んどすべての議論はピントがはずれているように思われてならない。そこで道徳教育問題の考察においては、まず最初に何にピントを合わせるかということから始めるのが至当のように思われる。

一体戦後のわれわれの道徳生活はどこにその立脚地を見出すべきであろうか。戦前であれば、マルクスのように、プロレタリア階級の解放ということに道徳生活の根拠を見出すことにも充分の理由はあつたであろう。あるいは皇国史観におけるように、国体の擁護に立脚することも全然無意味ではなかつたかも知れない。もつともこの皇国史観は、戦後の歴史のきびしい批判を受けたので、今では通用しなくなつているが、とにかく戦争前までは道徳生活の根拠をいろんなところに見出すことができた。しかし戦後は事態が異つて来ている。それは具体的にはどういうことであるか。

われわれは戦争によつて多くの同胞を犠牲にした。それはまがいもない事実である。沖縄においては、そういう実感はひとしおである。凡そ人間にとつて死ほど厳粛な事実はない。それは何ものにもまして強い力をもつて人間の生を支配する。それはすべての理論をも克服するだけの強い力をもつて人間のパトスを支配する。しかしパトスは実践力となつて働くからやはり死は最大の力をもつて人間の生を支配するということができる。この厳粛な事実を無視することはできない。また甘受することも許されない。ところで人間の道徳的実践の推進力となるものは、単なる純粋理性ではなく、実践理性であり、その苗床を形成するものはパトスであるから、人間のパトスのあり方を追究することが、まず最初に来なくてはならない。

このような見地に立つとき、現代の道徳生活を根拠づけ方向づける最も重要な条件は、戦争における同胞の犠牲にどんな歴史的意義をになわせるかということである。同胞の犠牲を単なる犬死同然のものにしたのでは、われわれの道徳生活は全然成り立つ由もないことは明らかである。だから日本の道徳教育は、何よりもまず、ここにその出発点を見出さなくてはならないと私は考える。外国の道徳教育がどこにその立脚地を見出そうと、それは自由である。しかし少なくともわが国の道徳教育に関する限り、それが立つべき立脚地は今や明白である。具体的には、現代の民主主義は同胞の犠牲によつてあがなわれたものである。それは同胞の犠牲がもたらした最大の恩恵である。国民の大部分の者は今や自由な生活ができるようになつているからである。漠然と人間の尊さといつたところで、こういう歴史的認識にもとづかなくては、殆んど人々のパトスに訴える力はもたないであろう。そんなお題目は、このさい、どうでもいいのである。たしかにお題目も必要であろう。しかし道徳教育において用いられる題目は、すべて歴史に根ざすものでなくてはならないのである。

道徳教育においてとり上げられるすべての徳目もまた歴史のうちから割り出されたものでなくてはならない。歴史といつても、単なる過去の歴史を意味するのではなくて、第二次世界大戦を必然ならしめた歴史、そしてそこから新たな飛躍を示して動いて行つている歴史、そういう歴史を意味しているのである。そういう歴史の構造は根源的には世界歴史の規模をもつている。だから戦前のように単純に皇国史観では到底説明さるべくもないものなのである。戦前から、すでに歴史的現実はそうであつたのだが、日本の歴史家は単純にも皇国史観でこれを説明することしかできなかつた。だから教育も全体としてひどく脱線してしまつた。根本の責任は学問にある。事実、日本の歴史研究は歴史的現実の把握において幼稚であつた。日本の宿命だから致し方がないといえば、それまでだが、しかし宿命というものは人間が自分の力でつくり出すものなのだ。宿命を切り拓いて、新たな宿命をつくり出して行く力もまた人間には与えられているのだが、過去の日本人はそれほどまでに自分の能力を自覚することができなかつた。私は人間に自分の能力を自覚させることに、新しい教科としての社会科の教育の重要な狙いがあるとさえ考えている。折角神から与えられている人間の力というものを、事実もつておりながら、自覚することができず、従つて真実の意味でのヒューマニズムの歴史をつくり出すことはできなかつた。

ヒューマニズムという点では、日本はひどくヨーロツパより見劣りがするように思われる。もう少し人間が自己の力に信頼して、逞しく生きておれば、第二次世界大戦前に、すでに立派な民主主義の歴史が築かれていた筈だ。従つてそれだけ幸福な歴史がつくり出されていた筈だ。ところが事実はそれとは逆に真のヒューマニズムの歴史はつくられなかつた。その原因は、要するに日本という領土に生存する人間が、人間という自覚において欠けるところがあつたことにあるとして説明できるであろう。

現代の道徳教育の基調は、人間がいかにしてよりよく生きることができるかということにおかれなくてはならない。死への思慕よりも生への憧憬、それがすべての道徳教育を方向づける基本線でなくてはならない。死への思慕からは多くのものの生産を期待することはできない。沖縄には多くの立派な墓がある。またお盆の行事も盛んである。しかしそういうモーレスは現代においてわれわれの眼前に横たわる多くの問題を解決する上に殆んど意味をもち得ないであろう。すべてのヒューマニストは、いかにしてよりよく生きるかをつねに思惟の中心としている。戦争か平和かの問題に最後の決断を下す見地も、また、そこに見出される。死への思慕がすべてを決定する鍵であるならば、戦争もまた好んで用いられる手段となろう。しかしやたらに死を急ぐのが人間的生の目標ではないとすれば戦争哲学が唯一の哲学とはならないであろう。といつても人間の歴史の上において戦争が不可避であることは今や明白な事実である。

だから戦争を予想しない社会計画もしくは国家計画を立てることは愚かなことであるかも知れない。しかし戦争は特に意図しなくとも起る現象であるから、火に油を注ぐようなことをする必要はあるまい。それよりも、平和が人間にとつて望ましい状態であることは明らかなことであるから、教育の目標はやはり平和におくべきである。だから当然にすべての教育は平和教育に方向づけられる。しかしいかに口に平和を唱えても、人間が神でなく人間である限りにおいて、現実は理念によつて完全に支配されず、理念から完全に遊離することはないとしても、なお理念との間にへだたりを示すことは充分あり得ることであるから、教育も、また、欺かれない教育であるためには、そういう前提の上に立つことが必要である。

現代の道徳教育も、また、好むと好まざるとに拘らず、そういう軸の上を廻転せざるを得ないだろう。少なくとも過去の道徳教育のように、あざむかれて不幸な結果に終らないようにするためには。

（一九五八、九、一二）

北海道学芸大学助教授

＝沖縄の印象＝

中村家の高倉である。
すべて古風な琉球色が残つていてふくぎの古木にとりまかれた屋敷内は、静寂感に満ちていた。

生活指導と道徳教育

篠崎謙次

いしづかさん
　かつよしさん
今でもにこにこ
　してるでしょ
ぼくたちも
　みんなして
元気なよい子に
　なりますよ

いしづかさん
　かつよしさん
今でも本を
　よんでるの
わたしらも
　まけないで
いつしょうけんめい
　やりますよ

道徳の時間がはじまるというので三年生（小）の教室に行つてみると先生がオルガンを弾いて子供達が歌をうたつている。指導案をみると主題「いしづかさん」となつている。教卓のそばにはもう一つテーブルがおいてあり、その上に子供の描いたらしい、子供の半身像の額が立てゝある。その前にはきれいな花が花瓶にさしておいてある。はじめ何のために歌をうたつているのか不審に思つていたがだん〲わかつてきた。――それは先日このクラスの「いしづか」という男の子が川にエビガニ取りに行き、足をすべらしてアツという間に深みにはまり出られなくなつてしまつた。丁度自転車で通りかゝつた大人がかけつけて助けようとしたがあいにくドブ川で濁つていたため、どこにおち込んだか見当らず大さわぎになつた。大勢の人達が集つて来て水の中にもぐつたりして探したがみつからない。万策つきドロ水を吸み出す以外にないということになり町の消防ポンプ二台を動員して水を吸い出し、ようやく子供を救い上げたのであつた。しかし時間が経過していたためとう〲その子は助からなかつた。――

このような悲しい出来事があつたが、実はこの子が今日の道徳の時間の主題「いしづかさん」なのであつた。先生は自分のクラスにおこつた胸のつまるような切実な問題を取り上げて、幼いながらも一人の死が一人だけのものでないことを意識させ、生きていることの価値、生命の尊いことを悟らせて、この大きな犠牲を生かそうとしたのであつた。

そこで先生は「いしづかさん」がなくなつてから、みんなとお悔みに行き、葬式に参列しお花やお菓子をもつてお墓参りに行つた。「いしづかさんの思出」の作文もかゝせた。又みんなで「いしづかさん」にさゝげる歌をつくつてみんなでうたいながら音符にとつた。いまその歌を一緒に歌つているところなのである。歌がおわると先生は「いしづかさんの想出についてみなさんにかいてもらつた作文をよみましょう」といつて取上げ、そのうち二、三編をいしづか君の額の前で朗読させた。それからポンプが来て町中大さわぎになつたこと、いしづか君の家におくやみに行つた時お父さんお母さんの泣き悲しんでいた様子、葬式の様子、お墓参りの時のことなど思い出させあんな元気な

‖沖縄の印象‖

学校の建物はこの様な形式のものが多い。炎天の暑熱をさけて子供たちも一寸した樹蔭を利用して休んだり遊んだりしている。
コザでは女子も短パンツの子が多かつた。

よい子であつた「いしづかさん」は、もうこの教室に帰つてくることのないみほとけになられたということなどを話してきかせた。そしてもし自分がそんなことになつたら父母達、家の人全部がどんなに悲しむだろうか、友達と楽しく遊ぶことも出来ないしそれどころか誰れとも会うことも話すことも出来ないことなどを考えさせたのであつた。

そして幼いながらも人間の死の意味、何よりも先ず生きていることの価値、生命の尊さということに気づかせようと指導したのであつた。

そして最後に又「いしづかさんの歌」をうたつて一時間の指導をおわつたのであつたが、参観の人達は皆胸がつまり目頭をあつくしてしまつた。

このような場合、「いしづか君」の死についてどうしたらよいか相談したり、おくやみ、葬式参列、お墓参りに行くなどは正に生活指導として大切な教育であり、それは同時に道徳の実践指導でもあるといえるであろう。しかしこゝではそれだけの指導に止つて、友人の死について特に時間をとつて考えさせ反省させるという指導がなかつたなら、果して子供達は人間の死ということ、生命の価値ということに気づきそれを幼いながらに意識し自覚していくことが出来たであろうか？大部分の子供達は何とはなしにかわいそうだつたとか、大さわぎだつたとか或場合はお葬式がにぎやかだつたというような表面的なことに心をうばわれて生命、そのものに気がつくことがないのではあるまいか。

こゝに生活指導という方法を更に進めて、心の中に道徳そのものを意識し内から道徳を自覚していくような積極的な道徳指導をしなければならない根拠があると思う。

もともと生活指導では、道徳だとか徳目だとかそんな固苦しいことを意識しないで、自然に教師と生徒、生徒同志が人間的に理解し合い仲よしになつて、何でも訴えることが出来るようになり、互に親密な関係をつくつていくことを指導の中心にしている。そしてそれが道徳教育であり、もしくはその中に道徳教育があると考える。このような考え方には、道徳を意識して指導することはむしろ不自然であり、道徳とは自然に好ましい生活の中で無意識的に形成されるものであるという意味がかくされているのである。したがつて生活指導の筆法では、如何にして好ましい生活関係や人間関係をつくつていくかが中心問題となるのである。しかし道徳とはこのように無意識的、自然的に形成されるものであろうか、なるほど好ましい生活条件や人

○は篠崎先生

※二十三頁へ

＝沖縄の印象＝

中部の井戸の一つである。

水が貴重であることがよく伺われ、少女が水をかついで運んでいるのをつけてみたが随分遠いところまで持つて行くので驚くと同時に同情を禁じえなかつた。

琉球、変らざるもの

森田清

私が琉球に関心を持つたのは今から三十数年も前の中学生の時代であつた。たしか地理の教科書の沖縄県のか所であつたが、頭上に物を乗せたはだしの婦人と物売りの野天市場のさし絵が妙に印象づけられたのである。今から考えると戦前の那覇市附近の市場風景であつた。昭和七年に東京の学校を卒業すると早速、名護の沖縄県立第三中学校教諭として赴任したのも単なる青年期の放浪本能だけではなかつたようである。当時私の両親や祖父母、親せきはこぞつて反対したのは私が独り子であり、修学旅行以外は東京から出たことがなかつたので無理もないわけである。

那覇から名護まで三時間半を数人乗りの古いシボレー型の自動車にゆすぶられた事を思うと何と現在の変りようであろうか。舗装された一号道路、放送設備のある近代的な大型バス、夜ともなれば火の海と化す沿道の街々、これがその昔は砂糖キビの畑であり、走れば追いつく軽便鉄道の通つた所だつたとは誰人が想起し得るであろうか。確かに琉球は変貌したのだ。否、昔の琉球は消滅し、新たなものが生れ出たとも謂えるのではあるまいか。

然し、私は多くの人々と接したり、二十五年前の教え子達と旧情を温めるに従つて此の気持を変えざるを得なくなつたのである。琉球は自己の歴史を繰り返し、同じ性格を表現して居るのではなかろうか。

沖縄の現在の様相には南部、中部、北部の三つの性格の相違が見られる。南部の戦跡を尋ねた人々はひとしくその悪戦苦闘に涙をそそぐと同時に膨大なる物量に対する精神の抵抗であつた事に思いを至すであろう一家の全滅、一村の大半が屍を野にさらした状況を聞くにつけ我々は何も云う言葉を知らないのである。南部で闘つた人々は日本本土の人々がやらねばならなかつた事を代りにやつてくれたのである。教育勅語の精神を十二分に発揮して、古き日本と共に消滅したが、健児の塔やひめゆりの塔に象徴された精神は永遠に生きるであろう。

私は所謂、基地の町と称せられる中部の町に十数日を過した。パウンショップとバーと理髪屋が立ち並ぶ町、直ちには横断出来ない程の自動車のはんらん、外国人と濃い口紅の琉球乙女、やがて夕方ともなれば各国人の往来のはげしさはまるで人種の展覧会を思わせ外国に居る様な錯覚を感ずる。かつては裸足で物を頭に乗せたであろう人々も靴とパーマネントの洋装である。子供にも裸足は見られない。中学校の卒業生はどんな職域を求めて行くのだろうか。青年の希望と情熱を受け入れる産業体制が果して用意されて居るのだろうか。民主主義的立身出世とは適職につき、自己の才能を発揮し、生活を幸福にして社会に貢献するにある。多くの青年は軍関係の労務であるとの事である。

‖沖縄の印象‖

こちらに来て第一に目についたのは赤瓦の屋根の美しさであつた。魔除けの唐獅子も珍らしいものであるが、この様な形式のものが那覇市内では少くなつている。

この関係の仕事は確かに沖縄人の物質生活を潤沢にしたようである。然し、精神生活の面ではどうであろうか理髪店にたむろする青年、陽のあるうちから風呂屋で顔そりと整髪にうき身をやつす青年、灯ともし頃ともなれば三味と大鼓に料亭をにぎわす青年等は戦前には見られなかつた風景である。

このような世風の中に健全な社会機構の柱となつて耐え忍んで居る人々は矢張り教師であることを深く認識したのである。いつの世にも、どこの国においても教師という職業はかくの如き宿命を負わされているものと、あきらめの如き感傷はこの際捨て去り、文化と道徳の振興の推進力となることを互いに誓うものである。

八月の半から私の講習地は名護に移動した。かつては行く手に名護を望見しつつも遅々として進まぬボロ自動車に歯がゆさを感じた名護七曲り、月の夜、幾たびか郷愁に胸をかきむしられた城（ぐすく）の浜、別離の涙にむせんだ嘉津宇岳、街頭に幾百年を知り尽して立つガジマルの大木等、自然のすべては昔のままに私を迎えてくれたのである。町は同様に戦火に焼かれ、新しい道路と店舗が立ち並び、そこに住む人々の多くは変わつた。がしかしなおかつ変らざるものが存するように感ぜられた。人々の服装や生活様式は近代化されたが国頭の山岳と密林の息吹きを吸つた気風がその行動の中にうかがわれた。私の講演のためのPTAの会合が予定よりはるかに遅れて夜の九時過ぎになつた事があつた。その理由が久し振りの雨で農耕の仕事のためであることを聞き、はじめて勤労と生産に結びついた住民の生活に触れ、むしろうれしく思つたのである。

明日の琉球への躍動の根源がここにひそんで居るようにも思えた。

私の教え子等は戦争の傷ましき犠牲者を除いてはそれぞれ、社会の有数の位置を占め、活躍して居るのを知つて愉快にも感じ又誇りとも思えたが然し、僅か一年半の接触であるので私の力によるものとはうぬぼれていないつもりだ。私を歓待してくれた教え子の中には在学中、親しくする機会の少なかつた者、或いは反感を持つた者もいたであろうが、皆一ように温かい心を持つて接してくれたのである。これは利害や立場を超えた師弟の愛情であり、沖縄と云う地域と性格を超えたものであろう。

私は二十五年の年月と戦禍によつて切断されていた琉球とのつながりをこの度の来島を縁として、以前に増した強いつながりとしてお互いの発展のために尽したいと決意するものである。教育基本法に日本国民として明記された事にうちようてんになつておられない現実の冷厳さを直視する時、その打開策は教育を通し人間関係の一層の交流より他にはないのである。

私は琉球の変らざるものを先ず、戦禍にもめげずに琉球の自然の息吹きを吸つて躍動する気はくの中に、又地域を超えた人間愛の中に見出した。第二には琉球の歩みつつある歴史的道程に形成された順応的性格にも見出したがここでは触れないことにする。

沖縄の生きる道、独立の道は日本に復帰する事であると思うが、真の復帰とは各自が利害、打算を超えて日本人としての主体性を取りもどし、確保する事にあろう。この気持あつてこそ、共に手をたずさえて現実の困難に耐え忍び、やがて打ちかつことが出来ると確く信ずるものである。

昭和三十三年八月

（愛知学芸大学教授）

ありがとう さようなら

木村俊夫

一、沖縄の先生
沖縄の島々の先生達
ありがとう
戦火に
何もかも失つた
その荒廃の中から
君たちは
先輩と共に立上り
空拳よく
今日まで
子供たちを守り続けてきた。
沖縄の先生
沖縄の島々の先生たち
ありがとう

二、この間、本土は
君たちのため
また
君たちの教え子のため
一体何をしてきた
というのだろう
思えば
憤りたいことばかり
それなのに

雑感

大野量平

私は今度当地にまいりまして講習においては理科教材研究という科目を担当しましたので、出来るかぎり理科よりは実際面の 理科教育をと 考えてまいりました。

実際面になりますと、現在の理科の内容はどうか、又教材の取扱いはどうかという問題があります。

理科の内容の面では主として実験と観察を考えまして、いかにして設備、教材の不足を克服して実験と観察をしたらよいかという面になりますが 実験をし、観察をするには、或る程度の理科の設備が是非必要ですから、その点文教局でも特別な設備予算を考え、少しずつでも設備を充実されると結構だと思います。

今後の社会は科学が必要ですから大いに理科教育の面に重点をおかれるよう御願いします。

理科教育も小学校に重点をおいて振興していただくよう痛切に感じました。小学校の先生は誰れも理科の実験ができ、観察を指導することが出来るような方向に努力していただきたいと思います。

（東京学芸大学助教授）

＝沖縄の印象＝

琉装の女性は料亭等で何度か拝顔したが これは良家のお嬢さんである。眼が大きく二重瞼で眉の濃いほりの深い彫刻的なところがこちらの女性の特長である。物売のお婆さんの顔を見ても色こそ焦けているが美しい顔をしている人が多い。

次号予告（四九号）

—特集 地域社会と教育・道徳教育—

座談会 文部省道徳教育講習会に出席して

☆道徳教育講習会受講記録　仲間智秀

☆長浜公民館と児童生徒の結びつき　与久田幸吉

☆辺地における学校教育の困難とその打開のために努力した一例　大城貞賢

☆ＰＴＡ活動と学校教育　名護小校

☆各種楽器の発達変遷

人物史 琉球教育の先覚名護親方　饒平名浩太郎

小説 町の子・村の子　宮里静子

研究教員だより

中教委だより

君たちは
本土からきたぼくたちを
心から
喜び迎えてくれた
沖縄の先生
沖縄の島々の先生達
ありがとう

三、こんなにも
本土を、そして
ぼくたちを
慕つてくれる君たち
済まなかつた
これから
これからはぼくたちは
君たちのことを
また
君たちの教え子のことを
決して忘れない
さよなら
沖縄の先生
沖縄の島々の先生たち
さよなら
あり
が
とう
さよう
な
ら

（茨城大学助教授）

＝沖縄の印象＝

南部廻りをした際バスの中からこの様な家を沢山見た。

物置小舎かと思つたらやはり人家であるとのことであつた。

垣根の仏桑花の真紅の色が印象的であつた。

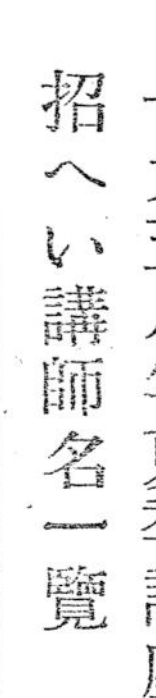

一九五八年夏季講座 招へい講師名一覧

講師名	勤務先	前期	後期
野間　郁夫	埼玉大助教授	コザ・教方	前原・評価
森田　清	愛知学芸大教授	普天間・教方	名護・評価
高橋　省己	神戸大助教授	宮古・教方	宮古・評価
砂沢喜代次	北海道大助教授	糸満・教方	普天間・評価
原田　種雄	文部省事務官	名護・教方	糸満・評価
虎竹　正之	広島大助教授	八重山・教方	八重山・課程
永杉　喜輔	群馬大教授	那覇・教方	那覇・教方
野沢　晨	小樽商大助教授	那覇・教心	那覇・教心
小池喜代蔵	大分大助教授	コザ・教心	那覇・青心
竹内　照宗	弘前大助教授	知念・教心	那覇・評価
井上　万義	宮崎大教授	那覇・児心	那覇・児心
緒方　剣	長崎大教授	那覇・児心	那覇・児心
木村　俊夫	茨城大助教授	前原・児心	名護・児心
赤松　晴夫	香川大助教授	名護・児心	那覇・児心
石田　文記	熊本大助教授	那覇・教原	名護・課程
篠崎　謙次	宇都宮大助教授	石川・教原	糸満・課程
松田　義哲	北海道学芸大助教授	那覇・評価	那覇・評価
徳永　保	岡山大助教授	那覇・課程	那覇・課程
原　俊之	九州大教授	那覇・管理	コザ・管理
清水　成之	文部省事務官	那覇・教行	那覇・教行
岩佐　正	広島大教授	前原・国概	那覇・国概
花井　重次	文部省事務官	那覇・自然地理	名護・自然地理
松下　厚	静岡大助教授	那覇・国教材	コザ・国教材
須藤　増雄	千葉大助教授	名護・国教材	那覇・国教材
天草　卯	文部省視学官	名護・算教材	知念・算教材
大川　敏雄	静岡大助教授	宮古・算教材	宮古・算教材
大野　曡平	東京学芸大教授	前原・理教材	名護・理教材
新井　房雄	群馬大講師	那覇・理教材	糸満・理教材
吉田　太郎	横浜国立大助教授	那覇・社教材	普天間・社教材
田村　武夫	山口大助教授	糸満・社教材	那覇・社教材
小池鉄太郎	鹿児島大教授	那覇・図工教材	石川・図工教材
河野　太郎	徳島大教授	コザ・図工教材那覇	名護・図工教材
友利　明長	埼玉大助教授	那覇・音教材	前原・音教材

写生中の河野先生

指導者の態度がパーソナリティー形式に及ぼす影響について

大湾　芳子

はじめに

今年の夏季講座において児童心理学を受講致しました。そこで考えることは、とかく心理学と名のつくものはすべてがむずかしいものと深く印象づけられている私であつたが、かようにしてここに発表原稿として題目に適当している資料をまとめることが出来ましたのも

長崎大学教授諸方剣先生(おがたさとし)の御講義の中から大きな収穫を得たからに外ありません。

十七ケ年の教員生活にある私は、終戦の身の不運を何んとか幸運への道にと勇気づけるために、その大半を女子の保健体育を担当し、現在も同じ道を歩でいる。

小中高へと段階を経ての教員生活も或る何物かを、特に自分が担当している教材においては一致点を見出したようで教育への眼界が開かれた。

パーソナリティー形成に及ぼす影響については余りにも巾広く又深い問題である関係上、私は日頃感じている問題の中で「指導者の態度がパーソナリティー形成に及ぼす影響について」と題し資料をまとめました。

先生方に御参考ともなれば幸であり、長崎大学教授諸方剣先生の心理学講座が教育実践の場でプラスされたことになると思います。

指導者の態度がパーソナリティー形成に及ぼす影響について。

一、集団生活を考える場合　指導者の態度が個人の性格形成に影響する点は学校生活において極めて重要であつて指導者の態度は、直接個人の児童生徒に影響するだけでなく、クラブなり学級なりの集団それ自身を変革し、たえず個人に影響を与えることになるのである。

すでにレヴィン、リピット等の研究がこの問題を明らかにしたのであるが例えば独裁的な指導者のもとでは成員は指導者に服従的な接近をし指導者の注意を求めるような行動をするが民主的な指導者のもとでは指導者への接近はもつと友愛的で作業中心的になされる。また独裁的な指導者の下では「わたくし感情」が支配的であるが、民主的な指導者の下では「われわれ感情」が支配的となり困難な場面に当面すると独裁的な集団では互に責め合い個人的非難が行われて分裂が現われる。

またボヴアードの研究は集団中心と指導者中心の指導において成員間の相互友愛の情にどのような差異をもたらすかを明らかにしたものであるがその一部を引用しよう。この研究は、一〇四名の大学生を対象とし、両集団ともに、四二時間の指導を行つた後に比較を行つている。友愛の評価は集団内の各人に対して最も好きな場合は+5。最も嫌いな場合は−5になるよう一一点スケールによつて評定することにしているが、その結果は明らかに集団中心の学級の方が相互の友愛の程度が高いことを示したのである。そしてそれを裏書きするかのように学年の終りの懇談会の情景はその二つの学級の雰囲気の差異をよく伝えている。

すなわち、集団中心で指導された学級での懇談会計画はそのために多くの時間を費し、しかもその時、成員は笑つたり、じようだんを言つたり等望ましい情景を表わしたのである、なかでもそのなかの二人は会合のために自分の家を提供しようと申し出たし、次の学期には彼等は自発的に三つの小さい会合を催した。しかし指導者中心の学級では最後の懇談会での雰囲気は不安で、みんな早く終了することを希望し、リーダーは予定より早く会を解散したほどである。そして次の会合については、なんらの提案もなされなかつた。

さらに二つの学級で異なることは、個人に対する友愛尺度の標準偏差は、集団中心の方がより大きいという点である。このことは何を意味するかというに集団中心の場合には、全体として友人に対してよく多くの友愛の情を示すけれども各人は自分の愛情を示す場合自由に判断することが出来ることを示す。これはもし一人であるならばそのような行動において示すであろう自由の性質に似ている。彼等は比較的、社会的、圧力から解放されまた集団から承認されないかもしれないという不安もなく自由に判断することが許されるのである。いわばそこでは好きなものは自由に好きだと

表現し、嫌いなのはその感情がすなおに表わし得るのである。我々の生活にそのような自由さがあるならばこれは性格形成の場として望ましいものではないであろうか。

二、次の研究例は鈴木美子氏が小学二年生の担任として教育実践の過程の中で計画し実施して資料を集めたものである。

この研究の対象になつたのは鈴木氏が担任しているA組と、それと比較するために選んだB組（男女計58名と59名）の二組である。この組分けは、一年入学時出生順に従つて無作為になされたものであり、両組についてなされた知能検査の結果は（田中B式使用）それぞれ偏差値四九・五、四九・七で優位差はなく、二学年の初めに実施した国語学習に関する学力検査の結果も優位差が見出されなかつたのである、この研究を始める前一ケ月間は、両組の教師は出来る限り他の学級と接触する機会を作り、算数と国語については交換授業を行つたのである。

その後、国語の教科について同一教案によつて指導を行いその間における児童の行動特性の差異を比較したのである。観察された時間数は各組とも二十時間ずつであり、集められた資料は時間中の児童の行動と話合いの記録とである。ここではそのうち話し合いの結果のみについてみることにする。

なおその前にA組の担任教師は特に、どの指導態度をもつて臨んだかを見なければならない、A組の教師すなわち鈴木氏の学級経営の根本的な考え方は集団意識を高めることを目標として子供たちが互によく文通しあうことのできる雰囲気や態度をつちかうことをめざしている。したがつて教師と一人、一人の子供との結合を促がし一方的に知識の受け渡しがなされるのではなく 「問題」は子供たちによつて発見され解決されることを勧め教師はまたそれを促がすことを第一の任務とするのである。児童の発表も「先生だけでなくみんなが聞いているからもう少し大きな声で」と要求し、児童が質問したときにも「みんなで考えなさい」と投げ返すのである。

話し合いの結果はすべて、テープコーダーに収録されたが観察された話し合の回数はAB組それぞれ三十回、三二回でその総時間数は両組とも計二四〇分である。そしてこの間に収録された会話を分類した結果によつてみると両組の間にかなりはつきりした差異を認めることが出来る。すなわちB組に多いのは「一問一答」式発言である。それに反して集団中心の態度で指導されているA組に多いのは「付加補充的な発言」や「理由や内容の伴つた反対や批判」さらに「自発的質問」である。

B組にあたつては教師と児童との間が一対一で結ばれているのに反してA組ではそれぞれの発言者は、前の発言と意識的或は無意識的に結合しみんなとともにその答を豊かにしてまとまつた考えを発表させようとする態度が見られるのである。したがつて他人の発言に対して注意するようになり、仲間意識が次第にめざめだしたとみることができよう。

さらに「自発的質問」が多いことは、各自がわからないことをきくことに恥じることなく友だちの中に出せばみんなでいろ〳〵考えを聞かせてくれるという信頼と期待の感情に支えられているものともいえよう。発言傾向の差異をただちに性格のそれと言い切ることはできないけれどもこのような行動傾向のとり返しは次第に性格を形成する基盤として考えることが出来るであろう。

そこで私は生徒のパーソナリティー形成上における体育教師と生徒との人間関係の問題を少しばかり考察してみようと思つて次の三項目を記すことにした。

一　体育とパーソナリティー形成の問題

教師はどの教科を通じても被教育者のよきパーソナリティーの形成をねらいとしているが殊に体育においてこそよきパーソナリティーを形成することができるとしてこれを大きく取り上げている。従来経験的に或は直観的に体育やスポーツを行うと社会的に望ましい気質や性格が形成されるというように考えてきたのであるがこの問題は再検討されなければならない事柄ではないかと思う。

各個人はそれぞれ独自の気質、性格、知識、技能、感情、情諸、身体的特性をもつているがそれらが一つになつて個人の独得な型が出来ているこのような個人の型を一般にパーソナリティーと呼んでいる、パーソナリティーは生まれてから今日までの生活環境における行動経験殊に人間と人間とがお互に心理的な交渉をもつところの家庭生活や、学校生活、或は地域社会における生活の諸経験を通じて次第に形成されてきている、したがつて個々人のパーソナリティーは、これまでそれぞれの個人がおかれてきたところの境境や諸経験の全体を統一的に反映している。

特殊な行動がたびかさなつて経験されたり、持続されるとパーソナリティーはそのような色あいをもつたものに形成されていく、このように考えてくると体育やスポーツに於ける行動経験や人間関係における心理的な相互作用のすべてが生徒の好ましいパーソナリティーを形成し得るものだと判定することはできない。望ましいパーソナリティーは望ましい生活環境における諸経験を通じて形成されるのであるから体育やスポーツで生徒に望ましいパーソナリティーを形成しようとするならばそれを可能にするような場における諸経験を通じなければならない、もし体育が他の教科に比して好ましいパーソナリティーを形成することが容易であるとするならば体育は好ましい性格を形成することが出来るような行動場面や相互の心理的作用が行われるような人間関係の場面が多いしまたそのように場面を容易に構成することができてそこで総ての経験をさせることができるということでなければならない。

体育やスポーツには生徒の性格を形成するために活用すれば好ましいパーソナリティーを形成することが出来るような多くの行動場面があるしはつきりした共通の活動目標を追求することによつて相互理解を深め心理的な相互作用を緊密にすることができるような機会は確かに多いしまた容易に構成したり機会をあたえることも出来る。

体育やスポーツにおける行動は具体的であり、個々人のパーソナリティーが比較的赤裸々にあらわれる、そこには秘密もすくなく、いはゆる「裸の接触」によく心理的交流が容易である、これらはパーソナリティー形成上において体育のもつ大きな特質であるように思える、しかし体育やスポーツには望ましくないパーソナリティーを形成するような場面や機会が多いことも注意をはらわねばならない、ここに体育教師の指導の重要性がある。

二、体育における教師と生徒との人間関係とパーソナリティーの形成問題

体育に於て横の関係における集団成員としての生徒相互の人間関係の如何が生徒のパーソナリティーの形成に関与することは当然あるが従の関係における教師と生徒との人間関係も重要な役割を演じる、小学校において主として学級担任のパーソナリティーの影響によるところのクラスカラーを見受けることがあるのは、このことを裏付けているであろう。

体育における教師と生徒との人間関係の問題の中で重要なことは教師と生徒との間の心理的な相互作用である。具体的には体育教師が指導に際してどのような態度で被教育者に接したり、扱つたり、行動したりしてこれが生徒にどのように受け入れられるかということと生徒の欲求が教師にどのような反映しているかということである。

教師と生徒とが接触する機会が多くて両者の間の心理的相互作用が容易であればあるほど教師のパーソナリティーは生徒に反映していき易いのであるが中学校、高等学校においては教科別の専任教師が授業を担当する関係上授業時間以外に教師が生徒と接触する機会はすくない。体育においても同様で限られた小数の生徒の課外指導以外には授業時間を除いては多くの生徒に接触する機会はあまりない、勿論休憩時間中に運動場に出て生徒と一緒になつて運動することも出来るわけではあるが、今日のように過重労働で疲れすぎている教師にそれを求めることは無理である。しかし生徒はこのような機会に教師の衣を着ない赤裸々なパーソナリティーに接することを望んでいることは確かである、これを忘れてはいけないと思う。教師と生徒とが接触する機会がすくないと教師と生徒との心理的交流もすくなく、相互理解もできにくい、したがつて教師が生徒に及ぼす影響もすくない、きわめて大雑把な調査だから信頼度は低いと思われるが、「体育の教師に影響を受けているかどうか、受けているとすればどのような面に受けているか」という質問に対して体育の教師から良い影響を受けていると答えた生徒はきわめて僅かであつた、

受けた影響面としては、気質、性格、行動などがあげられている、このような点から考えると体育教師の生徒に対する影響の大小ならびに良否は個々の教師のパーソナリティーの如何と接触の機会の多寡に負うところが大であるということができるであろう。

三、生徒の希望する体育の教師像

生徒と教師との人間関係において教師が生徒にあたえる影響は、教師のパーソナリティーに負うところが大であるように思えるがそれでは生徒はどのような資質を備えている教師を望んでいるかということすなわち、生徒の欲求にマッチする体育の教師像はどのようなものであるか、「好かれる教師と嫌われる教師」についての調査の結果、好かれる教師の条件は被教育者の発達段階に応じてちがつてくるが小学校児童においては指導面における「考え方の上手な先生」というのが最も重要な条件となつており、この次に「性格のやさしくてにこ〳〵している先生」というのが重要視されている。そしてそれらの条件は児童にとつては教師の学識や趣味に関する条件よりも遥かに大切なものである。

中学校になると、「明朗でこせ〳〵しない先生」という性格面の条件が第一位となっており「指導の上手な先生」「生徒に理解のある先生」「指導に熱心な先生」というように指導面における条件がそれぞれ第二位、第三位、第四位となっており教師の性格や指導力が重要な条件である。小学校児童におけると同様に教師の教養、趣味などの条件よりも遥かに大切なものとされている。これは教師一般に対する児童生徒の大体の傾向を示しているであろう。

次に生徒の考える理想的な体育の教師が備えるべき条件についての調査の結果と教師一般に対する生徒の希望条件とを比較してみると条件の重要性の順位において多少のずれがあるが概略の点においては相似通っている。これによって考えてみると生徒は体育の教師に対する特別な条件をあまり考えていないのではないかと思われる。例えば「運動が上手な」というような体育の教師として当然そなえていなければならないと考えられるような条件も、あまり重要な位置におかれていないし、教師一般に対してのぞまれている重要な条件が体育の教師に対してもまた重要な条件としてあげられている。

高校生においては教師の指導や性格面の条件が重要視されていることは中学生におけると同様であるが、高校生においては「教養のある」、「研究心のある」というような教養面に対する条件が比較的重要な位置におかれている。このことは生徒の教師に対する見方が発達段階にしたがって感覚的なものか、ら次第に理想的なものに発展してきた結果であると考えられる。これによって考えると、高校の体育教師は生徒の要求するような教養をそなえていなければならないと云えるであろう。

最後に以上の様な考察の仕方によると凡そ次のようなことが云えるのではないかとおもう。すなわち、体育には生徒のよきパーソナリティーの形成に役立つような諸経験をさせる場面や機会が多いが、これはつねに教師の指導によって活用されてはじめてよきパーソナリテイーの形成が可能である。そして体育の学習効果をあげ生徒の好ましいパーソナリティーと形成するには教師は生徒との間に心的な相互作用が緊密に行われるようなパーソナリティーをもっていると同時に教師は生徒に接する機会を多くもたなければならない。

（一九五八年九月一日）（コザ高校教諭）

メートル法の歴史

―国際ニュースより―

来年の一月一日から計算単位はメートル法に切り換えられることになっている。そのメートル法の歴史を探ってみよう。

メートル法の歴史をふりかえる時、忘れられない人物がある。

それはフランスのタレーランである。タレーランはいろいろな計量単位がありフランス国民が悩んでいた時、一七九〇年、後にメートル法を生むにいたった基礎を考えたのであったが、それは、①計量の単位を一つにすること、②一つの単位はフランスだけでなく、広く世界に使われるようにすること、③それには単位のもとを広く自然界に求め、その構成が科学的であることであった。

その結果、フランス学士院ではいろいろ研究して長さの単位として「地球の子午線の長さの四千万分の一」を一メートルとし、重さの単位を」攝氏四度で、一辺が十センチある正方体の、水の量の重さ、つまり千立方センチの純粋の水の重さ」をキログラムときめたのである。そして一七九九年にはじめて子午線の四千万分の一の長さにあてはまる長さの白金製の物指と、攝氏四度で千立方センチ（千CC）の水の量の重さと同じ重さの白金製の分銅が原器と定められ、ここにフランス国内の計量単位が一つにまとまったのであった。

こうしてフランス政府はメートル法を広めるために努力し、一八七五年五月二十日、十七カ国の間にメートル条約を結ぶことに成功し、メトル法は国際的なものとなったのである。いまでは三十六カ国がこれに加入し、正式に使用している国をもあわせると百カ国にもなっている。

日本ではメトル法条約ができてから十年後の明治十八年に条約に入っており、明治二十三年にはフランスの国際度量衡局から原器を受入れている。

一九二一年（大正十年）には度量衡法を改めて、計量の単位はメトール法によることを決定し、昭和九年から実施することになったのであったが、いろいろな支障があり実行されなかった。しかし昭和二十六年にいたってそれまでの度量衡法を全部改めた計量法ができ、来年の一月一日からすべてメトル法にすることになったのである。ただし土地建物を台帳にとどける時には当初の間尺貫法を使ってもよく輸出入の計量単位はメトル法によらなくてもよい特例の場合がある。

ことばと道徳教育

安里盛吉

国語教育は私たちが、ふだん使つている日本語の理解と発表のしごとをとおして、日本人を育てることであると思つています。

夏の講習で広島大の岩佐先生は、

「国語教育というのは、たゞ単に効果的にことばを使うという言語技術の指導ではない。」

といわれましたが、特に戦後は外国語の影響や、新語の乱用によつてことばに対する感覚がにぶつてきて、そのために、人間の精神面にも悪い影響を与えているようです。それで戦後急にはなやかになつた国語道具観の上に立つ国語教育に対してかなり反省と批判が加えられてきていますし、国語教育が人間を形成する上に最も大事な役割をになつて行かなければならないということまで、打ち出されてきています。

国語教育は「正しいことば」を「真実のことば」で語り合い書きあらわして自分の生活に役立てて行くことであり、そこにことばと道徳教育が考えられるわけでありますが、我々が毎日の家庭生活なり、学校生活で、もつと、「真実のことば」を理解し生活の中で育てて行くよう心がけることによつて道徳的な心情を養成できるものと私は考えています。

道徳的教育は家庭では家庭生活の中にあり、学校では学校生活や各教科の学習時間に息づいているものである以上、私たちはあらゆる場所で「正しいことば」「真実のことば」を守り育てなければことばの乱れから、かたよった心を持つ子供ができてしまいます。

道徳の時間を設置し読書や話材による道徳的心情や道徳的感動を求めるのも一方法でしょうが、それを実施して行くためには、やはり私たちは、民族の国語である正しい日本語をとおして行動にみちびかなければならないし、そのためには、「ほんとうのことば」を正しく、すなおに書きあらわし、言いあらわす努力が必要だと思います。昔の「長いものにはまかれろ。」ということばは、もうまつぴら、ごめんですし、「もの言えば口びるさむし。」という、ことばこそ、正しくないことばですから、そういうことばから、まず第一になくして行くべきです。

近頃 雑誌や映画やラジオや、新聞の広告面等により悪いことばがひろがつてきたようです。これらの商業主義の発達によることばの悪化や 方言使用による、ことばの二重生活など 学校だけでなく家庭でも、もつと大きくとりあげて、ことばをとおしての道徳的な心情や習慣や判断や行動をみんなで考えて、解決して行きたいものです。

十五日間の国語講習で広島大学の岩佐先生のお話を伺い特にことばについて深く感じましたので私の日頃思つていることをまとめてみました。

（城南小学校教諭）

主体性のある学校教育

山田弘

猛暑と共に今年も夏季講座が始つた。かれこれもう数年にもなるというのに、受講者が相変らずワンサと押しかけている状態から見ると、これからも相当長く続くであろうと思われる。聖職（?）にたずさわつている人々の何と多いことよ。

先島や離島からの受講、遠くは石川からの通勤の受講者もいる。

この暑さ！子ども達のように、家庭にあつて自由奔放に過ごすのが保健上よいと思われるのだが……。

襲いかかつて来る睡魔と斗いながらの聴講も大した。苦行である。

前期は原俊之先生（九州大）の学校管理。体軀堂々どつしりとした先生である。師範学校教諭、付属主事、海軍施政官等と豊富な経歴をもつておられる先生の講義は理論に偏らず、数多くの体験談や具体例を挙げての生きた講義であつた。

「学校自体の主体性如何が、現代の学校管理の重要な部面である」と云われた。――教育行政が中央集権から地方分権に移つた今日である。もつと学校自体の主体性を確認しなければと思う。主体性は自主性にも通じよう。沖縄のそれぞれの学校が尚一層の主体性自主性を発揮し、真に特色のある学校を築き上げるのは何時の日のことか――

日本人は（沖縄人も）自分の身体の要求によつて着物を替えるのではなく、周囲の人々の服装に同調して替えていくそうである。完全に個性の喪失であり、自主性の欠如である。

後期の徳永保先生（岡山大）の教育課程からはそろそろ倦怠期に入つてしまつた。暑気と疲労の所為である。瞼が重くなると課程の文字も課税に見えたりして、兎角よろめきがちである。こんなことを云うと、したたる汗を拭きもしないで、懸命に講義を続けて下さる先生に対して誠に申訳ない次第である。

琉大の単位坂の上り下りに始つた数年来のこの講習。私も夏冬の休暇、夜間講座と人並の努力を払つたお蔭で、どうやら単位もこれで足りるようである。後幾日かがんばれば、「我が単位取得講習全巻の終り」である。感懐一入である。

大事な講義の内容は時間の経過と共に大方消え失せたのだが、琉大並びに本土の大学合わせて十幾人かの講席の方々の、人間像とその余香は、決して永久に忘れることはないのである。

（若狭小学校教頭）

忘れ得ぬことば

（原先生「学校管理」受講メモより）

照屋寛功

連日の焼けつくうだるような暑さの中で、前後期と我ながら感心なことに無遅刻無欠席で受講をすました。でも人間である証拠に時々睡魔におそわれて思わずこくりとする。「ねむつちやいけない。男子志を立てて妻や子の激励を受け那覇高校に通うものを。」と頭の廻転運動をしたり、深呼吸をしたり。かくてしばらく危機脱出かと思うと又々こくり。

今度は鉛筆の心を鼻の中に入れると、むず〳〵して目がさえてきて、普通の状態となり、講師の声がはつきりとして頭の中に入る。教室のすぐ側にはトイレットがあつて、夏の微風にのつて時々ただならぬ匂がして臭覚を刺戟し再び睡魔の危機から脱する。

こうして大いに頑張つて一生懸命に講義の大事な要点をメモしたつもりだが、どうも家に帰つて再続してみると、あちこちよくまとまらぬ所あり、断片的なところあり、そういうノートの中から拾い出して面白いと思うものや味のある忘れ得ぬことばの二三を拾つてまとまりのないままに書きならべていたら次のようになつた。続者の皆さんでまとめて下されば私の幸とする所です。

○これまでの日本の教育は雲上教育学が多かつた。而し戦後の教育は帰納的であり現実的実験的実際的になつてきた。今後の教育研究は現実とつながつたものであり、その研究の結果はすぐに現場にもどして進歩のため生かしていかねばならない。

○学校管理はそれ自身のたには存在しない。そしてそれの効果は、それが教授と学習にどの程度貢献したかということによつてはかられなければならない。管理は教育と学習のための召使いである。

○学校長の型を大別すると次の五つに分れる。

1建築技師型
学校の施設維持を主任務と考える校長先生

2書記型
記録保存型の校長先生

3教育的警官型
学校教育の中心は訓育にありとする校長先生

4交際型
地域社会、外部と如何に親密にするかを主任務とする校長先生

5助言指導型

※以上五つの型はいずれも大切であり或一つの型を固執してはならない。

‖沖縄の印象‖

中城城址

全くの古城の感じである。半ばこわれかけた石垣の石が本土のものに比しては小さいが凹凸があつて造形的にも面白いものである。遊園地としての施設があるがその広告等の配色は古城にふさわしくない。

○民主化された学校経営は責任と権威の適切な配分にある。

○対外的研究会の在り方、

見世物的研究会であってはならぬ。平素の努力の積み重ねとして、そのあらわれを発表するような研究会がのぞましい。

本土では「協議会式」に變りつつある。同じ授業（教材単元）を他校でもやってもらって、その結果を持ちよって話し合う方法がだんだん多くとり入れられてきた。

○旧学校長と新学校長との相違は前者が監督的のみであったのに対し後者は監督プラス指導助言的であるということである。

○生長とは素質（遺伝）カケル環境（教育）である。素質も否定できないが更に環境をそれよりも重視すべきだ。

（首里中校教諭）

受講雑感

喜屋武　真栄

○空白を埋めるために

「長い間の空白を埋めよう」これが私の偽りない心境である。七月十一日から受講が始まり八月二十八日盆のため一日繰り上げに終つた。前後期併せて約一ケ月、よくも無遅刻、無欠席で貫き通し得たと自分乍ら喜び且つ感心もしている。

七月三十一日から八月十一日までは「前期」で「教育評価」講師の先生は北海道大学の松田義哲先生にお世話になり、八月十三日から八月二十八日までは、「後期」で教育課程、講師は岡山大学の徳永保先生にお世話になつた。

幸に前期、後期共那覇高等学校が会場であつたお蔭で完全受講が出来たものと思つている。保健体育課長としての仕事は支障なく進めながらの受講であつたので気分的には安心であつたが、時間的には随分苦しいものがあつた。

午前八時までには一応課に出勤して一日の仕事の手配や打ち合わせを終り、九時五分前になると会場へ駆けつけて行く、お昼の一時間も一応課に戻つていくと大てい面会人が待機していらつしやるので、面談を進め乍ら昼食をとり午後は二時に終ると、又課に戻つて執務をして明日の計画をたてる、という具合に、過ごしてきた一ケ月であつたのである。それで気分的には張り切つて随分楽しい毎日であつたが、時間的には、相当の無理があつた。でも教職員会時代の数年間は会活動に専念してきたために、全然その余裕もなく専ら会員皆さんのお世話役ばかり務めてきたために現場から離れた数年の空白をぜひ埋めねばならないと張切らずにはいられない。「クラスメート」の皆さんも、お会する知人、友人も「課長にも今更講習を受ける必要があるのですかと例外なくあいさつをして下さるので、いささか面はゆい気もするが、幼稚園生になつたつもりで、この数年の空白を埋めるために一生けんめいであります」と答えてすませている。

○受講の意義

講習受講の意義もいろいろいえるであろう。

或る人は「単位さえ稼げば、どうでもよいではないか、一つの形式だから居眠りをして過ごそうが、時間を暮らせばよいではないかという。

又或る人は、自分はもう一級免の単位は既に足りているので別に取る必要もないが、家にいると退屈だしそれに何か新しい知識を得る、自己研修の機会にでもなればと思つて受講しているといい、その両方を求めているのが受講者の殆どの気持であろう。

文部省の「花井先生」のお話によると、本土では、もう、一級、二級の免許制度は改められているとのことであり、校種別に、小学校、中学校、高等学校の免許状になるとのことである。常に後塵を拝し乍ら本土の教育を追つていく、これが偽らざる沖縄教育の姿であろう。

○任命委員長

後期が始まつた日の十三日、講師徳永保先生はいきなり私に委員長を任命して下さつた。私は、はからずも任命委員長の光栄に浴したのである。私はこの時程「はからずも」ということばのもつ味を痛感したことはない、そこで私は午前の日程が終つてからクラスメートの皆さんにはかつて、民主的なルールにしたがつて、照屋委員長以下各係を、選出して、任命委員長を免れたのである。

委員長の任務は、世話役であり、小使役であるので当然進んで私がやつて上げるべきであるとも思つたが、立場上、完全受講も出来るかどうか、又局内の課長会議等で、いつ呼び出しを受けるかも知れないし、そうなれば、かえつて皆さんに御迷惑をおけすることになりかねないのでお断りしたのである。

皆さんもよく私の立場を解してもらつてこころよく私の提案に満場一致で御賛同下さつたことは有難かつ

た。そして受講期間中生徒の気持になつて、それぞれの任務を果たし、お互い真剣に受講できたことは感謝に堪えない。

○謝恩会

簡単な茶話会をもつて謝恩会にかえた。私はその謝恩会の席上、講師の先生に次のように訴えた。

「知るは愛するの始めである」といわれている。一ケ月以上も沖縄にご滞在になり講習期間を通じていろいろのことを沖縄について知つていただいたと思う。それだけに沖縄に対しての愛情がひろまり、且つ深まつて来たものと信じます。先生のその愛情は今後必ずや沖縄の教育界に否沖縄八十万住民に大きな希望と光明を与えて下さることであろう。

又「袖振り合うも多少の縁」ということもあるが、多少どころか、去る七月二十八日以来、今日まで一ケ月以上も酷暑の中で、汗たらたら講義をして下さつたその尊いお姿に接し、私たちは、ただ感謝、有難さで一ぱいである、だから多少の縁どころか、生涯を通じて忘れ得ぬ印象となり、魂のオアシスとなるであろう。

琉球の歌に、「別れてん、互に、御縁あてからや、糸に貫く花ぬ、散りて、ぬちゆみ」とあるが、先生方は後二、三日すれば久方振りに本土にお帰りになりますが、「別れても、お互に御縁を結んだからには、糸に貫いて結んだ花が、離れ離れになることがないように、固く、いついつまでも心と心のきづなで結ばれていることであろう。

私は、本土講師団に、それを信じ、それを期待してここに再び感謝のことばに希望を添えて結びたい。

（保健体育課長）

カンフルの記〔教育心理〕

高橋通仁

黒板の緑も真新しい新校舎の階下の教室で、屋良教職員会長夫人を筆頭としてうら若い女の先生方のパーマの余香を拝しながら、遅進児の自嘲もかげろいつつ最後列で十日間頑張る。「学ぶに遅すぎることなし」とは嘗て学んだ少年の日の記憶であるが、三十年振りに再現せざるを得ないのも又因縁か。思えばこのあたり〃天空海かつ〃の掲げられてあつた二中の古い講堂の辺りかも知れない。以下思いつくまま受講の感想を述べたい。

先ず第一に正直な話、単位講習の制度を設けられた文教当局に感謝したい。特に長らく教壇を離れ道草を食つた者にとつては将に干天の慈雨と言つてもおべつかにはならないと思う。

この講習のお蔭で、昭和十六年来音信不通であつた同期の佐良浜の前泊君が、浦島太郎の態よろしく麦藁帽に目をきよろつかせているのにばつたり出会つたのは愉快だつた。

講習初日上々吉である。恐らく数えあげたら余恵の及ぶ所意外に大きいのではあるまいか。

第二に講師についてであるが北海道小樽商大の野沢長先生という講師団でも一番若々しい坊ちやん先生と見受けられた。少し神経質的にやつておられ、さしずめ野嵩高校の大城立裕先生といつた感じで弱々しいがどうして中々開口一番「大学での講義でもこちらのでも同じことだが講義とは単なる教授の一方的スピーキ

首里の紅型工場は低い暗いところにあつて数人の職人坐業で仕事をしていた。
作品は手のこんだ美しいものであるが、芸術的仕事である為大量生産は出来ないとのことである。
筆を持つ娘さんの服装は近代的であつた。

ングではない。学生生徒との共同作業である」と宣言された。

諸子宜しくつゝかかつて来いと言わんばかりの見幕で、並居る先生方目をパチパチ、ちようど剣道の立合いよろしくおじぎして立上つた瞬間ポンとお面を一本取られた形である。内心こいつは面白くなつたと張切つた次第である。

第三に講義についてであるが最初から日程表をプリントされてそのアウトラインを明示された。即ち何をどう学ぶかという学習目標を高く掲げられたのはあたり前の事ではあつても、大変よかつたように思う。それに講義を非常に大事にされた。

例えば始め、終りの時間を正確に守られるのは勿論先生自ら生徒に挨拶叩頭される等、或は実験その他授業に使われるのをご自分で準備を整えられる等で、平素忙しいまま鐘が鳴つて仕方なくぼんやり教壇に上つて何とか切りぬけている私に対する大きな頂門の一針であつたと感謝している。

第四に講義の科目について

教育は教える者と教えられる者との間に相互的に作用する一種の文化活動である。が被教育者は発達し成長する個体であるからには、その発達に即応する方策か打ちたてなければ効果が上がらぬことは言うまでもない。

所が学校では指導者や参考書等で教材に対する研究や指導の面は割に熱心である、が生徒に対する単なる表面だけの認識に止まり、個人又は学級或は学校全体の科学的調査による実証的な見方や研究が足らないように思う。

この時教育心理学という適切で有効な講義を受けることができて、おぼろげながらでも学問的に裏づけられた叡知によつて脚下を照顧した時、新しい教育への意欲が高まつて来たと自認している。冒頭にカンフルと題した理由もここにある。

第五に講習員について

受講される先生方であるが幼稚園、小中校の女の先生方が大多数であつた。極めておとなしく真面目でおしやべり好きの私から見たら、何だか物足りぬ感じがした。失礼な言い分だが、小中高校と而も宮古、南大東島等各地の先生方がお集りだから、この際学校の状況若しくは講習に対する要望等、所謂教育座談会に花を咲かして貰いたかつた。そうすることによつて同じ教育道を歩む者としての、共感や友情が深められて行く事と信ずる。

とは言え野沢先生も、こういう講習会でこんなに一生懸命真面目に勉強される今は、初めてだとおほめいたゞいている事実からして、先生方の受講ぶりがどんなであつたか、読者のご想像におまかせしたい。

結論として教育の道は浅くやればいくらでも浅くできるし、深くやろうと思えばこれも又無限の道である。夏のやけつく炎天をおして、僅か十日間の短い講習期間であつたが、教育の諸問題を深く見直し考える事ができただけでも、これからの教育活動のある指針を握ることができて、一言にして言えば極めて有意義だつたと感謝している。　五八・八・十一

（那覇中校教論）

‖沖縄の印象‖

名護の町で八月中旬水田の馬耕をしていた。稲を二回つくるので本土吾々にとつては珍らしい風景の一つ。前景の車のかじ棒が一本であるのも珍らしい。

講師の横顔

須藤先生

山城　修

離島は不便だ。住めば都とやら、日頃はそれ程感じないのだが、島より出て行く時、帰る時は身に滲みてそう感ずる。

当日島を出てきたら間に合わず午後の時間が始ってから大急ぎで飛込んだ。

黒板は既に Le Lang ge……という風な字で埋められている。シマッタ！国語科教材研究の教室かと思ったら此処は英語の教室だった。しかし大あわてで飛び出すのも醜態だと思い暫くモジ〳〵しているとどうも国語らしいと云う事がわかってやっと安心し改めて先生の姿を見直す。年の頃は四十を過ぎると覚しき少々色のついな近眼鏡をかけた中肉中背の方である。何だか沖縄人の様な感じを受ける親近感のもてる人だというのが私の心に印された最初のものであった。しかし肝心のお名前が分らない。講師のお名前を知らないなんて恐らく遅刻をして来た自分一人に違いないのだが、人に聞くのも業腹だ、何か資料はないものかと、コッソリと目玉がキョロリキョロリと動かしていると、教卓の上に置かれている先生の傘が目についた。その傘に「ストウ」という字の針で縫い込まれているのが目についた。「須藤先生」。「スドウ」なのだが濁点をうつのが面倒なので「ストウ」としたのだろうと一人合点していたのだが、「清音と濁音」の章で先生の姓は「ストウ」が正しいということが始めてわかった。

先生の名前を私に知らしてくれた此の傘は毎日の様に先生のお供をして講義に出席しいつもテーブルの上にのっかっていた。一日も雨は降らなかったのに……。それ程沖縄の暑さは本土からいらっした先生方には応える様である。

講義はラング本位の立場とパネル本位の立場がどうなった、時枝誠記先生の言語過程説に対して須藤清治先生はどう考えているとか、言語道具説がどうした等と理論一点張りのことだけである。これはひどい目に合ったぞ、暑いのにこう単調に理屈っぽくこられたのでは、と早くも不安が始まる。

処が国語科学習指導と道徳教育という章に入ると俄然活気づいて来た。実践場面に於ける悩み等思当る節が多いからであろう。

言語の表現活動と理解活動の章ではテープレコーダーを使用しての授業であるので夏季講習会名物の睡魔が襲ってくる余地が全くない。それにテープに納められている読み方についても唯聞き放しではなく参考になった点改めるべき点等について寸評を書いて提出する処に此の講義の効果を更に高めるものがある。

先生は発音、アクセント等言葉遣いについて深く御研究なさっているのでその美しい標準遣に接するだけでも勉強になるのだがテープレコーダーに依って一々指摘されるので朗読、詩朗読等に参考になる処も大である。

作文指導の要点は児童の作品はストーブにくべてでも数多く書かせるのがよく、作文の時間特設をせねば作文教育が出来ないというような人は好もしい事ではないが特設した方がよいだろうと言う辺り理論と実際とについて研究した人の深さがうかがえる。

講習も終りに近づくと受講の先生方もテストのことで落着かないようだ。その点小学校児童のと何ら変るところがない。それを察したのか先生が評価はどのようにしたらよいかと聞かれたら、例の調子で感想文でも書かして下さいとのことである。そして出された問題が「今回の講習で1理解しかねた点、2納得しかねた点、3反対意見をもった点、4参考になった点、5聴きたかった講義の内容」等で講義内容を総べて理解していなければうまく書けない事柄である。全く先生の要領の良さと云おうか、頭の良さと云おうか、思わずウーンとうならされてしまった次第である。

二五日に用件があって受講を休んで島に行って見ると原稿用紙が届いている。全く予期していなかっただけに大いに戸惑ってしまった。締切りももうすぐだと云うので大急ぎで、思いつくまま書き下して見たが、後で題目は何にしたらよかろうと随分迷った。結局「講師の横顔」にしてしまった。しかし最後迄講師の先生の御姓名も分らず随分情ない奴だと自分自身こぼしながら教育長さんにお伺いして見ると先生の名刺を見せて下さった。

名刺にはこう書いてあった。

千葉大学助教授
須藤増雄
住所千葉市新町六七番地

（伊江村西小学校教諭）

赤松先生

―児童心理学―

中村文子

赤松先生は、「名護は涼しすぎますなあ。明け方はふとん一枚ではちよつと寒いよ、北海道みたいだ。ハハハー」と軽く笑つて私ども講習生をほつとさせた。事実、前期講習中の名護はそれ程暑くなかつたし夜などは住みなれた者にも涼しすぎると思われる位だつた。

大自然の法則によつて、南国の沖縄が暑いことは当り前のことながら、本土から来られる講師の方々が、「直射日光がひどい」とか、「全くうだるようだ」とか、「沖縄の土を踏んだとたんに頭がぼうとして、完全に字を忘れてしまつて、なつかしいわが家へ手紙も書けなくなつた」とかいわれるたびに、私ども講習生は自分のせいのような気がして申しわけないような思いをしたものだつた。けれども、この度の赤松先生はどうだろう。「北海道のようだ」といわれたのだからよけいな気づかいをすることもなく、安心して聴講させていただいたのである。

今期は、例年のこみ入つたことを思い切り簡素にし開講式も受講式も各講座毎に思い思いにやることになつた。

七月三十一日、予定より二十分ばかりおくれて、四名の講師は各教室にはいられた。赤松先生も赤茶色のふろしき包みをぶら下げて静かにはいつてこられた。教卓の前に立たれるとなにか二言三言いわれたが、一同にはききとれなかつた。きつと、「かがわだいがく」とか「あかまつあけお」とか自己紹介のことばをいわれたのであろう。みんなが充分注意してきこうと身構えた時には、すでに先生の口許はしまり、眉の根の鼻の両わき、ことに右わきのしわを一層深くして、真正面を見つめておられた――今しがたにが虫をかみつぶしてきたのでねーといつたような表情で――、「沖縄の暑さにまいつておられるのだよ、きつと」とささやく声が私の胸の奥でした。

先生は縞木綿のふろしき包みをとくとこれも茶色に色づきかけたノートを取り出して講義をはじめられた。「発達心理」と板書される時、ひよつと見るともなしに先生のバンドに目が止つた。うしろのところで一回ねじれている、いよいよ「のびておられるのだな」と思つたものだつた。

毎朝めんどうくさそうにはいつてこられる、やせてひよろつとした先生の健康を聴講生は気づかつたが、先生はなかなかお元気に講義を進められた、丹念にくわしく板書して下さるので受ける身には非常にありがたかつた。

先生はまた略字の名人だつた。いつしようけんめいきいていなければ、せつかくの板書も、「発達」だ「模倣」だ「言語」だと続みわけることができないので居寝りなどしておれなかつた。

はなされる口調も高調するでなし、たるむでなしたんたんと語られるけれども、それが又なんとも味わい深く限りない近親感を与えるものだつた。

先生の学問の深さからくる魅力なのであろう。いやそれを裏づけし、高めているものはやはり先生の飾らない人格の立派さなのだ。

‖沖縄の印象‖

中部の家でどの家にも天水を溜める装置があつて学校にもこの規模の大きなものを備えてあつた。如何に水を大事にするかが伺われる。宿の奥さんが本土に旅行した時、雨水をどんどん流しているのを見て勿体ないと思つたと言つていた。

にが虫をかみつぶしたような表情も、バンドのねじれも、縞のふろしき包みも、たんたんとしたおはなし振りも先生にとってはみんな自然なのである。

講座も終りに近い頃先生は「私どもは科学の力でどうしても解くことのできない大いなるものを信じて生きなければならないのだ」という意味のことをいわれた、そして「自分は金光教の信者である」ともいわれた、なんだか先生のすべての御活動の源をうかがったような気がした。

こうして講習も終りに近づいたが、最初の先生の自己紹介をききもらした聴講生は、強いて聞くのでなければ、先生のお名前を覚えずに過した方もあつたかも知れない。しかし、先生への尊敬の念はみな同じように深いものがあつたことと思う。

先生には近く後期の講座を終えられ、香川大学へお帰りになることと思うが、どうぞ、御健康で学者としての先生の御領域を存分に伸ばされんことを祈るものである。

（名護中校教諭）

教育行財政学三單位

仲地清徳

○教　室

午前九時から正午まで、中間に一回だけ休憩時間をおいて正味三時間の講義である。どの教室をのぞいても受講生で一ぱいだ、机や腰掛は全く見当らない、大きいからだと人間の顔がぎつしりつまつている。講師の先生が御遠慮なさるのも無理はない。微動だにもしないあの御行儀のよさ、ちつと近より難いと云つた感じか。

○昼食時間

市のサイレンに続いて昼の休憩の鐘が鳴る。受講生は十余の教室からぞろぞろ総出する、弁当時参者はクラスで四、五人程度らしい。思い思いに足をはこんで食堂入り、那覇高校前のそばやは時ならぬ大入満員に嬉しい悲鳴をあげている。一階はスシ詰めだ、二階に上つた。こちらも超満員、上下で百人に近い、隣室は女教師のみのグループだ、この二週間昔の学生々活に帰り咲きと云うところでしよう。かび臭くなり勝ちな家庭生活から解放されて、今日は食堂の御客さんになりすましている。各所から笑いさざめく声がもれる。私達のグループも十人位集つた、みんなほつとした態度で渋茶をすすりながら今日の講義の内容や雑談でにぎわつている。A先生「私は講師のお話を聞くことは大へん好きだが悪い僻があつてね、実は休み時間はこの通りぴんとしているが入室して講義が始まるとたんにコツクリコツクリでよ、負けるまいと努力をすればするほど深いねむりに落ち込みそうだが君達はどうだね」かん高い声で早口にしやべりまくる、一同爆笑する。正午の休憩場は講習中のオアシスだ、打ちつくろいで興ずるあたりのどかな講習風景の一こまだつた。

午後は二時過ぎまで講義が続く、心理作用もあつてか案外授業があつけなく過ぎていく。

○教育行財政学三単位

ぼう大な内容をわずか二週間で物にしようと云うのだから最初から無理がともなつてくるのだが、こんどの講習は大へん内容が豊富で教育行財政学の基本的な考え方を明確にするには堂々たる講習だつたと思う。

清水成之先生は、三重県の出身、講義中も関西弁まるだしで自分の知つていることと考えていることを無造作に話される。寸時でも油断をすると講義の山をとらえそこなつて、しどろもどろ一時うやむやに過ごした時もあつた。勿論特別に力説する場面もなければ注意を促す時もない徹頭徹尾「教育小六法」と首引きである。第何条何項の後段……誰かが欠伸をすると、「私はですね学者先生のように高遠な理論は説けませんからそのつもりで聞いてもらいたい、文部省で法律を作つたり改正をしたりするのが私の仕事になつているんで、えらい済みませんな。」

講義は教育行財政学の枠から一歩も脱線しないので皆相当な抵抗を感じているらしい、しかしそれとは関係なく予定通り進行する。単なる理論的、哲学的な教育行政というより理想的形態を実定法のなかから導き出すといつた進めかた、七日目頃から教育委員会制度と新教育委員会制度下における本土の教育行政の現状についての講義にはいつた。

受講生は大分先生との親しみもできたし、教育委員制度は直接当地とも関係深い上に関心もあるので一段と授業も活気付いた、話す人聞く人、一体になつて考える場面が多くなつた。質問がふえる、B先生突然立ち上つて沖縄の現実に対し悲憤慷慨熱弁をふるつた。清水先生の顔面筋がしまる、両眼は涙でうるんで只うなずくばかり、

そうですね、教育権の日本復帰こんな問題は一切ふれない契約になつているんですが、まあ本土での熱の入れかたは相等なもので松永さんも瀬尾文相もね…。まだそこまでいくには行政権上の難点があるんではないでしようか！。一瞬しーんとする。大体政策上の問題

はね、トツプレベルがきめることで私達下つぱの者は事務やなんですから上役がきめてもらえば、仕事はどしどしやる心構えですよ」と結んだ。かゝる問題は夏季講習毎に持ちあがる話題であるが、どちらも舌足らずで充分意をつくせないことは何故だろうか—物言えば唇寒し秋の風—ではすまされない遠来の同胞を迎えての講習、もつと心の底から打ち解けて語られたらと思つたのは筆者一人でもあるまい。

講義はまさに調子付いた汽車の如く予定のコースを前進している、講師も満足顔。問題は昭和三十一年改正された新教育委員会制度にすべりこんだ、教育委員は任命制、地方教育委員では教育長は互選、それから文部省—都道府県教委—地方教育委を結ぶ上下線、文部大臣の「措置要求」の一本をさしいれたと、はて逆コース（中央集権）ではなかろうかと、受講生一同けげんな顔、講義が進むにつれてそうでもなさそうだという了解もついた。

一九四六年三月に来日した二十人の米国教育視察団の助言によつて実施された教育制度の欠かんを補なつて日本的に止揚されたのみで、民主々義教育の線は絶対に崩さないと、即ち教育的水準が地域的に不均衡になつた弊害を改め、国としての教育水準を維持する必要から上下の系列によつて責任の所在を明かにしたものである。今、本土の教育行政は憲法、地方自治法、教育四法、労基法、公務員法、文部省設置法と立体的に組んでガツチリしたレールにのつかつて力強く走つている。日本的に十分消化された民主主義教育制度の育成が最大の任務であろう、この辺で教育行財政学の三単位は認定されそうです。講習要項はプリント二十五枚で、筆記ノートは七十三頁消耗しました。

○勤評について

勤評実施についての質問は何回となく受講生から提出された、が先生は最後の時間にまとめて下さつた。

公務員法による勤務成績の評定の根拠を示し次には教組の組織、性格、闘争の方法、総評やその他の政治団体との関係等調査資料を基にして、ズバリ切れ味のよい所を示す。でも文部行政の宣伝に来たと思われても困ります。ただありのまゝを話しただけです、御判断は皆さんの良識にお委せします。

（松田小学校長）

生地のふれあい
—永杉先生の横顔—

大浜貞子

永杉先生の横顔というと、私は、「生地のふれあい」という言葉をすぐ思い出す。それ程此の言葉は私にとつては印象的である。

もつとも、生地と生地がふれあう—特に講師と講習生の生地がふれあうということは、一体どういう事を意味するのか。始めの程私にはピンとこなかつた。然し十何日講習を受けている間にいくらかそれが分つた様な気がする。その分つたことの第一は、先生が先生らしくなかつたということだつた。ということは、大学の先生、わけても自分の講習の講師となると私達の頭に浮かんでくるのは、講義が終つた後のテスト、或はレポートとそれに対するＡＢＣＤの評価である。これは私に限らず、どの講習生、中でも女の先生方にとつては講習を受ける最初から重大な問題である。それが講習期間中やはり頭からはなれないのである。

ところが、永杉先生の講義を受けている中にだん〳〵そういつた心配がなくなていつたのである。それは、考えてみれば先生の講義の中にとけいつてしまつたことになるかもしれない、いやたしかにとけいつてしまつたのである。いいかえるとそれ程講義らしくない講義であつたということである。

一つの例をとりあげるなら先生は、下村先生が書かれた次郎物語を素材にして講義を進めていくのである。然もその講義を受けている中にいかにも先生自体が次郎物語の次郎と同じ様な生い立ちで育つてこられた様な奇妙な印象を受けたのである。先生のお話によつて下村先生と永杉先生が次郎物語をめぐつていかに密接なつながりがあつたかということを知り得たのではあるが、よしんばそれを知らなくても永杉先生はそのまゝ次郎であり、次郎はそのまゝ永杉先生なのである。これは先生の講義中私が受けた最も不思議な最も強い印象なのである。

別の角度からいうならば、一つの物語の中で先生がもつていらつしやる教育的な思索が此の様に具体化されるということは、これこそ本当にすばらしいことであり、多くの人の胸をうつものだとしみ〴〵感じた。

先生の講義の中にルソーの話が出た、然も私はルソーのエミールと懺悔録は読んでいる、特に懺悔録はルソーが自らを描いた物語であるが、実際の所いうと永杉先生が次郎物語を語る程の感銘はなかつといいたいつまり次郎物語に托して永杉先生は自分の教育理念のすべてをぶちまけていられるという感銘である。それは又作者の下村先生とそれを素材にして講義される永杉先生の教育的なすばらしい共鳴音である、ということは永杉先生と私達受講生との不完全であつてもより一歩ふみこんだ共鳴音であるのかも知れない。

そういうとりとめのない印象である。ところが、永杉先生がまさ子の日記を紹介されるのにおよんでその共鳴音は一層共鳴音の度を高くした様に感じた。それは私が教師であり、同じに妻であり母であるという私自身の環境からでてくる共鳴音であつたかも知れないが、先生が母親と娘とが喧嘩している時はどちらにも味方しない、私はそれをソットとしておくといわれた言葉が強く胸をうつたものである。妻の味方も娘の味方もしないそれでありながら妻も娘も教育している。これは私達母親にとつては成程とうなずかされる重要な問題である。

つまり、生地のふれあいとは意識した教育作用ではない、意識されない教育作用、無論始めには意識された教育的な計画があつてもその意識は具体的問題に及ぶと意識されない教育作用となる。何か分つた様な分らないような言い方ではあるが意識されずとも働く教育作用の中に 教育 の本当の姿がひそんでいるような気がする。そこで教育は始めて生地と生地がふれあうということになるのであろうか、そうであるに違いない、だからこそ私達を教育されている先生が先生らしくない印象を与え、講義が私達をとけこませたのではなかろうかと感ずるのである。結局先生の講義を通じて、生地のふれあいというもつとも具体的なそして最も根本的な教育作用の在り方がおぼろげながらも感じられた。

永杉先生、やはり此の先生は先生らしくない先生、講義らしくない講義、そして評価されることの心配のない授業それがそのまゝ先生の横顔である。

(久茂地幼稚園教諭)

夏期講座反省録

受講の反省

久場里亀

資質向上の為の講習は年間通して実施されている。自分も過去数回必要課目を受講したのであるが、いつも失敗を繰り返し失態を演じた場合が多かつた。

講義に興味を持つ持たんは教科にもより講師自体の講義の巧拙にも困ると思う。特に夏季講座には暑さはつきもの三十二度の酷暑と斗つて受講するのであるから心身共に疲労を覚える。

暑さを吹つ飛ばすようなユーモアで然も軌道に乗つた講義と眠りを誘うような陰鬱な講義、後者の講師に遭遇すると泣き面に蜂で特に自分みたいな研究心の無い人間には最も不適当であるが前者の場合ユーモアに引き付けられそこから真の興味も湧き同時に研究意欲も湧いて来る。従つて最後の仕上げとしてのレポートも内容にマツチしたレポートが生れてくる。

自分の場合は過去における勉学怠慢がたたり前後期共にレポートには降参である。レポートをまとめるのに全く暗中模索の有様、然も中味が空洞で偉い学者の参考書から抜出して何とか行儀良く並べていくのが関の山。受講前転ばぬ先の杖で色々と研究して受講すべきであると毎年の事乍ら考えるが如何にせん、「明日は明日の風が吹く」という心の持ち主で失敗をくりかえしている状態である。

今度の場合も然り青年心理に関係あるレポートを書くのにあれやこれや、全く盆と正月が一緒に到来した多忙さ、三日間で評価もできないようなレポートを完成した喜びは又筆舌につくし難い。講師に言わせば不合格だが。過去の受講態度を大いに反省すべき事を痛感し今後研究意欲を旺盛にして受講し度い。

(浦添小学校教諭)

舞台裏の仕事をして

平良良信

毎年の夏のことではあるが、教育長事務所の職員にとつて夏休みはかえつて忙しい期間の一つである。それは夏季講座と言う一つの大きなプレイの舞台裏の仕事のようなものであると言えるだろう。

多数の講師の先生方をお迎えしての宿泊所のお世話や歓迎会や御案内或は円滑なる講座運営のための色々な仕事や七百名以上の各地区からの講習員の先生方との連絡等と少数の職員がほんとうに目の廻るような忙しさに追われる。その忙しさの割に講師の先生方に接する機会も多く色々なことを経験する。

その中から特に感じた事を二三拾つて見たい。

係のものが最初にぶつかる問題は先生方の宿泊所の事である。那覇は沖縄唯一の大都市だから　あの街角にもこの路地のつきあたりにも、「ホテル」の看板はよく見受けられるが、中々どうして、適当な処はそううまく見つかるものでない。先づ第一、教育的な環境でなければならない、しかも出来るだけ安くて待遇がよく上品で講習所に近くなければならない。宿泊所は講師の先生方が、この期間中十分にくつろいで戴ける憩の場であり、講座を成功に導く大切な問題だから、係も誠心誠意である。今年は「第二日琉館」と「日本ホテル」を選んだ、しかしこれらも決して理想的であるとは言えない。

どの地区でもこの問題は困つたのではないだろうかと思われる。K教授は、毎晩演習している戦車のキャタベラの操音爆音に悩まされて困るから静かな旅館はないだろうかと頼んでおられたし、教授も旅館の隣に「つれ込み宿」のようなものがあつて困つたと言つて来られた。如何にも基地沖縄にありそうな笑えない事実である。

次に前後期の問題について考えて見たい、

今年は前期は七月三十一日から八月十一日までの十日間（二単位）後期は八月十三日から八月二十九日まで十五日間（三単位）であつたが、前期を長く後期を短かくした方がよいように思われた。前期は講師も講習員も張り切つているし、心理的にも緊張と興味が大きいのであるから長くした方がよいように思う。後期は一応慣れては来るが酷暑と期間の長いためか全般的に疲れが多く感じられた。

それから講師の先生方の一日の講義時間数が四時間は、あの酷暑の折に長過ぎはしないかと思う。琉大での普段の講義時数も平均して大体週十二時間一日二時間程度とのことである。今年は幸い何の事故もなかつたが、一日四時間緊張の連続は講師にも受講者にも疲労度が大きく効果が少いのではないかと思う。専門的な立場から一考を要したい問題である。

最後に考えたいことは講座運営のための諸費用や講師接待のための費用（沖縄紹介の意味での先生方の視察・見学案内等の経費）等が、完全に公費によつて捻出されるべきではないだろうかと言うことである毎年夏多数の先生方を本土からお迎えすることは、誠に有意義な試みである。単に講座を開設すると言うのみではなく、本土との教育的諸問題の交流或は沖縄のよりよき招介とか文化的つながりと言つた大きな意義があると思う。そう言つた問題に就いてこの予算の裏づけと言うことも必要なことではないだろうか

長い前後期の講座を終え、どの地区に行かれた講師の先生方も異口同音にこんなことを言つておられる。「沖縄の先生方は他府県のそれに比べて熱心で、研究意欲も旺盛であるがむらがある。……また教育上の諸問題についても他県と異なるいろいろなトラブルもあるが、悲観的でなくあくまで自主的に頑張つてくれ云々」とこのような先生方の尊い置土産は、私達六千教職員の過去十三ケ年の血のにじむ努力に対する一つの評価であり、また私達に与えられた一つの自信と希望だとも考えられる。

私達は自からの立場を深く考え、明るい希望と自信を持つてよりよき明日を迎えたいものである。

一九五八、九、十二

（那覇連合区教育長事務所主事）

※四頁より

問関係は、自然に愛情信頼、友情などを育てるに適している。したがつてこのような指導は道徳教育の基そとして欠くことの出来ないものであることはたしかである。これのない道徳教育は押しつけになるにちがいない、この意味で道徳教育は生活指導の上に基磐の立たなければならないことはあまりにも当然なことである。

けれども生活指導はやはりそれ自体の限界をもつものである。それが道徳教育の凡てではない。なぜなら自然に無意識のうちにつくられた態度であるから、内から意識され内的に自覚されたものでないということである。人間としてなぜ愛情が必要なのであるか、何が真の愛情であるか、などの反省的自覚を経ていない。つまり真に道徳自体を考え、意識し、それに気づいて行動していないのである。人間として当然そうしなければならないことに気づかせ、意識させていく指導――人間そのものを意識し自覚させること――そのような指導もなければ道徳的に自覚ある人間にまで高まることは出来ないであろう。そしてこのような指導は生活のその時々に何気なく指導するのでなく、あるまとまつた時間において自己の行いを意識的に道徳と関聯づけ反省検討していく指導法を用いなければならない。すなわち道徳を自己内心に意識的積極的に打ち立て、育てゝいくような指導が是非とも必要となるのである。それは道徳の意識化であり人間性の自覚である。（くわしくは拙著「学校の道徳教育」高陵社を参照）

（宇都宮大学助教授）

一九五八年度 標準検査の結果をかえりみて

與那嶺　進

文教局が一九五八年度に実施した知能検査並に標準学力検査は次の通りであるが、その結果をこれら両テストの相関の面から問題点を検討し、今後の参考に供したいと思う。

一　**知能テストの種類**
　教研式学年別団体知能検査（A・B併用）

二　**対象学年**
　小学校第五学年全員
　中学校第二学年全員

三　**実施月日**　一九五八年五月九日

一　**標準学力テストの種類**
　小学校　教研式全国標準診断的学力テスト
　　（B第二形式）
　中学校　〃　（D第四形式）

二　**対象学年**
　小学校第五学年（三分の二無作為抽出）
　中〃第二学年（三分の二無作為抽出）

三　**実施月日**　一九五八年六月二十七日

さて、以上のテストを同学年に実施した目的は、その本来の目的を達成すると同時に、知能と学力の相関々係を明確にし、学習指導や個人指導に科学的な根拠を得ようとするところにあつた。したがつてその結果が科学的な資料となるためには、テストの内容、実施上の手順、処理判断が科学的でなければならないことは当然である。知能テストや標準学力テストは学者の科学的な研究の結果、出来たものであるが、それを実際に実施して活用する場合は著者の示した方法でこれを実施し、処理しなければ、信頼のおけない結果を招き、資料として十分活用出来ないことになる。かゝる理由でテストの結果については再三審議し、判断しなければ危険を招くおそれがあると思われる。

ひるがえつて今回のテストの結果は、知能偏差値平均が四〇点台が多数を占め、標準偏差値得点の五〇を下回つている。この偏差値一〇点のずれはテストの内容、実施上の手順、処理判断、児童生徒の状態の面から検討、判断しなければならない問題と思う。ここでは、特に知能テストの結果と学力テストの結果の相関関係の面を中心に検討したいと思う。参考のために知能テストの学級平均別。段階プロフィールを示すと次の図（二七ページ）の通りである。

さて二七ページに示した知能テストと標準学力テストの成績の相関図は、知能と学力の相関度の極めて高い場合と知能の程度は低いが学力が向上している場合、又逆に知能の程度は普通で学力が極めて低下している場合の例示であるが、第三図においては、特殊の児童を除いては知能と学力は並行し一般に知能相応の学力を保有していると見ることが出来よう。少数ながら相関のない児童、生徒については本人或は教育的環境の面から追究し、指導の手がかりを見出さねばならないと思う。このような相関のない児童、生徒については、個人指導の必要性が生じ、児童、生徒の環境の調査が必然的に要求されてくると思われる。

次に第四図は某小校の成績であるが、これに示されている知能と学力の関係を検討してみると、知能の低度は極めて低いが、学力は知能の程度を遥かに上回つた成績を示していることになる。勿論、学力そのものもよいとはいえないが、知能との相関が極めて低いところにいろいろ再検討すべき問題がひそんでいると思う。

第五図はその反対で、知能は一般的に標準に近い成績を示しているにもかゝわらず、学力においては、学級在籍児童の殆んどが、下回り相関のない状態を示している。このような関係を分析、検討することによつて個人指導や学級の学習指導の反省資料を得ることができるのである。要は今回のテストの結果がこの三つの例示のうち、一番多くの学級がどれに近い関係にあるかということである。第三図の成績もあるにはあるが、極めて少数の学級で、殆んどの学級が第四図と第五図の関係を示しているところに吾々はテストの結果信頼性の再検討を余儀なくされているのである。

本来知能と学力とは八〇パーセントまで並行するといわれているが、実際に吾々が実施した結果は、どう

第一図　　小学校　学級平均別段階プロフイール　　1958年5月9日

知能段階	偏差値区間	中間値	学級(F)	学級%		D	FD	FD^2	知能偏差値分配グラフ 10% 20% 30% 40% 50%
最劣	5〜9	7.5							
	10〜14	12.5			1				
	15〜19	17.5							
	20〜24	22.5	1	0.2		−3	−3	9	
劣	25〜29	27.5	15	2.7	6	−2	−30	60	
	30〜34	32.5	127	22.6		−1	−127	127	
中ノ下	35〜39	37.5	249	44.3	24	0	0	0	
	40〜44	42.5	137	24.4		1	137	137	
中	45〜49	47.5	29	5.2	38	2	58	116	
	50〜54	52.5	3	0.5		3	9	27	
中ノ上	55〜59	57.5	1	0.2	24	4	4	16	
	60〜64	62.5							
優	65〜69	67.5			6				
	70〜74	72.5							
最優	75〜79	77.5							
	80〜84	82.5			1				
	85〜89	87.5							
	90〜94	92.5							
	95〜100	97.5							
合計			562				ΣFD 48	ΣFD^2 492	平均　38点

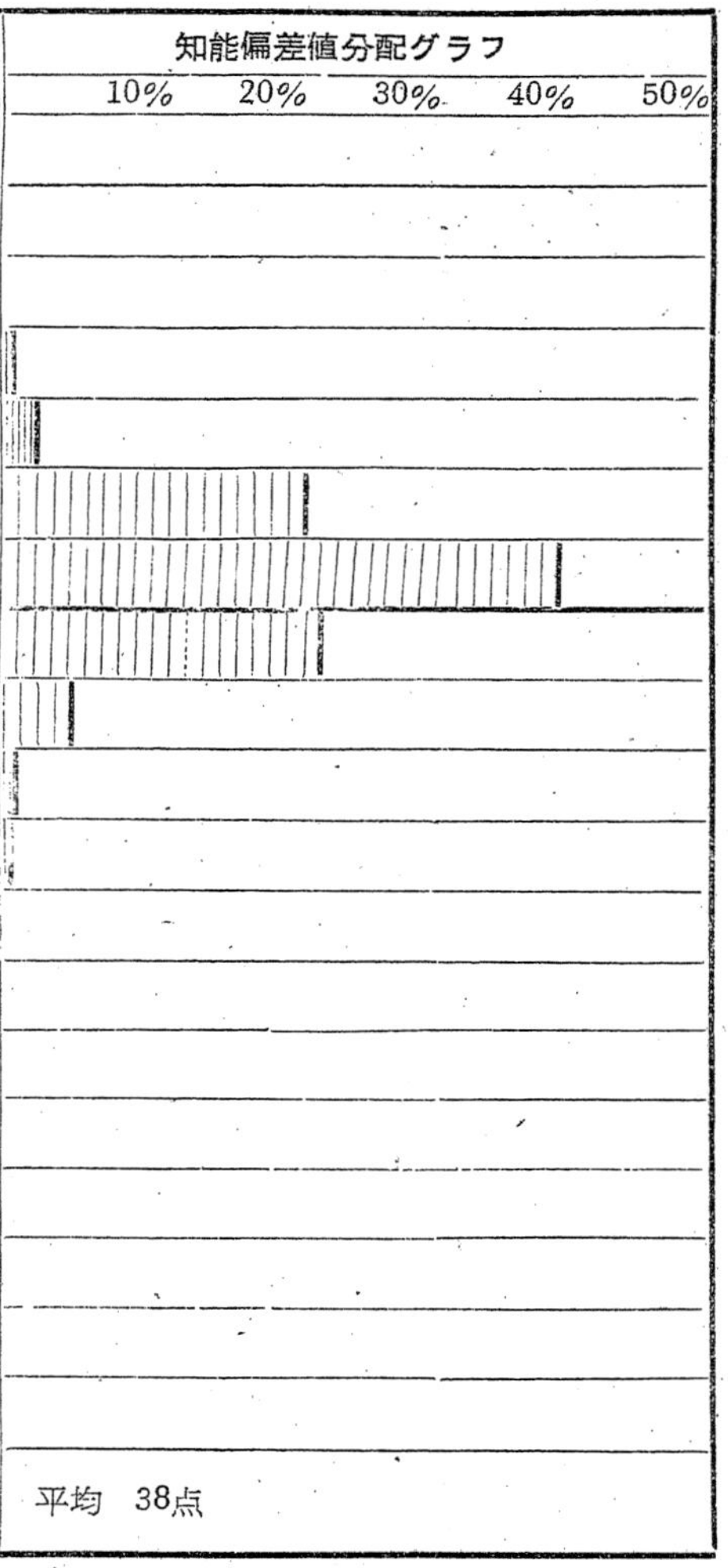

しても八〇パーセントの相関があるとはいえない状態にある。したがつて、この両テストの結果から知能テストに問題があつたのか。それとも学力テストに問題があつたのか、慎重に検討してみたいと思う。先ず、第四図の場合であるが、この状態は学級の児童の殆んどが、知能相応以上の学習効果を挙げているということになるが、今深く検討してみると、知能偏差値二〇点〜三〇点の児童が、果してこのような知能相応を上回る効果を挙げ得るかという疑問が先に起つてくる。普通、知能相応以上に学習効果が挙がるのは、本人の努力や社会的、教育的条件が極めて恵まれた環境の場合であつて、多くの児童、生徒がこのような諸条件を具備することは不可能なことである。したがつて、第四図の場合は、知能テストの結果に検討の余地が残されているのではないかと思われる。すなわち、知能テストの実施条件が守られなかつたか問題が不適切であつたか。各下位検査の解答方法の説明が不十分であつたか。児童、生徒の諸条件が悪かつたかのいずれかが大きく左右したと思う。

これらの諸条件については、テストを実施した検査者自身で充分研究し、その結果を資料とするか否かについて判断すべきであると思う。検査者は誰よりもよく内容を知つているからである。したがつて不適確な条件があれば、いさぎよくこれをすて、新しい資料を求めるべきである。

第五図は、一見してわかるが、知能相応の学習効果が挙つていない場合で一部の特殊の児童がこのような

第二図　　中学校　学級平均別段階プロフイール　　1958年5月9日

知能段階	偏差値区間	中間値	学級（F）	学級%		D	FD	FD^2	知能偏差値分配グラフ 10% 20% 30% 40% 50%
最劣	5～9	7.5			1				
	10～14	12.5							
	15～19	17.5							
	20～24	22.5							
劣	25～29	27.5	3	0.9	6	−2	−6	12	
	30～34	32.5	38	11.0		−1	−38	38	
中ノ下	35～39	37.5	150	45.5	24	0	0	0	
	40～44	42.5	107	31.0		1	107	107	
中	45～49	47.5	42	12.0	38	2	84	168	
	50～54	52.5	4	1.2		3	12	36	
中ノ上	55～59	57.5	1	0.3	24	4	4	16	
	60～64	62.5							
優	65～69	67.5			6				
	70～74	72.5							
最優	75～79	77.5			1				
	80～84	82.5							
	85～89	87.5							
	90～94	92.5							
	95～100	97.5							
合計			345				ΣFD 163	MFD^2 377	平均＝40点

傾向を示すことは普通であるが、学級全体として学力が不振であるので問題がある。テストの問題も内容や出題形式の面から検討さるべきであり、その他学習計画や学級管理、学級編成等の面にも幾多の検討すべき問題がひそんでいるのではないだろうか。普通の場合は学力と知能とは八〇パーセントまで並行するといわれているが、むしろ、知能よりは学力がやゝおとる傾向のようである。何故ならば学習効果は本人の素質以外に教師や家庭、その他の教育的諸条件が大きく左右するといわれているからである。沖縄でも一般的には恵まれない児童、生徒が多いといえるのではないだろうか。

以上、今回の知能テストと標準学力テストの結果を双方の相関々係の面から検討し、問題点を拾い挙げてみたのであるが、やゝもすると知能テストや標準学力テストの結果は日常の学習活動に充分活用されないで報告のためのものになりがちであるが、本来このようなテストは先にも述べた通り個人の素質を知り、学習指導や学級編成、進路指導等に資すると共に学力との相関々係を分析することによつて個人指導の科学的資料を得るということが目的で実施されるものである。

したがつて、この見解に立てば各学級において日常の学習活動により科学的な資料を提供するというところに深い意義を求めるべきであると思う。

（研究調査課主事）

☆　☆　☆　☆　☆　☆

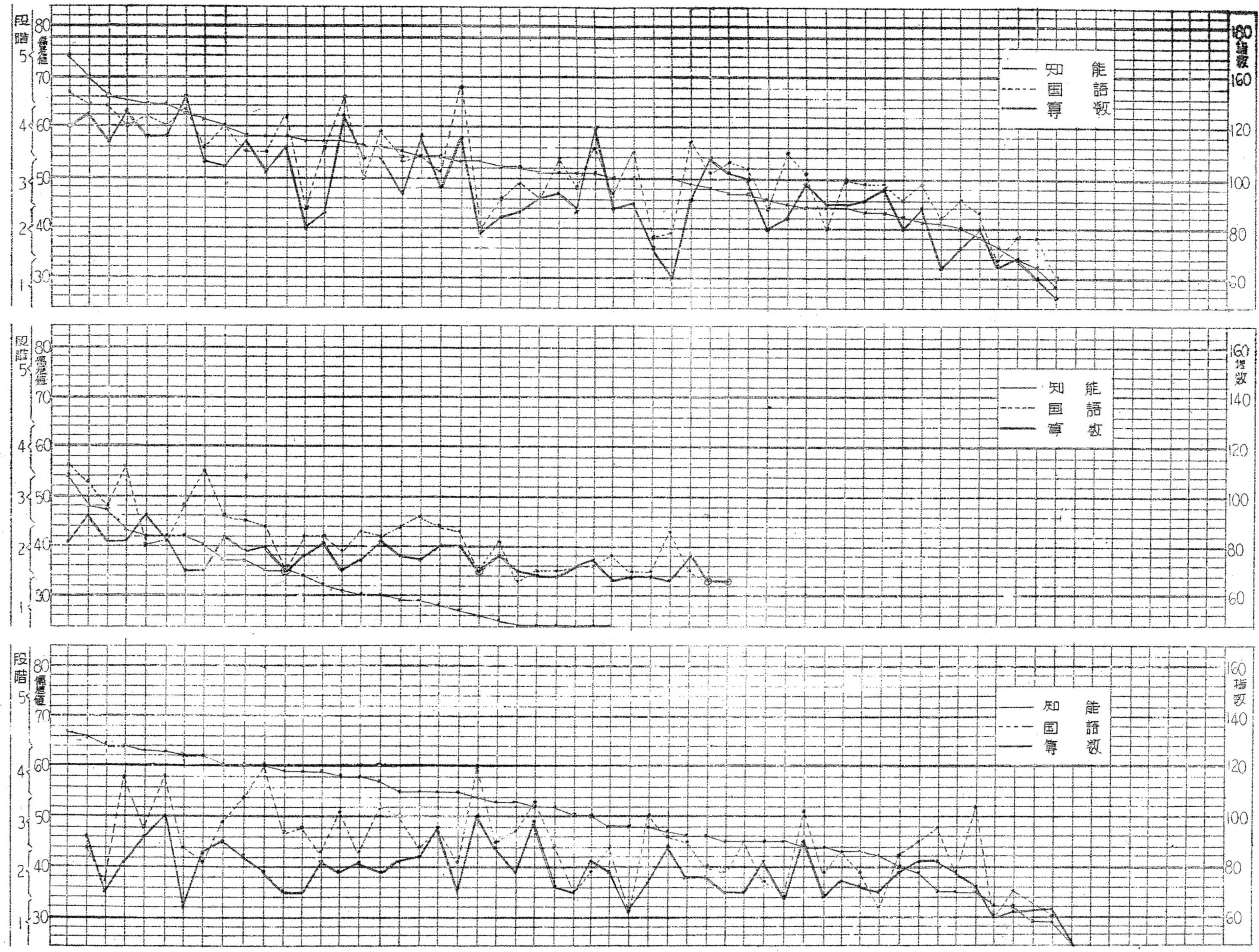
第三図
知能と学力の相関図
段階
偏差値
指数
知能
国語
算数
第四図
知能と学力の相関図
段階
偏差値
指数
知能
国語
算数
第五図
知能と学力の相関図
段階
偏差値
指数
知能
国語
算数

大浜早大総長の再選に当って

―道徳教育推進の一助―

石川盛亀

九月二十一日付の沖縄タイムスに「早大総長に大浜氏再選」の見出しで、早稲田大学総長選挙に現総長大浜信泉氏（六七才）＝八重山出身＝が次点の小汀利得氏（日本経済新聞顧問）を敗つて再選されたことが載つている。私はこれを読んだとき、二期にわたつて総長に選ばれた先生の人格・識見・力量に対し敬意を表するとともに、反面、これを小さく取扱つた記事に対し何かしら、物足りなさの感を抱かざるを得なかつた。その後十月七日付沖縄タイムスに第八回新聞週間中の「新聞公聴会」の意見として「最近の本紙の記事で不満に思つたもの」の中に「大浜早大総長再任の記事が小さく、その傍らに大して重要だと思われない記事が大きくあつかわれていたこと」という或る書籍文具店主の意見があつた。

私も全くこの人と同感だと思つた。なるほど一つの取材に対してこれを大きく取上げるか、小さく取扱うかは記者やデスクの感覚、あるいは社の編集方針などによるであろうが、最近起る十代の非行事件はトップにかかげていながら、どうして青少年に未来の夢と希望を与える郷土の先輩の記事が四面の片はしに小さく追いやられたのであろうか。或は先生が初めて総長になられたとき、五五年一月御来島の際、大きく報道されたからという理由かも知れないが、私は先生の功績や努力こそ、青少年を刺激する教材として、むしろ「教育文化欄」あたりで大きく取上げるべきことではないかと思う。特に道徳教育の叫ばれる今日、なお更である。

文部省は昭昭三十三年四月から、「道徳」の時間を特設し、道徳指導の充実をはかるため、小学校・中学校における「道徳」の実施要綱について都道府県教育委員会および都道府県知事など関係方面へ通達を発するとともに、最近は学習指導要領改訂の動きに伴つて学校教育法施行規則の一部を改正し、これに基き「道徳」を教育課程の一領域として明確に位置づけ、学習指導要領を改訂してその強化を促している。

沖縄もその例にならい、文教局では去る四月から「道徳」を実施すべく各小学校、中学校に対し指導助言をした。私は「道徳」の実際指導について詳しく研究したわけではないが、児童生徒の道徳性の発達に応じ適当な学年においては、大浜総長の生きた伝記を取上げて紹介し、教師の説話による指導方法によつて児童生徒に偉大なる感化をあたえることができると思う。特に大浜総長がわが郷土の先輩であるだけにその実感は一入深いものがある。このことは道徳教育の目標である「道徳的心情をたかめ実践的意欲を培う」にもじゅうぶんであると信ずる。ただしそこまで到達するためには、道徳教育においては、勿論教科書は発行されないのであるから、教材の使用については慎重な取扱いを要し、伝記資料についてはなるべく多く、しかもその生かし方を具体的に述べる必要がある。

先生は新聞の報ずる通り、去る九月二十日同大学大隈講堂で行われた早稲田大学総長選挙において百三票の絶対多数の得票で見事第七代の総長として再選された。（次点小汀利得氏七票、ほかに五票一人、三票一人、一票五人あつた）

早稲田といえば、日本有数の大学であり、昔から慶応とならんで早慶戦で名が高く、七十余年の歴史を有する私立大学である。現在、法、文、政経、商、理工、教育の六学部と二つの大学院に二つの付属学校をもち、二万に余る学生をかかえ、一千余人の教授講師と七百余人の職員のいる天下屈指の大学である。今日まで建学の精神である「学問の独立」を守り通して幾多の人材を世に送つている。先輩には石橋湛山、河野一郎、鈴木茂三郎、浅沼稲次郎などの政界人や正宗白鳥、広津和郎、丹羽文雄、火野葦平などの作家や沖縄スポーツ界になじみの深い南部忠平氏など芸能、新聞出版、法曹、教育の各界に多くの人材を送つている。郷土の先輩でもまず筆頭に総長の大浜信泉氏をはじめ、副主席の大田政作氏、琉石社長の稲嶺一郎氏などがめざましく活躍している。

このような規模の大きい、しかも歴史ある大学の総長に就任されるということは、そこに先生の人格識見が全教授の信頼と尊敬をかち得たことを意味する。殊に沖縄に生れて推せんする人を持たない孤立無援といつたら言い過ぎかも知れないが、その中において、只先生のすぐれた人間の力がこの最高の地位を得られたのである。先生の最高の栄誉はわれわれ沖縄住民の栄誉であり、先生によってあたえられる精神的影響は強いものがあり、若い学徒に夢と希望をあたえ、沖縄教育振興に一つの示唆と刺激をあたえてくださつた。

先生が始めて第六代総長として就任されたのは一九五四年九月であり、翌年一月には沖縄からの招聘により帰郷された。そのときのあいさつの中に次のようなことがあるので文教時報第十三号（五五年三月）から引用する。

『目立つ社会的地位を得るには「毛並」や「ひき」が左右しますが、私には何の「ひき」もありませんし、「毛並」もよい家柄ではありません。今まで地位につこうとして努力したわけでもないのであります。総長選挙は立候補制ではないのでありまして、そんな地位は自ら斗いとるべきものではなく、人がつけてくれるものであります。周囲が私に今の難局を任せてみては……と推したのが今度の就任になつたのであります。沖縄に生れたということで他県人との間にハンディキヤップを感ずることはいけないと思います。沖縄に生れたからといつて気にする必要は毛頭ないのであります。私の総長就任がそのよい例であります。沖縄生れということでこだわりを持つている人があれば、この際払拭して欲しいものであります。』

この一事だけでも後輩に対するりつぱな訓話であり先生につづかんとする熱烈な希望もわきでてくるものと思う。

こころみに一九五八年版時事年鑑の中の人名録をくつてみると先生に関し次のように記載されている。

「沖縄出身、明治二十四年十月四日生、早大卒、商法の権威、早大総長」

既に知られているように先生はわが郷土沖縄県八重山郡石垣町（当時四ヶ間切）字登野城に生れた。七人兄弟中の上から四番目で、父は信烈（俗称タルー）母は逸（旧名ウムツカネ）、祖先に例の怪傑オヤケアカハチを征伐した長田大主がある。先生の上三人は何れも女ばかりだつたので父は大いにムクレ、母また肩身のせまい思いをしているところへ、ようやく嫡出子というので大変可愛がられたらしい。八重山では男の子はコーニーと呼ばれる。「マイト」という幼名があつたが誰もそれを口にせず、「佐久間（屋号）コーニー」と呼んだ。

島の小学校の尋常科四年、高等科二年を卒業して明治四十一年沖縄県師範学校に学んだが、三年間在学して一身上の都合で退学した。

先生の家は決して豊かの方ではなかつた。それで勉強一途というわけにはいかなかつた。やはり父母や姉たちに伍し、山仕事、野良仕事を手伝つてその暇に勉強されたようである。先生御自身も去つた御来島の際のあいさつの中に「私は二十年間沖縄の自然に育てられ風俗文化を身につけて育ったので体も魂も基礎は沖縄で培われたのであります。…（中略）…八重山の労働は一通りやりました。田植えも田草取りも芋堀り、芋植え、薪取り、水肥担ぎから果ては煙草つくりまでやりましたので、今の青年たちよりは本当の沖縄の生

社会科のノート使用について一考

登川正雄

社会科におけるノート使用について、といえば何か枝葉末端のことのように聞えるしかし、社会科の教科の性格から言つて、国語や算数等のノート使用と同様な考え方でよいとは考えられない。社会科は、学習内容が複雑で多様であるだけに、又資料を豊富に活用して学習の達成を期待する所から、少なくも社会科の場合、社会科的ノート使用ということを考えてよいと思う。

しかし日常私達が接している児童生徒の社会科のノートは実に種々の相を呈しており、教師の板書の写しに終つたり、教科書の転記で頁を埋めたり、時には一年一冊なお余白多しといつたのも見受けられ、児童の能力からみて一面無理ないとは言え、使い始めに比べ使い終りはノートの厚みがひどく薄つぺらになつているのを一瞥すると、この辺に社会科学習の重要な力がかけてはいまいか、と疑わずにはいられない。

・豆切手マニアは美事な冊子に、ごていねいにもセロハンづきで整理し、新しいデザイン、外国のものにも外額の金を惜しまない。誰がために集めるのでもなく独り悦に入つている。心理は、人間の先天的蒐集欲の存在を如実に表わした一事実かも知れない。

そんな多くの人に共通?な心理が児童の身内にもひそんでおるならば、それが学習の中に幾らか働きかけてもよいのではあるまいか。

ともあれ、社会科ノートの整理が漸くできるように

活を体験しているということができると思います。」といつて居られるように現在の先生の健康は青年時代の筋肉労働が大いに物をいつているといつても過言であるまい。

なお先生は小学校から師範時代へかけて水泳のチャンピオンであつた。水上運動会毎にいつも優勝し、賞品はきまつて大きな西瓜を抱えて家に帰つたとのことである。

先生の向学の志やみ難く、上京して郁文館中学に編入学、それから徴兵検査に甲種合格して学業半ばに小倉に入隊、二年兵隊を勤め上げて上等看護兵として除隊、のち大正三年早稲田大学に学び、卒業の翌年弁護士試験に合格、しばらく三井物産に入社したが、まもなく退社、弁護士開業数年にして母校に帰り、大正末年、故宮島新三郎氏とともにイギリス、フランスに学び三年後帰国し、母校の教授として今日に及んでいる。

なお最近においてはアメリカを視察され、宮中で行われた「講書始の儀」に進講者として御進講申上げたことがある。このことは学者として最高の名誉であり沖縄人として戦前戦後にその例をみない全く大浜先生一人だけである。

先生は又、国の主要な委員会、審議会の委員の一人として国家のためにも活躍しておられる。すなわち現在、法制審議会（法務省）中央教育審議会（文部省）私立大学審議会（文部省）日本ユネスコ国内委員会（文部省）の委員であるばかりでなく、学術上の功績のある科学者を優遇するために設置された日本学士院の第一部（法律学、政治学、哲学、史学、文学）の会員でもある。

なおわが郷土のためには琉球育英会の理事であり、五六年四月以来、先生が総長に就任されてから自費琉球学生早大学生として文部省を通して毎年十五名の学生を受入れて居られるのは、これ全く先生のお蔭である。

最後に付け加えたいことは、先生が今日の栄をなされた蔭には英子夫人（家庭裁判所調停委員）の功はいうに及ばず、弟を一人前以上に出世させてやろうと身を粉にして働き、赤縞や上布を織り養蚕をして僅かながらでも学資をつづけて下さつた長姉苗さんの犠牲的努力が払われたことを忘れてはならない。

以上大浜総長の再選について、いくつかの資料をもとにして現在の道徳教育に結びつけてみたが、先生の人物についてその一部にふれただけで資料の不足から大部分の言い足りなさを恐れるものである。

（一九五八・十・十五）

参考資料

○沖縄タイムス　九・十六　九・二十一　十・七
○文教時報　第十三号
○文部省初等教育資料　九月号
○一九五八年版　時事年鑑
○「おきなわ」　No.43

（研究調査課主事）

なるのは小学校三年頃からだと思う。一、二年はその前段階として、学習したことを字であれ、絵であれ、表であれ又、絵地図であれ、抵抗を感じないでかけるようになることが大切であろう。四年生ともなれば社会科は、それなりのノートの使い方、活かし方を自主的に考えさせながら指導していくことは当然のことで、私は四年生になつたら大学ノートをおいおい使用させるのもよいと考える。便宜上横がき、しかも大型の大学ノートは、社会科学考には格好のものである。頂度四年生の単元は、何れも単元毎に、児童達が自らの足で学びとる場面が多いし、勢いノートがフルに使われる最初の頃でもあるから、できるだけ上質、いきなり学習に関連したものを書きつけるといつた気持でいたいので、もちのよいのを選びたい。

さて、使い方であるが基本的な態度をあげると

。社会科学習ではいつでもどこでもノートをじかにさせる。

。できるだけか条書き、要点で、いつも大切なことは何かに注意する習慣や能力を身につけさせる。

。学習に使われた資料は一応ノートに添える。自作の地図などはのりで貼布するようにすすめたら喜ぶ。

。色鉛筆等も（二～三色がよい）平常から使用させ、自発的に自ら考えたこと、感じこと、疑問、予定等学習時間何でもメモをさせる習慣をつける、等々普段から気を配つておくと効果がある。五年生以上になると指導の具合いによつては実に驚くほどノートを見ただけでその日その日の学習のあしあとが読みとれるし、次への重要な発展の基点としての一役をかつてくれるものである。

（研究調査課主事）

民族の自由と独立

――世界史上におけるユダヤ人――

島　まさる

一

個人でも民族でも、一が他に従属しなければならないと云うことは不合理であり、従属するものにとっては大きな苦痛であり、この上ない不幸であると云わなければならない。

世界の歴史上では、封建的な従属関係を破るために市民革命が起り、民族的な従属関係をたち切るためには、民族運動が展開されて今日に及んでいる。民族が自由を得、独立を達成するということは本能的なもので、どんな障害をも打破ってそこに到達せずには置かない程、強烈なものである。一つの例として、世界史上におけるユダヤ人の興亡をふりかえってみたいと思う。

二

ユダヤ人とはヘブライ人の一部族で、後にはその民族の汎称になった。ヘブライ人はセム族に属する。セム族にはその他にアッシリア、バビロニア、フェニキア人等があって、古代オリエントに活動した民族である。ヘブライ人は遊牧の民で定住しなかったが、旧聖書にも記されているように、一部はエジプトに移住し、エジプト王の圧迫のため、モーゼに率いられてカナーンの地に移動し、紀元前一千年頃ここに王国を形成した。ソロモン王の時代が最も勢力の周囲に振った時代で、新約聖書にも「ソロモンの栄華」として記されている位であるが、その後衰えイスラエル王国とユダヤ王国に分裂した。

その中、北方に起った武力国家のアッシリアが南下して紀元前七二二年にイスラエル王国を滅ぼしたが、アッシリア滅亡後起った新バビロニアによってユダヤ王国も前五八六年に滅ぼされ、住民の大部分がバビロニアに強制移住をさせられた。このバビロニアもペルシアによって併呑され、やがてマケドニアのアレクサンドル大王の東征によりペルシアも滅び、ユダヤ人は故地に帰ることが出来た。

アレクサンドルの大帝国が亡びる、後はエジプトにまたシリアに支配されるというようにユダヤ人の運命は幾変遷をした。この民族の宗教がユダヤ教であり、キリスト教はこの宗教を母胎としたものである。この宗教によれば、世界万物を創造し支配するものは唯一絶対の神であるエホヴァであり、この神の恩こをうける資格のある者はユダヤ人だけである。即ちユダヤ人は選ばれたる民であって、その道徳、風俗、習慣すべて神によって教えられたおきてによって生活しなければならなかった。ユダヤ人が悲運に陥れば陥るだけその信仰はますます固くなり、いつの日かメシア（救世主）が現われて地上の大帝国を建設し、ユダヤ人の幸福な生活を将来するとしてその民族精神を鼓舞した。

併しユダヤ人に国家を与えたものは神でなくローマであった。イタリヤの一角に起ったローマは半島を統一し、地中海世界を支配し、その勢力は東方に、ユダヤの故地にも及んだ。

ローマはここに王国を再興し、ヘロデを王とした。ローマの軍隊はユダヤの地に駐屯し、ヘロデ王はローマの保護の下に統治権をふるった。従って、ヘロデ王はローマとの親和策をとらねばならず、ユダヤ人の自由と独立は制限され、その宗教の純粋性も失われようとした。

紀元前後のユダヤでは、こういうローマの支配に抗して武力を以てもローマの勢力を斥けて独立を達成しようとする少数正義派、ローマと提携して利得と栄達を得ようとする貴族階級、従来の形式的な信仰を墨守していこうとする無気力な一般民衆、自分一個の浄い宗教生活を守るために隠遁的な生活をしようとする傍観的な人があって混沌として統一がなかった。そして、この少数正義派の屢次の反抗により、ローマは遂にユダヤ王国を滅ぼし、イエルサレムは破壊され生存のユダヤ人は多く世界に離散したのが紀元一三五年である。その後東方にイスラム教がますますその圧迫と迫害をうけ残ったユダヤ人もヨーロッパの諸国に四散した。

こうしてユダヤ人は離散の民（ディアスポラ）とよばれ約二千年近くの「祖国なき民」の生活が始まるのである。

三

ユダヤ人は世界中に千六百万も居るといわれるが世

界的な特殊部落民として不当な圧迫、迫害をうけて来た。その理由としてはいろいろあげることが出来る。

第一に民族の相異である。ヨーロッパ人はアーリア人であるに対しユダヤ人はセム族である。第二に宗教上の理由である。ヨーロッパ人はキリスト教徒であるのにユダヤ人はユダヤ教徒である。しかもキリストはユダヤ人に殺されたとする。キスリト教はユダヤ教を母胎として生れたものであるので当初はキリスト教とユダヤ教徒の間に激しい対立があつたが、キリストが殺されたのはユダヤ人ではなくローマ人によつてであつた。

第三にユダヤ人の経済的な力に対する嫉視反目である。がこれも中世以来商行為を嫌うキリスト教の教義からヨーロッパ人の従事しないのにユダヤ教徒はひとりこれに従うようになつたことと、追いつめられたユダヤ人の唯一の活動として、金融業や商業に努力したことの結果であるともいえる。このようにユダヤ人が特別視される理由をあげることはできるが圧迫や迫害される理由にはならない。

サルトルの「ユダヤ人」に「反ユダヤ主義者たちにとつては、ユダヤ人はどこからどこまで悪人で、どこからどこまでユダヤ人である。もし彼が美徳を具えているようなことがあつても、それはユダヤ人に具わつているということのために、悪徳に変つてしまう。ユダヤ人の手になる作品は、必然的にその烙印を持つている。ユダヤ人が橋をつくれば、この橋はユダヤ的であるから、最初のアーチから最後のアーチまで、一つのこらず不良である。ひとりのユダヤ人と、ひとりのキリスト教信者とが同じ行為をしたとしても、その行為の意味は、それぞれの場合で異る。なぜならユダヤ人は、触れるものすべてに、言葉ではあらわせぬ呪うべき性質をつぎ込むからである。」と書いてあるようにヨーロッパ人のユダヤ人に対する感情は実に根深いものがある。

ユダヤ人に対する、こういう感情は各国でユダヤ人迫害、圧迫の数えきれない事件を引きおこしている。フランスでのユダヤ人排斥の代表的な事件はドレフエス事件であろう。フランスの陸軍大尉アルフレッド、ドレフエスが一八八四年十月ドイツに機密を売つたとして捕えられ軍法会議の決果、終身流刑となつた。ところが後に、これはユダヤ人に対する反感から起つた無実の罪であるという声がおこり、調査の結果証拠書類は偽造されたものであることもわかつた。文豪ゾラは有名な公開状を発表して、ドレフエスの無罪を主張したが政府や軍部の圧迫をうけて国外に逃亡した。つづいてクレマンソー等がたち、再調査の結果、彼の無罪は明らかとなつたが陸軍省はどこまでも有罪を主張し保守政党はこれを支持、進歩的党派は反対するというように政治問題化するに至つた。やがて社会党が議会の多数党になつて軍法会議が再開され、彼の刑は十年に短縮されたけれども大統領の特赦によつて放免された。一九〇六年になつて彼の告訴が全く反証され、復官が許された。二十二年もたつて無罪であることが明らかにされたわけであるが、ユダ人排斥はまだ続いたのである。

ドイツでは一九三三年ナチスが政権を握ると、ユダヤ人の国外追放を最重要政綱の一つとしてユダヤ人に対する弾圧は極端に行われたことは尚吾々に耳新しいことであり、ドイツ内のユダヤを虐殺したり、財産のいつさいを没収したりした為にアインシュタインのような世界的な科学者も国外に亡命せざるを得なくなつたのである。

ロシヤでも一七六九年カザリン二世の頃ユダヤの居住移転の自由が制限され一八三五年ニコラス一世の頃には更に村落居住農業従事も禁ぜられた。十九世紀末ポベドノスチエフという人は「ロシアにおけるユダヤ人問題は、その三分一が死滅し、三分一を追放し、三分の一を改宗させて、ロシアに同化させない限り解決することは不可能だ」と叫んだという。こういう人たちは十九世紀のロシア革命運動をユダヤ人の陰謀の結果であるとして、不断にユダヤ人の虐殺を行い一九一七年のロマノフ朝のてんぷくするまでこれがつづいているのである。

二十年近くも「祖国なき民」の生活を続けてきたユダヤ人が尚、民族の特色を失わずにきたことは、驚異に値するが、恐らくヨーロッパにおける排斥、迫害が自衛上同族意識を強固にしたことと、今一つはその奉ずるユダヤ教によるのだろう。

四

ユダヤ人の故国パレスチナへの復帰運動は古代からあつたが、十九世紀末近代的なシオニズム運動がおこつた。シオニズムとは古代ユダヤの神殿の立つていたレオン（エルサレムの丘）に帰れという意味で、直接にはロシアのユダヤ人迫害を機として、ウィーンの新聞記者テオドール、ヘルツルによつて唱道され、募金によつてユダヤ人のパレスチナ移住を助けようとした。

一八九八年第一回のシオニスト会議がスイスのバーゼルで開かれ、ここでユダヤ人のナショナル、ホーム（民族的郷土）をパレスチナに建設することにシオニズム運動の大目標が決定された。第一次大戦後民族自決主義は世界中の被圧迫民族に大きな希望を与え、民族運動は熾烈になつた。国際シオニスト連合は先にパレスチナの支配者であるトルコ、パレスチナにユダヤ人のナショナル、ホーム建設につき交渉して拒絶されたが、彼等は非公式に移住を開始し第一次大戦直前までに数万を数えたという。

大戦中トルコは同盟側となつた為、イギリはトルコ治下のアラブ人を離反させようとしユダヤ人にも働きかけた。ユダヤ人でマンチエスターの化学教授であるワイズマンは、爆弾製造に必要なアセトンの大量生産方法の発明と引換えに、パレスチナにユダヤ人の国家を樹立する案の承認を英政府に請うた。これに対し外相バルフォアは、ユダヤ人でもあり、シオニストでもあり、中近東に大きな石油利権をもつ、ロスチャイルドを通し、右案の援助を約束した、これがバルフォア宣言である。ところがイギリスは、アラブ人に対しても一九一五年エジプト駐在の高等弁務官マクオンが戦後アラブ民族に独立を与える約束をした。これがマクマオン宣言である。この相反する約束がパレスチナ問題の発端となつて両民族多年の紛争の種となつた。

パレスチナはイギリスのインドへの動脈であるスエズ運河の北方の戦略的要地であるので、インドでと同様な分割統治策をここにもとつてアラブ、ユダ国両民族の対立を助長することによつて支配権を確立しようとしたのである。

第一次大戦は連合国の勝利に終つた。その結果四百年もトルコの支配下にあつたパレスチナの地は一九二〇年のセーブル条約でトルコから切離されて英国の委任統治地となつた。

この間、ユダヤ人のパレスチナへの移住は次第に増加した。殊に一九三三年ヒットラーが政権を握り、ユダヤを迫害し初めると、安住の地を求めて、彼等の聖地に移住するユダヤ人の数は急激に増加、一九三三年から三九までの六年間に二十万人に達したという。

パレスチナでのユダヤ人人口は、一九二二年に八・四万人で全人口の十一・七%、一九三八年に四一・一万で二八・六%というように増加していつた。人口が増加して行くのと比例してアラブ人のユダヤ人排撃も激化してゆき、幾多の流血事件が起つたが、第二次戦後ユダヤ人の難民の数はますますふえ、一九四五年には五三万人となり同地のアラブ人の一〇六万に対し二九%を占める大勢力となつた。

一九四五年夏国際シオニスト連合は、パレスチナに「統一、非分割のユダヤ国家」を建設する決議をなし、英国の任務として、パレスチナの無制限移民第一次移住者百万を援助するための国際借款の獲得を決定した。アメリカ資本主義を動かすユダヤ人ブルジョア「シーモ、アメリカ政府を動かして、英政府に対し、ヨーロツパに居るユダヤ人十万のパレスチナ入国を要請せしめた。こういう動きに対し、アラブ民族もアラブ連盟を結成し一九四五年の秋から冬にかけて両民族の衝突事件が頻発するようになつた。

米英両国はこの問題を解決する必要に迫られた。

両国交渉の結果、パレスチナ分割案がまとまりロンドン会議が開かれたが双方の同意を得ず、問題は遂に国連にもちこまれた、ここでも米英の暗斗があつて中々解決せず、米ソ提出の折衷案をもととして採決がなされ、賛成三三、反対十三、棄権十で可決された。この案は、第一に英国のパレスチナ委任統治は一九四八年五月十五日で終了する第二にパレスチナをアラブ、ユダヤ両国家に分割する。両国の独立は一九四八年十月一日までに実現する。第三に三五ケ国で委員会をつくり、これが過度期の統治に当る。第四にイスラエルは永久に国際管理下におかれる。というものであつたがアラブ諸国は猛烈に反対をとなえ、遂にパレスチナ戦争となつた。

一九四八年五月十五日英国は国連の決議に基き、パレスチナの委任統治の終了により、軍隊の撤退を開始した。テル、アヴィヴでは「イスラエル共和国」の樹立を宣言、二十一分後にアメリカ大統領トルーマンはこの共和国を承認した。同時にアラブ諸国軍はパレスチナに向つて四方から進撃を開始した。ユダヤ軍十万アラブ軍八万がパレスチナの地を戦火でおおつた。結果はアラブ軍の敗北に終り国連の調停によつて一九四九年二月から七月にかけて休戦協定が調印され、イタリア、オーストリア、スイス、ソ連と相次いでイスラエル共和国を承認した。

五

二千年近くも「離散の民」として、至るところで特別視され、圧迫され、迫害されて来たユダヤ人は長い苦斗の後に故国を持つことが出来た。併しイスラエル共和国の周囲には、アラブ人との民族、宗教の対立、中近東をめぐる欧米帝国主義勢力の対立等があつて、常に暗雲が低迷している。

共和国の将来は、国民が如何にしてこれらの問題を解決してゆくかによつて開けていくであろう。

（那覇高等学校教諭）

人物史

農政の先駆者 儀間眞常

饒平名浩太郎

蔡温の独物語によると、「御当国前代は人居僅かに七、八万人罷居……其以後漸く人居致繁栄最早二十万人に相成候故」とあつて、人口七、八万から一躍二十万人に増加したにも拘らず食糧は依然として増加せず生活は疲弊していくばかりであつた。もつとも一六〇五年以来甘藷の伝来によつて生活は稍安定したとはいえ、寧ろ甘藷の文化は人心を退嬰させる面が多かつたといえる。

かつて慶長以前における沖縄人は、勇往邁進の気象にとみ、本邦や支那、南洋に至るまで彼等の山原船の帆影を認さざる所なしといわれ、ポルトガルの航海者ピントさえ種子島において、琉球人に通弁の労をとらしめた程であるから、彼等の発展や気慨は正に昇天の意気があつたに違いない。

ところが慶長の役後は薩摩の圧迫によつて退却し、一方蕃薯の普及後は食物の欠乏を感ぜず、改めて海外貿易にある遺利を拾取する必要もなくなつて、ゆうゆう一生を過ごすようになつた。

こうした社会に生を受けたのが麻平衡儀間真常であつた。

彼の先代大城按司(麻普蔚)は。沖縄の雄群割拠時代察度、武寧の頃の人で、南山大城の城主であつた。たまたま島添大里按司下之世主と雄を争い、館を攻撃されて、稲福営下で出て防戦したが遂に利あらず、自尽して果てた。

大城按司自尽のとき、夫人は一子真栄を抱いて故郷玉城間切垣花に遁れたが、敵の探知をおそれて、遠く真和志間切儀間邑の下田原という林藪の中に隠れてわび住いをするようになつた。

真常はその五世の裔に当る真命の第三子で、母は荘氏小禄宗親の女真鍋といつた。一九五七年（弘治三年丁己）生れたが、父真命が唐、南蛮に進貢使として幾度かその功績をかわれ、漢学者としても政治家としても廟堂にその名をうたわれていたから、真常は幼にしてよく、父の薫陶を受けて将来を嘱目せられていたのである。

十一才、永禄十年かねて父真命と親交のあつた久米村の儒者毛擎台、曾得魯に委嘱して儒学の指導を受け仕官の礎地を築いたといわれる。

これから五年後一五七二年隆慶六年その人物をかわれて小赤頭に仕官した。小赤頭（コアカガミ）というのは王子、三司官出仕のとき茶、煙草盆を出す小役であるが、こと礼法に至つてはその周到さがなければならず、僅か十五才の少年がこの大役をやつてのけたのは、彼の人材が高く評価されていなければならなかつた。仕官後も久米邑での修業は一日もこれを廃せず、あまねく古今の儒書を渉猟し、師曾得魯を驚倒せしめたという。

こえて一五九〇年（天正十八年）進んで花当となり若里之子に叙し、黄冠に叙せられた。花当(ハナタリ)とは生花用の草木採集、三司官の用をたす役目で、小赤頭と類似の小役であるが、生花は後年向象賢時代特に日本風を取入れられて盛んになつたものであり、当時はその流儀を心得ている者は少なく、嗜なき者には到底なし得ない大役であつた。

恐らく小赤頭在任当時彼は日本芸術にも深く傾倒してその精髄を心得、その才能を認められたものにちがいない。つづいて若里主に任ぜられ黄冠に叙せられたのであるから、その功績、人物が早くも注目されていたことは推して知るべきである。にも拘らず彼は小成にあまんぜず、生来の研究心は鬱勃として機会を見のがさなかつた。

たまたま唐入の珍器製法の事を聞くに及び、進んで政庁に具申して竈を造り、自ら役職の余暇を利用して遂に陶器の置物焼入に成功したのである。彼はその置物を製して献上し、賞詞を賜つた程の腕前である。

もつとも彼が次第に役人として頭角を現わした背後には 父真命の指導、愛情があつたことを忘れてはならない。さればこそ彼は両兄尚仕官中に拘らず一五九三年万暦二十一年には家督を嗣ぎ、真和志間切儀間の地頭職となつたのである。真常が自領内において農業中心の政策を断行したのはこれからである。（長兄大嶺親聖上、次兄儀間彌也）

たまたま一五九六年丙申抑明富勢頭に任ぜられ、進貢使節主座として支那に渡る機会を得た。進貢使節としての大任もさることながら、かねて抱懐する母国の農業振興の基盤を得る絶好の機会として彼は勇躍渡支したのである。彼はここ大陸の文明国支那の農業の現況をつぶさに観察し、公務の余暇を利用しては中国農学書を求め、むさぶるように読みふけつた。

一方土壌の調査を行い、農業開発に深い自信を以て帰任したのである。後年田地奉行としての名声はすでにこのときにその抱負や礎地ができ上つていたのである。

たまたま彼が自領内における稲作、雑穀の改良に精進していた一六〇三年（慶長八年）浄土宗の大徳琉球神道記の著者袋中上人が渡琉するに及び、真常は進んでその教を受け、深く仏教に帰依し、念仏の行者になるのであるが、その信仰が衆生済渡の発願となつてせきを切つてでたのである。真常は愈々この信仰によつて琉球産業の革新に精進せんことを深く誓うのであつた。

袋中上人は名を良定といい奥州岩城郡の人、天文二十一年生れ、永禄八年落髪して袋中と号した。かつて比叡山に登つて法仙僧正に謁し、来迎院で台密の奥義を究め又儒教の典籍に精通したといわれている。五十二才入唐の目的で、九州に赴き便船を得て琉球に渡航し、三年間留 した。この三年間に彼は壇越の請によつて琉球神道記五巻を著わしているのであるから、彼の学殖の豊富、観察の正鵠さは確かに当代の傑僧と見るべきであろう。五十五才入唐の宿志果し難きことを知つて 筑紫に去り、それより京都大念寺に留り慶長十六年入滅した。

生前上人の経営せし梵刹二十山、一代の著者二十三種五五巻に及び、浄土の大徳として浄土名越派の二上人と讃えられている。

真常は領内農民の指導にあたつては常に上人の言行を引用したといわれているが、これが琉球に浄土宗の広く信仰せられるきつかけともなつた。

それでは浄土の教とはどんなものであろうか 本来浄土宗は観想念仏を重んずるのであるが、このような念仏法はなお難行に等しかつた。彌陀の名号を口で唱える称名念仏はいわゆる在家無知の者でも修し易かつたが、それだけその功徳は軽視されがちであつた。

源空がたまたま「一心に専ら彌陀の名号を念じ、行住坐臥、時節の久遠を問わず、念々に捨てざれば、是を正業と名づく彼の仏の願に順ずるが故に」という悟を得てから一切の衆生を救済するという彌陀の本願を信じ、一心専念に唱える称名念仏の功徳が、甚深なことを確信した。即ち念仏は易行であるから、一切を通じ諸行は難行であるから諸機に通じない。彌陀は一切の衆生を平等に救済するから、難行を捨てて易行を選択した。もし彌陀が智恵、多聞 多見、持戒持律などを往生の本願とするならば、往生を許されるものは極めて少なく、貧窮、困若、愚鈍、下智、少聞少見、破戒の大多数の者は往生が否定されるだろう。それは彌陀の誓願に相反することになる。」と

この信仰を体得したから真常の常民救済の発心は、産業革新となつて農民の蒙を啓かしめたのである。（真常が上人から受けたのは「大悲伝普化の法悦道念」一六〇五年（己乙）北谷間切農村の出身であつた祈禱師野国総管が、支那から蕃薯をもたらしたということをきくや、取るものも取り敢えずお急ぎ野国の宅を訪れ、辞を低うしてその栽培法を習い、且つ種子を乞い受けて、自領内に早速栽培し、実績をあげている。これから十五年間彼は専ら蕃薯の普及栽培改良に全精力を傾注し、僅々十五年の間には全島隅なく甘藷の植付けを完了せしめている。その結果飢饉の際の惨状も見ることなく、農民の食糧獲保に一新紀元を劃するようになつた。

真常が後年甘藷を伝来した野国総管に対し全民衆に代つて満腔の感謝を捧げ総管の死後その鴻恩に感謝し祭壇をしつらえて其の霊を祭つたことが、図らずも総管の生地にも及んで、永く故人の功績を讃えるならわしとなつたのである。甘藷はもと熱帯の植物で小粒の芋をつける、明の末頃南方から福州へ移植された。南支の農民は古来華僑として南方に出稼することが行われ、明の代になると溢れる人口で支え切れなくなつたこの地方の人々は、潮の如く南方に広くなだれこんだものだ。

従つて彼等は南方に広く栽培される甘藷の効用を十分知つていたに違いない。だから国禁になつていた芋苗を極めて巧みな方法で盗みとつて支那に輸入していた。（徐光啓の農政全書）こうして食糧難に苦しむ南支一帯に忽ちのうちに広がつたのである。そこへ野国総管という小役人が南支の芋栽培に目をつけて、もたらしたということになつている。だから沖縄の甘藷伝来は偶然の出来事であり、甘藷文化は文化の偶然性と見られるのである。

（野国は中国滞在中は、福建にある琉球貿易事務所の小役人を仰付かつていたが、別に仕事があるはずはないので、勤務地での退屈をまぎらわすために、彼地に栽培されている甘藷の栽培を見聞して、その苗を伝来しようと考えたのである。）

野国総管の功績彰は明和二年に取扱われた会議書によつて窺われるから次に掲げて見よう。

総　管　野　国

右者北谷間切野国村住人にて候処、尙寧様御代総管役にて致渡唐、むんす芋重宝なる様子見及候に付、かつら申請、作様をも致伝授、持渡作立、野国村並近方の村々えも譲渡、且麻氏故儀間も貰取、手広致流布、重宝相成候付、為報恩儀間村赤平と申所にて祭祀有之、野国、砂辺三ヶ村其外近方の村々よりも於墓所段々祭祀有之、其由緒地頭故野国親方承付。子孫一所葬置候儀、如何被存、康熙三十九年辰年別墓所建立、致安置尊恭有之、子孫面目の至御座候間、右勲功御取持、糸録被成下、跡式相続被仰付度旨、先年、嫡流の子孫町端村比嘉筑登之親雲上兄弟及両度訟出候処、往古の事にて子孫分明に難被糺訳を以、御取掲無之候、適墓所一分に被取立、子孫相続一門親類間柄等たしかに相知于今香儀無断絶、致執行諸方よりも祭祀有之事候処、申伝迄にては到後代終可致忘却と残念至極難黙止候間、野国勲功御取持家譜追賜跡式相続被仰付度旨、此節猶又願出趣有之、遂吟味可申上旨被仰付、私共申談候は、総管野国事初てはんす芋持渡世上流布仕五穀の補に相成候段は、由来記並記事麻氏渡嘉敷親雲上家譜等にも委く相見得申候、然者芋の儀於御当地第一飯料仕、五穀同前幾百世国土の重宝相成、野国勲功無比類候……野国事男子与那覇と申者一人致出生、其内嫡子与那覇と申者医道心掛、首里へ罷登住居仕、右比嘉迄大代致相続、三男以下は野国へ致住居、毎年二月八日両度何れも於墓所祭祀致執行……野国事幾百世国用相立格別の人候処、跡式為及断絶候義如何存申候間、新家譜追賜二男以下は、御構無く嫡之兄比嘉筑登之親雲上へ順々相続被仰付可然奉存候以上。

申口同吟味役

もつとも移植以後約一〇〇年間（一六〇五～一七一五頃）は耕耘施肥も儀間真常の研究になるものをそのまゝ踏襲したままで、別段改良工夫が施されなかつたのであるから、年一作で収穫も少なかつた。

ところが宝暦頃になつて首里、寒水川の農学者周氏金城和最（一六九六～一七六五）が、耕耘施肥の方法を考案し、地拵、蔓返し法、年二作、他作物との混植法、種子採取法などを案出し且つ緑肥、油滓などの使用を行い、何れも成功を見、この実地研究の結果、延享二年彼は農業伝書を著述して、著く国内に流布せしめた。彼は又国王の命を奉じて農業巡回教師となり毎年二回高奉行に随つて、諸間切の農務を実地指導するなど、累年の功績によつて甘藷の栽培は今日のように盛んになつた。

兎角蕃薯の伝播によつて、永い間苦しめられた食糧問題が解決され琉球史上空前の黄金時代が現出した。しかしこの太平の夢は島津の南下によつてもつとも破れ去つて、以後薩摩の度重なる圧政と貢租によつて、塗炭の苦にあえがねばならなくなつた。おまけに薩摩は琉球を密貿易の基地として、国民の血税と貿易の利と二つながらせしめてしまつたのである。その結果敗戦後の一世紀間の困苦は甚だしく、農民の疲弊はその極に達し、租税は納められず、政庁の財政は窮乏を告げ、社会秩序は混乱した。さすがに薩摩の為政者もこの状態を憂慮して

一、百姓共余不痛様可被入念之事

一、此中耕作に専女を差出、男は大形の由候、自今以後男女同前に可入精事

という掟の条文を出さねばならぬ始末となつた。

慶長の役後の沖縄の衰頽は凡そ前述の通りであるがこの事は独り農村や農民ばかりではなく、都会も又一大打撃を受けたことは、慶長十九年薩摩の河上又左衛門、鎌田左京亮から、三司官に送つた覚書のうちに、那覇港の衰微のことに言及しているのを見ても知られるのである。この時に当つて産書上に一縷の望みを与えたのが儀間真常による製糖業の創始である。

真常は慶長十一年丙午謝国富勢頭に任じて、進貢使節として再度支那に渡つたのであるが、公用の余暇は殆ど、席の温まる間もなく彼地の農事の状況を見聞し南支において甘蔗栽培の実況をつぶさに研究したのであつた。彼は帰任後専心製糖の事に従事しようとしたが、図らずも十四年慶長の敗戦にあつて、彼の計画は水泡に帰し、涙をのんで尙寧王供奉として、王に扈従し、薩摩に上国せざるを得なかつた。喜安日記によると彼は薩摩に上国後数ヶ月間、鹿児島御仮屋の留守番を御付かり滞在することになつている。彼は悲歎の中にも母国の将来を憂え、如何にして再興の機を得んものと薩州内の食料衣料作物の栽培に注目し、滞在中、実地に棉花栽培土壌の適否を研究し、二年後帰任と同時に、実地見聞せる棉花栽培に着手したのであつた。

慶長十四年暮彼は薩摩の御仮屋から江戸は招還を受け、江戸に上国したが、彼にとつては江戸入りは寧ろかねての農学への抱負を実現する機会を与えられた好機となつたのである。

文化の中心地江戸において彼は公用の傍農学者を歴訪して、その抱負を語り指導を受け、いよ〳〵農学に対する円熟した見識を以て十六年（一六一一年辛亥）

帰国したのである。帰国後直ちに田地奉行の重職に任ぜられ敗戦後疲弊せる母国の農事総元締におさまったのであるから、慶長十一年から同二十五年までの十五年間は全く土に取組む明け暮れであったに違いない。

元来田地奉行の職掌は、農業指導のため全額にわたって巡勤し、田畑の手入、播種耕耘の指導、農地改良の諸計画、諸知行支配、進貢船出入改等に任ずるのであるが、農事指導に最も留意されたようである。巡勤の節田畑手入を怠ったものには、科策(トガブチ)といってにが竹廻り二寸長二尺五寸のもの三節を結び束ねたもので、臀を打ち女は手を打って、その懈怠を戒め惇々として農道の怠るべかざるを説くのであった。

真常が田地奉行として庶民の崇敬を得ていたことは任官した慶長十一年後末とどこおりがちであった仕上米が完納された一事をもってしても察することができよう。しかし田地奉行の苦心はいよいよ累加するばかり、薩摩からの貢租加重は殆ど耐えられない負担額となってきたからたまらない。真常は疲弊する母国の経済再興にかねて抱懐していた換金作物甘蔗の栽培に如くものなしと見てとり、自らかねて見聞した知識によって島荻、読谷山荻を栽培し砂糖製造にとりかかったのである。こうして一六二二年（壬戌）天啓二年甘蔗圧搾器（石器）を発明し、その搾汁を大釜に煮詰めて、砂糖を得ることに成功したのである。たまたま翌一六二三年（癸亥）自領の出身でかねて親交のあった、儀間金城親雲上（振亭）が進貢使として出発するのを機会に、真常は家人三人を福州に派遣し、支那における製糖技術を学ばしめたのである。彼等が業を終えて帰国するや真常は欣喜雀躍として、その容易に行うべきを確信し、彼等の携え来りし、新種を自己の邸内に栽培し、中国式の製糖場を設置して、製糖に着手したのである。この製糖業は気候風土が沖縄に適していたせいもあり、甚だ迅速な発展を遂げて、正保四年即ち真常が製糖を伝えてから二十四年を経たときには、一大輸出品となって内地の市場にも現われるようになった

砂糖の原料である甘蔗が古来沖縄に自生していたであろうということは前述した通りであるが、琉球国旧記によると

「黒砂糖本国自古有甘蔗而、民未知造糖、天啓三年癸亥儀間邑人、随貢使赴閩時、麻氏儀間真常使他学造糖法、他于福州巳得造糖法、而回来、真常大喜即栽甘蔗于宅中而始造焉、巳遍及糖法、于国中矣」

とあり、甘蔗は昔からあったが、砂糖製造の方法を知らなかった。それで儀間真常が家人をビン地に遣って造糖の法を学ばせたということになっている。

球陽によると

「麻平衡深本国有甘蔗、不知製糖於是令儀間村人到福州巳学製糖之法、纔於平衡家巳取甘蔗汁、以煞黒糖、終及国中矣」

とあり、大日本農史にも元和九年癸亥琉球の儀間親方が家人を使船に附して支那ビン州に遣り、製糖法を学ばしむ、家人その法を得て還り、遂に国内に遍し、琉球国素より甘蔗を産せりといえども、砂糖を製すること此に始まると云う。」とあるから儀間親方の創始になるとは明らかである。

しかしながら真常が製糖に身を打ち込んだ原因については疲弊した母国を再興しようとする心情もさることながら、政治的にのっ引ならぬ立場に琉球がおかれていた事も大いに興っているというのは琉球政庁が、薩摩から銀九千両を借財したが六ケ年の返済期限になっても約束のように返済の履行ができなかったから、当局は大いに憂えて衆議に諮った。そのとき古波蔵賀親が奏議していうには、農民に製糖の義務を負わせ、政庁においてこれが専売をなし薩摩に輸出するならば多大利益を得て、返金の資を得るであろうと建言した。

その説が納れられて、直ちに政庁側は在番奉行、諏訪木工右衛門に謀って、島津氏との交渉を遂げさせたのである。この事情については那覇由来記（順治三年一六四六年）の砂糖欝金仕上世始の条によって知られるのである。それよりも前一六二四年寛永元年既に儀間親方は製糖業の有望なることを察し、政庁に建議して「甘蔗栽培を優先し砂糖製造を政庁の直轄事業たらしむ」とあるから、薩摩から借財した（仕上世米五十斛代金）を砂糖製造の利によって、支払う方法以外に道がないことを早くも察していたに違いない。

儀間親方の棉花栽培にふれておいたように慶長十六年薩摩において実地見聞し、帰国の際種子をそうて持帰り、自邸内の園地に試植し、その成功を見るに及んでこれを国中に伝播せしめたということになっている。琉球国旧記木棉の条によると、

「万暦三十九年辛亥、麻氏儀間親雲上真常、得之于薩州来栽于其園、以致蕃衍、時日本婦女遇風抵国、（一名日梅千代、一名実千代）而居于泉崎焉。真常乃召其人問以治布之法、並令他織大帯、然後乃于国中此則我国、用棉織布之始也歟。」

とあり、又麻姓家譜にも、

「尚寧王御上国之時、為勢頭役、随従聖上、同五月十七日那覇御船出、同三十九年辛亥九月十三日還幸、同十二月一日陛座敷、此時真常持来渡木棉種子」

とあつて、これが琉球木棉織物の遠源となつている。真常が織らした木棉布は、其の領地の儀間湖城の両村に分配して練習させ、模様も至つて簡単で棒縞のようなもので儀間が織つたものを儀間ターフーといい、湖城で織つたものを湖城とミツパー称していた。

元来棉花は熱帯の原産で、錦葵科に属する植物である。その発生地は恐らくインドであり、この地方には有史以前から野生の綿が茂つておつたといわれている。そうして綿花の繊維に有史以前から利用されていたが、紡績は紀元前三世紀頃から行われるようになつていた。

棉がヨーロツパに移植されたのはアレキサンダー大王の時代B・C四世紀の前半であつたが、中国に移植されたのは余程おくれて七世紀頃といわれている。

日本に棉花が始めて伝えられたのは、延暦十八年(七九九年)インドの僧が三河に漂着したとき、種子を伝えたのが最初である。ところが気候風土の関係でせつかく芽を出した棉が、枯死したのでその栽培は全く行われず、其後天文十年(一五四)にポルトガル人が種子を九州にもたらしたのに始つている。

棉は熱帯の産であるから高温多雨が最も必要な条件となつている。もともと多年生の植物であつたが、収穫を大きくするために毎年植えかえるようになつてから一年生植物となつたので、夏季高温でありさえすれば、各季に相当寒いところでも栽培されるのである。しかし成育期に降霜のない日が二〇〇日間、中断しないで続くことや、一年に五〇〇ー七〇〇粍以上の雨量があることなどが、まず必要で雨季と乾季がハツキリと交替することが、十分でなければならない。しかもこの植物は地力を消耗することが甚だしく、天然に肥沃な土壌をもつ地方でなければ栽培は困難である。

こういう必要条件をそなえているのは日本でもそう広くはない。従つて天文以後その栽培の奨励が、積極的に行われたのに拘らず、適地は僅かに南海、西海の地方に限られるようになつた。幸にも儀間真常が上国当時は薩州が最も適地として栽培も広く行われていたのであるから、その実地研究には最も都合がよかつたに違いないし、たまたま江戸に行つて見聞したが棉の栽培は殆どなく、農学者を歴訪してその栽培法をきくに及んで、棉花栽培の実体を把握し、いよいよ沖縄が棉花栽培に好適であることを確信したのであつた。そこで帰国後直ちに自宅の園地に栽培して誠に優秀な成績を収めることができたから、いよいよこれを国中に広めるようになつたのである。

それでも南部島尻の収穫の少なかつた原因は、地味を得なかつたが為で、最も適地として広く宣伝されたのは中城伊舎堂村であつた。この地は中西(中城)の主邑で古来中城間切の惣地頭も伊舎堂親方と称していた。「思ゆらば里前、島とまいていまうれ、島や中城花の伊舎堂」と歌われた哀婉情緒の地、中城々下の傾斜一帯が一面の棉花の花ざかりであつたことをかけなといわれている。

真常は木棉絣の織法を特に小禄、垣花、豊見城の地に広く流布されたために後世この地方から産する絣は「大和物」と唱えられるようになつた。

「小禄豊見城垣花の三村
三村のあん小揃として布織い話
あやまみぐなよーむとかんぢゆんど」

と唄われたのは、此の地方の木綿絣の殷盛をうたつたものであつた。

文教時報

表紙図案募集

一九五九年の新年号より新しい図案で、文教時報の表紙を飾るべく、次の要領で表紙図案募集することにしました。ふるつて応募下さい。

応募規定

○図案…内容の取材並びに書体は随意、但し教育誌の表紙にふさわしい絵画又は図案
色彩はタイトル(文字)を含めて三色まで
タイトルは「文教時報」、「一九五九年」、「月」、「号」、「琉球」、「文教局研究調査課」の文字を入れる。

○応募範囲…同一人二点以内、教育現職並びに教育委員会事務局職員に限る。

○宛先…文教局研究調査課

○締切…十一月三十日までの消印有効

○規格…文教時報の大きさ四六版(7×10インチ)

○採用…四点採用、一点宛一九五九年一月より三ケ月ずつ使用の予定
採用の分には薄謝進呈

○発表…本誌一月号

なお審査、作品の処理は一切当課へ一任のこと。

連載小説

町の子・村の子（第八回）

宮里静子

（十四）

コンクリートの市街に焼けつく八月の太陽。風のない午さがりはじつとしていても汗をかく。それなのに午前午後にわたつてむずかしい英語まじりの講義を幾時間も聞かされた新垣竜太郎先生は、全く罰されたみたいで、やつと講義がすんで那覇高校の門を出た時は思わず後を振返り、ふーつと太息をつくのであつた。同じ一時間でも、講義の一時間というものほど世の中に長いものはないような気がして、朝からの一日が、ふだんの二日にまさる退屈さではないかとつくづく思うのである。

「暑いのに、毎日御苦労ですね」

会場での席が隣で、顔見知りの外間という青年教師が、竜太郎先生をいたわるように言つた。

「いや、この暑さと、あの二単位先生の講義にはまつたく閉口ですよ。猛暑に五体は疲労コンパイしとるのに、あのべら〳〵の大和口で延々数時間にわたる講義を毎日拝聴せにやならんのだからな。まさにあわれというもおろかなりですよ」

「それに速記しなければならないし――」

「そう〳〵、あれがクセモノなんだ。試験されるとあつては書かざる得ないからな。朝から話をシークヮーサレルだけでも大へんなのに、それをアシ(汗)ハイ、ミヂハイしてウツシ（写し）タツクヮサンごといけない。二百円出して精神圧迫されたも同然だと言わざるを得ないんだ」

「とにかく、単位取るのも楽じやありませんね」

「同感です。愚生など、はるばる北ヤンバルからこの苦難をなめに上覇したようなもので、身を以て世の変転をなげくことしきりです。」

「御宿はどちらですか」

「牧志の知人の家に投宿しています。気安いのと経済的考慮から、多少の不便はありながら、まあまあこれで辛棒といつたところです」

開南で竜太郎先生は相手と別れると、交番横の坂を下りて市場を横ぎり、平和通りへ出た。相変らずの人混みである。天狗みたいな鼻をのせた、豚肉を思わせの顔に、落ちくぼんだ青い眼の大男が、背の低い、やせ細つた小娘を、まるで腰にぶら下げたみたいにやつて来るのを見て、竜太郎先生はフンと鼻を鳴らした。二人とも人を馬鹿にしてやがると思つたからである。いくら何でも、あれでは無茶だ。玩具ならともかく、自分たちの同胞が、あのような毛唐の大男の欲求満足のためにもてあそばれて、しかも、それを誇らしげに首都の大道をこれ見よがしに歩き廻る。まさに白痴の限りだと竜太郎先生は義憤をすら覚えた。

だが、竜太郎先生のそのような心境をよそに、近づいて来た大男と腰の小娘は、互に見上げ見下しながら如何にも楽しそうに話してはにつこり笑い、につこり笑つて通り過ぎた。顔をしかめてそれを見送つた竜太郎先生は、今更のように世の変転に驚きあきれると共に、人種の如何を問わず、肉体の大小にかゝわりなく結合してゆける人体の不可思議な構造に一種の神秘を感ぜずには居れなかつた。

（十五）

山川文三は大田英作先生につれられて、毎日のように砂ぼこりとガソリンの臭気の漂うコンクリート道路を歩き廻つているうち、だん〳〵と都市の空気にも馴れ宿の周辺の町の子たちとも親しむようになつた。それでもまだ一人で遠くまで出かける勇気はない。英作先生が用事で外出すると、宿を出発点として、いつも通り馴れている道路を自信のもてる地点まで行き、そこをまた戻つてくる。道路に沿つた店に並べられたいろ〳〵な品物を見ながら、のろ〳〵と歩くので退屈ではない。品物を前にして道を通る人を眺めている店の人たちの顔も色々様々である。

角の煙草屋には、村のどこかで見たアンガーに似た丸顔のねえさんが、客のない時はいつでも新聞か雑誌を読んでいるし、ヤンバルでは見たこともない大きな鏡を正面の壁一ぱいに据えた理髪屋では、背の低い肥つた小父さんが、真白い服を着て、いつでも忙しそうに髪を刈つている。雑貨屋は店の構えも大小さまざまだが、並べてある品物も種々雑多である。かぼちやのような顔をしたおかみさんの坐つている店もあれば、おつぱいから下だけの服みたいなものを着て、背中をハダカニした、顔のきれいなねえさんが、いつでも笑顔で立つている店もある。

かつおぶしなど、魚くさいものばかり並べてある店にはヤガンに目鼻をえがいたような、見るからにいかめしいハゲ頭のおやぢが、じつと道路をにらんでいるので、文三はその店の前を通る時は、なるべくそこを見ないようにしている。いくら買いたくても、あの顔には顔まけして、誰も近よらないのではないかと、文三はよけいなことまで考えたりする。

今日も文三がそのような散歩から帰つて来ると、薬屋の前でひよつくり路地を出て来たナー子に出会つた。ナー子は背は文三よりちよつと高いくらいだが年は同じだという。文三や近所の男の子たちが夕方など集つて、ゴム縄を引張つて高跳をして遊んでいると、ナー子もいつの間にか出て来て、ちよつと離れたところから文三たちの遊びを眺みているのであつた。ナー子は髪の色が金色で眼がちよつと青みがかつている。一人しよんぼり立つているナー子に男の子たちが「跳ばないか」というと、急ににこにこ元気づいて仲間に入るのであつた。文三はナー子がどうして同じ女の子たちと遊ばないで、男の子たちと遊ぶのかと不思議な気がしたが、今では友だちみたいになつて、それも何とも思わなくなつている。

ナー子は文三を見て立止ると、にこ〳〵しながら

「どこいつたの？」

と言つた。その顔と髪の色をまじ〳〵見ながら、文三はちよつとはにかんだが

「町を見物して来た」

と答えてにが笑いした。

「どこまで行つたの」

「あそこまで」

文三は振返つて後方の十字路を指した。

「もうおうちへ帰る？」

「ん」

ナー子は小首をちよつとかしげたが、すぐ

「わたしのおうちへ行つて遊ばない？」

そう言つて文三の眼をじつと見つみた。文三はしばらくもぢ〳〵していたが、決心したらしく

「行くよ」

と言つてナー子の後について行つた。

（十六）

むし暑い夜である。

竜太郎先生はパンツ一枚の裸体で窓ぎわの机に向つている。ねぢ鉢巻で、にじみ出る汗を拭き拭き、明日の試験勉強に懸命になつているつもりなのだが、覚えようと努力すればするほど、ノートの文句は頭を素通りするばかりで、いたずらに気があせるばかり。

「えーと、青年期において大切な発達的変化の一つは、第一次性徴、つまり直接に生殖に関係がある生殖器の発育及び、第二性徴、つまり、直接生殖ではない陰毛、ひげ、わき毛の発生、乳房の隆起、骨盤の肥大声変わりなどの出現である。かくて、女子では月経が開始されることであり、男子では射精を経験することになる。即ち、種族維持の機能において、男と女の明らかな分化があらわれることである」

竜太郎先生は前方の窓の外をにらみ、次第に声を大きくしながら、ノートに速記してあるこの一節を何回となく繰返す。大切な発達的変化の一つと明記されているからには、きつとこの一節は明日の試験問題として出るにちがいない、と思つているからである。繰返すこと数回でようやく第一次性徴と第二次性徴なるものが頭に残つた。

「やれ〳〵、これで安心、これでいゝんだ。あの二単位源九郎先生、きつと〃青年期における発達的変化について記せ〃と出すにちがいない。するとこの竜太郎、待つてましたとばかり書きまくる。まさにそのものずばりだ。」

竜太郎先生ひとりごとを言いながら、ニヤリと笑う。そこで「おぼえるまでは飲みません」と心に誓つて戸棚に安置しておいた泡盛の二合ビンを取出し、早速祝杯をあげた。

「ナニ、青年心理なんて、名はいかめしいが、要するに、子供はどうして大人になるか、てなことをわざ〳〵むずかしげな学問にしたまでだ。子供のからだにどんな変化が起り、その心に如何なる変化が起つてついに恋をするようになるかという学問なんだ自分を振り返つてみればちやんとわかる。己に問えだ。吾、十有四にして既に恋を知り、二十にして一子を挙げ、三十にして多産系となる。何ぞ青年心理を怖れんやだ」

竜太郎先生は一人でうなずいて杯を重ねる。

「ところで、二単位先生次は何と申されたかな。どれ〳〵、えーと、射精の体験はキンゼイ報告によると自慰によるものが最も多く、全体の三分の二はこれによつて経験し、ついで夢精、か、ナーンダ。そんなこと位ちやんと解つてらァ。それがわからんのは受講している女の先生だ。

〃先生、シヤセイとは、あのシヤセイですか〃なんて黄色い声で大真目に質問なさる。こんなことを学者ぶつてノタマワレタ源九郎先生も源九郎先生だが一心に速記した受講生も受講生だ。アナカシコ、アナコシコ」

竜太郎先生はノートを閉じると袋へ納めた。

中央教育委員会の委員の選挙執行に関する規則

第一章　総　則

（目　的）

第一条　この規則は、教育委員会法（一九五八年立法第二号）以下「法」という。）第九十四条から第百九条までの規定に基き、中央教育委員会（以下「中央委員会」という。）の委員の選挙執行に関し、必要な事項を定めることを目的とする。

第二章　選挙事務の管理執行

（選挙事務）

第二条　中央委員会の委員の選挙に関する事務は、各選挙区の教育長が管理執行する。

（選挙区の区域内を管理する教育長が二人以上あるときの選挙の管理執行）

第三条　文教局長は、法第九十七条第二項の規定に基き、次にかかげる各選挙区の選挙に関する事務を管理執行する教育長を指定しなければならない。

一、北部地区選挙区は、辺土名、名護及び宜野座の三連合区の教育長のうち一人。

二、中部地区選挙は、普天間、コザ、読谷嘉手納、前原及び石川の五連合区の教育長のうち一人。

三、南部地区選挙区は、糸満、知念及び久米島の三連合区の教育長のうち一人。

第三章　選　挙　権

（選挙人）

第四条　教育委員会（以下「区委員会」という。）の委員は、中央委員会の選挙人となる。

（選挙人名簿）

第五条　第二条及び第三条に規定する教育長は、中央委員会の委員の選挙を行う場合においては、当該選挙区の選挙人の名簿を、選挙期日前十日現在において別記第一号様式により調製しなければならない。

2　前項における選挙人名簿の調製後、選挙人に異動が生じた場合においては、区委員会は直ちに、その旨を選挙期日の前日までに教育長に報告しなければならない。

3　教育長は前項の報告を受けた場合は、直ちに選挙人名簿を修正しなければならない。

第四章　候　補　者

（候補者の届出）

第六条　法第九十八条の規定による届出は、別記第二号様式により作成しなければならない。

2　教育長は、候補者の届出を受理したときは、直ちに、これを公示するとともに、当該選挙区の区委員会並びに文教局長に報告しなければならない。

（重複立候補の禁止）

第七条　一の選挙区において候補者となつた者は、同時に、他の選挙区において、その選挙における候補者となることはできない。

第五章　選　挙

（選挙期日の公示及び通知）

第八条　法第百条の規定により選挙期日の公示は、別記第三号様式によらねばならない。

2　教育長は前項における公示をしたときは、直ちに、その写を添えて選挙区の区委員会並びに文教局長に通知しなければならない。

（選挙のための集合の通知）

第九条　教育長が法第百二条の規定に基く選挙の日時及び場所について集合の通知をなす場合は、別記第四号様式によらなければならない。ただし、交通不便な離島又は山間へき地等に対しては、電報その他適切な方法を講ずることができる。

2　法第百二条第二項の規定により公示した場合も前項と同様通知しなければならない。

（候補者等の氏名掲示）

第十条　選挙会場には、候補者の氏名（ふりがなを付すこと。）を掲示しなければならない。ただし、掲示の順位は届出の順による。

（事務従事者）

第十一条　教育長は、あらかじめ投票事務に従事せしめるため、事務従事者五人を指名しなければならない。

2　前項による事務従事者は、その選挙に関係のある連合区事務局職員（連合区教育長を含む。）の中から指名しなければならない。

（投票用紙の様式）

第十二条　教育長は、選挙人が選挙人名簿に登載されている者であることを選挙人名簿と対照して確認した後、これに投票用紙を交付しなければならない。

2　前項の投票用紙は、教育長の官印を押したものでなければならない。その様式は、別記第五号様式によるものとする。

（開票の場合の投票の効力の決定）

第十三条　投票の効力は、開票立会人の意見を聴き、教育長が決定する。

（無効投票）

第十四条　次にかかげる投票は無効とする。
一、成規の用紙を用いないもの。
二、候補者でない者の氏名を記載したもの
三、一投票中に二人以上の氏名を記載したもの。
四、被選挙権のない候補者の氏名を記載したもの。
五、候補者の氏名の外、他事を記載したもの、ただし、職業、身分、住所または敬称の類を記入したものは、この限りでない。
六、候補者の氏名を自書しないもの。
七、候補者の何人を記載したかを確認し難いもの。

（選挙録）
第十五条　教育長は、選挙録を作成し、選挙の次第を記載しなければならない。
2　前項による選挙録は、別記第六号様式によらなければならない。

第六章　当選人

（無投票当選）
第十六条　第六条の規定による届出のあつた候補者が、当該選挙区の委員の定数を越えないときは、投票は行わない。
2　前項の規定により投票を行わないことになつたときは、教育長は、直ちにその旨を当該選挙区の各区委員会に通知し、併せてこれを公示し、且つ、文教局長に報告しなければならない。
3　第一項の場合において、教育長は、選挙期日に、当該候補者をもつて当選人と定めなければならない。
4　前項の場合において、当該候補者の被選挙権の有無も併せて決定しなければならない。

（選挙結果の報告）
第十七条　投票の点検が終つたときは、教育長は、投票数、得票数等の朗読をしなければならない。

（当選人の決定）
第十八条　当選人を決定する場合においては、教育長は、その者の被選挙権の有無についても併せ決定しなければならない。

（当選人の公示及び告知）
第十九条　当選人が定つたときは、教育長は直ちに、当選人に当選の旨を告知し、且つ、当選人の住所氏名を別記第七号様式により公示しなければならない。

（当選の効力の発生）
第二十条　当選人の当選の効力は、前条の規定による当選人の公示のあつた日から生じるものとする。

（兼職禁止の職を辞さない場合の当選人の失格）
第二十一条　当選人で法第百四十条その他の法令の定めるところにより、中央委員会の委員と兼ねることができない職にある者が教育長に対し第十九条の規定により、当選の告知を受けた日から五日以内にその職を辞した旨の届出をしないときは、その当選を失う。
2　前項の場合において、同項に規定する公務員がその退職の申出をしたときは、当該公務員の退職に関する法令の規定にかかわらずその申出の日に、当該公務員たることを辞したものとみなす。

（当選証書の附与）
第二十二第　前条に規定する場合を除く外、教育長は第二十条の規定により当選の効力が生じたときは、直ちに、当選人に当選証書を附与しなければならない。
2　前条の規定により当選を失わなかつた当選人については、教育長は、前条に規定する届出があつたときは、直ちに、当該当選人に当選証書を附与しなければならない。
3　当選証書の様式は別記第八号様式によらなければならない。

（当選人等の場合の報告及び公示）
第二十三条　候補者又は当選人がないときは、教育長は直ちに、その旨を公示し、各区委員会に報告し、更にその選挙を行わなければならない。

（当選等に関する報告）
第二十四条　前二条の場合においては、教育長は、直ちに、その旨を文教局長に報告しなければならない。

雑則

（委員の任期満了及び欠員の場合の通知）
第二十五条　法第九十九条及び第百一条の規定により中央委員会の委員の任期満了又は欠員を生じたときは、文教局長は直ちに、選挙区の教育長にその旨を通知しなければならない。

（文教局長の行う当選人の公示）
第二十六条　文教局長は、各選挙区において中央委員会の当選人が決定し、その報告があつたときは、これをまとめて公報登載によつて公示しなければならない。

附　則

この規則は、公布の日から施行する。

第一号様式

選挙人名簿の例

中央教育委員会委員選挙人名簿

年　月　日執行（通常選挙）　選挙区名

番号	氏名	性別	住所	所属教育区

第二号様式

候補者届の例

一　候補者氏名（ふりがなを付すること）
二　本籍地
三　住所
四　生年月日
五　性別
六　職業
七　被選挙権の有無
八　選挙　年　月　日執行中央教育委員会委員選挙（通常選挙）

右のとおり立候補の届出をします。

年　月　日

氏　　名　㊞

何選挙区教育長　　殿

第三号様式

選挙期日の公示例

中央教育委員会委員の通常（補充）選挙を左のとおり行う。

右教育委員会法第百条の規定により公示する。

年　月　日

何選挙区教育長　氏　　名　㊞

一、選挙期日　　年　月　日

第四号様式

選挙のための集会の通知例

第何号

年　月　日

何選挙区教育長　氏　　名　㊞

何教育区教育委員会

委員　何　某　殿

中央教育委員会委員の通常（補充）選挙執行について

右のことについて、左記のとおり執行致しますので中央教育委員会委員の選挙に関する規則第八条の規定により通知します。

記

一、選挙期日　　年　月　日　時
二、選挙会場

第五号様式

投票用紙の例

表

中央教育委員会委員 選挙投票用紙

裏

候補者氏名

第六号様式　選挙録の例

選　挙　録

年　月　日執行中央教育委員会委員（通常）選挙　　選挙区

<table>
<tr><td>1.選挙会場</td><td colspan="4">何　連合区教育委員会事務局</td></tr>
<tr><td>2.選挙終始時刻</td><td colspan="4">午前何時開始　　午後何時終了</td></tr>
<tr><td rowspan="4">3.投票の状況</td><td>選挙人名簿登録者数</td><td>投票者数</td><td>棄権者数</td><td>投票率</td></tr>
<tr><td>（男）</td><td></td><td></td><td></td></tr>
<tr><td>（女）</td><td></td><td></td><td></td></tr>
<tr><td>（計）</td><td></td><td></td><td></td></tr>
<tr><td>4.投票数</td><td>投票総数</td><td>有効投票</td><td>無効投票</td><td>無効投票率</td></tr>
<tr><td rowspan="4">5.各候補者の得票数</td><td>候補者氏名</td><td>得票数</td><td>候補者氏名</td><td>得票数</td></tr>
<tr><td></td><td></td><td></td><td></td></tr>
<tr><td></td><td></td><td></td><td></td></tr>
<tr><td></td><td></td><td></td><td></td></tr>
<tr><td rowspan="3">6.選挙事務従事者氏名</td><td colspan="4">教育長</td></tr>
<tr><td colspan="4">事務局職員（連合区教育長を含む）</td></tr>
<tr><td colspan="4"></td></tr>
</table>

年　　月　　日　調製

教育長職　氏　　　名　㊞

われわれは、この選挙録の記載が真正であることを確認して署名する。

開票立会人　氏　　　名　㊞

開票立会人　氏　　　名　㊞

第七号様式

当選人の住所氏名の公示例

告示第　号

年　月　日執行の中央教育委員会委員の選挙において当選した者の氏名、住所は次のとおりである。

年　月　日

何選挙区教育長　印

記

(氏名)　(住所)

第八号様式　当選証書

当　選　証　書

住所

氏名

右は中央教育委員会の委員に当選したことを証す。

年　月　日

何選挙区教育長

氏　名　印

教育委員会法(抜萃)

第三編　中央教育委員会

第一章　組　織

(定　数)

第九十一条　中央委員会は、選挙された十一人の委員でこれを組織する。

(任　期)

第九十二条　中央委員会の委員の任期は、四年とする。ただし、補充委員の任期は、前任者の残任期間とする。

2　前項に規定する委員の任期は、選挙の日から、これを起算する。

(委員の報酬及び費用弁償)

第九十三条　政府は、中央委員会の委員に対し報酬を支給しなければならない。ただし、給料は支給しない。

2　委員は、職務を行うために要する費用の弁償を受けることができる。

3　前二項の規定する報酬及び費用弁償の額は、立法院議員のそれをこえてはならない。

4　報酬及び費用弁償の額並にその支給方法は、中央委員会規則で定める。

第二章　選　挙

(選挙権及び被選挙権)

第九十四条　立法院議員の被選挙権を有する者は、中央委員会の委員の被選挙権を有する。

2　区委員会の委員は、中央委員会の委員の選挙権を有する。

(半数交代制)

第九十五条　中央委員会の委員は、隔年毎の十二月中に六人及び五人を交互に改選する。

(選挙区等)

第九十六条　中央委員会の委員の選挙区及び各選挙区において選挙すべき委員の数は、別表で定める。

(選挙事務)

第九十七条　中央委員会の委員の選挙に関する事務は、教育長がこれを管理する。

2　選挙区の区域内を管轄する教育長が二人以上あるときは、文教局長は、当該教育長の意見を聴取して選挙に関する事務を管理する教育長を定める。

(候補者)

第九十八条　中央委員会の委員の候補者になろうとする者は、選挙の期日の公示があつた日から十日以内に、その旨前条に規定する教育長(以下この章において「教育長」という。)に届出なければならない。

(選挙期日)

第九十九条　中央委員会の委員の任期満了による通常選挙は、委員の任期満了の日前三十日以内に行う。

2　補充選挙は、これを行うべき事由が生じた日から四十日以内に、これを行う。

(選挙期日の公示)

第百条　選挙の期日は、少くとも二十日前に公示しなければならない。

(補充選挙)

第百一条　中央委員会の委員について、次の各号に掲げる事由の一が生じた場合には、補充選挙を行う。

一　委員が、その職を辞したとき。

二　委員が死亡したとき。

三　委員が、被選挙権を喪失したとき。

四　委員が、兼職禁止の職についたとき。

(集　会)

第百二条　選挙人は、教育長が選挙の日前七日までに通知した、日時及び場所に集会しなければならない。

2　天災その他避けることのできない事故により集会することができないときは、教育長は、更に期日を定めて投票を行わせなければならない。ただし、その期日は、少くとも五日前に公示しなければならない。

3　集会した選挙人が、総選挙人の三分の二に達した後、教育長は、委員の選挙を行う。

（投　票）

第百三条　投票は、無記名で行い、一人一票に限る。

2　投票は、投票箱に投入する。

3　現在選挙人が投票を終つたときは、教育長は、投票箱の閉さを宣告する。この宣告があつた後は、投票することはできない。

（投票の点検）

第百四条　投票が終つたときは、教育長は、二人の立会人立会の上、当該連合区委員会事務局の職員をして、直ちに投票を点検させる。

2　前項の開票立会人は、教育長が、集会した選挙人に諮り選挙人のうちから選任する。

（選挙結果の報告）

第百五条　投票の点検が終つたときは、教育長は、選挙の結果を報告する。

（当選人の決定）

第百六条　投票の最多数を得た者を当選人とする。ただし、投票数が同じときは、抽せんでこれを定める。

（当選人の報告）

第百七条　教育長は、当選人が決定したときは、すみやかに、文教局長に報告しなければならない。

（当選人の辞退）

第百八条　当選人が当選を辞したときは、更にその選挙を行う。

（選挙疑義の決定）

第百九条　すべて選挙に関する疑義は、文教局長が、これを決定する。

附　則（抜萃）

2　この立法による中央委員会の委員の第一回の選挙は、次に定めるところにより、一九五八年十二月中に行う。

選挙区	選挙委員数
北部地区	二人
中部地区	三人
南部地区	一人
都市地区	一人

3　前項の場合において、北部地区及び中部地区選出の委員の中最低得票者各一名は、任期二年とする。ただし、最低得票数が同数の場合又は無投票当選の場合は、抽せんにより、これを定める。

4　この立法施行の際現にその職にある中央委員会委員のうち一九五八年に任期が満了する委員は一九五八年十二月の選挙による委員が就任するまで、一九六〇年に任期が満了する委員は、一九六〇年十二月の選挙による委員が就任するまで在任する。

別表

	選挙区	委員数
北部地区	国頭教育区、大宜味教育区、東教育区、羽地教育区、屋我地教育区、今帰仁教育区、上本部教育区、本部教育区、屋部教育区、名護教育区、久志教育区、宜野座教育区、金武教育区、伊江教育区、伊平屋教育区、伊是名教育区	二人
中部地区	恩納教育区、石川教育区、美里教育区、与那城教育区、勝連教育区、具志川教育区、コザ教育区、読谷教育区、嘉手納教育区、北谷教育区、北中城教育区、中城教育区、宜野湾教育区、西原教育区、浦添教育区	三人
南部地区	豊見城教育区、糸満教育区、兼城教育区、三和教育区、高嶺教育区、東風平教育区、具志頭教育区、玉城教育区、知念教育区、与那原教育区、大里教育区、南風原教育区、仲里教育区、具志川教育区、（久米島）渡嘉敷教育区、座間味教育区、粟国教育区、渡名喜教育区、南大東教育区、北大東教育区	
都市地区	那覇教育区	二人
宮古地区	平良教育区、城辺教育区、下地教育区、上野教育区、伊良部教育区、多良間教育区	一人
八重山地区	石垣教育区、大浜教育区、竹富教育区、与那国教育区	一人

一九五九学年度高等学校入学者選抜要項

一、方　針

高等学校及び中学校教育の正常な発展を期するために高等学校第一学年入学者の選抜を左の方針に基いて行う。

1　この選抜は学校教育法施行規則第四十九条第二項に該当する場合に入学希望の高等学校の長がこれを行う。

2　選抜は、入学志願者の出身中学校長から提出された報告書および高等学校長が入学志願者に対して行う学力検査の成績を資料として行う。

3　前項の学力検査に要するテスト問題は、文教局長が問題作成委員を任命してこれを作成する。

二、出願資格

1　中学校卒業者及び一九五九年三月中学校卒業見込みの者。

2　学校教育法施行規則第五十三条に該当する者。

三、出願期日

1　入学志願者の受付は、一九五九年一月十九より仝二十八日までの十日間とする。

2　受付時間は日曜日を除いて毎日午前九時から午後五時までとする。但し、土曜日は正午までとする。

四、学力検査の場所と期日

1　場所＝入学希望の高等学校で行うことを原則とする。但し、事情により他地区の高等学校に委託し又は文教局長の指定する地域には検査員を派遣して行うことができる。

2　期日＝一九五九年二月十四日（土）より仝二月十五日まで全琉一齊に行う。

五、出願手続

1　高等学校に進学を希望する者は、入学希望校名と受検場と志願課程を明記した入学志願書を出身中学校長に提出する（志願課程を第一希望第二希望まで記入する）。

2　出身中学校長は入学志願者の入学志願書及び報告書を希望する高等学校長に提出する。

3　一九五八年三月以前に中学校を卒業した者は出身中学校長が、中学校卒業者以外の高等学校進学希望者は、居住地の中学校長が代つて手続をするものとする。

六、選抜の方法

1　高等学校は学校長を委員長とする選抜委員会を組織して選抜を適正ならしめるものとする。

2　学校において面接を行うことができる。

3　高等学校の選抜委員会は、出身中学校長から提出して報告書と学力検査の成績を資料として選抜判定を厳正公平に行う。

4　選抜判定にあつては、この選抜要項の方針に則つて報告書による成績を重視して学力検査の成績を資料にして総合判定をする。

七、報　告　書

1　報告書を厳正公平に作成するために各中学校は学校長を委員長とする報告書作成委員会を組織してこれに当る。

2　中学校長の報告書は　(イ)生徒指導要録（原本）(ロ)身体検査証明書、(ハ)学級の学習成績一覧表である。学習成績一覧表は最近までの成績を総合して作成する。

3　過年度卒業者については新旧ともこれを送付する。なお過年度卒業者については卒業後の動向又は成績を証明するに足る参考資料を添える。

4　卒業見込みのものについての指導要録の記入は最近までの成績を総合して最終学年の成績とする。

5　指導要録中の「学習の記録」は学年を単位として五段階評価によること、但し特別の理由で右の段階評価により得ない場合は、その理由と等分の率を附記すること。

6　出欠の記録については卒業見込みの者は一月十五日現在の集計によること。

7　身体検査について

(イ)　身体検査は、学校身体検査規則第四章臨時身体検査の規定によつて行う。

(ロ)　身体検査は一九五八年十一月以降保健所で行うことを原則とする。但し、止むを得ざる事情あるときは、他の医師に行わせることもできる。

(ハ)　身体検査証明書は、中学校において記入すべき事項についてはあらかじめ、中学校長が記入証明し、その他の事項については、保健所又は他の医師の検査証明書を受け、中学校はこれを個人別厳封の上志願校に提出する。

(ニ)　検査の項目中止むを得ざる事情で検査不能のものについては、その旨記入し空白をつくらない。

(ホ)　胸部疾患及び伝染性疾患については能う限り精密に検査し、身体不自由や運動機能障害、言語障害、感官機能障害等を備考欄に記入する。

(ヘ)　職業課程への希望者については特に色神、難聴等を正確に検査記入する。

8　第三学年の全学級の学習成績一覧表は次の通り作成する。

(イ)　指導要録中の学習記録の学級全員についての一覧表（学習成績一覧表）但し一九五六年以前の卒業者については(イ)の一覧表は旧指導要録中の教科毎に分析された各目標の評定を平均したものを、その教科の評定として記入する（小数点第一位で四捨五入）なお学習成績一覧表作成の困難なものについては、その理由を附記して個人成績表を提出する。

(ロ) 学級の学習成績一覧表は一九五六年十一月三十日付文研第四四号に示してある様式により謄写印刷又は被写紙により作成し、同様式の「学校長氏名印」欄の上部に卒業年度を記入する。

9 外地からの引揚げや、その他止むを得ない事情で所定の報告書を作成することのできない者については、その事由を記し、本人の成績を証明するに足る参考資料を提出する。

10 高等学校長は、出身学校長からの報告に疑義があるときは必要に応じて資料の提出を要求することができる。又、虚偽の報告によつて入学を許可された者については、入学を取消すものとする。

11 他地区の高等学校に委託して学力検査を行わす場合は、受託した高等学校は委託による受検者のために受検上の便宜を考慮するとともに、その名簿と答案を取りまとめて速やかに入学希望の高等学校長に送付する。

12 出身中学校長は、委託により他の学校で受検する生徒がある場合は、受検場の学校長へ、入学希望校と氏名を明記した名簿を提出する。

八、合格者発表

一九五九年二月末日までに各高等学校において、志願者の出身学校へ通知する。

別表

選抜要項

一九五八年九月

高等学校の選抜委員会は、この選抜要項を参考にして自校の選抜要項を作成し、選抜を行つてもらいたい。

1 出願資格の検討

該当者であるか否かを検討する。

2 出願書類の検討

(イ) 志願書について

(ロ) 報告書について

3 報告書が整つているか否かを検討する。

○生徒指導要録原本……(1)

○学級一覧表

学習成績一覧表……(2)

学力検査成績一覧表……(3)

○身体検査証明書……(4)

○その他本人の成績を

証明するに足る書類(過年度卒業者)……(5)

4 学習の記録が5段階評価の比率によつているか否かを検討する。(評価は学年として)

5 報告書に疑義または必要があれば中学校長に再調整または資料の再提出を求める。

6 学習成績一覧表の全教科の合計を出す(個人別)

7 学力検査成績一覧表の全教科の合計を検討する。

註 1~7までの事項は書類の到着次第仕事を始める。

8 内申とテストの相関分布表をつくる。

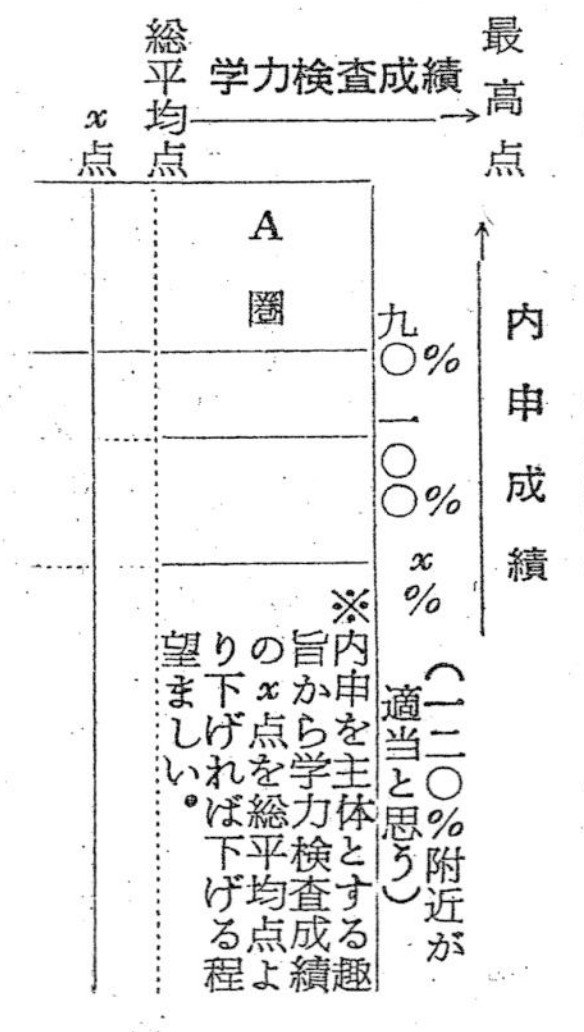

最高点

内申成績

九〇%　一〇〇%　x%　(一二〇%附近が適当と思う)

学力検査成績→

総平均点

x点

A圏

※内申を主体とする趣旨から学力検査成績のx点を総平均点より下げれば下げる程望ましい。

第一次選考

a 内申の合計点によつて序列をつくり、採用人員の九〇%と各高等学校で決定するx点までにはさまれたA圏内の者を第一次合格候補とする。

b その中から不適格者を、抜き出(不適格者は、9の条件を用いる)

第二次選考

以上の方法で更に一〇〇%までの人員をとる。その中から不適格者を除く。

第三次選考

次にx%(一二〇%附近が適当と思う)までの者及び第一次と第二次の不適格者を一しよにして九の不適格者の条件中或る条件には該当するが、他の条件では著しくよいと認められる者を拾い上げ、これらを第三次合格候補者として選考し一〇〇%に満つる人員を決定する。

9 不適格者の条件

不適格者の条件は各高等学校の教育目標により修正されることを前提とする。

○行動の記録が著しく悪い者

○身体検査の結果が高等学校の課程を履修し得ないと認められる者

○出席の状況が著しく悪い者

○その他学習指導要録の各項目において高等学校の教育課程履修に不適当と認められるもの。

好ましくない マスコミへの抗議

配属校 東京都江戸川区立
平井南小学校
与那城　茂

私はマスコミを批判するだけの知識、素質を保持していない。しかし都会で研究していると何かしっくりしないマスコミに抵抗を感んずるのである。それは決して都会のあら探しをしているものでもない。一般社会のマスコミが善悪をとわずハンランして学校教育に対して矛盾律的なものあるいは阻害になつている点はないか追求してみたい。多少の偏見があるかも知れないがとにかく思いつくまま記したい。

マスコミは正しい社会の進歩と文明の連続に不可欠なものである。だからマスコミの価値や真実性を現実において深くほりさげ吟味する必要がある。

従来マスコミは広く家庭へ侵入し、封建的であつた、わが国の家族制度と生活慣習に新しい変化と影響をあたえた、その反面商品の宣伝機関として大活躍をしている。後者には聴視者が無批判のまま受け入れてはいないだろうか、またそれらのマスコミに比較して教育的なものが微力ではなかろうかという点に問題をしぼつてみたい。

「巨人と玩具」という映画が最近封切られたがとても印象に残つた。この映画は商魂意識と生存競争のはげしさを巧にもつてある、それがマスコミという武器をつかつての競争だから興味深い。映画の中でG会社の宣伝部長が「現代人は生活に追われてつかれきつている、考える時間も場所も批判の力も失なつている。この機会をとらえてマスコミで商品の人気をかり、マスコミはこの世の独裁者だ」というセリフやそのシーンはまだ私の頭に残つている。

こう感じたのも、またマスコミを通してきたことは興味深い、マスコミは趣味、教養、環境を形成していく、文化都市のマスコミと田舎のマスコミはそれぞれの特長があることはいうまでもないが、私は都会の子供達がマスコミから何を受けたかというきわめてせまい範囲で究明したい、とにかく子供はマスコミの感受性は予想以上に大であることが云える気がする。

例えば授業中にもしプロ野球のことにふれた場合子供がそうとうの知識を持つていることを発見するであろう。「なまはんかの知識でそれ等のことに教師が話題をもつていくと子供の質問ぜめにあうことはまぬかれない。」とは、ある教師の告白である。現に私も経験したことがある。これまで私はいろんな実情をよく聞かされた。英語の単語は覚えてないが人気スターの名を全部いえるとか、また担任教師の名さえろくにいえない子が幕内力士の名を全部覚えているという極端な例まである。ある老練の教師が大晃をダイコウ信夫山シンブザンと読んで二年生の子に笑われた話はあまりにも批肉である。

彼等は決して音読訓読の知識を持つていたわけではない。ある日私は夏まけして胃腸が弱つたと下宿屋で話したところ、今度六ッになつた女の子が「シロンをのめばよいさ」ときたのでこれには閉口した。私も意地が悪いから後日その子に「おじようさん胃腸つてどこにあるの」ときいたら「そんなこと知らないラジオでいつているでしようおぢちやん知らないの」と目をパチクリしながらいつた。

子供は人気スターやプロ選手の熱狂的なファンばかりでなくその他ラジオやテレビで放送される番組や内容にもそうとう視野を広げている。私自身も現に子供だつたら長嶋のプロマイドをお守りがわりにしたであろう。

現在のマスコミでそうならないのが不自然である、私の子供の頃は、胃腸薬を買いにいくにもいち〳〵紙ぎれに書いて持つていくか、繰返し〳〵暗誦していくかであつた。現在では子供が自主的に云うであろう「シロンを買つてくる」と、まつたく商人には都合の良い話である。

私は補教が終るとたいてい子供と話す機会をもつている。彼等がずけずけと話して呉れる、唯私の念頭に都会の子供達の考え方とか教育的な資料というのがある、その野心のもう一つは田舎者の私にとつてアクセントが参考になる、彼等に私が人気があるのは姓が「ヨナシロ」だからである、巨人のプロ選手に「ヨナミネ」がいるのが第一の条件だ。時々ヨナミネセンセー」と批肉をいう子がいる。教師に長嶋とか川上という姓を持つている人なら人気をかうであろう、まずマスコミから受けた流行語を彼等がよくつかうことに驚く、その一例をあげると「ツイテイル」「ツイテナイ」「イカレテイル」「イカス」「ヨロメイタ」「トランジスタ」「サイテイ」あと数年たてば日本語も変つたものになるであろう。この言葉は上品さがない、その意味は吟味できない、確にこの言葉は最低だ。また下宿屋の隣で四年生の子が窓ぎわで歌をうたつていたその歌はもちろん学校の音楽時間にならつているものではないフランクとかの西銀座駅前であつたと思う、今はやりの低音ブームだ、しばらくするとその子の母がきてどなりつけた「学校でおそわつたの」ときめつけたので、何んでも学校を口にださないと気のすまぬ人が都会にも多い。そのくせ晩の十時だというのにラジオのボユウムを調整するのを忘れている場合が多い。低級なマスコミのハンランは教養とか価値感などは無視されそこにはもはや芸術的なものもない。

音楽の邪道とも考えられるロカビリ調の流行歌、そして卑俗低調と知りつゝもついうつかりうたいたくなるあの魔力、これはマスコミの精神的暴力に身をゆだねてこれが人間の最上の娯楽でもあるように錯覚をおこしているのではなかろうか。

雨の日だつた下宿屋の前で四、五人の子供が雨やどりをしながらさわいでいるところへ一人の子が傘を持つてきたので私は感心してみていた。親切だと思つてしばらく彼等の会話を聞くことにした。ところが傘を持つてきた子が「若の花が勝つた万才」と傘をふりあげたのである。彼は傘をかしにきたのではなくラジオを聞いてその報告をしていることがわかつた。すると一番背の高い子が「なんだい若の花なんか栃錦が強いんだぞおまえ」、ここで若の花ファンと栃錦ファンが二つに別れて口論から最後はひつぱたき合いになつた。

ここで私は何とかしなくてはと思い彼等にちかづいた。その時彼等は下宿屋の主人にどなられて逃げてしまつた。

この様子から果して私がどのように説教しようとしたか、その見当さえつかなかつたことは恥かしい次第である。学校にも「お富さん」ブームをきたした程だから、それらのマスコミが彼等の創造性や遊びの中にも入つてくることは否定できない事実である。

テレビや雑誌等が子供にプロレス遊びを夢中にさせた例はいくらでもある。同級生を空手チョップで殴り殺した事件はあまりにも大きなショックとして忘れることができない。

あの滑稽なサックドレスでさえ、けつこうマスコミの力をかりて人気がある。舌をだしているのは営利主義のデザイナーであろう。これを支持しているのは何んでも新しいものを求めたがる合理的と称する提灯論者である。そういう人達は流行は文化の尖端をゆく、流行歌なしでこの世が何んで楽しかろうと論ずる。

赤胴鈴之助の義理人情をかい、強さの魅力とかをとりあげた注目すべき提灯記事もある。大人の感覚からすれば絵そらごと、根なし草で片づけられるものだが、子供の感情にしみこんだ場合は簡単にかたづけられない問題になる。彼等は正義の名をかりて悪いものは殺害しても良いことをうえつけられるのであろう。千住区の父親殺しは類のない事件である。これと結びつけることはどうかと思うが、とにかくマスコミは異常なハンランをしているものだ。

学校教育の道徳教育特設は重要視されながら、社会のマスコミに対する道徳性の必要性が、あまりさけばれないのはどういう訳なのだろうか。学校がわは「家庭内で両親が教育しそこなつた子供で、学校教育ではどうにもならない」といい、両親は「今の教育方法はまずい、修身科がないからだ、だから特設が必要である」と対立する。この責任のなすり合いの前に社会のマスコミはどうなつているかを検討してもらいたいと私は思うのである。マスコミは人類の結びつきを密にし、善意をまし、相互理解を深めていくためにある。現代文化の所産であり人類の共有財産であるマスコミは、平和を愛する善良な民衆によつて民主的に運営されるべきであろう。土地問題とか勤評反対、春季闘争にだけその意義や必要性が認められるようでは、真にマスコミを改善し向上させることはできない。また反面それだけ正常なマスコミへの施設や準備を指示できれば、ここでいくら批判呼号したところでおよそナンセンスであろう。これは教育機関の諸団体が一般聴視者と結びつき啓蒙運動を待つ以外に手段はない。

また沖縄の場合放送局に抗議を申し込んだところでどうにもならない。NHKや英国のBBCのように受信者のまかないではないからである。またこれを指導する組織の中核体がないことも一つの問題である。だから営利主義企業的な業者と手を結び宣伝文句を考慮してもらうか。教育的番組をもつと多くとり入れるように、きわめて消極的な立場をとらねばならないのは皮肉である。もちろん私はマスコミが購買力の民主化の媒介となり、生活水準の改善に役立つた功績を肯定している。

ただ人間にとつて必要な自由、創造性がマスコミによつてうばわれ、退化していくことを理解力のある大人に比較して子供がそうなつていくのではないかと不安に思つている。また諸氏のご批判を求めているのです。

児童生徒夏季作品の頁

はちのす

城岳小学校　二ねん
かみや　つとむ

ぼくのうちのだいどころに、はちがすをつくつて、いました。はちはまいにちやわらかい土を口にくわえて、はこんでいます。

このはちは、くわえてきた土をかべのほうにくつつけて、すをつくつています。ぼくは、まいにちそれを見るのがだのしみです。ぼくが早くおきて見るとはちは、もうしごとをはじめています。くちでくわえてきた土で、ていねいにつくつています。ぼくはきつとこのはちは、はたらきばちだなあとおもいました。二しゆうかんくらいして土のすはだいぶ大きくなりました。おかあさんがかべに土がくつついていると、きたないからと、おつしやつてとりさつてしまわれました。ぼくがあさおきてはちのすがないのでがつかりしました。しかたがないのでぼくがその土のすをわつてみますと、中には小さいはちがたくさんはいつていました。はちは、こわされたのもしらずにまた土をくわえてきていましたが、すがないのでさがしています。それをみて、ぼくは、かわいそうなことをしたとおもいました。もうあくるひから、はちはこなくなりました。

甕中一年　牧志宗八郎

うちのねこ

東江小学校　三年
ひが　よしひろ

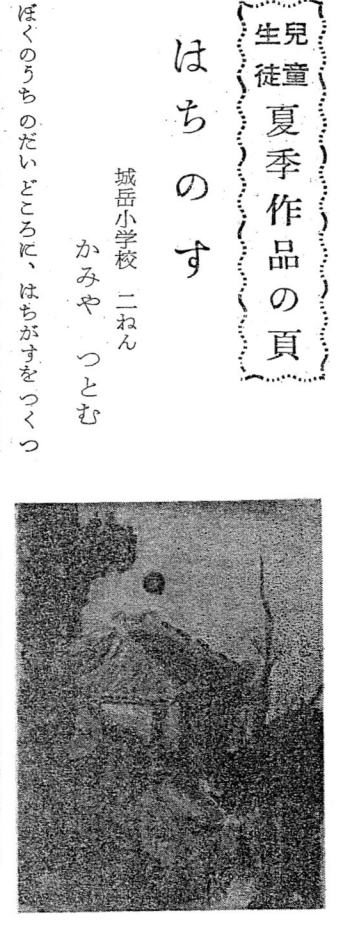

ぼくのうちには大きなねこが二ひきいます。一ぴきはおかあさんねこで、きりとよんでいます。もう一ぴきはねえさんねこで、みけとよんでいます。きりはおこりんぼでみけを時々いじめます。みけはおとなしいので、きりがおこると、すぐ、どこかへにげていつてしまいます。ぼくは、みけが大すきです。

みけは、こんどはじめて子どもを一ぴき生みました。ねずみぐらいの赤毛のかわいい子ねこでした。みけはよこにねむつて、子ねこにおちちをのませたりします。おちちをおなかのいつぱいのんだら、おかあさんのおなかにくつついてねむります。子ねこのうちは紙ばこに古いざぶとんをしいてあります。そのうちはおばあさんがつくりました。子ねこは、おかあさんがいないと、ミーン、ミーンと、小さな声でなきます。すると、みけは、どこからでも走つてきます。ぼくが子ねこを見に行くと、みけは目をギラギラさせて、耳をたてておこります。

ある日、みけがいないと思つて、子ねこをみに行くと、きゆうにはこの中から、プッツプッツといつたのでぼくはびつくりしました。夕方になつて、また、子ねこを見にいくと、もうはこのうちにはいませんでした。

ぼくはがつかりしました。ぼくはしんぱいでなんかいもはこをのぞきにいきましたが、やつぱりいませんでした。ぼくはおばあさんに「子ねこがいないよ。」と、ききますと、おばあさんはわらいながら「どこかへひつこしたんでしよう。」とおつしやいました。二日目の午ご、てんじようの方で、ミーンミーンとなく声が小さくきこえました。

四五日ぐらいして、みけが子ねこの首の方を口でくわえて、おしいれの中にひつこしてきました。もうその時は子ねこは目があいていました。おしいれの中に古しんぶんがあります。子ねこは古しんぶんを足でいたずらするようになりました。生れてじきよりも歩き上手になりました。

子ねこの名前をたまとつけました。ぼくは毎日「たま、たま。」とよんでいます。ぼくはたまが大すきです。学校からかえつてくると、すぐたまとあそびます。だつこしたりしていたずらをしても、もうおどろきません。みけももうおこらなくなりました。ぼくは「たまが早く大きくなつておかあさんのみけのように、ねずみをとつたらなあ。」と思います。

——夏季作品——

社会見学

盲小四年　山内常幸

九月二十五日、僕達はオキコと子供博物館と気象台を見学しました。いつものように朝礼場に集まり校長先生の御注意をきいてのち九時に出発するはずでしたが、首里バスがこないので一時間余りも待つてやつと十時すぎにバスが来たのででかけました。

バスは石嶺、儀保、山川、安里を通りまもなく壺川にあるオキコの工場前に着きました。喜納先生に手を引かれて工場の中に入つてみると、プーンとおいしそうなお菓子のにおいがしました。きかいの音がガチャ〳〵又ジャ〳〵というかごを洗う水の音などきこえました。そして又白砂糖が高くつみあげられその側では、ねえさん達が白い帽子に白いエプロンをつけてビスケットを包んでいました。もつと奥へ行くとそこではドロップスをたくさんつくつていて、たくさんなべやかまに入つていました。

今度はオキコの工場をでてバスで松尾の子供博物館に行き、そこへ着くとすぐ二階のホールへ上り、そこでべんとうをいただいてから博物館の先生からおいしいおかしをいただいて、エイガを見せていただきました。残念なことに映画の意味がわかりませんでした。

下へおりて博物館の安村先生のお話をきいてからタカ、白サギ、兎などみましが。僕が一番珍しかつたのは蜂の巣でした。僕の頭の三倍位の大きさのものでこわい程でした。外に出て、クジラの骨や、今から約四百年程前の松の木、ワシ、七面鳥、サル等がいて金網をたたくと七面鳥はクイ〳〵となく。又さるはキャラメルをやると食べていました。

手を洗い水を一ぱいのんでから子供博物館と別れてバスに乗つて上の屋で下りて気象台にいくと聾部の生徒が静かに僕達をまつていました。広い部屋のベンチに腰かけて気象台の島元先生からはなわ保己一先生や清水の次郎長の「かん」の話などをきいてから天気を調べる風速計をみると、お茶わんのようなものが三つついてぐる〳〵まわり、これは風の速さを調べるそうです。つぎはふつた雨の量をはかる雨量計は、三つ四つありました。やわらかいきれいな芝生の上に坐つていると風はそよ〳〵吹いているが午後の日はまだ暑く、バスがきたのですぐのつて学校へ帰りました。

今度の社会見学はとても面白くて大変為になつたと思います。

（点訳安富祖忠清先生）

詩　オキコ工場の音

盲小二年　末秋和

ガタトン、ガタトン、ガタトン、ガタトンと
　うごく　うごく　きかいがまわる。
ガッチャン、ガッチャン　ガッチャン　ガッチャン
　てつぱんがおちる。
ながれる。　ながれる。
　ビスケットがながれる。
ル…………とおびがまわる。
カチン、カチン、カチン、カチン
キャラメルがきれる。

（点訳仲村文先生）

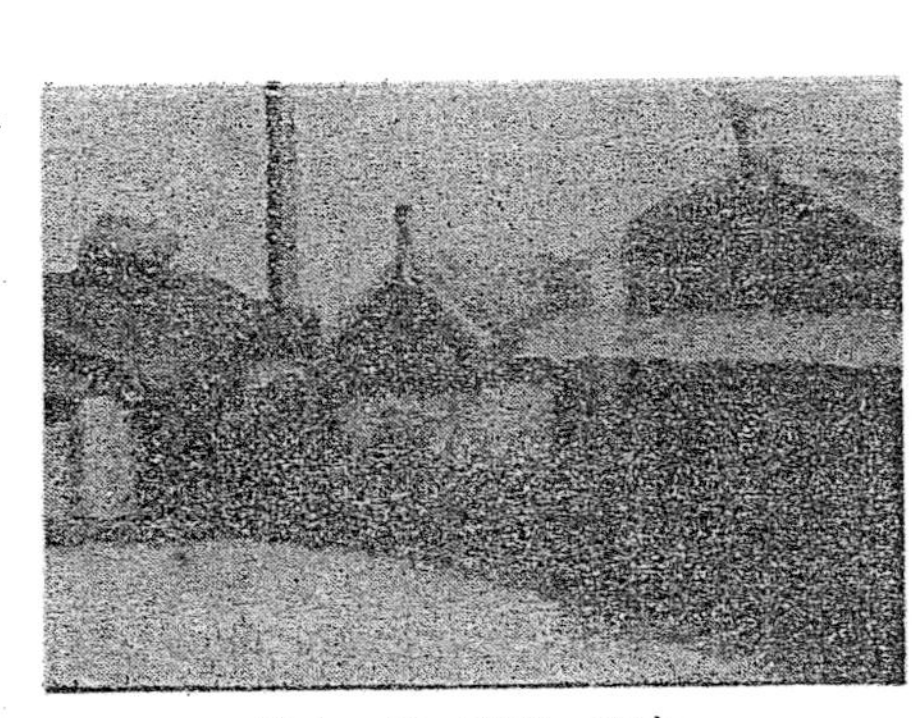

聾中一年　赤嶺　春夫

油虫

城岳小学校　四年　入江明美

二、三日前のお昼ごはんを食べている時でした。そばの柱に、白い物がいるので、私はなんだろうと、よく見ると、油虫がぬけかわる所でした。

油虫がぬけかわるのを見るのはきよう初めてなので、あまりめずらしく、パパを呼びました。

「パパ、油虫がぬけかわつているよ。」と、言うと司も、工も、真澄も、みんな集まつて来て、「なんだ、なんだ。」と、言いながら来たので私は「ほらあれよ。」と指さしてみせました。

パパが「白い油虫のおしりの方から新しい赤黒い油虫が出て来るんだ。」と、言いました。

だが私は「赤黒いもとの油虫のかたの所がやぶれて白いのが出て来る。」と、言つて反対をして、赤黒いのをパパによく見せると、やつぱり私の言つたとおりかたの方がやぶれていました。

しばらく見ていると、白い方のひげが動き、それから足がもじやもじやと動いていましたが、やがて赤黒いものから白いものがはなれて、どんどん歩いてはしらの穴の中へはいつて行きました。

パパも「油虫のぬけかわるのはしつていたが見るのは初めてだ」と言つていました。

パパは「ほんとに見た人にはかなわない。今日は明美ちやんのかちだ。」と、言つて頭をかきかきわらつていました。

お夕はんの時ママに話したらママは「ママもまだ見たことがない、いいのを見たね。」と、言うと、そばから工も、司も、真澄も、「ほんとに見たよママと、言つていばつていました。

――夏季作品――

盲小六年　玉城達夫

しよかの日に　暑さ忘れて
　はたらく人の
かけ声高く　聞えてくる。

盲小六年　下地明

ふるさとの　たよりなつかし
　目になみだ
まぶたにうつる　おばのおもかげ

（点訳大城文子先生）

詩　けむり

東江小学校　六年　比嘉正子

けむりが　えんとつをぬけて
広い空の方へと　消えていつた
また　むくり　むくり　でてきた
またでた　どんどんでた
どんどんでて　消えていつた
白く、
風といつしよに　消えていつた
白く　やわらかく
どこへ消えていくのだろうか
けむりのむこうの空へ
からすがとんで行つた。

おかあさんにはお兄
さんがあつた

城岳小学校　五年　神谷直子

私のおかあさんは小さい時に、お父さんをなくし。おかあさんの手一つでそだてられたのですが、一人むすめだつたのでほしいものはなんでもかつてもらつたそうです。おかあさんの母親はさんばさんでとてもやさしいおかあさんだつたそうです。戦争のためになくなつたそうですが、見た事のないおばあさん今生きていてくれたら、私たちもそしておかあさんもどんなに、たのしかつたことでしよう。私が「おかあさんは一人むすめでいいな私も一人むすめだつたらよかつた」というと、おかあさんはさびしそうな、かおをして、「直子一人むすめより兄弟がたくさんいた方がいいのよ大きくなつて、どこへでも自由にあそびにいけてたのしみでしよう」といつてくらいかおをなさつた。「おかあさんは、お兄さんも、いもうともだれもいないから、大きくなつてから、さみしくてつまらないわ、だからあなたたちも、兄弟は仲よく大事にしなければいけませんよ」とおつしやいました。私はおかあさんの気持がわかるようでした。そうだ兄弟が多い方がいいんだわ雨ふりの日だつてさみしくないし、トランプをする時でもカルタをする時でもたのしくできるのだと思いました。

それから数ヵ月たつたある日私がおそうじをしながら、「おかあさん、ぐしけんさんとても字がじようずなのよ。」といつたすると、お母さんは「ぐしけんさんのおじいさんはじやはなうんせきさんといつて、おきなわで有名な、字の先生だからおじいさんに、にたのね」といつた。私は「ぐしけんさんはいいね、有名なおじいさんがあるんだものといつたらおかあさんは、「あなたたちのおじいさんも字はとてもじようずでしたのよ、直子がじようずにかけないのはお勉強がたりないからです」とおつしやいました。

私たちの親せきにもえらい人はいないかなあというと、おかあさんは、わらつて、「直子おかあさんにはね、お兄さんが一人あるのよ。今東京で、りがくはかせになつて、げんし力の平和利用を研きゆうしているのですよ」とおつしやつた。私は、「えつ」といつて、とてもびつくりしてしまいました。おかあさんは今まで一人むすめだといつていたのに、お兄さんがあつたのだ、私はとたんにたのしくなつた。「どうしておかあさんは今までうそをついていたの」というと、「あのね、かあさんはね、かあちやんの、兄さんはお父さんの所で、かあちやんは、おかあさんの所で、大きくなつたのよ、だから、かかちやんと兄さんはあまりしたしくないのよ」といつた。

私はこのできごとがまるで、まんがや、しようせつのようでうそのようなきがしました。でもおかあさんにあつた、たつた一人の大事なお兄さんなのに今では他人のようにがつかりする、おかあさんがなんだかかわいそうなきがしました。これから私も弟達と仲よくしてうんと、おかあさんをよろこばせてあげたいと思います。

聾小六年　新垣とみ子

やつかいな人生

盲部中二年　伊地知一昭

夏休みは確かに良いものである。然しこれを将来に結びつけて考えて見た場合、これ程恐ろしいものはない。これでは死を考えても別に不思議でも何でもない。むしろ僕にはそれが当然のような気がする。

今度の夏休みに家を造つた。その間、色々な人々がやつて来た。彼等の話を聞いていると社会のむづかしさを知ることが出来た。それに彼等の御機嫌をとらねばならない。食事が五回、ただでさえ食慾がなくて困つている所へこれとつきあう。毎晩皆が集まつている席上「御苦労さん」を連発する。僕にはこれがたえられなかつた。無論感謝の気持は充分ある。だからといつて、時計の振子のように毎日口先だけの繰り返しを続けなくても済みそうなものだ。

又彼等の態度は如何にも親切そうで、こつちの気持も理解しているように見えるが、「めくらは食物を口に入れてやればそれでよいのだ」とも言つているように感じられた。盲人だからといつて特殊扱いをする。一寸したことでも何かのようにほめそやす。

こんなことは二度とやつて来ないと思うが、人づきあいの悪い僕にとつて堪えがたい日々でした。然し今度の休みで一〇〇名余の人々を知り、ほんとに僅かではあつたが盲人に対するよき理解者を得たことは私にとつてせめてもの慰めでした。

（点訳宮城康輝先生）

ひな鳥

石川中学校三年　渡口章子

小さな口を大きく開けて
えさを待つ　ひな鳥
父鳥は　えさを細かく　くだいて
開いた口に　入れてやる
かえつたばかりの　ひなは
まだ毛もなく　はだかのまま
母鳥の下でピーピーと　か細く鳴く
父鳥は　食物を巣まで運ぶ
せまいカゴの中が　ひなの誕生とともに
いよいよ　せまくなつた
ひなが　つぶされぬかと　のぞき
えさは　あげているかと　のぞく
親鳥は　初めてのひなに
手をやいているが　何もかも懸命だ
親鳥は　時々小さく鳴く
まるで「ひな鳥よ、早く大きく成つてね」と、
言つているかのように

――夏季作品――

平和はどこから

具志川中学校 三年
佐久川 洋子

私が中学一年生の時、国語の教科書につぎのようなおもしろい話が書かれていた。あるところに盾と矛を売っている男がいた。彼はその盾をほめて「これは大変丈夫なたてでなにを使ってもつきやぶることはできません。」と言った。又矛をほめて「これは大変するどくてどんなものでもつきやぶることができる。」と言った。ある人がこれをきいて「あなたの矛で盾をついたらどうなりますか。」とたずねた。その人はなんとも答えることができなかったという話である。

私達の身近にもこのような矛盾した話がたくさんある。

例えばバスの中でのこと。ある男は乗客の迷惑も考えずタバコをすっている。みかねた一人が「禁煙と書かれているのがわからないのか。」と云うとその男は平気な顔をして「わかるさ」と云って座席についている灰皿にすいがらを入れた。

もう一つの例は放射能のこと、毎日新聞紙上には放射能のおそろしさについてやかましくいっているが、一方の新聞の隅には英国がどこそこで水ばくの実験を行ったとか、米、ソ連が何回行ったというようなことが書かれている。これはどうしたことだろういくら放射能が危険なものだとわかっても水ばくの実験をやめなければ豆腐に釘をうつようなものである。話をさっきの禁煙のことにもどそう。バスには禁煙と書かれているのに灰皿がある。又禁煙をわかりながらも平気でタバコを吸っている運転手に乗客共に矛盾している。そうするぐらいならあっさりとはり紙をはぎとればいいのに。世の中にはどうしてこのように矛盾が生ずるのであろうか……。

もしも国際間の話し合いの際にそんな態度でのぞんだならばどうなるか。お互によく理解できず誤解が生じてくるだろう。そのことは確かに世界平和のために障害になる。なぜならば世界の平和は武力に訴えるのではなく話し合いによって平和が維持されるものであるからである。この際どうしてもこの世のためにならない矛盾ということを私達国民の一人一人が意識してこれをはいせきすべきである。世界中から矛盾ということがなくなった時に始めて人と人、あるいは国と国との友好関係がスムーズに運ばれることになるのだと思う。その時こそ世界が平和になる時である。

[illegible]小六年　宮城喜代子

＝あとがき＝

※九年母のかおる秋も過ぎ、師走の声を聞く頃になってやっと〃夏季講習特集号〃をおくることができて編集子にとって誠に寒心、汗顔の極。

※幸にして、招へい講師諸先生並びに受講された先生方より玉稿を多数寄せていただいた。殊に河野先生のカットで本誌の趣きが改まったことを喜ぶと共に本誌へ寄せられた諸先生方へ深謝したい。

※本号三九頁、四七号三頁に掲載したような要項によって本誌の表紙図案の募集をします。多数の応募がいただけますよう望みます。

※毎日教壇でお勤めの先生方にとって、最もご繁忙の時、瞬時もおけない重要な教育問題が山積してご苦労多いこと、どうぞ御身御大切にご健斗願います。

※「研究」の一端なり、「意見」なり、何とぞ御遠慮なく、気軽な御気持で御寄稿下さい。（M・N）

一九五八年十一月十五日　印刷
一九五八年十一月二四日　発行

文教時報（第四十八号）
（非売品）

発行所　琉球政府文教局
研究調査課
那覇市三区十二組

印刷所　ひかり印刷所
（電話一五七番）

九月のできごと

一日　立法院本会議で「へき地教育振興法案」可決
立法院三派代表（社大、民主、新政）ドル切替問題でギーリス副民政官と会見

二日　政府主催消費者業界代表を招きドル切替に伴う値上り防止懇談会（於教育会館）
教育職員免許法全施行法可決
夏季講座招へい教授団けさ帰る。

三日　立法院第十二回定例議会閉会
教職員会「ドル切替と教育について」文教局と現場教師を招いて研究会
台風グレイス発生、石垣島平均風速三〇・三五米与那国四一米、八重山の被害住家全壊

四日　立法院通貨対策委員会で副主席、内政局長、経済局長企画統計局長、文教次長を招いて説明をきく
土地問題現地折衝沖縄側委員全体会議（於主席室）

五日　二学期始る。
一九五九年度一般会計予算署名　即日公布
教職員会「日の丸」の自由掲揚を行政府を通じ民政府に陳情
環境浄化連絡協議会（沖社協・PTA連合・教職員会・婦連・青協・子供を守る会の六団体）の定例会、米兵の門限廃止問題ハーバービューの環境浄化問題、放射能対策、売春防止などについて協議

六日　バージャー民政官台風グレイスで多大の被害を受けた石垣市視察

七日　市町村長選挙（十九ケ市町村）

八日　土地問題現地折衝の第二回正式会談（ハーバービュークラブ）
バージャー民政官から当間主席に書簡を寄せ、刑事事件民裁判権を拡大す。
立法院通貨対策特別委員会、自由貿易地域の設置の問題について真喜屋企画統計局長、琉大久場助教授、富原琉銀総裁ら専門家から事情聴取
琉大仲宗根政善教授久米島具志川村より古い法典公事帳など古文献五冊持帰る。

九日　教育長定例会（那覇連合委員会において）
バージャ首席民政官は布令第九号「追加補助金」を公布するとともにブース高等弁務官に代り五十万ドル（六千万円）の追加補助金を琉球政府に交付した。
北部地区高校入学者選抜方法研究会（於名護）

十日　沖縄教職員会理事会を開きドル切替反対を表明

十二日　バージャ民政官は「銀行法」「琉球列島における外国貿易」「価格の統制」「琉球列島における外国人の投資」と題する四つの布令と外資合同審議会の組織、責任と運営手続についての指令第二十号の改正第一号に署名公布
立法院通貨対策特別委員会「ドル切替問題に対する基本的態度と対応策について」要請書を民政府へ提出

十四日　市町村議会議員選挙（五十三ケ市町村）
第二回全島定時制高校陸上競技大会

十五日　バージャー首席民政官はブース高等弁務官の「一九五八年九月十六日の午前零時を期して米合衆国「弗」を琉球列島における法定通貨とする」という宣言にもとづき「通貨」と題する布令第十四号を即日公布

十六日　ドル切替（十六日〜二〇日）開始、米国ドルを法定通貨に百二十円対一ドルで換算

十七日　教育関係に対する本土政府の援助を文部大蔵両省と折衝の小波蔵文教局長帰任

十九日　大阪毎日新聞社運動部長南部忠平氏から名護高校へ図書一千冊送る
八重山登野城小学校仮校舎二教室全焼

二十日　訪問教師の会（政府第二庁舎会議室）
早稲田大学総長に大浜信泉氏再選さる。
土地問題現地折衝沖縄側全体会議（於主席室）

二十一日　第五回青年陸上競技大会（於嘉手納競技場）
第五回全沖縄学校音楽コンクール（於タイムスホール）

二十四日　立法院議員渡日折衝団十四氏　発
中央教育委員会で五九年度高校入学選抜要項可決
ドル切替え後の教科取扱について数学科、社会科教育課程編集委員会

二十五日　全国学力調査実施（小、中、高校）

二十六日　第八回全沖縄高校長主事会（於知念高校）

二十七日　沖縄生物教育研究会の生物標本展示会（於教育会館）

二十八日　沖縄タイムス社沖縄体協共催第八回リレーカーニバル（於高首里校）
宜野湾村普天間小校で文教局主催のP、T、A研修会沖縄水泳連盟主催、中高校水泳選手権大会

二十九日　ブース高等弁務官大宜味村大保移住地視察

三十日　地方選挙後初の沖縄市町村会、会長に渡慶次賀善氏推せんさる。
文教局指定実験学校安田小中学校研究発表会

文教時報

NO.49

49

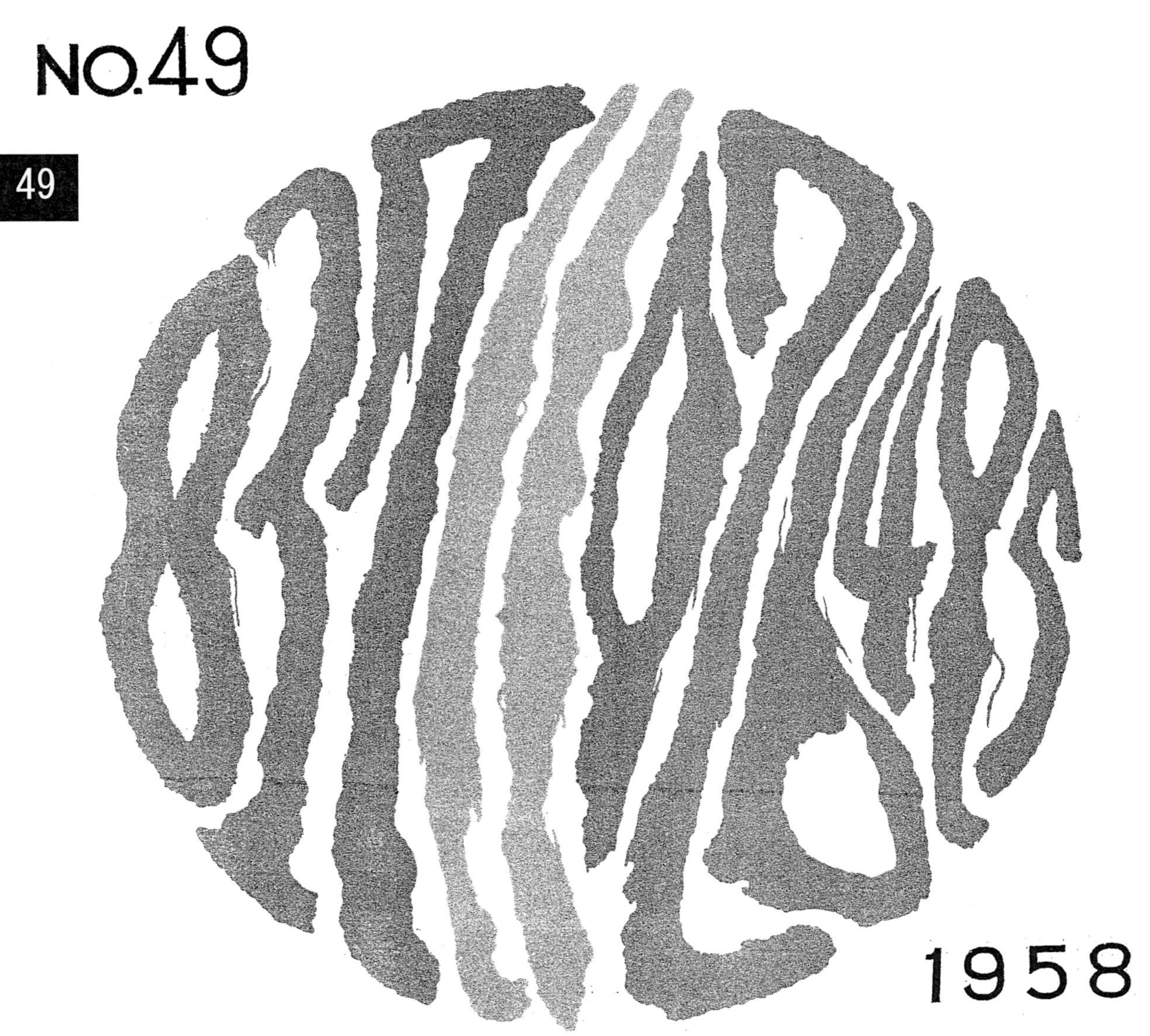

1958

琉球　文教局研究調査課

巻頭言

青少年問題について

山川宗英

今日青少年問題といえばやゝもすれば不良化や犯罪の防止のことのみであるように考えられやすいが、この問題対策や措置はもちろんごく重要なことではあるが、根本的な解決はこれ以前に問題があることも考えねばならない。

例えば上流の水が濁つていてはどんなに努力しても下流の水は浄めることはできないのと同じように、青少年の非行や犯罪は予防や抑制及び矯正のみではその後を絶つことはできないので青少年に対する教育、社会福祉その他地域社会の浄化の問題解決に今一段の努力がはらわれなければならないと思う。

これを教育の面から考える場合よい環境を与えるとともに彼等に強い自覚を与え、さらに進んでよい環境をつくる態度を養成することが大切なことである。

それについて従来学校にのみその責任をおわしすぎるきらいが多い。

もちろん学校教育はその最も重要な役割をはたしてはいるが、学校教育のみがその教育全体ではないということを反省する必要がある。

即ち学校においていくらりつぱな教育をしてもそれを家庭で知らぬ間に破壊しまた社会が破壊することがたくさんにある。

そこで考えねばならないことは、学校において教師が、家庭において両親が、それぞれの立場から責任を持ち協力しあつてりつぱな教育をすると同時に、社会においても野放しにせず、その健全な育成に一層の関心を持たねばならぬと思う。

そういう点から、地域社会における少年少女の遊びや訓育の問題、勤労青少年の健全娯楽の問題、青年会の育成強化の問題を強調する必要がある。

この問題を解決しない限り根本的な解決はできないと思うので、学校家庭、社会の一層の提携連絡の重要性を切望してやまない。

（文教局　社会教育課長）

目次

特集 **地域社会と教育・道徳教育**

<座談会>

別府における
道徳教育講習会に参加して

十月五日から十月九日まで大分県別府市で行われた九州ブロック文部省主催の道徳教育指導者講習会に、沖縄代表として十七氏が出席された。以下はその中七氏が私的に親交を加え、相互に研修を深めるため集つた際、たまたま談、講習会出席のことに及んだのをまとめたものである

道徳教育に関するわれわれの関心は、他の何ものよりも大きい、しかも教育のあらゆる面で、須臾も忘却できないばかりか、絶えず実践の要請される重大事である。全島の教育者の皆さんが一層の関心と共に、多くの実践の積み重ねを通して、更に深くほりさげて考えていただくことを切望します。（編集部）

出席者
☆ 宜野座小学校長　浦崎康吉
☆ 屋嘉小中学校長　阿波連宗正
☆ 兼城中学校教諭　当銘利光
☆ 上山中学校教諭　宮城良三
☆ 美崎小学校長　仲間智秀
☆ 那覇連合区教育次長　大城真太郎（司会）
☆ 文教局学校教育課主事　安里盛市

文部省の道徳教育をどう観るか

大城　今回の講習を受けて文部省の考えている道徳教育がどのようなものであるかということについて、卒直に話し合つてみようじゃないか

宮城　私は出発前に、すでに反対の声がある道徳教育育について真実の姿をつかんで帰りたいと思つていた。こんどの講習はその意味において私の課題を解決してくれたものと思つている。

二条館の玄関わきで
前列左より　平良氏　前川氏　大城氏　浦崎氏　仲間氏
後列左より　渡嘉敷氏　宮城氏　安里氏　阿波連氏　翁長氏　下地氏　当銘氏

講習中も、反対する側は戦争につながる教育だとか、官製道徳教育反対等と叫んでいたが、そんなことあの講習の内容からは全然出てこない。修身教育とはも縁の遠いものである。官製だから反対だと言うのはおかしい。あの内容を素直に一応受け取つて見る事が大切だと思う。反対は、その内容から来るのでなくて何か別にあるのではないか。

大城　文部省の考えている道徳教育は人間尊重がねらいとなつている。この精神は、教育基本法ひいては憲法の精神に通ずるものであつて、これが具体的な生活の中に滲透することを期待しているのであつて理論的にも矛盾する所はないと思う。この精神を日常の生活の中にどのような形で実現させていくかという観点から、今度の指導要領に示された道徳の内容となつている。

仲間　鈴木視学官の説明によつて、文部省の意図をはつきりとつかむことができた。

再び過去の日本の愚を繰り返してはならない。あのような悲惨なことが二度と起こらないように、一人一人の中に人間尊重の精神をつちかつていくことが

大切である。
日本にはしっかりした道徳基盤がない。
戦後日本の社会が大きくよろめいたのは戦前に道徳の本物がなかったからである――。
平塚教授は、欧米には戦前と戦後において価値観に大きな相違がないのは一貫した本物の道徳があったからだと話しておられた。
それから今度の講習で、道徳教育と生活指導の区別をはっきりさせたことは極めて重要であると思う。
「遠足」に例をとって説明しておられた。

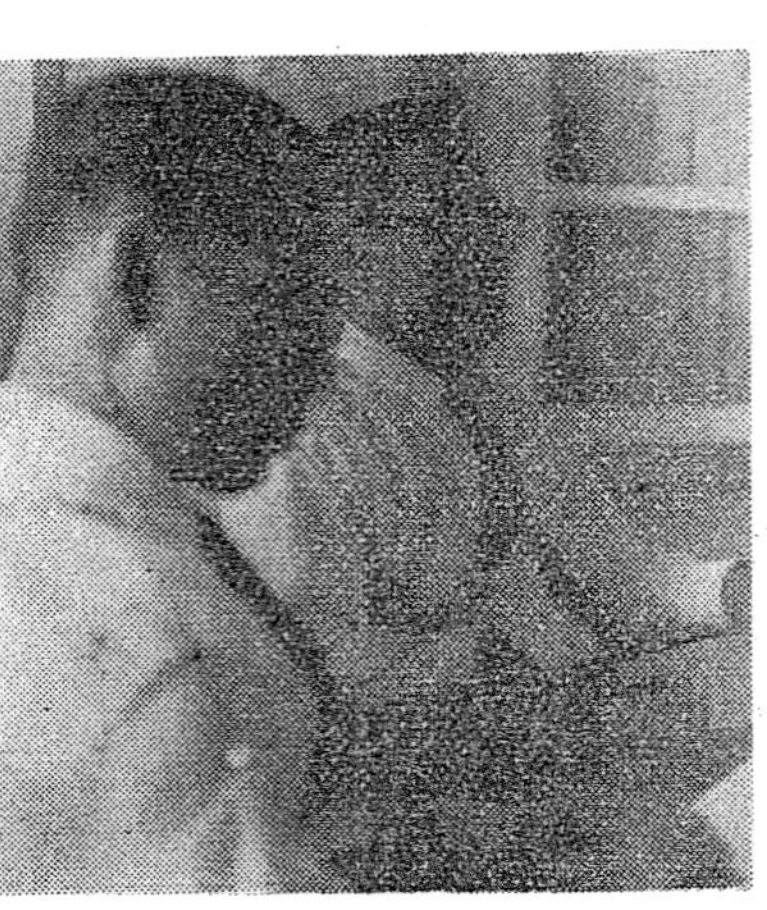
（左より　安里氏　大城氏）

安里　生活指導として遠足を取扱う場合には遠足を楽しく合理的にするにはどのように計画し、運営するかという観点から、遠足の一際にわたって指導していくのであって特に重点となる道徳性を直接的に取りあげるのでない。遠足を実践する過程を通してその結果として望ましい生活態度を漠然と期待しているのである。ところが道徳指導となってくると、先ず指導されるべき一定の道徳性というものがなければならない。例えば「時間の尊重」ということが如何に大切なものであるかということを遠足の時の集合時間に遅れた人のためにどれだけ全体が迷惑したかということを実感をもって指導するということになるのである。

大城　つまり生活指導によって取りあげられたことを更に深化して、子どもの中に主体的なものとして内面化していくことが道徳の時間の任務であるということだね。

宮城　この両者の関係については今まで、現場においてあやふやじゃなかったかと思う。
生活指導さえしっかりやっていけばそれで充分だといったような考え方があるがこういう考え方がどんなにあさはかなものであるかということが今度の講習ではっきりしたように思う。

仲間　「はみがき」に例をとると歯を磨かせるという生活の実践とその実践への意欲を育てるということがある。道徳の時間は、主として、この実践への意欲を培うということに重点をおくのだとの説明だった。

安里　つまり生活のその場その場の処理だけに終るということでなしに、何時何如なる場合にも、一貫した意欲とか態度といったようなものができていなければならない。この一貫した意欲とか態度といったようなものは、はっきりと自覚され、主体化されたものでなければならない。そのためにはどうしても今までの生活指導だけでは不充分である。

仲間　それから道徳の時間が設置された理由として別の角度から鈴木視学官が説明しておられたが、実に明快な説明であったと思う。
従来社会科に道徳教育の責任を負わせすぎた。そのために社会科本来の性格がゆがめられるおそれがある。

安里　今一つは特別教育活動ですね、もちろん特活は道徳教育におけるよい実践の場として大切であるがあまりにも道徳教育の責任を負わしすぎると、その本来の性格、つまり児童生徒の自発活動という面がゆがめられてくる。例えば、週訓みたような教師がつくって与えたものを自治という名目の下に、生徒週番に責任を持たせるということですね、これでは、生徒の自発性は期待できない。
このような社会科や特別教育活動を本来の姿にかえすということになれば、それらがこれまで負担していた道徳教育をどこかで行わなければならない。その必然的要求として道徳の時間が生まれてくるということでしたね。

仲間　鈴木視学官は面白い説明をしておられた。
「道徳教育は今まで教科や教科以外の活動において相当実績をあげてきた。まあ九九％まで育ててきたとするならば、この指導要領によって一〇〇％まで包みこんでしまうことなのだ」と。

反対斗争をどう観るか

大城　日教組は軍国主義の復活を目ざす道徳教育だと言っているが、それについてはどう考えたらよいか

浦崎　要は受け取る側にあるのであって指導要領の内容そのものからはそのような危険は出てこないと思う。それよりも、現在の日本には国民全体が共通に認める公分母的な価値観がない。これを求めようとするのが今度の指導要領の内容である。教師も、父母も共に、これを求めなければならないと思う。

宮城 今まで、子どもの内面的心情を培うことがおろそかにされていた。
教師が目の前にいる時にはうまくいくが、教師の目を離れるとうまくいかない。何か行動に一貫性がないように思えてならない。何が善であるか一貫したものを持っていない。

阿波連 日教組内でも次第に反省の色が見えてきたのではないか。道徳教育反対はもちろん勤評斗争のやり方については、現場の先生方が何か疑問を持ちはじめているとの事でした。

大城 日教組は道徳教育に反対しているが——。

安里 いや、道徳教育には反対しないが、官製道徳教育に反対だと言っていた。官製はいかなる内容でも反対だというように受け取れるようだ。

浦崎 今度の反対斗争の主体は、一体どこにあったのか、主体は日教組にはないような気がしたのだが。

大城 教育そのものから離れた斗争になっているのじゃないかね。

浦崎 ピケ隊の中には教員の姿は少かったようだ。

阿波連 まあ教育斗争というよりも政治闘争だというような印象を受けたといった方が偽りない感じだ

宮城 官製だから反対だというのはおかしい、そういえば国家のしごとというのはあらゆるものが官製ではないか。反対せんがための反対ではおかしいと思う。

大城 文部省の一貫した文教政策を見て見ると反対せんがための反対でもやらなければならないような事情が、日教組側にもあるのではないかと感じられる

浦崎 教育委員会制度の改正などを考えるとそのようなことが言えますね。

仲間 文教政策の全体の中の一つと見てそのあふりが道徳教育にまでふりかゝってきたとも言えると思う教育が不当な圧力に屈しないということは大事なことである。
日教組がこのことについて、非常に気をつかっているということはよく分る。然し、文部省も、この道徳教育については、日教組が心配しているように、不当な圧力に屈しないような人間をつくることに主眼をおいている。言えば、両者の気持には相通ずるものがあると見てよい。
上野初等教育課長は、主体性のある人間の養成を強調しておられたわが国の現状は、法律の根底にあるべき良識なり道徳なりに一つの穴が空いている。こゝに道徳教育の重大性があると話しておられた。

（左より　阿波連氏　当銘氏　宮城氏）

安里 東京教育大の大島教授は、「善悪の価値判断は、従来個人的な判定に属するものと考えられてきた。ところが今日では、そのことについて大きな問題に直面している。個人の意志ではどうにもならない。組織が自ら生み出す悪(社会悪)がある。
この問題の解決を迫られるのが、今日の倫理学の課題である。組織的な集団を如何にして倫理化していくのか。子どもたちが集団の組織の中にあって自主的な判断力を持ってくれるならば、それで道徳教育の役割の大半を果すことになると、話しておられた

大城 政治的なうずまきの中にある本土の道徳教育に対する向い方と、沖縄における道徳教育に対する考え方は、自ら違うところがなければならない。
沖縄では、あのような政治的なかけひきは何もない。純粋な教育問題として、安心して受け取れるものと思う。

仲間 鹿児島での話でしたが、日教組は道徳教育についての具体的な施策というものを持たないで反対している。事実に基いて、一歩一歩確かめながら進んでいこうとする沖縄の教育は威張ってよいのじゃないかということであった。

○沖縄の現場はどうすべきか

大城 それでは沖縄における現場の道徳教育の現状について話し合ってみよう。

安里 去った九月に、実施した道徳教育の現状調査の結果によると、はっきりと道徳の時間を設置した学校が、小学校三五%、中学校二七%となっている。
道徳の時間を置いていないところの現状を小学校についてとってみると
全教科に同じ比較で道徳教育を行っている学校が三〇%、社会科を中心として〇、三%、特活どを中心として一六%、日常生活を通してが、一四%となって

いる。こゝでもつとも奇異な感じを抱くのが、社会科を通して道徳教育を行つていると回答したところが、僅かに〇、三%しかないということである。今まで社会科は道徳教育のもつとも有力な教科だとされ、たびたび研究発表会も、持たれたのである。道徳教育の強化が叫ばれてからも、道徳の時間設置に反対する側の言い分も、決まつて社会科の道徳教育に果す役割を高く評価したのであるが、実状はこんなものである。文部省の鈴木視学官の社会科の本質論に事実をもつて裏づけしたようなかつこうになつている。これは大いに検討を要すると思つている。中学校にいたつては、更に下廻つて、〇、〇七%しか出ていない。これは明らかに社会科の限界を示すものだと思う。

道徳教育の具体計画の有無については調査校数の約四分の一が無いと答えている。計画なしの道徳教育が果して「道徳教育の強化」という「強化」に答えてくれるかものか問題どうだと思う。

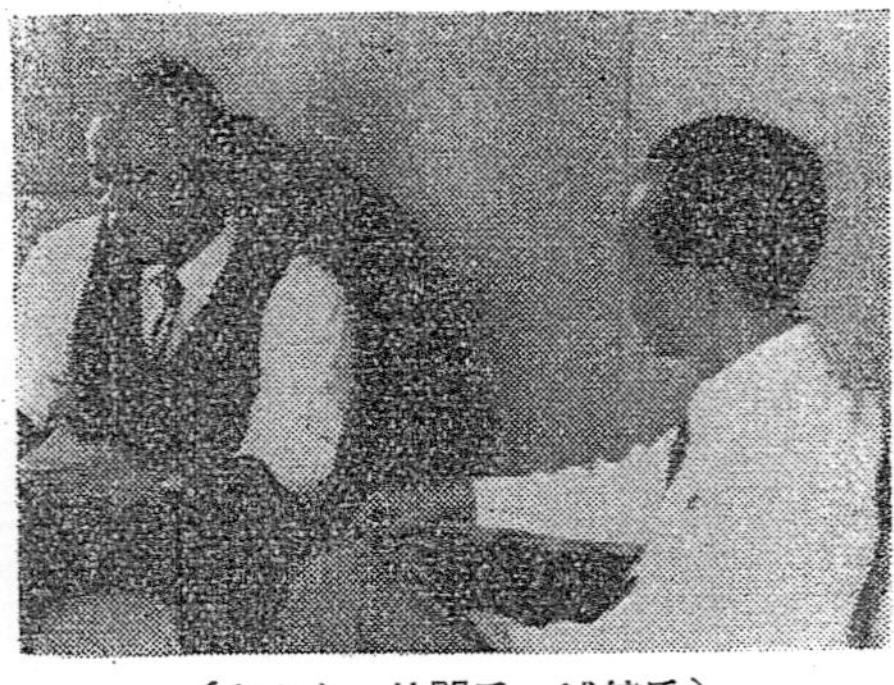

（左より　仲間氏　浦崎氏）

宮城　文教審議会の結論は果して充分研究した後に出されたものかどうかむしろ現場では文審の打ち出した結論とは反対の方向に動きつゝあるのが実状ではなかろうか。単なる生活指導でなく、もつと高次のものを目ざすべきである。

大城　もつと専門家を集めて研究すべきであつた。

仲間　文審は現場を迷わしている、もつと文部省の意図を調査研究してかゝるべきであつた。教研大会の道徳班が多くなりつゝある、やろうと思つてもやもやしているが、どうしてよいかわからないといつたかつこうである。

宮城　青少年の不良化問題とも関連することであるが単なる生活指導でなく、内面的な主体化されたものを持たしめる必要がある。

社会科の中で取扱うと言つても理論通りうまくいくものではない、内容が多過ぎて、それだけでも四苦八苦である。まして内面化などということができるはずがない。

当銘　道徳の時間設置については、踏み出す時期を考えなければならない。現状では未だ時期が早いのではない。場合によると日教組並の反対が起らないとも限らない。又その指導の方法が分らないために安易に流れ修身教育になりやしないか。技術的なものが揃わないとそうなりそうだ。

浦崎　生活指導を充実してから、その後に考えようという人もある。

大城　然し、そういう考え方は、どうかと思うね、

仲間　従来の生活指導は九九%まで実績を挙げてきた。それを一〇〇%にするには目標と、内容を与えなければならない。とかく生活指導は、偶発的で、非計画的になりがちである。

当銘　現状は特活の時間も持て余している。糸満ではホームルーム研修会を持つて研究を進めることにしている。

宮城　ホームルーム、即道徳教育ではないと思う。ホームルームには、それ自体の目的がある。このへんのことについては、私をはじめ現場における研究が足りなかつたと思う。

大城　道徳教育の問題は、全般的な指導要領の改訂に応じたものでなければならない。それに対する態度を決定しておかないと、後れを取るのではないか。

安里　今、当銘君が言つた、指導の方法についてであるが、九月の調査の結果は「説話」が多く採用されている。これは、下手をするとまずいことになると心配している。道徳の時間が修身教育にならないためには、この指導の方法を充分研究する必要がある。

仲間　戦前の教師は、修身教育の欠陥を知り尽しているので、かえつて、説話を修身的な方法にもつていかないのではなかろうか

文部省の示した六つの指導法の中で、説話を採用する率をできるだけ下げるべきであるこのことは、設備の現状からして説話になり勝ちだから用心する必要があると思う。

宮城　かんたんで、便利だから安易に使われるおそれがある。

安里　方法の未知が、道徳の時間反対をもたらすことも考えられる。

戦前の修身教育の方法とは全く異なつた、新しい魅力のある、たくさんの方法が生み出されていることは、皆目知らないから、道徳教育といえば、修身教育の方法以外にないと即断して反対すると、いうことがあるのではなかろうか、

宮城　沖縄では、素直な気持で内容の研究から積極的にかゝるべきである。内容や方法に対する研究がなおざりにされては本物は生まれて来ない。

大城　「道徳の時間を一番楽しいものにしたい」と文部省も云つていた。「点数のつけられないのびのびとした、時間にしたい」と、

仲間　「道徳の時間」の内容があまり研究されていないということについては、私をふくめて校長の手落ちもあつたことゝ思う。実施要項を全教師に配布しただけで、あとは、何もやらない。あの内容を全部見た人が何人あるだろうか。

宮城　はじめから目を通した人が何人あるか、そう多くはあるまい。

安里　一応読むだけは読んでから、論じてもらいたいものだ、反対でも、賛成でも

大城　いずれにしても、要は方法上の問題にあると思う。

仲間　その点、日教組は未だ道徳教育についての研究がなされていないのではないか。今度の講習会で、実際にやつてみた、映画による方法。「きよみちやんの日記」等を見せることによつて、今までの観念的な反対論が引込んでしまうのではないか。

大城　大分時間もたつたようだが、今日は苦労を共にしたおたがいが、友交を温めながら、ただ講習の受け放しにおわらないようにという意味でざつくばらんに話し合つたのであるが、結果は非常にまとまりのあるものによつたようです、今後それぞれの学校でお互に協力して研究を深めていくことにしようじゃありませんか。

すき間を利用して

宛先　文教局研究調査課

十二月中旬、辺土名地区を皮切りに、始つた第五次地区別教研大会の結実は、ようやく集成されようとしている。

現場六千の教師と琉大、文教局の職員、教職員会関係職員に加えて今回は、教育委員、PTA会員、教育委員会事務局職員等の参加が多く、教育が本来の在るべきみんなの教育といつた位置へおかれ、教師のみの仕事としての誤つた考えを改めることができたというその実績を随所に見出すことは容易である。

教育研究に共に社会人が参加する、ということは部分的にはこれまでにもあつたであろうが、今日のような共同研究の線にまで近づけた努力は、容易に実現をみなかつた。

したがつて今次研究会の経過から感じ得ることは研究の充実が、これまでの研究を基礎に一段の進展をみせていることと教育が社会人の広く責任を分つものとしての認識と関心の増大を物語ることを示すものといつてよかろう。

新しい教育という言葉が使い古された今日、社会人の教育への直接の参加が積極化している事実に立つて、改めて新しい教育について、初歩?から、じつくり話合い家庭教育の在り方、社会と教育、学校教育の役割等々認識をより深化し、適確な方法を見出すことは極めて必要なことだと思われる。

ある意味では今日の教育は広報、宣伝の果す役割を忘却することができない。事実をまげて伝える魔力をいつているのではない、針小棒大、人の関心がかえる等の力、狙つているのでもない。

広報、宣伝は人を窮くつな思いをさせず、忙しい人にでも、一度や二度ではなつとくのいかない人にでも、又大勢の人とおつき合いに消極的な人でも読むこと見ることで、当方の趣旨を理解してくれることなかなか重宝だからである

教育のP・R、それも具体的に数多く新式にとられずに気安く受とられる教育のP・R、……先生は頻繁にペンをとり、何んでも書けるどんなに満ち足りなくともよんでもらえる通信は真実を伝えて見るべきものがあろうと思う。

そんな気持で教育のP・R、ささいな歩みの一つ二つを折にふれて本誌の頁のすき間を利用してご紹介下さること、そんなことを考えながら、この頁のすきを利用してちよつとお願い楽な気持でどうぞ一筆（M・N）

文部省主催

道徳教育講習会受講記録

久米島美崎小学校長　仲間智秀

文部省主催で、新しく設置し、充実していこうとする「道徳教育」の講習会が、大分県教育庁共催により去る十月五日から九日までの五日間、別府市緑ケ丘高等学校で開かれることになり、九州各県代表受講者三三九名の中に沖縄から十二名（文教局学校教育課安里主事、那覇地区教育次長大城氏、兼城中学校当銘氏、玉城小学校前川氏、上之山中学校宮城氏、前島小学校翁長氏、古堅中学校渡嘉敷氏、屋嘉小中学校阿波連氏宜野座小学校浦崎氏、宮古平良第一小学校平良氏、城辺中学校下地氏、久米島美崎小学校仲間）が参加した。

道徳教育講習会の開催については新聞やラジオで紹介された通り。東京会場や奈良会場でのあさましい話の限りを聞き、最後会場である別府での開講も斗争と混乱を予想しつゝ、私たちは出席した。

日教組を主動体とするピケ、デモの実況を、直接に見て大きな疑惑と不安をひしひしと感じながら五日間を終了した。

戦後における道徳の頽廃は世界的現象だとはいいながら、歴史的又は社会的に見て民主主義社会生活に経験の浅い日本においては、特に明治中葉以来、時の流れにまかせて、国民を超国家主義・軍閥絶対主義的統制に追い込んだだけに、敗戦という一大ショックの中に流れて来た自由主義思潮の大波浪にもろくも巻きこまれて、国民の精神混乱は他に例を見ない程の浅ましい世相になつた。

戦後十三年間における我が国の姿や、国民道徳の現況、並に日毎、年毎に増加の一路をたどりつゝある青少年犯罪の実状、及び道徳教育を社会科に包含させて過重の負担をおわせつゞけて来た。新教育十三ケ年間の実績等に鑑み、学校における道徳教育の充実と強化は時代の要求でもあり、社会の与論でもある。

しかるに、此の与論や要求の上に立つて計画された「道徳教育」の特設に関する各地方別講習会場が猛烈な反対斗争の巷となり、傷害事件を起すまでに至つたことは「教育」ということに関して国民をいよいよ不安と疑惑の底に追い込んでしまつたような気がした。

私は、この「道徳教育の特設実施」について文部省**は何が故に強力に断行しようとするか**。日教組を主動体として、総評や全学連や各労組**は何が故に協力体制を整えて反対の争をつづけているか**、その真意を見聞し、新しい時代（平和的で民主的な国家社会）を建設形成させるための青少年教育に私なりの信念を得たいのが私の受講目的であった。

※　※　※

十月五日　日曜　雨（暮れ方豪雨）

△午前九時別府市青山町豊泉荘（公立学校共済会別府保養所）に到着す。

豊泉荘経営主任真壁朝助氏の細密なる連絡と計画により一行は安心して受講準備をなした。

△本部（講習会主催側大分県教育庁）からの連絡並に注意事項左の通り。

一　講習会場と受講中の宿泊所は本部において秘密裡に計画につき指示に従うこと。

二　午前九時二〇分、沖縄県代表の受講者は、午後三時以後外出を見合わせ、豊泉荘に待期しおられたし

三　十時半、沖縄県代表は午後五時半から四〇分までの間に西別府駅前に各人別々行動で集合されたし、更につづいて

四　午後三時半西別府駅前にピケ隊集結の情報あり沖縄県代表者は大分市かんたん電車停留所附近に集合されたし、時間は五時半から四〇分までの間各人単独行動のこと。手荷物は一点以内にして行動を身軽にされたし。

五　午後六時までに受講者用貸切りバスが来なければ大分県教育委員会本部に連絡して指示を受けること。

六　バス大分、別府市以外のバスを利用する予定につき、バス到着と共に敏速に乗ること。

七　右の指示にもとずいて沖縄代表は真壁氏の手配により二台のタクシーに分乗し、別府市内道路を観光客に擬して迂廻しつゝ午後五時十分豊泉荘出発。

午後五時三十分電車停留所かんたんに到着、午後

五時三十五分貸切バス到着、八台の受講者バスは前後左右から警官隊の分乗するジープ、トラックハイヤー等に保護されながら進行。

八　午後五時五十分予定の宿舎二条館前に到着。二条館玄関前はピケ隊の大群衆が密集し、一番バス乗りの講習員と押し合つている間に私たちの二番車は側面を乗り越しで二条館隣りの金竜館前に停車す。

九　午後五時五十五分やつと私たちの二番車乗客は泥靴のまゝ金竜館の廊下に飛び込んだ。

一〇　三番バス以後の乗客は車から出ることさえできず、警官隊の協力により二時間余りもみ合いをつゞけ午後八時二十分頃やつと全員二条館並金竜館にはいることができた。

（二条館全景）

一一　午後六時十分金竜館三階から屋上の物干場に出て、一同板梯子を渡つて二条館三階にはいつた

一二　午後七時二〇分二条館裏口から警官隊に護られながら日の丸荘の台所口へ飛び込んで宿舎移動をなした。

一三　午後十時宿舎の人員配分の都合により沖縄代表は再び二条館へ移動した。

一四　午後十時半頃ピケ隊散会す。

一五　午後十時四十五分夕食を終えた。

宿舎の二条館、金竜館、日の丸荘の三館周辺の全旅館に警官隊が分宿し、三宿舎並警官隊分宿所には臨時直通電話が架設されている。

一六　午後十時五十分講習会司会本部から次の通り注意並連絡があつた。

1　本講習会が開催不能になつては国民に不安を与える結果になるので、如何なる障害があつても講習を決行する。

2　宿舎の周辺には警官隊が多数（凡そ二千人とか）分宿して治安の維持に当り、臨時警察本部をも設けてあるから受講者各位は不安なきよう休養されたし。

3　講習期間中ピケ隊員は個人説得及開講邪魔をするおそれがあるので如何なる用件があつても外出は固く禁止すること。

4　用件又は日用品の購入等は宿舎の番当や女中を利用されたし。

5　講習期間中は如何なる用件があつても報道員以外の者の宿舎出入を禁止する。

6　宿泊賃は一泊三食付で一日八百円に協定してあるから各県別に八日の晩までに集金し支払いの準備をしておくこと。

7　日教組やピケ隊を刺激するおそれがあるので宿舎の窓から外部に顔を出さぬこと。

8　受講中各自服装には注意されたし。

9　明日から後の刺激になるので本日警官隊は特に控えめに出た。然しピケ隊以上の人員が本講習と市民の保護に当つているので安心されたし

以上の状況下にあり午後〇時半寝床についた。

※　※　※

十月六日　月曜　曇

△午前三時四十五分ピケ隊行動を始む。

日の丸荘宿泊の講習員は会場（二条館ホール）に合宿することになる。

△午前四時頃から宿舎周辺路上に足音多くなる。

△午前四時半夕食運びの女中ピケ隊に邪魔さる。警官隊から営業妨害になるぞと言われて静かになる。

△午前五時から路上にデモ隊の歌が始まる。

ピケ隊道路（二条館前）清掃作業をなす。

△五時二十分スピーカーによる宣伝放送始まる。

△五時三十五分起床

ピケ隊の姿を見、未明から市民に騒音を送る有様を

見ての私の感想

A　文部省が示した道徳教育試案は戦前の修身科を思わせるような、おしつけ的の道徳教育であるのか。

B　道徳教育の実施や方法は教師の良識と時代観による教育技術にまかされているのではないか。

C　過去の日本を知り、今日の日本を見つめつゝ将来の日本に責任を持つ教育者であるなら如何なる権力を持つてしても「これからの道徳教育を、昔の修身

（会場入口のピケ隊と警官隊のもみ合い）

教育の姿には持って行かないという自信は持てないのか。

D　「説得、ピケ、妨害、放言、放歌」等を敢行する心持ちと「とかく道徳教育は反対だ」という感情で故意に道徳教育を邪道に進めておいて、その責任を文部当局に持っていくのではなかろうか。

E　此の姿（鉢巻姿で放言妨害する教師や日雇労務者的ピケ隊）を見たり聞いたりする日本の子供たちはどう感ずるだろうか。彼等の心に何が残るだろうか

F　治安維持の重任を持つ警官まで動員しなければならない「教育の講習会や研究会」が今後の日本青少年教育に何を残すでしょうか。

G　沖縄の教職員や教職員会が祖国日本と行政分離されて苦痛の多い行政下にありながら「日本の子」として青少年を育成するのだという熱情が次第に理解を深めて教育四法の民立法の実現を見た点等自重すべきではないでしょうか。

H　教育者の経済問題ならとも角、教育の内容や方法に関する限り、他の団体や組織の力、又は政党政派の力を借りて斗争によって解決しようと力む事はどうだろうか、特に一日三百円で雇傭してピケやデモに出動させているという無責任な斗争はどうだろうか

I　文部省も日教組も、教育の方法や内容に関しては政党や政派から離れて「国民の生徒児童に責任を負う」という立場に立って問題の研究や理論の斗争を白紙の状態において行い。結論を見つけたら協力一体になって、国民のために責任を負うようにならぬものだろうか。

J　このまゝの状態では教育の尊厳を失うばかりでなく。教育に対する国民の信頼をも失うのではなかろうか。

△午前六時十分、講習会場の緑ケ丘高等学校へ講習員を輸送するためのバス八台が二条館前に集合した。

△午前六時三十分、朝食をすました。

この頃からピケ隊は寄宿舎周辺の路に溢れ放言放歌す。警官隊も全路上にはり出す。

△午前七時三十分、警察パトロールカーを繰り出す。

△午前七時四十分講習会場変更の通告あり、

「ピケ隊の放害により、会場緑ケ丘高等学校への移動困難につき、会場を二条館の四階ホールに変更す講習員は八時四十分までに集合されたし。」

△午前七時四十五分、ピケ隊のマイクから

「ピケ隊の報道班は至急宣伝カーの近くに集って下さい。警官隊が暴力をもって、我々を阻止しようとしているので、此の状況を写真にして直ちに報道して下さい」と呼号すれば全員ソーダ!!ソーダ!!

ガンバレョーと呼応す。

△四間道路を離れた二条館別館宿泊中の講習員およそ四十名を会場（二条館）玄関に通すため、ピケ隊と警官隊とおよそ三十分間押し合う。

△八時五分双方（ピケ隊と警官隊）話し合うため静かになる。この時ピケ隊から放言あり。

「警官隊に守られて道徳教育ができるか!!こういう

暴力行為があなた方の道徳教育か」

この放言を聞いた時の私の感想

「日教組は自分たちのために他の団体を利用し、行動に引き入れておいて、今はそれ等に利用されてはいないでしょうか。日教組員も良識を持つ国民教育者でしょう。教育のことは教育者だけで解決できません。此の姿は日本の悲劇ではないでしょうか。私たちは絶対に此の姿を沖縄に持ち帰りたくありません。教育者で教育を守りつゝ新しい時代を建設しなければならないでしょう。日本の不幸です。子供たちがかわいそうです。

△八時二〇分大分県議員団と警察代表と話し合っていると報道。

△八時二十五分「元気で受講する」と美崎校に電報を打つ。

△八時三十八分、警察代表が話し合いの結果を報告しようとしたら、ピケ隊側から

「暴力警官万才」と連発して説明を封じた。

万才の声に引きつづいてピケ隊側から

。「警察官の皆さん、此の行動に第三者の介入は許されませんよ。皆さんの暴力行為は顧問弁護士団や顧問議員団及報道班が見ていますよ」

と叫ぶと、市民代表らしい者が群集の中から

。「教育のことは教師だけにまかすべきだ、教師と教師の話し合いで解決させるべきであり、教師以外の皆さんこそ第三者ではありませんか」

とたしなめると

。「道徳教育は教師だけのものではない、国民のものだから私たちは国民としてこれを阻止するのです。第三者ではありません」

と答弁し。続いて警官代表が話そうとしたら、ピケ隊は行動を開始し、労働歌と、ワツショ〳〵でこれを邪魔した。

△八時四十八分、ピケ隊中村氏から発表

「この事態を解決するために「双方話し合つて解決したい」と申し入れたが大分県教育委員会代表から「今となつてその必要なし」とことわられました。故に私たちは既定方針に従つて本講習会の阻止をつゞけます」と。

△八時五十五分、警察本部からピケ隊解散の命令を発す。ピケ隊はマイクで命令発表を邪魔した。さらにつゞけて

「長崎の校長先生方よ!! 現場ではかわいい子供たちが待つています。この講習をやめて私たちと共にすぐ帰りましようよ。長崎の 先生方 聞えましたか」と放言す。

△九時、ピケ隊ワツショ〳〵のジグザグ行進始まる。

△九時五分、二条館玄関の大ガラス扉押し割られた。

△九時六分から八分までの間に二条館別館から講習員全部本館へ入る。

この間における警官隊のピケ隊突破活動実に見事なり。

△九時十四分、押し合うさわぎ静まり、警官隊は所定集合場所に退く。ピケ隊路上にスクラム組んで大声で合唱をつゞけた。

△九時十六分、道路上でピケ隊と警官隊が対立した。

△九時二十分、全会員講習会場（四階ホール）に集合完了す（座布団敷きつめてスシ詰め）

△九時三十分、路上からの放送雑音を防ぐため会場の窓ガラスとカーテンをしめた。

△開会のあいさつ……あいさつ要旨左の通り。

定刻より三十分おくれて講習会を開会した。

文部省初等教育課長　上野芳太郎氏

△昨日から皆様が見聞した、講習会阻止の行動は日本教育史上初めてのことである。

△法律が大まかで、治安が保たれている国程、文化レベルが高い国といわれる。

△反対は国民の一部であり。大多数の国民は道徳教育の充実強化を要望している。

（講　習　中）

△多数国民の要望に従つて、国民の信頼に応えるのが政府の取るべき任務であるので、本講習会は如何なる妨害があつても推して決行する。

△ピケ等のこの姿は真の民主主義国家に生まれ変るために通らねばならぬ、現段階の日本の姿である。

△幸に警察当局が市民治安の維持に当つておられるので安心して真剣に道徳教育実施についての研修に当つてもらいたい。

△大分県教育委員会あいさつ　教育長橋本氏

△講師の紹介

△日程変更の指示

講習会は九日の正午に終了する。

中食は全員本館内で取る。

金竜、日の丸宿泊の方々の中食は女中が運ぶことになつている。

二条館別館の方々も本館に宿泊を変更する。

各自の手荷物は女中が運ぶようにする。

△講座開始（午時十時）

㈠　**欧米の道徳教育について**（十時―十二時半）

九大教授　平塚益徳先生

講話の概要

△私は欧米教育視察を終えて此の頃帰朝した。

△日本の教科書やその編纂は世界のレベルから見て非常に高い。アジア諸国は明治十年頃の日本の状態を今経験しつゝある。

△ヨーロッパ各国の教育専門家から「質の高い教科書を使用している国が、どうして道徳や勤評に反対やピケが起るか」と真剣なる質問を受けた。

△英、仏、独の教育において「戦前と戦後の間に、職

争によって価値観（人生おいて、何が最も大事であるか）に変動がない。

△何が故にこんな大げさに（八人で七百万円も費して）わざ〳〵道徳教育の研究に来たかときかれて返答に困った。

△英国は失業者が少く、代表的進歩的国家を形成維持している。

△仏、独は米ソにより国家形式に変化はあるが人間形成の価値観に変化は見られない。

△日本は学校を通して社会も家庭もよくなろうとする態度が明治時代も今も変らない。

△欧米は全く逆である。社会や家庭が学校をよくし、教育効果を大ならしめようとしている。日曜日の午前中はすべてのラジオが宗教放送であり、午後三時以前にはすべての娯楽機関や興業施設は開かない、家庭や会会が各々の分をつくして学校教育に協力している。

△家庭と教会が道徳教育について責任の分野を自覚している。

△英国の家庭は城（カッスル）だと言われている。

。それはよりつけないという意味も含むが簡単に人を招かない特徴を持っている。

。家族だけで最高の団らんがあり、家族が各々の分を明かにして協力し、すべて最後の決定は夫にまかせる習慣になっている。

。さらに男子が家庭を尊敬し、最もよき男性は多くの時間を家庭で過す人であり、土曜日の午後は緊急の議会をも開かない、如何なる公務も土曜日と日曜日はその家庭を尊重している。

。英国は不良化対策の一つとして多くの住宅を建設して、不良化し易い青少年のために家庭を与えるという方策をとっている。

△ドイツの母には『将来のドイツを持つべきすべての子供たちを可愛がる』という子供に対する見方、考え方が徹底している。

△独、仏とも台所を大切に考え、合理的、経済的に施設し、徹底的に自分を大切にするという慣習がある

△欧米諸国は学校の規模をできるだけ小さくする努力がはらわれている。

（一学校四百人以内、一学級三十人以内に）

△道徳と宗教を別に考えない、宗教を教える時は必ず情操と道徳を考えている。

△入学の時期と入学のさせ方については細心の注意を払っている。

普通四月、九月、一月、の三期入学を施行し、学校によっては五月入学も行っている。

△文部省も地方教育庁も「何を教えるか」「何時間教えるか」の基準を持たない。

すべて学校長の常識、文部省の指導書、視学官の指導、学校理事会の活動、校長と教師の旺盛なる研究に委せている。

△学校教育は右のような自由の中に絶対が二つある。

一、毎朝の礼拝（十五分乃至四十五分位）

司会は校長の役目でバイブルから取材する。それで信念のない者は校長になれない。

二、一週間五日制で二時間乃至三時間は毎週宗教の時間を持っている。

△英国のスポーツと遊戯

日本の将来について英国の教授が

「日本人はずるい。何故に相手から取ったコマを使うか」と訪ねられた。

英国では遊戯やスポーツは社会的人品の鍵と心得ており、

。ルールを守ること、守られるルールを作ること、アンパイヤのミスに抗議をしないことがスポーツ・エチケットである。

。如何なる競技でも選手交替をしない。

ルール内でベストをつくし、選手に事故が起っても代理を出さず、残った者だけでベストをつくすことになっている。

。勝負を重要視しない、ベストをつくした自分たちを破った相手を尊敬賞讃する。

学級の役員についても

。中学校では級長と呼び、校内秩序の当番としており、小学校では世話係と呼んでいる。級長も世話係も学業成績では選ばず、その子の人格によって選定する。

△ドイツの学校

。公立学校は宗教によって分れている。

農山村では混合学校があるが宗教の時間だけでは教室を別にしている。

。宗教を抜きにした道徳教育は認められない。大学でも授業は午前中（小、中、高校も）で午後からあとの教育は家庭が引き受ける。

。母が家庭外の職業に従事している子女のために特殊学校がある。その家庭の子女は午後この学校へ行く。

。ドイツでは秩序に対する感覚が強い、それによって自主的、精神的面が豊かである。

。秩序を愛するために子供性を失わせない工夫と努

力が払われ、秩序の中に自由を楽しむという習慣になつている。

。学校長に対しては外的の権威よりも内的人格的権威が強い。

。教育の内容でも方法でも個人を尊び、個人の必要に応じて教育するという観点を持ち、一年に五回入学という学校もある。

。ドイツの国民は自分の国を大切にし、自分の力で「よりよくするのだ」という気魄と情熱が育てられている。

。一学生に「何故ドイツはこれ程急速に復興したか」と質問を発して見たら

1 自分達ドイツ人は頭がよい。
2 自分達ドイツ人は勤勉である。
3 自分達ドイツ人は西欧協力メンバーの一員になるのだ。
4 自分達ドイツ人に対するアメリカの援助がよかつた……と即答された。

以上に鑑みて、

（対　立）

日本の日本人教育は余りに甘すぎる。あくまで前進性をもつて、国民としての責任を強く植えつけなければならない。私たちは世界から、日本人として待遇され、日本の文化を語らされ、日本について質問を受ける。もつとも私たちは日本人に国境を越えた愛国心を培わねばならないと痛感した。

△フランスの学校
。道徳教育は全教科を通じて実施しているが　その必要性を強く認めながら真価を発揮し得ないフランスの弱点がある。

。一八八二年の法令以来公立学校で宗教教育は行つてない、宗教教育は家庭、教会、私立学校教室で実施している。

。日曜日以外に木曜日を完全休日とし、父母が子女を教会につれて行くことになつている。

。毎週必ず道徳科と公民科を一時間以上実施し。

。十二時から二時まで全国のすべての業務を完全休みにし、昼食は家庭で父母と共に取ることにしてある。公務員も家庭で子供と共に食事する仕組みになつている。

各国を通じて欧米では子供たちは勿論一人一人の個人が大切にされている。

△米国の学校
。アメリカは世界中で一番よい要素と悪い要素が共存している。

。善が魔力を発揮して悪と戦つているという感じを受けた。

。教育は家庭と結び、「他人のために」、「不憫な人のために」という目標を持つている。

。「道徳教育は社会科だけでは足りない」という自覚が高まりつゝあり。

。「公立学校で宗教教育を」という声がある。

△結　論
。どこの国でも家庭、学校、教会、社会が道徳教育に全力を注いでいる。

しかもどの国も多くの問題点を持つている。

。カントの言に、

『人間は教育によつてのみ人間となる。出生後最もみじめな動物は人間であり、成長後すばらしい発明発見をすることのできるのは全く教育の力である』……と。

。いくら道徳に力を入れても道徳は完成しない。人間は不完全なものであり、完全になろうとする所に意味がある。

。説教や説明では不可能だ、

「他人と共に生活する」ことが大切だ。

△午後一時半から三時半まで

(二)　「道徳」の時間特設の意義について

東京学芸大学教授　大島康正先生

講話の概要
△戦後における道徳的敗頽現象は世界的であるが、「その現象が社会内にどう存在するか」が問題である。即ち、非道徳が許されて、道徳が姿をひそめるか、非道徳はあるが、社会がこれに如何程の権威を持つか、という点に問題がある。
△道徳教育の主眼は「**よき教養人を育てる**」、よき日本人としての世界人的職業人を育てる」という点にあり、今日実施しようとする「**道徳」は官製のそれ**

ではない、世界の要求である。

△新聞等の報道機関は、事実を事実のまゝ記事にする外に、すべてに建設的でなければならない。今日のピケやデモその他の騒動の原因はそこにもある。「ミーラ取りがミーラになった」という例のようにも考えられる。

△「道徳」のモラル、バックボーン

日本にはその何者をも持たない。

つぎの日本を持つべき子供たちには、「日本の道徳の筋金」がバトンとして成立するようにするために週一時間の道徳時間特設は必要である。

△良きも悪しきも合わせて反対という。より建設的に対立し、日本を心配しながら対立も斗争も論駁もしてほしい、そういうものの存在を認める社会と社会人を育てねばならない。

△「入学選抜等に障害されて、やゝもすれば失いがちな生活指導や特活時間を、せめて一週一時間は、教科書は無く、点数や進学成績にヒモがつかない人間形成の時間特設がほしい」、というのが特設賛成の理由である。

△社会科の内容である、地理、歴史、社会的教育の本来の目的を充実させるためにも『即ち社会科の負担を軽減するためにも』必要を認める。地、歴、社の授業で無理に道徳的補説をしなければならないし、地、歴、社は主に実証的面を取扱うし、道徳は内面的、精神的面を担当するので水と油をまぜたものになりかねないと思う。

社会科で人権の平等、男女の平等等の原理や条件は学習するが、男女の性別による任務や、内外活動による適性や共同社会建設への性別、力量、適性による任務を如何に果すか、平等の理念において如何に天性を生かすか、等は道徳の時間があればその時間に討議したり、話し合ったりして自覚を高め、人間味を深めていくことができる。

△道徳の時間についての背景

日本の将来がどうなろうと、それはその時の人々が自分の意志によって判断し、自分たちの理解と納得によって採択したら。その通りの社会体制でよい、但しヒューマニズムの確把は大切である。集団や暴力や、権力によって個人の意志は無視されたまゝに判断じ、選択して社会形成をするなら、そこに人間冒涜があり、時の人々の個人の意志のじゅうりんがある。そういう社会は堅実な社会ではない。このあやまちを犯して不堅実な日本を形成せしめないためにも今日の教育においてつぎの時代の道徳的背景を堅実に育成しなければならない責任がある。明せきで充実した人格を保有する人間を育て上げるのが「道徳」の特設でなければならぬ。

△結　び

道徳教育が完成すれば教育のすべてが解決されたとはいえない。文部省は教室不足の解決を急いでほしい道徳教育にも支障が多いようである。

日本は内部からの社会改革は考えられないが台湾、朝鮮の現況には常に深い関心と堅実な方向への協力を惜しんではいけない。

△午後四時「護国団大分県本部」ののぼりを立てた宣伝車が通り、「道徳教育を敢行せよ」とはやしている。

同宣伝車の横に書き出した標語は

　道徳教育の充実を期せ!!

勤評実施反対の諸君に戒告す

一、阻止する暴挙をやめ、一夜千両の湯で、桃色の垢をおとし、正しき心に洗い清めよ。

一、今や国民の声は、総評や日教組の実力行動が暴力革命の前夜祭か予行演習であると叱っています。

一、祖国愛に燃ゆる日本人は直ちに解散して道徳教育の実施に協力しましょう。

護国団大分県本部

△午後四時半、全学連という旗をかざしておよそ百人（内女子九人）が二条館前道路を蛇行す。引つゞいて全逓労の旗をもったおよそ二百人（内女子八人）がジグザグ行進をなす。

△午後七時頃、ピケ隊も警官隊も分散す。

市内も常態に復す。

△午後七時半から、全講習員館内で映写見学

美の哀史、女教師の記録

※　※　※

十月七日　火曜　曇天（第二日目）

△午前四時半、警官隊宿舎の周辺に集合す。

△午前五時、ピケ隊行動を開始す。

△六時半、ピケ隊と右翼団と衝突す。

△七時半、ピケ隊金竜館前で、右翼団二条館前で、宣伝車上において路上対立弁論を行う。

△八時半、予定時より三〇分繰り上げて講習会を開会す。

△文部省上野芳太郎氏からあいさつ

。ピケやデモは民主化日本の現段階であろう。民主的訓練に対する日本の歴史的、思想的訓練の浅さから来たものであり、対立斗争を彼等だけのもの

にせず、国民皆のものとして、新しい日本を堅実に生み出すために努力したい。附和雷同性が、社会的訓練の浅い日本の後進性であり、各自が充分に責任を持つ自主性の強い国民を育てねばならない。

•指導要領も指導書も個人著書ではなく、公の文書であり、委員の個人色や政府の主観論はないと信ずる。

。全国小、中、学校長会は十二月九、十、十一日に開催し、指導要領の解説講習も予定通り実施する。

△講座開始

道徳の時間の趣旨について

文部省初等中等視学官　小杉　巖先生

△改正二十四条において

小学校の教科は、国語、社会、算数、理科、音楽、図画工作、家庭、体育の各教科並に道徳、特別教育活動及学校行事としてある。

△「一部の各教科については併せて授業を行うことができる」としてあるが之は前記八教科に限定されている。即ち教科中八教科の合科教授は認められるが教科と、道徳、特活及び学校行事との合科教授は認められない。

△指導書は特定の意図的道徳教育指導書ではない。道徳教育についての社会の公分母としての指導書である。

△小、中学校の一貫性について（指導書四頁）

こどもは白紙でもゼロでもない、引きついで育てるのだ、一人で完成しよう等と意気込むな、その情熱はよいとしても。

△道徳性の発達について（指導書22、23、24、25頁）

道徳性とは、内にあつて外に合致させる能力をいう。日本の今日までの教育慣習ですべてを学校に期待し、学校に依存する有様だが、期待は有難いけれど決して学校だけでは完成しないし。学校にしわよせされても困る。しかし、せめて道徳に関する、社会の公分母の一部でも学校が果そうと考えるのが道徳教育の時間である。

△道徳教育は

自我の強い人間を育成するのがねらいであり、簡単に失意、放棄、絶望するのでなく、常に新しい現実を創出し得る強い自我を……育成しなければならない。

△義務教育では

高度の人間像や価値体系の具現を要求しているのではない。平凡ではあるが、常に身につけておくことが必要と思われる正常な道徳を要求する。

△日本人と宗教

日本には宗教として届け出たものが一万三千余もあり、宗教団体として届け出たものが二十三万もある。

日本人の道徳的基盤は何か、国際場裡における日本人的特徴に何があるか、雑多な宗教は雑多な人間形成の基盤となり、国民感情はバラバラとなる。

※　※　※

十月七日午後日程

午後一時十五分から、小中学校別及び分科別に研究討議を行う（指導計画班と、指導法班）

小学校指導計画班分科会

司会　大分県小学校長　安東氏

△主題について

主題と呼んでも、単元と呼んでもよいが主題を形式的に月別に配当することは好ましくない。「月」に支配されて配当する必要はない。「季節」や「月」を効果的に利用することは考えられる。

△道徳と他教科との交叉について

低学年等で一時限内に音楽二十分、道徳二十五分等の配分はよいが、教科の目的、内容、指導法等が不明にならぬよう、即ち両科共に雲散霧消しなければよい。

「例」「親切」に関する教材が国語にも社会科にも道徳にも出てくるが、どの教科でも、その独自性を高め、或は認識して、他科依存や、他科占領にならぬよう注意する。低学年で社会科があるから道徳は不用だと考えては困る。合科的になつても、各々の特性を失わぬよう、又、合科して他科を失わさぬようにすることが大切である。

△午後三時十五分からデモ隊の行動活発化し騒音のため質疑応答が不明瞭となる。

△三時二十五分臨時警察本部からの電話連絡により「デモ・ピケ隊増員が予想されるので、日の丸荘宿泊の講習員は早めに帰宿されたし」この事情により宮崎県、佐賀県代表の講習員は帰宿のため早退す。

△三時三十分、講習第二日目日程終る。

△四時四十分、斗争本部から講習会本部に対し面会要請の抗議文を提出したと発表。

△三時五十分、「共斗本部に対して各地労組から激励電報が届いた」と四、五通朗読す。

△四時二十分、前記「抗議文」を拡声機により朗読発表す。

△四時三十分、右翼団体と共斗との衝突あり警官が私服でピケ隊の中に居ることを発見されて摘発され問

題をかもす。

△六時十分、ピケ、デモ隊の一部退散す。

△七時三十分、二条館内で映画見学。

※　※　※

十月八日　水曜　快晴（第三日目）

△午前五時頃から警官隊集結す。

デモ隊現われず

△六時四十分、デモ隊集合始まる。

△六時五分、全学連二条館前でデモ歌を歌いながら、音頭に合わせて左の放言

1、官制の道徳教育万才
2、道徳教育反対
3、勤評反対
4、警察の弾圧反対
5、校長は学校に帰れ
6、日教組がんばれ

△午前七時、デモの大群衆ジグザグ行進始む。

△七時十分、路上のマイクで宿舎に向つて、講習員の個人攻撃始まる。

△八時十五分、宿舎周辺の路上に大群衆のデモ行進始まる、個人攻撃を連呼す。

△八時二十分、個人攻撃の声をさけるため全講習員四階ホールに臨時集合す。

△午前九時、開講（分科会研究討議）

小学校道徳教育全体計画班

司会　大分県小学校長　朝倉　二郎氏

研究討議の概要

（A）**道徳の時間と教科外活動について**

。小学校では交叉も考えられるが、中学校では判然とさせることを期待する。

。道徳の時間四十五分を確保して、他の教科外活動を考える。

。道徳の時間のために教科外活動が消滅しないように注意する。

。道徳の時間は何曜がよいか、一日中の第何時間目がよいか。

文部省でそこまでは固定しない。

学校や地域の事情によつて決定されたい。各学校の教育経験にまかす、但し一学校内で各学級がばらばらではどうかとも考えられる。

。放送施設（ラジオ・テレビ等）並映画利用等では同日、同時がよいように思う。（宮崎の小学校）

（B）**全体計画を立てる「価値体系」をどう立てるか**

。宮崎の深年小学校の場合

教師、児童、父兄の声をまとめて、本校児童の長短は握つたが此の資料を如何に体形づけるかに困つている。

問　**道徳教育主題の三十六項目は　どうして　生まれたか。**

答　（鈴木視学官）今日の日本で倫理学的立場においての価値体系ということは説明しにくい。表現できない。**教育基本法の一、二条に示された言語表現により、世界の総てが認める憲法を基盤として、客観的合理主義の立場に立つて生み出したものである、宗教的、イデオロギー的立場から生まれたもの（価値表現）ではない。**

。大分に文部省があれば大分県近傍の先生方に資料作製をしていたゞいたはずであるが、いろいろの都合によつて東京に近い先生方に作つてもらい。読み易いように文部省が成文化したものである。

（拡声機で呼びかける）

。**要するに皆さんの仲間が作つたものとして皆さんが受取つてもらいたい。**一応消化して教育に当つてもらいたい。

。消化するまでは三十六項という格にはいるが、**教育実践の場合は、その格をぬけ出てもらいたい。「三十六項の第何項目に当る教育」等では教育にならない**（以上鈴木氏）

問　基本的人権や、教身基本法一、二条によつて生まれた項目であることは、わかつたが憲法とか教育法とかの文句が少いのは何か特別に意図あつて、かくしてあるのか。

答　教育は憲法に基づいて施行するので特に憲法、憲法という必要は認めない（省）

。**私どもの学校では各教科から道徳的資料を蒐集し、八七〇名の全父母の声をも集め両方を合して主題の三十一項がまとまつた（熊本学芸大学附属**

小、安田氏）

。各教科について必要な、可能な道徳教育資料を四十名の委員がまとめ、更に教科外で何が達せられるかをまとめて見たが、その結果道徳の時間特設の必要を感じている（鹿児島県）。

。同校勤務数ケ年以上の教師の声で概念的なものは現われ、三十六項目に照して父母へアンケートを取つて見たが、外面的面は握り得たけれども、内面的問題は得られなかつた。こどもへのアンケートによつて具体的、内面的事項が現われた（沖縄県）

△十一時十五分、デモ隊は朝から二条館周囲の路上に坐り込み戦術で道路一ぱい占領していたが、全員総立になつて

勤評!!反対　道徳　反対　を連呼して騒音により講習邪魔をなした。

△十一時五〇分、ジグザグ行進に移つた。

研究討議の声不明瞭がちのまゝ続行す、

。示された三十六項目でこどもを洗つて来る方法と、こどもの実態から項目を洗い上げる方法を取つて見たが、矢張り此の二面を使用しなければ全体計画に満足な方法は生まれないことを認めた。

（熊本県）

説明　主題とか単元とか、題材とかの呼び方は各学校に一任する、「四月の主題」「何週の題材」でもよい。その週の題材に必然的なつながりが無い場合は改めて之を主題と呼んでもよい。指導書に「主題」としてあるのはそのつもりでつけた呼び方である（省）

。全体計画案には単元の基底や、資料単元を掲げ、実際指導の場合は子供の実態から浮き上がらして行く。即ち三十六項目の指導内容を頭に入れておいて主題名は適宜に与えてよい。

△十一時五十分、ジグザグデモ行進のため聞えないので午前の日程終了となる。

△午後一時半、第三日目　午後日程開会

司会　大分県小学校校長　末綱氏

研究討議分科会続行す

問　月中の題材四時間分とせず三時間分題材にして弾力性を持たしているがよいか。

答　道徳の時間としてのねらいや内容を年間通じて充たし得ればよいと思う。

学校全体計画の中に同一主題があげられても学年特殊性（新入学年とか卒業学年とか）によつて題材や取り扱いは相違あるべきである。（省）

問　**統一主題は教育の統制画一にならないか**、この深年小学校の案は何かしら学校や教師が子供におしつけのような感じが深いので不賛成である。（熊本県）

答　この案は一応の目やすであつてこれに拘束はされていない。（深年小学校）

問　**主題を立てるに生活主題やその他の主題**（徳目的主題）**をどう組み合わせたらよいか。**

答　年間を通じての月々のねらいとか、月毎の生活指導目標又は努力目標なりを持つている学校はそれとかみあわせて考えて、もらえばよい。

。**とにかく三十六項目を色々に形をかえて六ケ年くりかえして行けばよい**、従来の生活指導の中に改めて三十六項目を再認識して充実していく方法がよいと思う。（省）

。道徳教育は戦後いろ／＼な方法や経験によつて実施され、九十九%までは現場の皆さんに大きな実績がある。その九十九%に目標や内容を添えて百%にしてやろうというのが指導要領であり、指導書である。今日まで実施しつづけたものの上に意義をつけ、名目を与え、面目を一新したに過ぎない。今日までの現場の苦労や努力と全く切り離して、漫然としての道徳教育ではない。（文部省上野氏）

。生活主題と三十六項のかみ合わせ並に相違について小林氏補説、

1、生活主題による生活指導（例遠足）

遠足を通して、遠足に関連する全生活（準備、早起、持物、集合…帰宅、話し合い就寝）を道徳的に生活として指導する。

2　道徳教育としての主題（遠足）は、（時間を大切に人に迷惑をかけない。物を大切に）等に取材して遠足の一日の或る部分（汽車時間や乗物）の事実を取り上げ

（食卓についてほっと一息）

て道徳教育の材とする、

問　道徳教育の場面分析
いろ〳〵検討してみて三十六項目に八十六場面を拾い出したが、主題によってはどうしても「場」を見つけることができず、人物説明とか講話及行事等で終ってしまうこともあるがどうしたらよいか

答　地域的条件によって止を得ぬとも考えられる。

問　**評価をどうするか**

答　教育の結果子供がどう変りつつあるか、その変り方について道徳の時間の位置がどうあるか、又、あるべきか、等を自己評価し、父母の声などによって反省する等がよく、**個々の子供に五点法で評価する等は慎しむべきで未だ方法の結論はない。**

問　ラジオ等の学校放送の利用法如何にすべきか、私の学校では三台のテープコーダーに録音しておいて、適当な時間に利用する方法を五年間つづけている。あの学校向放送の時間はこどもにピッタリしない時が多い。（長崎県）
。私の所でも三ケ年つづけているが直接にその時間にピッタリしない場合が多いように感じて利用方法に困っている。
放送シリーズが日別にしか出ないので完全利用の域にまで行かない。（熊本県）

答　学校向放送時間は十五分しかないので、これを道徳時間だけにということは考えていない。年間シリーズを見て「役に立ちそうだ」と考えられるものは道徳指導の一方法として利用したらよいと思う。（省）

問　他教科の教材から取材する場合、補充深化という面について教示願いたい。

答　人間形成の上で特に意図的に取扱うことによって教科時間に受けた道徳心が一層深まって来る。
。教育の四部面（各教科・道徳・特活・行事）で道徳は育てられるが特に道徳の時間には、それなりのねらいがある。教育の四部面が交流、補充、深化して道徳の効果をあげ、その充実徹底もする。（省）

問　教科外活動は成績をあげたが、文部省の意図する所に行かないので道徳の時間の問題になったのか

（一部の学生ピケに加わる）

答　自由研究が教科外活動になったが、教科時間ではどうにもならない部面の教育分野があることで教科外活動として取り上げた。今日では教科活動や教科外活動でも更に不足を見つけたので道徳の時間となった。「道徳」を背負わされた「社会科」は教科の本筋から見て迷惑だったかも知れない。一面社会科教育の充実発展がめざましくなった結果でもある。（省）

△正午に警官隊と全学連と衝突し、学生三名負傷、大分大学の学生一人検挙さる。
△午後五時、検挙された学生釈放さる。
△午後五時半、双方の協議により、ピケ・デモ隊並警官隊共に団体行動を停止し解散す。
△夜間、初めて宿舎近くの海岸まで自由散歩ができるようになった。

※　※　※

十月九日　木曜、快晴、（第四日目）

△午前六時、警官隊は宿舎周辺に治安維持のために参集す。（団隊行動を取らず）
ピケ、デモ隊は姿を見せない、
△八時十五分、右翼の一人街頭演舌をなす。
△八時三十分、開講、各分科会の発表
△小学校部会報告
一、全体計画班の報告　福岡県主事　吉田氏
（前記二日目の午後、三日目の午前午後の記録の通りにつき省略す）
二、指導方法班の報告　大分県主事　川崎氏
。六つの指導法（話し合い、教師の説話、読み物利用、視聴覚教材の利用、劇化実践活動）を如何に生かすか
深化、補充、交流、統合を有機的に
。視聴覚教材の利用は映写時間と指導時間を考え意図的でなければならない。映画を見せるだけでは不充分である。
見せる機会と指導に利用する機会とが考えられる。
。劇化による方法の特徴に多様性、立体性創造自発性の三つがある。
。無意識のものが意識化するよさがある。
・読物を利用する方法では適当な図書が少い。
学校図書の充実が先決である。よい人物だけで

なく悪い人物も利用、但しざんこく性のもの、刺激の多いものは良くない、国語学習の関連において、読み物を通して教材づくりが考えられる指導案例をそのまゝ利用してはどうかと思う。

。説話、話し合い、実践による方法は、結局教師の信念や、経験や、良識の問題となる、多く話すことだけが能ではない。生活指導による実践と、道徳教育の実践とは趣を異にする。

三、意見交換（残された問題について）

。**実践の時間について**

教科外活動では実践が本体であり、
道徳時間では実践が本体ではない。

即ち実践への指導であり、実践へ移行する可能性を充分ならしめることが本旨である、但し『道徳性の育成』等とかで知的教育だと誤解してはならない。(歯みがきの例について)

。小学校指導書と、中学校指導書の問題

小学校には目標が四項目あり、
中学校には内容として三項目ある。

小学校では個性の伸長を一観点として取り上げた。

。奉仕活動と道徳の位置づけ如何

奉仕活動は校外だけに限定するものではない。
但し校内での自分たちのことをすることも奉仕であるかどうかも考えられる問題である。

。「生活指導」という概念は実にまちまちであり文部省としては従来も今後も或る一つの概念として「生活指導」という用語は使わない。

。「実践活動」という方法を他の五つと併列させることはどうかと思うが。

。不適語だと思いつゝ入れてある実践ということばに拘泥せぬように。

四、その他、残された問題

。学年段階による徳目（三十六項目）の配列について

。三十六項目が学年に配分されることは好まない。ただし発達段階に応じて重点項目はあるべき基本的には全学年に三十六項目を持ち、方法や内容は年令相応に加減して施行する。（省）

。学級づくり、学校づくりの問題について

。共同社会の建設のため指導すべき、

「皆の喜びを皆で」と熱を上げる教師もいるが、それよりもすみっこにいる子が一人も出ないように、「安心して話せる」学級へと考えた方がよい。

。集団指導について

すし詰め教室を早く解消してほしい、
少い集団で個人指導が望ましい。

。よみ物による悩みについて文部省へのお願いと結びつき、

。教育参考図書は文部省で発行してもらいたい。

。道徳教育参考図書を紹介してもらいたい。

。テレビ、映画の施設を配給してもらいたい。

△午前十時、デモ隊行動開治

全学連だけで騒いでいる。

鈴木視学官あいさつ

1、全講習員が実に真剣味がある
2、現場からの要求の強さだと思つている
3、文部省の人は重みがあるように見えるがそれは見えるだけの話であり
4、実力は実際に皆様方にある。全教師が道徳教育の格にはまつて、格から抜け出てもらいたい。

△午前十一時、閉会式

△上野文部省初等教育課長のあいさつ

1、奈良会場は四万坪の中で開講し周囲からの騒音もはいらず天国であつた、但し五日間とも折詰と缶詰ばかりであつた。
2、この会場は生活も、受講も充実していて窮屈ではあつたがより天国だと思つた。
3、これからの世界は自分で判断し、自分で行する人を要求する。
4、この点は人間形成の任を持つ道徳教育の重要任務でもある。
5、現場で子供たちと密着した指導でなければその効果は上げ得ない。
6、熱心にしかも真剣に研究し、予定の講習を日程通り無事に終つたことを感謝する。

△大分県教育委員会橋本教育長のあいさつ

楽しかるべき別府会場で地獄の姿をお見せしてすみませんでした。

△福岡県教育長、会員を代表して謝辞

△午前十時四十五分終了

△警察本部からの連絡

。全学連のデモ隊がまだ散在しているようだから中食をすまして、二条館内で休みつゝ、十二時頃散会してもらいたい。

。警察は午後二時頃まで現場にいて講習会員各位の散会を保護いたします。

△十二時十分、豊泉荘に引きあげ、初めて自由の身となる。

※附　記

十月八日　朝日新聞夕刊三面に三段抜きで

『日本人同志で何故争わねばならぬのか、話し合いで互の理解を深めてほしい、美しい平和な日本に期待するとの「沖縄代表の声」に耳を傾ける必要があるのではないか』

という記事が出た。

これはピケやデモを見た私たち十二名の素直な感想であつた。

文教審議会答申内容（原文）

ドル切換と教育についての答申

一、基本的態度

ドル貨が現実の通貨であるので、児童生徒の生活経験を重視する現代教育方法の立場からはドル貨を主体に取扱うべきである。しかしながらドル貨の使用によつて将来日本への帰属が不可能になるのではないかという不安と児童生徒の心理抵抗も考慮されるので米国の通貨であるドル貨の使用によつて植民地的感情に陥らないよう、本土の通貨についての学習も又必要である。

このためこれらの通貨に関係のある教材の取扱いについてはドル貨と共に児童生徒の発達段階や必要に応じて日円の指導をすべきである。

二、各教科の取扱い

算数数学科

1　小学校の低学年中学年においては児童の生活経験を重視してドルを中心に取扱い必要に応じて日円の指導を行い高等学校で他教科との関連において日円に対する理解を深め換算などを指導し、問題解決に支障をきたさないようにすべきである。

2　通貨を利用した教材が数の処理の新しい方法を指導するような場合に用いられるときは、ドルによつて指導し、数の処理ができるようになり、それの練習又はテスト等の場合において円のまゝでも差支えない。

3　実務の指導にあたつては実際の場における諸問題が、容易に解決できるようにドルを用いて指導すべきである。

4　中学校高等学校においてはドルも日円も両方取扱いそのいずれに対しても抵抗を感じさせないように指導すべきである。

社会科

1　社会科の教科書の円を取扱うにあたつては従来も日円をB円におきかえて説明する等の考慮を払つてきたのであるが、これはB円がドルに切換えられても同じことである。即ち円によつて示された数が架空の観念になつてしまわないようにドルと対比させて理解を容易ならしめることが大切である。

2　身近な生活や郷土社会の中から出てくる学習内容については、ドルで指導すべきである（特に低学年、中学年）

3　小学校高学年では円で指導するがドルと対比させて理解を深める必要があるので予め換算表等の資料を与えておく。

4　中学校、高等学校においては、小学校高学年に準じて取扱う。

5　ドル切換えに伴う沖縄の社会の変動、特に経済関係の中におこつた新しい事実は学年の発達段階に即してそれぞれの属する単元の中で指導して行くべきである。

その他の教科

1　その他の教科においては日常生活の中に生ずる問題解決のために出てくる通貨や、郷土の社会に関する通貨の取扱いにおいてはドルで取扱う。

2　本土の社会生活が内容となつている場合や世界に及ぶ場合、特に国際間の比較をする場合はドルと円を対比させながら取扱うべきである。

安全教育問題（交通事故水難事故）

生命尊重の精神こそ、民主主義社会の根本でなくてはならない。しかるに最近いろ〳〵の事故のために、あたら尊い生命を失う人や、けがをする人々が激増する傾向にあることは、真に社会のために悲しむべきことである。

このような事故の発生は増加した交通量に即応する政府機関の施設の不備と安全教育の指導に当る学校側の対策や指導の不徹底と更に父兄及び一般住民の安全教育に対する関心の足りないためであると思われる。

文教審議会において審議の結果、学校並びに地域社会の人々が一丸となつて予防に又指導に努力することが肝要であり又政府並びにそれぞれの当事者においては予防対策としての施設の充実を期すことが最も重要である。

そのためには多額の予算を必要とするのであるが、尊い人命を守るためにこの答申に基いて早急に施設の充実を期し、指導の強化にあたるよう要望する。

△交通事故の防止対策

A　学校側の対策

㈠　交通安全教育計画を樹立する。

1　交通事故の実態を把握し、且つ事故発生の場所及び事故の原因等を分析研究し、防止計画をたてる。

2　交通安全の指導計画は各教科並びに特活等に

おりこんで指導する。

3 学校の年間計画の中に週間行事として年中継続実施できるように計画する。

4 学校の年間計画の中にはP・T・A・婦人会にも交通安全の指導ができるよう計画する。

(二) 交通安全管理

1 学校に交通安全委員会及び通学団を組織する

2 校門附近の交通安全強化のために標識をたてる。

3 危険な道路及び場所を全生徒に知らせて歩行させないようにする。

4 通学道路及び横断箇所を設定する。
P・T、A並びに警察局の協力を求め設定する

5 P・T・A下部組織としての教育隣組（仮称）を組織し児童生徒の交通安全について協力を求める。

6 交通整理及び信号燈の指導等について警察局の協力を求める。

(三) 交通安全教育の指導

1 交通安全の重要性について理解をはかる。

(イ) 事故の実態を知らせる。

(ロ) 事故発生の場所及び原因を知らせ、その予防対策について話合う。

(ハ) 交通規則、交通道徳の理解とこれを守る態度の養成に努める。

2 指導は実際に即してできるだけ具体的に行う

(イ) 横断歩道において横断の仕方を実際に指導する。

(ロ) 信号燈や交通整理員の合図により道路の横断を行わせる訓練をする。

(ハ) 交通安全に関する標語、ポスター等を作成させ教室等に掲示し、防止に努める。

(ニ) 交通安全について冊子やビラ等を用いて指導する。

3 P・T・A婦人会に資料や冊子等を用いて交通安全について指導する。

B 家庭における対策

1 家庭は子供の通学途上の交通安全について全責任をもつてあたる。

2 交通安全の冊子やビラその他交通安全に関する知識を基にして、交通規則や交通道徳について指導する。

3 家庭においてたえず子供の遊びに関心をもち、遊び場所を指示し危険のないようにする。

4 通学途上の危険な場所の通過にはできるだけ家人が付添つてもらいたい。

5 学区域を厳守する。

C 政府機関及び当事者側の対策

1 資料を作成し提供する

(イ) 統計資料の作成及び配布

(ロ) 教職員に対し交通安全の栞を編纂し配布する

(ハ) 児童生徒に対し、交通安全教育のための冊子をつくる。

2 学校完全給食の実施

3 学校の施設、設備の充実

4 養護教諭の増置

5 遊び場の設置
遊び場の設置と遊び用具の充実

6 道路施設の充実強化

(イ) 標識、信号燈及び区画線の増設

(ロ) 歩道の設置（又吉道路）

(ハ) 一号線に安全地帯の設置

(ニ) 一号線に地下横断道路の設置（都市地区）

7 諸取締りの強化と悪質違反者の厳罰

8 運転手再教育

(イ) 交通規則

(ロ) 交通道徳

9 乗用車（営業用）の適正数の指示

10 交通整理巡査の増員

11 保育所、母子ホームの設置

12 運転手の勤務時間の厳守

13 運転手の休息所の設置

（参考事項）

交通事故の原因

戦後激増した交通事故の一般的原因としては次の諸点が考えられる。

1 住民が交通についての認識の低いことが事故発生の原因の一つである。

(イ) 交通規則を知らない

(ロ) 交通規則を知つて守らない

(ハ) その他不注意による場合

2 近年自動車が著しく増加し、交通量が激増したにもかゝわらずこれに対する対策が強化されていないために事故の発生することが多い。

(イ) 歩道の施設及びその他の安全施設の不備なところが多い。
例えば又吉道路は歩道の施設もなく又下水溝も設けられていないため事故件数が非常に多い。

(ロ) 子供たちの遊び場の少いことも事故発生の原

因である。

3　交通事故は運転手が交通規則を十分守らないためにおこすことが最も多く重なるものは次のような場合である。

(イ) 脇見運転　(ロ) スピード違反

(ハ) 酒気運転　(ニ) 居眠運転

(ホ) 操作不確実　(ヘ) 無免許運転

(ト) その他

4　歩行者（主として幼児、児童、生徒）に主因がある場合はおおむね次のようである。

(イ) 幼児の一人歩き

(ロ) 車の直前、直後の横断、斜横断

(ハ) 路上遊ぎのため

(ニ) 路地から車道に不注意にとびだしたため

(ホ) 自転者乗用の不注意又は不熟練のため

△水難事故対策

A　学校側の対策

一　指導計画を適切に樹立する

1　児童、生徒の健康状態及び水泳能力を考慮する

2　気候、地形、環境等を考慮して計画する

3　指導者の能力や人数等を考慮に入れて計画する

二　水泳場の選定

1　水泳場の選定にあたつては必ず事前調査を行い、危険な場所はさけるのはもとより、非常の場合に連絡のとりやすい場所を選ぶこと。

2　事前調査にあたつては直接現場におもむき、海中や、川の中に入つて綿密な調査をする。

3　事前調査に当つては、地域社会及び関係機関の協力を求める。

三　管理について

○水泳区域の明示と監視を厳重にする

(イ) 標識旗やたる等で水泳区域を明示する。

(ロ) 水泳期間中教師は指導班と監視班の両方に分けて監視を厳重にする。

(ハ) 舟、いかだ等を用意して監視に当り、非常の場合に備える。

(ニ) 適当な場所にくいを打ち、竿などを用意して初心者の便に供する。

四　水泳指導

1　実際をはなれた空な指導は効果がない。それぞれの場の条件と方法を兼ね合わして実際に指導することが生きた指導である。

水泳場に行つて基本的な練習から十分指導していく。

2　児童、生徒の健康状態能力を十分考慮し、それに適当する指導をする。

3　すべての児童生徒が泳げるように指導する。即ち、すべての児童生徒が泳ぐ能力を身につけることが自分を守る第一の条件である。

4　事故発生の際の措置については、現場で具体的に指導する。

5　帰宅後の水泳に当つては、教師の直接の注意と同時に特活及び児童生徒会等において左記の事項について話合いをもたせ徹底をはかる。

(イ) 家族の許可を得てから行くこと。

(ロ) 必ず上級生の泳げる者等数人グループをつくつて行くこと。

(ハ) 学校から示された危険な場所へは決して行かない。

(ニ) 泳ぐ前の注意を十分守ること。

(ホ) 健康上注意を要すること。

水泳を禁止された者は決して泳がない。

(ヘ) 万一事故の発生した場合の措置について徹底させる。

五　組織の強化

1　シーズンの始期に部落P・T・A会をもち協力を求める。

2　学校内に於ても安全に対する自治活動を組織する。

3　部落のP・T・A地域社会の協力を密にするための学校保健委員会をもつ。

B　家庭及び地域社会の対策

一　水泳場の選定並びに管理について

1　学校の教師とP・T・A（部落）が一緒になつて適当な水泳場を調査選定し且つ場所の整備と施設の充実をはかる。

2　危険な水泳場を調査し標識等をたてて水泳の禁止をする。

3　時間を定めて監視にあたり事故の防止につとめる。

二　水泳指導

1　児童生徒が家庭で常に出処を明らかにする習慣態度を養う。

2　父兄は水泳に対する留意事項をよく理解し、子供たちに十分指導し、事故の防止につとめる。

3　出来るだけ余暇をみいだして子供と共に水泳場へ行つて直接水泳の指導をする。

C 管理者側の対策
1 水泳指導者養成
2 救急法についての訓練をする
3 できるだけ多くの場所にプールを施設する

青少年問題と対策

答申

青少年問題は歴史的社会的及び経済的な諸要素並びに政治的特殊事情などがからみ合つているのでその根本的な解決は容易でない。

しかしこの問題は民族興亡に関する重大な問題であるので政府は速かに総合的施策を樹立して強力な実施をなし、すべての機関団体職場家庭等の積極的な協力を得てこの問題の解決に当らねばならない。よつて次の施策を答申する。

一、学校教育においては

校長以下教師自体が児童生徒の実態を完全に把握し補導組織を強化すると共に生活指導及び余暇の善用を充分に指導することに努めなければならない。

その対策として

1 児童生徒の転出入を確実にし、欠席欠課に対しては速かに家庭と連絡をとり、その調整に努めなければならない。
2 特別教育活動の強化による児童生徒の生活指導を十分ならしめること。
3 施設を充実し学校環境の美化整備を図り、魅力ある学校たらしめること。
4 児童生徒に関する基礎テスト、並びに具体性のある累加記録を実施し、ガイダンス活動の強化を図らねばならない。
5 補導組織の強化と活潑な活動により問題児の早期発見と非行の予防を図らねばならない。
6 視聴覚教育の重要性に鑑み、映画教育の適正を期してその指導の徹底を図らねばならない。
7 金銭の取扱いや読み物の選択については具体的に指導せねばならない。

二、家庭教育においては

家庭は性格の形成される最も大事な場であると同時に生活の本拠であるから、家庭のあり方並びに家庭教育には一般の配慮と努力がはらわれなければならない。

その対策として

1 児童生徒においては学校、勤労青少年においてはその職場との連絡を密にして放任することなく常にその心情動静をみ守らねばならない。
2 家庭の環境を整備し明朗な民主的な家庭をつくり、子女に安定感を与えねばならない。
3 金銭の取扱い、読み物、映画の見方友び交友関係等については常に関心をもちその指導をしなければならない。
4 不健全アルベイ及び夜間アルバイトは禁止し健全アルバイトでも子供の保健を考慮しなければならない。
5 教育隣り組を積極的に組織し、お互に子供の健全な育成を図ること。

三、社会教育においては

特に青少年の教育に意を用い家庭教育の振興と社会道義の昂揚に一層努力せねばならない。

その対策として

1 青年学級の振興を図ること。
2 青少年団の組織の強化を図り健全な育成に努めること。
3 青少年に対する教育施設の整備充実及びその運営の民主化を図ること。
4 職場教育の拡充強化を図ること。
5 娯楽施設の健全化を図ること、特に映画館、劇場、遊戯場等の経営者管理者に対する教育的協力促進が必要である。
6 P・T・A及び婦人会活動等を通して家庭教育の振興を図ること。
7 公徳心の涵養に努めること。

四、社会浄化、社会福祉及びその他の諸施策について

社会浄化、社会福祉の増進を図り青少年を善導するため左の諸施策を促進するのが急務である。

1 青少年関係法令、制度の整備強化を図ること。
2 全教育区に教育委員会、社会教育主事を設置すること。
3 子供の遊び場を設置すること。
4 訪問教師、カウンセラー並びに警察の少年係の専門員の増強、学校教員の定員増を図ること。
5 売春防止法を制定すること。
6 映画観覧法規を制定すると共に教育映画の免税措置を講ずること。
7 福祉事業特に母子ホーム、児童園、托児所、児童相談所実務学園等の強化を図ること。
8 文教地区を制定すること。
9 不健全アルバイト及び夜間アルバイトを規制すること。
10 公衆電話の増設、防犯街燈を設置すること。
11 健全娯楽を育成するため体育施設の増強を図ること。
12 国民行事の設定をすること。
13 青少年の職場開拓に努めること。
14 子供を守る会その他の民主団体を助成すること

青少年問題とその対策

社会教育課　清村英診

(一) 不良行為のあらまし

一、戦前の青少年の犯罪というと成人の犯罪に比べてさして気になる程のものではなかつたとおぼえている。然るに戦後はどうか全く『あいた口がふさがらない』である。一九五七年度の統計によると警察に検挙されたものゝうち、およそ六〇%が青少年である。それも二十一才から〜二十五才までの青年を頂点にテレビ塔みたようなグラフになつている。(第一図参照)

一体どんな悪いことをして検挙されたのか次の第一表を見てみよう。

第一表　少年罪種別年次検挙人員調

罪種	一九五五年	一九五六年	一九五七年
兇悪犯	一五	一三	二五
粗暴犯	四二	三三	三八
盗犯	八七八	六三五	五二三
知能犯	四〇	三五	三一
過失犯	九	二二	二〇
その他の刑法犯	六三	五四	五一
行政犯	一、一九五	九〇七	一八二
計	二、二四二	一、六九九	八七〇

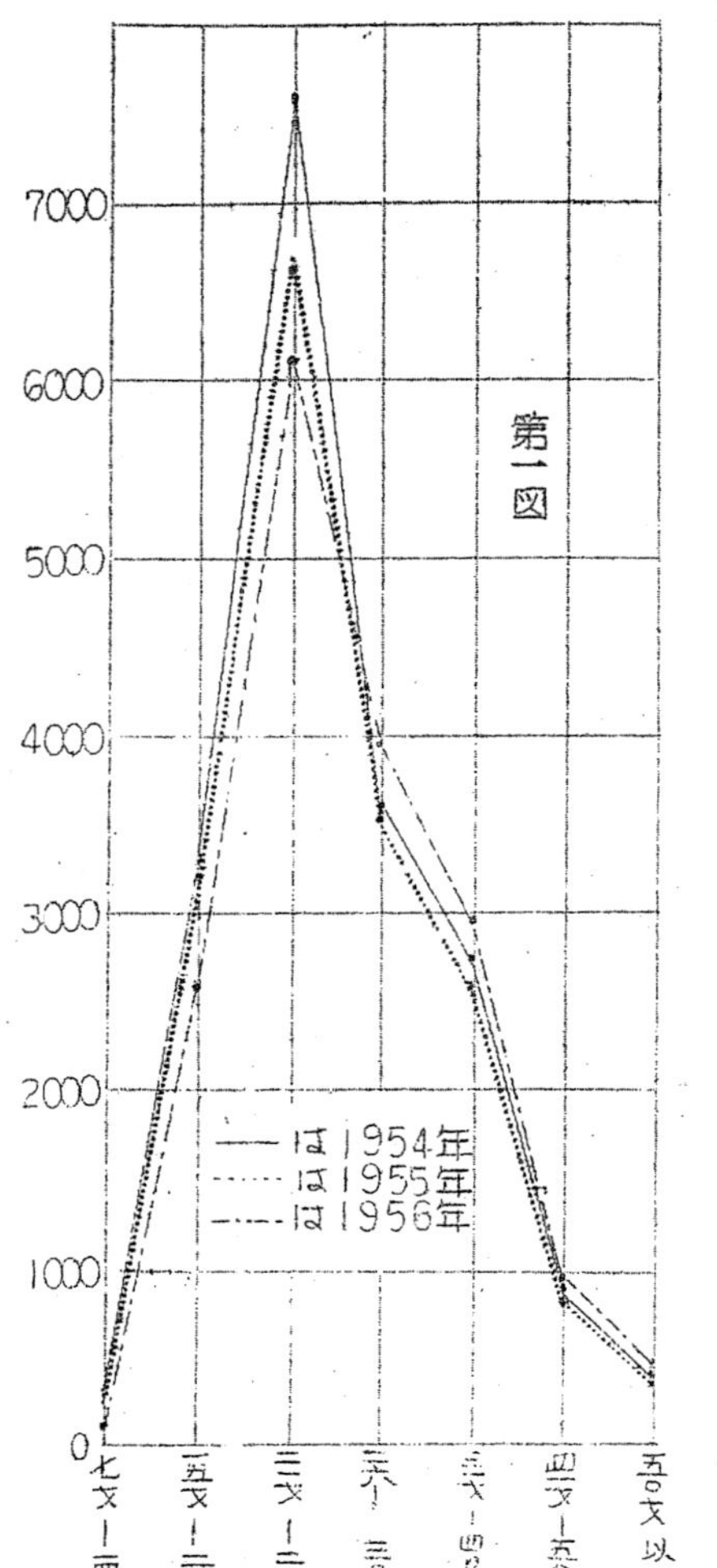

兇悪犯とは殺人、強盗、強姦、放火というような恐しい犯罪で、粗暴犯とは暴行、傷害、脅迫といういわゆるグレン隊で、知能犯とはサギ、汚職、横領といつたものである。

本土ではどうなつているのか九州と沖縄を比較して見ると十九才未満の刑法は断然沖縄が少ないのであるが、二十才から二十五才までの青年では兇悪犯でも粗暴犯でもはるかに優位を占めている。(第二図参照)

第二図　九州、沖縄刑法犯比較（1957年度）

			0%〜60%
少年	検挙総数のうち	九州	20.8%
		沖縄	14.9%
	兇悪犯中	九州	34%
		沖縄	20.8%
	粗暴犯中	九州	17.5%
		沖縄	3.9%
	盗犯中	九州	31.5%
		沖縄	25.3%
二〇才〜二五才	検挙総数のうち	九州	26.8%
		沖縄	38.7%
	兇悪犯中	九州	30.8%
		沖縄	52.5%
	粗暴犯中	九州	30.2%
		沖縄	40.3%
	盗犯中	九州	25.8%
		沖縄	36.9%

二、何故警察に検挙されるような悪いことをするのか、その原因は何か児童相談所の統計をみてみよう。（第二表参照）然しこの表は十八才までの少年であるので、それ以上の青少年についてはこれではわからないので警察で調べた次の第三表を参照されたい。

第二表

非行児一六二名についての原因調（児童相談所）

原因	人員	%
家庭に原因がある	二五	一五・三
本人に原因がある	二七	一六・五
友人や環境に原因がある	一八	一一・〇
家庭及び本人に原因がある	五五	三三・八
家庭及友人や環境に原因がある	一一	六・七
本人及友人や環境に原因がある	二一	一三・〇
不明	五	三・七
計	一六二	一〇〇

問題行為の原因は単純ではない、いくつもの原因が錯綜していて統計で表わすことは困難である。それで本表では原因を ①本人 ②家庭 ③家庭以外の環境の三つに大別し、更に①②③を組合わせた六項目に細分して傾向をつかむことにした。

第三表

少年犯罪の動機（原因）　警察局

動機	一九五五年	一九五六年	一九五七年
放任	二三八	二〇三	二二九
悪友感化	一二七	九六	
小使銭不足	九六	六七	四四
出来心	五五	四一	
失職	四八	一八	
貧困	四七	二五	一〇
親が甘い	五九	一一八	三
その他	八七	八七	一
家庭不和			七
父母欠陥			一四
食糧不足			四
保護者虐待			五
家庭の不純			八
計	七五七	六五五	三二五

こゝではっきりいえることは、家庭の放任、無関心というのが最も大きな原因であり、本人のいくじなさというのが次の原因になっている。

一体こういう子供はどういう家庭の子供であるか、子供と親との関係を次の第四表で見ると実父母ありが全体の二九％を占めている。このパーセンテージはいかに社会は実父母ありの数が多いとはいえ全く同情のできない数である。

第四表

非行児と両親の関係

実父母あり	四七	二九・〇％
実父継母（実母死或は不明）	一九	一一・七％
実父継母（実母別居）	三	一・八％
継父実母（実父死或は不明）	九	五・五％
継父実母（実父別居）	一	〇・七％
両親死或は不明（孤児）	六	三・七％
実母のみ（実父死或は不明）	三三	二〇・四％
実母のみ（実父別居）	七	四・三％
実父のみ（実母死或は不明）	一一	六・七％
実父のみ（実母別居）	五	三・〇％
継父のみ	〇	
継母のみ	〇	
養父母（両親死或は不明）	四	二・四％
養父母（実父のみいるが別居）	一	〇・七％
養父母（実父のみいるが別居）	二	一・五％
その他	一四	八・六％
計	一六二	一〇〇％

三、青少年の行為で問題になるのは、もとより刑法犯ばかりではない、こゝまできてはいさゝか手おくれの感もあるが、**彼らの不良行為**ということもゆるがせにできない大きな問題である。

これについて**補導教師の話**を聞いてみよう。

A補導教師―僕の最近取扱っているケースにこんなのがあると次のように語る。

警察に挙げられた兄弟がある。兄Tは八才、弟Sは六才、末は四才の兄弟である。父の放任と継母の虐待で遂にリレー式セットゥを働き警察に突出されてこれを補導しているが、兄がとる、弟が中継、店を出る時は末の子の手ににぎられているというぐあいで、荒し場は学校、商店街が中心である。

家庭は父三七才自動車の修理工、母は継母で実母と暖く暮していた頃の女中上りで教養も低く、悪い癖の女である。兄と一問一答してみると

問　なぜ家の中に寝ないでタイヤーの中で寝ているか

答　母が家にはいるなとおこるので

問　夕ごはんはたべたか

答　母がこわいのでたべに行けない

寒い冬空に兄は裸の上に黒い学生服、弟は冬シャツ一枚、末の子は兄のおさがりらしいダブダブのシャツ一枚である。

B補導教師もやおら煙草に火をつけながら、次のよう

な話を始めた。

S子の家は小売商を営む中位の生活で父母も健在である。小学校卒業と同時に外人相手の物売をさせられ、月収益二、〇〇〇円～三、〇〇〇円をあげている。これで味を占めた父母は次女五年生にも同様な仕事をさせた。ところがそういう仕事をする子供が増えてくると従来のような収益をあげることができない。そこでキッス一回させるとガム一包を買ってやるとか、オッパイ一回さわって一包買ってもらうという条件付新しい商法を行うようになつた。

ガム売りの少女の唇にはいつか真赤なルージュが濡れるようになつた、姉妹は遂に家出をして夜の女にてん落していつた。特飲街に客待つ夜の女はこうして作られるのが多いと語る。

C補導教師が語つたものは

B子（一三才）の母は外人のハーニーとしてゼイ沢な生活をしていたが、夫の帰国でもとの売春婦になり子供は置き去りにされ、飢のため遂に放浪児となる。Hという媒合男の目にとゞまり、そば屋で腹一杯そばを与えられ子供奉公にゆかんかと誘われた、B子は親切なオジサンだと思いHと一緒にK市に行つた。Hに連れ込まれた小屋は防空壕のような家で入口は一ケ所、寝台が二個あるだけである、子守とは真赤なウソである。あまりの恐しさに「小父さん約束が違う、帰してと泣きわめくけれども無理に外人相手にさせられてしまつた。その後新たに五人の浮浪児が連込まれ同様なことをさせられた。三ケ月目遂に性病にかゝり保健所へ治療に行く途中に署につかまり補導されるようになつた。

四、補導のため家庭訪問をすると親は口をとがらして「自分の子を自分の考えで使うのに他人の干渉がいるものか」よけないおせつかいだといゝ「あなたが家庭経済を保証してくれるか」とかみつかれ手を焼いているところもたくさんあるという。

不良行為の主なものとして学校や勉強をなまけ、盛り場をうろついたり、映画をみたり、遊ぎ場、カフエーキャバレーの出はいり、家財の持出し、不良交遊、婦女いたずら、言動乱暴、ケンカ、タカリ兇器所持などがある。

青少年の問題行為の特徴としてまとめてみると

1、兇悪犯、粗暴犯が数的に増加していること。

2、問題行為が集団化したこと。

3、問題行為の総てを通して反覆くり返しが目立つてきたことである。

即ち兇器を持つてグループの力でやる場合が多いということで普通ではとうていできないような事でもグループでは簡単にやつてのける。そして勢のおもむくまゝに何回でも繰返えすという傾向が強いようである。

こういうようになつた原因は人によつて見方や意見が異つており、最近の実証主義的、感覚主義的な意識の反映であり、伝統への不信だという人もおれば道徳教育の欠陥だと割切る向もある。又退廃した成人社会の罪であり、これをかきまわしているマスコミの影響だと強調している人もいる。

いずれにしても最近の青少年が一般に物事にこだわらず現実的で行動的であこるとはまちがいないことだろう。そしてその一部から派手な不良行為や犯罪が生れているのである。

五、では今の子供らの心の状態―意識がどうであるのか研究してみよう。

社会が大きく変動すればする程、新旧思想から来る若い世代と古い世代の考え方のクイチガイ、ズレといつたものは大きくなる。

今迄正しいとされていたことが間違だと知らされ、真実だと教えこまれたことが不真実さを暴露したりする。その中で抱くものは、過去に対する不信頼である。伝統的な秩序や制度だけでなく物の考え方、道徳意識についてもそうであるだろう。

それに将来に対しても不信と不安感を持つている。夢と理想を持ちえない彼等にとつ新しい社会の進むべき方向は観念的にはわかつていても現実感が伴わない。こゝに感覚主義的な、或は総べてを数量的に割切ろうとする独特なリアリズムが生れてくるのではなかろうか。

大人は「今の若いものゝ考え方や、やることはハラハラさせられるばかりで、とてもみちゃいられない」というが「おとなは何でも自分大たちの考えのワクの中でわれわれを律しようとして理解がない」と彼らは不満をぶちまける。

こういう意識のクイチガイを正しく見極めることは、問題を解決する手がかりとして最も大切なことである。

この資料は本土の中央青少年問題協議会から出された「青少年の社会的関心調査」「青少年に関する与論調査」の報告書からピックアップしたもので沖縄には直ちに適用できないだろうが、或る程度合致するものが多いのではないかと思われる。

第五表

1、今までおとなのやつていることで馬鹿らしいと思つているもの

従来の美徳、非合理性　一三、四%
政治への不信、汚職　四、七%
おとなは射倖的である　九、七%
享楽的で怠惰だとみるもの　四、五%
迷信などで馬鹿げた事をする　四、九%

2、万事親のいうことを聞いておれば間違いないと思うか、

はい　三五、五%
いいえ　五八、五%

3、おとなは青年をどう思っているか（昔と今を比較して）

	良くなつた	悪くなつた
	24%	44%
意志表示がよい	14%	
考えが自主的	12%	
自由主義の行過ぎとはき違い		15%
礼儀公徳心の欠如		14%
享楽的で風紀が乱れている		13%
従順でない		10%

4、生活目標について

(1) 個人の立場を主としたもの　五三%
社会又は公の立場を主としたもの　三三%
正義感を主としたもの　一四%

(2) 目標のはっきりしないもの　五三、一%
目先だけのもの　二二、一%

5、一番心配していることや気がかりなこと。

就職　二三、二%
家庭のこと　六、二%
世の中が暗い、政府への不信　二、三%
再軍備戦争逆コース　二、九%
社会悪、享楽射倖風潮　〇、二%

6、いまの日本で一番問題なもの

政治、政策　一七、四%
失業、人口　一一、三%
再軍備、平和、逆コース　一七、七%
経済貿易、デフレ、中小企業　八、九%
外交　六、七%
国民生活、住宅、食糧　五、九%

7、友人との話題の主なもの

世間一般のこと。日常のできごと　一九、一%
趣味、娯楽、スポーツ　一九、一%
学校、勉強、受験　一六、一%
仕事のこと、就職のこと　七、二%
社会問題、政治問題　七、六%
将来のこと　五、一%
交友関係　五、〇%
異性のこと　三、六%

8、結婚前の貞操について

		絶対必要	絶対とは限らない	不必要
男	青年	一三%	七五%	一二%
	中年	五二%	四二%	七%
	老人	六一%	三九%	〇%
女	青年	一三%	八七%	〇%
	中年	六五%	三二%	三%
	老人	八七%	一三%	〇%

一九五七年度の警察統計によると「生きておつてつまらん、死んじまえ」というのが一四四人でほんとに死んでしまつたのが六三人、死損つたものが八一人ということになつている。そのうち二五才未満が七七人もいて自殺希望者の半数以上を占めている。その原因の最高は「世の中がつまらん」というのが二七人、その次が「家庭がおもしろくない」が九人になつている、貧乏や病苦といつたものは僅か四人でビリである。これから見ても今の青少年の中には人生に希望がないと考えているのも相当おり、生活目標もぐら〳〵している。それに戦後の特に彼らを非行に追いやるものに、不健全娯楽施設や読物などがハンランしている。

六、戦前五館しかなかつた映画館が戦後は八五館もあり、一館当り人口九、五〇〇人で鹿児島に比べて三倍の館数になつている。

そこで上映されているものはもちろんよい映画も沢山あるが逆光線、大陽の季節、処刑の部屋、狂つた果実、ねらわれた女、暴力教室とか道徳、情操、知能体位の向上を害するものや誤つた観念又は知識を内容とするもの。

或は彼らに強い刺激となり、又は環境を不健全ならしめ直接又は間接に彼らの福祉を関しているものも相当ある。その代表的なものとして「暴力教室」という映画のいくつかの場面をあげてみよう。

或る学校で教師が新任早々同僚からいわれたことは「この学校は大きな残飯入れだよ。町の女が安心して歩けるように我々はただその蓋をしているだけだから君もその気でいたまえ」ということから始まる学生の非行の数々である。例えば

1、美貌女教師が壇上に立つとピューピュー口笛を吹くとか。英語教師が黒板に向うと、突然後の方からボールを投げつける。

2、教師が「帽子をとれ」と命ずると「何故だい」

「一人で三四人を相手にケンカしたことがあるかい」「あすも出て来る気かい」とかの暴言がなされる。

3。教師を校外で袋だたきに合わしたり、教師の家庭へ偽の手紙を出して家庭生活の破壊を企てたりする

4、女教師を図書室に引ずり込んで暴力を加えようとしたり。

5、カンニングをとがめると「地獄へ行き度いか」と飛出しナイフで渡り合ったり。

特にひどい場面は

「洗面所で数名の生徒がタバコを喫っている、教師がとがめるとそれに毒づく場面とか」

「教師が黒板に向っているとき頭スレズレにボールが飛んできて黒板をエグッてしまうとか」

「放課後女教師がストッキングを直しながら階段から降りて来るところを下から盗み見ていた生徒が図書室に女教師を引づり込んで暴行しようとし、男教師にみつかりそれを根にもってそれを校外で袋だたきにする場面とか、」

「音楽の時間に一五年かゝつて蒐集したレコードを聴かそうと準備していると、片端からそれを割る場面」

などある。

この映画から受けた影響として

1、アメリカの高校生が四、五人で全く無意識に殺人をやってのけた事件

2、東京の某高校で飛出ナイフで面白半分から遂に友人を刺した事件

3、大阪淀高校のラグビーを中心とする暴力学生事件で、セツトウ四一回、決斗二回、サギ五回、婦女暴行一、など計七四件の非行で武器は教科書の中に仕組まれたチエンやジャックナイフ、鉄クサリ等である。

図書も映画と似た内容のものが多く「皆の見ている前で」「肉布団」「芸者からスリまで」「イブの傷」「寝室の芸術」「Oの誕生」「女は女」「母と悪魔」等と、彼らに強い刺激となるものがハンランしているし、「アルス写真講座の女の写し方」など、おく面もなく全裸で彼らを誘っており、玩具でも「笛は十手」「飛出しナイフ」など望ましくないものが市販されている。

それに風俗営業も四六二人に一軒の割でできており彼らに悪影響を与えるのに都合よくできている。

（二）どうしたらよいか

青少年は一日では不良化しない。いろ〳〵なことがらがからみ合い積み重ねられて不良行為ができ上る。この対策もいろ〳〵考えられるが文教審議会から答申されたもののうちから二、三、取り出して検討してみたいと思う。

一、学校教育では学力差を縮め、個性を十分伸ばしてやらなければならない。

心理学者青木誠四郎氏の調べによると中学二年生の数学の力の個人差は小学年から中学三年までの七ケ年の開きがあるという。学習というものは基礎があってそれを土台に漸次積み重ねられていく性質をもっており、その基礎ができていないとそれについての新しい学習は成立しないはずである。それに学習の基礎となるべきものは上学年に進むに従って多様な基礎が必要である。この基礎になる教育ができていないので中学二年生の数学の力の差が七年の開きがあるというのである。なぜできないのかというと学校では一様な教育課程で同じ教科書を使って、およそ画一的教育がされているからであると。このように開きができてくると学習に対しての不適応児が生まれてくる。学習での不適応児は学習に対して興味を失い、従って教室では教師の白い眼の蔭に時間を過ごすのに苦労をし、同僚からは侮りの眼で迎えられることになる。すると学校生活が不安定になりおもしろくなくなる。面白くなくなるから学校から逃避する、と、社会は彼らの興味をひくようにできていて、そこをうろつきさまようことになる、そしてチャンスを得れば直ちに非行に走る。このことは今日不良化の経過として十分実証されている事である。

別表は高校進学者の戦前、戦後の学力の比較である。

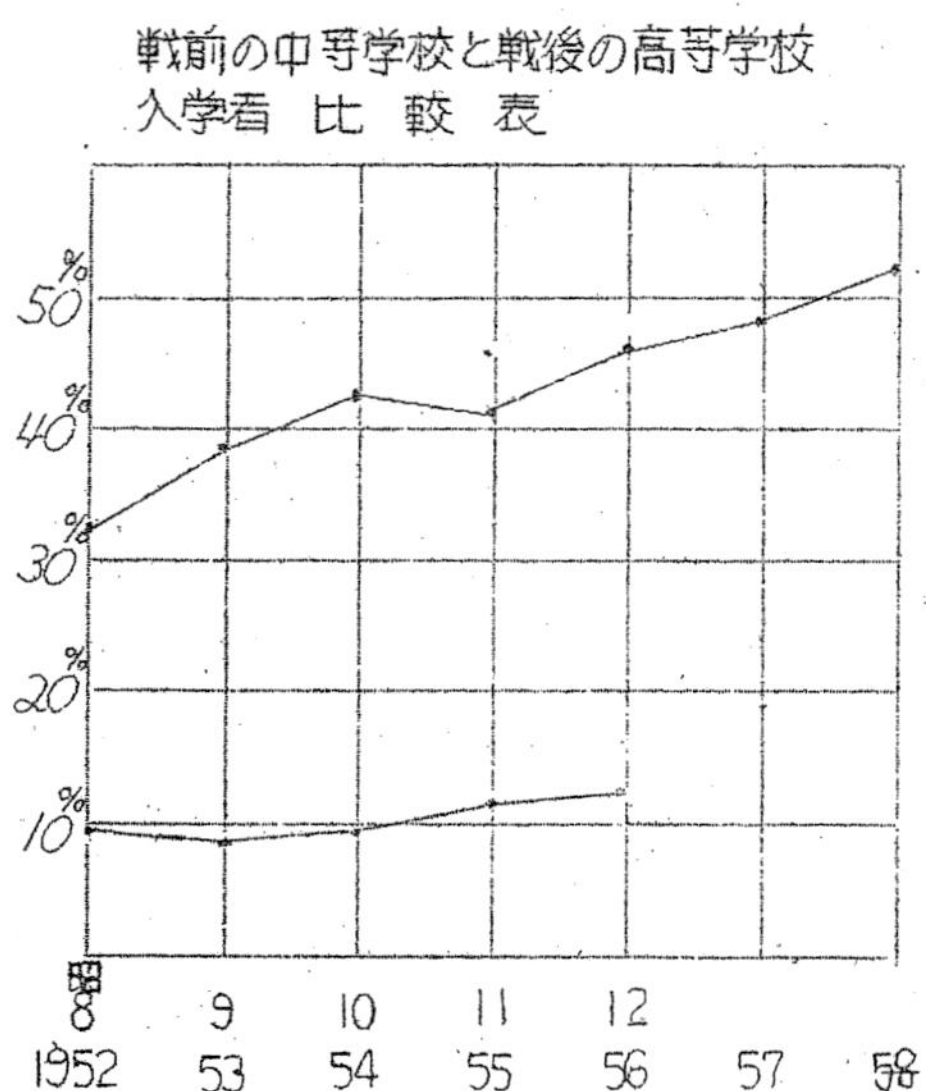

戦前は入学資格者の一〇%位の進学者が戦後は五〇%そこらになつている。その差額の四〇%は学力で戦前におとるものが進学しておるといえる。戦前の教育内容のレベルが戦後もほゞ同じだとするならこの四〇%の生徒は学校生活に対し不適応に近いといえよう。この不適応児は、暴力、桃色に変化する可能性が十分にあると解される。

そこで特に取り上げたいことは、

1、もつと個人差に応じた教育をなし、この差異を縮める努力がなければならない。

2、個性を十分に伸ばし学力差からくる低等感、同僚の侮りをこの個性でカバーできるようにしてやらなければならない。

3、生活指導に本腰をいれなければならないことであろう。

そうするためには教師は**子供一人一人を十分知りそれを完全ににぎらなければ**ならない。

その辺にまだ〳〵ゆるみがあるのではないかと思う

二、青少年教育施設に政府も教育区も一段と力をいれる必要がある

中学校を卒業する子供らは毎年一万五千人位でそのうち半分が進学をし、残り半分が実社会に職を求めて飛立つていくのであるが、そういう子供らが二五才までの間におよそ七万人程おる。それらの中には職にもつけないで町や村をうろ〳〵しているのも相当いる。この時代の子供らの一般的動きというものは、

一、知的要求が盛んであること。

二、情緒が不安定で物事に対してどうしたらいゝのかその処置、判断などに迷つたり、或は物事に夢中になつてそのものにおぼれる傾向があるといわれている。

そして社会はこれらの迷い、おぼれる傾向を刺激し彼らを享楽の面に追いこむようにできている。彼らが堅実な生き方、物の考え方、行い方をするための教育ということは最も重要な事柄であるが、現在彼らの教育施設は甚だおそまつである。高校生一人当四〇弗の教育費に対して一〇¢すら出しおしみされている。

従つて教育施設の不振や教育費の貧弱は、向学心の盛んな彼らの要求をみたすどころか、これをなえさせ彼らを自然衝動の生活へ追いやる結果になる。その結果は享楽を追及し、なすことなく町や村をうろつくようになる。うろつくということは不良性が潜在することになる。この不良化の潜在はチャンスがありさえすればすぐ非行を起こすということになる。

教育費はもつとこういう面に増額され、政府も教育区も青少年の教育にもつと力を注がなければならない。戦前は青年学校、実業補習学校などで相当彼らの教育が行われていたものである。

三、青少年団体の育成強化が必要である

二十五才までの学生々徒を除いた青少年の数はおよそ十三万そこらである。その**四分の一**は青年会として組織的な活動をやつているが**四分の三**は青年会にもはいらず野放し、状態である。

この野放しにされた九万人そこらの青少年に問題が多い。これを速かに団体組織の中に入れ彼ら自体での相互教育に力を入れなければならない。

ところで青年自体でもつとしつかりしなければならないことがいろ〳〵ある。

運営のために障害になるものもたくさんある。仕事を進めていく上にもいろ〳〵さしさわりがあることもよくわかる。これは自分たちの力で一つ〳〵解決せん限りいつまでもつきまとうだろうし、もつと**下部組織の強化**に取組んでほしい。そのためには**経験ある先生や成人の助言に対してもそれを受入れる寛容さ**が必要である。自主性にかられた独走ひとりよがりは禁物である、もちろん青年会の運営は青年の手にまかされている。民主団体本来の性質から当然なことである。しかしそのことは彼らに助言や指導をやるべきでないということではない。それで先輩や成人もほんとに**青年に対し期待と愛情をもつなら、これを助け、これを発展させるために一段の指導と助言をおしむべきでない。**こういうところに組織の弱体化が生まれ、全活動での自己教育がうすれ、従つてこれによつて中学校卒業の青少年の会費が保護され育成されるということが薄くなつていくことになると思う。

四、家庭教育に力を入れなければならない

統計からみても非行の最大原因は家庭にある。米国のグリュツク博士は六才の時の家庭環境によつてその子供の将来の犯罪を予測することができると理論づけておる。特に父による躾、母による監督、父母の愛情家族の結合状態の如何によつてきまるんだといつている。

二、三日子供が家をあけても「山原にでも行つたんだろう」と思つていると、隣の井戸に投身自殺をしていたとか。

「自分の子供に限つてそんなことはない」とうぬぼれ?ているうちに桃色や暴力事件でとり乱したり、自分の子供の交友関係、性行、希望、興味、欲求というものをしつかり、にぎらないために起る家庭悲劇は枚挙にいとまがない。

家庭教育というと物事を教えると考え勝ちであるがその中心は躾である。家庭での勉強に対しては、子供が勉強したいという意欲フン囲気を親が作ってくれるだけでよい。なまじっか算数を教えたり、文字を教えたりはケガの基である。

家庭教育の中心は躾でそれができていないから学校に持ちまれる、教師は親が相当果す部面まで背負されるものだから負担が過重になる。それを教師に向つて道徳教育をしっかりやれという親が多い。そういう親の教育のために教師はＰＴＡ、或は社会学級講座等で教育をしなければならない。そのための教師の協力は必ず必要である。その辺にゆるみがあるのではないだろうか。

次の表は六才の時の家庭環境を採点によってその子供の犯罪を予測する表である。

6才時問題児発生家庭採点表

米国ハーバート大学教授シェルドン・クリユック統計調査理論

項目	区分	点
1、父による少年の躾	1 厳格すぎる　或は気まぐれ	71.8
	2 ゆるやか	59.8
	3 確固かつ親切	9.3
2、母による少年の躾	1 不適切	83.2
	2 普通	57.5
	3 適切	9.9
3、少年に対する父の愛情	1 無関心　或は敵対的	75.9
	2 温情ゆたか、盲愛を含む	33.8
4、少年に対する母の愛情	1 無関心　或は　敵対的	86.2
	2 温情ゆたか、盲愛を含む	43.1
5、家族の結合	1 結びついていない	96.9
	2 多少の結びつき	61.3
	3 結びついている	20.6

1、点数が多い程大きい犯罪を犯す。

2、合計点数二五〇点以上を　犯す家庭と予測されている。

予測方法は表中の問題による回答によって採点し、その合計点が二五〇点を越える場合は犯罪を起す確率が大きいというのである。

この表は犯罪と関係があると思われる、あらゆる項目を含み、少年の体格、性格、知能、家庭環境家族と少年の関係、少年と学校の関係、少年と地域社会との関係など四二〇項目の中から六才の幼時に最も適する項目として五項目が選ばれている。

このグリユック理論は日本でも盛岡家庭裁判の少年調査官館沢氏によっても研究が進められており八九、二%の予測を占めているということである。予測ができれば矯正の手も打てよう。青少年問題の抜本的対策は予防にあると思う。予防にまさる治療はないからである、

教研究会場スナップ

○回を重ねるにしたがって、理論より実践へ抽象より具体へと真に沖縄の子、沖縄の社会につっこんだ研究には頭がさがる。さらに第六次第七次が期待される。

※　※

○ある教研会場での議長団のあいさつ「皆さんの御同情により光栄ある議長団に選ばれました、どうぞお手やわらかに…」はよかったが発表者の時間超過にはずい分、気をもんだとみえて、紙片に何かを書いて発表者にわたす。それでもかまわずにどんどんしゃべりちらす。リンがなる。それでも気が気でないらしく、ついに議長、全会員に訴える「発表の途中で止めなさいというわけにはいかないので、発表時間十分を厳守してもらいたい。」ようやく全体会議を終えた議長「御同情ありがとうございます」でやっと安どの胸をなでおろす。

※　※

○今次の各地教研会場には文教局長、文教図書の社長がほとんど欠かさず列席してのあいさつに、教職員会主脳、会員が感激をもよおす。教職員会が一体となつてあたらなければ、とは悟りきった蔭の声。（Ｓ・Ｉ）

実践記録

辺地における学校教育の困難點とその打開

楚州小中学校　**大城貞賢**

昨年、突然辺地行きの話が出たので快諾したものの、赴任前に教員組織の問題で悩んだ。小学校三学年複式の二学級、中学校単級複式学級で、三月の異動で残された教員は小仮の臨免の男子二人のみであつた。

赴任前に「教員ヤーイ」と東奔西走したが、有資格の希望者があるはずはなく、遂に高校時代の教え子の何名かにいろいろ交渉して、やつと人数だけ揃えて一緒に赴任が出来た。

学校づくりが始まつた。何といつても僻地には若い人々の情熱が必要だ。教師が小人数であるだけにチームワークがきわめてよくとれ、不必要な同僚間の緊張関係なんかなく、協力が容易であるが「山の子どもには、どんな問題があるのか」「この問題は、何に起因しているのか」などについてみんなで話し合つた結果「辺地の少ない人数であることは、社会性がとぼしく、人おじしたり、ひつこみじあんになり、又おもくるしい村のしきたりや慣習にしばられがちだ。」ということで「僻地に共通[illegible]を自信[illegible]誇りで打破しよう。」というテ[illegible]ンを結集することにした。

先づ少人数からくる家庭的な明朗な職員室、家庭的な気やすい学校、あたたかな空気をつくる事が小さい学校の経営の基調だと思つた。

七〇余名の児童生徒には常に「量より質」とみんなで力をあわせて立派な学校にしよう。地域のいろいろな問題を見つけて共にその解決に努力しようと励ましあつた。文化に恵れない児童にせめて「ラジオ」の聴取でもと思つていろいろ思案したが小さい学校で容易な事ではなかつた。幸に部落に林道工事があつたので、生徒会とよく相談し放課後工事に参加する事になつた。

優勝戦　楚州チームサーブの一瞬

九月下旬から約一ケ月間、小学校三年以上全児童生徒が汗にまみれて砂運搬か、セメント運搬を続けた。上り下りの多い坂道を、何組かに分れて汗をふきふき車を押したあの姿は、都会地などの学校では一寸見られないと思う。

十二月十八日、職員生徒の汗の結晶ともいうべき五千円のトランジエスターラジオが到着した時の喜びは筆舌に尽す事ができない。初めて見るラジオ箱の中から音楽が聞えてくるとただただ驚異だけであつた。今ではニュース、学校放送の聴取に大いに活用されている。

体育面では対外的な行事に参加した事がなかつたが去る六月二十一日辺土名高等学校主催の辺土名地区中学校の球技大会に男子排球を参加させた。中学校男子在籍僅か十名であるので全員選手であるわけで、「参加する事に意義があるんだ」と職員六名と女生徒を相手に練習を続けた。その前日全員部落民に見送られ十五粁もある山や谷川を越えて行つた。

初めての参加で　どの程度斗えるか不安であたが、一戦二戦と優勝戦まで勝ち進んだ。場内の雰囲気は期せずして楚州へ声援の拍手が送られた。見事優勝!!わが校勝てり!!の報を部落にしたら、不思議だと区長が再び学校当局に照会の電話で確認した一駒もある位だつた。

優勝旗を先頭に帰つた時学区民はただ涙で迎えた。学区民による大祝賀会が校庭で催された。本校の歴史始まつて以来のでき事であつた。

辺地にとざされた子供達に大きな希望と誇りを持たせる事ができたわけである。

山の学校には多くの悩みと困難が横たわつている。たまに友人などに会つて暮しの話をすると「山奥におれば金が残るだろう」という。へき地暮らしをしている教員には手当もいろいろつく上に、出費も少くてすむだろうから自然金が残ると思われるのだろう。

優勝旗を手に　楚州中校の選手と職員

然し日用雑貨や食糧だって都会に比べて二割高位は常である。時たま外に家族と出る時の交通費など馬鹿にならない。又校長ともなれば交際費がかさむ、学区内の冠婚葬祭はもとより諸行事のあとの慰労などと相当なものである。僻地のみじめさは今にはじまったものではない。過去に長い間訴えられてきていながら、改善されなかった現状であったが、幸に去る九月立法院で僻地教育振興法が可決され大きな希望と光明がみえてくるようだ。

交通不便をかこって文化娯楽医療等すべてに恵まれない辺地であるから喜んで行ける処ではない。資格者になると僻地を去る。したがって年を追うて、臨免がふえている。だが今のままではどうにもならない。そのためには教員の優遇を考える必要があろう。今もらっている僻地手当は一級地百円であり、何のたしにもならない。基本給をあげるか手当の増額をしない限り、解決されない問題であろう。

「山に三年いると山ボケがする」といわれる。三年ぐらいすれば優先して希望校に転出できるようにすれば辺地教育にも大きな希望がもてるようになると思う。他から来る教員には住宅が悩みの種である。辺地には生徒数の少ない処からどの学校も複式であるが三学年にわたる複式授業はとうていできない。

僻地教育のカリキュラムと複式指導方法を早急に作成し僻地教育の向上をはかるべきである。

（楚州小中校長）

長浜公民館と児童生徒の結びつきについて

読谷中学校　**与久田　幸吉**

公民館と児童生徒との結びつきを述べる前に先ず長浜公民館の歌から紹介したい。

長浜公民館の歌

一、長浜の真砂(マサゴ)児童(ワラビ)守(ムイ)育(ソダ)て　さー
　御万人(オマンチュ)のためにめでいしみら

二、学問の力(チ)積みあぎて行ちゆし　さー
　栄(サカ)て行く村のしるしさだみ

三、走らす舟やてんの星目当てすゆい　さー
　玉黄金(タマクガニ)児童(ナシグワ)目当てでもの

四、優秀(マサル)な人作(ツク)て優(マサ)る村作(ツク)て　さー
　世栄え村栄え幾世(イクヨ)までん（永久に）

五、公民館建てゝ学問の道や　さー
　互(タゲ)にうみつくし朝ん夕(ユ)さん

六、親や舵取やい児童や帆あげて　さー
　学問の舟やまともくむさ

七、道や数あしが学問の道や　さー
　真直道(マスグミチ)一道(チユミチ)誠(マコト)一道(チユミチ)

八、昔から宝学問の道や　さー
　うみはまて行かな肝(チム)ゆ合(ア)わち

九、舵(カヂ)や定めてる舟や走らする　さー
　児童(ワラビ)舵取いや親の務(ツトメ)

一〇、見らんむん知ゆみ学問の道や　さー
　広く打ち開けて心ゆ立てり

（作詞　現公民館長　長浜真一氏）

この歌に歌つてある通り、公民館建設当初から公民館を建てた目的がはつきりしないでは、運営も活動も中心点をはずれるおそれがあるので、先ず中心点を皆で協議した。その結果住みよい明るい長浜部落を建設

する為に、日々進歩発展していく現代社会人として遅れを取らないように、大人も一生懸命勉強してゆくことにしよう。その為に、公民館を十分に活用しよう。何よりも大切な事は、一人も残らず全員集ることである。そうして心ゆくまで十分協議懇談し、こゝで決定した事は即時実行に移し、人一倍働くようにし、うんと儲けて、後は子供等の為に又社会の為に奉仕しようときめた。

大人は昔の二宮金次郎の勤倹譲の精神に立返つて戦争で破壊された無から立ち上り。子供等は当区出身の長浜医博理博に続いて、世の為人の為尽し得るよい人間になつていくように祈念して、努力の中心目標は次代を担う子供の教育と言うことに決定したわけである

さて公民館と子供等のつながりについては日行事、週行事、年間行事の順に実情を述べることにします。毎朝中学の女生徒を六時起床の鐘と共に起きて八名宛交代で公民館内外の清掃を自発的にやつています。何時でもぴか〳〵光つて気持のよい感がします。公民館建設以来ずつと続けていますのでもう習慣になつているようです。

幼稚園生や小学生は毎朝午前七時半登校の鐘の合図と共に公民館前に集合して団体登校をしています。これは一九五二年一月から、当時の公民館長波平真太郎氏が始めたもので遅刻欠席防止の為めに出欠を点検した後雨の日も風の日も物ともせず、満一ケ年間学校まで登校引率をしてもらいました。氏のたゆまざる努力に依つて完全に無チコク無欠席をかち取ることをできました。其の後歴代館長続行していますが、登校引率は、児童の自主性を養う上から止めたらどうかとの上司からの御助言もありましたので、今では止めています。そのかわり出欠を点検したり、忘れものはないか爪や髪ののびたものはないか、宿題等忘れずにやつたかどうか調査をなし、若し髪の乱れたのがおれば備え付けの櫛で櫛けずらし、爪の長い者は爪切りで切らせています。

館長として毎朝与える注意は今日もよい遊びをしましよう。皆と仲よくしましよう。先生方の教えをよく聞きましよう。今日もまた一生懸命勉強していらつしいと、激励して喜んで送つてやることです。毎朝登校の世話を見て下さる館長の努力と愛に、区民も一同感謝をさゝげています。

公民館は朝八時から開放し、自由に出入できるようにして読書の便宜を与えるようにしています。春、夏冬の長い休暇は、午後四時から五時まで高校生が、全児の学習の指導をする時間に当てゝあります。

冬は毎晩七時半から八時までは中学校の男児が交代で火の用心を連呼して部落を一巡し、部落をおそろしい火災から守つています。

一九五二年以来今年まで満六ケ年間継続しています。その努力が認められ一九五四年一月六日に村長から表彰され、五七年十二月一日に警察局長西平宗清氏から表彰されています。

毎晩一時間を子供の時間と定め、冬期は七時から八時まで、夏は八時から九時までは子供に対しては手伝いなど一切させずに勉強させる時間にしています。始めの程は各班の父兄が順番に各戸を廻つて実施しているか否か調査して、もし違反者がおれば、毎月第三土曜日に開催される部落PTA会に、報告するようにしてありましたが、今では違反者もなく実行され実績をあげています。合図の鐘と共にはじめますが、もし遊びに夢中になつている子があれば、見た人が注意するようになつています。

就寝は十時の鐘と共にすることにきめてあります。

以上が一日の行事ですが、週行事としては、毎週火曜日の午後八時から九時までが小学校生の生徒会、木曜日が中学生の生徒会になつています。子供ながらもよく集つて色々の事が協議され実行に移されています特に子供のはきはきしている点が目立つています。

毎週日曜日は早起励行を実施し公民館前の広場に集合させ、ラジオ体操をやつた後引続き一週間の反省をさせ、さらに新聞紙上から色々の問題を取りあげて話し危険な遊びをしないように、又いつでもよい子になるようにこま〳〵と館長さんから注意されています。

月行事としては毎月第三土曜日が部落PTA会の日と定められ、父兄も一緒に集合することになつています。全員出席の下に開会するのを立前としています。集らない方はマイクで呼んでいます。特に努力を払つている事はチコク、欠席の件、学力向上の件、不良化防止の件、子供を危険から守る事等でありますが、皆よく集つて徹底的に話合われますので特別病気以外チコク、欠席、早引、常欠等皆無の状態です。学力も向上の一途をたどりつゝあります。三年前欠席がちの生徒が一人おりましたが、父兄一人ではどうにもならないのを皆の力で完全になおすことが出来ました。今は立派な青年になつて一生懸命働いています。現在のPTA会では余り協議する事も無いので子供等には本を持参させ、本を読ませたり歌を歌わせたり、又ゆうぎや話などをさせてほんとに楽しいPTA会になつています。

年間行事の主なものは四月初旬の学芸会で全員に一生懸命勉強してよい子になるよう祈つて賞品をあげています。全児童は舞台に出る喜びは学校で学芸会等で舞台に立つた事のない子供にとつては何とも言えない喜びがあるようです。

五月の子供の日には父兄が子供のために、母の日には子供等が演劇をする事が例になつています。昨年七月から海人草ものませて回虫駆除も行つています。

暑中休暇中の水泳は海が遠浅の関係で満潮時をきめて館長書記、使丁の監視の下に実施し水難防止に努め

ています。海に面した所であるが、一度も事故を起させた事もなく父兄も安心して仕事に邁進しています。一日だけ隣村の海に行くのが例になつていますが子供達にとつて一番楽しい日のようです。又休中に例になつている山登りも、忘れることの出来ない楽しい一日のようです。

十二月二十五日クリスマスの日は各班で学事奨励会を挙行して展示会学芸の発表会をさせて子供等を激励しています。旧のお正月にはクイズ大会のど自慢大会を青年共催でやつてむだ遣いしないよう努力しています。

施設としては子供の遊び場が先がけて設置され、鉄棒ブランコ、運転台、スベリ台、シーソー、ピンポン道具一式、バレーボール施設、バスケットボール施設野球道具一式、砂場、高跳スタンド、バー、砲丸、円盤、槍等の運動用具の外三輪車等があります。遊び道具もいつかあきがきますので年次計画を立てゝ施設するよう計画されています。

その他季節保育所を館内に施け農繁期の子供のめんどうを館長と保母が見ております。

子供会自体で花園を各戸に造つて家庭の美化を計ると共に美しい心を養う様にしています。児童全員で海や道路に散乱しているガラスのかけらや危険なものを集めて皆を怪我から守つている行為など見上げたものだと思います。海だけから荷馬車一台半の瓶のカケラが集つて処理されました。

公民館活動の中心点が「子供をよくする為に」の一点に集中されていますが其のかいがあつて今年の運動会では見事一等になりました。長浜が一番になる頃は通信柱に花が咲く頃だろうと笑いものにされる位毎年五位か六位の最下位であつたが、今年はじめて又神武以来はじめて一等を獲得することができ区民一同喜びの絶頂に達しています。それと共にやればきつとできるんだという信念を得ました。

今日子供を危険から守ること、又不良化を防止する事が急務と思いますが、先ず子供を危険から守る為にはぜひよい遊び場を作つてやりたいものです。それに皆で守つてやるよい社会環境を作ることが大切だと思います。

不良化防止については社会が悪いからあきらめてはいけない。もし社会が悪いために不良になるなら今の子供は皆悪くなるはずである。しかし不良になるのは一部の子供であつて皆ではない。親としても一番大切な子供が不良になるのを願つている人は一人もいない。だがしかし親や家族の方ではどうにもならない為にいつの間にか不良化してしまうと思う。それを部落PTAや或は部落の全員が親身になつて一人でも自分の部落から不良児を出すまいと見守つてやり又協力し合うならば必ず未然に防げると思う。部落を離れてしまつたら誰も関知しないであろう。何と言つても部落中心に特に公民館活動の中心も次代を守る子供等をよくする事に置かれなければならないと思う。

子供が守られてはじめて明かるい住みよい村ができ住みよい沖縄が建設されると信じています。以上長浜公民館と子供等の結びつきについて実情を申し上げます。

注　現在の公民館長長浜真一氏は住民の信望も厚く二回も館長になつた方で、現在渡ケ次小学校PTA会の副会長で子供等からも尊敬され慈父の如く親しまれています。

感謝状

読谷村長浜区
男子中学生徒会殿

あなた等は一九五二年の組織以来よく会員一致団結して区民に防火思想の普及徹底を図り消防に協力せられました。その成績は極めて顕著で他の模範であります。仍つて防火デーに当り記念品を贈つて感謝の意を表します。

一九五七年十二月一日
警察局長　西平　宗清　印

表彰状

長浜生徒部落自治会

長浜生徒部落自治会は四年間一日のよどみない毎朝清掃を始め団体登校家庭学習の活動を通してみんなの会員が強く正しく明るく伸びていく美しい生活の習慣をうちたてました。

このため学校の遅刻無届欠席、常欠はなくなり成績の向上は高校進学者の毎年ふえることとの上に示されました。又未亡人や手不足の家庭の農耕作業四年前からの庭まわりの活動など郷土社会への協力奉仕を続けています。

更に悪い遊びをしめ出してよい遊びをひろめることにつとめ各家庭では花園をつくり花を生けこれの美化品評会を行うなどそのゆたかな足跡と活動ぶりは人の心のすさむ今の世の中の暗い傾きの中に実にめざましいものがあります　仍て茲にその努力をたたえ金一封を贈つて表彰します。

一九五五年三月十二日
沖縄子供を守る会長　屋良　朝苗　印

P・T・A活動と
学校教育

名護小学校

P・T・Aの活動に依つて、本校の教育推進がスムースにいつた具体例について、三つ程紹介したい。

P・T・A活動と運動会（その一）

本校P・T・A各部の運動会に対する協力は、伝統的によく行われている。その主なるものを紹介することにしたい。

△「運動会に塵を落さない運動」

P・T・A家庭教育部は母姉だけの部で、家庭教育面に協力する部である。然しこの部の活動は、毎年恒例の秋季運動会に対する協力も、目覚しいものがある。日頃児童が清掃して塵一つない校庭は、運動会が終わる頃は、観覧席の跡は、少し過言かもしれないが、どうみても感心できなかつた。そのまゝでは翌日の授業にも支障を来たすので、児童を励まして職員がその後のお掃除をするのに、大変な作業であつた。そこで家庭教育部は、「塵を落さない運動」を起したのである。その方法として運動会の当日運動場の各所にチリ箱を置いた。更にそれと併行して要所にポスターをはり、学校では学童を通じて父兄母姉への協力を求めた。この時のチリ箱ポスターの用意は、皆家庭教育部長以下部員の自主的作業によつてでき上つた。そのお蔭で運動会終了後のままでも前年度と比較して、チリは極くわずかで部員三十余名が一寸手で拾うだけで、平素と変りのない清浄さを保つことができた。そして塵箱に集められた塵は、その日で部員の手により、トラックで塵捨場に運ばれた。これは今までやゝもすれば無関心であつた会員に対して、強い刺戟になり、「毎年継続してくれ」「他の学校もこれは真似るべきだ」等と、その日の反省会には、大変好評であつた。このことは毎年の例となつている。

以上は家庭教育部が理論だけでなく実際に実行して実を結んだことである。最近では、町内の各学校近隣の村まで及んでいるときいている。

運動会にちりを落さないということは、極めて当前のことでありながら仲々実行出来ない。これが成功したのは、部員が実際の奉仕的作業により塵箱を作りポスターを作製し、塵捨場まで塵を運ぶという責任ある真摯な行動に対して、皆の協力を得、その運動が成功したもと信ずる。

△「運動会用モデル弁当コンクール」

これも家庭教育部本年度の、新しい試みで、ドル切替えに伴う消費節約の線に沿つて行われた。校区内の七区の婦人会と連絡して各区の「運動会用モデル弁当コンクール」を催し、各区の代表が材料、作り方、費用に対して、研究発表会を催した。そして運動会にはその中から自分の好きな弁当を作るように協議した。それは店に注文するより安くて栄養価も高く、貧富の差もなく一様にできる弁当であつたので全会員に大変歓迎された。

このような催しは、料理研究会にもなれば、生活改善にもなるので、一挙両得であつた。この弁当コンクールの終了後婦人会員は簡単なダンスを練習して、運動会に出場することにした。ダンスの練習は一回きりで、二回の練習ということはなかつた。然し当日は皆がよくそろつて立派な演技であつたことも、大変よいことだと思つている。

△体育保健部

体育保健部は、どこの学校でも、運動会には良く協力してくれる。先ず本校では、P・T・Aの出場種目は学校で何回ときめたら、その種目内容は、体育保健部で研究してきめている。その他会場設計の応援、役員、運動会の写真アルバムの作成等、部長が部員を集めて学校と相談して手配を決める。又当日は学校職員と一緒に、登校してくれるのは、学校としても実にたのもしい。また運動会終了後の反省会の準備一切は、皆体育保健部員が引き受けるので、学校側は大変助かる。

運動会における婦人会ダンス

反省会の内容も実に教育的で、例えば特殊児童の取扱いはどうしているか。又ダルマ廻しの時は両掌を下向きにして前に押廻すのがよいか、それとも両掌を上向きにして下方より上に廻すのがよいか、どちらが危険率が少く、よく廻るか等と、具体的なものが多い。

△移動する掲示板

その外の各部は、今年から「移動する掲示板」と称するのを、実施してみた。それのねらいは、運動会には一番多くの会員が参加し、又地域社会の人々が集まるので、これを利用して学校を理解していただき、又協力していただける体勢を作る、絶好の機会である。それで各部の日頃の活動を、簡潔にプラカード（小黒板利用）にして場内を廻すのである。これを「移動する掲示板」と、名づけたのである。今までのように、マイ

移動掲示板

クを通してやかましくいうよりは、眼を通して静かに自主的に理解するので、かえつて効果は大きかつた。

習字の上手な先生と児童四名の係で書き、演技の合間に場内を一巡させるようにした。このようにして各部は各部の特徴を生かして、学校教育の推進に協力するもの、P・T・A活動のよい方ではなかろうか。

本校P・T・Aの研究テーマ

本校区辺地教育の振興

為又区の出席と学力の向上（その二）

P・T・Aも一つの研究テーマをもつて、学校教育に協力していこうという趣旨で、本年度から研究テーマを設定することにした。次にその大要を書くことにしよう。

一 テーマ設定の理由

為又区は本校区として一番辺地の部落で学校から三・四キロ離れた谷合の純農村部落になつている。主に田作を中心にしている関係上、純朴な区民だけである。又経済生活の面も比較的によい部落とされている児童数は約五〇名程度である。

その区は毎年の出席、学力の成績は、校区内の中で最下位にある。それで区民その区の学童も、「今度も七等で最下位だ」ときめこんでいる。これは一種の諦観とさえなつているようにみえる。その代り中学校高等学校に進むに従つて、学力も出席もよくなり、大学に進学する者もいるのだから、素質が悪いということはいえない。他に何かの原因があるにちがいないという考え方で、P・T・A会長宮城秀男氏がこれを研究テーマにしようと提案し決定をみた。この為又区がこれを機会に出席も学力も向上すれば、他の区に及ぼす影響が大きくなる。そして全区が向上することになると考える。

二 研究の方法

研究すること自体が指導であり、それだけの教育効果が表れるのでなければ無意味である。それで次のような方法をとることにした。その大要だけを書くと

1 P・T・A各部の組織を通して、各部の分野から総合的に進める。

2 実態調査を各部の分野毎に行い、長所欠点をよく把握した資料に基づいて、研究（指導）を進める。実態調査は各部重複しないように、学校で調節案を作る。

3 実態調査要項 省略

4 実態調査の資料に基づき、子供会、一般常会、婦人会、青年会、父親会を通して、各部から交互に訴え、出席と学力の向上を促す方策と雰囲気を作る。

5 学校として各学級経営の一環として、個人指導の指導実践記録簿を作り特に為又区の児童は、区担任教師が月毎に各学級よりまとめて記録として残す。

6 P・T・A各部よりの指導も各部のT側で記録する。発表期には、庶務部で一括して整理する。

7 一年又は一定期毎に、結果を数字で表現出来るのは、初期の実態調査と比較して発表する。第一回の発表は、本年度は二月中旬とする。

以上のような方法で出席と学力の向上を期すのも、P・T・Aの大きな学校教育推進だと喜んでいる。

南部図書（その三）

南部忠平氏の斡旋による図書は、四回にわたり三千冊程送られて来ている。又今後も送られることと、予想される。この図書は七十五周年記念図書館に納めて毎日児童に愛読されている。これは全くP・T・A会長、宮城秀男氏、副会長渕城基仁氏等の御尽力に依るものである。それは丁度南部氏が名護競技場の指導で来護の際、宴会の席上で「今度七十五周年記念図書館ができるが図書が今の処予算の関係上少い」と語つたら、「それでは私も協力しよう」ということで話はきまつた。そのお蔭で学校は大変助かり金額にしても大きいものである。それで学校では南部図書と銘打ち書棚を作つて、図書館に備え、南部氏の誠心にこたえるようにしている。これもP・T・A幹部が絶えず学校に関心を持ち協力して下さつた賜物として感謝している。

各種楽器の発達変遷（その1）

名護高等学校　崎山　任

おことわり

本稿は長文のため三ケ月に分割掲載することにしましたので「あとがき」をはじめに紹介することにしました。本文はその1で「弦楽器」その2で「鍵盤楽器」その3で「管楽器」及び「打楽器」を予定しています。

編集部より

○楽器の種類は多種多様にわたるので、現在沖縄で使用されているものの中から、オーケストラに用いられている範囲内で、という程度にとどめた。

○本稿を調査研究したとき、まず困難点は資料が乏しいことと、その前身の楽器類に直接ふれることが出来ない点であつた。専ら楽器図鑑や音楽史及その他之に類する参考書を中心としてまとめたので詳細を尽すにいたつていない。

○他日機会を得て、読者諸賢士の資料提供や御協力を仰ぎ、よりよきものに発展したいと念願している。

○ヨーロツパ音楽は正統であるとか合理的芸術であるとかは別に問題があるにしても、変転してやまぬことが人生の発展躍動であるならば、ヨーロツパ音楽は確かにそれに価するものと思う。

○東洋の音楽は、個人的なつつましやかな情緒に、音楽を封じこんでいるのに対し、西洋音楽は民族的な歓びも悲しみも、怒りも憤りも、そして人類のもつすべての思想感情も極度に量的表現することに解放されているように思う。

○楽器の発達変遷からみて、もはや今日の音楽表現は、言語や民族を超え、人智を尽した音響による音楽に方向を変え、楽器の発明、改善が必要となつた。

○こうしたことから、楽器の進歩は原子力時代に向つて一日もとどまることなく進められている。現在の姿はやがてその流れの一記録として残るだろう。それを期待する次第である。まさに川流不息である。

○最後に沖縄教育音楽協会長糸洲長良氏（元指導主事）が本研究に際しお示し下さつた御援助に対し、紙上をもつて感謝の意を表したい。

〔弦　楽　器〕

変遷のあらまし

弦楽器が音楽の基本であることはいうまでもなく、ヴアイオリン、ヴアイオラ、チエロ、コントラバスの四種こそ、あらゆる合奏体の中心である。

弦楽器の先祖は何か、これには種々の説があるが、大体エジプト時代の「リラ」から出たものと、同じくエジプトの「キタラ」から出たものとがある。リラの流れをくんだのがヴアイオールとヴアイオリンで、キタラの発達したのが今日のギターである。

弦楽器は二種に大別する――擦弦楽器……こすつて音を出す
擬弦楽器……はじいて音を出す

ヴイオリンの発達

ヴアイオリンのように何かで弦をこすつて音を出すという理くつで作られた楽器は古代の音にさかのぼる。

ヴアイオリンの前身楽器は、ヴイオルという楽器の一族だつた。

このヴイオルの一族がだんだんヴアイオリンのような構造にかわつていつたのは15世紀の初めであるといわれ、その後十数年間に急激に発達をとげた。

ヴアイオリンの製造の始め

イタリアのクレモナという所に、まずヴァイオリンが製造されたのがその始まりである。
その頃クレモナにはアンドレア、アマテイ（Amati Andre1520～1580）という人がヴィオルを改良して今のヴァイオリンより少しい△型のバイオリンを始めて作つた。（優ぐれた名器として有名）
同じ頃にイタリアのチロルでもガスパロダサロ（Gasparo da Salo1540～1606）という人がヴァイオリンの一族らしいものを作り出したが、目立つたものがなく、そのまま終つてしまつた。
クレモナの町ではアンドレアの2人の息子アントニオとジロラモが父の作つたヴァイオリンを改良した。
17世紀に入つて、
ニコロ（ジロラモの子）の弟子――アントニオ、ストラデイヴアリウス（Stradivari, Antonio1644～1737）
（Nioolo 1596～1684）
ジユゼツペ、グアルネリウス（Gusrnerivs Guseppe）
以上はクレモナの三名人として有名である。ヴアイオリンはクレモナで完全な形にまで発達した。そして更に仏、独、ボヘミアの各地にひきつがれた。

弓について

弓で弦をこすりそうして出た音を胴体の中にひびかせて演奏する。

馬のしつぽの毛が張られるがこの毛には目には見えない位のとがつた「いぼ」があるのでヴァイオリンの弦をま擦してふるわせるのに大変都合がよい。

弓はヴァイオリンが完成されてからもだんだん変化していき現在のような形になつたのになつたのは18世紀も終りの頃である。現在の弓は1790年に作られたものである。

弓はそのボータング（弓の使い方）の如何によつて音の美しさがまつたく違つてくる。

ヴアイオリン音楽の歴史

ヴァイオリンのための音楽は昔から数えきれない程作曲されているが現在の音楽会に演奏される曲は大体17世紀から後の作品ばかりである。

17世紀にはヴァイオリンの性能が定つてきたので、その性能を十分に生かすように演奏の仕方が進歩した。

この時代は主にイタリアを中心にヴァイオリン音楽がどんどん作曲されるようになつた。

12世紀頃から器楽演奏がさかんになつてさたがその理由をあげると、
○それまで教会音楽が音楽の中心となつていて、声楽以外はつまらぬものとされていたことに対する一つの反動として起つたのが器楽演奏をさかんならしめた大きな原因である。
○教会や国王の権力が断然強くてひどく封建的だつた時代から、ようやくすべての人間の自由な権利が平等に求められるようになつてきた時代となつて、今さら宗教的な歌詞にしばられないで人間らしいのびのびとした音楽が作られ始められた。
器楽の隆盛はやがてドイツでハイドン、モーツアルト、ベートーベンの頃にその絶頂に達した。

イタリアではヴァイオリンの完成とその演奏法が発達し、旋律を愛するイタリア人の性質等の原因から17世紀になつてヴァイオリン音楽が急にさかえた。

17世紀以前

初めてヴァイオリン曲を書いた作曲家は（諸説はあるが一般には1586年にイタリアのアンドレア、ガブリリエ（Gabrieli Andrea 1510～1586）の書いたソナタであると称されている。

しかし、ヴァイオリン作品として価値のさるものを書いたのはモンテヴエルデイ（Monteverdi Glawdio 1567～1643）とカロル、フアリナ（Farina Gario 16世紀末生れ）であつたといわれている。

イタリア楽派ではヴァイオリン音楽が発展し事実上1世紀にわたつてその覇をとなえることとなつた。

17 世 紀

イタリアにはヴイターリ（不明）やコレルリ（Corelli Arcangelo 1653～1713）などという作曲家が出て多くのヴァイオリン曲を作つた。
ヴイターリ……「シセコンヌ」
コレルリ………「ラフオリア」 } どちらも昔風の変奏の形をした舞曲
（特徴品があつて華やかな美しい曲。今日でも割によく演奏される）

18 世 紀

この時代もヴァイオリン音楽の中心はイタリアである。

ヴイヴアルデイ（Vivaldi, Antonia 1675～1743）

教会の僧でありながらヴァイオリンがうまく数多くの作曲もした協奏曲だけでも150曲程あるという。

三楽章形式のヴァイオリン協奏曲を完成した。この形式は18世紀半までヴァイオリン表現法の典型として尊重された。

タルテイニ（Tartini, Giuseppe 1678～1770）

ヴイヴアルデイの技巧を拡大しダブルトリラ(二重重音奏)の技巧を完成した。

ヴァイオリン奏法の進歩のために尽した功績は大きい。

作品に「悪魔のトリル」というヴァイオリン、ソナタは難かしいがきれいなのでよくとりあげられて演奏される。

19 世 紀

前半期に作られたバッハの「無伴奏ヴァイオリン、ソナタ」6曲はたつた1挺のヴァイオリンだけを使つて高い芸術的な境地を切り開いた今日の名曲として知られている。その外にもヴァイオリン、コンチエルト等の優れた作品が多い。

ヘンデルのバイオリン、ソナタも有名

ハイドンやモーツアルトにソナタ形式を大成させた人とされていますが、モーツアルトのヴァイオリン、ソナタの中には簡潔で清らかな立派な音楽がいくつもある。尚彼のコンチエルトの中にはよく演奏される第4番、第5番なども有名である。

ベートーベンになると古今第一のヴァイオリンコンチエルトの傑作といわれる協奏曲及10曲のヴァイオリン、ソナタ等みな人々に広く親しまれている。

作品中の「スプリング、ソナタ」「クロイツエル、ソナタ」はよく知られている。

ベートーベン以後

彼以後はいわゆるロマン派音楽の時代といわれる時期に入る。

メンデルスゾーン、シユーマン、ブラームス、チヤイコフスーキ、ブルツフ等のヴァイオリン協奏曲はそれぞれ特徴が異るが一般によく愛好されている。

イタリアのパガニーニ（Paganini Niolo 1782～1840）は人が舌をまいて驚く程の見事な腕をもつたヴァイオリニストでもあつたが、難しいテクニツクの必要な曲を数多く作つてロマン派的「名人芸」音楽の道を開いた。

そ の 他

イタリア ＝ バツツイーニ、ベルギー ＝ヴエータン、スペイン ＝サラサーテ、ポーランド＝ウイニアフスキー等は名人であり作曲家である。

ヴイオラ（Viola）

ヴァイオリン族で最も古いもので今日でこそヴァイオリンに勢力を奪われてしまつた。（14世期頃に作られたといわれている）

ヴイオラを初めて器楽曲に用いたのは、ジヨヴアンニ、ガブリエリ（Gaprieli. Giovanni 1557～1612）が「聖交響曲」（1597）の中にアルトの部分に用いた。

しかし当時の合奏におけるヴイオラは、低音か又は第二ヴアイオリンとダブらせて用いられるだけで、それ自身の特性を発揮するにいたらなかつた。

ところが、バツハ、ヘンデルに及んで、多声楽曲の中声部が重要になり、はじめてヴイオラが今日の如き地位を占めることになつたのである。

ヴイオラが他の声部の代用又は強化から離れて、個性的に取扱われるようになつたのは弦楽四重奏様式とソナタ形式が確立してからで、モーツアルト、ハイドン、シユタミツツ等の作品からである。

チエロ (Cello)

16、7世紀の教会音楽でチエロは頸から革紐でぶら さげて演 奏していた ようである。

チエロとはヴァイオリンチエロ（Violoncello）の縮小名詞で、一種の呼び名にすぎないが、これの起源も他のヴァイオリン族と同じである。

イタリアの名匠アンドレア、アマテイが1560年から70年にかけて作つたチエロは、名器中の名器と称されて今日でも珍重がられている。

チエロは17世紀末まで単に管弦楽の低音を強化する楽器にすぎなかつた。今日でもそう大差はないがヴアイオリンやヴイオラに比べて変化が乏しく、速いパツセイジは力と艶が乏しくなり、従つて伴奏楽器、（例へばピアノやハープシユード）に比べれば威圧されてしまう。（チエロが古来から名曲の少い理由でもある。）

17世紀から18世紀にかけてイタリアの名チエリストのチエルヴエツト(1682—1783)とヘンデル楽団のチエリストで有名なカポラーレ（?～1756）の二人が初めてチエロを独奏楽器として演奏したといわれている。

チエロ曲の重なる作品

バツハ（無伴奏チエロ・ソナタ）ヘンデル（チエロ協奏曲ト調）ハイドン（協奏曲）ベートーベン（ソナタ・へ長調作品5の1）シユーベルト（アルペジオーネ・ソナ・タイ短調）シユーマン（協奏曲イ短調）メンデルスゾーン（ソナタ及変奏曲ニ長調）ブラームス（ソナタ）等

コントラバス(Contrabass)

ヴアイオリン族の中で最も古い型のいろいろの要素を残しているのはコントラバスである。今日では4本弦を用いるがそれでも低いCを加えて5本弦にするときもあり、3本から6本までいろいろの変化を経てきたこと、19世紀には3本弦のものが広く使用され、移調の万能のことなど　昔のヴイオール族の性格を残している。

チエロの低音を強化する場合が多く　チエロが速い部分を奏くときはその基音にとどまることなどは昔から行われていた。

イタリアのバルダツサロ（Baldassaro da Belgicioso Baltazarini ?～1587）はコントラバスを初めて管弦楽に入れた。

18世紀になつてから管弦楽にコントラバスを加えることが常道となつた。

コントラバス曲の重なる作品

シユーベルト（ます）ベートーベン（六重奏曲と七重奏曲）ドボルシヤヤツク（五重奏曲ト長調）サンサーンス（動物の謝肉祭中の象のソロ）等が特徴を発揮している。

日本人の発育

学童の体位は向上している

身長に例をとつてみると、昭和23年から約10年間に 6才（小一年）では約2.5ｃｍ増、12才（中一年）では5ｃｍ程度増している。従つて 1年平均では0.2～0.5ｃｍ程度年々大きくなつてきたことになる。

体重についても、この10年間に12才前後で約2.5ｋｇの増加を示しており、胸囲、座高についても同様である。

出産率は人口1000人につき33～34人から急激に減少して32年には17.2人となつて欧米の水準並となり、

死亡率も昭和10年の16.8人（人口1000人対）から比較すると約半分9.83人となつている。

このため平均寿命（0才の平均全部）は、昭和10年～11年の男子47才、女子50才から、最近男子63才、女子68才となり、人生50年は人生65年といえるようになつた。死因としては、結核や肺炎（気管支炎を含む）が最も大きな率をしめていたが、最近は脳卒中（中枢神経の血管損傷）や悪性新生物および老衰が死因の筆頭にあげられるようになつた。

こどもの発育の過程は、新生児から成人になるまで次のような段階で発育すると謂われる。

第1　生後1カ年間の急速な発達の時期（幼児期）

第2　2～3才から11～12才までの定常的な発育の時期（前期は幼児期、後期は学童期）

第3　それ以後14～15才までの急速な発達の時期

第4　ほぼ20才ごろまでの緩慢な発育の時期

ただし**第2**期後期から女子の発育は男子と異る。

学童期の身長は年間5ｃｍ伸び、胸囲は年間2～2.5ｃｍ、座高は約2ｃｍ発育しており、体重は学童後期で約2～2.5ｋｇ発育する。

発育盛りは中学時代で、**第3**期の2～3年間は身長において年間発育量は約7ｃｍに達することさえある。

このようなことは日本人の発育の特質といわれ（吉田章信博士説）**第4**期になると急激に発育が低調となる。欧米人の場合は、発育量の**第4**期の1年平均は2.25ｃｍとなつているが日本人はこの約半分の1.25ｃｍにしかならない。日本人と欧米人との体格の相違は主としてこの期間から後に最も著しくなると考えられる。

琉球教育の先蹤　名護親方（程順則）

饒平名浩太郎

寛文十一年（一六七一）訓詁師金正春国は王に請うて、孔子廟の建立をし、こえて延宝四年（一六七四）建立された。聖廟には中国の制度に倣って聖像と、顔子、曾子、子思、孟子の四配を列ねて、春秋上丁の日に釈尊の礼を行わしたものであるが、享保四年（一七一九）名護親方が明倫堂を聖廟内に建てて以来、この地が琉球文教の中心となつたのである。

明倫堂が建立される以前の久米村の教育は天妃宮で行われ、毎月九回大夫や長史が監督指導にあたつていた。沖縄で儒教教育が行われたのは、元中九年（一三九二）支那留学生たちに教育したのが始めであるが、国文の教育は按司時代から行われた模様である。按司時代の国文教育というのは恐らく仮名の教育であつたに違いない。伴信友の中外経緯伝によると、「琉球でいろは仮名を書した昔の様は、琉球が洪武五年に明に表を奉り方物を献じたときの、科斗書というのがそれで、いろは仮名を一字づつ放ちがきをしたものである。」といつていることによつても知られ、

応永二十一年（一四一四年）琉球王尚思紹が将軍義持に遣わした文書も国文で認められ、永享十一年（一四三九）将軍義教が尚巴志に送られた返書も又同様国文で認められている。その後室町幕府への往来、支那留学生の往来が頻繁になつて、国文と漢文が併用されて学習されるようになつた。しかしながら琉球ではたとえ漢学を考究する者でも、初等の教育は国文で行われるのが本体であつて、これは処世上学用上からも専ら国文を学ばねばならなかつた。そのためか近世になつても、公用私用の書簡文はすべて薩摩において、その書礼書式書法を稽古したのであつた。その書法も尊円親王の流儀をくむ尊円風と、玉置秀直の書法による玉置流が行われていて、琉球政府の文官採用試験の科挙の制度が悉くこれによつて行われたことによつてもその一斑は知られるのである。教育制度は児童七八才で村学校に入り、十五、六才で平等学校に進み、それから選抜試験で国学に進み、二十二、三才で漢籍の修業を終え、その後は文筆稽古といつて、国文や算盤の稽古をした。漢籍の研鑚をする者は閩人の後裔といわれる者の子弟で、彼等の中、俊秀なる者が支那留学生として国子監に派遣されて、三年から七、八年間の修業を経、帰国すれば対支外交上の枢機に参劃するという機構であつた。

琉球風土記によると、天正十一年（一五八三）沖縄にきた朝鮮人孫朴は、沖縄の教育を叙して、「学舎はなく童児は寺僧から国文を学び、経書を学ぶ者は皆中国福州に行く。」といつていることなどによつて、初等の教育は国文を寺僧から学んだことが明らかである。漢学の教育は最初支那から儒者を招聘して学生を教授したもので、明の毛台𡸴曾得魚張五官等が教授として招聘されている。

督学の方法としては紫金大夫一人を司教として用い、毎月三、六、九の日に講堂で書生の勤怠を調査させていた。明倫堂の司教に当つた人々には、鄭迵、蔡堅、金区春、鄭思春、周国俊、王明佐、蔡国器、蔡鐸等の漢学者多くが、元禄宝永の頃は最も教学の全盛を極めた時代であつた。そうして琉球内で優秀な教師が輩出するようになつた。

承応三年（一六五四）頃から、支那の儒者を招聘することを止めたといわれている。延宝六年（一六七八）には明倫堂の教育の機構も整備されたので、国王の命によつて文理に精通した者から講解師を選んで、毎日学生を指導させるようになつた。その最初の任命者が程順則の師であつた鄭弘良（大嶽親方）であつた。次いで程順則が抜てきされて講解師となり、懸教育道に精進することとなつたのである。

程順則名親護方の先は河南夫子で、その後裔に当る程復が饒州から閩に移住し、後沖縄に渡来して蔡度王に仕えている。しかし復から五世で、家統が断絶したので尚質王の命によつて明暦二年（一六五六）四月虞氏から家統を継ぐことになつた。これが順則の父程泰祚（一六三四〜一六七五）である。

泰祚は京阿波根実基五世の孫に当り、外間実房の次子、生来の俊秀で才学兼備わり、儕輩を凌ぐ逸材であつたが支那進貢使として派遣され江南蘇州で客死し、その駿足を伸ばし得なかつた。

順則の母（粟国宗盛三女一六三七〜一六九五）は鐘氏まなへだるで、母又婦徳のきこえ高く、当時十三才の順則と弟六才の順性を教育し、父の遺書によつて大成せしめた烈婦である。当時から支那渡来の俊才は、

対支貿易や外交によってその功績が高くかわれていたので、国王も家名の断絶を憂えて沖縄の俊秀を選び、その後継にしたのであった。即ち先代程復が四十余年間察度王を輔佐し、又その子孫中、程安、程均、程鵬程れん、程しよう、程禧、程禄、程儀、程偉、程志学、程強進と続いて七十余年間政庁に仕え、忠勤をぬきんでていた功績に対して尚質王は、いたくその功を嘉賞して泰祚に程氏の家名復興を依命したもののようである。

果せるかな泰祚はその俊才を以て程氏を再興し、順則の如き大教育者を生むに至ったのである。このことは尚思紹が中国に進貢したとき（永楽七年）程安は長史となって支那に派遣され、子程均は天順年間天使を接待して大功をあげ、程鵬も又正統年間三度の進貢使を承り、成化年間には正議大夫となって、対交外交に華々しい功績を残している。その後程れんは成化、弘治正徳年間数次の使節として中華に渡り、程しよう又度々の進貢によってその学識をかわれた。この程氏の後を継いだ泰祚の重責もさることながら、妻まなへだるの人品はまことにすぐれていた。彼女は夫に仕えて貞淑、幼より生父宗盛から女訓を習い、才媛のきこえ高く、孝敬にあつく、嫁して後も、夜は紡績をつとめ、内助の功多く夫君泰祚が通事として進貢の際、夫君をはげまして、「この度の壮途は万里の波濤を乗り超える苦しい航海であるが、たとい如何なる労苦があっても君命の重きに任じて、重責を果されよ、途中危難をおそれて労をいとうようでは、人臣の道は全うされない、妻子のことは決して心配せられぬように、と激励した。この激励にもかかわらず江南で客死したのは惜しんでも余りあるものがあった。まなへだるは夫君の死報を伝え聞き、夫に殉じようとしたが自分が死んだ後、子の養育を誰が果してくれようかと心を励まし、これから後二児の薫陶にはげみ、夫君の志を承けその遺書を以て教育にあたった。

幼にして父と哀別した順則の高潔なる人格は、この賢母によって開拓されたのであった。順則は幼にして穎悟、学問を好み、昼夜誦読して止めなかった。延宝四年父泰祚の死の翌年十四才にして元服し、秀才にあげられ、この年より久米の儒者弘良を師として儒学の教導を受け、早くもその駿材を認られ将来を嘱望せられるようになった。

天和三年（一六八三）十一月（二十一才）支那に留学を命ぜられ、福州の儒者陳元輔の門に入り、四年間研さんし蛍雪の功をつんで貞享四年（一六八三五）月帰国、直ちに郷校の講解師となり、始めて教師として教育界に立ったのである。順則は三年間惇々として道をとき、知行合一を以て子弟の教化にあたった。尚順則はこれにあきたらず、元禄二年（一六八九）経学の蘊奥を究めんと、再度の留学をしたのである。福州において更に三年間研さんをつんで、元禄四年帰国し、明倫堂において講解師となり、再び子弟教育に献身し、同時に政庁の漢字筆者をかねて教育と、外交の衡に当ったのである。氏は元禄四年（一六九一）六月帰国の際十七史全部千五百九十二巻を購い、孔子廟に献本している。翌元禄五年（一六九二）には講解師として都通事をかね、更に遏かつ理官察侍紀官と歴任され、愈其の学徳は高まるばかりである。

師大嶺親方（鄭弘良）も又当時の碩学で、延宝四年（一六七六）三月講解師がおかれるや最初に其の職に任ぜられ、元禄十四年（一七〇一）四月から尚貞王の世子尚純公の侍読となり、易経礼記を講釈した。その教育又すぐれ師弟の情義はまことに濃やかで、尚純公は常にその私宅に足を運んだといわれているから錚々たる学者で、人格者であったことが窺われる。弘良は特に易経に精通した人で、「安里橋の碑記」はその作と伝えられている。この師について人間教育を施された程氏の人格が高潔で徳行の士と仰がれる所以のものは、実にここに存するのである。

順則の福州での師陳元輔は朱子学の大家であり、学徳を兼ね備え、郷党讃仰の的であったが、その師陳元輔が順則を評して次のようにいっている。「程氏が使命を帯びて閩に来たので、余は一日の長の故を以て学業をみたが、その穎悟、俊敏は忽ち周易、唐詩を解読し、余を遥かに凌ぎ教うる所悟らざるなし」と、

程子はよくその職分を知り、王事の重責に任じ、師について道を問うに、必ず書を離れず、その態度誠にいんぎん優雅で気魄あり、学ばずんば止まずの概があった。彼は文教の書を広く渉猟し、儒学を第一と心得て悉くその意を了解した。聖道を究め、学問の道は人格を完成するにありと悟り、その行動、道にもとることがなかった。

文化四年久米村の屋富祖親方（鄭章観）はその書に程子を評して、「行跡は最も勤厳酒色に耽らず、遊里の言を口にせず、又市井巷里の語を語らず、不正の書を手にせず、非礼の色を見ず、孝悌にあつく、人倫を貴び宗族に親しみ、郷党と相和し、その人格人をして敬仰せしむ、」といっている。

◎程子の教育

順則の教育は貞享四年（一六八七）より元禄二年（一六八九）に至る三年間と、元禄四年（一六九一）より元禄十一年（一六九八）に至る七年間都合十年に

すぎなかつたが、彼は飽くまで至誠善行を以て子弟を感化し、教導するにも善言善行を自ら行い、教化することを旨とした。其の教育理念は正しく陽明学の体現者、中江藤樹のそれを彷沸せしめるものがある。即ち程子は徳性を貴ぶことを学問の要ていとし、言忠信、行は篤敬、忿を絶ち、欲を去つて善にうつり、身を修め、道を明にするを以て教育の本旨としたのである。

或日友人四五人と林下で遊んでいた。たまたま一友人が林下の鶏を捕えて殺して食しようとしたので、他の連中は二の句もなく賛同した。ところが順則は「さようなよからぬ事は止したがよい。」と誡め、それ程欲しがつたら俺の家に来られよ、」といつたので一同は喜んで程子の家にやつてきた。そこで一羽の鶏を殺して御馳走してやつた。その後かの鶏が程子のたつた一羽の鶏で、しかもさきに林下で見た鶏であつたことを一友人が知り、己達の非行を恥じて、程子に深くあやまつたという。

程子は家を治むるに勤倹、恭恕で寡黙、かつて家僕に怒つたことがなかつた。たまたま一人の家僕がこつそり逃げようと思つて、仮病をつかい、いつわつて暇をもらいに来た。程子は直ちにその心意を察したが直ちにこれを許してやり、あまつさえ多くの餞米を給し、その労をねぎらつて帰した。家僕は喜んで帰つたが、さすがに後味が悪くなり、かゝる仁君をかたつて帰つた己れの非を悔い、再び主家にかえつてきて罪をわびたのでこれを宥してやつた。

程子の果園は常に悪童たちに荒され、果物が盗まれどうしでした。程子は盗む子供を見ても、その樹上にある間は決して誰何もしなかつた。漸く盗児たちが地上に下りたところを誰何したので、子供達もその非を悟つて再び盗るようなことをしなかつたという。こういうきんげんそのものの君子人であるから、夜歌を唄う者も子の門前に来るとぴたりと歌声を止め、酒に酔いつぶれた酔漢ですら、程子の門まで来ると酔が醒めてしまつたといわれていた。程子の孝養はあまねく知られていたが、程子は孝を以て人生究極の目的と考えていた。中江藤樹が孝を以て学説の根本と考えたように、程子も又孝を以て道の根本としている。人が孝を行おうと思うならば、道を行うことを以て第一と心得えよ、と説いた。

身を離れて、孝はない、孝を離れて身はない、故に身をたて道を行うことが孝の全体であると説明した。即ち程子は身を以て道を行い、仁慈を以て俗を教化することを教育の根本理念とした。そのために程子は身を持するに仁慈、実践躬行によつて教育を施したのである。さなきだに程子は温厚なる君子人であり、その感化力が頑童や無頼漢にまでも及んだのであるから、元治元年伊計親雲上(蔡大鼎)はその書「程公寵文伝」の序に「程公は資性英邁、学識人徳高く、恩は人心を結ぶに至り、君子の望、聖人の徒をなす者というべし。」といい、又明治初年薩摩の学者伊地知貞馨の著した沖縄志には、順則を評して「程朱は学を講じ、詩文をよくし、かねて書をよくす、己を持するに礼節を旨とし、人に接するに又礼節を以てす、徳そなわり、その君子人たるを知る、国家に尽し、公事を掌つて至らざる所なし」と、宝永七年(一七一〇)慶賀使となり、江戸に行つて碩儒新井白石、荻生徂徠と交り、親交が厚かつたが、或日、徂徠と儒学を語つた。徂徠が余りに程朱を駁したので、別れるに臨んで、「君は定めし聖人であろう。その議論は、はるかに程朱の上にある。」といつたので徂徠は唖然として答えることができなかえつたと伝えている。

江戸滞留中度々登城して恩遇を受け、将軍からは特に拝領物を戴き、その殊遇に感激し、或は東照宮に詣で、家康公の遺徳を偲んだりした。

順則がもたらした六諭衍義は清の世祖が順治九年(一六五二)に八旗や司省に領布した教育に関する勅論で、その後会稽の范鋐が敷衍して、所謂六諭衍義として著述したものである。

順則は福州でこの書を得て、これを刊行してもたらしたが、順則がこれを刊行の目的は、六諭衍義を道徳教として、又支那語学の書として琉球に普及することができれば、これで十分道徳普及をなすことができると考えたからである。この書は八代将軍吉宗のときに至り、薩摩を経て幕府に献上されたが、江戸時代を通じて最も有力な道徳書となつた。「程子がこの書を刊行するに当つてその序文に「琉球は支那貿易のため多大の利益を受けているから、支那に渡航するものは貢務の諮詢からどうしても、支那語学の正音を知る必要がある、それに人道を行う上にもその手引として最も重要であることを説いている。

六諭衍義に示された教育勅諭はその名の示すように、

(一) 父母に孝順たること。
(二) 長上を尊敬すること。
(三) 郷里和睦をすること。
(四) 子孫を教諭すること。
(五) 人々生業に安んずること。
(六) 非為を作す勿れ。

の六条を徳目として国民を教諭しているので、聖諭六条ともいつている。将軍吉宗は六論衍義が人民を教諭するに最も懇切なるを知り、荻生徂徠に命じて訓点をさせ、又室鳩巣に命じて、大意を和訳させ、享保七年(一七二二)日本版として刊行させている。

更に江戸の手習師匠石川勘助等七人にその大意書を頒ち与えて、習字の手本とさせ、朝夕これを読誦させるなど、その普及に尽力した。その上和解の版木を京大阪の書店に与えて刊行させ、あまねく全国に頒与させたのである。沖縄においても程子以後宝暦九年(一七五九)豊川親方英正に命じて国文に訳させ、民間に頒与したことがあり、広く行われるようになつた。

◎程子の思想と文学

順則の教育に対する熱情は、さきに触れた通りであるが、その子弟教育は又極めて熱心、教育法に傑出し、子搏万が詩を賦したのを遠く海外の恩師陳氏に批評添削を請い燕余稿(搏万の稿遺)の序文を請うなど、父性愛は誠に濃やかであつた。末子允升が三十六才で抜擢されて進貢正使となつたときの喜びは順則の記録によつてその様子を窺うことがきるが、惜しむらくは、中途山東の清州に於て病没した。兇報をきいたときにはさすがに学識豊かな順則も、人生の無常を知り、非瞋の余り門を閉ざして一切面会を断つた程であつた。彼の親友であつた蔡温がその不幸を知り、書を送つて彼の決心を翻させんとしたのもこのときであつた。

(この年順則六十六才)

慶長年間泊如竹が沖縄に渡つて来て、朱子学の学統を普及したことがある。もともと如竹は屋久島安房村の出身で、幼年出家して本能寺に居たが、後桂巷禅師の門に入り、儒学を修めた人である。仏をすて丶間もなく島津氏に仕えていたが、明の積学達が琉球に渡来していることを伝えきいて、経義の研究のため渡球した。

寛永九年琉球に渡つて以来、尚豊王の侍講となり三年間儒教を広めた。これ以来琉球の漢学教育が支那学者の手から本土学者の手に移り、専ら朱子学の和訓によつて教育育されるようになつた。殊に薩摩に留学した僧侶は儒教の素養があり、これらに師事したものも多くなつた。たとえば寛文、延宝(一六六一~一六八〇)の頃尚貞王が僧頼慶を召して、小学、四書を講解せしめたことや、文化年間(一八〇四~一八一七)廓隠和尚に儒教講義をなさしめたことなどに徴しても知られる。この学僧たちはときに使節となり、内地に往来したから、不識不識の間に日本思想が鼓吹せられたのであつた。順則は朱子学に関する学識豊かで、且つ度々の使節として薩摩、江戸に行つているから、日本思想にも十分な見識を有していたであろうし、当時朱子学があまねく行きわたつて、幕府の保護を受けていたのであるから儒教については深い学殖が養われていつたに違いない。さればこそ朱子学の中心理念である君臣父子の忠孝を説く学統より、一歩めて陽明学の知行合一を説く学統と比せられる学問を築きあげていたのであろう。

順則は漢詩に秀で、薩州遊留中、島津公はわざわざ順則を召して、彼が支那留学中の記憶や、見聞をもとにして、北京郊外の勝地、古跡を詩に詠ぜしめたのである。島津公は尽伯木村探元に順則記憶中の勝地を描かしめ、画題について詩を賦せしめたのである。これが有名な「雪堂燕遊図」である。又薩州の詩人相良頼庸の詩を、閩の詩人にして、かねて知友の間にあつた王登程に紹介したことがあり、南支の詩人たちを讃嘆せしめたことがある。程順則の詩は雪堂燕遊草と雪堂雑俎の二編がもつとも傑れているといわれているが、前者は元録九年(一六九六)順則が支那に行つたときの観光の詩を集めたもの、後者は沖縄で雑詠したものや、師友と共に唱和したものを収めたもので、このも二篇について中国の文人学者から寄せられた詩文評を集めて雪堂贈言という詩篇を残している。

彼の師陳元輔は、程の詩を評して、中山之秀と賞し冊封使徐保光は君是中山第一流と激賞した程であり、その活眼達識に驚嘆している。冊使林麟焻は吾君膽仰、程子の思は如泉若濤秀句、知其為人、彼所謂豪傑之士矣、と評している。宝永七年(一七一〇)十月より尚益王の侍講となり、春秋と貞観政要を講じたが、王はその博識と経倫に敬服し、朝夕その教訓を肝に銘じて政治の上に具現したといわれている。正統二年将軍家宣が薨じ、家継が七代将軍に任ぜられたので慶賀掌翰使として派遣され、公事を終えて帰途、近衛摂政家熙公のために、京都鳴川の物外楼に於て詩を賦し感賞にあずかり、滞京中新井白石と交誼をあたため、学問上の意見交換を行つたが、白石の名著釆覧異言、南島志は順則に負う所大であるといわれ、白石はその跋文にそのことを記述している。中山宝案四十九冊は順則が講解師在職中、曾益、鄭明良、蔡応瑞、蔡鐸功、王可鄭、鄭士綸の漢学者などと共に編修したものであるがその監修は専ら順則の手になるものといわれている。

かくの如く程順則の生涯は殆んど教育と教化に終始し政治、思想家としての実績も又かの教育理念を以て貫かれたものであつた。

了

Reading の指導について

吉　浜　　甫

文教時報47号に (1) Model reading 及び (2) 1時間の reading 指導の分量、について書いたので、その続きとして、主題についての考察を進めたい。

(3) 個人読みは短く、より多数の生徒へ

教師が〃誰か読める人?〃といつて挙手した生徒に1章ずつとか、数章ずつ読ませる。その場合の指名の方法は、よく見られる出席簿順、座席順、不意打指名等いろいろあるが、それは別として、こゝでは生徒個人に読ませる分量について検討してみたい。従来よくなされてきた個人読みは、分量が多過ぎるという感をまぬかれない。それは〃個人読みは何のためになされるものか〃即ち〃個人読みは学習指導上のどの部類に属する作業であるのか〃ということを十分に意識しつゝなされていないからであろう。われわれが生徒であつた頃も、教師がしばしば指名して読ませたし、読ますことは必要である。だから個人読みをさせているんだ、というような、漠然と〃必要だから〃という軽い意識でなされている場合が多いのではなかろうか。何の為に必要だから、どれだけの分量を、どのような方法で、なされねばならないか。

その様な所まで考え、意識して、絶えず合理的な方法がとられねばなるまい。殆ど毎時間なされる作業であるだけに、その方法のいかんは学期間、そして年間を通じて考えてみると、あまりにも大きな問題である。

従来なされて来た個人読みの分量は一般に多過ぎた、と言つたが、それを詳しく考えてみよう。

授業で、個人読みがなされている時、特殊な生徒を除いては、大方の生徒は〃今はT君があてられて読んでいるんだ、次は誰かな?〃とか〃今はT君の番だ〃という位の気持で、習慣的に(他人が読む時は、騒いだら怒られる、或は本を見ておるべきだ、というふうに)黙つて本を見ている場合が多い。reading の学習をしている、とは言えそうにない。指名されて読んでいる生徒はどうであろうか。われわれの体験からして、どうしても平静な精神状態ではない、多かれ少かれ、あがつている。学習の場としての心理状態としては、ずいぶん不都合な状態である。そのようにして、人前で text を1度読んだことが彼の reading の力に期待する程プラスしたとは思えない。そこで、その結果としてうかがえることは、教師が彼の reding を(十分にではないが)或程度評価できた。即ち、個人読みによつて教師は生徒の reading を評価するのである。それで個人読みは reading の学習というよりも、教師が、〃自分で今まで指導した reading が、どの程度生徒達各人に徹底したかをみる学習評価の作業〃である。教師はこれを絶えず意識してかゝらねばならない。

ところが、それを学習そのものの重要部分として取扱い、多量な内容を次々とあてゝいく、時には十数名に読ませて、多くの時間をかけているのをよく見受けるが、時間の消費が甚しく勿体ないことである。限られた時間の中で、絶えず時間の不足をかこつてわれわれ教師は、せめて与えられただけの授業の時間を、どのようにして、より効果的に使つて学習指導をするか、ということを考え続けている。従つて、学習指導そのものというより、指導のためになされる評価にかける時間を最少限にとゞめるよう意を用いることが肝要である。

前号に、reading の指導は reading after teacher (in chorus) を幾度も繰返して行う方がよいと強調した。それによつて各人の自信ができたと思う時分に、教師はどんどん指名して、短時間に、なるべく多数の生徒に読ますよう、2、3行ずつ、指名してやるのがよい。1人に相当量(7、8行、或はそれ以上)読ますのはその lesson の学習を一応終つて、なお時間のゆとりがある場合とか、クラスの大多数が textの読みに抵抗を感じない程まで力がついている場合などには結構であろう。しかし現在の1年生、2年生の殆んどの場合なら、少量をひんぱんにあてる方が効果的で、且つ、彼等にとつての学習意慾の昂進剤にもな

りそうである。

(4) 学力差に応ずる個人読みの指導

こゝで特に学力差のあるクラス、或は遅進児（中以下の生徒）に対する個人読みの特殊的取扱いを述べる、ということよりも、個人読みを学習評価本然の取扱いで行つた場合の指導例とその結果を挙げて、学力差問題との関係を考えてみたい。

指　導　例

1、個人読みを上、中、下、いずれかの生徒に対しても、2、3行ずつ読ませるようにした。

2、指名されて読んだ生徒は、その reading の良否を問わず、何等かの形で一応はほめる、或は激励してやるようにした。

3、誤読があつても、その場では矯正せず、そのまゝにしておいて、読終つてから、それ等の誤読の部分は取り上げて、全体の注意を促した。（他の生徒も同様の誤りをする可能性が十分あると思われるので。）

4、指名はカード式で（トランプ大のもの）不意打指名にした。

結　果

イ、今まで指名されて、一度も読んだことのない生徒が読むようになつた。

ロ、以前より多数にどんどん指名されるようなつた為、いつ自分に当るかわからないし、又当つたとしても、少量だから準備を少しでもやつておけば大丈夫だ、というので、殆んどが家庭でも、読みの学習をするようになつた。

ハ、生徒は叱られたり、注意されたりするよりもほめられ、励まされる方が多くなつたため、明るく活発になつて来た。

ニ、以上の結果として、前年度に比べて、進度が相当早くなつた。

この指導例の中に注目すべき幾つかのものがある。それ等を拾い上げてみると、

a、個人読みの最中で生徒の誤りを指摘せずに、そのまゝ読ましておいて、読み終つたら一応その生徒なりの良さをほめてやり、激励しておいて、それから〃この語の発音は少し変だつたね〃程度にとりあげ、しかも〃これはみんながよく間違いやすい語だから、一緒に正しい発音を練習しましよう〃という具合に全体の注意を喚起して、一緒に指導している。読みちがえた生徒も、〃自分は劣等であるから間違つたのだ〃という卑屈感もなく、素直に矯正され、且つ、一人のミスは全体の学習を強固にする材料と化して好結果をもたらしている。

b、いつも指名される度に、いやな、苦しい思いをしていた生徒が、今では読むようになつた。その生徒にとつて、又教師にとつても何たる喜びであろう、そのような、読める喜び、答える喜びを、どうしたら生徒各人に持たすことができるか、これがわれわれ教師の最大の課題ではなかろうか､その喜びと自信がその生徒の学習意慾を盛り上げ、向上の道へと進むからである。これに反して、個人読みの中途で誤読がある度ごとに教師が、すぐに指摘してその場で矯正しているのはよくあることだが、それを考察してみよう、此のような行き方では、学力差はますます開いていく結果になる。なぜならば、よく読める上位の生徒は、間違うことも少なく、すらすらと読終る。他の生徒達も内心〃すばらしいなあ〃と羨望の気持でいるところへ、教師が〃よろしい、よく読みました〃とほめることが多い。本当に愉快なことである。もつとも読みたい気にさえなる。ところが、読みに自信のない生徒であればあるほど、誤りも多く、流暢さも劣る、否むしろ、しどろもどろである。

たゞでさえ自信がなく、指名されても、〃どうしようかね〃と思案しながら、勇を鼓してやつと立ち上つて読み始めたものの、四苦八苦である。そこへ教師が、とめては直し、とめては直しで何とか読終る。そして、ほめられることは殆んどない。時として〃もつと勉強せんと駄目だね〃とか、やさしいところで〃家でもつと練習してきなさい〃程度であろう。これでは、気がめ入つてしまいそうになる。喜びどころか、次に指名された場合にも、二度と立上る気力など出てきようがない。〃自分なんかが勉強したつて駄目だと嘆息してしまう以外にないであろう。先のすらすら読めてほめられた生徒

とこの生徒の心理を比較してみれば、その学力差が一日一日と大きく開いていくであろうことは、余りにもハッキリしている。しかし、此の二人の生徒ちうの、どちらが精神的なエネルーギ、いや、より余計もがき、頑張つているのだろうか。これ程奮張つても、精一杯やつても、間違つているが故に、すらすらと読めない故に、他に遅れているが故に、その労はほめられることもなく、恰かも認められてもいないかの如くに、暗い気持のまゝ放任される。しどろもどろながらも、他に比べてまずいながらもやつと、何とか読み終つた。その生徒は、それで精一ぱいなのだ。何とか、1語でもよいから、ほめて上げたい。何等かの方法で、自然な形で励まして上げたい。是非そうあらねばならない。そうして、それ以上に、自分自身で努力していけるように、悦びと、自信と、勇気とを与えたい。所詮、彼は彼自身で自らを進めねばならないのだ。教師がどんなに深い愛情があり、熱心であつても、その生徒の為に単語の一つたりとも覚えてやることはできないのだから。

c、カード式で不意打指名をして、生徒に絶えず指名される不安感を与えている。

このような程度の緊張感を絶えず持たせておく方がよいと思うし、この方法はよくなさている。勿論カード式ばかりで通すことなく、時々教師の意志的に指名することも必要である。

ながながと駄弁に過ぎたが、要するに、学力差に対応する教壇実践としては、個人読みの取扱いにおいて10の生徒も、8、5、3、2の生徒も、それぞれその良さをどこかに見つけて、何らかの方法で励ましの言葉を絶えず与えてやる以外にないであろう。

われわれはやゝもすると、ほめられる点の多い、ほめ易い上位の生徒ばかり励まして、現代の画一教育制度の犠牲者である中位以下の、精一ぱいでもなお追つかず四苦八苦している健気な生徒達を忘れがちである。これ等の不遇な犠牲者達に対しては、一層の関心を持つて、あらゆる教育活動、学習作業の一々を再検討して、民主教育の光を教壇の隅々まで届かせ、生徒各人の能力を十分に伸ばすよう心がけたい。

(5) Reading after teacher (inchorus) について

Readingの指導で最も多く時間をこの方法にあて、幾度も教師の後につかせて drill する°教師の発音をまねさせて、幾度も読む、そうして音に馴れる、その間に、(必要な場合は)発音記号を示すのもよい、しかし、何と云つても発音記号は、教師の readingの音をまねるに必要な補助的役目をするものであり、時間の多くを発音記号の説明に費やすのはおかしい。幾度も発音して聞かせ、その help として記号も要るのである、それを取りちがえて、恰もその記号が先であるかのように、教師が記号に重点をおいて、発音の説明に多く時間を流して、肝心な reading after teacher にはあまり時間をかけず、一回、或はせいぜい二回位で終つてしまう場合がよくある。それでは生徒は新教材を自信を持つて読めるようにならず、(特殊の優秀児は別として)大方の生徒は、指名されても個人読みを拒んだり、指名されることをこわがつたりする。或は勇気を出して読み出しても、ろくに読めない、誤読が多い、それは reading after teacher の drill が足りないからである。もつと drill すべきである。もちろん同じようなことを、同じようなやり方で飽きさせるのはよくない。

最初はゆつくり、長い文を二つに、或は三つに、それからすらすらと、というようにしてやり、二回三回と、流暢さを加えて、三、四回 drill してたいてい読めるようになつたところで、〃今度はこの半分〃とクラスの半分を縦に区切つたり、横に区切つたり、或は〃今は男子だけ〃とかいうように分けてやる。一時間でやる reading の text の分量は少ないので、クラスの半々で、或は3分の1ずつて交代してやつても、早く自分達の番がやつてくるので、その間、しばらくは休けいということになつても、或は他の読むのを聞かすということでもよい。Reading を一齊にやる場合には、〃みんなが調子を合わせる為に、英語本来の調子やスピードをまげる〃と云われて、一齊指導を批難する人もいるが、中学の課程での基礎指導の場合、その欠陥は他で補う方法を講ずる以外になく、一齊指導は大声で、従来なされているように、どんどんやるべきだと思う。

次号には発音、hearing の問題などについて考察を続けたいと思う。本誌上の私見については随時忌憚なき御批判を歓迎致します。

(学校教育課主事)

研究教員研究計画

中学理科の基本的実験観察の選定とその効果的指導法

配属校　千葉県茂原市立茂原中学校
勤務校　沖縄コザ市コザ中学校
玉　城　吉　雄

(一) 研究計画立案に当つて

赴任以来配属校の校長先生、教頭、教務主任、理科関係諸先生方の細やかな御配慮と、親切な御指導と積極的な御協力によりまして、学校の雰囲気にもなれ、私生活も落着き、学校教育の概要を知ることができましたので、今後研究計画に従つて短かい六ケ月間を有意義に過ごし、沖縄教育の進展のために微力をつくしたい覚悟であります。

次に研究主題につきましては沖縄の現状と本土の現状とを参考にいたしまして、当初の主題を少し改めまして次のようにいたしカリキユラムの面と実際指導面とをかみ合せて研究することにいたしましたので御了承の程をお願いします。

(二) 研究の要旨

小学校は昭和三十六年度より中学校は昭和三十七年度より改訂指導要領に基いて指導するように文部省から十月一日に告示されました。その間は内容の研究と次第に移行処置を講ずるようになつております。それで沖縄においてもそれに準拠すると思いまして現行教科書を中心にせず改訂指導要領の内容を中心にして項目を設定し、併せてその指導法について実際指導により研修して帰るつもりであります。

(三) 研究計画

(1) 週　計　画

△校内研究

・一週五時間本校理科担任の授業を一時間宛担当し指導法の実際研究をなす。
・理科担任および他教科の授業参観を行い指導法の研究に資する。

△権威者の訪問

文部省、教育研究所、県指導主事、教育大附属中、学芸大附属中、千葉大附属中、地方出張所指導主事等の理論および実際家の権威者を訪問して指導を受ける。

△有名校の授業および施設々備品の参観

指導主事、その他適当な方の紹介により県内の有名校科学センター指定校を紹介していただき、その学校の研究計画、理科実験カリキユラム、施設々備、研究課題に対する問題点等を現場においてつぶさに見聞し、または懇談して自己の主題に対する参考に資したい。

以上のような計画を繰返し進めて行き、その他に期間中の月別計画を樹て、それにそつて校内行事、校内研究会、文部省指定、県指定郡指定、または主催の研究会、公開発表会に参加して、広く資料を蒐集して研修に努力したい。更に六ケ月間の全体計画として研究計画の概要を示す。

(四) 全体計画

△初期(十月～十一月)

・所属関係当局の訪問、あいさつ
・教育全般についての資料の蒐集
・配属校の教育概要についての研究
・研究主題に対する計画の立案
・研究主題に関する、参考図書、資料、文献の蒐集
・改訂指導要領内容の研究
・基本的実験観察の選定資料の研究
・指導法(特に指導過程)の研究

△中期(十二月～一月)

・基本的実験観察の項目設定
・指導法(特に思考過程)の研究
・施設、設備、備品、消耗品についての調査研究
・研究授業の実施により指導主事の実際指導を受ける
・校内研究会において問題点の研究

△後期(二月～三月)

・研究雑録の整理
・研究報告書の作成
・道徳教育の実施状況についての研究

漢字の誤字誤用現象の追求とその対策

配属校　愛知県愛知郡鳴海町立鳴海小学校
勤務校　羽地村稲田小学校
比　嘉　次　夫

(一) 設定の理由と目標

国語の学習の中で子どもを実際に指導するにあたり教師の頭の中に大きな問題になつているものの一つに漢字指導をどうすべきかということがある。新題材に入るとき先ず頭に浮ぶのは読みの抵抗を

少なくするにはどうするかということである。読みの抵抗には種々なものが考えられるが、特に読みの最初の段階においては漢字につまずく場合が多い。その中には既習文字でも全く読めないものや誤読などの現象があらわれる。

読みということは通読、精読、味読を通して内容がわかる。と考えられる。そのためには単に読めるということが先決問題となろう。しかし読めるまでにはだれでも漢字の抵抗につき当らなければならない。そこに漢字の指導をどうするかという問題がおこるのである。

漢字指導のねらいは漢字ひとつひとつの読みや書きを学習させることではないと考える。漢字は思考の中、話の中、文の中で意味づけられた語いとして存在しているものであるから、その位置づけを理解することによつて思考や話や文を効果的に表現したり理解したり、することができると思うのである。そこで私達は国語指導における漢字の指導について一層の留意をすることが要求されてくるのである。

漢字はそれが読めても書けなかつたり、書けても使われなかつたりする場合がある。また話したことばの中でそれを聞くときにはその意味が理解できても、書かれているものを見たときに読めなかつたり、文の中に書こうとしても書けなかつたりすることが多いのが実状ではなかろうか。

漢字そのものを理解したり文中における漢字の働きを理解したり、漢字をつかつて文を作る能力をつけるためには、より一層組織的なそして漸進的な指導によつて漢字の基礎的な習得が、十二分になされていかなければならない。

しかし、そういうことはすでに今まで数多くの学校で実験、研究されているので今それらの資料を参考にしながら子どもの実態に即した指導方法を考えより深く突込んで漢字の誤字誤用現象の追求を行い国語の学習指導が一段と効果的にできるようにしていきたい。

（二）研究計画

十月より十一月上旬
　実態調査と研究テーマ、問題の確立
十一月中旬より二月まで
　研究テーマに基く実際指導
三月中旬まで
　まとめ

（三）研究方法（項目だけ）

誤字誤用現象の起る原因調査

1、学年別誤字の実態とその原因
・文部省発表の学年別文字を文にしてテスト作成と実施
・学年別一覧表作成
。テストは該当学年とその上下で行う。
。採点は担任で集計し方法及用紙などは国語部会で決める。

2　読む速さ、書く速さと誤字との関係（研究学級）
。五分を単位として調査し一の成績と比較する
。その他

3　作文における誤用現象（研究学級）
。日記作文に表われた誤字と誤用の実態
。ノートに表われている誤用の実態
。その他

行事計画一覧表

時期	行事
10月～11月上旬	資料集めと、実態調査を行い研究テーマの確立
11月中旬～2月	テーマに基く教壇実践授業
12月下旬	第二回実態調査
※※（12月末～1月初）	冬休み
2月下旬	第三回実態調査
3月上旬～中旬	まとめ
3月下旬	研究報告
4月	帰省

4 国語についてのアンケート（職員）
。誤字指導をどのように進めたか。
。作文の指導の程度を確かめる
。読書指導の程度を確かめる
。その他
㊟実施については国語部会で検討して行う。
5 I・Qとの関係（研究学級）
。能力差と誤字誤用について
。1より4までを結びつけて子どもの実態をたしかめる
6 研究学級
。国語標準テストの結果も参考にする。
。二年三年四年六年から各二学級
。ノート使用法と使用量などの調査
。漢字誤用指導の方法
△授業の中での指導法
△ドリル的漢字指導
△その他

（四）対策

1、実態調査の結果により起る諸問題を担任あるいは校長、国語部会とよく相談し子どもの実態に即する指導を考え研究を深めていく。

2 実態調査は十一月上旬、十二月下旬と二月に三回行い、それを基にして誤字誤用現象を追求し指導方法を考えていく。

3 その他

（五）備考

全学年全学級（五〇学級）は負担と時間数から研究不可能と考えられるので二、三、四、六年に実施する。（三年は特に漢字数と語彙の数が多くなるので二年と比較し又、二、四、六年は前学年度に知能テストを実施しているので研究の面で都合がよい。）

（六）研究の外に毎日二～三時間国語の実践指導を行い学習指導とテーマとを結びつけて指導方法を深く研究していく。

計算力をたかめるための指導

配属校　千葉県千葉市立院内小学校
勤ム校　中頭郡具志川村田場小学校
座間味　良勇

第一期（十月～十一月）

。配属校の先生方及び土地の人々と親和を図ろう。

目標

1、派遣教員としての自覚と誇を持とう
2、学校の経営方針、施設、備品及び研究組織等を理解し、学校の環境になれよう
3、広く授業を参観し指導技術を高めよう

具体的研究内容

1、配属校赴任
2、学校経営及び施設備品について
3、事務分掌の合理化について
4、研究組織とその運営について
5、児童会とクラブ活動の運営について
6、道徳教育時間特設とその指導について
7、有名校からの研究資料の蒐集
8、本校の学習指導の考え方及び努力点について
9、算数部会を開き、現在までの研究経過について話し合い、自分のテーマの協力を求める
10、研究計画を立案する

備考

文部省受入式（10月1日）県市教育長訪問（10月6日）教育研究所訪問（10月8日）教育技術研究会（本校）（教育技術十二月号に記載予定）（10月13日彌生小学校参観（10月14日）道徳教育協議会参加(10月28日)市教育研究会参加（11月7日）蘇生小学校公開研究会（11月14日）千葉県教育研究集会（11月15日）彌生小学校公開研究会（11月18日）研究教員合同研究会（11月20日）本校公開研究会（11月21日）

第二期（一月～三月）

。実践授業を通して自己を磨こう。

目標

1、学習指導上改善しなければならない点について研究しよう。
2、どんな教具をどのように用いれば子供の思考や技能を伸すことができるか研究しよう
3、問題解決の能力手順を身につける指導方法について研究しよう。

具体的研究内容

1、学習形態のあり方についての研究
イ、基本的思考の発展系統の研究
ロ、思考（理解）を主とした学習形態について
ハ、基礎的な技能（計算）の発展系統の研究
ニ、技能（計算練習）を主とした学習形態について

2、文章題解決の思考過程についての研究
　イ、資料の把握について（既知事項の把握）研究
　ロ、解決目標の把握についての研究
　ハ、解決方法の考察判断についての研究
　ニ、文脈構成についての研究
3、其の他

備　考

担当学年六年学習指導週二時間受持つ　研究会（週二回水金）　千葉市教育研究集会（12月5日）研究教員合同研究会（12月18日）学期末評価の方法とその活用について　資料教具の研究とその活用の仕方について　研究教員合同研究会（1月15日）

第三期（二月〜三月）

。半年間のまとめと反省をしよう

目　標

1、研究資料の蒐集及び整理をしよう
2、学年末評価の方法を研究しよう
3、卒業式、修業式の運営について知ろう
4、研究論文をまとめて反省しよう
5、お礼まわりをしよう

具体的研究内容

1、毎時間の学習指導の評価の観点、方法についての研究
2、評価記録の累積の方法とその活用についの研究
3、通信簿、指導要録への関連についての研究

備　考

研究教員合同研究会（2月19日）

信濃だより

配属校　長野市立西部中学校
大　山　たかし

わたくしの配属県長野の教育の現況を主として財政面からおしらせいたしましよう。

申しあげるまでもなくここ長野はかつて教育県として名実ともに自他ゆるしあつた県であります。この意味からしますと、今日といえども変わるところなく、教育にはまことに熱心です。しかしこの教育県長野にも財政面ではやはり幾多の問題点があるようです。二、三日前に配られました県教組発行の教育白書「長野県の教育をよくするために」からいくつかひろつてみましよう。

△わたくしたちの学級

下図（別表1）でも明らかのとおり、わたしたちの県にもまだまだ「すしづめ教室」がこんなにたくさんあります。教員組合の研究結果では、小学校では一クラスの児童の数は三九名、中学校では三〇名以下が理想となつています。しかし財政的な問題がありますので当面五一名以上の学級をなくして五〇名以下にすべきだと考えています。すなわち小学校の九〇六学級（一四%）中学校の七四一学級（二四%）を解消して、子どもたちが文字どおり、のびのび育つていくような教育環境にしたいものです。

世界の主な国々では小学校で四〇人をこえる学級は少ないが、長野県では五〇人の学級がいちばん多くあり、五五人の学級が相当にあります。（別表2（中学校で三〇人以下の学級は一割に満たぬ五、八%だけですが、イギリスでは三〇人以下が半数五〇一五%です。

△教育財政

○**教育財政のしくみ**

―国と県の予算と教育費―

長野県はよく教育県だといわれています。しかし本当に本県は教育先進県として他の都道府県に誇るべきものがあるでしようか。

別表（1）

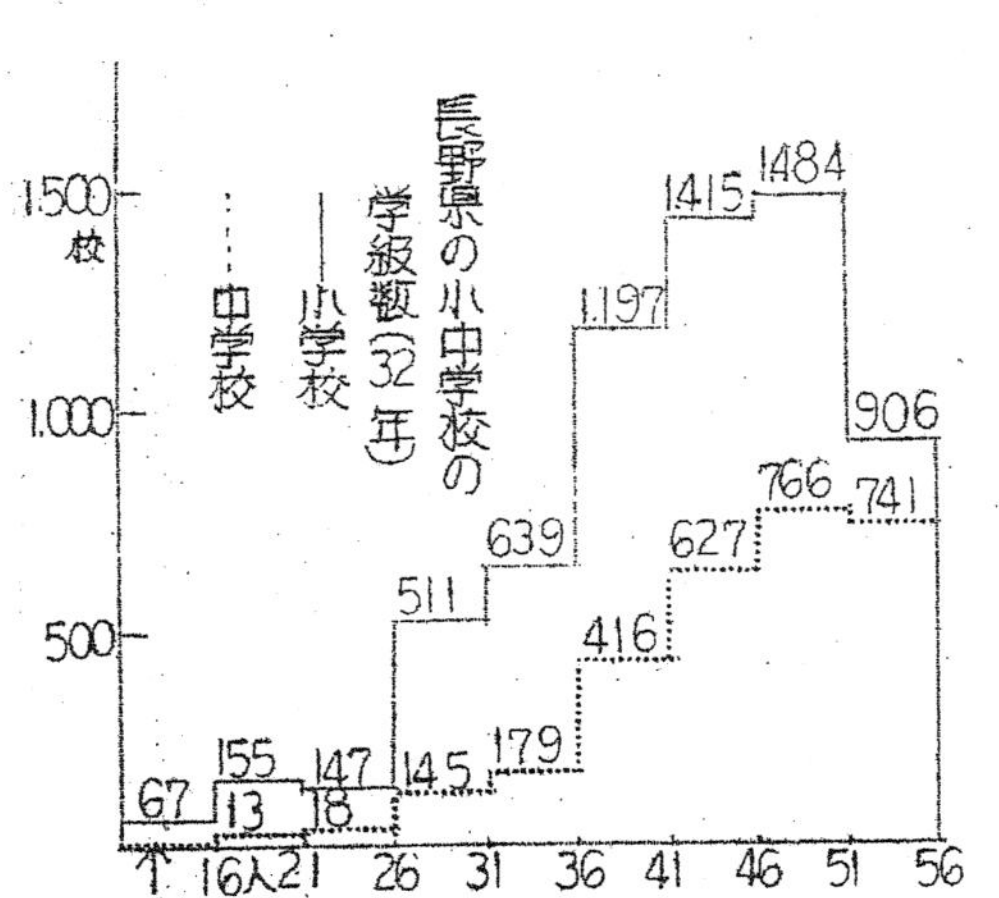

別表(2)

規模別学級数(中校)

学級規模	21人〜26	26〜31	31〜35	35〜41	41〜46	46〜51	51〜56	56〜65
イギリス	13.1	14.1	23.9	28.2	16.33	4.6	0.7	
長野	0.6	0.6	5.7	13.3	20.1	31.0	23.8	0.2

わたし達はこどものためにいろいろの要求をいたしますが、当局の方々は「再建計画適用で予算がない」とよくいわれますがこれは本当なのでしょうか。

国の財政、県の財政市町村の財政を調べ、大切な教育予算がどのくらい支出され、どう使われているかを知り、その上で、父母も教師も一体になり、こどもたちのしあわせのための要求を出していけば解決の道のあることがわかります。

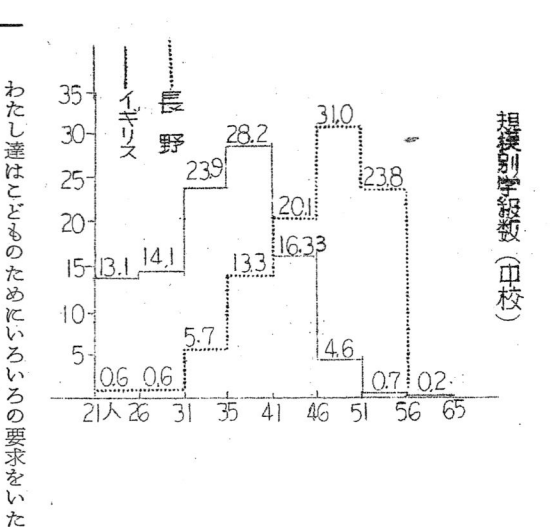

憲法では戦争放棄をうたっているのに、自衛隊をつくり、国家予算もまっさきに軍備にまわされ、そのシワ寄せが、地方財政や文教予算にきています。この点はだれにでも納得されることでしょう。軍人恩給をふくむ再軍備の増大に比較して、地方財政の赤字も増えました。その地方財政では、教育予算が一ばん大きな比重を占めています。(別表3参照)

別表(3)

国予算(三二年度)

社会保障ヒ 11%
文教ヒ 13% 1,346億円
防衛ヒ 1662億円 15%
地方公付税 1867億円 17%
公共事業ヒ 1753億円 16%
行政ヒその他 28% 4886億円

別表(4)

長野市の予算(三三年度)

予算総額九九千万円 億

その他
教育ヒ 20.6%
市役所ヒ 14.5%
社会労働施設ヒ 10.4%
土木ヒ 9.0%
下水道ヒ 8.0%
保健衛生ヒ 6.8%
住宅ヒ 6.7
公債ヒ 6.3%

しかしこれはよくいわれるように「一年の計をたてるなら田を作れ、十年の計をたてるなら木を植えろ、百年の計をたてるなら教育をせよ」といわれるとおり当然なことです。

また長野県のみが教育費が特別大きな比率を占め

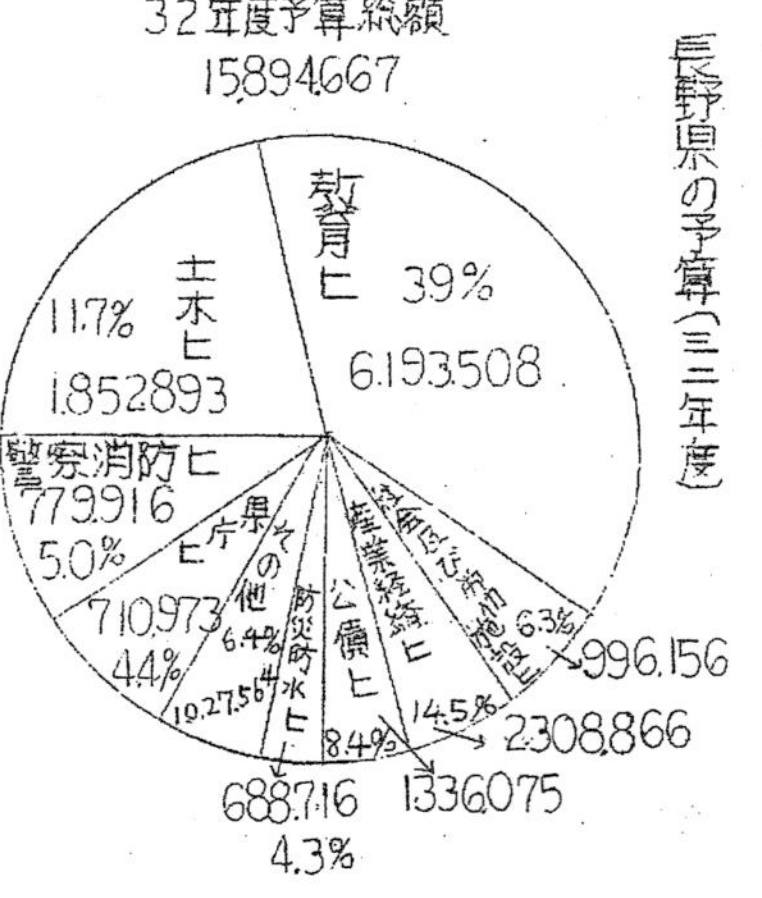

市町村の予算(三二年度)

予算総額 九五.四億円

その他
教育ヒ 23% 22億
市役所ヒ 15億 16%
社会労働ヒ 11億 12%
産業経済ヒ 10% 9.5億
土木ヒ 8% 8億

ているわけではありません。長野県と類似県を比較してみればこのことは一見明白です。（別表4参照）

結局国からもつとお金がくれば名実ともに長野県は教育先進県になれるわけです。

以下県の教育実態の一部を明らかにして、父母も教師も一体となつてこどものしあわせのために、いろいろ要求したいものと存じます。

○県の教育財政のしくみ

各県の教育費の割合（32年度）

群馬県　（四〇、八％）
神奈川県　（三三、〇％）
千葉県　（四五、五％）
長野県　（三九、〇％）

○一般会計の中に占める教育費の割合（長野県）

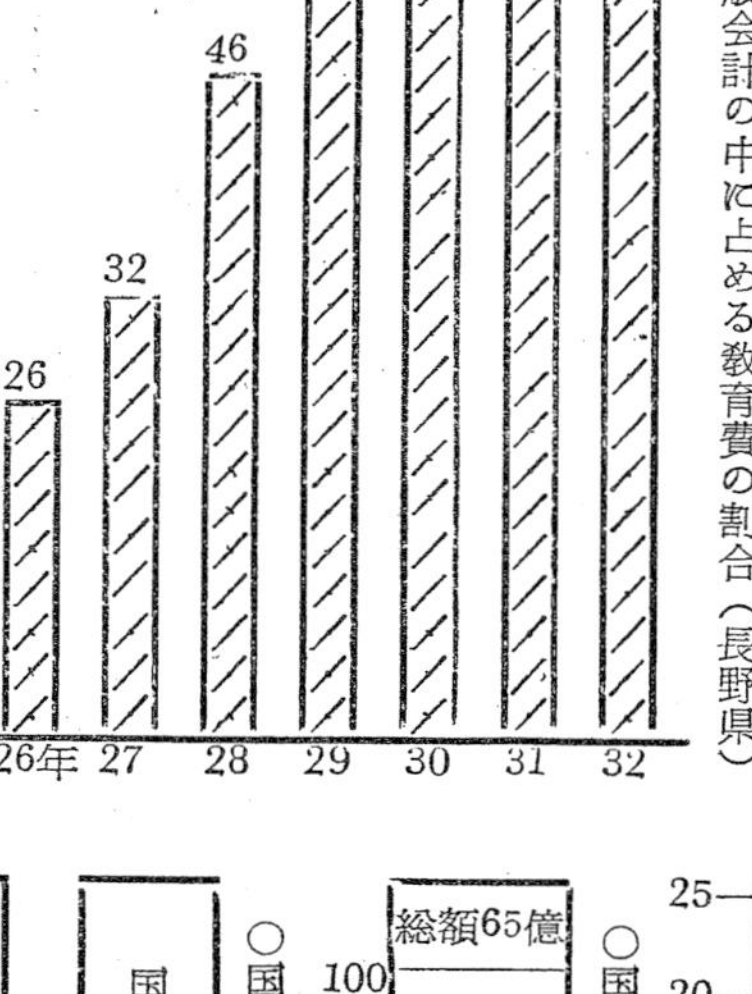

○支出種別教育の割合（長野県）

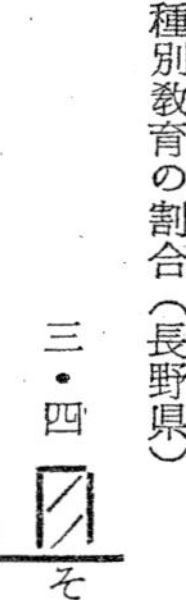
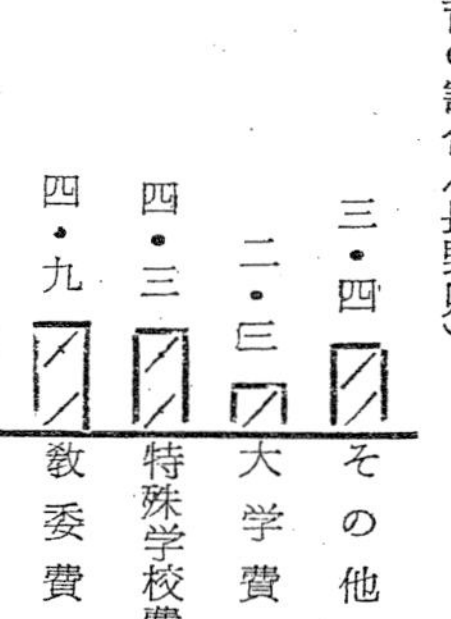
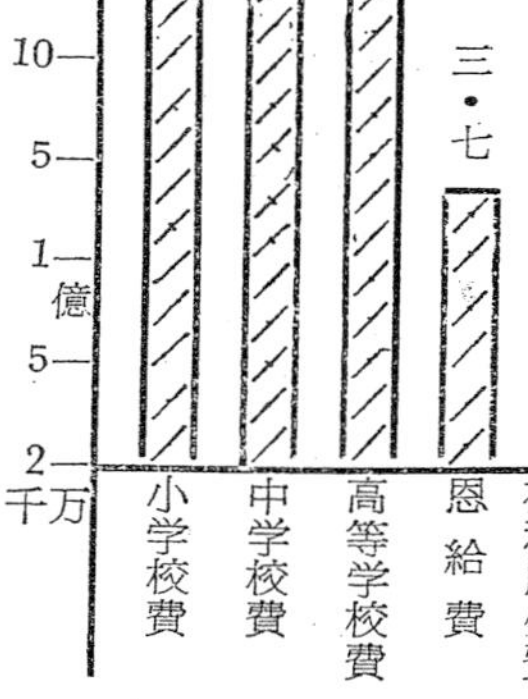

○国と県の教育費の負担の割合

総額65億
100
90
80
70
60
50
40
30
30
20
10
地方の負担 43.7億
21.3億 国の負担 32.8％

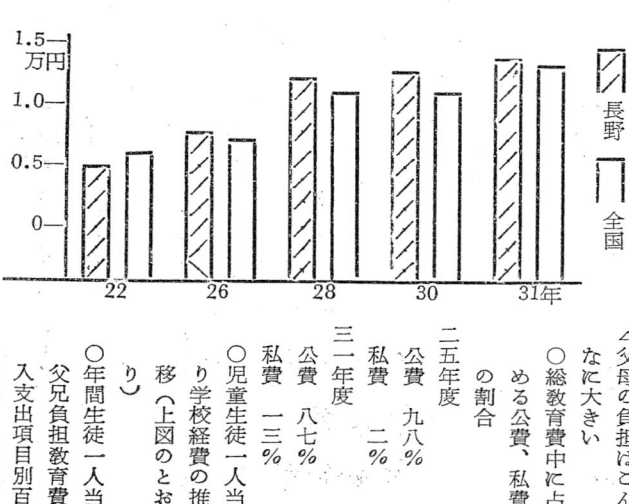

○国と県の義務教育費負担割合

国25億円
県持出し4億円
県29億円

←当然こうすべきだ

国27億円
県27億円

県で持出し分の四億円の半額二億円は当然で負担すべきものです。

憲法で保証されているとおり、義務教育は本来ならば無償のもので、全額国で負担すべきものです。しかしそれは画にかいた餅であつて、実際はおよそそれとは遠いものです。

義務教育についてみますと、国の負担は約二十五億円です。したがつて県の持出し分は約四億円あります。この四億円あればどうでしょう。これを校舎建築にむければつぎのようになります。木造ならば四二〇教室、鉄筋なら二〇八教室できます。

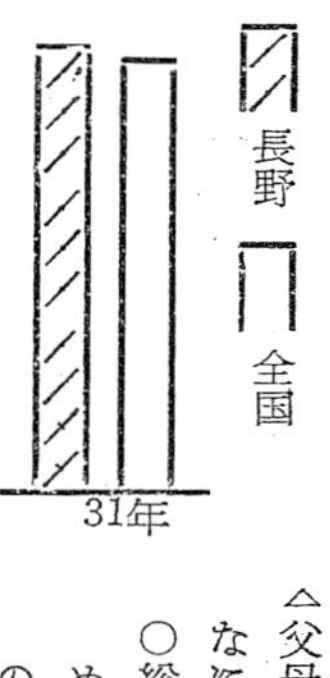
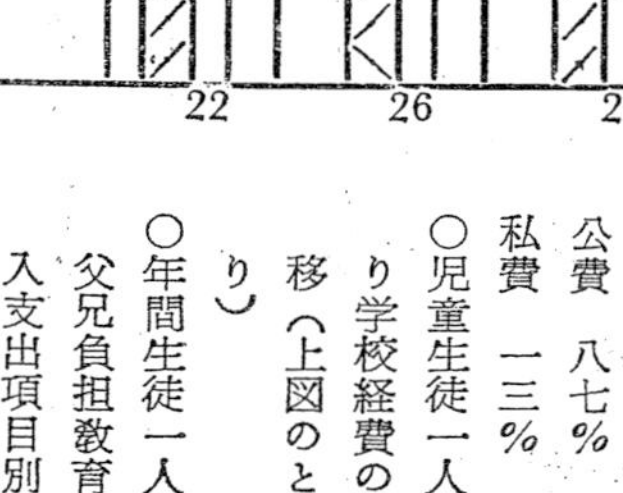

△父母の負担はこんなに大きい

○総教育費中に占める公費、私費の割合

二五年度
公費　九八％
私費　二％

三一年度
公費　八七％
私費　一三％

○児童生徒一人当り学校経費の推移（上図のとおり）

○年間生徒一人当父兄負担教育費入支出項目別百分比（次頁）

	直接支出金 学校教育費	〃 間接支出金	家庭教育費
小学校	36.5	34.7	28.8
中学校	52.1	31.9	16.0
全日制高校	43.3	45.6	11.1
定時制高校	50·6	34.8	14.6
特殊学校小学部	37.1	56.5	6.4
特殊学校中学部	40.0	52.9	7.1

（％）

（注）○学校教育費＝児童、生徒に学校の教育を受けさせるために支出される経費

○家庭教育＝家庭およびその延長を場として行われる生徒の教育に要した経費

○直接支出金＝教科書や学用品のように直接父母や生徒が学校教育のために使った経費

○間接支出金＝給食費やＰＴＡ会費のように学校あるいは教育団体に納めて、そこから支出される経費

○年間生徒一人当り父兄負担の教育費総額

（以下次号）

教研集会場スナップ

○ある地区の教研集会、小波蔵文教局長のあいさつに

「教研集会も第一次、第二次と回を重ねる度毎に充実し、頑強な幹は、地上に根をしっかりとおろし、多くの枝をささえ、第五次の今年は、美しい花が枝いっぱいに咲き出した」といってよろこびのてい。

「現代版花咲じじい」は六千教員一人一人になったようだ。

一方、研究討議について、限られた時間を有効に使うことを力説し、「すべての人間に無限の時間を与えたら、みんな同じ事ができる。ただ限られた時間のときに差がつくのだ」。と頂門の一針を忘れなかった。（ＳＹ）

次号予告（五〇号）

—特集　新春随想—

年頭のことば　文教局長　小波蔵　政光

民政府教育部長　ク　ロ　ホ　ー　ド

琉球大学学長　安　里　源　秀

教職委員会長　屋　良　朝　苗

・イノシシに寄せて　石　川　盛　亀

・正月の民俗　饒平名　浩太郎

△新春随想

△新春よせがき

△新中央教員のご紹介

△私の研究

版画の技法と指導　島　袋　文　雄

目的に応じた読みの指導　大　嶺　弘　子

音楽各種楽器の発達(2)　崎　山　　任

△集団少年工職場訪問記録　仲　間　智　秀

△研究教員だより

私の観た「道徳」の授業　横　田　裕　之

道徳の時間とロールプレイン　与那城　　茂

信濃だより　大　山　たかし

△一九五八年度健康優良児

昭和33年度 全國学力調査
問題別正答率
小学校

音楽				図画工作				家庭				教科以外の活動			
抽出校数	78	受験者数	5,777	抽出校数	78	受験者数	5,919	抽出校数	78	受験考数	5,827	抽出校数	77	受験者数	5,775
児童数得点数	238,921	平均点	41.4	児童総得点数	246,861	平均点	41.7	児童総得点数	232,639	平均点	39.92				

音楽

問題番号	正答率
〔1〕ア	51.1
イ	50.6
〔2〕ア	57.7
イ	72.9
ウ	57.2
エ	41.5
〔3〕ア	50.0
イ	63.5
ウ	57.1
〔4〕ア	29.4
イ	40.3
〔5〕ソ	46.5
レ	46.7
ラ	45.3
ミ	45.1
高いド	37.4
高いミ	64.3
シャープのついたファ	6.8
フラットのついたツ	6.2
〔6〕ハ長調	37.8
ヘ長調	36.0
ト長調	32.5
ニ長調	28.6
イ長調	8.2
〔7〕（ア）	37.5
（イ）	31.3
（ウ）	32.6
（エ）	27.6
（オ）	40.6
（カ）	40.1
〔8〕（1）	21.9
（2）	26.3
（3）	13.1
（4）	7.1

図画工作

問題番号	正答率
〔1〕	61.7
〔2〕	66.0
〔3〕（エ）	18.3
（ア）	20.9
〔4〕（ウ）	18.2
（イ）	16.3
〔5〕	64.0
〔6〕	40.8
〔7〕	50.4
〔8〕（ア）	51.4
（イ）	49.9
（ウ）	58.2
（エ）	47.2
（オ）	65.1
〔9〕①	26.4
②	22.7
〔10〕（ア）	11.2
（イ）	8.5
（ウ）	23.4
（エ）	15.9
（オ）	10.5

家庭

問題番号	正答率
〔1〕（1）	14.1
（2）	27.8
〔2〕	19.6
〔3〕（1）	33.4
（2）	50.8
〔4〕	53.8
〔5〕3	65.0
4	61.3
6	27.7
〔6〕	36.8
〔7〕ア	42.5
イ	30.8
ウ	30.3
エ	39.0
オ	32.6
〔8〕	55.6
〔9〕2	68.9
5	38.7
7	47.8
〔10〕ア	39.3
イ	48.4
ウ	47.7
エ	36.2
オ	51.5
〔11〕	15.8
〔12〕	51.8

教科以外の活動

問題番号（選択肢）	応答率
〔1〕1	13.1
2	15.9
3	34.0
4	16.2
5	19.3
無答・その他	3.1
〔2〕1	30.2
2	12.9
3	12.7
4	27.1
5	15.2
無答・その他	3.3
〔3〕1	6.9
2	9.5
3	28.5
4	34.0
5	18.3
無答・その他	3.8
〔4〕1	11.3
2	11.9
3	12.2
4	19.9
5	42.7
無答・その他	4.3
〔5〕1	8.8
2	31.7
3	30.9
4	15.3
5	9.2
無答・その他	5.2

昭和33年度全國学力調査

問題別正答率

中学校

英			語	職	業	• 家	庭
抽出校数	54	受験者数	5,894	抽出校数	54	受験者数	4,729
生徒総得点数	185,459	平均点	31.5	生徒総得点数（共通）	150,657	平均点	31.9

問題番号		正答率
〔1〕	A	71.0
	B	55.0
	C	71.4
	D	73.0
	E	69.2
〔2〕	A	59.6
	B	44.8
	C	22.8
	D	26.6
	E	31.2
〔3〕	1	25.0
	2	17.9
	3	23.0
	4	19.1
	5	24.0
〔4〕	1	65.9
	2	37.6
	3	33.9
	4	40.0
	5	56.2
	6	30.3
	7	49.2
	8	37.0
	9	51.5
	10	38.2
〔5〕	1	18.2
	2	45.3
	3	20.2
	4	17.4
	5	24.6
〔6〕	1	40.5
	2	7.0
	3	10.8
	4	42.3
	5	45.7
〔7〕	1	18.3
	2	17.8
	3	10.5
	4	23.7
	5	7.9
〔8〕	1	32.6
	2	30.9
	3	12.6
	4	6.1
	5	6.7

問題番号			正答率
〔1〕	a		37.3
	b		18.4
	c		17.9
	d		28.8
〔2〕	a		36.3
	b		40.8
	c		28.4
〔3〕	1		49.5
	2		43.8
	3		38.5
	4		36.1
	5		19.1
〔4〕	a		28.4
	b		55.9
	c		28.0
	d		27.3
〔5〕	a		44.7
	b		45.3
	c		43.3
〔6〕	a	（1）	22.6
		（2）	37.4
		（3）	16.8
	b		18.3
〔7〕	a		18.2
	b		74.3
	c		55.4
	d		44.2
	e		41.7
〔8〕	a		17.8
	d		21.2
	f		19.7
	h		5.4
	i		9.1
〔9〕	a		63.5
	b		45.8
	c		49.8
〔10〕	a		13.1
	b		33.2
	c		25.4
	d		39.5
〔11〕	a		30.1
	b		29.9
	c	ア	45.1
		イ	50.3

昭和33年度全國学力調査
問題別正答率
高等学校

英語				保健		体育	
P（15単位）		Q					
学校数	受験者数	学校数	受験者数	学校数	受験者数	学校数	受験者数
14	2521	20	3101	23	5,632	158,058	5,633
生徒総得点	平均点	生徒総得点	平均点	生徒総得点	平均点	生徒総得点数	平均点
85,043	33.7	39,316	12.7	176,531	31.3	158.058	28.1

英語

問題番号	正答率 P（15単位）	正答率 Q	正答率 R
〔1〕（a）	63.8	61.7	
（b）	45.7	45.3	
（c）	51.8	51.9	
（d）	25.9	24.6	
（e）	35.1	36.8	
（f）	49.1	44.1	
（g）	30.9	23.6	
（h）	30.7	27.0	
（i）	31.9	19.9	
（j）	61.4	56.7	
〔2〕（1）（a）	62.3	55.8	
（b）	48.5	30.2	
（c）	59.5	56.6	
（d）	26.5	25.0	
（e）	72.4	46.2	
（f）	26.3	10.1	
（g）	24.5	—	
（h）	16.3	—	
（i）	16.0	—	
（j）	20.0	—	
〔3〕（a）	38.0	27.7	
（b）	27.2	22.5	
（c）	42.6	22.2	
（d）	29.3	22.5	
（e）	19.2	18.9	
（f）	38.4	29.2	
〔4〕（a）	85.4	—	
（b）	59.4	—	
（c）5	73.3	—	
10	75.0	—	

問題番号	正答率 P（15単位）	正答率 Q	正答率 R
〔3〕（1）（a）	55.6	14.3	
（b）	56.4	22.9	
（c）	44.9	12.6	
（d）	15.0	1.6	
（e）	27.2	4.9	
（f）	16.9	3.7	
（g）	46.5	—	
（h）	24.8	—	
（i）	4.1	—	
（j）	11.0	—	
（2）（a）	51.8	28.2	
（b）	49.9	30.5	
（c）	32.0	18.1	
（d）	26.3	—	
（e）	20.9	—	
（3）（a）	45.2	14.9	
（b）	18.1	2.7	
（c）	26.8	4.6	
（4）（a）	52.2	—	
（b）	53.0	—	
（c）	58.3	—	
（d）	48.7	—	
（5）1	16.8	1.5	
2	20.2	1.2	
3	9.8	0.9	
4	10.1	—	
5	6.0	—	
〔4〕（1）A（a）	65.7	41.6	
（b）	55.0	20.4	
（c）	70.4	45.9	
（d）	28.1	6.9	
（e）	41.4	27.7	
（f）	62.2	28.3	
B（a）	23.0	4.5	
（b）	16.3	2.6	
（c）	28.7	4.5	
（2）（a）	23.2	—	
（b）	26.1	—	
（c）	8.2	—	
（d）	23.2	—	
（e）	8.9	—	
（f）	15.4	—	
（g）	15.3	—	

保健

問題番号	正答率
〔1〕1	61.6
2	46.6
3	68.5
4	77,9
5	28.0
〔2〕	80.6
〔3〕1	2.9
2（1）	2.6
（2）	9.0
（3）	12.4
3（1）	8.0
（2）	6.3
（3）	20.3
（4）	1.0
4	1.1
5	0.6
〔4〕1	76.8
2	63.3
3	72.0
4	57.5
5	49.7
〔5〕ア	37.4
イ	46.7
ウ	49.7
エ	12.5
オ	65.2
〔6〕1	61.7
2	45.3
3	29.4
4	25.2
5	97.7
〔7〕1	14.9
2（1）	3.3
（2）	5.0
〔8〕1	33.5
2	11.6
3	29.2

体育

問題番号	正答率
〔1〕A	45.0
B	45.4
C	13.7
D	42.1
E	57.7
〔2〕A	41.9
B	57.3
C	78.6
D	40.4
E	40.9
〔3〕1	25.2
2	62.3
3	56.7
4	23.8
5	71.5
〔4〕A（1）	27.8
（2）正答数1	12.3
正答数2	14.2
正答数3	10.9
正答数4	3.4
（3）正答数1	10.8
正答数2	3.3
（4）正答数1	9.6
正答数2	15.2
正答数3	3.6
B（1	8.7
（2）正答数1	10.0
正答数2	5.8
正答数3	1.3
正答数4	0.2
（3）正答数1	6.9
正答数2	2.1
（4）正答数1	7.2
正答数2	2.5
正答数3	0.3

文教時報総目録

一九五八年一月(三七号)より
一九五八年十二月(四九号)まで

十月のできごと

一日　第八回新聞週間始まる。
灘尾文部大臣の「沖縄の小中校生に寄せて」R・B・Cから放送
米国のらい専門家ゼイムス・A・ドール博士医師会主催によりハンセン氏病について講演（於岸本ビル）

二日　政府立高校長会（於商業高校）

三日　米国防長官ネイル・マケルロイ氏軍事視察のため来島

四日　第十回タイムス文化講座講師上智大学教授ロゲンドルフ博士演題「道徳教育について」

六日　上京中の立法院代表一行は自民党沖縄問題特別委員会および社会党幹部と会談米海兵隊司令官ランドロフ・ペート大将沖縄マリン軍事施設視察のため来島土地問題現地折衝の第三回米琉正式会談米琉共同声明発表七日駐日ブラジル大使館セルヒオ・バース書記官を招きブラジル移民について懇談会（政府第二庁舎）
全官公労代表十四人知念官房長と会い給与改善について団体交渉

八日　本土派遣立法院議員団伊集文教社会委員長ら四氏は厚生省に遭難疎開学童の援護を訴う。

九日　第十三回国体代表選手団小橋川寛団長ら八十一人出発

十日　本土派遣議員団伊集、上原、宮里、親川の四氏（立法院文教社会委員）は文部省で柴田国際文化課長と指導主事の派遣などについて会談
由美子ちゃん殺しハート軍曹に米本国軍事上訴裁で死刑と宣告

十一日　沖縄タイムス社主催文教局後援第六回全琉小中高校図画・作文・書道コンクール入選作展示会（於タイムス・ホール）

十三日　軍用地問題現地折衝第四回最終会談（ハーバービュークラブ）共同声明発表本土折衝議員団、国旗掲揚の自由など米大使館に要望

十四日　宮古で初めて全琉教育長会議（於宮古連合区委員会事務局）

十五日　守礼門復元落成式（於守礼門前）

十七日　立法院代表団平良（幸）・星克・平良（良）宮里（金）・大湾・伊集の六議員、岸総理と会見施政権返還等について訴う。

十八日　社会科教育課程委員会、通貨切替に伴う社会科の取扱について協議

十九日　第六次ボリビヤ移民（二一七）第五次ブラジル移民青年隊（三七人）家族呼寄移民（一七人）などの南米移民団オランダ船テゲルベケル号で出発。

二十日　中央教育委員選挙管理委員四氏決る。南部地区宜保徳助（糸満教育長）中部地区稲嶺盛康（コザ教育長）北部地区大城知善（名護教育長）都市地区阿波根朝松（那覇教育長）
国体で豊里君（北農）走高跳で三位に入賞

二十一日　国体で平得教員走高跳で三位に入賞
浦添で猟奇殺人事件起る（内縁の妻の乳房をえぐりとる）

二十二日　上京中の立法院議員代表団佐藤蔵相と会見

二十四日　文教審議会ドル切替に伴う教育について審議

二十五日　京都の沖縄巡拝遺族団を迎えて慰霊祭（魂ぱくの塔前）

二十七日　軍民合同の職業教育振興協議会（於文教局長室）軍側クロフォード教育部長ほか三氏、民側小波蔵文教局長、職業教育課主事外現場の電気機械の教師ら十五人
ブース高等弁務官「改正物品税法」について弁務官布令第十七号公布即日発行

二十九日　鹿児島大学学術調査団来島

三十日　〃海軍戦没者慰霊祭〃除幕式（於豊見城村火番森）

電々公社経営委員会発足

三十一日　私学連学術文化使節団来島

一九五八年十一月二十八日　印刷
一九五八年十二月二十四日　発行

文教時報（第四十九号）
（非売品）

発行所　琉球政府文教局
研究調査課
那覇市三区十二組
印刷所　ひかり印刷所
（電話一五七番）

十一月のできごと

一日　当間主席十一月一日付で係長級以上次長級におよぶ百四十人の人事異動を発令沖縄官公庁職員労働組合協議会の結成大会（於教職員会ホール）
台風二六号ローナ南大東村を襲う。最大風速五五米、家屋全半壊三九棟
各地区で進学指導研修会始まる。
三日　第六十三回中央教育委員会始る。
軍用地問題解決の現地折衝第五回最終会談終る。完全な意見一致で妥結、共同声明発表
四日　第六回全島高校陸上競技大会（於名護競技場）八種目に新記録を樹立、名護高校優勝す
教育職員免許法と同施行法が軍から条件付承認
五日　中教委五九年度公立学校単級手当補助金交付に関する規則ほか九議案を審議可決
六日　東恩納寛惇氏（拓殖大学教授）二十年振りに帰省貧乏詩人で知られた郷土出身の山之口貘氏来島
中教委五九年度開拓学校運営補助金の交付に関する規則、高原小学校設置認可を原案どおり可決
七日　中教委で五九年度高校入学者の定員、五九年度公立高校寄宿舎建築補助金割当に関する規則決る
小山鉄夫（琉大招へい教授）西表島網取の近くで稲科の新種を発見
八日　大学通信教育試験（於商業高校）中教委で嘉芸小中校敷地移転認可
第四回教育関係戦没者慰霊祭（教育会館ホール）
十日　静岡県の農家に住みこみ農業実習や農業経営の勉強をする北農高校生徒三十一人出発
沖縄文化協会主催 東恩納寛惇氏歓迎芸能鑑賞会（タイムス・ホール）
十一日　東恩納寛惇氏尚家の秘蔵品二点、魚絵大皿（仲村渠致之作）と印籠〃梅帯華〃（田名宗経作）を琉球博物館に寄贈した。
十二日　賃銀審議会で全琉一律に最低賃銀を設けるべきであるとの結論に達す
軍民合同の教育法研究定例会議（於民政府会議室）クロフォード民政府教育部長、安里琉大学長、小波蔵文教局長、屋良教職員会長ら出席
十三日　帰省中の東恩納拓殖大学教授琉大を訪問「沖縄の真の姿」と題して講演を行った。
十四日　本年度毎日出版文化賞（沖縄島）を受けた郷土出身作家霜田正次氏来島
全島高等学校長教頭会（琉球水産研究所会議室）
十五日　原水爆禁止祖国復帰県民大会
琉球政府主催第五回島産愛用運動始る二一日まで
十六日　高体連と沖陸協共催の第六回高校駅伝競走北農チーム二連勝
十七日　文教局で職業教育のあり方について諮問委員会（民政府教育部、琉大、現場、文教局出席）
琉大との共同学術調査のため来島中の鹿児島大学学術調査団は全大学の敬天丸で帰る
十八日　教育法改正を検討する軍民合同の法規研究会（民政府会議室で民政府教育部、文教局、琉大、教育長、校長ら出席）
十九日　南米呼寄移民四十六人（ブラジル十一世帯、アルゼンチン十三世帯）ルイス号で出発
二十日　東恩納寛惇教授ブース高等弁務官と会談（於ズケラン軍司令部）
当間主席就任三年目を迎え、メッセージを発表、なお主席公舎で就任二周年記念祝賀会開く。
文教審議会はドル切替と教育、安全教育、青少年問題対策などについて主席に答申
二十二日　国費、私費琉球学生選抜試験（於首里高校）二十三日まで
沖縄工業健児の塔除幕式（於三和村摩文仁）
第二回教職員会連合婦人部会（於教育会館ホール）
二十三日　儀間真常公の生誕四百年祭と精業顕彰碑除幕式（於儀間真常墓地）
全島定時制高校柔道大会（於知念高校）那覇定時制優勝
沖青協・琉球放送共催沖縄本島縦断駅伝競走・国頭チーム優勝
二十四日　中部地区高校生徒会正副会長会（於コザ連合委員会事務局）
二十五日　第十三回立法院臨時議会開幕
垣花小中校「理科における環境整備とその活用」について研究発表会
二十六日　ブース高等弁務官は当間主席、安里立法院議長ら現地折衝代表を招き「新規土地使用計画協定」をワシントン政府が承認したと発表
二十八日　琉球国際美術連盟主催琉米芸術祭開かる（於琉球政府前広場）
二十九日　沖縄タイムス社主催第二回中校新人野球大会始る（於上山中校および首里中校）
沖縄PTA連合会・琉球新報社共催第八回沖縄健康優良児審査会に健康優良児として男子古謝政則君、女子中村栄子さんえらばる。
名護競技場第二種競技場として日本陸連から正式に承認さる。

文教時報

NO. 50

50

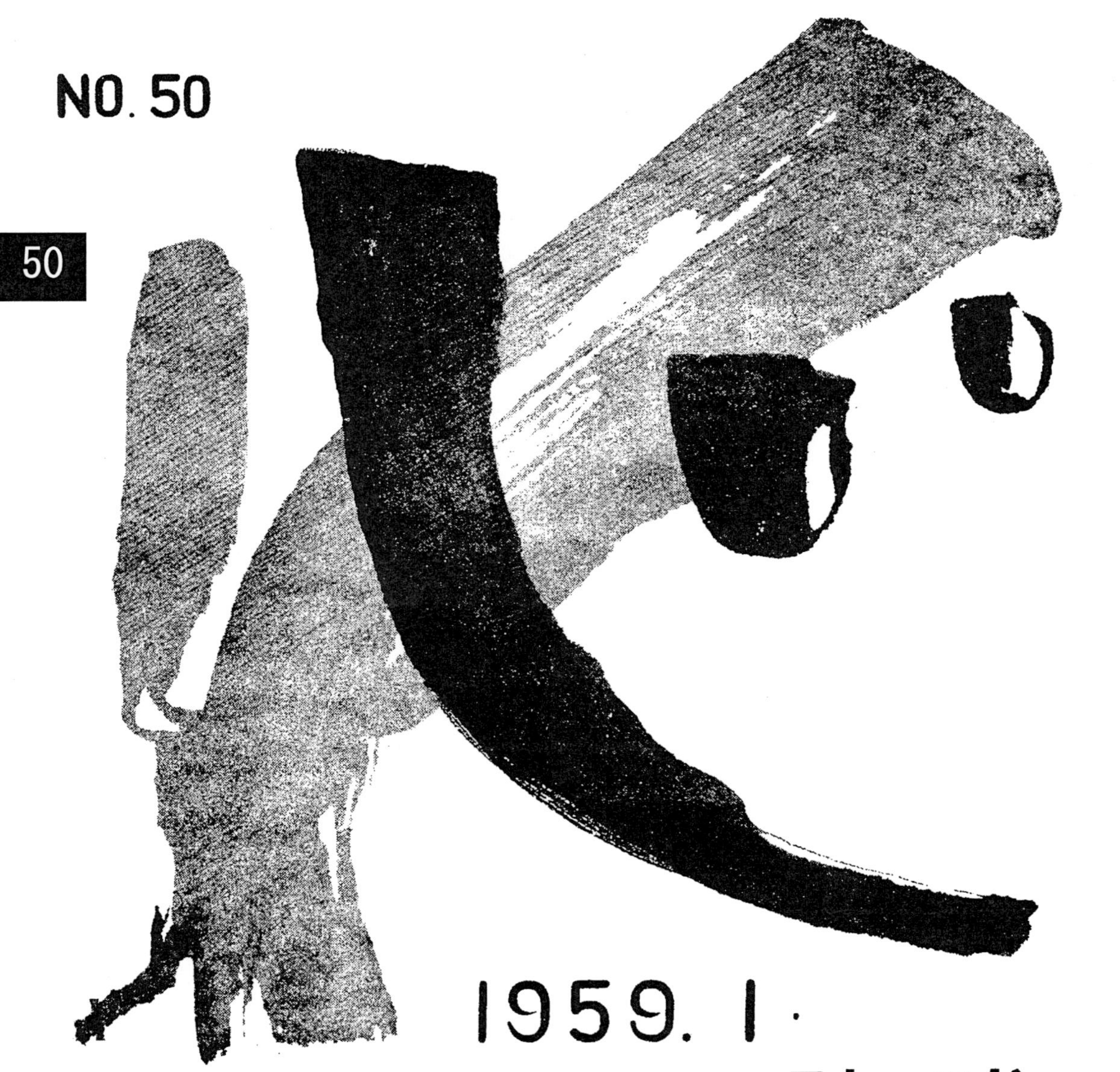

1959. 1

琉球

文教局研究調査課

巻頭言

教育財政確立を推進しよう

金城英浩

「よい校舎」「よい設備」「よい先生」「よい待遇」は終戦以来、教育復興の重点施策として、教育界あげて、その実現に協力邁進してきたものである。そして昨年は民意による教育四法が実施され、さらに、「免許法」「同施行法」と「へき地教育振興法」が立法された。これらは実に琉球教育史に特筆大書されるべきことでわれわれは、この教育法にもられた教育の理念を達成するために、その原動力ともなるべき「教育予算」の確保に一丸となって努力したのである。

即ち「日本国民としての育成」を目ざして本土の教育水準により近ずくような教育を進めるため「適正教育費の算定」、教育予算の分野別均合、中央、地方の負担の均衡、さらに戦災によるハンディキャップを補うことや、それに一般財政と教育財政との調整等を検討考慮して教育予算の編成に当ったわけである。現場教職員および関係者の誠意あるご協力に対してはほんとに頭が下るものである。けれどもいかにせん、琉球財政の貧困さは才入規模の縮少を余儀なくされ、遺憾ながら琉大予算を含めての教育予算総額は、約八億五千万円（七〇〇万ドル）要求予算の約八割程度であった。

教育予算の確保が教育行政の質と量を決定するということは衆知の事実であり。われわれは、常に教育財政の確立を強調してきたが、それは、教育の機会均等の理想を実現するための必然的な課題である。

地方教育区も教育に対する熱意と責任を振起して教育税の適正課税をなし着々とその実績をあげつつあるがやはり、「教育費の新財源の開拓」ということがみんなによって指摘された結論である。

具体的に云えば本土の都道府県の教育費に対する国庫の負担（施政権者の財政援助）が大巾にされなければ琉球の教育財政の確立はおそらく望めないと思う。

さて一九六〇年度予算編成が目捷に迫り昼夜兼行、準備をすすめているが、われわれは前年度の予算編成について反省検討を加え、百尺竿頭一歩を進めて合理的な教育予算を編成し教育水準の向上を図るよう関係者のご協力をお願いする。

（庶務課長）

目次

……特集　新春を迎えて……

年頭のことば

小波藏政光

新年おめでとうございます。

皆様と共に健やかな気持で希望に満ちた新春を迎えることができましたことを心からお喜び申し上げ、あわせて各位のご健祥お祈り申し上げます。

さて過去一ケ年の教育の歩みを振り返つてみますと、行政の面におきましてもまた教育の現場における営みをみましても、私共が日頃目指してきた目標に一歩一歩と近づくことができたのではないかと思います。このことは琉球における教育の最も基本ともいうべき教育四法が民主的過程の中で立法され、これに続いて教育職員免許法やへき地教育振興等の教育関係法規が整備されたこと、および校舎建築の一段の推進と職業教育充実への前進等でも言えることでありますさらにまた、現場において教育研究集会や実験学校の成果の大きかつた事実に照らしても断言できると思うのであります。これひとえに現場の皆様の深い教育愛とたゆまざる研さんならびに広く一般の教育に対するご理解とご支援の賜物と信じ、誠に心強く思う次第であります。

ただ遺憾に思いますことは、これに伴う十分なる財政的裏付けが得られず皆様のご期待に副い得ない多くの問題を残したことであります。幸いに新しい亥の年はいわゆる躍進の年だといわれておりますので、今年こそ六千教職員のえい知と直接教育行政の衝にあたる教育委員会のご配慮とPTAや一般の皆様のご協力を得まして皆様と共に多くの問題の解決に一層の努力を傾注したいと思います、

今や世界は原子力時代へと飛躍し、総べてがスピードと高度の科学性を必要とし、また人類がひとしく願い求めている平和的民主社会形成へのより大きな努力を要請されておるのであります。しかしながらわれわれの身近かな現実においては余りにも刹那主義的、自己中心的事象が多く見受けられ、特に青少年の不良化の傾向は最も憂慮すべきことでありましてその対策にはみんなが心を痛めている現状であります、

最近道徳教育の問題が強調されるゆえんもここにありまして、この新時代にふさわしい好ましい人間形成のために、もつとも根本的なものを見極めて若い世代の育成に当らなければならないと痛感する次第であります。私共は常にこの時勢の大きな動きに注目しながらまた足下に転がる困難をふみこえて、あらゆる知性を結集し情熱と勇気をもつて教育の理想実現に邁進し、この年をそれこそ実のり豊かな年にしたいものであります。

この意味におきまして本年は皆様と共に猪突猛進もあえて辞せない積りでありますので どうぞよろしくお願い致します。

謹みて新年の
ごあいさつを
申し上げます

昭和三十四年元旦

琉球政府文教局

局長 小波藏政光
次長 阿波根朝次
庶務課長 金城英浩
学校教育課長 中山興真
職業教育課長 比嘉信光
保健体育課長 喜屋武真栄
研究調査課長 喜久山添采
施設課長 佐久本嗣善
社会教育課長 山川宗英
外 文教局職員一同

一九五九年の琉球教育に対する十の期待

民政府教育部長
教育博士　ボナー・クロフォード

毎年新年を迎えると、人間には、過去の業績を検討又は評価して新しい年に達成しようとする目標を決めるりっぱな習慣がある。

一九五九年において琉球の教育を発展させるために成すべき仕事はたくさんあるが、私は私達にとって重要と思われる十の計画について述べてみたいと思う。

一、一九五九年には琉球のすべての教育団体が相互の協力に絶えず努力することを私は希望する。

琉球政府文教局、民政府教育部、教職員会、大学、政府立学校や公立学校が相互を信頼して、初めて問題の解決は促進されるのである。この基本的要素がなければ、解決される問題よりも持上ってくる問題の方が多くなる。

二、琉球の住民や教育家は琉球の教育における自治権が大巾に認められているために彼等に与えられた責任を果すよう全力を尽すべきである。 琉球の住民は戦前の日本統治の時代を含めて過去のいずれの時よりも今日の方が一層教育についての自治権を獲得していることを認めなければならない。

自治権が大幅に認められると言う特権には琉球の子ども達のために最良の教育計画を育成

A Decalogue for Ryukyuan Education in 1959

(by Dr. Bonner M. Crawford, Director, Education Department, USCAR)

With the beginning of each new year,man has developed a fine custom of evaluating or measuring his past accomlishments and establishing new goals that he will try to achieve in the new year. There are many things to accomplish in developing Ryukyuan education in 1959, but I list here a tenpoint program that I believe is important for all of us to strive.

1. I hope that 1959 will bring a continuing effort of all educational groups in the Ryukyus to cooperate together. Educators in both the GRI and USCAR Departments of Ebucation, the Teachers Association, the University, and the government and public schools, can only make progress to solve problems through mutual confidence and good faith in each other. Without this basic factor, more problems are usually created than solved.

2. Ryukyuan people and educators should make every effort to méet the responsibilities presented to them because of greater local autonomy in education. Ryukyuans must realize that they have more autonomy today in education than ever in their history including prewar Japanese administration. The privileges of greater local autonomy carry with them the responsibilities to develop the best possible program of education for Ryukyuan children.

3. Teachers are a key to progress in any educational program. Their professional development must be ever enoouraged. Parents want their children to be educated by a well trained professional person, a person who has pride and dignity in the profession of teaching. Teschers have attain-※

する責任が伴うのである。

三、**教師は教育計画を進歩発展させる鍵である。教師の専門的発展は常に奨励されなければならない。**

父兄は彼等の子ども達が良く訓練された専門家即ち教えると言う職業に対して誇りをもち尊厳を感ずる教師によつて教育されることを希望するのである。

世界の諸国において教師は自分の職を専門職化することに依つて、より良き経済的、社会的福利に恵まれた地位を獲得してきている。

一九五九年には教師が専門家となるように絶えず努力し、かつ教育団体を絶えず向上させるよう希望する。

四、**沖縄では、人間の行動が、客観的な物の考え方よりも、むしろ感情に支配されることが時々あることを私は知つている。**

現在の琉球では幾つかの運動が感傷的もしくは感傷的動機によつて行われている。

不幸なことには、感情に駆られた行動は問題の解決よりももつと多くの問題を起させる場合が多い。教職員に依る日本復帰運動はその一例である。

私達は次のことを記憶しておく必要がある。

日本政府も琉球も、アメリカの政府も即ちわれわれは皆、復帰に賛成である。

しかし、教育の発展にどうしても必要な真理と自由を無視する共産主義国家による世界の緊張が続く限り、即時復帰は不可能である。

教職員の復帰運動は、琉球の教育の発展に非常に必要な時間と精力を消費するだけの結果になる。私は**一九五八年には私達の精力を必要とし、現実的な教育の諸問題に主な注意が払われることを希望する。**

五、一九五九年には、琉球の住民は琉球大学の業績に対し、一層誇りを感ずるようになると私は思う。

琉球大学は若い学生達の精神を十分訓練することができることを立証している。

※ed better economic and social status in countries of the world through professionalization of their membership. It is hoped that 1959 will see major efforts made by teachers to establish themselves as professional people and continue to improve their professional Association.

4. I have discovered that emotionalism rather than objectivity in thinking sometimes directs one's actions here on Okinawa. Movements are began with a sentimental or emotional basis in the Ryukyus today .Unfortunately, emotionally motivated actions will usually create more problems than they solve. Emphasis on reversion by teahers is an example of this problem. Let us remember: The Japanese Government is for reversion; the Ryukyus are for reversion; the U.S. Government is for reversion; that makes all of us for reversion. But in the tension of the word today created by those communist nations who have no regard for truth and freedom that are the minimum essentials needed for education to thrive, immediate reversion is impossible. Encouragement of reversion by teachers concerning a political problem only results in dilution of time and energy so much needed for Rynkyuan educational progress. I hope that major attention will be given to educational problems in 1959 that need our energies and are realistic.

5. In 1959 I believe that Rynkuan people are daily becoming more proud of the achievements of their fine University The University has proven that it is well able to train the young minds of the student body. I hope that 1959 will result in increased efforts to make University services available to all the people in the Ryukyus and that the Ryukyuan people will expect more services to begiven all the people and not limited to only the student age group. ※※

私は、一九五九年には、琉球大学の奉仕が琉球の全住民に利用されるように一層努力し、単に学生だけに限らず、全住民に奉仕がなされることを住民が期待することを希望する。

六、琉球の学校は最近、職業教育に一層留意するようになつた。一九五九年には、職業教育についての計画がもつと一層確固たる基礎の上にたてられることを私は希望し、かつ、期待する。沖縄は職業教育について、実際的な計画即ち日常の仕事に必要な実用的な技術を生徒が習得するに到る計画を必要としている。

一九五九年には教育家と雇用主が協力することによつて、立派な計画を樹てるべきである。

七、私は、琉球政府の文教局が、琉球の教育を指導していくのを応援激励したい。

一九五九年には、行政、教育課程、ガイダンス面の問題で教育者を指導するよう　なお一層努力してもらうことを希望する。

この一年を通して、もつと充実強化すべく着手された教育課程プロジェクトは全学校にわたる安全教育の計画である。

八、民政府教育部の方針として、私は琉球の教育問題を理解し、かつ援助するために今後も絶えず努力していきたい。

われわれの唯一の目的はでき得る範囲内で、最もりつぱな校舎の建設と教育計画の樹立を援助することである。

九、一九五九年は全教育委員会の委員には重大な責任がある。

しかしそのうち、最大のものは―これはどの年でも同じことではあるが―委員の重大な目的が、子ども達のためにでき得る限りりつぱな教育計画をたてることであることを忘れないことである。

一〇、最後にいずれの国においても最も貴重な天然資源は児童である。琉球の子ども達に対し、私は良い学年を迎えられて、諸君の教育的機会を利用されるよう希望する。

一九五九年にはすべての成人達が、この貴重な資源の教育的養育に十分留意されるであろうことを私は信ずる。

※※ 6. Ryukyuan schools have recently given increased attention to vocational education. It is my hope and expectation that 1959 will establish this program on a much more firm foundation. Okinawa needs a practical program of vocational education, one that will result in the pupils learning practical skills that are in demand and usable in daily work. In 1959 should result the basis of a well planned program through the efforts of educators and employers working together.

7. To the GRI Education Department I lend my encouragement for their continued efforts to give leadership to Ryukyuan education. It is hoped that even greater efforts will be made in 1959 to guide educators working on administrative, curricula and guidance problems. A curriculum project began that should be more fully developed during the year is a school-wide program of safety education.

8. For the USCAR Education Department, I extend our continued efforts to understand and assist Ryukyuan education problems. Our only purpose is to help build the best schools and programs possible within our limitations.

9. The members of all Boards of Education have great responsibilities in 1959. The greatest of all however, is always the same in any year, namely, never forget that your major purpose is to provide the best educational program possible for children.

10. Finally, the most precious natural resource anywhere is our children. To you Ryukyuan children I wish to extend my best wishes for a good school year. I encourage you to take advantage of your educational oppotunites. I trust that all adults in 1959 will give close attention to the educational nourishment of this precious resource.

年頭に当つて

琉球大学学長　安里源秀

世界大戦の戦禍にみまわれて殆んど無に近き状態から出発した琉球における教育が、過去十二年の短期間に現在われわれがみるような実に驚異に値する飛躍的な復興をとげたことを思い、苦難の多かつたこの十二年の郷土の教育のため、あらゆる努力と貢献を惜しまなかつた全琉球教育職員の皆様に対し心からなる敬意を表すると共に、教育者の一人として限りない満足と誇りを感ずるものであります。

しかし世は今や人工衛星が宇宙を飛び廻りすべては目まぐるしく変転し、発展する時代であります。その変転から教育も除外されないことは言をまたないのであります。ようやく戦前の水準に復興したとはいえ、我が郷土の教育が未だに解決すべき多くの難問題をかかえていることとは世の識者はもちろん、われわれが等しく認めるところであります。われわれ教育にたずさわる者は今後一層努力、研究し、時代の歩みに遅れないよう郷土の教育を促進すべく、一九五九年の年頭に当つて決意を新たにすべきだと思います。

われわれが当面している大きな問題の一つは優秀な教員をできるだけ多く確保しなければならないことであると思います。沖縄の児童の学力低下がよく云々されますが、これは優秀教員の確保と徹底した施策を欠いていた戦後の教育事情に大きく原因していると思います。それで優秀な教員を得るためには、第一に教員養成計画の強化を図ると共に、彼等の待遇を改善して教職に従来以上の魅力をもたすことも重要な要件だと思います。次に新教育にふさわしい教育施設の整備ということが考えられます。

以上おうまかな三つの要件を挙げてみましたが、そのうち、琉球大学が直接責任を負うているのは最も主要な教員の養成であります。これに関しては大学当局も非常な関心をもち責任の重大さを認識し積極的対策を構じつゝあります。優秀教員の養成ということは、また大学の教授職員の質の向上、職員の増員、施設の充実等が要求されますが、これは一般住民や政府の理解と援助で解決するものだと期待しています。

また本年度からは琉球経済と直結するところの技術、産業、職業教育面にも大いに力を注ぎ、社会要求に答えたいと思つています、今年こそは本学の建学の精神である〃社会への奉仕〃の理念を大学教育のあらゆる面に生かして行きたいと思つています。

一九五九年が皆様にしあわせな年でありますよう祈ります。

教研会場スナップ

○集会では、多くの人影に個人の存在がうすくなりがち、それをよいことに私一人くらいとつい安心して研究発表を聞く態度も上の空

教研大会となると、一地区だけでも何百人以上の大世帯、それでドロンと煙のように消えてなくなるお方もさぞ多かろうと、会場を見渡して「これは認識不足だつた」と少々驚いた。

○ぎつしりつまつた会場にはしわぶき一つ聞えない。身じろぎもせず聞きいる会員の姿は真摯そのもの。研究発表が机上のものでなく、あすの教壇実践とつながる内容をもつようになつた故か。

人間正直で、自分の仕事や生活と縁の遠い問題になると、何時の間にか注意散漫となる。研究発表でこれだけの人数を一点に釘づけにしたのは、教壇実践から生まれた問題が取りあげられ、血の通うものであつたからだ。共通のなやみと喜びが一点に集中されて、発表がはずむ、討議は、活発、こうなると愉快で煙のようにドロンなんておかしくてできそうもないふんいき。

○帰えりは三々五々、きようの感激を早速あすの教壇実践へ直結する喜びと希望にみちた姿で足どりも軽やかにはこばれる。

（職業教育課　T・S）

年頭所感

沖縄教職員会
沖縄教職員共済会　会長
屋良朝苗

　一九五九年の年頭にあたり先ず皆様とともに新春をお祝い申しあげ、次に思うことはこの年もまた沖縄教育界のために新しい喜びと希望がもてる年になつてもらいたいということである。終戦以来われわれは一日たりとも祖国復帰の夢を忘れたことはない。そして毎年の新年を迎える度に今年こそはその念願に幾分でも希望がもてる年であれかしと祈つてきたしかし今までのところ何らの希望も与えられなかつた。今年こそはといいたいがしかし今のところ確たる見通しをもちえないままにまた辛抱をくり返す年となるのであろうか。この根本問題に幾分でも希望が見出せればと思うこと切である。

　それはそれとして旧年はその年頭に当つて待望の民立法の教育四法が承認され沖縄教育界は湧きかえつたものである。

　私は久しい間の陰鬱な冬の空に新春とともにパット陽光がさしたというような感を受け承認の夜は一睡もできないくらい嬉しかつた。そして明るい年になるぞと思つた。間もなくこれまた待望の免許法も実現した。たしかに従来よりは前進した年であつた。

　さてその後をうけて今年はどのような道が開拓され喜ばれる年となるであろうか。いずれかの道はぜひ開拓されねばならない。でなければ前進する教育界としての面目をほごれないではないか。私は敢て思う。今年こそは画期的な教育財政を確立する年だということだ。この道の開拓こそ教育界が最も必要とし強く要望するところである。

　今年はこの重大課題を解決するというところに意義ある年たらしめたい。教育振興の根本要因は実によい教師に後顧の憂をなくして全エネルギーを傾注して思う存分に働いてもらうことである。所要の教育財政を確立することによつて今年こそは本土教師に比較して余りにも過ぎし十四年冷遇されてきた沖縄の教職員の待遇を一挙に本土なみにひきあげて喜びと安心を与えてもらいたいものである。また今まで放任されていた社会保障の道もぜひ実現してもらいたいものである。

　私は年頭にあたつて両政府当局に声を大にしてこれら問題の解決を強く訴える。幸に本年は公選による中央教育委員会の自主的活動のはじまる年だ。われわれは選良の委員諸公の真に民意にそむかぬ活動に大きな期待をもつものである。

　しかして教育界最大の世論たる教育財政の確立のためにぜひとも一はだぬいで働いてもらいたいと思う。われら教職員会も決意を新にしてこの問題と取組む覚悟である。

　さてまた教職員共済会においては多年の懸案であつた宿泊所が本年を期して建設される運びとなつている。ここにも教育界のささやかな前進が予想されて明るい感じを与える。このような計画や要望が一つ一つ実現されてぜひとも実り豊かな年となるよう重ねて祈る次第である。そのためには教育関係者の力も一段と結集されねばならないであろう。

新春よせがき

猪年に思う

施設課　端山　敏輝

　猪突猛進ということばは、猪を評して妙だ行手には猪垣があり、谷底が待つている。それでもとまる術は知らないのだ。若人たちのひたむきな情熱にも似るか。

　丹精ということばがある。菊作りは一枚一枚の葉のごみまで丹念に拭き取つて育てるという老人の道楽だと笑つては済まされない。教育の営みはそれよりももつと気が長い一つ一つの大事な玉をみがくのだ。

　若い頃のように猪突猛進しては、後悔した無謀さもなく、元気もたりないだから、せめて丹精するねばり強さはもちたいものだ。

イノシシに寄せて

石川盛亀

今年は己亥の年に当っている。古代支那では十干（甲乙丙……）と十二支（子丑寅……）を使って日を数えたが、後には年や月をよぶようになり、その方法が日本にも伝えられ、とくに干支で年をよぶことが現在でも行われている。例えば甲子、乙丑、丙寅というように一年ずつ十干と十二支を組合わして数えると六十年目に一回またもとへもどる。

十二支の字義、来歴については学者間に種々の異説がある。一説によると、バビロニヤから起つたものとされているが古代中国にうつり、また日本にも伝えられたものと考えられる。これらは元来は動物ではないのであるが、しだいに現在のように動物と同一視されるようになつたようである。後世になつて十二支に動物があてられ、文字は子、丑などと旧のままで書き、それをネズミ、ウシなどとよび、それらの動物にはネズミ(子)ウシ(丑)トラ(寅)ウサギ(卯)リュウ(辰)ヘビ（巳）ウマ（午）ヒツジ（未）サル（申）ニワトリ（酉）イヌ（戌）イノシシ（亥）がある。

字義のせんさくはそれ位にして亥年に通ずるイノシシについて少しふれてみたい。動物図鑑や百科事典などをくつてみると、おおむね次のようなことが記されている。

イノシシはブタの先祖、偶てい類で、イノシシ科に属する。歯は、ほ乳類の基本数四四本を有し、犬歯は強大、体毛は黒褐色でかたく、くびから背にかけて長毛があり、怒るとたてるので「怒り毛」という。ヨーロッパからインドを通り中国朝鮮、日本まで分布し、日本では本州、四国、九州の山地にすむが南部に多い。雑食性で木の根、いも、カシの実、豆類カニ、野ネズミ、ヘビなどを主に食べ、ときどき人里に現われて米いもなどを食い荒らす。泥の中にころがり、体に泥をぬる（のた打つという）習性があるので、イネを食うだけでなく踏み荒らす。五月ころ五、六匹ときには一〇～一二匹の子を産む。子は体に縦じまがあり、ために（ウリ坊）といわれる。性質凶暴で しばしば人間に危害を及ぼす。きばは印材、パイプなどに利用される。

肉は美味で獣肉の食用を忌避した時代にも「山くじら」と名づけて賞用した。シシは肉の意で昔は獣肉全体の通称であつたが、とくにイノシシの肉が美味であるとしてシシの代名詞になっていたのである。すべての獣肉は焼くのを第一とするが、煮食するばあいには、脂肪が強すぎるので、ざっと湯がいて用いると淡白になる。最も調和するのはダイコンで半月形の薄切りにして加えると、はやく柔かく煮える。淡味がよろこばれる。ただし、汁の実にはかえってみそ仕立てがよい。

琉球に産するリユウキユウイノシシは奄美大島、沖縄島、石垣島および西表島に分布する。内地産のイノシシに比較して体が小形で鼻骨の幅も小さい。

この辺に飼つてあるものとしては子供博物館に一匹いるだけで中城公園の動物園にいたのは最近回虫にやられて死んでしまつた。

昨年の九月、八重山の害獣を退治するために軍民合同の猟友会員（二十人）が大浜町の平久保、白浜の部落を中心に十一頭（うち一頭は生どり）を射止めたことがある。イノシシによる被害は予想以上にひどく、イノシシ垣をつくつているが、役に立たなく部落に猟犬と猟銃が必要とのことである。

今年はイノシシが平素の罪ほろぼしに人間へのつぐないという意味でもなかろうが、とにかく幸先よいことが、かずかずありそうな気がする。

先ず始めに、二十世紀の最大の話題として内外人の注目を集めたわが皇太子さまと正田美智子さんのご結婚式が五月ごろ行われることになつている。皇太子さまと美智子さんのご結婚によつて日本の民主化がさらにもう一歩進められるものとしてまことに意義深い年である。

次にわが教育界も教育民立法の施行と公選による中央教育委員会の施策が期待される。すなわち、教育職員免許法、教育職員免許法施行法およびへき地教育振興法が今年の四月および七月から施行され、いよいよ教育の機会均等、教員の資質の向上が一歩一歩実現されることになつている。

ここに亥年の新春を迎えるに当り、日米両政府による教育財政の援助と相まつて、「よい教師、よい施設、よい待遇」がさらに拍車をかけられ、希望に輝く年でありたいことを祈念してやまない。

正月の民族

饒平名　浩太郎

○正月の民俗

正月に「おめでとう」というのは、藪入りに子という名のつく者即子方が親方の家へ出ていつた語で、目上と頼む人の家におめでとうをいいに行つた名残りである。おめでとうをかけられた目上の人の魂は、それによつてめでたくなるというのである。

正月のおめでとうは年頭の祝詞として本来の語義は忘れ去つてしまつたが、長い間自分の家が天子や主家に忠勤をぬきんずるに到つた昔の歴史を述べた寿詞をとなえ、その文章通り、先祖のした通り自分も皇祖や主家の御先祖がお受けになつたままを、今上や唯今の主人に奉仕することを誓うものである。

ところが久しい民間の生活は需要供給の関係にも、年頭におめでとうをいつて両方の鉢合わせをするようになつた。それに室町期以後になる「おめでたごと」をどこかしことなく唱え歩いた一団の職人があつて、人事万般におめでとうを唱えて寿ぐようになつたから、いつの間にか本義は忘れ去られてしまつた。

昔正月には若水を主君に捧げて「若がえりませ」と進めたが沖縄では尚豊王の頃から春の清明の節、朝早く汲んだ水が神聖視せられて、「節の若水」とか「節のしぢ水」といわれていた。そうしてこのしぢ水を飲んだ主は霊水によつて若返るようになつた。それがいつか国王以外の人々にも神聖な感じを以ていわれるようになつた。

事実南の国では初春の日には常世から通ずる「すで水」が流れてきた。だから受水走水の水も常世から流れ出て御穂田に注ぎ聖なる稲を作らせたのである。首里の王朝時代にはすで水は国頭の涯の辺土の泉まで汲みにいつた。それが今では村の中のきまつた井戸にも行くようになり、一段変じては家々の井水ですますことにもなつた。

源河の里の女童はこのすで水を浴することによつて聖なる資格をも獲得した。にもかかわらす当初すでる力のあるものは君主であった。君主が若返つてこけのむすまで生長らえることができたから、昔の君主は実に長生をした。即ち永い寿をもち得たのはすで水の信仰からであつた。又同じ名の、同じ人格の、同じ感情で同じ仕事をするから何百年も続いた巫女たちができたのである。このように若水すで水は島の人々にその由緒を覚えられていつまでもすで水を使つている。これはつれづれを佗ぶる事を知らぬ古代の村人どもが、およそ春から冬までの一年外は知らず考えずにいた時代から、語を換えかえして続けてきた風習であつた。

本来すで水をのむのは選ばれた人だけであつたにもかかわらず人々は皆それにあやかろうとした。せめて自家井戸からでも一滴の常世の水をとろうと努力してきた。こうした家や村にはすで人からあやかろうとする人々がみちみちてきたのである。

南の島々にはモトヤと称する本家から祖先の霊所に最も近くの井戸水を、元日の早朝に汲んできて、手向け一年の幸福を祈ることになつている（池間島）が、古い同族団体にはモトの集合があり、元日に五十五才以上の者が祖先の、屋敷跡に建てられたというモトに集つて若水を祖々の霊に捧げて祈願する。こうした同族団の精神を流れる信仰はまことにうるわしい相互扶助の精神であった。

本家と分家の間には、土地の所有権や使用権が、分与されたり、移管されたり又敷地、農具、家畜の分譲まで行われ、分家後引続き本家の農業経営にも主要な成員として、生活も保証され、分家は本家に労力の報恩的な奉仕を主とする相互扶助形態が保たれてきている。

その日常的な生活共同体としては生業関係はもとより、家事万端にわたる大小の恒例、臨時の相互扶助、物品、労力の融通特に普請、根年の場合婚礼、死亡、吉凶の協力関係において大きな役割を果している。これからみると正月は神を迎えて多幸豊熟を祈るのが正月であつて、年棚を作つて祭を行い俵や桶に米を盛つたり、餅を供えて祭るところがあるのはその証拠である。正月に迎える神は山神と農神の性格をもつており、門松も年神を迎えるよりましである。年神に奉仕する人々も特定の人でこれを年男といい、若水を汲むのである。

辺戸のお水汲に時之大屋子が遣わされ十二月二十八日に当勢頭がお取次をみ、元日の朝、吉方二泉のお水をうちゆくいのあもしられが献上することになつているが、これが年男にあたるものであるらしい。それから御水献上の礼の後で城中には米蒔の礼が行われる。この礼は、城の御庭に白砂を敷くことであるが、そのいわれは穀雨あらしめて、豊饒なれかしと祈る心であり、農神への祈願である。白砂をまくのは石奉行の仕事で、石(匠)長が筆者と共に登城し遏達理職にお取次をして前庭から布き始め更に竜柱の本から右左にまくならわしであつた。除夜には五更から卯の刻まで鼓を三度吹ならす定めである。これは閩から帰化した三十六姓のもたらしたもので閩の礼楽を模したものであつた。

元旦に祖先を家々で祭ることは本土も沖縄も同じことであるが、正月八日から十五日までに毎夜燈をもやして、民間の男女若衆が遊びたわむれたのは支那伝来のものではなく、農民の間から自然にあらわれた神々への感謝の心持であつた。南の島々で正月の日に遊庭で手毬をあげ独楽をうち合つて戯遊する若者達の心理も同じように、神々への感謝をこめた遊びであつた。

新春よせがき

次長　阿波根朝次

年頭にあたつて思うこと一つ、それは、役人二年生になりたい！その事である。

島根県の海岸地方でも、年神の玉投ということがあり、ある男が年をとりたくないので藪の中でかくれていると、年神が竹の上から年玉をなげて行かれたので仕方なく年を一つ取つてしまつと伝えている。

今ではお年玉というのはお正月の贈物のことのように思われているが、もとは餅を毬のように作つて与えることであつた。玉というのにタマ即霊で、ミタマのメシというのは祖霊に捧げる飯のことでトシダマ（年玉）というのも年の霊魂という意味である。餅やその前の形の握り飯や、紙に包んだ神供の米が、その象徴であつたらしい。かつて米の収穫を以て年を区切つていた時代があつて、トシというのが米の実りによつて表現されていたから、年即米ということで、米、握り飯、餅というものによつて、年が象徴されていたと考えることは、それ程無理ではないと思われる。長者説話にでる餅が白い鳥になつて飛び立つたという物語も沖縄で船から鳥が飛び立つのを大へん嫌つている伝承も霊が鳥に化して飛び去ることを連想しているに違いない。

王庁では元日の礼拝がすむとご佳例お盆が饗応される。芋のお汁、団子、ご佳例のお盆が大台所から上お内原に献ぜられるが、飯は穀を蒸して作るという。お庭の四拝が終つてからお宮参りがあつた。

波上天尊堂、広厳寺沖山権現、下天妃、上天妃、竜王殿、長寿寺、天久山権現、崇元寺を巡拝される定めであつた。供奉の人々は親方三人、座敷九人、当二人、平等大屋子一人、勢頭役四人、親雲上七十七人、若里之子、筑登之二十一人、家来赤頭百九十人、都合三百拾壱人で、まことにおごそかな正月の参拝行列であつた。もとよりご参拝の理由は聖寿の万才を寿ぎ、ご子孫の繁栄、国家の安穏を祈願するのであるから、年霊をこめてもらう神神への感謝であることに相違はない。民間では夕食を境にして、新しい年に入るのであるから、それからいよいよ年の祝になるわけで、早く寝るというものではなかつた。イワイはイツキというのと共に祭りの意であることには疑いないことである。だからトシトリ、トシコシの正膳はこの新たな年の神祭の発端の食事で、これを迎える神のためにも供え、人も相饗の膳について、さて神の来臨を待つのである。今でこそ社に神を迎えるがこれは中世以来の恐らく儒、仏、偶像祟拝の影響による流行であつて、昔の神はこんな狭苦しい屋社に住んでいなかつたことは明白である。今見る神社の境内が祭日に神を迎える神聖な土地だつたし、家にも、昔は神棚はなかつた。氏神も山の頂上から来臨されたし、門松やその他高い木や幟などを立てるのは、その神の降つてくる場所を示した目じるしである。

トシガミはこうして真夜中に降臨するのがたてまえであつて、神の降臨する大切な真夜中をいびきをかいて寝てよいはずはなく、夕餉の後を謹慎して、やがて夜中に降臨する神を待ち、降つてきた神にかしずいて夜明けに至り、神と共に直会（なおらい）をするのが遠い祖先の行つた作法であつて、今では夜中の零時から元日だと誰しも理屈の上では認めているが、何分忌ごもりして降臨に神を迎える信仰はとつくに消え、せいぜい古風な人が未明に起床して、さて元日だと自覚する次第である。

注連飾も横綱のような中太の輪飾りにこんぶ、炭、みかん、橙、裏白歯だなどを結びつけたものを玄関入口の上にかけ門松や室ごとにしごく簡単な輪飾りをかけたのが一般で、これ又装飾の一部のように思われ始めている。

しかしシメは単なる装飾ではなく、占標の意であつて正月神の降臨し訪れる清浄な場所即祭場の標識である。そしてここでも今日では各戸ごとにその祭場を設けるのであるが、以前は部落か同族共同でその祭場を設けたものである。

元日の朝食としていわゆるゾウニを食う風習は現在殆んどの地方にも拡がつている。しかし現在でも暮に餅をつくらず従つて元日に雑煮を祝わぬ村や家が少

※四九頁へ

の喜びと共に新委員に期待！

初の中央教育委員の七氏に次のようなアンケートでご回答いただきました。

一　略歴

二　沖縄教育に望みたいこと

南部地区　喜村清繁（四年）

一、昭和二年東京府豊島師範二部卒

昭和二年―五年九月東京府保谷小校勤務

〃　五―十二年沖縄二豊校勤務

〃　十二年―十七年東京三たか国民校勤務

〃　十七年―十八年沖縄糸満国民校勤務

〃　十八年―終戦まで東風平国民校勤務

〃　二十一年―二十二年糸満町助役

〃　二十五年―二十九年糸満町学校後援会長

〃　二十七年―現在糸満地区ＰＴＡ会長

〃　二十七年―三十一年糸満区教育委員

〃　二十八年―三十三年（九月迄）糸満町議会議員

〃　二十八年―三十一年糸満区教育委員会及糸満高校区教育委員会議長

〃　三十一年―三十三年糸満町議会議長

〃　三十三年糸満高校ＰＴＡ会長

二、1　必要教室数の早急確保

2　施設の充実

3　学習環境の充実整備のため学校給食法、理科教育振興法、産業教育振興法学校図書館法、定時制教育振興法の制定

4　教員の資質向上のため、定員増研修の機会供与

5　教員の身分保障のため諸給与の引上げ恩給法、共済組合法等の制度確立

都市地区　國吉有慶（四年）

一、昭和四年三月大分高等商業学校卒業

仝四年四月大同生命保険会社入社

仝七年三月沖縄県立第二中学校教諭

仝十五年一月那覇市立商業学校教諭

仝十七年七月沖縄県木材ＫＫ経理部長

仝二十七年三月国吉計理事務所開設

一九五七年三月那覇区教育委員会副委員長。那覇連合区教育委員会副委員長

一九五七年十月琉球大学文理学部商業科講師嘱託

自一九五四年八月至一九五五年八月那覇市議会議員

二、教育財政の拡充を期したい。財政の裏付けがあつて教育行政を円滑に運営することができる。その財源をどこに求めるかは今後の問題でありこれを探究していきたい。

校地、校舎問題、教員待遇問題、公立高校政府移管問題その他教育の向上の諸問題の大部分は財政の問題にかゝつてくるのである。

日本々土との教員の交流、児童生徒の福祉施設の整備、博物館と文化財保護委員会との関連性等々考えねばならない問題がある。

南部地区　伊礼肇（四年）

新垣茂治（四年）

一、昭和七年沖縄師範学校本科一部卒業

小学校訓導（与勝仲西、首里第一）五年勤務

沖縄県青少年団主事　二年勤務

沖縄県社会教育主事補　三年勤務

沖縄県地方事務官　二年勤務

務連村南原初等学校長、二年勤務

沖縄教職員共済会専務理事八年勤務

二、一九五八年は沖縄教育界にとつて歴史的躍進の年であつた。特に教育憲法とも云われる教育四法が民立法によつて制定され、名実共に日本国民としての教育目標が法規の上に明文化された意義は極めて大きい。しかしながら祝福すべきこの教育法は吾々が坐して獲得したものでなく教育界が束になり苦節六年を経てようやくかちとつたものである。従つて吾々は今後いかなる苦難にたえても吾々自らの手によつてこの法規を守り育てるべき義務と責任をもつものである。又これを果すことによつてのみ教育の民主的前進は約束されるものと信ずるものである。

もはや植民地的布令布告の時代は過ぎたのだ。否その潜在的なものと云えども許さるべきでない。すべては従来の植民地的だ性から逞しい民族的清新なものに置きかえらるべき秋である。

戦后十年間も沖縄教育界に君臨した永年勤務功労者のリフエンダーファー前部長はクロフオード教育部長に代り、又時の権力から教育的識見を高くかわれた真栄田前局長も古波蔵局長にそのポストを明け渡した。このように教育界の民主的清新な扉は開かるべき巨点から開かれたものというべきである。その次又その次は!!これからが教育界の民主的前進へのスタートである。開眼された教

中央教育委員七氏決定・新春

育界のバツクアツプによつて一九五九年はいよいよその前進に加速度を加えるであろう。

中部地区 石原昌淳（二年）

一、
美東尋常高等小学校高等科卒業後大日本国民中学会正則科（二ケ年六ケ月）修了
昭和二年六月より同七年八月まで美里村書記
同七年八月より同十一年八月まで同村収入役
同十一年八月より同十四年十二月まで同村助役
同十四年五月沖縄県会議員当選終戦に至る
同十五年八月沖縄民政府議員任命
一九五〇年九月沖縄群島議員当選、一九五二年三月解散まで
一九五二年四月琉球立法院議員当選一九五四年十二月解散まで
一九五四年六月より沖縄製塩株式会社社長現在に至る

二、
㈠基本的、恒久的問題として望みたいこと
1 日本国民としての教育
2 全住民の悲願であり、基本的な教育目標である祖国復帰次善の教育権返還、三善の実質的復帰等その早期実現のため、熱意ある継続的努力を望む
3 日本並の教育施設を
校地校舎、校具備品の整備拡充
4 良い教師を
待遇の改善、養成、教育、訓練施設の拡充、熱意、経験、魂を尊重する任命制度と、公正な人事
5 教育諸機関の協力態勢を確立し教育の民主化と、中立性を守り特に日本両国政府の特別援助実現に渾身の努力を望む
6 良い環境を
青少年教育、基地教育対策の施設拡充
7 青少年の健康を
保健体育施設の整備、学校衛生婦設置、水と便所の問題解決
8 産業振興と緊密に結び付く教育、職業技能教育施設の拡充、並に創設、民間企業との連繋交流

㈡当面早急に解決を望みたいこと
1 高校教育の政府移管
2 小中校敷地問題解決
3 校舎校具備品の整備
4 水と便所の問題解決
5 青少年教育訓練施設の拡充

北部地区 宮城久隆（四年）

一、
昭和三年一月試験検定に依り尋常科正教員の免許状を受く
昭和七年十二月文部省試験検定に依り国語科免許状を受領
大正十五年四月久志小学校を振出しに国頭、安和、辺野喜、謝花各小学校に奉職
昭和十一年四月、沖縄県立第三中学校教諭に任命
昭和十七年十一月依願退職
昭和二十六年七月球陽新報を創刊
昭和三十二年七月帰郷のため廃刊
昭和三十二年十一月沖縄タオル工業株式会社を創設取締役社長となる

二、
戦前、全国屈指の教育県と謳われた沖縄の名声を取戻したい。特殊の事情下にあるとはいえ、日本国民としての教育を行うのであるから、軍官、民教育関係者が一体となつて、本土並の教育水準に達するような努力が先決である。

教育者は、何よりも、教育に対する情熱と、子弟への深い愛情を兼ね備えたのが優秀教員なのであると信じている。私達はかゝる教師に、聖職に従事する事の満足感に相応する待遇を考えねばならない。同時に教育の機会均等を強く推進せねばならぬが

1 教育の実施面から
2 児童生徒の立場から
3 教師の身上から

等々、ムラがあつてはならぬと思つている。従つて、非常な不便をかこつている辺地の教育振興は、皆が其の境遇に置かれているとの考えから真剣に取組んで問題解決に当るのは最も急務と思つており、広く各界の理解を求めたい。

幸地新松（二年）

二、沖縄教育に望みたいこと」と云えば一つ一つ取り上げていくとたくさんあるがその中から次の事項で要約してみましよう。

1 教育法の根本精神を生かすために日本国民としての教育をいかに実践してゆくべきかを忘れてはならぬこと。
2 現在も将来も健康なる身体であるよう「体育」についてはもつと充実して欲しい。
3 知育についてはこれまでも云ひ尽されてきている事だしそれを押し進めて欲しい。
4 以上を完遂するためには予算を惜しみなく計上してもらいたいことあわせて第一線で実践に働く教師も生徒もゆつくりした気持で安心してのんびりと働き学べるような制度と施設を完備充実してもらいたい。
5 教育に都市も僻地も差別あるべきでなく文化国民としての恩恵によくすべきであろうからその見地からすると現在のあり方には望むものが多いと考えている。
6 教育費の負担は都ひ共に平等でありたい。
7 高校教育は政府で行う、即ち高校の政府移管は早期に実現して欲しい。
8 「琉大」を早く拡充して欲しいしかしてできるならば小中高教師の研修の場としてあるいは養成の場として拡大して欲しい。

―エッセイ・沖縄での感想―

某月某日

田中久夫

某月某日

夜、今日受け取つた週刊雑誌を読む。

東京にいたころは、週刊雑誌を私は読まなかつたが、沖縄へきて毎号週刊雑誌をとることになつた。その雑誌を開くときの私には、先ずなつかしさみたいなのが先にくる。殊に東京の街のどこかの風景がグラビアにでもなつていると、私はなつかしをもつてそれを眺めた。誰でも生まれ育つた土地はなつかしいものだ。東京で生まれて東京で育つた私には、グラビアのカラー写真を見ると、ふと東京の匂いをかいだような気がしてくる。

東京で発行されて、荷造りされ、海を渡つて沖縄に運ばれてくるかと思うと、一冊の週刊雑誌もまたなつかしい。

週刊雑誌ばかりでなく、私は雑誌というものが、なぜか好きである。月々の装いや手触りさ、その度ごとの雑誌に感ぜられるからか、とにかくなんとはなしに雑誌というものが私は好きなのである。私は文部省で「教育統計」という雑誌を二年ばかり担当して編集していたので、或はそういつたことが手伝つて雑誌というものが好きなのかもしれない。ひとつ雑誌を編集するということは、ひとつの物を造りあげてゆく喜びがある。原稿の割り付けをしたり、校正をしたり、カットや表紙の絵を選んだりして、できるだけ読みよいきれいな雑誌にしたいと常に心掛けながら仕事をしてゆく。だから雑誌ができあがつて誤字があつたり、字が落ちたりしているとがつかりしてしまうのだつた。

そんな訳で私は、雑誌を見る時には自然に編集者の心理になつていることがある。割り付けやカットの置き具合などが気になつたりするのである。こういう一種の意地わるな眼で、沖縄に現在発行されている刊行物を見てみると、手にとつてみて愉しさが先にくるようなものは極く少いようだ。USCAR発行になる「今日の琉球」という雑誌は、その極く少数の中のひとつではないかと思われる。多くの人に見てもらおうという雑誌本来の雰囲気といつたものがこの「今日の琉球」にはあるのだつた。

某月某日

紺碧の晴天に恵まれた休日。午后、首里へ守礼門を見に行く。

琉球文化財の代表的なものと云われる守礼門を、その復元竣工式の時に私は文字通り生まれて初めて見たのであるが、今日もう一度見に行つた。再び見る守礼門は、初めに見たよりも美しく感ぜられた。

守礼門彩色の主調をなしている朱色がよく晴れた空の色と対照的で美しかつた。上層と下層の屋根の反りが、紺碧の空を背に鋭かつた。しかし真新しい守礼門は、歴史の重みを払い除けてしまつているので、あの古美術がもつ特有の重量感といつたものに欠けているように思われた。真新しい絵画的な美しさが先にきて、その背景に歴史の時の堆積を感じることはできなかつた。

私は京都の金閣寺を想つた。一昨年だつたか、やはり金閣寺も概ね復元の形をとつて再建されたのであるが、私はその真新しい金閣寺を見て、どこかに歴史の香りが残つているのを感じた。東洋的な枯淡の美しさが静まり返つて真新しい金閣寺にも内蔵されているのを感じたのである。金閣寺の場合には、その背景に昔のまゝの叢林や池を控えているので、そのために歴史を感じさせるのかもしれなかつた。

守礼門は地表の上に忽然と建ち現われたような感じがして、私には一層、門の彩色が強く受け取れて、重量感が迫つてこなかつた。周囲に守礼門の歴史を支える何ものも残されていないということが、私にそのような感じを抱かせたのかもしれなかつた。とその私に、守礼門復元式の時のことをふと想い出させた。それは式典の最中のことだつたが、一人の老婆が、竣工成つた守礼門に向つて膝まずき、合掌しているのを私は見た。その時私は、なにかはつとするものを感じたのだつた。真新しい守礼門に向つて合掌する老婆の眼には、昔ながらの守礼門がそこにあつたのに違いなかつた。生きて再び守礼門を仰ぎ見る敬畏の心が、老婆の内に燃えていたのに違いなかつた。そして私は、守礼門上層に掲げられている「守礼之邦」と記された額に、不意に或る親しみを感じたのだつた。

あの時の老婆の姿が、守礼門の歴史を支える背景となつて、いま私の眼によみがえつてくるように思われる。

某月某日

国映館にて「武器よさらば」を見る。ヘミングウェイの原作の映画化だけあつて、近頃にない良い映画だと思つた。前にやはり国映館「陽はまた昇る」を見たが、今日の映画の方が良くできていると思つた。ヘミングウエイはアメリカ現代文学の第一人者であり、最大のものであると私は考える。

第一次世界大戦後のいわゆるロスト・ジェネレイション（失われた世代）の代表的作家であるヘミングウエイの、最もよく知られた作品「武器よさらば」を映画化するのは大変なことだったろう。原作では、戦争の様相をドライな筆致でなまなましく描いて、戦争の虚しさや惨めさを描破していた。映画でもそれは描かれていたが、どちらかと云うと戦争のさなかの二人の男女の愛を描くことに重点が絞られていた。キャザリンに扮したジェニフア・ジョーンズは、原作の味合いをよく生かしていた。殊に終りの部分のキャザリンの臨終の場面は、私に原作の同じ部分を想い返させた。

そして原作の終りに近くヘミングウエイは次のように書いている。

「いつか、野営のとき、おれが丸太を一本たき火の上にのせたら、そいつに蟻がうようよついていた。丸太が燃えだすと蟻がうじようじよ這い出してきて、はじめは火のある真中のほうへ行つた。それから逆もどりして、あわてて端のほうへ行つた。端にびつしり集つたと思つたら、蟻の奴、ぼたぼた火の中に落ちて行つた。（中略）おれはそのとき、これが世界の終末なのだ、自分が救世主になって、丸太を火からとり出し、蟻が地面へ逃げられるところへ、それを放り出してやる絶好の機会だ、と考えたことを憶えている。」

しかし彼は丸太を火から取り出そうとはしなかつた。そしてやがて、キャザリンも死んで彼の許から去つたのである。

私はヘミングウエイの作品に、なにか東洋的な宿命観といつたものを感じた。蟻がぼたぼた火の中に落ちてゆくようなあたかも地獄絵図を思わせるものがある

このようにして人間は死の中に行くのだということを、ヘミングウエイは戦争の体験を通して知つている。だが、それに耐えて生きてゆくことが人間の強さなのではないだろうか、ということがヘミングウエイの作品の主題になっているように思われる。とこう書いてみると簡単のようだが、「死」と「生きてゆく」という両極の間にある過程が、これまた大変な形而上学なのであるに違いない。

それにしても映画には、原作に濃厚な宿命観といつたものが少しも表わされていないのである。こういうところに映画と文学作品との大変な違いがある。と私は思つた。

某月某日

入浴後、街へ買物に出る。

風呂から出た後、もうさすがに裸ではいられなくなつたが、それにしても大そう楽である。間もなくクリマスがやつてこようというのに、少しも寒さを感じないですむのである。街へ出ても湯ざめしたりすることがない。やはり南国的-だと、つくづく思う。

街のデパートや商店は歳末の売り出しで、いくらか活気づいているようだつたり、しかしどこかゆつたりと、のんびりした雰囲気には変りなかつた。都会で育つた私などには、少しものたりないくらいである。

十二月の東京は、殊にクリスマスも近くなると、とにかくあわただしい。ふだんでもあわただしいところへもつてきて更に人々の気を湧き立たせるように、街の広告塔からは「ジングルベル」やクリスマス用の音楽が流れてくる。各デパートの装いも腕によりをかけて客をひこうとする。音楽と光りの氾濫である。Ｋデパートでは、毎年、この頃になるとビルデイングの三階にまでとどくようなクリスマス・ツリーを玄関に飾つたりする。或るデパートではエスカレーターの上に花のトンネルを作つたりする。そのトンネルをくぐると、香水の匂いが漂つているのである。

東京の、人と音の光茫の海に明け暮れる歳末しか知らない私に、那覇の街を歩いていても歳末というものが感じられないのである。那覇の街は静かである。私はゆつくりした足どりで、入浴後の散歩を楽しむようにして歩くことができる。そしてその私は、まだ背抜きの合服を着ているのだつた。

昨日、事務所からの帰路のことである私は同僚のＭ氏とこんな会話を交した。

「どうもこう暖いと、さつぱり歳末という気分が出ないですなあ」

Ｍ氏はまるでなにか困つたことがあるかのように云うのだつた。

「のんびりしていて、いつ年が終るのか正月がやつてくるのか判らなくて、面倒がなくていゝじゃないですか」

と、私が云うと、またＭ氏の云うのには、「まつたく。竜宮は沖縄にあつたのだと云いますけど、まつたくこの調子なら浦島太郎も年のたつのも判らなかつたはずですな」

そしてふたりで大笑いしたのであるが夜の街を歩きながら私は、昨日のＭ氏の言葉を想い出して苦笑した。できることなら私も浦島太郎のように時間を超越して生きてみたいものだと思つた。考えてみれば、年末も年始もなく、一日一日のその時その時が人間の時間や歳月を決定しているに間違いないはずなのだから……。

（南連事務官）

新春よせがき

ことしこそ
学力低下の汚名を
返上したいものです

研究調査課　徳山生

正月のリズム

コザ中学校
米盛　富

昭和三十三年のあわただしい年も種々のリズムを細かく刻みながな静かな除夜の鐘の音に遠く名残り惜しくクレッセンドして去つて行く。……とやがて、昭和三十四年の平和の鐘が鳴り響き新しい希望の夢を一ぱいはらませて、おごそかにオーケストラがデクレッセンドし、美しいメロデイー、やわらかなハーモニーが力強いリズムにのつて清新な元旦の陽光に輝き渡る。さあ!!あなたもわたしも、君等も僕も、この新春のオーケストラに合わせて精一ぱい、高らかに歌つて平和な年の第一歩を足並揃えて勇飛しよう。鷲ぬ鳥節……。

　正月(しよんぐわぢい)ぬしいとうむでい、
　元日(ぐわんにちい)ぬ朝(あさ)ぱな
東(あがり)から飛(とう)びちいけ、
　日(ていだ)ばかめ舞いちいけ。

……私は無意識の中に魂はゆすぶられ大きく力強くタクトを振つている。やがて愛する人々の希望に満ち溢れた声が、すばらしい大合唱となつて力強く美しくハーモニーし、新春の大空にこだまして聞えてくる。魂と魂のふれあいによる大コーラスである。じつと耳を澄ますと新春の若さが盛り盛りと全身にみなぎつてくる。不思議な心理現象である。そこで心が一新し、年が一つ若くなる。生き生きした希望への力が湧いてくる。このリズムをねらつて、「今年こそは。」と新規まきなおすのである。

　子供らしく、机に向つて静座し、新しい筆に墨をたつぷりふくらませて好きな文句を力一ぱい書くのが大好きで一年に一度しか味わえない快味である。そしてこれを壁にしつかりと張りつけて喜び、今年の生活目標だと、じつと眺めるのである。その一つ、「忍耐努力」実にありふれた言葉であるが実に尊い。「清い純な芸術は道徳を救つてくれる。」シラーの言葉も大好きな文句の一つで宗教的な気持にさえなる。私の宗教は音楽であるから…。壁に張られた文字を見て、「大してうまくもないのに」と兄弟達にひやかされたのはもう過ぎし年の事。こんないい年をして余りに子どもつぽい姿を見られるのは、はずかしい次第…。今はそつとカーテンの奥にかくして張りつけ時々のぞいて自己満足をするのであるが、それでも結構日々の心のリズムとなつて時には、力強い二拍子となり、時にはやわらかな六拍子となつて私の生活に活気を与えてくれるから馬鹿にはならない。

　明るい郵便屋さんの声に新春あふれる賀状が舞い込む。親兄弟、恩人、教え児知人、友人の元気な笑顔が浮ぶ。年中忙しさに追われてペンを取る暇もないのであるが、せめて年一回のごあいさつだけもと努めて送つた年賀状、きつと今頃ではお手許にと思いつつ、お祝の色彩刷の賀状の一枚一枚をめくりながら、遠く心情を語り会う。「もう幾つねるとお正月」と振袖のべべをふりまわしながら夢中に遊んだ手まりのリズムも、可愛いいカップリの音も聞えてくる。「お年はいくつ。」と尋ねられて元気よく指をさしのべ喜んで答えた頃もあつたつけ。……

　昭和三十一年は祖国の中心地東京でお正月を迎えたのであるがあの時の感激は今も新しくよみがえつてくる。祖国から切り離された私達の気持があの様な感激を与えたのでありましよう。美しい貴い自然界の神秘的な元旦の夜明けは実にすばらしかつた。新春の朝風になびく国旗が陽光に輝き正に神の国を想わせ、たまらなく懐しく美しかつた。家族の方達といただいた元旦の御雑煮とオトソの味が忘れられない。祖国の正月を充分味わいたいと思つて賑やかな街々も歩いたが案外静かな正月風景だつた。残り少ない東京の勉強期間、正月ものん気になれなかつた。早朝から、二日はピアノにかじりついた。東京へ出て始めて自分の不勉強と力の足りなさをつくづく感じたのである。「一年の計は元旦にありとか」…で頑張つたのである。

　毎年のように正月には教え児達が三三五五、と赤ら顔してやつてくる。これとてのものはないが昔話を語りつゝ、手拍子を打つて合唱するのが一番の楽しみである。「先生もう幾つ、」と頓智な質問も飛び出るからたまらない。

　私達は子ども達のために若さを失つてはならない。私の心の若さは音楽の力である。へたではあるがピアノに向う時はほんとにすべてを忘れて豊かな気持にひたる事が出来るのである。特に子供達と歌う時は疲れもふつ飛んでしまう。あどけなく無心に歌つたり弾いたりしている真剣な眼の輝きが大好きでたまらない。

　音楽こそはすべての国境を越え境遇を越え魂と魂の結びつきによる同胞愛であ

り兄弟愛であり人類愛である。学校の窓、職場の窓、社会の窓、家々の窓から楽しい一つの合唱が流れてくる。祖国へ通ずる、いや世界へ通ずる子供達の新春の希望が大コーラスにのつて大きく羽をひろげて飛び立つて行くように思えて仕方がない。やがて日本国中響き渡る豊かな大合唱、力強いハーモニーによつて結ばれる国民の和やかな笑顔……これが私の初夢である。ペンを取りつゝも心のタクトは踊り続ける。でもこちらあたりで休符を――。

新年におもう

大山とよ

星さえて月てりそゆる新年に
佳（よ）ごといざない初春（はつはる）は来（き）ぬ

新しい年を迎え、いろいろなこと、いろいろな計画が私の頭の中をかけめぐつている一九五九年の新しい空気を呼吸しながら今私は私の歩んできた毎日に想いを走せている。

私には朝ごとに感ずる大きな喜びがある。そしてその大きな喜びを感ずると共に、常に自責の念にかけられている。

では、私の朝ごとに感ずる大きな喜びとは！きれいに、はき清められた校庭に足をふみ、清らかな朝の空気を胸一ぱいすい込んで教室に入つた、とたん、私の胸をうつものがある。かれらはうるしのように、くろぐろと輝き、今日もまた、私の心を、うつして、くれるであろう黒板に私は強く強く胸を、うたれ、心のはりきるのを感じる、そしてたとえようのない喜びが私の全身をつつんでしまう。

そのうちに朝の空気をやぶつてひびく授業開始の鐘の音に！小鳥のように嬉々として、はねまわり、笑いさゞめいて、教室につどいよる子どもたちの姿をみる。どの子も、どの子も元気一ぱいだ、そして生々している。

「先生おはようございます」とすみきつた声で、朝の、あいさつをなし小さな頭をあげる、無言でじつと私の瞳に見入る四十四の丸い顔、四角な顔、長い顔そしてその顔の中には、すんだ瞳、笑を一ぱいに、浮べた瞳、その瞳は一切の、憂さ、つらさを、かなぐりすてて、何物かを信頼しきつて、ゆつたりとしている。

八十八の、その瞳が一齊に私を迎えてくれるあぁ！その時の自分、何もかも、自分のすべてのものを、なげ打つて、この八十八の瞳に ささげて やりたいと思う。その瞬間はだれにも求めることのできない一刻であり、人の子を教え導く者にのみ、あたえられた大きな喜びではなかろうか！千金万金を出しても求めることの出来ない一刻ではなかろうか！

赤貧洗うが如き生活でもよい、この一刻を味わい得ることができるなら、人生最高の幸福ではなかろうかと私は朝ごとに思う。そして自分自身をじつと、みつめてみる。

自分を心から信頼しきつた子どもたちに、自分は一たい、どんな生活を日々送り迎えているだろうか！そして子どもたちにとつてどんな教師だろうか！その時グツト胸につかえるものがある。

△私はこんな教師になりたい

私が教育大学の附属小学校に研究教員としていた頃のこと である。その当時は、私と学校生活を共にしてくださつた青木先生は、沖縄の、ためにと、私を物心両面から、大きな指導をして、くださり、そして、はげましてくださつた。ある日のこと、こんなことがあつた「大山さんの、えがく教師像は、一たいどんなものかね」と聞かれたことがあつたが、私には、先生の問が何か遠い雲をつかむような気がして、即座に答を、だすことが、できなかつた。それは私自身が、まだまだ、いたらなく、ただ雲をつかむような、おぼろげな、ものしか持ち合わせていなかつたためだつたろうと、今考えても顔の赤とむ想いがする。

それから十ケ月の間、青木先生のもとで指導をうけているうちに、先生の毎日の言行から先生の考えておられる教師像を見出すことができた、では青木先生のえがいておられる教師像を、そつととりだしてみよう。

○こわい先生ならざらにいます。
○まじめな、先生もたくさんいらつしやる

これは教師たる者の基本資格だからでしよう。

○茶目な先生になると、グツト数が落ちてくる。
○ひようきんな先生！子どものことばでいう、おもしろい先生！こういつた先生の数も、グツト少なくなる。

こわさ（少々の）まじめさ、茶目さ（上品な）「この三拍子がそろえば、子どもたちにとつて最もよい教師ではなかろうかな」と先生は、眼鏡ごしに、私に問いかけられたがその後で、あゝもう一つ大切なものをわすれていた、それは健康の二字だと、おつしやつて先生は早速健康論について、いろいろとかたられた、教師の第一条件は、何といつても健康であり体力のようです。

○健康だと声がすんでいて、子どもの耳によく、とおります。

○教師の声に応じて、子どもの声も、はずみます。

○夜ふかしは、いけません、宿酔はなおさらです。教師が溌剌としていると、ふしぎに、ことばの数が少なくて、子どもたちが、シャンとしてくれます。

私は、あれから青木先生の、えがいておられる教師像に歩調を合わせようと小さな歩みで進んできたが、私には、これまで、ぐっと手に握りとるものを感ずることができなくて、心にある大きなうつろを感じていた！

突然！一九五八年十一月二十八日私はすばらしいものに、出合うことができた。すばらしい姿の先生に合うことが、できたのです一たい、そのすばらしい先生とは？だれでしょうか？それは今度の日本の、小学校児童の作文コンクール入選作品の中から求め得た先生です。

東京武芸野盈近小学校四年生大田友子さんの先生です。私は友子さんの書いた作文「先生の赤いペン」を読んでいるうちにおもわず涙が、とめどなく両頬を伝わるのを覚えた、その涙は次から次へと！とうとう私はシャクリあげてしまった、声が、でそうになるのを掃除の生徒に、気づかれまいと、とめどなく落ちる涙をグットおさえた。とたん私には、大きな喜びが、ぐっとこみあげてきた、今度はうれしい涙で、眼鏡がくもった、その喜びは私がいまだ、かつて感じたことのない喜びであつた。

私は今私のえがいていた先生に、めぐり合つたのです。私はいくたびか、大田友子さんにお礼をした。私は今日まで求めに求めていた真の教師像に、めぐり合つたような気がして、たまらなくうれしい。私は、早速、青木先生にペンを取ることにした。

ではそれから文学少女、友子さんの作文の一部『先生の赤いペン』を紹介して先生がたと共に、酒井田先生の姿を、えがいてみよう。

<友子さんの作文より

『先生は、どんなに忙しい時でも、かぜを引いて、気持の悪い時でも毎日毎日赤いペンで、私達の日記へ、ひひょうをかいてくださる。四十人のノートへ、かくのだから、たいへんだ』中略

『わたしは、先生に日記帳を返していただくと、まず先生に、赤いペンの、ひひょうを読む。先生のひひょうのない時はがつかりするそれは、夏休みの時、日記を書いていても、学校がはじまらないと先生にひひょうを、つけていただけないからだ」中略

「先生の赤いペンは、どんなことが書いてあってもうれしい、それを読むと、何だか作文が上手になったような気がする」中略

『赤いペンは、おもしろい私の心と同じように動いてくれる」中略

そのうちに、先生の赤いペンが、ぴたりとまつた。そしてその赤いペンが青いペンに変つたので、生徒のみんなが不審に思つていたら「先生の赤いペンはお手洗いへ、落してしまつた」と話してくださつた。

それからというもの、友子さんは、先生の「赤いペン」のことを気にしつづけた。先生は学級費が足りないのでペンを買うことができないのだろうかと思つた友子さんは、いろいろ苦心して、お金をつくり、先生の誕生日に、すばらしい、ペンの送りものをし今までのように、また赤いペンで、ひひよう　書いていただくようにした。

ペンを受けとつた酒井田先生の感激！私のつたない筆では、その表現のできないのを、かなしくおもう。

生徒の感激！　師の感激！

この教師ありて、この生徒あり。

私はおもう、教育的良心は、自分の毎日の活動を児童の問題として働きかけた時に、でるものだ。

この年は、子どもたちと、ともに、不平をいわず、求めず、そして怒らず、まことを、もつて、酒井田先生の気持が、心として、たのしい日々を送り迎えたいと思う。

（八重山登野城小学校）

「教研集会より」

辞令交付式

指導主事を解き、助教に任ずる。

解・任の辞

爾今、教師の相談役、助け役として精進あらんことを切望して、解・任のことばといたします。

文教局長

教諭を解き、助生に任ずる。

あいさつ

爾今、教え諭すことをつつしみ、生徒児童の助け役、補導役となり個々の子らをして可能なかぎりにおいて最大限に活動せしめるよう希望申しあげて、解・任のごあいさつといたします。

文教局長

（研究調査課S・T生）

こんなことを思う

富里良一

一年一年沖縄の教育は前進してきた感がする。とくに、去年はわれわれ沖縄住民の手によつて制定された教育法によつて、希望に満ちた新学期をむかえることができた。この法にうたわれた「日本国民」の教育をさらに、今春からもう一歩前進、いや躍進を期待しながら、私の思つていることを断片的にのべてみたい。

一　堅実な生産教育とゆたかな情操教育

沖縄は、その地域性によつて、新しい意味での生産教育がもつとも必要であると思うそしてそのような教育は、その土地、その学校、その学級、その児童生徒の実態に則し、真剣で具体的な実践のうちに育つものであると思う。新しい意味での「生産」を改造原理とする教育を理論的にも実践的にも展開していつたらどうであろう。私たちはありのままの生活の実態を分析することによつて、そこに今日の生活の中核としてつまれる「生産」を原理として考えられる教育があつて、いわば生産を頂点として、それに向かつてすべての教育活動の目標を考えるもので、それは一面近代的生産の創造をねらう生活教育の前進であるとみてもよい。

しかし、これはあくまでも生産教育をねらうもので、戦前のような増産教育とは異なるものであつて、近代社会の上においておこなわれる生活教育でありたい。したがつて、各学校で校内生活の全体、家庭の生活まで全面的に意図されて学習指導における「生産単元」による指導、又教科外活動における指導など考えられるのである。

もちろんその実践は地域社会によつて考慮されると思う。堅実な生産は健康な情操を養うものであるといわれている。現代人の健康な情操とは純真そのものの勤労のうちに萠え出るものと思われるが私はおおくの学校で生産、を教育原理として分析する場合にとりあげられる。「はたらくこと」「ものをつくること」「ものを生かしてつかうこと」こういつた近代の生産活動の一貫した実践を小学校中学校をとおして行うことが大切だと考える。それは外には有用なものづくりや消費の指導をする反面、内には人間中核（人間本来のすがた）になるゆたかな情操を純化、高揚することにしだいに強い関心が向けられていくと思うからである。自分たちの手で花園をきれいにし、さらに家庭、役所などにもとりいれられるように学校が指標となつていくようにするとどうでしよう。

人間の気持、人間の希望、人間の結合に目をみひらいて、そこに培われた情操が他の教育活動にも生かされるのであるまいか。教育技術はそのことを予知して生徒の一人一人の人がらが、おおくの人の心にふれあつてそこにあたたかい情操の世界がかもされる実践の場をもつことを忘れてはならない。このことが学校美化、学校園芸研究会等の活動によつて実証されるように望むのである。子どもと一緒に誠意をもつて考え、そして話し合つていくうちに情操教育が実践されると思う。また人間本来の道徳も生まれてくると信ずる。

生産と情操の二つの線がしつかりとうちたてられた教育は、外に向つては沖縄を本土に大きくは世界的におしだしていく発展性をもつとともに、内に向つては今私たちが考えている新しい道徳の世界を発芽させるものであると確信する。

身体的活動によつてあせができる。しかしこのあせはまじめで働いたあせでなければならないと思う。すなわち創造性をねらつたあせで、あせにも意味があることを教えなければならない。はたらくことともをつくること、ものを生かしてつかうこと、こうした生産活動につながる日常の生活のうちで、うるわしい情操をもえたぎらすことは、それ自体、新しい道徳の温床になるのだと思う。

沖縄の子どもたちは働くことによろこびをもつようになつているとすると、この働くよろこびをもつ人間形成のうちに、ここにいう生産と情操の一つになつた実体をみることができるのであると信ずる。そして、そこに新しい道徳の芽生えがみられるのではあるまいか。こうしたうるわしい実況は遂行されつつある学校もあると思う。

生産と情操の二大幹線がしつかりとうちたてられた教育の中で生徒児童の指導を考えていくのもよいではなかろうか。

二　私たちの問題

一つに、どんな設備とどんなよい職員組織とをもつても、職員に不満があつたり、職員が不和であつてはだめであろう。職員同志がなごやかに生活できることがその学校の教育のすべてを決定するものだといつても過言でないと思う。職員の和が十分であればなつとくして学校経営に協力していくことができると思う。

なつとくのいく学校運営にはいろいろの方法があると思うが、学校のいろいろな問題をみんなで話し合つて解決していくことが第一でそれには委員会制も一案であろう。

二つにどこの学校にもかわいそうな、子どもがそうとう数いるのではないかと思う。この忘れられた子どもについて、なんとかしなければならない。特殊学級の研究(ある学校は実践しているときく)基礎学習の研究等、又小さな学校(離島)を多くもった教育区では複式教育の研究会などいろいろな方法で、この忘れられた子どもたちのことを真剣に考えなければならないと思う。

三つに、子どもの父母にはまだまだ頑迷な父母が見受けられる。私たちは、この父母の前におじおじせずに出れる子どもが一人でも多くできるようにしなければならないと思う。それには彼等の生活に学習の基盤をおき児童生徒に真の実力を作り、子どもたちが新しいセンスでしっかりした生活態度を身につけるところの教育効果を具現することであろう。

学校がいくら新しい教育を行っても、父母が旧教育にひきずるのでは波うちぎわの砂山に終る。父母は子どもの実力は「読み書きそろばん」だと盲信しているむきもあるような誤りは僅少に止まらない。

小学校の男児が家庭学習のつもりで運針練習をしていると。「男が裁縫して何のやくにたつか」。と、又児童のひとりは家に帰って画用紙一面に絵を書いていたら、その父は、「画用紙とクレヨンがもったいないじゃないか、絵を書く時間で本でも読んだらどうだ。」といったなどのことを聞かされる。この父母たちに新しい教育を理解させることは仲々困難である。そこで、前にのべた生活学習で実力のついた児童を一人でも多く出すことによって、頑迷な父母を一人でも少なくすることができると思う。

四つに、私たちは教育者というもの以外からも真実の教育を見出して、それをみんなと互に話し合ったら毎日の教育活動にプラスになると思う。新聞雑誌などの文章には有益なものは見出されることが少くないからである。

(与那城小学校　教諭)

青少年の不良化傾向について思う

津波古　孝了

今日、青少年の犯罪が目だって多くなる傾向にある事は、沖縄の将来を思うものにとって実に寒心せざるを得ない。

これは世界的傾向とは言え捨ておけない社会、教育上大きな問題である。戦後十三年の経過によって、傷ついた心も次第に癒えていくべきが常道だと思うけれどもこれが今だに立直っていないのはなぜだろうか、これは今日の政治力の貧弱さや、経済的貧困によるすさんだ社会環境が純心な子どもの心情を次第次第に磨滅したのではないだろうか。

しかしわれわれは社会を責める前に、自己の指導法を反省し社会の欠陥を補うように努めるべきであり、お互い責任のなすり合いだけでは不良化の傾向を防ぐ事はできないと思う。お互い教育の目的、方針は周知の通りであるのであえて記述する必要もない。

われわれの日常の教壇実践を反省してみるに、ややもすると日常の指導が知識偏重になり大切な生活指導が忘れられている感がする。教科書を中心に指導する事は労力低下を補う面、大切な事ではあるけれども、一つの教科を終る事のみに熱中すれば自然そこに人間教育の面が忘れられてしまいそうな感がする。教科書は知育の上に欠く事のできないものであり、それと共に教科を通して平行して人間指導をなす処に又意義があると思う。

生活指導は長い期間を必要とし、教育者と被教育者の根気比べである。

教育は一朝一夕にして効果が表われるものでなく、絶えず根気強く、こつこつと指導する事によって効果が表われるものである。

補導と言う事は、今までよく論議されたのであるが果してこれが太く短く単に一時の論議に終るような事はなかっただろうか。

教育はあくまで人間の魂と魂の接触で

新春よせがき

「雑感」

砂川　宏

株式市場の金言に「買うは遅かれ」というのがある。投機的に変動する株式相場には最も適切な言葉であろう。予想は期待をうらぎり、期待は次回の予想をまどわす。

人生において誰もがこれに類似した現象にぶつかりあたら生命を失う人もある。人生をすべて投機的だといいたくないが、上昇しつゝある株値(ならず自分)を過大視することは足場を失うおそれがあり、不動なる株値にあまんずることは急激に変化する動向に対応することがむつかしく、下落する株値にあせるならば思わぬ不覚をとる。

新春を迎えてすべての人々が、思うまゝに今年の計画をたてられることだろうが、まず自分の値段を評価することが大切なことだろう。その人の人間味(人格)はこんなところから生れてくるのではないだろうか。

ある。教師と生徒との結びつきは両者の人格的触れ合いの機会の多寡にある。特に中高校の場合は学科担任制になつているため両者の接触の機会が著しく狭められているが、だからと言つて無視する事はできない。つとめてその機会をつくるように努むべきである。

例えば、休み時間、学校への往復、家庭訪問等を利用して、親しく生徒にとけこみ生徒の立場にたつて物事を考え、その相談相手になつてやる。この時には自然に指導意識をもたずゆつくり対等の立場で話しあえるようになる。

その点正規の授業時よりも生徒指導における問題点を把握する上に重要だと思う。

良き指導は指導意識をもたず、又相手にもその感を与えず生徒教師の間に自然に談話がかわされている処において得られると思う。

解放感に満ちた生徒の口から聞く言葉は真実であり彼等の生活の中から生まれた彼等の実感である。へたに技術をつかつても、教師がカミシモをぬがぬかぎり生徒は解放されない。

「教師の権威」とか「教権の確立」とか言わないで裸になつて見る事です。裸にもなりきれず、といつて古い権威もぬけないと言うなまはんかな態度がよけい教師の権威をおとしてしまう。人間は親切にされると仲々これを裏切る事はできない。教師の生徒に対する親切さは、生徒を感激させ、又その生徒を通して他人にその親切を施している美しい情景がいつかはみられるようになると思う。灰色の愛にうえている社会の子どもだちに必要なのは、これ以下にはないと思う。

愛の欠乏はその人の性格を破壊し、愛を強く欲求しながら愛に反抗するようになる。

愛の世界に生き、愛に育てられ、愛の暖かさを知る者は素直に、強く、幸福に生き抜く事ができる。今日の不良化傾向の問題はそこに起因すると思う。多忙なるが故に子たちをみてやれず、又は自己の歓楽のために子どもの相談相手になつてやれない家庭、子どもたちは絶えず成長しているのに父母はいつも同じ処に立つて補導しようとする。

子どもの指導には子どもと共に前進しない限りその距離は遠くなるばかりである。家庭における良き指導はお金によつて得られない暖かみのある居心地の良い家庭環境をつくる事である。学習の指導はできずとも、子どもたが何でも話せる家庭でありたい。そして問題を皆で解決してやる寛大さが子どもには必要なのです。

特に指導面においては学校と家庭が協力する事である、それに社会教育の充実である。各職場、事業団体が目前の利益のみに目をくれず人間教育と職業を結びつけてゆくならば事業の発展はもとよりこの社会がいかに明るく住み良い社会になるかわからない。又新聞社も社会の明るい面を取りあげ人間の情操を高めるように心がける事も必要である。

（読谷高等学校　教諭）

昭和33年9月25日実施された全国学力調査の中間報告の一部として点数段階別にみた得点者の比率

点数段階	小学校			中学校	
	音楽	図画工作	家庭	英語	職業家庭
0～10	0.7	1.9	0.6	1.7	1.7
11～20	3.1	3.0	2.2	12.0	8.4
21～30	7.9	5.4	6.1	19.1	20.4
31～40	13.3	9.9	12.3	17.0	24.3
41～50	17.5	16.1	20.4	14.1	20.7
51～60	18.5	20.4	25.5	11.2	13.6
61～70	16.9	19.0	21.2	9.1	7.3
71～80	12.4	12.4	9.5	7.3	3.0
81～90	7.1	8.5	2.0	5.6	0.6
91～100	2.6	3.4	0.2	2.7	0.0

―新春放談―

時は非情なり

上間泰夫

二学期も終り就職希望の生徒たちのためには職場実習も終り、職業斡旋の具体的な仕事が始まり、進学希望の生徒たちのためには、進路適応の学校を選択させ入試対策も確立し、最後の追いこみに馬力を……と、計画上の公式的段階で、喜び勇んでやつていますなどと書きたいところが、事実はどうにもならないでつかい切株を抱えて、頭を押えておろおろしているのである。

高校の採用人員は中校卒業生の四〇%内外で入学希望者の六〇%程がはいれると発表されているが、在籍の九〇余%が進学を希望していて、とうていはいれそうもない、と云うより他の方に進路を取つた方が抵抗が少なくてよいと思われる生徒までが、自分の制服姿を夢見てか、嬉嬉として学習にいそしんでいる。おまけに父兄の中には「中学校は高校への入校率によつて評価される」などとダンビラをチラつかせるのもいるありさまである親たちの愛情もにじんだこの現象は、やはり問題である。社会に対する訴えもして、この親と子に悟らせる努力もせねばならないと思うが、就職指導もろくにされていない、当然落ちるであろうこの四五〇%の生徒は、教師の苦慮とは無関係にあれよあれよと云う間に、時と云う非情の結晶でできた神の歯車は、容赦なく、寸秒の狂いもなく、ところてんみたいに社会に押し出すであろう。地べたにおちたり、社会悪の母体に変化しなければよいが、この半成のおとなたちを抱えて、学年末が近づくにしたがつて中学校教師は憂うつになつていく。生命線である自分の仕事はこれでよいのかと自省を続けると、神経衰弱になりかねない。

先日妻に「今年も去年通りにしましようね」と声をかけられた「何を」ときくと「お正月のことよ」と云う。沖縄にはアメリカ正月、大和正月、沖縄正月と三つも正月があつてその日暮しの安サラリーマンを苦しめている。三通りのことはとうていできない。かと云つて頬被りしようにも子どもたちが許さない。それにはその中の新正に集中的にやつてどうにか子どもたちの納得を得ている。そのことを妻がきいているのであるが、それとは全く別に、私はある幻影におびえた。

全くうかつなことながら、もう十二月の声をきく頃になつているとは少しも気付かずに、毎日忙しくしていた。

日にちは分つていてもその意味する実質を感じていなかつた。光陰矢の如しと云うが、こうも早く一年と云う月日が、全くあつと云う間に立ち去るとは、矢どころかロケット以上のスピードである。戦後十四年、全く夢の間にすごしたこの十四年を、今日から先に折重ねて、十四年後の将来はと想うと、直ぐ眼前にあつて私は何才で妻は何才で……あーあ、そしてそのどこかに又はその向うにある終結点が想像され、しかも泣こうが喚めこうが、非情な時の歯車は、私をしつかり噛んだまゝ今も狂いなく、その終結点に向つて運行を続けているのだ。

最初から覚悟はしていたものゝ自分の内面はどうか、仕事はどうかと考えて、その終結点とおぼしいあたりに立つて断崖を見下したとき脊筋が凍る思いがして私の心臓がはげしいノッキングを起す。

何の気もない妻の一言で、私はその断崖の幻影をチラッとのぞいたのである。年々歳々人同じからずとある通り、子どもの頃嬉しかつた正月も、ある年令からは人生の終着駅が近づいたと云う苛酷な宣告の時に変る。

先人たちもそうであつたろうが、しかし逆に希望に充ちた新春をうたいあげたのが多い。それは内面の苦悩を押し殺すための自己欺瞞だともとれそうだが、又そうでなくてはならないとも思われる。

あの心臓のコトコトが正月の前後数週間毎年くりかえしてみろ、高血圧は必定、あとは定石通りと云ことになるが、そこはうまくしたもので、昔からの正月の運営方法は実によく考えられていて、そのコトコトを忘れさせるように仕組まれている。謹厳で仕事の鬼のような人も、この二三日は日頃のかみしもを脱いで、大らかに愉快になつている。小さい頃の印象にも鮮やかに残つている。

拝賀式後の祝宴が終り、愉快な酔人たちが部落の大通りに、変調なプロムナードで繰り出す頃から面白くなる。謹厳な校長先生と村長さんが山高帽子をあみだにかぶり、羽織を肩からずらして、福引きで貰つたであろうほうきでもかついで肩を組み合つて、サノヨイヨイで通うても、みつともないどころか実に正月気分が横溢してかわいいものだつた。

せめて正月だけでも仕事のことも、自分の年も忘却して、酒でも飲んで駄ぼらを吹きまくり、同僚のだれだれ君を被告にして、ワイセツ罪の模擬裁判でもして一年間のうつ積された心の中の滓を吹つとばしてみたいと今からほくそ笑んでいる。そして年を取るのではなく年を捨てて、心身共に若返つて新しい年にいどむつもりである。（屋部中学校　教頭）

寄宿舎の古つるべ

比嘉俊成

一　ハッピー・ミステーク

師範学校は、弁財天を中にして中天にかかる古城のろう閣を仰いで、その間には円覚寺やハンタ山の老樹のうつそうとして薄暗い下を径が曲折していて山境といつた興のある所で、寄宿舎はまた竜潭をさし挟んで向家と相対し、一段と地盤の上つた山水の風趣に豊んでいた。

Tはこの学校に来て音楽の宮良先生と机を並べていたので、ちよいちよい唆かされて詩を作らされ、それを先生に作曲してもらつていた。この学校では当時食事の休時間などに職員室が図書室の側にあるので、図書の閲覧室であり、食堂である会議室に集つて齊唱合唱をするのであつた。そんな時によく職員の作詩を宮良先生の作曲で歌つていた、Tの作詞も随分歌われた。この題も当時宮良先生が皆に気の向く歌いやすいものとして、古い唱歌集から取り出して皆に教えた歌なのである。

Tは文学好きで詩歌や雑文などをよく書くので、いつも学校行事の宣伝役をさせられていた、そういうと師範学校では学芸会や特にこの学校の一大特色である音楽会などには、二三回も前景気をあふりたてゝ新聞に記事が出ていた。がこれは大方Tが記者風な筆振りで書いて社に送つたのであつた。

それでこんなことによつたかどうか、いつの間にか生徒はTをちようちんといつていた。学校でも宿直などまだ懐中電燈は用いずちようちんを使つていたがTが自分のこのあだなを知つたのはとある宿直の晩舎監室で生徒達を前にして使丁にちようちんを用意して来るように命じた所、一齊にどつと生徒達が笑つた。

何のことかわからないTはニヤニヤしているとやがてひとりのひようきん者が「先生もちようちんが要りますか」いい出すと又一齊にわつと笑声があがつた。Tもこんどはテレかくしのように落着いて「猫でもあるめえし夜はあかりが要るさ」とたしめなた。

さてTも此頃教子の課長から何か書け書けいわれるんでしきりにこの寄宿舎の古つるべを（歌詞を）思出そうとするけれどもどうしても思い出せない、思出せないままに寄宿舎の思出を辿つている。

或年の県下中等学校野球大会で師範とN中との試合が奥武山の公園グランドで開かれた。師範は数年来ない張切り方で、相当期待をかけられていた。

所がその勝つと思われていた師範が惜しくも敗北を喫した。それはルールと打撃の方に師範が強味があり、ただピーが肩をぬかしたので幾分N中に分がよかつた。

かくして互に拍仲している所へ終りに近い六七回？頃に審判に疑問を残したまからくもN中が一点いれてしまつた。これが非常な重大な死活を制するポイントとなつて、とうとう師範は惜敗の涙をのむ結果にたち至つた。

現在の選手は負けてもあつさりしたもんだが当時の選手は負けるとすみませんといつて煮え過ごした併見たいに車座に坐り込んで一しきり泣いたもんで選手係の世話役や教師は、これをなだめるのに一苦労であつた。

試合が終つて一応解散はしたが、こんどは全生徒が疑問審判をタテに問題が起きそうになつた。いつたんグランドからは別れたが森に入つて何か協議しようという気配である、教師は早く引上げて帰るようにうながしたが皆なかなか帰ろうとしない、あつちに十二十人こつちに二、三十人と離れては集り集りして日暮れまで森の中を廻り廻つていた。

校長は全職員を手配して極力帰すよういゝつけたTは又もや新聞社へ廻わされた。問題も起りはせんのに編集締切りぎりぎりの夕刻の社を廻つたがどこも未だそれらしい記事はなかつたのでいささか安心して帰つた。

暑い日にやかれて顔をまつかにして一日中汗みどろに口にも目にも一パイごみを食つて、おまけに腹は空いてくる、大急ぎで帰つて一風呂浴びて夕食にありつこうという所だので先生方も飛んだ災難？だつたもう万湖の水面をぬぐうて来る風がそろ〳〵夕べの柔みの感触をはだに与えながらしようらいと吠える音も爽かであつた。白サギが湖岸に漁つている色もいと鮮明で黎峰の山水絵を思出しめていた。

生徒の深刻な不穏状態は依然として解けなかつたがでも一応舎の夕食が遅くなるというので舎に引上げた。舎でもやはり一問題おきそうな気配はあつたが、しかし校内なので職員はいくらか安心ではあつた。所が此の時、丁度この時、夕食もそこそこにすんだその時！坂下にある生糸会社瑞泉社に火事が起つた、それつとばかり日頃の訓練の手押古ポンプのせいも手伝つてか毎年一、二回竜潭の水利によつて消火演習非常訓練をやつていたこのためもあつて当夜の師範生の活躍は目覚ましいものがあつた。会社や警察（今の消防）は勿論、世間からも大いに称讃された、ほんとに当夜の活動は元気に溢れていたばかりでなくよく統制がとれて十分に消防隊の一翼をなした、師範の名声一躍天下に挙がつた。

お蔭で、これこそお蔭で、野球のことけろりとどこへやら消し飛んで了つて、火事の話ですべてもちきつた、全舎監はほつとして坂下を眺めた悲喜交々といつた心情か、翌朝は朝礼で校長から讃辞をいただき、続いて警察署から感謝の辞があり、県学務課からは激励の電話が続いた、生徒も大いに気をよくした。

奇禍（火）一変してハッピーエンド、これこそハッピーミステークか？

（首里中校長）

今年こそは

比嘉敏子

いつもの通り、いつものお正月がやつて来た。「今年こそは……」いつも年頭の決意で毎年のならわしである。」今年のプランは？」子供を中心に夫婦差向いで私の方から切り出す、これも毎年の例である。「何を根底にして、何をどうやるか」と主人、「思無邪」の上に立つ新な計画を樹てるというのが主人の意見で各人自分のみの進歩した考えを紙に書いて実行のできそうなことを取りあげる。公、私に分けて検討が始まる。

主　公的立場からどうだ。

娘　女子ピンポン沖縄一

主　うん立派だ、次　敏子

私　母親学級の充実、不良化防止、職場と台所の直結、合理的な生活改善、女教員の男教員なみな優遇、余り多いか知ら。

主　毎年同じだね、まあいいだろう。

主　私は全面的にえんの下の力持ちで君の計画を推進しよう。その他教員の恩給制度の実施とボーナスの年十五割獲得およびベースアップ、村電化の実現、青少年指導、農村経済の安定等に努力しよう。

毎年の事ながら計画の半分も実行できないのが残念である。主人はいつも「出来るからやるのではないやらねばならぬからやるのだ」「公的事業はだから思無邪の立場に立つて公共の福祉に終始せよ」といわれる。その通り実行していると名誉とか地位とか金とかの欲がなくなりただ良心の満足だけで張りが出るから不思議なものである。

主　では我が家の計画は？

娘　先ず献立表の実行から。

主　絹枝は家庭科だからね、もっともだ。

私　金銭出納簿のいつわりない記入。

主　それは毎年続けているが今年は毎月末統計をとつて不用不急を整理し毎月一日に新計画をもつて記入するようにしたい。

私　そうね　いいことだわ、去年はあなたの毎晩二合の晩酌が一合に減つたのは大成功ね、今年は五勺位に……

主　冗談はよしてくれ、今年はせめて二合にふやそうと思つているのにまあ生活の合理化ということを今年こそ強行するのだな。

私　あなたのおつしやる合理化生活を実行すれば生活改善等叫ばなくても各家庭改善されるのですけど。

主　だから成人学級でもこれを主眼に説いているのだよ、自分の家庭経済を考えず真似しようとするからいけない。

私　そうですね合理的に考えるとお正月の無駄なご馳走つくりも金や暇のかからない料理ができるし旧慣のウシーマーシーなども馬鹿らしくなるし、家庭のほんとのお正月を祝うようにもなるのね。

主　私達はだれが何といつても、人がどう推測しても決めたことを着々実行していけばよい。面をふくらましていがみ合つて口論するよりも去年よい成績をあげた通り、不平不満を漏らした相手に対してその要点を書いて示せば足りることだから短時間で不平不満の解消になるし世間体もよい。合理的立場にたつと感情的に対立することもないし円満な家庭をつくる、円満の家庭の中からこそ社会的な人間がつくり出せるんだよ。

主　今年こそは円満な家庭づくりの仕上げね、そこから農村指導も充分にできるはずです。私はいつでも良心と約束してあなたのいわれるように前進するつもりだわ。

去年中主人は村長選挙で落選したけどかんじんな主人がたんたんとしていて、あれ程猛烈な戦いも落選の翌日から何もなかつたように小説等を読んで一日を楽しんでいるのを見ると、合理的主張者の真の姿に接し、私たち夫婦はもちろん子どもや支持者の方に、心の傷痕を残さなかつたのを幸に思つています。

その点去年もよい年であつたことに感謝し、今年こそ力の続く限り夫婦協力の下に、おくれがちな農村の文化に挺身する決意を固める。地位も金も又名誉も超越して、文化の向上に少しでも寄与することを期待して（[illegible]小学校　教諭）

子ども等と共に

玉城幸徳

先生と名のつく職に席をおいてから早十年という年月になんなんとしている。教えられていた立場から教える立場へ、このきりかえは余程自重してかからなければと、赴任当時は大きな希望に胸をふくらませ、中々の意気込みで現職についたのであつた。ところが現実はそう生やさしいものではなかつた。自分の歩んできた道をふりかえつてみると、失敗の連続ではなかつたかと疑いたくなる。

計画と実践とのずれ、幾度か失敗を重ねているうちに、或る時は果して自分はこの職務に耐え得るだろうかと、悲観的な空気に全身を取り囲まれて落胆した時も少なくなかつた。

人の子を教えることはなんとむずかいことであろう。…いつの間にか赴任当時の意気込みは音もなく姿を消してしまい、いわゆる要領を本分とすべしの安易な気持になりはしなかつたかと反省する。いや、たしかに近頃はそうなつているような気がしてならない。

一歩前進したかと思えば一歩後退、これではいけない。ここらあたりで心気一転赴任当時の勇気を取りもどし、新年にそなえて心の準備をしなければならない。一九五九年をむかえるにあたつて今年こそは年中通して子ども（生徒）たちと共に楽しく過ごせるように、決意を新にするものである。子どもたちと共に楽しく過ごすには先ず彼等を知ることが先決であろう。

何が彼等のために好ましいことであるか、どんなことをすれば彼等のためになるか、彼等が何を考え、何を望んでいるかを常に気をつけて見守つていなければならない。これ以外に道はない。子どものことならば如何なる些細なことでも関心をもとう。彼等の質問に対しては上手に答えよう。「先生、まるをつけますか」と或る男児がいう。「はい、つけましよう」とやると、その子はバチクワイバチクワイと喜びのあまりとびはねる。「先生、次は体育でしよう。」「はい」…答えると一齊にヒャーイと運動場へかけて行く元気な姿。「先生、かえつてもいいね」エス、ユーメイ…喜び勇んでかけて帰る子、先生、「勇は方言したよ」……「方言を使つてはいけませんね」「太郎は掃除当番にげたよ」「当番をにげるのは良い子ではありません。」「先生、次郎は自習しなかつたよ。」…このようにとかく児童は先生に話しかけるのである彼等は常になにか目的を追求しているのである。もしもこのような話しかける、あ、そうかそうかとうるさそうに、とり合わなければどうなるだろうか。先生はこわいもの、鬼よりこわいのはぼくら（わたし）の先生だと言うことになり、とり返しのつかないはめにおちいる。そうなれば授業どころのさわぎじやない。学級全体が畏縮してしまい、それこそ大へんなことになる。ぼくの学級は発表力が足りなくてどうもまずいと、自分のことは棚にあげいきおいあらぬ罪を児童になすりつけるのである。（もちろん生徒側にも非はあるが）とかく教師は答え上手であり、そして聞き上手であり、話し上手でなければいけないのだ。

野原に出れば、いろいろ草花をみつけてはこれは何かと聞き、チョウがいればチョウとかけまわる子ども達、小鳥がさえずれば小鳥と共に歌いだす。又夜空にきらめく星があれば、星をながめて語りだす。道に出れば道端にちよつと黒みがかつた何物かを発見して笑いころげる。映画を見れば、画面に現われる主人公になり切つて、正しいものに味方して、声援を送るのを忘れない。これが子ども等の真の姿なのだ。正に子どもの世界は清純であり、みじんたりとも悪意を発見することができない。そして子ども達はつかれを知らない。何時でも楽しそうに活動している。子ども逹には秋もなければ冬もない。年中通して春である。若竹が伸びるように子ども達は向上の一途をたどりつつある私たちおとなにいつまでもこのような気構え、心のゆとりがありたいものだ。特に教師の我々に、子ども等の姿は清純そのものだ。

このような子ども等を幸福に教え導くにはどうすればよいだろうか。二度とくりかえすことのできない子どもの時代を有意義に過ごさせるようにするにはどうすればよいだろうか。これが我々教師に与えられた仕事である。このような重大な仕事にたずさわる我々教師は誇をもつて職務を遂行しよう。今日も天気は上乗、子ども等は青空の下でみんな楽しくかけまわつている。子どもを教える前に子どもから聞こう、子どもが笑えば共に笑おう。子どもになり切つて大いにあばれよう。そして子どものようにつかれを忘れよう。

いよいよ今年はいそがしくなりそうだ次代を負う子ども等と今日も楽しく過ごすには、やすむこと、つかれることを知らない子どもと同じように、それそうとうの根気がいる。根負けせぬよう、あせらずに、一歩一歩着実にしつかり大地を踏みしめて、理想の岸に前進前進休まずに、つかれを忘れて又前進。

（喜名小学校教諭）

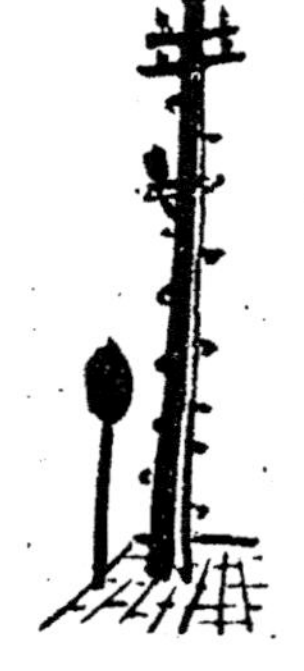

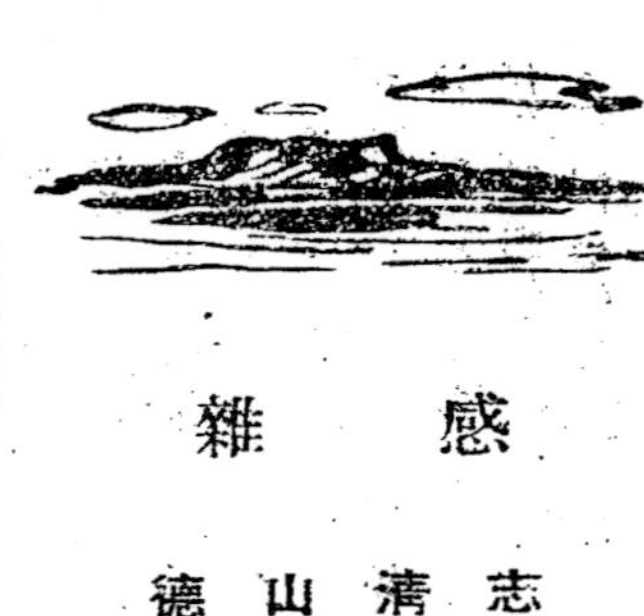

雑感

徳山清志

○ことばの抵抗

中学時代ろくに共通語を使わなかった私は、外地の師範学校へ行つて他府県出身の同級生と話すことにまず苦労した。特にご婦人や子どもとの話には全く閉口した。方言直訳の話では、その時の空気にどうしてもしつくりしないものがあつた今私は教育者として、子ども達に共通語生活をするように要求しているが、問題点をこう考えている。

沖縄の方言はおとな用のもので、こども向きでない。共通語はそんな区別はない。例えば、親が子に「ここへいらつしやい」と言つても、子も親にそう言える。しかし方言では、親が子に「メンソーレー」とはおかしい。だから子ども達は常に一方的に敬語の少い方言を聞かされていることになる。親が子に敬語を使わない方言であるから、子どもがそのまゝ親の言葉通り憶えて使つた結果に対して、近頃のこどもは敬語が使えないという批判は妥当でない。終戦直後、熊本県の阿蘇山の近くの草深い部落に半年程いたが、おとなはどこの子どもに対しても必ず「○○さん」と名前を呼び捨てにしない生活を思い出すとなおさらだ。

方言そのものは大事な文化財だが、学習の抵抗をうむ原因ももつている。この問題は学校教育にだけ課されるべきではないと思う。

○へき地教育の振興

汽車を説明するのに大変骨が折れる。こども達はバスのように乗れると考えがちなので、なかなかうまく理解してくれない。このようにこどもの生活の中にない教材がたくさんある。本土のこどもなら平素の生活の中にざらにある事なので沖縄のこどもが理解に四苦八苦している間にさらに高次な内容の学習ができる。従つて同一の教材に対する知識、理解の程度に差があるのは当然の事である。しかし本土の子ども達全部が恵まれているのではない。汽車もバスも見たことがない山間僻地の子どももたくさんいると言われている。本土ではそういう僻地教育の振興のため、多額の予算が用意され、僻地の教育の不備を補うべく努力が払われている。本土から見るなら沖縄全体が僻地に該当するのではないか。本土の子どもとの学力の差はこうした必然的な原因があるが、私達は不備な環境を克服していかねばならない。

沖縄自体、僻地教育の振興にいよいよ乗り出す態勢にあることは喜ばしい。文教局が六十年度予算に辺地教育補助金を組むべく計画していると報道されているが、文部省が沖縄を僻地として補助金を出すことは望まれないものか。

○学力

農産物で換金作物と言えば黒糖が第一である。黒糖の製法を普及して下さつた儀間真常さんは三百五十年後の今日でもその功績はたゝえられている。それに本土政府の黒糖に対する特恵処置が黒糖の価値をますます重要なものにしてくれたと思う。

経済を知らないものが何を言い出すかとお叱りを受けるかも知れないが、又恩を仇で返す気持も毛頭ないが、この特恵処置が続いたということは沖縄糖業の進歩をはばむ原因になつたのではないかと思う。近頃砂糖の品質の向上が望まれていることを聞くにつけ私達は砂糖のように甘い制度はその味が消えない中に自らの力を発揮できるよう努力すべきであろうと痛感する。

沖縄の高校卒業生で優秀な者は国費生として採用され本土の各大学に進学できる。経済的に恵まれない私達にはこの上もないありがたいよい制度である。本土の高校卒業生も優秀な者は各大学へ進学する。どちらも進学という事には変りはないがその内容にはずい分差が認められるのである。本土大学の入試地獄はこちらでは想像できない位である。受験生の殆んどは浪人組で、朝から晩まで図書館で血のにじむような努力をし、入試問題は教師にも分り難い落すための難問を選んで出さねば優劣の判定が難しいという競争のはげしさである。こちらの生徒がそれ程努力してないというのではないが現在の国費制度は確かに特恵処置であるもし砂糖のように制度の恩典の甘さにだけ感謝していたら、その品質の向上の妨げとなることは間違いないと思うがどうか。本土の現在の方向は決して望ましい方向ではない。幾多の問題をはらんでいるが、現実を無視するわけにはいかない。

祖国復帰は沖縄全住民の悲願である。おそかれ早かれ実現する。実現した暁には児童生徒の品質のどうのと後悔しないようにあらゆるえいちと皆の協力で足もとから着実に毎日の教育を進めようではありませんか。（兼城小学校　教頭）

第八回 沖縄健康優良児童について

謝花喜俊

P・T・A連合会と琉球新報社共催の第八回健康優良児童の中央審査が、十一月二十八日那覇保健所で、各部門の専門の医師数名と体育関係者、並びに作文および態度面の審査員が綿密な審査の結果沖縄一男女各一名、準沖縄男女各一名、特選児童男女各三名、計十名の優良児童が選ばれ、十二月八日盛大な表彰式が行われたのである。そこでどのようにして健康優良児を選定したか、又体格、体力はどうなつているかをのべてみたいと思う。

一、健康優良児童選定基準

健康優良児として推せんされるものはおおむね次の各項目に該当するものでなければならない

(1) 疾病又は異常がない
(2) 体格体力が優秀である。（平田式の体格体力総合判定器を用いた場合には、身長㈩一以上、その他の項目に㈠がなく総合点が㈩五以上を該当者とみて）
(3) 病欠日数一年間に一週間以内
(4) 知能良好
(5) 性格に異常がない
(6) 健康生活習慣、態度等良好

二、健康優良児の判定

今学年度の健康優良児童はおおむね右の基準に基づいて選定したのである。即ち疾病異常のない者について身長、体重、胸囲、五十米走、立巾跳、ソフトボール投げの測定の結果を平田式体格体力測定法により判定し、総合点が上位の者について知能良好、性格に異常がなく且つ健康生活、習慣、態度等においても良好な者が選定された。従つていくら体格体力は良好でも疾病のある者は除外されたことになる。今学年度選ばれた左記十名は心身ともに健康な児童であるといえる。

1958年度　沖縄健康優良児童　　第1表

氏名	身長	体重	胸囲	50m	立巾跳	ソフトボール投	体格	体力	総合点	判定	順位
				秒	Cm	m					
新里　米吉	159.2	50.0	78.9	8.2	225	47.90				優秀	沖縄一
	+3	+1	+1	+1	+2	+1	+5	+4	+9		
崎浜　和春	151.5	49.0	81.5	7.8	190	43.79				優秀	準沖縄一
	+2	+2	+2	+2	0	+1	+6	+3	+9		
平良　政春	153.0	46.0	76.5	8.0	209	48.25				優秀	特選
	+2	+1	+1	+1	+1	+2	+4	+4	+8		
平良　一夫	152.5	42.0	76.1	8.0	204	45.94				良好	仝上
	+2	0	+1	+1	+1	+1	+3	+3	+6		
宮城　秀人	155.2	43.5	76.0	7.4	207	42.00				良好	仝上
	+2	0	0	+2	+1	+1	+2	+4	+6		
中村　栄子	152.4	50.0	81.0	9.0	173	25.56				良好	沖縄一
	+2	+2	+2	0	0	+1	+6	+1	+7		
大城　幸子	150.4	41.7	75.6	8.0	187	26.24				良好	準沖縄一
	+2	0	+1	+2	+1	+1	+3	+4	+7		
澳那　敬子	150.2	47.5	79.0	8.6	188	25.11				優秀	特選
	+2	+2	+2	+1	+1	+1	+6	+3	+9		
大城加代子	150.2	44.8	76.0	8.3	178	27.84				良好	仝上
	+2	+1	+1	+1	0	+1	+4	+2	+6		
山田　洋子	153.4	45.2	75.0	9.0	170	20.32				良好	仝上
	+3	+1	+1	0	0	0	+5	0	+5		

・澳那敬子は、体格、体力総合判定成績は優秀であるが、虫歯の本数が多い。
総合点+11点から+13点は最優秀、+8点から+10点は優秀、+5点から+7点までは良好になつている。

三、前年度の健康優良児童との比較

各地区から地区代表として、中央に推せんされた健康優良児童候補者の昨年度と今年度との身長、体重、胸囲、五十米、立巾跳の成績の平均について比較してみると第二表のとおりで、男女ともほとんどの項目にわたつて著しく向上している。このように体格、体力すべてに著しく向上した事は、誠に喜ばしいことである。

又入選した児童の体格を比較しても昨年度より今年度は著しい向上を示している。

前年度と体格体力の比較表　　第２表

	区分	身長	体重	胸囲	50m	立巾跳	備考
男	第８回	148.9	41.4	75.0	8.2	196	
子	第７回	144.3	37.4	71.5	8.5	180	
女	第８回	147.9	42.4	75.3	8.4	173	
子	第７回	144.9	37.8	72.0	9.2	166	

四　日本の健康優良児童との比較

平田式の体格体力判定法によると日本の健康優良児童候補者二十人の総合点の平均は九・九、岐阜市の六十人の平均は六、〇八、沖縄三十七人の平均は四・八六となつていて、日本の岐阜市よりも一・一劣つている。

沖縄の場合体格面はあまり劣つていないが、体力面が悪いために総合点で差がついている。しかし三十七人の平均点は五点に近いので、総体的にみて大体健康優良児として推せんされただけあるといえるのである。

次の表は年度別日本一健康優良児童である。

年度別日本一健康優良児童　　第３表

区分		性	身長	体重	胸囲	50m	立巾跳	ソフトボール投	体格	体力	総合点	判定
二八年度	山下	男	154.6	50.0	80.5	7.9	2.20	55.5				最優秀
			+3	+2	+2	+1	+2	+2	+7	+5	+12	
	田原	女	155.2	48.0	79.7	7.8	2.10	25.0				優秀
			+2	+1	+2	+2	+2	+1	+5	+5	+10	
二九年度	飯田	男	158.8	50.5	79.0	8.0	2.04	49.0				優秀
			+4	+1	+1	+1	0	+1	+6	+2	+8	
	井出	女	158.0	48.8	82.2	7.5	2.40	36.0				最優秀
			+3	+1	+2	+2	+2	+2	+6	+6	+12	
三十年度	岩崎	男	162.0	53.1	81.7	7.2	2.13	54.0				最優秀
			+4	+1	+1	+2	+1	+2	+6	+5	+11	
	齊藤	女	155.7	46.1	76.5	8.5	2.15	28.0				優秀
			+3	+1	+1	+1	+2	+1	+5	+4	+9	
三十一年度	島田	男	156.3	49.0	80.6	7.9	2.25	51.0				優秀
			+3	+1	+1	+1	+2	+2	+5	+5	+10	
	高垣	女	158.1	50.5	80.2	8.1	1.87	36.0				最優秀
			+3	+1	+2	+2	+1	+2	+6	+5	+11	
三十二年度	新井	男	158.5	51.0	83.0	7.3	2.26	54.0				最優秀
			+3	+1	+2	+2	+2	+2	+6	+6	+12	
	笠原	女	160.0	53.8	83.0	8.6	2.05	31.0				優秀
			+3	+1	+2	+1	+2	+1	+6	+4	+10	

健康優良児の審査や前年度および日本との比較についてのべてきたが、特に審査について感じたことは疾病面でこれという内部疾患の者はほとんどみあたらないが色盲の児童がいたこと、トラホーム疾患の者が前年度より多かつたことである。体格、体力や知能も優秀でありながら健康優良児童の線からもれることになる。

今回も優秀と判定される児童がこの線からもれた事は実に残念である。これは本人や父兄の不注意もあるが地区審査のときも一そう精密に審査して地区代表を選出するか、又中央審査までに治る見込みのある疾病は治療していたゞきたい。

体格、体力の面では、両方とも前年度に較べて著しく向上しているが日本本土と比較した場合特に運動能力が劣つているように思われるので、この面についても学校でも、もう少し指導していただきたい。

以上第八回健康優良児童選抜の審査に参加して感じたことを申上げました。今後の参考になれば幸と思います。

地区教研集会に出席して

保健体育課長 喜屋武 眞栄

第五次地区教研集会は本島においては糸満地区を皮切りに去る十二月十一日から始まり、十二月二十二日の前原地区をもつて終了した。第四次教研集会までは沖縄教職員会に在つて教文部長として推進してきたので私自身としても大きな関心を寄せていたわけだが、後任の外間教文部長から前任部長としての責任もまだありますから万障くり合わせて、ぜひ地区集会に出席してくれと、わざわざ連絡にきてくれたので努めて出席することにしたわけである。

終戦後沖縄の教職員が生活の乏しさと苦しさの中から、教育を守り、子どもたちの学力低下の対策を講じ、日本の青少年としての魂の空白をつくらぬようにするために立ち上らねばならないとして始めたのがこの教研集会であつたが、それには六千教師の共同の努力によつて問題に対決し、そして文教局と琉球大学を指導班にして 推進して もらいたいと念じて進めてきたわけだが省みて第四次までは必らずしも満足すべき姿ではなかつた

第五次においては、まさしく初志が実現したことを先ず喜ぶものである。

即ち小波蔵文教局長は例外なく、各地区の集会に出席して、第四次集会までの苦労の上に立つて見事に蕾がふくらみ花が咲き実のりつつある第五次集会の成果だと讃辞を送つておられるし、琉大ならびに文教局の指導班はまた例年に見られない多人数で指導助言をなさつておるし連合区教育委員会事務局の協力も積極的でありまた高等学校側の協力も今までに見られなかつた積極的な協力振りであつた。それでこそ六千教師のえい智を結集する共同の前進といえるであろう。

つぎに研究集会の雰囲気からして実に地についた落ちつきのある雰囲気で一貫していた。これまで研究会の空気というものは、ややもするとそわそわ、ざわざわ、お祭り騒ぎのような、落ちつきを失つた空気を感じたというのが第四次までの率直な感じであつたが、もうそのような雰囲気は払拭されたように思う。

それだけ、地味ではあるが深まつてきたといえよう。

つぎに研究報告書を手にして感ずることは、文字がきれいで、内容がよくまとめられ、むだがないということを直感する。タイプによる報告書まで見られるようになつたのも著しい進歩といえよう。もちろん、誤字、脱字、新仮名づかいに間違いが全然なかつたというわけではないが、省みて、著しい進歩の跡を認めるに十分である。それは教師自体の落ちつきと、実践の成果と、実力の向上を物語るものであろう。

又分科会における研究討議は例年に見られない活発なものであつた。日々の教壇実践の体験の中から積み上げた研究成果であつただけに、発表なさる方も、質問なさる方も自信があり深味があつた。

今までとちがつて指導班の立場からも今回はうつかり助言できない程、深さがあつたと或る指導班の方は私に述懐しておられた程であつた。

さらに去年と異る点は全体会議に時間をかけすぎず、分科会議に時間をたつぷりとつて十分に討議を尽くしたことも実によい行きかたであつたと思う。従来分科会の時間が足りず、しり切れトンボに終つたきらいがあつた。今年は、時間をたつぷりもつたというだけでなく、討議もまた活発であり、発表も、自信に満ちた、しかも発表要領も実にうまかつた。

それに文教局指定の実験学校や研究学校の中間発表という形で特別班を設けて発表がなされたコザ地区のゆきかたもまた特色があつてよかつたと思う。

なお、前原地区が、学校運営班を切り離して、二日にわたつて地区集会をもつたのもよい計画であつたと思う。それから、すべての地区には、あてはまらないが、全地区を通じて、婦人教師の活躍が少なく、心細い思いがしたのは私一人のひが目だつたろうか、婦人教師の積極的な、活躍を望んでやまないものである。

名護地区では実地授業も織りこみ、教壇実践と直接結びつけて、討議がなされたのも、一歩前進した姿といえよう。

ところで教研集会のねらいは、研究集会の成果を各自が学び取つて、明日の教壇実践に活かすことも大切なことであり教師自体で解決すべき問題は自体で解決せねばならないであろうが、教師自体で解決することのできない重要な問題は全体会議の名において要望事項として取り上げ、それぞれの機関を通して施策に反映させるよう強く要請するようにしたがよいと思うが、分科会でせつかく、要請事項として取り上げられておりながら全体会議で打ち出されない地区があつたのは残念に思つた。

何はともあれ総体的にすばらしい前進をした地区集会の成果をもちよつてもたれる、くる一月十五、十六、十七日の三日間にわたる中央第五次教研集会もまたすばらしい前進の成果を生むであろう。

私はその成果を期待するものである。

私の研究

版画の技法と指導

……研究教員報告書の中から……

那覇市前島小学校　島　袋　文　雄

学級別の指導法

版画の版形式は、おす、すりこむ、すりとる、すりだす、うつしとる。と五つに分類することができる。芋版や消しゴム版画のようにおすもの、色々な自然物器物の型押しは、版画のうちで、一番最初に現われるものと思う。

低学年では、この型押し遊びが先ず取上げられる。この型押し遊びの中から、画が反対にうつること、複数化、反覆、リズム、構成などの知識や感覚が育てられる。

これとともに、小さい子どもに喜ばれるのは、すり出し遊びで、触覚を通し、具体的に、実証的にものを確め、美を見出し、それを造形的なものに組織していく又豊富にイメージを働かせたり、感覚を磨いていくのに大変良い。

以上の二つは遊びにつながつているので、自然に版画の世界へ導きいれるのに良い教材である。すりとる版画では、小さい子どもは彫る、切るよりもひつかくことの方がその力に適している。したがつて、石膏、白鳥石、硬土板と名付ける柔いものをスクラッチするのが良いようである。彫ることはその運動がひつかくことと反対で。むつかしいともいえるが、子どもは大きな興味をもつている。リノリユームやゴムから木の板（シナ板ベニヤが適当）へとすすめるのが合理的なようで、子供は木のごりごりと手にこたえる抵抗や、生き生きところげる木屑などに大きな興味を感じる。指導によつては木板にすぐはいつてもそんなに無理はない

小さい子どもは一般に描画においても線描するものであるが、紙版画をやると面によつて処理しなければならない必然さをもつているので、子供の表現を豊かにするであろう。

参考のために大体の学年的配列を次表にまとめてみた。簡易な方法、扱い良い材料から次第に発展的に考えてみたのであるが、必ずしもこれにとらわれる必要はないと思う。飛躍があつても一向かまわないと思う。

種々の版形式は複合したり、一つの版形式も表現をどのようにでも深めることができるばかりか応用面も無限に広がるので、この分類にとらわれることはないと思う。

低学年では、描画と版画が入り交つても良いと思う。又、製作方法としては、絵巻物、絵物語、壁画、カレンダー、画集その他の集団製作、共同製作なども重視したいし、他教科との連関性を保つていきたい。

	押捺形式（プリンティング） おす版画	孔版形式 すりこむ版画	プレッツス形式版 すりとる版画
低学年（一、二年）	自然物、人工物の形おし 水性絵具、スタンプインキ 野菜版 ナイフ、切出し、水性絵具 粘土、ローセキ、版 釘、ナイフ、丸刀、印肉、スタンプインキ 紙版（ボール） はさみ、切出し、水性絵具	紙謄写 クレパス ステンシル（合羽版）（紙） 切出し、ナイフ、はさみ、水性絵具 ハケ、インキ、ルーラー	凸版 クレパス版画 ゴム、リノリユーム、多色、丸刀、三角刀、クレパス ベンジン揮発油 硬土版 釘、キリ、インキ ゴム及リノリユーム版 単色、丸刀、三角刀、インキ 紙版 はさみ、切出し、インキ、バレン
中学年（三、四年）	同上	同上	凸版 木版、紙版、ゴム版 単色、彫刻刀 クレパス版画 単色、彫刻刀 凹版 セルロイド版 硬土版 平版 硬土版 バレン使用
高学年（五、六年）	同上 （応用としての染色の学習）	謄写版 ステンシル	凸版 瓦、練瓦版 単色多色、釘、ドライバー 木版、多色 凹版 セルロイド版 （ドライポイント） 銅版、ジインク版 （機械） 平版 石版アルミニユウム版 バレン、機械使用

拓本形式（フロッタージュ） すりだす版画	実物形式 物体版画	その他	用具
乾墨形式（フロッタージュ） クレオン、クレパス、 コンテ、鉛筆、木炭	実物版画 押捺　刷とり 刷出し　吹つけ	デカルコマニー あわせずり 油流し	はさみ、釘、きり、ナイフ、切出し、丸刀、三角刀 筆、ハケ、ルーラー、きりふき 水性絵具、スタンプインキ、印肉 油性絵具、インキ ベンジン、揮発油、バレン
同上	同上	同上	同上 彫刻刀
同上 湿墨形式	同上	同上	同上 染色薬液 謄写版器 機械 エッチングプレス 石版プレス

技法について

おす版画

おす版画は、もとの形と逆になるのでそのことを考えて版を作らねばなりません。版は、じかにかいてもよいが、野菜版は水気があるので、紙の上に芋等の版画の大きさを鉛筆で形取り、その中へ墨で画をかき、芋をおしつけると、下画が逆に版画にうつる。それを彫ればいいわけである。するときに水性絵具（墨、水性絵具、ポスターカラー）は、皿に白い布を折たたんでおき、絵具がひたひたになるようにしておけば、具合がよく、野菜等水気が出るものは新聞紙に水分を吸いとらせて絵具をつけると、色がうすくならない。

版画をおすときは、紙の下に新聞紙をたたんでしくか、ゴム板をしいてやればきれいにうつる。

すりこむ版画

(一) 孔版（ステンシル）

孔版形式のものは、下画通りに画がうつる。ステンシル（合羽版）で大切なことは、切りぬいた画がばらばらにちぎれないことである。それで、つなぎとはることを考えて、版を作る。切りぬいた穴よりも、すりこんだ画が小さくなるからそのつもりで版を作る。

はけや筆で絵具をすりこむ時は、穴のまわりから中心部へ絵具をすりこむ。一方的にはけや筆を動かすと、絵具がはしのところで型紙の下へもぐりこみ、画をきたなくする。ルーラーのときは、型紙がルーラーに巻きつかぬように気をつけること、ルーラーの一廻転以上の大きさの版は、インキがうすくなり、一廻転のときにルーラーにできたインキの濃淡が転写されるので注意すること。但しその転写を版効果の中へ転用することもできる。

型紙は染色に使うしぶ紙が一番いいようであるが、画用紙でもよく、ニスか、ろうをひいておけば水分に対して丈夫である。うすいセルロイドの板を使えば、水分で紙がふくれたり、損じたりということがさけられるし、下画の上にセルロイドをおいて切りぬけるので便利である。ステンシルと謄写版を併用することも考えられる。子どもには、ナイロンの古靴下等切りひろげて、これをわくにニスばりをして、道具をつくらせるのもいいじゃないかと思う。

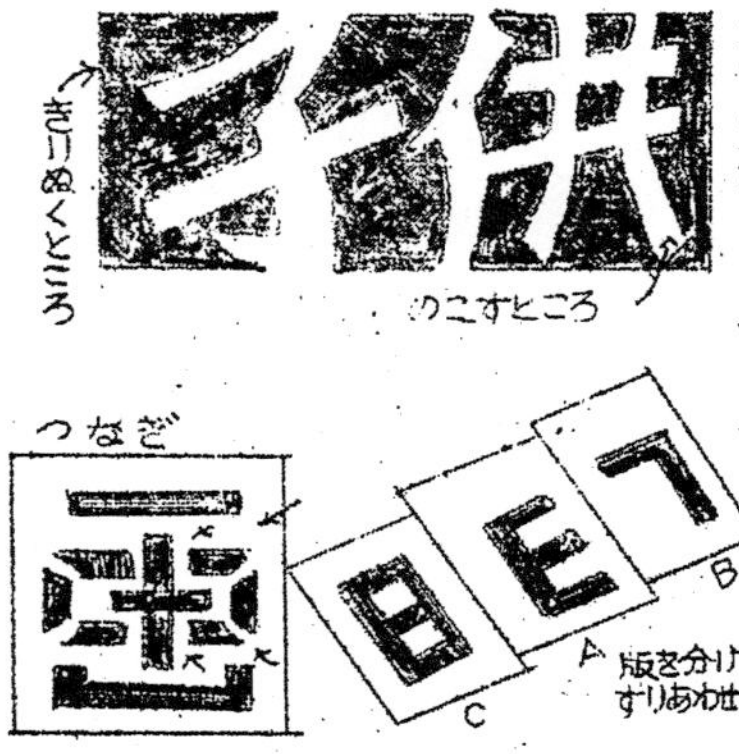

文字のステンシル

きりぬくところ

のこすところ

つなぎ

版を分けてすりあわせる

(二) 紙謄写版

半紙、みの紙障子、紙等にクレパスの一色で画を描いて、裏むけに紙の上にのせ、墨水彩絵具、ポスターカラー等を筆でぬり、セロハンをのせてなでると、クレパス以外のところを絵具がとおして、画ができる。

タンポや海綿に絵具をつけておしてもよく、インキをゆるくつけてもよい。これはやり方でたいへん重厚な作品ができ石版画ににたものになる。

すりとる版画

(一) 凸版

① 木版について述べてみたい。

板

ほう・かつら・シナのベニヤ板などがよく使われる。ほうは木にねばりがあってほりよい木で、かつらは大まかな画をほるのにむいている。シナのベニヤ板は柔くて、たてよこ自由に刀が動くのでほりよい。厚さは二分ぐらいが適当で、一分五厘でもほれる。ほる深さは一番上の一枚分でよい。広い場面は二枚目もほる接着剤のよく利いたものをえらぶ。一番安上りで、最近はベニヤが専門版画家の間でも、子どもたちにも沢山使われるようになった。その外、沖縄にはないが、どろやなぎ、版の木、ぽぷら、いちょう、くす、きり、なし、つげなどほりよい木がある。

版はよく削ってなければならないが、初めに、目の細かいサンドペーパーでよく磨いておくとかんなあとも消えるし、画がきれいにすれる。板の大きさはなるべく大きい方がいい、ときには、うんと小さいのをつくらせてみるのもおもしろい。形も様々のものがいい。葉書判の大きさを何時も与えるようなことはさけた方がいい。葉書判というのは年賀板の必要に応じてできたもので、大きさも形も適当ではない。それに見当の位置がとれないので、年賀版画を作る場合も不適当だと思う。

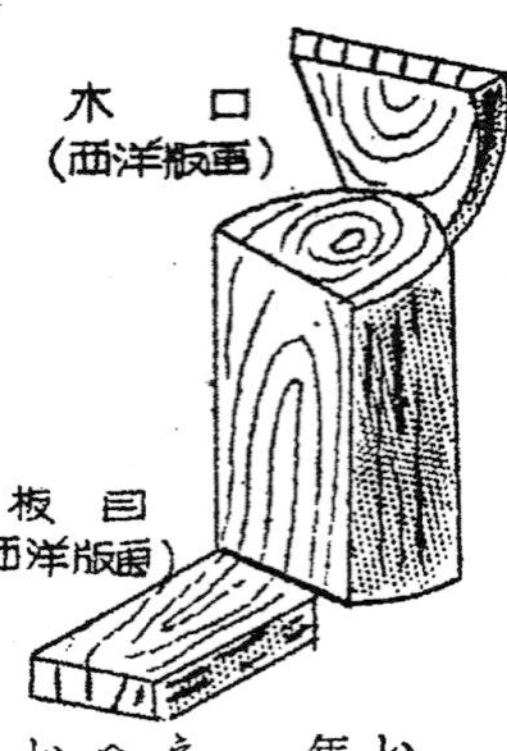

刀の持ち方

切り出しはしっかり握って、すこしかたむけて手もとにひいてほる。あさく使うとゆるい傾斜でボーッと柔い画ができる。（ほりぼかし、又は板ぼかし）。

板をほったとき、切り口が土手のように傾斜しているのがよい。直角または切りこんで底部が中へはいっているのは、版が早く磨滅したり、角が崩れやすい。刀の他にきりで引っかいてもよい。（以下省略）

陰刻と陽刻

紙に画を描くように、刀で画をほっていくと、画面が黒く、画が白く出る。低学年では、これを認めてやっていい。

陰刻はかならずしも幼稚な表現とはいえない、これは子ども自身によって、陽刻へと変っていくし。無理に陽刻に進めないで、子どもの発展にまかせていいでしょう。陰刻が表現として適切な場合もありうる。

下画の作り方

下画は重要な出発点であるから、しっかり描かせる、そうでないと、途中で失敗が多くなる。自分の考えをよく整理すること。必要以上のデテールを描く必要はない。省略すること。単色の場合は黒と白が美しいような組立を考えること。多色刷はできるだけ色数を制約して、色のかけ合わせで効果を出すようにするとよい。色数が多くなるほど画が弱くなる。

木版画は刷りあがりが、原画と逆になるから、版木にじかに下画をかくときはそのことを考えて着物のえりなどは反対に描いておく。

板にじかに描く時は、固い鉛筆で描くと板にきずがつくから筆と墨で描く。

1、初めに、うす墨を板一面にぬっておいてかわいたら、こい墨ではっきりと下画を描く。これは彫りあとが白くはっきりよく分ってよい。ほるのはうす墨のところをほる。

2、真黒に板をぬりつぶし、やわらかい鉛筆で軽く下画をかく。鉛筆の線は光って見えるので、それをたよりに、彫りとるところだけ白い絵具でかきおこす。簡単なものなら白墨で描いてもよい。細いところは、白い絵具の上をさらに墨でかく。

うす紙をはる方法

半紙、みの紙、等のうすい和紙に墨で下画を描き、これを裏むけに板に貼りつける方法。まず、板に糊を手のひらでむらのないようによくねる。ぬったら手のひらでぺたぺた板をたたいてやる。その上に下画を伏せ、まん中から周囲へ貼りひろげる。よく貼りついたら、指につばをつけて、そろそろ紙をこすると、紙がだんだんうすくなり、画がはっきり見えてくる。紙がうすければ、ほるときに刀がよく切れる。

また貼った下画の紙を、椿油か種油でふくと、紙が透明になって下画がよく見えるし、ほりよくもなる。ほり上ったら残った紙は洗ってとる。

○コンテ、木炭の転写

半紙、ざら紙にコンテ、画用木炭で下画を描き、板に水気を与えて下画をふせこすって下画をうつす。コンテ、木炭がおちないように定着液を霧吹きでかけておく。

○クレパスなどでうつす方法

ざら紙にクレパス、ペンテルなど軟質のものでこく下画をかく。板に水をつけせっけんをぬりつけ、水をつけ、せっけん水がぴちゃぴちゃの間に手早く下画を伏せ、新聞紙を一枚のせて、ゆのみの腹かバレンでこすると下画がはっきりうつる

これは一番簡便で子供には最も良い方法である。太いクレパスで下画をかくため、自然に省略が利くので、この方法をおすすめしたい。

別の方法としては、下画を伏せて、脱脂綿にベンジン、揮発油をしませて紙をふき、紙を一枚のせてバレンをかけると板にうつる。

○けんとうのつけ方

板いっぱいに画をほったときは、紙のどこに刷ればよいか、見当がつかない。

とくに紙が大きいときは困る。それで、板の下に、刷る紙と同じ大きさの紙をしいておいて、その紙と刷る紙を合うようにのせる。

もつともたしかな方法は、板いつぱいほらずに、余白をのこしておき、画面からはなして、そこにけんとうをつける。けんとうは紙一枚の高さに、左にかぎけんとう、右にひきつけけんとうをほりつける。ほるかわりに、葉書を切つて貼つてもよい。紙をのせるときは、かぎけんとうのすみに紙の左角をあてひきつけけんとうに紙をひきつけて、紙を版面におろす。

柔い紙、大きな紙は、ふつと息をふきかけると、どんな大きな紙でも、ふわりと平に板の上におちる。

紙の持ち方は、人さし指と中指ではさんで中くぼみにまるく持つと、紙はしやんとしてけんとうに合わせやすい。

絵具について

水性絵具は墨、水彩絵具、ポスターカラー、日本画絵具、なんでもよい。練瓦や石や鉄錆をすりつぶしてニカワでねつてもできる。

油性絵具は油絵具、謄写版インキ、活版インキ、石版インキ（オフセツトインキ）等。謄写版インキは一般的だが、油が紙にひろがるし、乾きがおそいので、油気を抜くとよい。抜き方は、古新聞紙の上でルーラーをころがし、油を吸いとらせる。謄写板インキでは青色がよく使われるが、この青は色感が悪く感心しない。

石版インキは一番良い。これは溶いて使うので経済的でもある。

絵具をつける道具（省略）

試し刷り

版はとことんまで彫るまでに墨で試し刷りをすること。そして効果をよく調べほり直したら本刷りにかかる。

インキで試し刷りすると、ほり直しのとき、手や袖口がよごれるから、試し刷りは水性絵具で行うこと。

刷る道具

刷る道具にはバレンがある。バレンは日本独特の道具で、すぐれた印刷機といつてもいい。自製すればただでできる。

※バレンの作り方

用意するもの。

荷造り用の紙ひも（麻ひも）、竹の皮ボール紙、糊、はさみ。

1、まずはじめにボール紙を握拳が乗るほどの大きさの円に切る。

2、次にボール紙にべつたり糊をつけて紙ひもをボール紙の中心から、きつちりと、うずまきにまいて、はりつける。うずまきの大きさは、ボール紙より一すじぐらい小くしておく。その上を十文字に紙をはる。つぎにこれを竹の皮で包む。（もめんの布でもできる）

3、竹の皮は水またはぬるま湯につけておいてやわらかくする。根元の方は水の中でひねつてやわらかくする。ふきんで水気をよくふき、平な板の上に、竹の皮の表を、花ばさみ、こうもり傘などの丸く太い柄かゆのみの腹で、横にこすり、竹の皮のすじばつた目をつぶす。竹の皮をうらむけにして、その真中に、うずまきを下にボール紙をおく。そして、包みよいように、竹の皮のはしをはさみで切りとり、残つたはしは、少しさいておく。竹の皮が小さければ、切るのは根本の方だけでよい。

4、つぎに竹の皮を、イ、ロ、ハ、ニ、

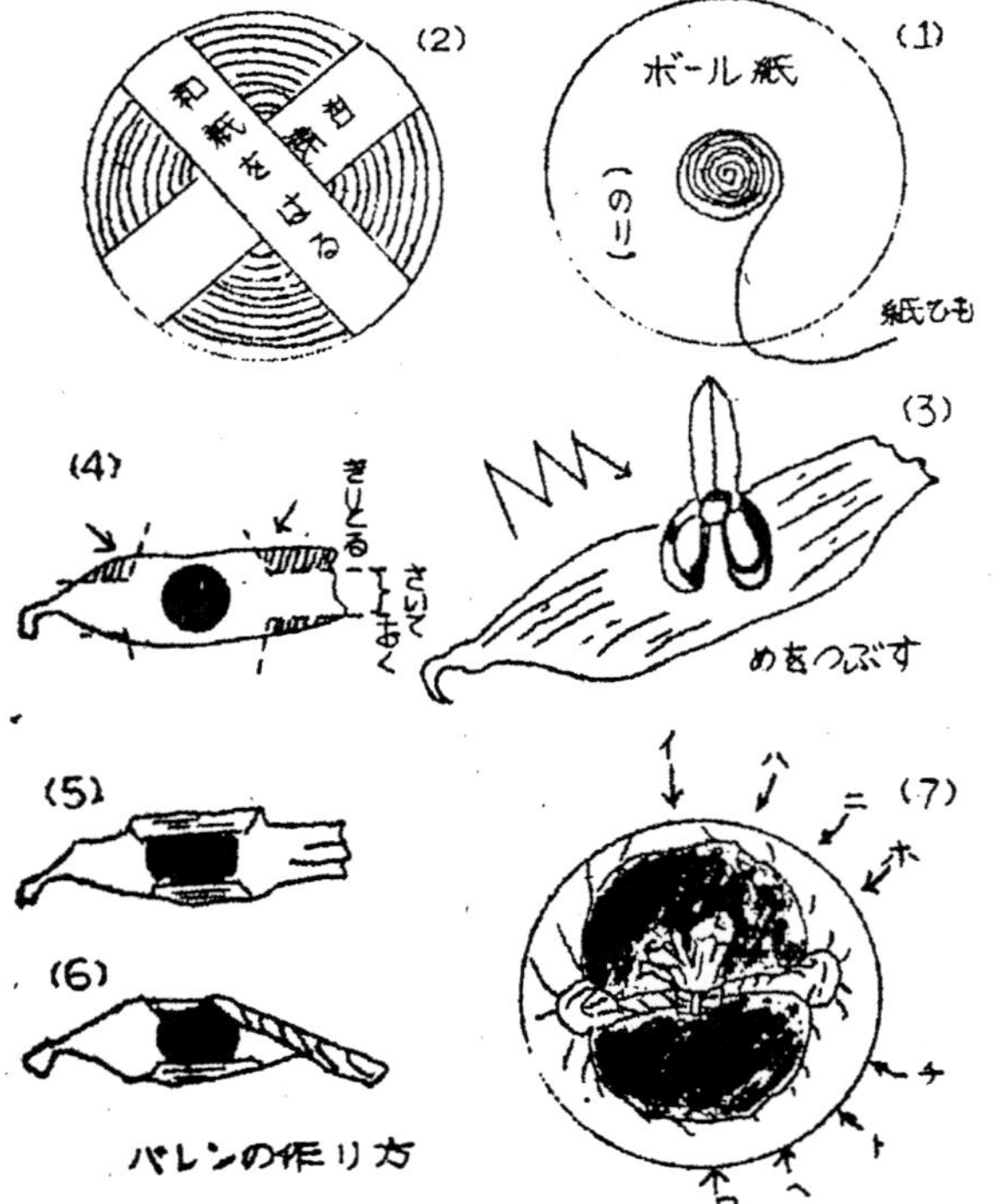

バレンの作り方

ホ、ヘ、ト、チ、と順々にたたみながら、包む。はしは先をつまんで、グリグリ回転してねじると、根元にこぶができる。それをおさえて、右左に竹の皮の位置を変え、残りの半分を包む。はしとはしは、結び合わせてもよい。

※バレンの使い方

バレンは、結び目を手の中へしつかり握りこみ、手首の方に力を入れておさえ輪をかくように、前後に動かす。前のめりに力を入れると、沢山刷つているうちに指の第二関節をすりむいたり、痛くする。その上、版画の彫り角にバレンが突つかかつたりする。腕の力は、手首に一直線に働くのが合理的で前のめりにすると力が屈折するので、手首が非常にくたびれる。

バレンは横になでては利かない。横に動かすときは、肘をはつて、バレンの目が、運動方向に直角になるようにする。

バレンにはほんの少し椿油をぬつておくと、すべりがよくなるし、竹の皮がいたまないバレンの代用としては太竹を半分に割つたもの、おもしろいいれもののセルロイドの蓋等でもできる。

版木に絵具をつけ、紙をのせると、バレンで真中を軽くおさえ、全面を軽くなでて紙がおちついてから力を入れてこする。最初から力を入れると紙が動く心配がある。又、版木ががたがた動くときは

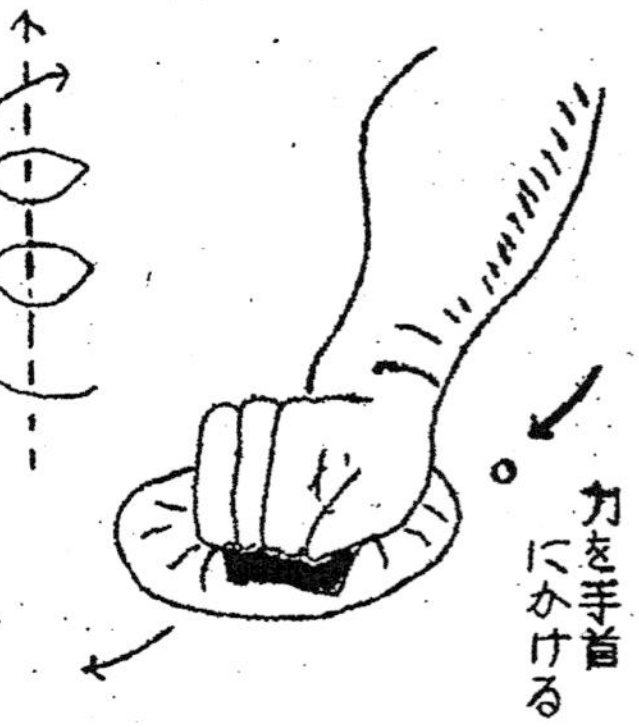

力を手首にかける

下にぬれぞうきんか、新聞紙をたたんでぬらしたものをしいておくと、絶対にすべらない。

刷り方を調べる

どんなに刷れたか、早く見たいものだろうが、すぐに紙をはがさないで、バレンで紙の半分をおさえ、あとの部分をそつとはがして、刷り具合を調べる。よく刷れてなければ、絵具をつけなおしてもう一度刷り、残りもまたつけなおして、刷りなおす。あわてずに刷ることが大切である。

下画、彫り、刷りの三つは各々大切な仕事なので、あせつてはいけない。とかく刷りが一番粗末になりやすいから注意すること。

刷る紙

※水性絵具の場合

紙はたいていのものが使える。厚すぎたり、薄すぎたり、面がざらついたり、かたい繊維がまじつているような紙は刷りにくく、不適当である。木版に適した和紙は、どこでも手にはるだろうと思うが、よい紙を見つけることが大切である。

日本の板目版画は特殊なバレンと紙、絵具、刷毛が密接な関連のもとで発達した。水性絵具には刷毛、吸収のよい紙、機械的なプレッスよりはバレンによる刷りとりが適しているという自然な発達過程であつたし、西洋紙、機械的なプレッスと結びついている。

版画に適した和紙には、奉書、細川、西の内、鳥の子、唐紙、みの紙、障子紙傘紙、半紙その他たくさんある。ざら紙画用紙も使えるし、洋紙は洋紙の特徴が出て、つゆ紙のようなものでも生かして使えば面白い。

※油性インキの場合

インキの時は、和紙、洋紙を問わない細かな面の紙ならば、うすくてもよく、たいていの紙が使える。和紙はインキの時でも、しつとりしてよい。ただざら紙は日がたつと赤くなるので、画の美しさをそこねやすい。

※紙のしめし

厚い紙、固い紙は、しめして使うと使いよく、きれいに刷り上る。広い刷毛で新聞紙に水をはき、その間に紙を二枚位はさんでは重ね、板をのせておもしをする。しつとりとしめりが全面にいき届いた時に使用する。小さい紙なら、古雑誌のページに水をはいて、その間に紙をはさんでおしをすればよい。以上木版について、大体の基本的な事を要約して述べました。

② クレパス版画

ちら紙にクレパスで自由に色を使つて画を描き、せつけん水をぬつた版木にふせて、バレン、ゆのみの腹などでごすりつける。そして色と色の境目を丸刀で彫る。つぎに丸刀の輪郭線の中へ、クレパスで色をぬりわけ、溝の中にたまつたクレパスは、マッチの棒で掃除する。

用紙をのせ、ベンジン、揮発油をしませた脱脂綿で紙をふいて、もう一枚紙をのせて、バレンをかけます。こうすると一枚の版木で多色刷が一度にできる。白い紙でなく、色のついた紙を使うと、白い線が落ちつく。バレンで刷ければ、ゆのみでこすればよろしい。クレパスは水性絵具のように乾くという心配がないから、ゆつくりできる。ベンジン等は引火性ですから、取扱いには特に注意する必要がある。

③硬 土版

硬土版石、石膏板は刀を使つてもよいがきり、針釘などでひつかく方が適している。石をしめして使うと、粉がとばなくて良い。

④瓦 版

土瓦でもセメント瓦でも練瓦でもよい。五寸釘と金づちでこんこん叩きながら彫る。子どもはとても喜ぶ。下に雑巾でもしいておくとよい。時々水につけてしめしておること。粉が目に飛び込む恐れがあるので注意を要する。こわれた瓦の形を、そのまま工夫して版画を生かすこともよく、四角な形にとらわれない方がいい。

墨でする場合は、瓦をしめしておくか糊を少し余計に使うと良い。

⑤紙　版

紙は古葉書、画用紙、古新聞、なんでもいい。はさみで切つても、ちぎつても切出しを使つても良く、それを台紙に貼りつけたり、貼り重ねたりする。紙の他に、布糸、草、等、あまり厚くないものならなにをはつて併用してもよい。

小さい紙の上に大きな紙を被せてもよいし、厚い紙とうすい紙をどのようにはるか、平にはるか、しわにしてはるか、自由です。紙版画はもつとも広く、もつとも自由な性質をもつているので、低学年にも、高学年にも喜ばれる。インキのときは台紙がルーラーにまきつくので、厚目の台紙に貼るか、板に貼ると具合がいい。

紙版は、水彩絵具などでぬりわけてもよいし、クレパス版画のやり方をしてもよく、多色刷が楽に一枚の版でできる。

㈡　凹　版（省略）

㈢　平　版

硬土版に石版用のクレオン、石版用の溶き墨で画をかき、硝酸とアラビヤゴムの溶液をぬり、乾いたら塩水でたつぷりふいて、ルーラーをころがすと、石版インキは画のところだけつく。それをすりとる。硬土版用のクレオンというのがあつて、硬土板をひつかいた線の中にクレオンをぬりこんでかきとり、塩水でふいて、ルーラーをころがすと、クレオンのところだけインキがついてすりとれるという。凹版と平版を両方利用した方法もある。

すりだす版画

㈠　フロッタージュ

自然物、器物、彫刻なんでも凹凸のあるものなら対象になる。木版、瓦版、紙版をフロッタージュしても良いです。クレオン、クレパス、コンテ、鉛筆、木炭などでこすり出すことができる。

㈡　魚　拓

これは正確にはうつしとる版画であるが、拓本の中に入れられている。魚のぬめりをよくふきとり、墨をぬり、和紙をのせて、ブラシでよく叩いて、魚をうつしとる。目玉は描きこむようにする。

実物版画

これはあらゆるものが使われる。方法としては、押捺、刷り出し、吹きつけなど色々の仕方があり、これを組合わせると面白いものができる。

うつしとる版画

㈠　デカルコマニー

水をあまりすわない洋紙（画用紙、つや紙、印画紙等）を折りたたんでひろげ折目に絵具をおとしてまたたんでおさえると、折り方により左右均整、四方均整、左右連続などの面白い画ができる。これは計画的に折目の片側に画をかいて合わせ刷りをすると面白い。

㈡　油流し

洗面器かバケツに水を入れ、絵具、染料を溶き油をおとすと、水と油の表面張力の差で、美しい模様ができる。その水面に紙をそうと浮べてうつしとるのである。装幀その他の図案学習に役立つ。

その他種々の方法があり、応用発展として色々と考えられる。

表紙絵の説明

あらゆる人間生活における生きる苦悩と、喜悦を端的に灰色の濃淡と形によつてくりひろげたわけで…。斜の太い線は苦悩を表わし、円は喜悦と休息を意味させ、そして中央部の黒い線は強く、正しく、生きるために、あくまでも意志強固でなければいけないということなのである。

筆者　読谷中学校教諭　石嶺　伝郎

学校種別　教科（科目）別にみた平均得点　　（1958年9月実施）

	小学校		中学校		全日制高校		定時制高校	
	全国	沖縄	全国	沖縄	全国	沖縄	全国	沖縄
音楽	54.6	41.4						
図・工	56.6	41.7						
家庭	52.7	39.9						
職家			41.2	31.9				
英語			44.4	31.5	P 49.4 Q 31.1 R 19.3	33.7 12.7 —	24.0 17.0 15.3	18.4 8.9 —
保健					38.9	31.3	31.8	20.1
体育					41.2	28.1	31.1	25.1

目的に應じた読みの指導（六年）

……研究教員報告書の中から……

大嶺　弘子

六年生になると目的に応じて、それに適した読み方が出来る。ということは、つまり読みの一応の完成の段階ということを意味しています。そして読む材料を効果的に理解するための数多の能力を適切に速やかに組織する能力を養うことを意味しているのかも知れません。

しかし、私はその方が便利であつても分解と組み合わせ的な考察には同意できません。能力は、原子、又は分子であり一度化合した物体（化学変化を起した物体）は、各々にその機能を有し、適切な用途があるものです。私は、そのような能力の適用を計つて学習の目標を定めていきたいものだと考えています。

何といつても教育の意義は素地作りにあります。その作られた素地の効用は使用されることによつてのみ表われてくるものです。即ち、機会を多く与えて練習させることこそ、能力を高める唯一の道だということなのです。

読むことは強制であつてはなりません。ゆえに読む機会は児童の必要によつてのみ得られます。その必要は、目的をもつことから生じ、目的は問題をもつことからたてられています。この問題も漠然とした意識の中から生まれるものではないのです。このように辿つてみれば結局、児童に生活の中から問題（軽重を問わず、ごく自然な）をみつける心構えを整えてやることから導かなければならないことがわかつてきます。

書かれている中の事実と意見とを判断して読む

それも読解の一方法で、いわゆるベンドレーのサマリーとシーンのとらえ方ということになると思います。情景やことがらを述べてある所と、意見や説明風な記述の面がおよそその文章にあるものなので、それをとらえることにより、作者の意図（―そのことがらは何のために述べられているか。とか話材の適用の意図1）がはつきりしてくるし、文章の構成もあきらかになつてきます。そのとらえ方は「具体的な記述と抽象的な記述」とか「場のようすを書いたところと自分の考えが述べられている所」などの見分けがつけばたやすくとらえるものだと思います。

「南極の話」の一部

「ちびのアデリーが一わ、船内に連れこまれた。自分の十倍もあるような、見ず知らずの大入道に取り囲まれながら、アデリー君は、ちつともおびえない。小さなからだをますますそつくりかえらせて、負けじとはり合つている。このけなげさに私達は、大笑いして喜んだが、又快くも感じた。私達自身、むやみに自己をいやしめたり、必要以上に、他人や権力にへりくだることは、かえつて、人に軽べつされ、相手にされなくなることだということを、このアデリー君から改めてまざまざと教えられた。」

この文章からみても、前のことがらは後の意見の観点にたつて観察されたものになつています。つまり、「むやみに自己をいやしめたり…。」が「アデリー君はちつともおびえない。……まけじとはり合つている。」ように見せていると考えられるのです。表面の上では、事がらがその意見を導いたように見えても、心内に見方を導く素地が整うのが先行するのだと考えます。又、文章に記述した意図はやはり作者の思想の方向によるのであろうから、事がらや意見の関連をとらえることは、主題に結びつくことになつてくると考えることができます。

要点をぬき出したり。全体を要約すること

一九五八年度

教育十大ニュース

教育四法の公布（一月）

立法院で二度も通過して廃案になつた教育四法（教育基本法、教育委員会法、学校教育法、社会教育法）も三度目にやつと日の目を見て一月八日公布された。この立法の施行によつて名実ともに「日本国民」として教育が明確にうちだされた。

普通高等学校に職業教育課程の設置（四月）

高等学校卒業生の約七〇％が就職するとあつて、職業教育充実のため、四月一日から各公立高等学校に職業課程が設置された。今後の職業教育の充実が期待される。

文教局長の更送（四月）

前局長真栄田義見氏の後任に四月三日の中央教育委員会は当時の次長小波蔵政光氏を推せん、五日に主席から任命された。又、これに伴い次長には琉球育英会副会長だつた阿波根朝次氏が任命された。

沖縄教職員共済会宿舎の許可（四月）

沖縄教職員共済会長屋良朝苗氏の尽力により文部省、大蔵省と折衝文章の背後にある主題（ねらい、意図）に即して、段落や文章のいくつかの要点をぬき出し、それを縮約してとらえることを言っているものと考えられます。つまり要旨のとらえ方、それにおよそ、次のような順序が考えられます。

1　文章全体の流れを深くみつめながら現在の段落の位置を認識し、その段落を構成している文をいくつかのブロックに分け、各ブロックの中心となる要点を見出し、それらの要点を比較して重要であるものと、ないものとをふり分け、かつ、それらの相互関係をつかんで簡潔にまとめて、各段落の要旨をとらえます。

2　さらに、各段落の文章の要旨を比較して重要であるものと重要でないものとをふりわけ、かつ、これらの相互の関係をつかんで簡潔にまとめて、文章全体の要旨をとらえます。

そこで、大意と要旨は、同様に判断要約の力を必要とし、よく似ているが大意は、通読（ざつと読む）の方法によつてとらえられ、要旨は、精読（しらべ読み）によつてとらえられる所に根本の相異があります。

なお、文章に即して正しく読むと、文章は味わつて読むは、既述の項の発達の段階にとらえるようにして、説明を省略します。

なの花と小むすめの指導計画について

一　題材の研究

1　文学作品としての童話の鑑賞、とくに人物の心の動き、交流などを表現に即して読み味わう。

2　日本の代表作家の作品に多くふれさせ、よい文学をわからせ、味わつて好ましい読書意識を誘発していく。

3　童話のフィクションのおもしろさが六年あたりではわかつてくる。特に情景・行動・性格などをかなり的確につかんで、豊かな想像力をはたらかせることが可能になっている。そして作者の意図・主題をとらえてかなりの長文を読み通せるように導いていけると思う。

4　鑑賞はおしつけにならぬよう、各々の心に受けた感銘を尊重しなければならない。なお、「悪い環境では、物は育たない…」という教訓的なものを取あげるのも慎しむべきであろう。

5　それを機会に、童話創作意識を育てて、自分の生活の中から取材した簡単な創作も試みてみるとよいと思う。

学習指導の組立て

（題材）　（目標）

なの花と小むすめ —（鑑賞・創作）—
- 1　最初の読みの印象をとらえて発展活動を予想する
- 2　人物の性格、行動、心理の推意を読みとる
- 3　情景の描写を読みとる
- 4　主題をつかむ
- 5　作品に対して意見を述べる
- 6　味わつて音読する
- 7　感想をまとめ生活の中から取材して童話を創作する

— 理解　批判　鑑賞　創作

表現について

・対話や行動の描写から心情をさぐることができる。

・長いセンテンスの、修・被修への関わりを適確にとらえる。

「やがて夕日が新緑のうすい木の葉をすかして、あかあかと見られるころになると、小むすめは集めた小えだを小さい草原に持ち出して、そこで自分のせおつて来た

の結果約二千万円（B円）の補助を得て、共済会宿泊所の設置が実現されることになつた。これで教職員の福利厚生の面に貢献するところ多大敷地は那覇市内「新陸タイピスト学院」の隣り空地に決定

へき地教育振興法の公布（九月）

教育の機会均等の立場から立法院で全員一致で可決、九月二十六日公布、一九五九年七月一日から発効、この立法によつてへき地学校の教員住宅、設備備品の充実等が期待されよう。

文教審議会でドル切替え青少年問題安全教育問題について答申（九月）

九月十六日に突如として全島を風びしたドル切替えは教育界にも一大関心事となり、ドル切替えと教育について主席に答申、教科の取扱についても慎重を期した。なお青少年非行、安全教育についても政府として強力に推進すべきことが答申された。

大浜信泉氏早稲田大学総長に再選（九月）

九月二十四日に早稲田大学大隈講堂で行われた全大学総長選挙において百三票の絶対多数の得票で郷土出身大浜信泉氏がみごと第七代の総長に再選された。沖縄の青少

あらい目かごにつめはじめました。」
「ある晴れた静かな春の日の午後でした。」など。

・複文を単文に直して考えさせる。
・細やかな描写に目を向けさせる。

以上総合能力として読解力について説いてきましたが、それは、今までの実践の上から常に思い煩つていたことでありながら、組織立てて熟考してみることもせず ただ 実践に試みたりするだけでしたので、このように一応立ち直つて考えてみても、踏出しから問題ばかりで考えは鎖られがちでした。でもようようこれで踏み出しのめどがついた感じです。実際教壇の上で、児童に直接反映させながら省察を進めていきたいと考えています

なお、その体系の考え方のまとめとして西尾先生のおことばをお借りして結びたいと思います。

「鑑賞・解釈・批評（諸能力の代表として考えました。）をそれぞれの方法として考えるにしても、また立場として理解するにしても それは実際においては孤立した 作用で はないということである。従つて、それぞれの方法体系として跡づけられるにしても、立場の発展として定位せられるにしても、われわれの具体的な意識活動としては、そのすべてが有機的に結合していると考えなくてはならない。何となれば、われわれが一つの詩なり、小説なりを読む時の意識は、けつして単なる鑑賞でもなければ、解釈でもなく、また 単なる批評でもない。鑑賞意識も解釈意識も、批評意識も同時に働いているのがその真相であるから、そしてまた、われわれが特に一作品の解釈的操作に努力し、又は批評的考察に集注する場合を省みても、それは決して解釈だけが遂行せられるものではなく、それによつて鑑賞も深まり、解釈も確立し、批判も発展する というのが 事実であるから。」

学習活動の形態と評価について

「活動を考えるにしても、『国語の時間の』活動とか『国語学習的』活動という前に、具体的なある特殊な学習経験を考える。例えば、一心に問題を解決しようとしている時、真剣に話し合いをしている時、何か創造的な活動にわれを忘れている時等に、国語学習の場を見出すのである。」

そして倉沢先生は、国語科の独自性とは、従来のような国語科、国語科をいわないことである。―と結んでおられる。

それは教科の学習意識に心を奪われ、力みすぎて、大切な生きた活動を、窮屈な型はめに豹変させ、児童を萎縮させてしまうことになり易いことへの忠告として、受けてよいかと思います。

とにかく、私達は最大の関心と注意を払う上にも 児童の自然な生長 伸び伸びとした心情に重しをかけてしまわないように留意すべきでありましよう。学習指導は、場に即して、次のように実施されなければなりません。

1 児童生徒の学習活動を、なるべく広く豊かな範囲において予想し、必要な資料を整え、適切な暗示を受けること

2 児童生徒の実態を正しく観察し、忠実に記録し、反省すること。

つまり、学習活動を促進させるめどや基準となるものは、児童の実態にあります。彼等が何を要求し、どんな問題を負い、どんな能力を必要としているかを見究めることです。それを評価といつていますが、そのような事前評価が、評価の本質とならなければならないと考えます。そして、学習後に行う学力測定評価は、結局は学習活動の進め方について、又は指導の方法についての反省となり、次後学習への計画の素地となるものでなければならないと思います。

その方法については、既にさまざまな方法が用いられ、次第に妥当性の高い客観テスト法が編み出されていますので、それは専門家にまかせて、その有効な使用のしかたを教師はしつかりわきまえておくようにしなければならないと考えています。

総て概念論になつてきましたが、「意識は必ず活動に表われる。」ことを信じて実践に真実をもつて進んでいきたいものと思つています。（壺屋小学校　教諭）

年に未来の夢と希望を大きくあたえることだろう。

教育区に社会教育主事の設置（十月）

社会教育法 第十一条 の規定 により、また市町村長会および各種団体（青協等）の要請もあつて、十月から教育区に社会教育主事が置かれた。現在、南大東伊良部、伊是名等のへき地の教育区を優先に大きい教育区にも配置され、これで社会教育の面もいよいよ明るくなる。

教育職員免許法、同施行法の公布（十一月）

五八年十一月十日公布、五九年四月一日から施行、これで従来の「教員、校長および教育長免許令」に替り教育職員の単位認定講習や勤務年数と単位読替制がみとめられ、教職員の資質の向上がなお一層約束される。

中央教育委員会の選挙（十二月）

十二月六日に選挙が施行され、新委員に喜村清繁、国吉有慶、伊礼肇新垣茂治、石原昌淳、宮城久隆、幸地新松の七氏が初の公選、従来の主席の任命制から区教育委員による間接の公選制となり、今後の教育が一層強化推進されよう。

各種樂器の発達変遷（その2）

名護高等学校　崎山　任

〔鍵盤楽器〕

鍵盤楽器の種類

鍵盤楽器には、オルガン、ピアノ、クラブイコード、ハープレコード、ヴアージナル等がある。

オルガン（Organ）の発達

オルガンは鍵盤楽器中最大の規模を有するもので歴史もまた古い。

オルガンはギリシア神話にある「パン神の笛」から発したもので、それから8本の管を音階的に並列して口で吹く「口オルガン」 **Mouth-Organ** ができた。

それがさらに発達して、幾つもの管に適当に水を入れて音階的に並べた「水オルガン」Water-Organ となり、次第に音域を加えていつた。8世紀頃になつて管に空気を送つて音を出す組織となつて、イギリス、フランス、ドイツにほとんど同時的に種々のオルガンができた。そして10世紀までに、特にドイツにおいて急速な進歩をしたのである。

笛に空気を送るに動力を使うようになつて二つの方法が考えられた。

その一

フイゴから直接送風するので風力オルガンといわれ、これは今日もそのまま行われている。

その二

水槽にフイゴで風を送つて水の圧力を利用するように工夫されたもの（ヒドラウス）がある。

この方法が発明されたのは紀元前 3世紀のことである。その後中世紀まで続いたようである。それ以後水力オルガンのことは全く忘れられていたが、1885年カルタゴの發きよから土製の水力オルガンの 20cmばかりの模型が出てからその正体がわかつた。

笛の発展

パイプのもとは芦であり、竹であつたがその後木の管そして 3世紀頃からは鉛や銅、真鍮等が用られるようになつた。

教会とオルガン

教会に正式にオルガンが用いられたのは、7世紀である。

当時のビタリアン法王が聖歌を正しく 歌うためにオルガンを 使うことを奨励した。

その後8世紀には、イギリス、フランス／9世紀には、ドイツ　にも作られるようになつた。

当時のオルガン

半音を出す、黒鍵なし

鍵の数……2オクターブ～2オクターブ半位、

鍵の巾　今日のものの二三倍もあり、指でちよつと押すだけではなくびくともしないので、げんこつでなぐりつけるように演奏したという。

それでオルガンを弾く人をオルガン打者といつた。

鍵盤の発達

11世紀になつて、イとロの間に変ロの鍵盤が短くつけられるようになり、今日の黒鍵の始まりとなり、さらに13世紀の終り頃には、全部の黒鍵がつけられた。

この間に、一つの鍵 に1本であつた 笛は 2本となり、3本となり、4本とだんだん増しオクターブ高い音やオクターブ低い音もつけられるようになつた。

12世紀の初めにはストツプ（音栓）が発明され、足の鍵盤まで作られるようになつた。

電気オルガン

15世紀には大体今日のオルガンのように手の鍵盤が二段、足鍵盤が一段笛も数百本の大オルガンが作られた。19世紀には、鍵盤も3オクターブ位のものから5オクターブにも広がつてきた。

オルガンの革命的変化ともいうべき、電気を利用するオルガンに成功した。

フイゴを風で動かすこと、

鍵盤と笛との連絡を電線でつなぐこと。

その他のオルガン

ポルタテイーブ（Portative）

14世紀～15世紀の絵に見られる小型のオルガン

片手でフイゴを押しながら片手で鍵盤を押すもので今日のアコージヨンにあたるもの。

ポジテイーブ（Positive）

室内に据えつけられるもので洋服タンス位の大きさに作られた小形のパイプオルガン。14,5世紀から18世紀頃まであつたという。

レガール（Regal）

15世紀頃に作られたもので笛の代りにリードを代用したもので今日のリードオルガンの前身をなすもの。

19世紀になつて、ハルモニウム（Harmonium）やアメリカオルガンのような現代のリードオルガンとなつた。

純正調オルガン

倍音の性質と音色を研究し、原音に対してこれらの倍音は自然協和音であることからこの比率をもつて作られた調を純正調という。

この純正律をもつて、あらゆる調に、転調の可能なオルガンを作ることが19世紀の末に、多くの学者によつて試みられた。これが即ち純正調オルガンである。

ハモンドオルガン（Hammond Organ）

ラジオでおなじみのオルガンである。これは1935年 4月にシカゴのローレンス、ハモンドによつて発明された電気オルガンである。

発音原理は大流電波数を音にかえるもので、鍵を押すと、マイクロフオンに電波が入つてその音を抱えて、スピカーで増幅するようになつている。音が交流電波によつて作られることになつたので、最近この原理によつて微分音程（半音より微細な音程）を自由につかう電子音楽というものが試みられている。

ヤマハ、オルガン

明治20年に浜松小学校に米国製オルガンが購入されたが同年7月に破損した、山葉寅楠（嘉永4年～大正5年）　その修理をしたがこれが寄縁となつてその後苦心の結果これと同様なものを作り、更に東京音楽学校で楽理を学んで完全なものを作り上げた。（明治21年3月）30年9月には日本楽器製造会社を創設し、渡米してピアノ製造を研究し今日の盛況を呈している。

オルガンのもたらしたもの

1、ヨーロツパの音楽はオルガンの発明によつて今日のように世界最高の音楽になつたものであることを知らなければならない。

2、日本や中国その他アジアの音楽はメロデイー音楽であるため和声をもつ音楽がなくて、西洋だけにそのような音楽ができたということは、オルガンの発明のおかげだといえる。

3、鍵盤の発明によつて簡単に音を組み合わせる工夫を考え、そのことから音の調和が音楽の主要な問題となつた。

こうして音階や音程のことが詳しく研究されるようになつたのである。

4、ハープのような弦楽器にオルガンの鍵盤を利用することによつてピアノのような優ぐれた楽器が発明されたのである。

オルガンのために名曲を残した作曲家

バツハ……フーガとか、トツカータ等はすぐれた曲として有名

ヘンデル…オルガンと管弦楽の協奏曲（変ロ長調）、及同（ヘ長調）

その他……メンデルスゾーン、フランク　リスト、サンサーンス等

ジロラモ　フレスコ　バルテイ（1583～1664（伊）……オルガン奏者で名高い。

ピアノ（Piano）の発達

。ピアノが現在のようになるには幾多の形を経てきたのであるが、現在のような形になつたのは1800年である。

・ピアノの前身は初期のキリスト教時代から次第に発達したオルガンの鍵盤を各種の中世紀の楽器に用いたのがその起りである。

・現代のピアノと同じ作用をする鍵盤は 14 世紀或はそれ以後に使われたようである。15世紀になつて今のような組立てや働きをするようになつた。

・そう変遷していくうちにいろいろな鍵盤楽器を生み出した。それを総称して、クラビールスという。

クラビールスは二種類ある｛ハープシコード属／クラヴイコード属｝

・最初にこの種の楽器を使用した音楽が盛んになつたのは16世紀のイギリス（エリザベス朝1558～1603治世時代）である。
この時代は女王を始め人々はそれに熱烈な関心をもたれ、特に女王はすぐれた技能をもつた演奏をされたという。当時イギリスで一般に使用されたこの種の鍵盤楽器はヴアージナル（Virginal）、別名スピネット（Spinet）であつた。（卓上で使用される小型のハープレコード属楽器）

・イギリスでは当時ヴアージナルの演奏やそのための作曲家としてウイリアムバード（1543～1623）ジョンブル（1563～1628）等が出た。これらの音楽家を一般にヴアージナリストと呼んでいる。

17、8世紀

イギリスのヴアージナリストから後 100年を経た17、8世紀を通じ、イタリア、フランスをはじめ最後にドイツもハープレコード、クラビアコードの音楽が盛んになつた。

・フ　ラ　ン　ス
フランスは特にルイ王家の華美な趣味を現わした特殊の音楽が、ハープシコード用に作られた。フランスではハープシコートをクラブサンといい、そのグループをクラブシニスといつた。
その代表的作曲家　クープラン（1668～1733）…ルイ14世のおかかえ音楽家ジヤン フイリツプ ラモウ（1683～1764）

・イ　タ　リ　ア
イタリアのクラヴイール音楽家は初期ではオルガン演奏者を兼ねていた。

ドメニコ、スカルラツテイ（1685～1757）はクラヴイール音楽の確立者として名高いが彼はオルガンの演奏に見られる対位法的技法を脱却して、ハープシコード特有の技巧をうちたてた最初の音楽家である。それで彼を「ピアノのテクニツクの父」と尊称されている。

・ド　イ　ツ
ドイツではクラヴイール音楽に興味を持つた最も尊い音楽家は、ヨハン、クウナウ（1660～1722）であるが彼はライプチツヒ聖トーマス教会のオルガニストとしてバツハの先輩であり、又イタリアのクラヴイー音楽の伝統をドイツに導入した最初の楽人としてその功績を忘れることのできない人である。
ドイツでクラヴイール音楽に偉大な成果をあげたのは
バツハ（Bach Johann Sebastian 1685～1750）
ヘンドル（Handel Georg Freterick 1685～1759）｝の二大楽聖である

クラヴイコード（Clavichord）

・クラヴイコードは 鍵盤楽器中最古のものの一つで、長方形の角形の小楽器である。これがいつからできたか明かでないが、中世紀の歌手が声の音の音程を定めた楽器モノコード（monocord）から発達したものと考えられている。

・14世紀末から16世紀にかけて広く愛用されたが、それ以後はこれがあまりに微少なボリユームしかもたないので演奏会に適せず、全く使用されなくなつてしまつた。

・真鍮又は鋼鉄の弦をタンジエントと称する金属製の片でおさえて音を出すが、そのおさえる位置によつて弦の長さが違うから、一本の弦で数種の音を出すことができる。従つて弦の数は鍵盤数より少い。

・バツハの「平均率クラヴイア曲集」や「半音階的幻想曲とフーガ」はこの楽器のために作曲されたもので、バツハは鍵盤楽器中でクラヴイコードを最も愛していた。それはクラヴイコードが鍵盤を押して、手を離すと直ぐ音が消えるので音の混合がなく、又細かいトリル（だん音）装飾を美しく出すことができるために、複音楽の表現に適するからである。

・クラヴイコードは2フイト半から5フイートに至る短形の箱におさめられて、最初は机の上にのせて演奏したが、後にそれ自体の脚をもつようになつた。

・最も古いクラヴイコードは鍵盤の数は22あつて全音階のものだつたが、後年半音階のものができて鍵盤器の数は増した。

• バッハ時代にはクラヴィコードの音域は4オクターブまで拡げられ、その後5オクターブが作られた。鍵盤の色は現在と反対の黒色であつた。

ハープシコード (Harpsichord)

別名称 { 伊＝クラビチエンバロ、　仏＝クラブサン、独＝クラビチエンバル
小型＝ヴアージナル（又はスピネット）

∘ 現代のグランドピアノに似た翼型をしている。鳥の羽の茎又は硬い革の小片で弦をはじいて音を出すのでその音は鋭く明せきであるが、音の強弱が自由にならない欠点がある。

∘ それで二段鍵盤にして、下段が強音、上段が弱音とした二段鍵盤のハープシコードがバッハ時代に盛んに用いられ、さらに脚用鍵盤や弦が増加されて音の変化が豊富になつたが音量の増大が望めぬために18世紀末で演奏会では用いられなくなつた。

∘ 17、8世紀では最も愛用された時代で、イタリアのドメニコ、スカルラツテイ（1685〜1755）、フランスのクープラン（1668〜1733）とラモー（1683〜1764）とダカン（1694〜1772）、ドイツのバッハとヘンデル等はすべて大多数の鍵盤曲をこのハープシコードのために書いた。

∘ モーツアルトの頃までの合奏は、指揮者がこの楽器で通奏低音を奏しながら指揮したといわれている。

クラヴイールスからピアノへ

∘ クラヴイコードとハープシコードとは音の強弱が自由に得られず、しかもボリユームが乏しいので、演奏会用には適さないので、この欠点を補つた鍵盤楽器を必要とした結果、この全楽器から発達した「ピアノフオルテ」Piano Forteができた。

∘ ヘンデルやバッハは強弱の自由に得られない楽器を用いて作曲したのでその楽譜には強弱記号がついていないが、ピアノが発達したモーツアルト以後では、この記号をはつきりつけるようになつた。

∘ ピアノはイタリアのクリストフオリ（1665〜1731）によつてはじめて1709年に完成された。

∘ クリストフオリはハープシコードが弦を引掻いて音を出すのとは違つて金槌をもつて音を出す装置にしたので指の触れる鍵に加えられる力の強弱によつて、自由にボリユームの増感ができるようにした。

この時代のピアノは今日の「グランドピアノ」と同じく弦は水平に鍵と一列に並んでいたのである。

∘ その後ピアノ製作はイタリアからドイツに継承されたが、18世紀中頃にドイツは7年戦争のために安定した生活ができず、大方イギリスにおもむいた。ここでもいろいろと改作されたがスコツトランド人のブロードウッド(1732〜1812)によつて大いに改善され、ピアノが一般家庭楽器となつた。

∘ このピアノはボリユムが非常に多く、鍵の抵抗も割合少くて、どんな速度でも弾けるのが特徴であつた。あまり大きくないこのピアノを、48才の時贈られたベートーベンは非常に歓喜したといわれている。

∘ さらに進んでウインでは 非常に進歩したピアノが製造された。即ちシタイン（1728〜1792）の製作したピアノで、今日何々シタインの名のついたピアノはウインナ型を示しているのである。

∘ イギリス系は対立したピアノでその特徴は

イギリス系　音量において優る……モーツアルトが用いた。ピアノ曲は軽快。

ウイン系　鍵の動作の機械的装置ははるかに軽い…クレメンテイ（1752〜1832）ピアノ曲は豊かな音と力強い効果あり、

∘ フランスのピアノは18世紀末にエラール（1752〜1831）によつて製作され、華やかで軽快な又繊細な音色をもつた特殊なピアノとなつた。

∘ 大体今日の優秀なピアノはすべてこの諸系統に属する。

∘ ピアノは翼形と竪形があるが後者はアメリカで創案されたものである。

∘ 初期のピアノ音楽は 純粋にはバッハの息子たち（エマヌエル、バッハ1714〜1788やクリスチヤン、バッハ1735〜1782）に「ソナタ」から確立して、クレメンテイ、モーツアルト、ハイドンを経て、ベートーベンにいたつて管弦楽の縮図の如きものにまで発達した。ベートーベンの32曲の「ソナタ」はピアノ音楽の宝典であるといわれている。

ピアノ音楽に特色のある作曲家

∘ ショパン

ピアノのための美しい音楽を作つた（ピアノ詩人）

• リスト

ショパンの美しいピアノ音楽をさらに発展させピアノでオーケストラのような効果をあげた。（ピアノの哲学者）

集團少年工職場訪問

仲間智秀

十一月九日に道徳教育の講習会を終え、大阪京都方面に就職している久米島具志川中学校卒業者の職場視察をしたので、子どもたちの、現況や職場からの所見を申し述べることにします。学校における職業教育や家庭の方々に幾分なりともご参考になれば幸と存じます。

○十月十二日　日　晴天

大阪市長堀区長堀堂（文具卸商）訪問

子どもたちの声（仲田、宇江原両君）

1 大阪語が聞きとれないで困つた。

2 自分のことばがまずいので今でもおじおじして充分に物が言えない。

3 あいさつのことばでも即座に出ない。学校で「あいさつことば」を教えてもらいたい。

4 暗算がおそいのでお客さんに無駄な時間をかけさせて失礼になつている。暗算と珠算はうんと教えてもらいたい。

5 この頃ではオートバイで文具の配達もできるようになつた。

6 主人が大変かわいがつて下さるのでいつまでもここで働き一人前の店を持ちたい。

7 母校からもつと弟たちを呼びたい

雇傭主の声（岡田芳氏）

1 私は四国の者で終戦により朝鮮から引き揚げ「無」の状態から今日を築きあげた。

2 大阪商人と立つ苦しさを知つているのでこの子たちの立場にも同情し、激励している。

3 父が朝鮮時代に久米島の吉浜さんと懇意であり、田舎の子どもを使うなら久米島の子がよかろうと勧めたので吉浜氏を介してこの子たちに来てもらつた。

4 真面目で素直な子たちであり、私もこの子たちを育てて大成させたいと思つている。

5 この子たちのようならもつと沖縄の子を使いたいと思つている。

6 家族が父、妻、娘と四人なのでこの子たちと六人で家族同様の生活をしている。つとめて「主従感情をもたさないように」と努力している。

7 大阪では八時間労働では絶対に食つていけない（このことは超過労働を強いるという意味ではない）

8 どこの職場でも超勤による手当は出しているが、大切なことは、職場を自分のものとして共に（主人と）働くのだという心構えが必要でありその心持ちが一段と信頼度を高めることになる。

9 母校や父母及び吉浜さんに安心して下さるよう申し伝えて下さい。

大阪在住沖縄出身の(実業界)の方々の声

1 沖縄からの子はパン工場では無理でないかと思う。

2 この頃の青少年は忍耐力、精神力自主性が弱い。自分で切り抜けて力強く生き抜く心構えを育ててほしい。

3 現在の社会状態で八時間労働で食えると思つたら当がはずれる。

4 青少年に自分以外にたよりなしと信念づけてほしい（先輩をあてにするなという意味ではない）

5 沖縄の人は金をためる工夫と努力が足りない。底のないつるべで、底のある桶に水を満たすことはできる

6 就職工でも留学生でもよい、沖縄から子どもたちを送り出したら在阪先輩にその住所と氏名を必ず知らしてもらいたい。

（以上、安里太次外五氏との懇談）

※汽車の中で何かを読んでいる姿、読書意欲というより、向上意欲だと感じた。

○十月十五日　東京視察

在京先輩の声

1 社交エチケットとしての礼節を充分心得てもらいたい。

2 沖縄の苦痛と努力によつて日本本土の安定があるので常に自負心をもち対等の立場で旅行も接触もしてもらいたい。おじ〳〵の態度でことさらに少さく、首を低くする必要はない。卑下感を捨てよ。

3 郷里の子どもたちを送り出したら必ず知らせてもらたい。

4 留学等はよく子どもの性格と能力を知つて送り出してもらいたい。さらに家庭の経済力とも考え合わせ。親の面目等といつて無理をしないように希望する。

5 都市には魔の手が多いのでいつでも在京子弟の動勢を連絡してもらいたい。

6 研究教員は中央部だけに送らず各

府県に配置できないものか。沖縄紹介にもなる。

○十月二十一日　火　晴

京都市綴喜郡八幡町岩田の山田工場訪問金糸工場であり経営主山田友三郎氏

子供たちの声（山里、名城両嬢）

1　初めは大へん淋しかつた。

2　糸つむぎは全く初めての仕事なので困つた。今では大分なれました。

3　ことばが順調に出ないのでおじおじした。話すことはできるがおとなのことばは聞きにくい。

4　姉さんたち（先輩工員）がていねいに教えてくれる。

5　初めはやめてしまおうかと思つて大阪へ行つていたが従姉にしかられてもどつて来た。工場に大変ご迷惑をかけた。

6　この頃は大へん良い仕事だと思つている。つゞけて働きたい。

7　母校から妹たちも呼びたい。

工場主の声（山田氏）

1　馴れない仕事でもあり、遠方からの子なので同情して指導している。

2　沖縄からの子たちは家の二階を宿舎にして家族と同じ生活をつゞけている。

3　一ケ月も立たない内にN子の叔父が三人を引き取つて困つたがこの二人はすぐ帰つて来て真面目に働いている。

4　この頃N子も職業安定所を通じて当工場へ帰りたいと言つて来ている。

無理な仕事であり、無茶な取扱いをしているならともかくだが、来て間もなく、知り合いや親戚が中にはいると言うことは考えものだと思う。N子から親戚の方がどんな報告を受けたかは知らないが、現場も見ないで一方的に解して速断されては困る。職安所も当工場も迷惑である。

5　就職と同時に健康保険はかけてあり、一ケ月二回は日曜を利用して家族と工員が一緒に遊覧に行つている。

6　あと二、三名は入るので沖縄の子たちがほしいと思つている。

この山田工場は京都名産西陣織の原料糸を精製している工場で山田金糸工場と呼んでいる。工場内も清潔でゴミも立たないし、工員も二十名位でしかも美しい色とりどりの金糸をつむいでいるので、工員の保健の上からもまた精神衛生の上からもよい仕事である。「母校や父母に見せてあげたいから」と製品金糸の見本を希望したら素材から製品までの色ごとの見本を一包みくださつた。

ちようど工場訪問中に琉球物産大阪斡旋所の方からN子がわびて帰りたいと申し入れがある旨の通信が届いた。山田氏は私にどうしようかと相談した。工場の都合さえ悪くなければN子を再び呼びよせて育てて上げてもらいたいと、お願いした。工場主任も作業中の両名を呼んで二人の意見を聞き、呼びよせることに決意した。十一月四日大阪斡旋所の田中良篤氏から私宛に届いた通信によればN子も十一月一日付で山田工場に再就職したとのことである。

この工場の事や仕事のようすを家族の方々にお知らせするときつと喜ぶことと思う。

とてもきれいな品物を作る工場だから喜んで働き、N子が帰つたら三人で一生けんめいに働いて主任のご恩に報いてもらいたい。見習工の間は金を送るなどということは考えないように…と二人の子を激励した。

両娘たちが就職以来初めて郷里の方の訪問を受けたというので涙ぐんで喜んでくれた。

以上の事情についての私見

1　**都会へあこがれる心で就職希望する子どもたちの心は充分注意を与えてから送り出すこと。**

2　工場は都市の中心部（子どもたちの心の中にある都会）には無く、市はずれか田舎にあるということを自覚させること。

3　就職工が行つたら政府や職安所の斡旋によるものであるから安心して最少限三ケ月位は仕事にはまり込むようべんたつ激励し、親戚知人が子供たちの言いなりで簡単な同情心で**心を動揺させないこと。**

4　万一数ケ月後に止むを得ぬ事情があつたら必ず職安所を訪問して問題解決をすゝめること。**独断行為は慎しまねばならない。**

5　就職地の近くにおられる知人、親戚や視察のための公私用旅行者等は可能なる限り、**子どもたちを訪問し激励すると共に雇庸主側にも礼をつくすこと。**

○十月二十二日　水　晴

京都市下京区綾小路通の戸田製作所訪問、

紙箱、ヘラ台、アイロン台製作工場。

子どもたちの声

1　仕事がおもしろくなつた。

2　今はお使いにも行ける。

3　ことばが順調に出ないで困つている。

4　いつまでもこちらで働きたい。

5　家の人も　母校の弟たちも　呼びたい。

経営者戸田氏の声

1　おとなしくまじめに働いています

2　ことばが不明瞭で困っている。

3　手紙など書くようにないが学校にお便り等ありますか。

4　沖縄での食事は米が主ですか、芋ですか。

5　冬の準備でシャツ位は買わねばなるまいと思っているが初給料をもらったらカメラを買って喜んでいる。

6　無駄金は使わしたくない。

京都での先輩の声（医者）

1　この頃の看護婦学校出の娘たちは使いものにならない。患者にサービスするのが本務か。患者からの返礼を期待してサービスするのか勤務ぶりがあいまいである。

2　私は四国から高校卒の娘たちを受け入れて自分で養成している。この子たちの成人後のために洋裁や勉学の便も与えている。

3　学校からは二ケ月に一回位就職後の調査があり、補導係の教師も訪ねて来るのでたのもしく思っている。

4　**沖縄でも卒業生を送り出したら少くとも一ケ年きでれば二ケ年は学校の延長のつもりで補導べんたつに協力してもらいたい。**学校が関心を持っていることそれ自体が子どもたちの精神面に大きくひびく。

5　内地旅行者もつとめて職場を訪問してもらいたい。

6　学校からの照会事項の例（思い出すまゝ）

喜んで働いているか。仕方なく勤務しているか。伸びそうにあるか。転職させた方がよいか。長所、又は短所と思われる点はどういう所か、
　この子を通じて学校に要望する事項。
右はその都度○×等をつけて返しているので全部はおぼえていない。

○十月二十三日　木　晴

鹿児島での先輩の声

1　内地他府県の人々に沖縄の認識を深める努力と方法を講じてもらいたい。

2　沖縄には邦字新聞もありますか。教科書はどこのものを使っていますか。あなたはいつ頃沖縄に行かれましたか、英語はみんな上手でしょうね。等々の調子である。

3　沖縄紹介のためにも毎年送り出す研究教員を東京近くにだけ配らず各府県に配置してほしい。
　五十名の児童生徒を通じて百名の父母に沖縄出身教育者の真価を知らすだけで大きな紹介になると思う。

4　沖縄のギセイにおいて日本の独立があることをもつと自重、自負してよくはないか。

5　事実をもつてアメリカの理解を深めながら前進しつゝある沖縄の教育者はもつと誇りをもつてよいではないか。
　思想的に偏しない点
　一ケ年で教育法を布令から民立法に改めた点
　子供の教育をのみ思う真剣な教職員会の態度などがアメリカに理解された点
等日教組が学ぶべきだと思う。

6　このことは子どもたちにも、全住民にも充分知しらめて内地渡航の際は言動に表現してもよくはないか。

7　卑屈感や自己卑下感で必要以上に頭を下げ、おじおじする態度は改むべきである。

8　沖縄に見習うべき点や沖縄に感謝しなければならない点も多々あると思うが沖縄の人々が余り謙遜しすぎるからいけない。

9　ドル交換等で内地の各業者は大へん喜んでいるようである。用心する必要がある。

以上をもつて、集団就職をしている子どもたちの職場の事情および内地在住諸先輩の声等の集録を終えます。
　多少なりとも御参考になれば幸に存じます。

（久米島美崎小学校長）

教会研場スナップ

○社会科教育の中立性をめぐつて議論が沸とうした。緊張しきつた教研会場の空気の中を、多くの眼の光が交錯する。
○古き社会の人々―必ずしも時間的のみでもない―のおかしたてつを踏まず、現実の社会生活の中に生ずる矛盾や不自由の源を断つことが社会科の究極の使命ではないのか？
○真剣な話会いは続く、子どもの力と社会科学習の限界、教材内容と現実の社会に起伏する問題との関係、問題解決の真の意味等々話の発展は止るところを知らないありさま。
○右、左、黒白いずれかを決めるまでもなく主観の働きは、学習材の取材の際の比重に既にかゝつてくる。主観を離れ、教育の理念にそつて、内容と実践をわがものとするのはなかなかの苦労、それでも真剣にとりくむ教師の心根はありがたい。
○教師自らの懐疑は、尽きず、屈せず、真剣で大きく波紋のように一点を中心にひろがつて、やがて新しい力となるがゆえに力強く尊い。
○しかし、社会科教育の中立性をめぐつて、教師の立場は、寧ろ障がいばかり、とわいえささやかな教育の営みの中で育つ子ども等が、ほんとうに、各自の意志と知性のすくすく伸びるための教師の歩みは瞬時もとまつてはならないのだ。――

（研究調査課　M・N）

信濃だより (2)

長野市立西部中学校
大山　たかし

地方財政の問題がでるとかならずといってよいほど「カネがかかる」ということで目のかたきにされるのが教育費です。

前の図でもわかるように児童生徒一人当りの学校経費をみると、三十一年度には一万六千余円で、二十二年当時の五千二百円にくらべて三倍強になっています。

長野県は全国平均を上回っていますが、しかしこれは小中学校分校数のおおいことが福島県についで全国第二位であることからも明らかなように、小規模学校が多く、必ずしも教育県だから教育費をおおくとつているのではありません。

一方、総教育費中にしめる国、市町村、県による公費以外の私費は、県が財政の自主再建に乗り出した二十九年ころから急激にふえ、二十五年度当時わずかに二%台だつたものが二十九年には、八・七%三十一年には一二・五%と六倍強となつています。いずれもPTA、同窓会などの会費、寄付金などのカタチで父母の財布にくいこんでいるわけです。ここにも教育県といわれながらも、その財政的裏付けに欠けていることを物語つています。

しかも父母の負担はこれだけに止つてはいません。次表でもわかるように父母の労働奉仕一つとりあげてみても父母の方々の負担の重いことを雄弁に物語つています。

(労働奉仕)

	校数	延総日数	延人員	関係給食
小学校	557校	25,230日	106,069人	6,516人
中学校	226校	16,133日	50,653	4,146人

△校舎や施設はまだまだ不足している

長野県の学校の校舎施設は他の県よりもりつぱであるといわれています。これは国や、県の力でというよりも父母のみなさんが生活費をさいて支出したお金によつて造られたものです。けれども、国や県の補助が十分でないので、まだまだ危険な校舎や、悪い施設を持つている学校が数多く残つています。

戦後は中学校の建設に忙しかつたために、小学校の改築には手が廻りませんでした。

それで現在小学校では、危険な建物をもつている学校は二十校に一校の割合、老朽校舎をもつている学校は四校に一校の割合です。

	小校	中校
危険	四、五%	二、三%
老朽	二五、六%	一二、一%

(注) 長野県の学校数　小学校六八四校　中学校二六七校

小校

体育館のある学校	四五六校	(二二八校ない)
講堂のある学校	一六七校	(五一七校ない)

中校

体育館のある学校	一六一校	(一〇六校ない)
講堂のある学校	八三校	(一八四校ない)

体育館のない学校は小学校では二二八校、中学校では一〇六校もあり、雨の日や、冬季には運動ができなくて困つています。

普通教室は児童、生徒数の減少によつて余つてきた学校もありますが、特別教室はいまもつて十分にはありません。特別教室といつてもぜいたくな余分なものではなく、教育上どうしてもなくてはならない施設なのです。

・特別教室が不足している学校数

	理科室	音楽室	図画室	工作室	家庭室	図書室	映写室	放送室	衛生室	事務室	職員室	更衣室	宿直室
小学校	307	234	388	395	192	272	424	353	269	300	74	433	86
中学校	126	103	164	164	107	96	146	167	145	100	41	237	56

・これらの備品をすぐほしい学校数 (イ)

	ミシン	テレビ	テープレコーダー	放送施設	映写機	机いす	オルガン	ピアノ
小学校	52	76	113	127	208	22	235	
中学校	123	32	41	86	81	148	42	

△教育は一般教員だけではできない

・市町村立小、中学校事務職員設置校状況図（三十二年度）

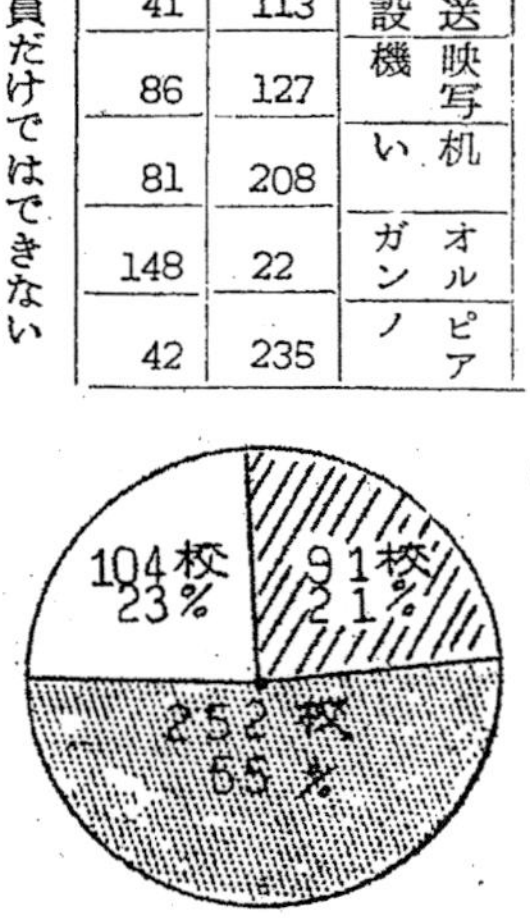

104校 23%

91校 21%

252校 55%

小学校　447校
(分校分教場を含む)

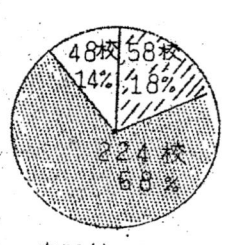

・市町村立小、中学校養護教員設置校状況図（三十二年度）

中学校 330校（分校分教場を含む）
48校 14%　58校 18%　224校 68%

中学校
208校 63%　62校 19%　60校 18%

小学校
88校 20%　283校 63%　76校 17%

県ピ支弁　市町村に支弁　未設置

むかしから「よく学び、よく遊べ」といわれています。よく学ぶ半面、こどもたちの健康保持は欠くことのできない専門家を必要としています。いわゆる養護教員です。図でもわかるとおり長野県の実態はどうだろうか。小学校では4/5の養護教員が配置されています。中学校は逆に1/3です。しかも小学校も中学校も一七、八%は市町村の負担となつています。しかもおどろくことに中学校の六三%は養護の先生をもたない野放し状態です。この点でも決して長野県はすぐれていません

　また戦後の教育は事務の面が急激にふくれて、教育活動をいちじるしくはばんでいます。このためにぜひ事務職員が必要です。でも長野県の実態はどうでしょう。これも寒心にたえません

△へき地の学校

　長野県は山国ですので、交通の不便な土地が多いのです。駅から遠くはなれており、医者もなく郵便局もないような地域をへき地といつています。長野県では教育委員会で定めたへき地指定校は表にあるとおり数多くありますが、多くの学校は設備や施設の悪い学校です。このようなへき地村では、分校を多くもつているので、一村の少い財政では十分なことはできません。

　国では一応「へき地教育振興法」という名前はりつぱな法律を作つていますが、予算の裏付けがなく、金のかかることは全部村まかせという状態です。

1.78　1.66　1.70　1.67　1.69　1.64　1.64　1.63　1.63　1.62

中学校教員一人当り生徒数
22.4　25.3　25　24.8　24.8　25.3　26.4　27　27.3　27.4

小学校教員一当り児童数
36.6　35.8　35.3　34.7　33.5　32.5　32.3　32.7　34.2　33

小学校一学級当り教員数
1.19　1.20　1.19　1.19　1.20　1.20　1.21　1.21　1.22　1.22

23年　24　25　26　27　28　29　30　31　32

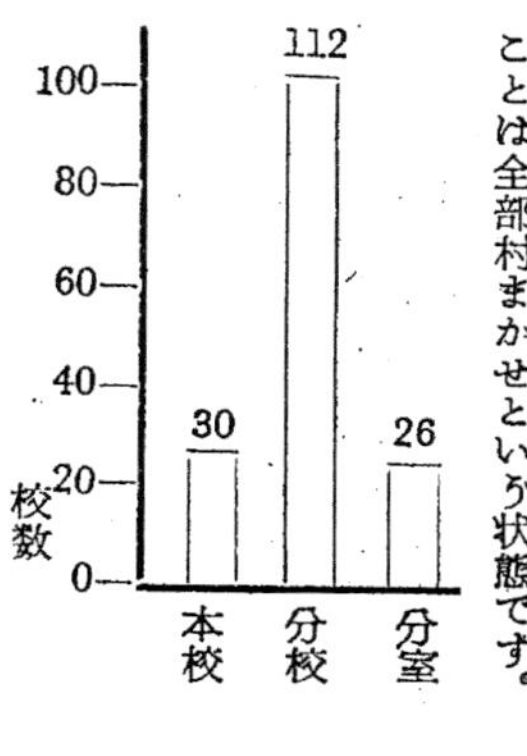

△児童生徒数の推移

	小学校	中学校	合計
二三年	二八九、五二〇人	一二二、五三四	四一二、〇五四
二四年	二八九、一五三	一三八、三九六	四二七、五四九
二五年	二八八、七〇九	一三八、六九二	四二七、四〇一
二六年	二八九、二〇三	一三三、二五〇	四二二、四五三
二七年	二七五、九六九	一三一、三六二	四〇七、三三一
二八年	二六七、五四七	一三二、八八三	四〇〇、四三〇
二九年	二七一、四五三	一四〇、二九三	四一一、七四六
三〇年	二七五、三二四	一四三、五一〇	四一八、八三四
三一年	二七四、九八三	一四三、二一〇	四一八、一九三
三二年	二七三、四六五	一三九、一一八	四一二、五八三
三三年	二七九、五九五	一二四、二〇四	四〇三、七九九
三四年	二七四、三五七	一一八、九二〇	三九三、二七七
三五年	二五五、七一七	一二七、八五六	三八三、五七三
三六年	二三八、一七一	一四六、七三〇	三八四、九〇一
三七年	二二三、〇七二	一五三、五〇五	三七六、五七七
三八年	二一〇、一九四	一四四、四二〇	三五四、六一四

（昭和三十三年十月十六日）

私の観た「道徳」の授業

配属校　東京教育大学附属中学校
勤務先　前原地区　具志川中学校
横田　裕之

お茶の水女子大学附属中学校では、去る十一月十三、十四日の両日「道徳」指導の実際研究発表会を行つた。

第一日目は同中学校長内田安久氏の講演（当校における道徳教育のねらい）続いて、学長蠟山政道氏講演（イデオロギー、良心、道徳）さらに午後は研究発表等があつて初日は終つた（内容は省く）

二日目は研究授業と研究会である。授業の流れや展開、方法、結末等を見ようと思い、終始第三学年の授業を参観した。女生徒のみのクラスで在籍五十二人である。最初に指導案から示すことにしよう。

一、主題名　誇りをもとう。

二、主題設定の理由

(1)　例年この時期は受験をひかえて、不安や動揺を感じ、不必要な劣等感にとらわれる者が多い。また心理的な発達段階からみて、自我をかなりはつきり自覚する時期であるので、このような問題について考えることは適当である。

(2)　正しい意味での誇りをもつことは、現在は勿論、将来の生活においても必要なことである。

(3)　日本人の性格に関連して尊大さということがよくいわれるが、これは裏をかえせば劣等感とつながることであり、正しい自己認識の上にたつた自信をもつことの重要さを理解させることが必要である。

三、目　標

ひけめや優越感についてよく考え、ひくつにならず、自信をもつて生活していけるようになろう。

四、指導内容

(1)　私なんか・私だって

劣等感はむしろ自我形成に役立つことを認識し、さらに自分のねうちに自信をもつ。

(2)　ほこりのたまつた電燈

「伝統」とか「家名」とかいう名まえだけの上にある「ほこり」の正体をつかみ、自己または自己の属する社会の長短を知つた後に、はじめて真の誇りがもてることを理解する。

(3)　みんなの力で

人間の可能性を、個人的なものから、集団的なものに拡げて考える。

五、本時の計画

(1)　誰でも劣等感をもつているということを理解する（体験発表、話し合い）私のひけめ……私のひけめは人に知られたくない。そしてだれもがそう思つている。あの人なんかは……お互いに相手の劣等感には気がつかない。

なぜ他人の劣等感には気がつかないかを追求する。

(2)　「私」が形成されてきていることに気がつく（討論）

劣等感はなぜおこるか。

劣等感があることはどうか……よいのか悪いのか、又取除くことができるか。

劣等感をどうしたら自我形成に役立てられるか。

(3)　自分達のねうちを考える。（話し合い　説話）

私はこう考える。

私の生きがい。

以　上

右の主題は三時間取扱いで、本時は第一時限目である。先生は満面微笑を浮べながら、次のような話し合いを始めたのである。

先生　今日は皆さんが日頃、悩んでいること、或は困つていることについて話し合つてみましょう。

生徒A　どんなことでもよいのですか。

先生　よろしい、先週、調査した「Xへの手紙」を読みましたが、いろいろあるようだね。（Xへの手紙は十人の生徒の長所と短所を無記名で書かしたもの）

生徒は暫らく黙っていたが、やがて、次々と

生徒B　私は最近、他の人と比較して、自分の足が大きいのでがっかりしています。

生徒A　私は自分の顔についていろいろ考えるようになりました。

先生　そうですか、小学校の頃にはそんなことは気にしなかったのですね。

生徒C　自分以外の生徒が、みな私よりよくできるような気がして悩むことがあります。

生徒D　私はダンスが上手でないので縄跳びをして、体を鍛え、ダンスがうまくなるように努めていますが、どうもうまくいかない。

生徒E　クラスの委員ですが、他の役員をみると、仕事をてきぱきやっているのに自分ができないので、能力の低さにがっかりしています。

生徒F　私の家は貧しいので、友人が来ると恥しい。その貧困さにひけめを感じています。

など発表する。話し合いを交わしながら、先生は黒板に大きく「自我」と板書された。

先生　小学校時代に感じないことを中学生になって、気づくようになったのは、それだけ成長したのである。ではなぜ、劣等感を持つようになるのでしょう。

と続いて発問、すると生徒は、「他人と比較するから」「自分をある理想と比べ、あまりにも、能力の低さに気づくから」と答えていた。

先生　このような欠点について、私たちはどう考え、どう生きたらよいだろうか又その劣等感を取り除くことはできないであろうか。

生徒A　自分の欠点にくよくよするより、長所を伸ばすように努力すればよい。

生徒B　欠点をなくするよう努めるが、それにこだわらない。

生徒C　個性を伸ばすように努力すれば、明かるい生活ができる。

上のように、生徒の発言をつぎつぎとらえながら、問題をこども達に投げかけ、生徒自身によって、問題点を発見させ、そして導き、内面に掘り下げていくように努めつつ授業を進めていた。

思うに、多数の前では、発表できない、心理的、身体的な悩みを抱いていたに違いない。このような生徒に対しては個人指導が必要であることは言うまでもない。この授業を通じて、各人共通な悩みがあることを発見し、だれでも劣等感をもっていることに気づき安心した生徒もいたであろう。

他人の欠点をいたわる態度の指導や文学作品を加味して指導したらさらに効果が大きかったであろうが、そのようなことはなかった。いずれにしても多少内面にまで深まっていったと考える。

道徳の時間のみでは、人間形成は望めない、個人指導、教科指導、生活指導などと相互に交流し、補充し、統合させると同時に、家庭教育、社会浄化を図るよう努めなければならない。また生活指導の解明と位置づけ、教科における道徳指導と道徳時間との関連、さらに道徳時間の指導内容をどの観点からどうおさえ、どのように展開するかなど多くの問題点が残されている。従ってこの時間を望ましく運営するには、準備と研究で少くとも二、三年の才月を要するであろうが考察したいものである。

一九五八年十一月二十七日

道徳の時間とロールプレイン（役割演技）

与那城　茂

ロールプレインについて話して下さいと荒井先生に相談をもちかけたところ、「私もこと細い点については全く知らないので説明できない」とおっしやられた。私はそれでもしつこく無躾にお願いする「いやはや先生には負けましたよ、とにかくここでくどくどしく理論をならべるより私の学級で実演させてみましょう」私は期待以上に先生が熱意を示されたことを感謝しながら先生の手伝いをすることになった。また荒井先生の研究心と教師のファイトに頭が下がる思いだった。

まずその準備として具体的に計画がたてられた。学級の問題点として学級備品について子ども達が軽率にあつかっている。それは中には大事にしようという子もいるし、学級会でもたびたび議題にとりあげられる。しかし守られない、そこで問題としては、係の子と係でない子の相違であると考えられるというのである。私は相づちをうちながら先生がこれから演出させる役割演劇（ロールプレイン）で係の子と係でない子を演じさせるのだな、とよみと

ることができた。

かつて今まで数回となく研究授業をみせられた。そして感想というとただ漠然とよかつたとの一言でかたづけその後で印象に残つた適所をあげていくのである。しかし今度の場合は授業を参観するポイントがはつきりしているので、こんなに期待したことはなかつた。私は筆記用具とノートを持つて四年一組の教室に入つていつた。松下君が「先生」と小さな声で私をよんだ私は「よお」と手をあげて合図した。

この分なら子供達もやわらいだ普通の気持で勉強してくれると思つた。たいてい参観者がいると雰囲気がかたくなるものだ。私はこんな時信じられない程自分の言葉がふるえたり、いたにつかなかつたりした経験がある。妙な例だが勤評が施行されたらなおさらだろうと想像する。

荒井先生は微笑をうかべながら教壇にたたれた。このほおえみはごく自然のように思えた、人間は一度感心するとなにからなにまで良くみえるのかもしれない、確かに参観者がいる場合は不自然の微笑をうかべながらなんとか自信をつけようとする傾向があるものだ、そんな時気味悪い感じを参観者はするものだ。私は人間がひねくれているせいか、他人のつくつた微笑はだらしない感じをうける、だから毎日の授業に習慣づける必要があると思つている。また微笑こそ教室環境の第一条件だと勝手な解釈をつける。

荒井先生はそれが習慣づいて居られるのだろう。「きようは与那城先生がわざわざ私たちの授業をみてくださるそうです。しつかり勉強しましようね」一同は「ハーイ」と元気な声でこたえる、そしてちらつと私の顔をみる「よろしく」と私は頭をさげる「先生こんにちは」と一同あいさつする「で、きようの道徳の時間はね、ロールプレインでやつてみましよう」一同「パチ/\」と拍手をする。「その前に先生の感じたことをお話します」と「この間ボールは廊下にころがつていたので先生は悲しくなつてしまいました。皆さんが学校や学級の備品を大事にしてくれないのでどうしたらいいだろうと、一生懸命考えました。

するとM君が立つて「先生ね、僕がいつもかたけずておくとだれかもつていくんです」「そう体育係のM君にとつて、ほんとうにいやなことですね」一同小声でざわめく、ここで私は先生があらかじめ考えておられたようにことが運んでいくので「なるほど」とうなずいた「それではきようのロールプレインの役を書きます「道具を大事にする体育係二人、道具を大事にしない の子二人、女の子二人、よその学級男の子一人、と達筆に板書された「さあだれかにこの役をやつてもらいましよう」子ども達はいつせいに手をあげたなかには立つて前にのりだしてくる、同じような教育でどうしてこうも沖縄に比較して子ども達が自主的なのか疑問もおこる。

荒井先生は役割をしていつたもちろん体育係の役には体育係の子が当てられた、それぞれの役割が決まると机が後に運ばれて舞台がつくられていつた役割を当てられた子は集まつて彼らなりのあらすじを考えていく、意見がかわされ荒井先生の助言も入れられているよ〜ロールプレインがはじめられる

体育係M「ボールをちやんと箱に入れてから帰ろう」、体育係G「そうだそうしよう」他の学級T「おいボールかしてくれよ」体育係G「だめだよ四年一組だけでつかうことになつているんだから」体育係T「君たちの組のものをつかえばいいではないか」T「だめだよけんかの強いやつばかりでしかつかわないから」荒井先生はこのセリフを聞いてこの級にもその傾向があることを察する。

そこで見学者にきく「今ねTさんがお面白いことを云つていましたどんなことがこの組にもあつたと思う人がいたら手をあげて下さい」一人二人と手をあげるS「かしてやればいいよ」E「そうだよお互いさまだかしてやれ」Y子「そうよかしてやつて」M「かしてやつてもいいけどすぐかえしてくれよ」N子「自分のものでないくせにもつたいぶることないわよ」皆んなでボールで遊ぶまねをする。F君「さあ皆もう帰ろう」T「ボールをかえしてくれよ」

新春よせがき

ことしの
トツプニユース

屋良朝晴

昨年は沖縄スポーツ界の躍進の年であつた。又多忙の年でもあつた。私なりにみた三大ニユースをあげると、(1)第三回アジア競技大会聖火沖縄リレー、(2)名護陸上競技場の第二種公認、(3)国体各種目参加の順になる。

ことしはさらに一大飛躍の年にしたい。先すトツプニユースは全住民待望の奥武山総合競技場建設工事の着工、次に武徳殿の開放と体育館建設、第三番目に日本体操選手団の招へいが実現するように！

C君「ほつとけどうせ体育係がかたづけるさ」T「わるいよでも君たちのボールだからF子さんかえしてくれよ僕かえるから」F子「いやだわ一番おそくまでFさんとCさんがあそんだからかえしてくれるわね。」F「じようだんじやないよ。」C「ほつとけ学級のだれかじやなくて、えーと体育係がかたづけるさ」結局ボールを捨ててみんな帰る。そこへ体育係が登場。G君「ちえボケナスめが、ボールを捨てかえつてやがる」M「学校で何を勉強しているんだい」これでロールプレインは終る。このセリフは自分の体験や習慣性からでてくると思えば多くの問題が含まれている訳だが、それにしてもシナリオなしでこれだけ芝居ができるのだから舌をまくのみである。これからこのロールプレインを中心にして話し合がおこなわれる。私は思わず拍手をおくつた子供達がこれだけの芝居がこなせるようになる迄の教師の努力やその方法の偉大さに感激した。荒井先生は「よくできましたきようのロールプレインは無駄がなく皆さんが問題をよくつかんでやつてもらいました、ではこれからただいまやつたロールプレインについて感想や意見をのべてください」

　前列の女の子が「あのね、体育係だけがボールをだいじにすることはまちがつていると思います」後の方から「えーと、よその学級にボールをかしてやつてもかえしてくれないから責任がない」先生は板書していく、役割をした子が「学級の子が大事にしないから責任なんかもたないでいい」「はあい」大声で自信ありげに顔の丸い子「ボールは体育係だけのものではない、みんなのものだ、だから放課後つかう場合は使つた人は責任を持つことです」「先生も皆さんと同じ考えです直接に自分のものでないという考え、これから悪い考がでてこないともかぎりません、共同物を大事にしないと公園だつてたたないだろうし、とくにボールは私たちの学級のものでM君のものであるしG君のものでもあるのです。

　とにかくこの問題は学級会で話すことそれから道徳の時間に話すこと区別してこの次もこれについて勉強します

　最後の荒井先生のことばの中には道徳の時間強調というものの線にふれているのであろうと思つた。

　私は「本当に参考になりました」この感動がうすれないうちに沖縄にも資料を送りたいと思います。」「いやどうもまずい授業をおみせして」「とんでもないとんなにいきいきした授業ははじめてですよ。」「こんな方法でいくと道徳特設も問題ないですね」荒井先生は髪をかきわけながら「とにかく方法の問題ですがね。まだわりきれない疑問点があることは確ですよ。」「ロールプレインをやらせると家庭でつかわれていることば習慣の問題が何かつかめるような気もするんですが」と私は質問する。「ごもつともなことです教師のことばそのものもこども達に影響をおよぼしていることがあります。だから反省させられるのですよ」私はこのユーモラス的な荒井先生の性格を知つているので「あのボケナスというのは先生のことばですか」荒井先生は快活に笑つて「おそれ入りました恥かしい次第です」私も大声で笑つた。そして自分自身を反省したのです。サイコドラマとロールプレインの違いは、サイコドラマが空想の世界をえがかせるつまり空の世界に行つたらとかまつたくの未経験インスピレション的なものを演じさせるに対して、ロールプレインは生活経験を役割するのだと説明してくれた。

新春よせがき

年賀状収支決算報告

○受け……一八七通
○払い……一五六通
○来年度繰越し…四九通

右繰越しの件ご承認願います。

（研究調査課　徳山生）

※九頁より続く

なからずある。ゾウニといつても地方ごとにその内容は異なつていて、一様ではない。

　この外に酒が用いられるが、この酒にトソ散を入れるのも近年の流行である。酒はもとより神祭時にのみつくつて用いたのであつたから、平常は用いてはならなかつた。これが常用されるようになつて、神祭時の用酒を常時のものと区別するために、このような変化を好むようになつた。衣服はどの地方でも晴着（正月着）に着かえるのが通例で、足袋、履物など新調のものに用いるのは、ほとんど全地方にわたつている。

　元日に一日中掃除をしてはならないとか、金銭を使つてはならないとか、これも神祭に伴う禁忌の元の意が忘れられた故の理くつで、暦その他の行事の幾度かの変遷が、この結果を招いたのであろう。

　元日にしてはならぬ禁忌というものは地域によつて多種多様であるが、この意味が分明すればたいていは理解できよう。

　とまれおめでとうがわれわれの心理のあこがれであるところから、幾多の民俗や慣習になつてきたことは否むことはできない事実らしい。

（那覇高校教諭）

一九五九年度入学者定員決まる

―公立高校課程別の定員省略―

北農高校（全日二四〇、定時制四〇）
全　農業八〇、林業四〇、農産加工四〇、農村家庭八〇
定　農業四〇

中農高校（全日三二〇、定時制四〇）
全　農業八〇、畜産八〇、拓殖八〇、農村家庭八〇
定　農業四〇

南農高校（全日三二〇、定時制四〇）
全　農業八〇、園芸八〇、拓殖八〇、農村家庭八〇
定　農業四〇

沖水産高校（全日二八〇）
全　機関八〇、漁業八〇、製造増殖八〇、通信四〇

工業高校（全日四〇〇、定時制一二〇）
全　機械八〇、電気八〇、建築八〇、土木四〇、木材工業八〇、漆工四〇
定　機械四〇、電気四〇、建築四〇

商業高校（全日三六〇、定時制八〇）
全　普通商業二〇〇、金融八〇、貿易八〇
定　普通商業八〇

宮農高校（全日二〇〇、）
全　農業八〇、畜産四〇、農村八〇

宮水高校（全日一六〇）
全　機関四〇、製造増殖八〇、漁業四〇

八重農高校（全日二〇〇）
全　農業四〇、林業四〇、畜産四〇、農産加工四〇、農村家庭四〇

糸満高校（全日三二〇、定時四〇）
那覇高校（全日五二〇、定時八〇）
首里高校（全日五二〇、定時一二〇）
知念高校（全日二八〇、定時四〇）
普天間高校（全日三六〇、定時四〇）
コザ高校（全日四〇〇、定時四〇）
読谷高校（全日二四〇）
前原高校（全日三二〇）
石川高校（全日二〇〇、定時四〇）
宜野座高校（全日一二〇）
名護高校（全日三六〇）
北山高校（全日一六〇）
辺土名高校（全日一六〇）
久米島高校（全日一六〇）
宮古高校（全日二〇〇、定時四〇）
八重山高校（全日一六〇、定時四〇）

次号豫告

巻頭言　比嘉信光

学校における進路指導

進路指導について想う　大庭正一

中学校　中村秀雄

高等学校　川平恵正

職家技術指導の具体例

中学校　永山清幸

高等学校　国吉清子

進路指導によせるアンケート

現代の道徳教育―北海道大学　松田義哲

随筆・私の研究

小説　町の子・村の子　宮里静子

人物史　琉球芸能の開拓者　饒平名浩太郎

編集後記

◎新しい年を迎え若やいだ希望滋る皆様のもとへ文教時報第五十号（新年号）をおおくりすることを嬉しく存じます。本誌も創刊以来八年目、漸く教育広報誌のよそおいを整えることができました。

※ことに本号から表紙も新しい意匠にかえました。去る十一月末の「**表紙募集**」でお寄せいただいたものです。

※先生方の玉稿は一段と多く、ご執筆下さる方々も数を増し、内容は意見研究記録、要望、質問、詩、小説から**カット**に至るまで豊富になり

※ことに本号から多くのご要望に随って**三段を四段**に、発行を**月初め**にすることができました。

※発行部数も需要をみたしえない状態です。

これはひとえに教育関係者皆様のご関心とご指導が多大であることによると存じ心から感謝申し上げます。

◎しかし、何と申しましても文教時報は親しまれる広報誌であり、さらに、**利用される広**報誌でなければその本来の目的を達したとは申せますまい、その意味で本誌の歩む今後の道は多くの努力と研究を必要とし、先生方のご協力も、なお一層望まねばならないと存じます。

※今後内容の充実は何よりも大切なことであると存じます。

※利用もご期待にそい得るためには、消極的な面から積極的な面への成長を必要とし、本誌のスペースが気楽な皆様のご寄稿の頁として役立つ時本誌の使命は一段と加わるものと存じます。

※次号より**毎月五日発行**

※これまで通り**各連合区教育委員会事務局**を経てお配りできます。

※ご寄稿の際は**毎月十日までに**当課へ着きますなら翌月、掲載できます。

なにとぞ向後共限られた編集子のよき相談役として、又本誌の利用者としてご指導がいただけますようお願い申し上げます。

（M・N）

◎なお四六号（九月号）は免許法、同施行法、僻地教育振興法等の法令集になっております。当課へ余分が少々ありますのでご連絡下さればご送付いたします。

＜お知らせ＞

昨年十一月三十日までにしめ切りました文教時報表紙は十二点の応募をいただきました。局関係職員による厳選の結果、今回は、一月より三月までは読谷中学校教諭石嶺伝郎氏、四月より六月までは那覇連合区教育委員会事務局の主事謝花寛恭氏の表紙絵を採用することにいたしました。

応募下さいました先生方へ本誌を通じてあつくお礼申し上げます。

七月以降も先生方のご健筆をお願いする予定です。（研究調査課）

十二月のできごと

一日　比島大統領カーロス・P・ガルシア氏夫妻訪日の途中沖縄に立寄る。

二日　沖縄諸島日本復帰期成会を代表して高嶺明達氏が安保条約改定にあたつて沖縄も日米共同防衛地域に含めてもらいたいと岸首相と会見。

ブース高等弁務官、安里立法院議長らとともにヘリコプターで座間味、阿嘉、渡嘉敷の三離島を視察

養護教諭研修会（於政府会議室）

四日　日本政府の積極的な援助要請のため知念官房長上京

ブース高等弁務官地方町村の水道施設費に五万弗を各市町村に割当

六日　中央教育委員選挙、（南部喜村清繁、都市国吉有慶、中部伊礼肇、新垣茂治、石原昌淳、北部宮城久除、幸地新松）

琉大大学祭

年末手当の十割支給を要求して政府当局と団体交渉を続けている沖縄官公労協順法斗争へ入る（定時出退庁を実施）

七日　琉球大学主催第九回全琉高校音楽コンテスト（於タイムスホール）

八日　民主党首脳民政府にバージャー首席民政官を訪ね飲料水の増配方を強く訴えた。

九日　沖縄タイムス社主催公選後の新中央教育委員をかこむ座談会（タイムス社）

十日　南米移民二十三家族百三十九人白雲丸で出発

第五回全沖縄PTA大会（於教職員会館）

十一日　干ばつ続きで六十年来の大ひでりと発表（沖縄タイムス夕刊）

十三日　沖縄遺族連合会では旧海軍関係死亡者処理ならびに裁定事務促進遺族大会開く（於遊園地劇場）

十四日　那覇地区の小中高音楽コンクールで首の比嘉盛保君（首ろう学校中学部二年）ピアノ独奏で三位に入賞

沖縄婦人連合会創立十周年記念式典（於国映館）

沖縄家政学会第七回総会（於琉大）

十五日　全島教育長定例会（於宜野座教委事務局）

十六日　沖縄北、中、南農校三年生三六人八重山で開拓実習のため出発

軍が水キキンに備え人工降雨の実験

ブース高等弁務官ヘリコプターで久米島視察

楚辺小学校国語研究発表会

十七日　人事委員会は当間主席および安里立法院議長に対し新年度における政府公務員の給与改善を勧告

十八日　沖縄文化協会主催、軍民三百人を招いて琉球舞踊鑑賞会（タイムスホール）

名護町でマリン兵による集団暴行事件起る。

軍民合同による教育法規研究会（民政府会議室）

二十日　沖縄青年団協議会創立十周年記念式典（那覇劇場）

高野連、沖縄タイムス社共催第八回高校新人野球選手権大会始まる

中校体育連盟結成準備委員会（於開南小校）

二十二日　経済局主催農業生活改善普及員研究発表会（教育会館ホール）

二十三日　教職員会幹部クロホード民政府教育部長との懇談会（民政府会議室）

二十四日　第十三回立法院臨時議会閉幕

佃々公社経営委員承認否決さる。

軍民合同の教育法規研究会（民政府会議室）

日本政府の沖縄関係予算大蔵省で削除、期待外れとの報道あり

二十六日　文教局主催英語講習会（於名護中校）向う十日間

教職員冬季講座始まる。

沖縄教職員婦人部長会（教育会館ホール）

文教局主催全琉児童生徒作品展（二十六日～二十八日、壺屋小校）

二十七日　文教局、沖縄教育音楽協会共催第五会全沖縄学校音楽コンクール（二十八日まで沖縄タイムスホール）

全山口高校対沖縄オール中部高校との交換野球試合、（那覇高校）

沖縄福祉協議会主催保母研修会（福祉会館）

二十八日　屋我地中校火災職員室全焼

三十日　当間主席バージャー首席民政官に「総括契約までの暫定措置として軍用地料の内払」を要請

一九五八年十二月十六日　印刷
一九五九年一月十二日　発行

文教時報（第五十号）（非売品）

発行所　琉球政府文教局
研究調査課
那覇市三区十二組
印刷所　ひかり印刷所
（電話一五七番）

文教時報

NO. 51

51

1959. 2

琉球

文教局研究調査課

巻頭言

比嘉信光

卒業前になると毎年のことながら、進学、就職指導に忙殺され、一人一人について、苦しんだり、よろこんだり、悲しんだりする。

進学、就職後も生徒が希望を見つめつつ楽しく勉学に励げみ、せい出して働き、先生方や職場の人々に見守られて、すこやかに成長するよう祈りつつも、果して、進学、就職が、生徒の個性およぶその他の条件と調和がとれていたかどうか、

進学、就職の困難性のため安易な妥協になりはしなかつたかどうかと、不安の念は去らない。

進学、就職指導の骨折りや、不安や、反省が受持ちの先生方や係の先生方のみの問題にしてよいでしょうか。

進学、就職は本質的に生徒自らの問題として悟り、協力するようにならなければならない。

それには、小、中、高校のすべての教育活動で、健康を増進しつつ、自分の個性を発見して伸ばし、自己、家庭、社会を正しく認識し、判断する能力を養うようにしなければならない。

進学、就職指導は受持の先生方や係の先生方のみの問題では決してない。すべての先生方、教育行政者、父兄、社会の人々の切実の問題として把握されない限り、その発展向上は望まれないであろう。

進学、就職指導にまつわる、現実的諸問題を素直に受取り、反省し、組織立ててその解決に情熱と勇気をもつて進もうではないか。

（職業教育課長）

目次

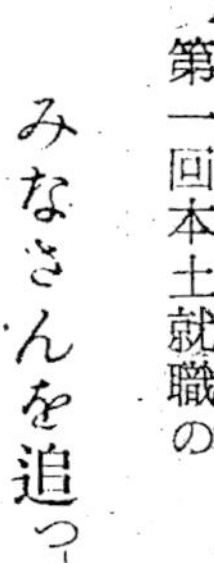

第一回本土就職の
みなさんを追って

☆カメラルポ☆

↑

横須賀駅で少年たちへあいさつする

受入者代表　塚田庄四郎氏

←

いよいよ雇用主と各職場へ

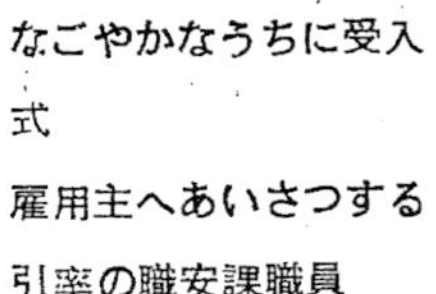

→

なごやかなうちに受入式

雇用主へあいさつする

引率の職安課職員

←

受入式後の記念撮影

資料…労働局職安課提供

←
横須賀集団
就職後
初めてのレクレーション
「お揃いの
東京見物」

静岡県青木農場へ→
就職した黒島君を囲んで
左より２人目が清水職安
所長

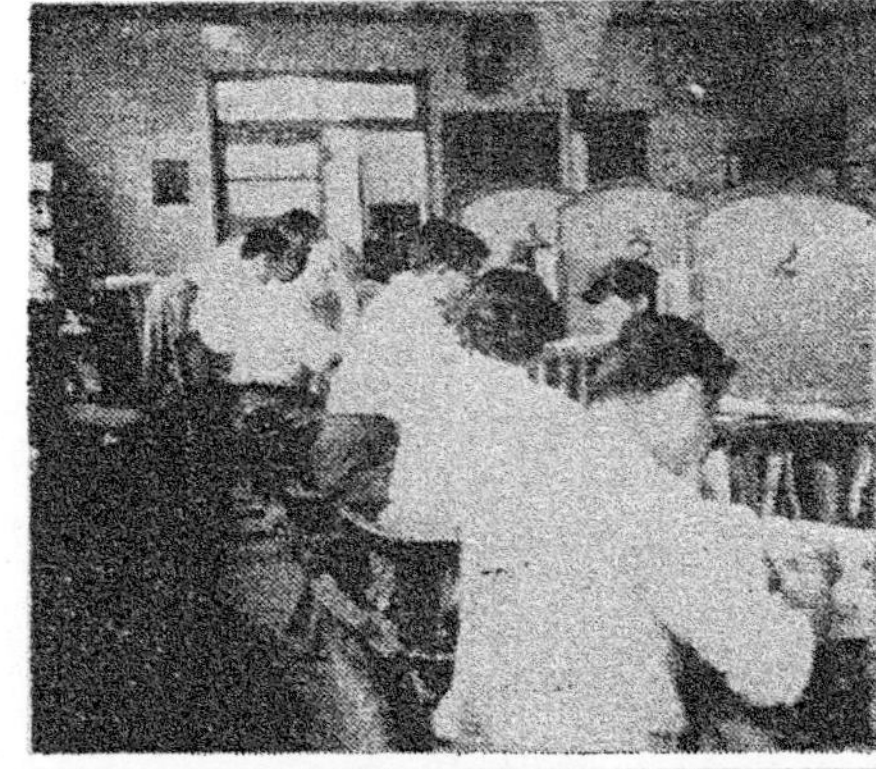

→ 職安所内

↑
岐阜県郡上蚕糸工場に就職したみなさん
← と 繰糸作業の仕事に熱心な工場風景

進路指導における
就職指導の現状

編　集　部

職業教育はいつだれの手で

新しく年が明けると職業指導担当者の苦労の時期となる。進路指導の効果百%を望んで努力したというより学校あげて高校進学を焦点とした渦中で過ごし、入学決定ときた途たん今度はどっとお鉢が就職指導担当者へまわってくる。何のことはない、油揚をさらったとんびの後仕末を引受けたようなものである。という表現が中校における指導者の実状でなければ幸である。何れにしてもこの頃は進路指導担当者の三ケ年の苦労を集約した、しかも決算期であることは否めない。初めて社会へ巣立つ人々の多くは苦しい気分の反面純で、潔癖で、はにかみやで中々未来への希望も豊かである。こうした人々がここ二、三ケ月で人生最初で且大きな悩みの一つに直面するわけであるから教師の苦労の並々でないのも当然といえよう。

所で祝福したい門出に当って果して無理のない準備と望ましいスタートが用意されているかどうかは疑問である。どれほど尽しても限りのないのが人間の一般的に共通な性質であり生活であるとはいえ、進路指導の現状にスポットライトをあてると事は様々である。しかし、進路指導における職業教育が、幾人かの指導担当者の肩に負わされているとなれば、この問題が何よりも先に考察されなければならないと考える。

云うまでもないことであるが、学校教育法第三章中学校の第三十六条第二項に「社会に必要な職業についての基礎的な知識と技能、勤労を重んずる態度及び個性に応じて将来の進路を選択する能力を養うこと」と示されている。このことは職業教育が中学校の義務教育期間における重要な目標であることを意味し職業教育が学校運営の基本であることの明示とみてよい。従って職業教育が単に幾人かの手に委ねられ学校教育の全体計画の中にくみ入れらず、全職員の関心や協力から遠ざかるならば、改めて中校教育三ケ年における責任と使命をただすべきである。

沖縄は本土よりも労働人口が過剰であり、中小企業はもちろんあらゆる職場が今飽和状態になるほど雇傭者を抱えているのが実状である。しかも企業と人口が都市に集中し、労働人口の増加は今後年を追って加わるばかりであると推測される。労働局による職業安定法はこの適正な指導の責任を規定していることは衆知の通りである。その十九条に学校に対する職安所の協力をいい、第二十条に職業指導の内容、さらに第二十一条に職安所の業務について示されていることからみて、学校と職安所との緊密な連絡が今後の職業教育の一つの鍵であるといえよう。当然の事ながら職業教育はいつだれの手でという課題について答えるならば学校長を中心とする中学校の全職員による組織と協力と推進に対して、生徒、父兄の自主的で十分な理解による参加と政府の関係機関の協力指導による三味一体の教育をいつどのように始めるかにかかってくると思惟される。

求人と就職希望者はどうなっているか

先ず昨年の卒業者と就職者について別表Iによると卒業者は全琉で一五、六〇〇人でそのうち五、三〇〇人が就職し、七、七〇〇人が進学、約一五〇人が就職しつゝ進学しているので二、四〇〇人ほどが家事手伝いその他ということにな

別表1

学校種別卒業後の状況　1958年7月1日現在

区分		卒業者	進学者	就職者	就職しつつ進学している者	その他
中学校		15617	7722	5306	143	2446
公立高校	全日	4304	1089	1320	17	1878
	定時	191	17	150	5	19
政府立高校	全日	1852	212	1401	50	89
	定時	73	5	59	9	0

る。この二、四〇〇は求人の対象でありながらもれたといえば職場の吸収力がそれだけ劣ることを意味する。

別表2　就職率

五四年	六一、五%
五五	五一、〇%
五六	四九、〇%
五七	三七、〇%
五八	三四、〇%

昨今の失業者人口は一万と推定され、その中で七〇パーセントが彼等青少年で占めているといわれている。新規中校卒業生を今年も昨年とほぼ同じ職場の吸収力によって求人が可能であるとみても失業人口は更に増加するものと考えられる。所が就職者の比率も五四年来五ヶ年間の傾向をみると別表2のように年々くだり、就職者の過半数の五二パーセントが第一次産業に属し、第二次産業はわずかに一一パーセント、それに比べると第三次産業の三七パーセントの比率は予想外に大きいといえよう。

就職率の低下に対して進学率は（昨年は五四パーセント）大差ないが、無業者の示す比率は別表3から察する通り年々増加しており、就職難の一面がうかがえる。

このような労働人口の過剰と潜在失業者の続出を考えるとき卒業を目前にひかえた生徒たちに、選職の大切さや就職事前の予備知識や関心等と共に職場を獲得することのいかに大事かを十分認識させる必要があろう。

別表3　無業者の率

年	無業者の率
五四年	三、七%
五五	九、四%
五六	一二、〇%
五七	二一、〇%
五八	一五、〇%

本土における三〇年の進学率、就職率無業者の率と比較してみると進学率は全国第十三位の長野に次いで十四位（四十六位中）就職率は全国第四十一位の広島県に次いで第四十二位、無業者の率は全国第五位の福島県に次いで第六位といった所でまことにありがたくない変則的社会の実情をありのままに表わしている。

さて問題の今年の求人と就職希望者であるが卒業者の数は昨年と大差ないのであるからおよそ八〇〇〇人の就職希望者と推定し、そのうち五〇〇〇人内外が上記のような沖縄の職場へ吸収されるものと考えられる。

労働局職業安定課の話によると一九五七年十二月にはじめられた大阪、神奈川京都等へ中学校卒業生の就職斡旋が予想

別表 4　都道府県別就職状況

（国、公、私立、中学校）　30.7.1. 現在

	中学校					
	進学者の率（就職進学を含む）	順位	就職者の率（就職進学者を含む）	順位	無業者の率	順位
北海道	48.2	24	40.2	30	13.9	7
青森	42.9	38	42.2	27	15.7	3
岩手	40.5	44	47.7	14	13.9	7
宮城	49.8	21	40·2	30	12.5	10
秋田	48.2	24	46.3	17	10.3	13
山形	44.4	34	51.2	7	9.9	15
福島	40.8	43	45.8	19	15.1	5
茨城	41.7	41	51.0	8	7.5	26
栃木	48.6	37	47.2	15	9.9	15
群馬	48.2	24	48.7	12	6.0	35
埼玉	44.5	33	49.9	10	7.5	26
千葉	49.3	22	42.1	28	8.9	19
東京	71.2	1	29.8	44	5.6	41
神奈川	59.8	7	35.2	39	8.0	22
新潟	41.9	40	58.3	1	6.8	30
富山	51.3	16	50.9	9	3.2	46
石川	48.8	23	51.3	5	3.7	45
福井	44.3	35	52.0	4	5.8	37
山梨	51.3	16	44.8	21	7.9	23
長野	55·6	13	43.5	24	5.2	42
岐阜	40.4	45	57.6	2	5.7	38
静岡	50.2	19	48.0	13	3.9	44
愛知	47.4	27	49.0	11	5.9	36
三重	41.0	42	52.6	3	7.8	24
滋賀	45.6	31	43.3	25	11.9	11
京都	62.7	2	36.0	37	5.2	42
大阪	61.4	4	36.0	37	6.3	31
兵庫	58.9	9	39.0	33	5.7	38
奈良	51.5	15	37.4	35	10.1	14
和歌山	52.4	14	42.4	26	7.5	26
鳥取	55.8	12	37.0	35	6.2	32
島根	46.8	29	46.2	15	7.6	25
岡山	61.9	3	32.3	42	6.2	32
広島	61.4	4	34.9	41	5.7	38
山口	61.3	6	28.8	45	9.6	17
徳島	45.8	30	45.2	20	9.2	18
香川	59.8	7	38.5	34	6.1	34
愛媛	50.5	18	44.1	23	8.7	20
高知	47.2	28	46.8	16	7.4	29
福岡	56.8	11	28.0	46	13.7	9
佐賀	49·9	20	35.1	40	15.7	3
長崎	42.7	39	40.5	29	17.4	1
熊本	44.9	32	44.3	22	11.1	12
大分	58.4	10	32.1	43	8.5	21
宮崎	33.6	46	51.3	5	14.7	6
鹿児島	44.0	36	39.8	32	16.7	2
全国	51.5		42.0		8.9	
内 国立	97.7		0.5		0.5	
公立	49.7		9.2		9.2	
私立	2.8		3.3		3.3	

外によく、本土各地で好感をもつて迎えられ既に別表5に示すような二二四人の就職者がおり、引続いて今年も一月末現在で大阪九三人、神奈川一八一人、富山五〇人といつた求人依頼があつて、今後更に求人申込みがふえるものと予想される。武村、与儀両主事の話では本年は大挙六五〇—七〇〇人の本土送り出しを実現したいと張切つており。既にこの第一次詮衡の「職業相談票」の個票はそれぞれ各県の職安向け発送されたよし、続々申込みが各学校長によりその所管区の職安所を経てなされているがこの数は現在（一月末）二七四人、三九校になつている。

別表

大阪	一五〇
神奈川	四四
京都	八
岐阜	二〇
愛知	一
静岡	一

このような本土就職は求人範囲が新規中校卒業者のみに限られ、職安課は新規中校卒業生の斡旋に主力を注いでいる。求人の職種をあげると店員、紡織工、左官見習工、製パン見習製麺見習、メリヤス編工、そば職見習、豆腐製造見習、皮革工、板金工等になり五八年一月末現在で女子の求人は三六%強となつている。

このような本土就職が近年学校、職安文教局のタイアップによつてすすめられなお今後の見通しも明るいということは幸であるが、新規中校卒業者に限られていることは開拓の余地十分あるものとみてよい。昨年十二月、一四日間の静岡県における北農高校の農家住み込み実習は成果が殊の外大きかつたと伝えられる。

静岡市長山口順栄氏も文書によつて同実習生の真剣な研究を賞讃しており、八項目の要望をいただいたが、今後産業界の中堅人として堅固な思想と精神に十分な技術と教養を身につけて一層活躍できる分野を獲得するためにも該実習の意義は大きいと考える。

求人から就職まで

就職決定の方法については、学校が直接就職させるのと、職安所のみで就職させるのと、学校と職安の両者協力によつて就職させるのと三通りあると考えられるが、以下述べることはその第三の方法のみについて触れたい。

労働局職安課は本土各都道府県の職安所からの連絡と、全国需給調整会議へ出席の結果、十一月から十二月の初めにかけて求人申込みを受理し、各県から寄せられたそれからの情報を職安所を経て全島一六二の中校へ流す。各中校はそれをもとにして進路指導の一環となるところの就職指導をなし、生徒各自の選職について補導を行うのであるが、十二月より三月にかけて希望者は所属校長を経て、管区の職安所経由で職安課へ申込むことになる。

職安課は申込みに応じて面接、適性検査、指導等をなし、詮衡後作成された「職業相談票」を都道府県の職安所の手を経て職主へ送るのである。

選職や職種決定については最も注意と指導を要することである。本土へ初めて旅立つということと、旧い観念、先入感などにとらわれがちな多くの父兄を納得させることの困難からくる学校職員と職安課係員の苦労は並々でない。

今学年度は一月末までに職安課関係主事を招いて、学校職員、就職希望者とその父兄による懇談会が読谷、浜元、石川コザ、普天間、古堅、垣花、嘉手納、伊計、豊見城、久志、川崎、大山、国頭、美東、高嶺、羽地、美里、兼城、北谷、中城、北中城の各中校および先島の各中学校でもたれている。

別表6　職業適性検査で判定し得る職種

G・V	文学的作業、著作およびほん訳、編集および報道
G・N	会計およびその関係作業
G・N・S・P	土木建築技術とその関連作業、機械技術とその関連作業
G・N・Q	計数作業、一般記録作業
G・S・P	図案およびその関連作業 美術的排列作業
N・S・P・A	建設設計およびその関連作業、風致設計および実地調査作業、機械製図およびその関連作業 電気製図およびその関連作業
N・Q	備品および材質検査、簡易記録作業
P	精密検査作業（視覚による） 簡易検査作業（視覚による）
Q・T	分類およびその関連作業、簡易書記的作業

懇談会は学校長より職安課へ要請することによつてなされるものであるが、職安課の話では連絡があればいつでも応じられるようになつており、殊に選職の重要な客観的資料ともなる職業適性検査（別表6）を無料で提供し、実施の世話をみる用意ができているとのことである。

これまで該検査の実施は極めて低調である。職安課は全琉新規中校卒業者に対して検査の実施が可能であるので、各中校長の要求を待ち望んでいる。

本土求人の条件は、当初は見習として月収食費を除いて日円三、〇〇〇円（八ドル三三セント）内外である。旅費は事業主もち、事業主と本人で半々、事業主より立替えてもらうといつた三つの方法がとられ、昇給も年二回各回五〇〇円程度という。今年から沖縄向け送金ができるようになつた。第一回目の就職者の中には、一ケ年半で既に日円三万円の貯蓄者もいると聞いている。

就職決定には何よりも本人と家族の意見の一致が必要で、別表7にみる著しい数の変動は、父母と本人の意見の不一致がその原因の大半をなしている。いろいろな客観情勢のみでなく個人的な問題で職種変更、希望取消し等おこることは止むを得ぬとしても、父兄の認識不足や誤解は、学校の計画的指導によつて改めねばならない。

別表7　職安所別本土就職希望者

職安所＼申込みの数		那覇	コザ	名護	宮古	計
男	当初	106	80	52	64	303
	11月末	64	35	29	32	160
女	当初	82	112	37	15	246
	11月末	58	39	6	11	114
計	当初	188	192	89	79	548
	11月末	122	74	35	43	274

いよいよ就職が決定するのは三月頃で三月から六月にかけて集団渡航して職場へ赴くことになるが、職安課の係職員の世話と苦労は職主へ引つぐまで続くことはご存知の通りである。

職安課は、就職させた後も関係府県職安所と緊密な連絡によつて就職者を指導しており、転退職の起らぬよう適材適職労働条件の改善等に気を配つており、殊に別表8にみるような詳細な報告を寄せることや、地元県人会、職安、代表事務所（東京、大阪にある）、地元市議等の歓迎と関心の大きいことは感謝にたえないところである。

本土就職に対する関係者の声

本土就職一ケ年半による職主や職安所の方々の評は概してよい。それを集約してみると、

- まじめでよく働く、殊に金銭に関して悪い癖がない。
- 当初は不なれのためか心配していたがほんとによかつた。永くいてほしい。
- 初めの三ケ月が問題、ホームシックにかかつた期間を脱すれば安心。
- 他県から来た子より教えやすい、辛抱づよいのが最もよい。
- 同じような子がおればもつとほしい。

等である。就職者の中には永住したい、家族を呼び寄せたいなどと語つている人もいる。

今後本土就職を続行していくことについて、職安課の武村、与儀両主事は多くの要望を披瀝している。

- 将来中校のみでなく高校卒業者の就職も実現したい。
- 転退職者が少々いるので適正な配置や詮衡には十分注意したい。
- 量だけでなく質にも力を注いでほしい
- 職業教育計画は早目にしてほしい、本土の各職安所は労働省の主催する全国需給調整会議（沖縄は本年加入）に十一月頃参加し、十二月頃既に就職決定する所が少なくない。
- 各中校は所管区(五二頁参照)の職安所と早期に連絡し合い少なくも二学期の間に、父兄、生徒、学校、職安による合同懇談会をもつて欲しい。
- 職安課の五九年度卒業者の指導計画は七月以降になる予定。
- 職業選択の心構えをしつかり身につけさせてほしい。職種決定に当つては、適正、能力、体力、興味、将来性、家族の意向、本人の意志、教師の助言等を基礎にし、充実した話合いがもたれるよう望みたい。
- 本土の就職先に対する父兄の誤つた認識は、P・Rや啓蒙運動で積極的に改めるように努力してほしい。そのために職安課にあるスライドや資料を活用してほしい。
- 就職者の引卒者に中校で実際指導に当る職員を充当したり、調査員として派遣することは就職者の今後の指導に極めて効果のあることで、就職者の定着率、就職条件の改善、就職率の増加、就職分野の開拓に最もよいと信ずる。
- 各中校は職業教育のため予算化を考慮してほしい。
- 本土就職の対象は新規卒業者に限られていることを十分父兄に伝えてほしい
- 各地の就職者からいろいろなデーターをとり寄せることは、学校教育に多くの示唆を与えるであろう（就職者、就職先の名簿は職安課にあり。）
- 就職への誇りをもたせることが大切だ
- 就職詮衡はこれまで適性検査や面接によつて職安課係職員でやつていた。今後は職業指導担当教師の助言を参考にしたい。

さて中校で、実際指導に当る職員の中には、

- 各校に職業指導主事の設置が急務だ。
- 中学校教育では職業教育をもつと重視すべきである。一部の教師委せでなく校長が率先して学校経営の重要な目標の一つとして片手落ちのないようにしてほしい。
- 指導者の身でありながら職場のようすにうとく、本土の実情について知らない。研修会なり、本土職場研修、調査員の派遣等考慮してほしい。
- 学習は講義中心になるきらいがある。実技指導にもつと力をいれたい、設備の

※七頁へ

別表 8　　都道府県の職安所よりの報告の一部

就職者名 就職先	就職者の訴え	雇用者の意見	面接担当者の所見	処置状況
F I 庵 君	食事三回寝室、勤務時間に関しては不満はない、主人はよいが主婦が非常に口やかましく、できれば他店に移りたい。	まだ自分から進んで働くまでになつてないが性質もよく永くいて貰えるものと思う。	主婦が口やかましいと言うことだけが問題であるが主人に対しては他店の状況を説明し、定着指導を行つた。今後も補導の要あり。	主婦の件については組合から主人側を補導してもらうこととする。本人に対しては、もしどうしてもがまんできぬ時には勝手に出たりすることのないよう、かならず安定所に連絡する ことを強く 示した。
T A 支店 君	朝八時三〇分起床、夜十一時、就寝、休日月二回、食事は三回その他自由に間食ができる。仕事は目下のところ出前が主であり調理もボツボツ見習いつゝある。以上の点につき別に不満はない。ただし店には主人夫婦、息子夫婦の他に使用人がいないので何となく融和しがたい面があり、とても淋しい。主人は温厚だが主婦が極めて口やかましく、働きにくい。主婦がこんなでは永続も考えて大きい店に移りたい。	今までに来たことのない程、良い子である親代りとなつて面倒をみたい。	近所の人の話、本の話、を綜合してみるに従来から極めて定着の悪い店らしい。この原因は本人も申し立てゝいる主婦の我儘が最大のものらしい。本人は仕替を希望しているので、今後の状態をみた上で考えを必要とる再補導の要あり。	主婦の点については組合を通じて指導してもらうことにする。
K F 店 君	起床八時三〇分就寝十二時 休日月二回（不定日） 食事三回、量は大体満足している。仕事は目下のところ出前が主であるが、調理も折をみて習つている。（この点、他の店より早い） 希望としては夜早く寝て朝早く起きたい。定休日を設けてほしい。 定着するつもりでいる。	始めの内は働く気があるのかないのか分らず不安であつた、最近になつてやつと落着いてきたようだ。理屈を言うのでやや難があつたが人間的には申分ない。他の店の話を綜合してみるに良い子の方ではないかと思つている。 お客さんの評判は極めてよい。	主人が少し口やかましいようだが本人が比較的素直なので問題はないと思う。定着性あり。	定休日を設けることについては主人と考慮するよう話しておく。主人夫婦共非常に期待を寄せているようで、その旨本人に伝へ激励した。
S M 屋 君	九時就寝、七時起床、定休日月二回出前と調理を兼ねている。主人始め皆親切で働きよい。店仕事に対する不服はないが、何年位勤務するか未定。 僕の店はよいが、他店で働いている者の勤務時間は長いようだが何んとかならないか。 店に来るお客さんが激励してくれる。	既に一通り仕事もするし、明朗であり、良い子がきたと思つて喜んでいる。 言葉礼儀に若干難があるが、これは時間が解決してくれるから心配はない。 永続してくれるものと思う。	話をしている感じからいかにも楽しそうである。主人が理解があり特別に計つて夜九時になると寝かしてくれるというから、その点、他の店より恵まれている。多少ホームシックの気配もみられるが問題なく勤務するものと思う。	

学校における進路指導について

職業教育課　大庭正一

まえがき

進路指導について今さら取り上げるまでもないと思うのは、四〇年の歴史を持つと、いわれているからである。ところが現場において正しい方向にこれが実践されているかと問われたとき「皆実践している」「だれも実践していない」と云う二つの答えが出ると思う。もしこれが正しくない方向にあるとするならば、いかに進路指導等に対し熱意を持ち、努力を傾けているようにあつてもその努力は結局、ゆがめられた方向に進み、盲目的な行動になるからである。

いつたい「学校で学校教師によつて行われる進路指導は」テストのみによらなければできないのかそれとも、テストによらない方法も考えられるか、これについて考えてみたい。

一　学校における進路指導とは何か

進路指導とは、教師が生徒に対し進路のさしずをするのはなくて、生徒自身が自分自身を知り、自分の進むべき道を自覚し、みずから選択するよう援助する教育活動である。すべて生徒自身の自主的な活動に力点がおかれる。教師の立場についていえば、そのような自主的活動を促進することである。この場合現在目の前にいる生徒は、発達の過程における生徒であり、ある成熟段階にある生徒である。その発達と成熟との職業的能力的側面をよく理解しないでは、その生徒の自主的な進路せんたくを正しく理解することもできないし、有効なガイダンスをすることもできない。このように考えると、

。個人個人の適性、能力、興味、資質などの限界や原因を調べよく個人を理解しておくことは、最も大切な仕事であり、

。いろいろな学校、職業における成功、利不利、雇用機会などの条件についていろいろ知識、情報を得ることである。

。これら二つのグループの事実の関係について明快な推理を行うことである。

ことが進路指導の大きな仕事と云えると思う。

二　個人を理解するのにどんな資料があるか

生徒自身および教師が、その生徒の将来の進路について、なんらかの見通しを立てようとするとき。

。生徒自身の身についたもの

一般知能、能力、興味、態度

パーソナリティ、体格、体力、体質

。生徒をとりまくもの

両親の職業上の水準

生徒の兄弟姉妹の職業上の地位

家庭及び町村の産業的文化的な事情

生徒の家庭内外における職業的な経験、

余暇時間の生活

と二つに分けられる思うが、一方だけにかたよつて他方を無視することは危険である。生徒自身の将来についてだけでなく、生徒をとりまくもの、すなわち生徒がこれまでどんな影響を受けてきたかを知れば、われわれはその生徒がその外部的影響に対して、これまでどんなやり方で反応し対処してきたかということを確認することができると思う。

進路指導のため、生徒の将来の見通しをたてるには必ず二つの事実、資料を手に入れ、公正に判断しなければならない。生徒のもつている能力や特質に関する事実、資料を入手するには心理学的測定法によることにしたことはないが、多くの場合生徒のもつ能力特質の或側面にとどまる場合が多いといわれている。それで生徒の心理的諸々の特徴をとらえるには、いろいろの精神的測定法を用いるばかりでなく、その他の方法テスト以外のテクニツクを併用しなければならない。（例えば観察、面接、質問紙、評定尺度、逸事記録生徒指導要録、自叙伝、身体的事実等）テストをもつて進路指導のすべてであると思いこむのはどうかと思う。

三　テストによらないで個人を理解するにはどうするか

。学業成績その他指導要録に記録されている資料

指導要録には、学籍の記録、出欠の記録、身体の記録、標準検査の記録、学習の記録、特別教育活動の記録、行動の記録、進路に関する記録が記入されることになつている。これらの記録のうち進路指導のための生徒個人の理解に利用されうる資料をとり出して、これらをどのように利用すべきか研究考察すべきである。

。解釈の方法について

生徒個人について収集された各種の資料は、総合され解釈されなければならない。その方法として、

１　指示的な相談の方式

。資料の解釈

。生徒個人の人格を理解する責任は指

導者にある。
。どのように選択をするかも指導者から指示される。

2 無指示的相談の方式

。資料の解釈
。生徒個人の人格を理解する責任者は本人にある。
。生徒は自己の人格についていろいろの事実を組織して、
。総合解釈に基いて選択をなし自分で決定する。
。指導者の任務は生徒を内側から理解し、ともに考えていくように努めることである。

3 折衷的な方式

。テスト結果の解釈を慎重に行う
。生徒の生育史、現在の環境における適応などに関するいろいろの資料に基く、
。より価値のある資料を得て、臨床的判断の重点性を強調する。

むすび

以上生得の進路を正しく指導するに当り、生徒自身の身についたもの、生徒をとりまくもの、の事実資料によつて。
。指導の担当者が個人のよりよい理解に到達し、
。生徒個人に一そう自己を正しく理解できるように、
という教育的意図の下に実際上の進学、就職の所要条件や機会をみて、自分の進路への計画や選択ができ、それへの心構えや適応の基礎がつちかわれていること、生徒の自己理解の能力の向上と呼ぶことができる。生徒の個人資料は集められ記録されるだけでなく、また教師が一方的に観察し検査するということでなく、教師と生徒との協力により、生徒の自己理解の向上に活用されなければならない。

※四頁より

充実、研修の施設を望みたい。

年々本土就職者が増加するばかりか、職安課の努力によつていろいろ改善されていく、例えば本土の地を踏んでから職主を決める不便を改め、渡航直前に職場と職主に関する認識が得られることや日本政府の特別な肝入りで、月三十弗の沖縄向け送金が実現したことなどである。

就職者や指導者の関心と貴重な進言によつて、今後も一層よくなるものと思われ関係者諸氏の積極的なご協力に期待したい。

進路指導と事例 (一)

進学希望から就職に仕向ける

津堅中学校　比嘉繁三郎

B子は家庭の経済事情に関心が浅く将来の希望として高校に進学し教員になりたいと申出て来た。

一、B子の家庭環境は父母共健在(四三才)叔母の養子として同居していたが不和のため別居する。姉一人(二十一才)某ホテルに勤務、兄一人(十七才)軍作業、弟二人、妹三人、B子だけは可愛がられて祖母と同居している、祖母は三万円位の資本で日用雑貨店を開いて日頃の生活には心配がない、父は軍作業に働いているが酒の愛好者で家庭への送金はない。母は二百坪位の畑を耕作して主食を少々補足している、長男と長女の送金によつて生計を営んでいる苦しい経済生活である。

二、学業成績

学級で上位の方で、特に国語、社会科は得意である、知能テストは「中」適性検査の結果は金属建造作業精密検査作業(視覚による)が適性群である。

職業興味テストは科学

三、性格

明朗快活で積極的、勝気な子である。割合社会性に富んで指導能力もあり、生徒会役員をつとめ級友から信望も厚い向性検査はやや外向性である

・祖母はB子の進学に対して絶対反対経済援助は不可能、しいてやるならば父母の所に帰すと云う位反対の意志を表明している。
・父母にはもちろん進学させるだけの能力はないがB子は日頃から兄姉と話し合つて内々相談している。しかし最近兄も自信なさそうである。姉はB子の卒業するまではぜひ頑張つてやるといつている。
・家庭的経済的面から無理だと思考されるが直に「どうかと思う」と云うことはさけて自主的に問題解決できるよう努めた、
・高校進学すれば月何ドル位の学資が必要であるか話合う。
・姉は現在どれ位の給料をもらいどれ位の貯金ができるか。
・姉は結婚年令期も考慮されねばならぬ。
・高校卒業しただけでは教員になれることは至極困難である。(通信教育の情報)
・琉大の最近の入学卒および学資の概要、某高校の進学卒について情報を提供。
・少し自信のない表情で姉とももう一応相談する必要があると云つて次回は姉も同伴して共に考えてみることにして第一回の相談を終つた。

進路指導について想う

―高校教育面からの二・三の手記―

沖縄工業高等学校　川　平　恵　正

◉志望することと志願者および入学者について

毎年新春の悦びが訪れる頃になると、それとは逆に深刻な表情で動きはじめるのがいわゆる入学試験に対する児童、父兄、教師、学校等の構えである。

志望する者が志願者となり、その中から選抜されて入学を許可された者が、入学者となって入学するのが当然であって、どこにも不合理な点のないのが望ましいことであるが、事実は必ずしもそうとばかりは言えないところに、教育の多様性について深思しなければならない点があるのではないだろうか。それで本校でも充分に教育計画を実施するために、いろいろな調査を行っているが、その中から主題に沿うものについて一、二問題になる点について述べて見よう。

先ず最近教育界といわず社会各面で、その科学的管理経営のために、その目的の明確化と、動機ずけがいわれるのであるが、本校生の入学志望の動機はどんなものであったかを調べてみたところ左の表の通りであった。

この調査は調査項目を列記した印刷物を生徒各人宛一枚ずつ配布し、調査の目的は各人の志望動機を知る事によって、それをどうこう評価したり、取扱っていこうというのではなくて、統計処理する事によって学校全体の教育計画の面に活かしていこうとするのである事を、具体的に説明し、生徒の不安を除去し、信頼ある記述を得ようとして、無記名で該当項目を一つだけ記入させたものである。

項　目（配列順序はパーセント順に換えてある）	
1、将来技能を身につける事が大切であると思った。	三五・七%
2、自分の希望する職業を身につけることができる	一七・七
3、何よりもこの科の技能がすきである	一二・四
4、就職する場合心配がない	九・二
5、親、兄弟がすゝめてくれた	五・八
6、何となくいつのまにか志望してしまった	三・七
7、工業なら確実に入学できると思った	三・四
8、得意な学科が学習できる	二・六
9、家庭の事情から仕方なく	二・三
10、先生から工業高校へすゝめられた	二・三
11、先生と親が相談してきめた	一・三
12、在学中の先輩がいたので	一・二
13、仲の良い友人と一緒になるため	〇・九
14、身内の職業に関係がある	〇・六
15、沖縄に新しい工業を起す事は大切である	〇・六
16、工業の卒業生がりっぱなのを見てあこがれた	〇・三
合　計	一〇〇・〇

これを通観して見ると、約八〇パーセントの生徒は積極的な動機をもっているが、残りの約二〇%のものは消極的な志望動機であったと思われるのである。この数はこのままずっと固定したものではないが、なかなかに大きな問題を提示しているのではないだろうか。

この調査と同時に入学前（志望するまでに）本校の教育課程の内容実態、就職するときの産業分野、就業職種、職務内容等についても、その理解の程度を段階別に集計したのであるが、約四〇パーセントの者は、ほとんどその内容の何であるかを理解しないまゝに入学してきているのであった。

これは入学後の生徒の不安、苦悶の実態からしても教育指導上大きな問題である。普通高校の場合なら、学習指導をうけながら徐々に人生への方向を確めていけるのであるが、本校のような職業高校の場合それは許されないのである。

入学――実社会進出と、すぐに対決を迫られているのであるから、具体的目的動機ずけを誤ってはならないのである。

ひどい例を述べて見ると、「土木科ではモッコを担いで土砂運搬をするんだというので他の科を選んだのです」とか、「木材工芸科では女子むきの家庭科を学習するつもりで入学したのに、それができずに非常に困っています」とか等々。

これ等の生徒は入学後、日がたつにつれて、学校生活に対する意欲を失い、果ては学校を嫌悪するようになって、問題児と転落してしまうのである。

それで少くとも志願するまでに、学校において生徒の職業興味、適性、生徒の希望、家庭環境等は調査されておかなければならないのである。

さらにもっと根本的で重要な事は、生徒自体が志望以前に、自分が人生或いは社会生活をどのような態度でどの方向に進んでゆくかと言う事について、しっかりした態度をもつているように、ホーム・ルームで指導がなされているということである。そうする事によつて身近かな自分の事として考えることができ、積極的な進路指導がなされるのである。

入学後転科あるいは転校を希望する生徒があるが、これ等の生徒は不幸にしてこうした指導がなされずに入学したゝめに、混乱迷妄に陥るからである。これは本人の損失であるというだけでも重大な問題であるが、広く社会的な面からも大きな損失であり、さらに教育に対する不信感を醸成する事も忘れてはならない点である。

⑷本校におけるある指導事例

T君は本校の〇〇課程に入学したのであるが、このコースはT君が自ら選んだものでなく他からすすめられて志望し入学したのであつた。

二年の一学期五月初旬に、初めて相談に来たのであるが、その要点を記して見よう。

自分はせつかく選ばれてこの課程に入学を許されたので、入学当初は、難関を突破した悦びにひたつていたが、学習が初まるにつれて自分で選んだコースでないだけに不安と焦燥が起り初めた。それは元来理数科関係が嫌いなために、毎日毎日の学習が負担になつてきたからである

それで一年の一学期の中間試験後は、欠席欠課をし始めるようになつてますます成績は振わず、不安はつのり授業中も空想する事が多くなり、始終先生方からも注意をうけたが、どうしても学習意欲が起らず、自分の才能と好みから音楽の方に時間をつぶす時間多くなつた。それで学校に来るのも僅かにクラブ活動の時間だけが楽しみだつたからであつた。

しかし本校では他校のように楽器をもつておらず、部員も少いので満足しきれず、学校外の音楽活動をするようになり、そこで琉大音楽科の学生を知るようになつた。二年に進んだが成績も振わず面白くないので退学しようと思つたが、相談室ができたので一応相談してみようと思つたと言うのがその大要である。

事例研究会のために調べてみたら、生活指導資料票も提出されてなく、知能検査向性、興味、標準学力テスト等もすべて受検していない状態で、一寸困難を感じた。指導要録によると中学時代の学習成績は上の部である事が判つた程度であつた。それで面接中の本人の発表によつて理解をすゝめていつたわけであるが、家庭教育に理解があり、現在の苦悩も承知して一緒に考えており、音楽に対しては相当深く研さんをつんでいる事さらに将来この方面へ進みたい意向を充分もつており、少しでも自分の前途を開拓しようとしている意欲が分つたので、その能力を伸ばすには一応現在の困難点を回避せずに直面し、毎日の学習を克服して専門教科を一応マスターするようにしようと言う事で第一回は別れた。多言ではないが卒直に要点要点にふれていくので理解するのにそう苦しむ事はなかつた。

その後も面接して学習習慣改善のための技術的方面もその方法等について助言した。欠席等もなくなつたが一学期の成績は前と大差はなかつた。しかし夏休みを有効に暮すため大学進学について考えたいので資料を見せて欲しいと申出てきたので一般的な情報資料を提供し、成績の方は余りあせつてはならない事を注意した。二年の二、三学期は欠席する事なく努力を続けているようであつたが、学習の成績は僅かに向上の跡を見せるに止つていた。その間十一月末に諸大学の募集要項が来ると閲覧に来たりして、進学への心構えを作つているようであつた。

ところが最終学年の三年になつてからは、一段と努力を傾け他の先生方からもよくその努力ぶりが伝えられてくるようになり、二学期の成績査定会ではホームルーム担任から喜びをもつてその向上が讃えられたのである。

本人は現在琉大音楽科受験のために営々と努力を傾けている。

この例は幸に入学はしたもののそのコースが性に合わず二ケ年にわたつて、本人はもちろん先生方も散々苦労されたわけであるが、幸い向上の意欲をすてなかつたのと、よく苦悶に直面して克服する方途に向いさらにその才能をもつ音楽方面に希望をもつていたから、幸いに救いがあつたわけであるが、そうでない場合には全く逆の結果を招来していただろうと思うのである。

※三四頁へつづく

進路指導に積極策を

本土就職に関し学年PTAを開いて、労働局(職安)から招いた職員を囲んで懇談会を催した。日本本土における実情を詳しく自信をもつて指導ができないために、本土就職をめあてとする進路指導には不安が一般に多いということがわかつた。本校も一〇〇名の就職希望者に対し、三二名の生徒、家庭同意者一〇名といつたところ。賛同一〇名の関心も、戦前のような紡績出稼ぎといつた域を出ない理解の貧困さ。そこで、

教育関係者が、本土事業場の視察と、一般の啓発をすれば一層効果があるのではないか。その面の研究はこれまで力足らず、努力の必要を痛感するのは私一人でもあるまい。

卒業者の過半数が就職し、高校進学者もやがて職場を求めねばならない。しかし、彼等を吸収する職場の需要はむしろ問題が多く、そのための進路指導への注文は数限りない。これらの不安を除去して十全の沖縄教育を推進するために、進路指導は一つの大きな課題を提示しているといえよう。　(前原地区A生)

中校の進路指導に想う

中村秀雄

中学校における進路指導について、卒業後の指導を書け、ということでありましたので、その才でもないとは思いましたが、中学校の進路指導、即ち職業指導がどの中学校でも、学校運営の全体計画の中に位置づけられ組織だつた継続的な指導がなされているという段階には未だしの感もあるし、その上に高校入試法の変化でいきおい課外指導がさかんになり正しい意味の進学指導さえ芽を枯らしてしまいそうな懸念がいたしますので敢て拙稿をものする責任を感じました。しかしそのようなことは単なる私の杞憂にし、か過ぎないことであつてほしいと思います。

卒業後の状況を見てということが気になつて、なかなか構想がまとまらないままに数日を過している中、屋部中校の旧同僚たちが訪ねて来ました。職場実習を始めたということで自然に話が進路指導のことに発展しました。その中に卒業生が就職にも転職にもみんな公共職業安定所を通して自分の適職を求めていつている。それが職場実習の効果だと思うということでありました。往時の学級の大臣クラスの面々の近況についても話が出ましたが職場実習の最初の年の三年生に、知能テストで偏差値が二〇、精神年令が七才いくら（私の記憶による）で時時休み時間から授業時間まで海浜に出て踊つたりして遊ぶことのあつた精薄児がいたが、その君でさえ現在まで、職安を通し農研所や道路工事などで働いていることを知つています。公共職業安定所を利用することは、三年の社会科でも取扱つているのだから、何も職業実習の効果だけではないと云えばそれまでだが、つい先日、沖縄タイムスの社会面に美談として、職を求めて放浪中の某中学の卒業生を警官が引き取つて職場を世話するようになつたという洗濯屋さんの記事を思い出して、体験に訴えることなしには簡単なことでも実際に役立てることができないで卒業していく生徒も多いということを思えば、実際に職安所に出入りし所員の世話で職場実習をした体験が役立つているんだということはあながち私たちの思い過しではないと信じます。

とにかく、多様性のある個性の人格完成を目指す根本的な教育活動においてはその活動のみの教育効果を見定めるということは全く不可能なことでしようが、中間学校としてあるいは最終学校としての中学校における進路指導は、重要且不可欠の活動であると思います。

進路指導は、生徒が自ら将来の進路を選択する能力と、選択した進路の計画を自ら立てる能力、就職や進学の後よりよ

職業適正検査実施中の中村氏

卒業生へのアンケート ①

あなたは自分が修めた課程をどう改善したらいいと思うか

工業高校　電気課程

◎教師の面（一九五五年度）

- 実地理論共にくわしい教師がほしい
- 。生徒と一緒に研究し、相談相手なつてほしい。

（一九五六年、一九五七年度）

- 。理論に偏りすぎる、実際面の指導に当る教師がほしい。

◎教師の内容の面（一九五五年度）

- 。もつと進歩した技術の内容をもつた教科書
- 。実際に即した教科内容であつてほしい。

（一九五六年度）

- 。物理、化学、数学は必修にすべき

（一九五七年度）

- 。実社会に即した教科内容を考慮してほしい、

◎その他の面

（一九五五年度）

- 。三年あたりから弱電、強電に分けた方がよい。
- 。解析をもつとくわしく教えてほしい。

（一九五六年度）

- 。普通学科をもつとふやすべき
- 。校内実習も大切。
- 。工高校を四年制にしてほしい

く生活に適応して進歩する能力を養うという役割りをもっており、学校の教育活動の根本的なものの一つであるということは、今さら喋々するまでもないことだと思います。そして進学と就職のどちらも軽視してはいけないわけであるが、地域社会の要求や卒業生の進路分野の分布実態によって進学指導に重点がかかったり就職指導に傾斜したりすることはあってもよいと思われます。

しかしながらそのいづれの場合でも、やはり一応は、進路指導本来の目標によって、一、個性調査　二、情報提供　三、相談　四、職場実習　五、進学指導、就職斡旋　六、補導等の各分野の活動を通しながら、第三学年の後半からはそのいずれかに重点がかかっていくような指導になることも止むを得ないと思います。

進路指導は職業指導が本来の呼び方であるが本土の進路指導に熱心な現場の教師たちによって職業教育、教科としての職家と混同されたり、就職斡旋と同一視されることを恐れてそう呼んでいるといわれています。事実、私の学校はほとんど進学希望者だから職業指導はやらなくてもよいという校長がいたり、狭い労働市場では希望する職業がないのだから職業選択の指導をしても無駄ではないかという人があったりする。また学校の経営者などが職業指導は職家担任の仕事だという程度の認識しかないのではないかと

※(五二ページへ続く)

(一九五七年度)

◦普通高校に電気課程をおくより、工校の設備を充実すべき

◦普通課目も充分教育すべき。

◦専門教師を日本研修にやって生徒にもっと豊富な学習をさせてほしい。

◦現在ある施設をフルに利用すべき。

◦沖縄でも主任技術者の検定試験を実施してほしい。

進路指導の事例(二)

母は教員に、本人は銀行員になりたいと考えるT君

津堅中学校　比嘉　繁三郎

一、家庭環境

父(五八)漁業　母(五三)農業　姉(二二)看護婦　姉(一九)店員　弟(四年生)

生計は余り豊かでない。生計費の大半は姉二人の送金による。

二、学業成績

知能テスト「中上」教科の成績は学級で中位英語は得意である、体育は籠球の選手である。

職業興味テストは科学、職業適性検査の結果は重金属建造作業、精密検査作業、機械運転作業の適職群となっている。

三、性格

引込思案、体格に似合わず恥かしがりやである。言語もはっきりしない仕事はねばりがあり真剣である。

◦父は子供の進路について無関心である、母はその反面熱心で父兄会度毎にぜひ子供は教員にさせたいといっている。

◦T君は三年進級当時は母の意見に同意していたが二学期末から銀行員になりたいと考えてきた。

◦その動機について話合ってみたら自己分析の結果大学まで進学する能力、経済的能力がない。お隣りに最近銀行員になった先輩がいるので刺激された。

◦銀行員は接客サービス業であることを話し合う。

◦興味、性格の分析をして適職であるかどうか、もっとほり下げて研究する必要はないか。

個性を生かす将来有望な職業はないか。

◦適性検査の結果および先生方の観察を綜合したら機械技術面も考えられはしないかと助言した。然し進路決定は父母でもない先生方でもない、父母や先生方は助言者であって本人の自覚によって決定することが望ましいあり方であると話してやった。

◦母と琉大の入学状況、学資、某高校からの進学状況の情報と子供の実態(性格学科の成績諸検査の結果)について話し合い、子供の個性を生かす将来性のある職業を研究していただくよう問題を提供して次回の相談の時に話し合うことにした。

六、結び

◦学校生活のしめくくりは進路の決定だと思う。

◦生徒一人一人の幸福のために進路指導は欠くことのできない重要な教育活動である。

◦然しそれは一人の教師のみでは不可能で全職員の協力体制が確立されなければならない。

◦そして計画的に組織的に継続的に指導が実施されることによって成果はあがる。

高校における被服指導

糸満高校　國吉清子

高校教諭三年生になつた。過去二ヶ年余の間に種々貴重な体験を積みあらゆる面で良い意味の変化があつた。その一例としてあげられることは職業教育振興の主旨のもとに政府より職家課程備品補助金という多額の補助金によつて、施設、設備が著しく向上したことである。その事は家庭科教師としての私にとつて大きな喜びであり感激であつた。それが少なからず影響して、ここらあたりで糸満高校における被服教育の実際の整理、反省をし、これを土台にして、あらたに被服教育の指導法の検討をしてみたいと思いたつた。

(A) 糸満高校における被服指導の実際

(1) 施設、設備について、

(2) 時間割について（指導能率に関係する）

(3) 使用教科書（教育効果に関係する）

(4) 科目類型および単位数について

(5) 正味授業時数について（カリキュラムを検討する際に参考となる）

(6) カリキュラムについて（次の指導法を生み出す土台となる）

(7) 指導法について（次の指導法を生み出す土台となる

※上記7項目のものを簡単に表にまとめた（表は省略）

(B) 被服指導法の再検討（上記(A)の項目を土台とする）

指導法とは？

(1) 目的……どんな目的で
(2) 環境……どのような環境にある
(3) 生徒……どのような生徒に
(4) 方法……何を、どんな方法で

学習させるかである。

(1) 目的

被服教育は家庭科教育の一部であるので目標は家庭科教育の目標につながる。一九五八年四月文教局発行の基準教育課程によると、次のようなことがあげられる。

(イ) 家庭生活の理念とその実践および家庭生活技術の習得

実施私案（第一案）

教科名	学期	単元	時数	材料費	備考
（一年五単位）家庭一般および被服	1	A 衣生活の合理化 日常服のデザインおよび製作 B ブラウス スカート 組合わせ 簡単な上着 一六 十一 一一	三〇二 三二	一、一五 〇、五五 二、一〇	家庭一般の被服編に出てくるものを全部一学期でやり上げる。
	2	A 衣服材料 B 裁縫製作 働き着 男物単衣 二五 二五	一五 五〇	〇、八〇 一、〇〇	働き着のところで基礎の縫方つくろい方を加える。
	3	A 裁縫製作 ワンピース 女児服 三十 一五	四五 計一七四	一、五〇 八〇 計七、五〇	材料の学習は一〇時間では少いので一五時間にした
（二年四単位）被服	1	A 裁縫製作 長着袷 茶羽織 三二 二〇	五二	二、〇〇 一、五〇	学年を通して実技を主体とする
	2	A 裁縫製作 ワンピース コート 三八 一四	五二	二、五〇	コートは二学期と三学期にまたがつて仕上げる
	3	A 裁縫製作 コート 三六	三六 計一四〇	四、〇〇 計一〇、〇〇	
（三年二単位）被服	1	A 裁縫製作 寝具ざぶとん 二六	二六	一、六〇	級全体で一組製作をする
	2	A 裁縫製作 乳児服 二六	二六	〇、八〇	
	3	A 裁縫製作 フロントジレー B 衣服計画	一〇 許七〇八	〇、三〇 計二、一〇	
合計				二〇、〇〇弗	

(ロ) 家族の基本的要求や欲望の適正な満足

(ハ) 消費者の立場と責任の自覚、国民経済への貢献

(ニ) 家庭における自己の生活の向上
家庭生活の改善向上（地域社会）
国民生活の改善向上
} を実践する人間育成

上記のことが示すのは現在の家庭生活の向上に寄与する事と、将来の家庭生活に役立つ教育ということである。日本においては上記の外に職業的専門学習というものがうたわれている。沖縄でもその傾向のあることが基準教育課程の充実した内容からうかがうことができる

(2) 環境

(イ) 家庭環境（地域社会、家族、家族の職業）

これによつて、どのような教科に重点をおくべきかが考えられる

職業調査（現在、家庭課程あるいは家庭コースにある生徒を調べたもの）

職業名＼学年	1	2	3	合計	%
農業	14	19	12	45	46
漁業	4	2	4	10	10
商業	4	0	4	8	9
給料取り	14	4	12	30	30
不明	4	0	0	4	5
計	40名	25名	32名	97名	

※農家出身の生徒が多い。

※給料取りの方は、公務員 事務員 大工、ドライバー等の職業を全部含んでいる。

(ロ) 学校環境（施設、設備、標本、教師）

これは生徒の学習能率および教師の指導能率および効果に大いに関係する。

本校における施設、設備は三ヵ年間に著しく向上した(省略)標本は二分の一サイズで自作した。教師の実力向上を良心的に行つているつもりである。

(3) 生徒

これは(2)と合わせ考えるべきことである。

今後は、家庭課程の生徒を中心に、その生徒らの、能力、興味、家庭の状況（特に経済面）を充分知る必要がある。

希望調査（生徒が将来どのような方向に進みたいかその意向をまとめてみた）

実施私案（第二案）

教科名	学期	単元	時数	材料費	備考
（一年三単位）家庭一般および被服	1	A 衣生活の合理化 B 日常服のデザイン及製作 ブラウス 一六 スカート 十一 三 C 組合わせ 簡単な上着	二 三〇 七	〇、五五 一、一五	〇家庭一般の被服を一学期でやる。Cは講義のみ夏休みの宿題
	2	A 裁縫製作 働き着 二五 女児服 一五	四〇	八〇 八〇	働き着のところで基礎縫とつくろい方をする
	3	A 裁縫製作 男物単衣 二七	二七 計一〇六	一、〇〇 計、四三〇	男物単衣はネルの布地を用いる
（二年四単位）被服	1	A 材料学 B ダーツの移動 C 裁縫製作 ワンピース 二七	一五 一〇 二七	二、五〇	二年に化学の授業が組まれているのでここにもつてきた
	2	A 裁縫製作 長着浴衣 三二 茶羽織 二〇	五二	二、〇〇 一、五〇	袷長着は改良の二部式にする。
	3	A 裁縫製作 ワンピース 三六	三六 計一四〇	二、五〇 計八、五〇	
（三年四単位）被服	1	A 裁縫製作 コート 五二	五二	四、〇〇	
	2	A 裁縫製作 寝具たんぜん 二六 乳児服 二六	五二	一、〇〇 八〇	
	3	A 裁縫製作 ジレー B 意匠学 C 衣服計画	一〇 一八 八 計一四〇	三〇 計六、一〇	
合計 一八、九〇弗					

項目＼希望名	1年	%	2年	%	3年	%	合計	%
大学進学	11名	27.5	10名	40	8名	25	29名	30
その他の学校への進学	10	25.0	4	16	7	22	21	22
就職	16	40.0	10	40	17	53	43	44
家事	2	5.0	0	0	0	0	2	2
未定	0	0	1	4	0	0	1	1
無解答	1	2.5	0	0	0	0	1	1
計	40名	100	25名	100	32名	100	97名	100

家庭課程の学生でも上記の表でわかるように進学希望者が半数を上廻わる。こういつた生徒の気持を知つた上で興味について考えるべきであろう。

家庭の経済状態は決してよいものではないが、現在必修は選択によつて被服学習をしている生徒の中で材料費の件で問題を出した生徒は一名もない。糸満地区の特長としてあげられることは、生徒の経済関心の高いことである。生徒の方から材料費に関する意見を出してくれることが度々あり参考にしている。

(4) 方　法

これは既記の(1)(2)(3)をよく検討し知つた上で考えられることである。

さらに方法を・

(イ)内容と指導計画
(ロ)準備と指導
(ハ)学習の形態
(ニ)学習指導法
(ホ)評価

の五つに分けて考えてみたい。

(イ)　内容と指導計画（表省略）

家庭課程の生徒を主体とする。内容は、小、中、高のつながりという事が大切なこととしてあげられる。

小、中、高の内容のつながりについては、次のようなことがいえる。

一九五八年度より課程制がしかれ文教局より基準教育課程高校用が出ている。それは、小、中、高の内容のつながり問題を考慮して作られたものと考える。その基準教育課程に従つて、各学年、各学期に、内容と時間をはめて考えてみた。しかし内容充実の割に時間数が少いのではないかという感じを受けた。別表(省略)の正味授業時数表を参考にした場合、その感が深く補講は可能なことではあるが、しかし盛り沢山で指導不充分であつたり又教育の研究時間の欠除が考えられたので、別表(省略)のように基準教育課程の内容から、被服経理にまたがるものを除いて、一案と第二案を作製してみた。

第一案は各学年の単位配当数を基準通りに、一、二年に重きをおいたものである。

第二案は生徒の能力を自分の実際体験から得たもので判断し、高学年すなわち三年生に単位配当数を多くして重きをおいたものである。

実施授業としては第二がよいと思われる。しかしそれを行うについては他の家庭科の教科とのつながりを考慮しなければできない。

指導計画については、前記の目標、環境、生徒、そしてカリキュラムを考慮し能率的指導、基礎的技術の指導、高学年においては少々専門的指導ということを加味して計画を進めたい。

(ロ)　**準備、指導**

設備、備品、標本が大いに関係する。生徒の家庭の経済状態を充分に考慮する必要がある。私は生徒の実習費の軽減の意味から、部分縫と二分の一実習を度々実施した。これは大いに効果をあげた。

生徒は自分がすぐ着用できるものは興味をもつて実習する。ただしそうでないもの例えば男子働き着としてあげられるワイシャツは金の面で渋るそこで二分の一実習か或いは部分実習をして材料費の軽減をはかると共に技術の修得をさせている。

被服指導においては、特に標本が重要な役割を果すものである。「百聞は一見にしかず」であるそれで就職当初標本作製を痛感し指導に入る前に必ず自作で標本の作製をし、指導能率および効果をあげた。

(ハ)　学習形態

これには次の種々の形態がある。

講義（聴講）討議、報告、観察、実験、調査、講成、示範創作、実習などがあり、これらに一齊指導とグループ指導が考えられる。学習形態は、学習内容によつて、その指導能率および効果を上げるために充分考えて、二種ないし、三種が組合わされて行われるものである。学習形態も指導案と共に充分に前準備をしておくべきものである。

被服指導では、学習形態が二種ないし三種組合されグループ指導が主として行われる。

時として主要な点をプリント配布により指導の徹低をはかつている。

(ニ)　**学習指導案**

既記(イ)、(ロ)、(ハ)、を合わせ考えて指導案を作製し、尚生徒に進度表を印刷配布して、つとめて全員揃つての指導、仕上までもつていきたいものと考えている。

(ホ)　**評　価**

これにより、生徒の学習のいかんを知り又教師の指導効果のいかんを知り生徒の能力の再認識と指導の反省、そして、その後の指導の資とするものである。

中学校における職家技術指導の具体例

永山清幸

まえがき

「技術指導の実際」というテーマをとつたものの短い六ケ月の研究期間では不可能だつたともいえる。しかし幸にして昭和二八年二九年の文部省指定産業教育実験学校であつた静岡県清水市立有度中学校に配属されましたので各専門の諸先生方の懇切なる御指導と充実した施設設備のもとに私なりの成果をあげ得ることができたような気がする。

学校当局の特別のご配慮をいただき一年共通コース二時間、二年男子コース三時間、三年男子コース三時間一学期間各学年とも一学級の必修を受持ち二時間の授業をするために四五時間の教材研究をして教壇実践をやつてきたのであるが、沖縄においては何といづても施設設備が問題となる。しかし施設がないからといつて放任しておくわけにはいかない。

文部省は三七年から教育課程を改善して技術科を新設して男子には工的内容を中心に学習させると発表しており、沖縄においても科学技術教育は重要視されなければいかないと思う。文教局はこの新しい制度を取り入れる前に事前の準備が大切であり、少なくとも中学校職家における基礎的技術の習得に必要な施設設備と職家担当教師の現職教育が大きな課題ではないかと思う。

そこで施設設備については次の機会をまつことにして本土における私の技術指導の一例を提示して先生方のご批判を仰ぎたい。

単元　基礎製図　一年共通

一　単元計画

A　単元の意義

日常生活の科学化、高度化の向上に伴い、図面を利用する機会は多くなつてきた。故に現代生活において読図力、製図のための知識技能は一般教養として必要である。施設設備や予算の面においても他項目に比し割合に目的は達せられやすく、又他項目の基礎となるものである。

B　他単元他教科との関連

(イ)　小学校算数科（六年面積）図工等で簡単ではあるが、製図の初歩的なものを学習している。

(ロ)　職家、木材加工、金工、住居、応用製図等の未修単元の基礎でもある。特に本単元では基本的な技術の習得に主力をおく。

(ハ)　他教科　数学科の面積（一年）投影図法（三年）図工科の製図関係教材等、各学年との関連を見て無駄な重複をさける。

C　準　備

I　教師、および生徒用製図用具の点検整備

製図板および丁定規デバイダー（各一学級分）その他種々の設計図、工作図、青写真等の実物準備、掛図の点検生徒購入物品を販売係に連絡

2　生徒個人用具の準備

物差、分度器、コンパス、画用紙画鋲、消ゴム、小刀、鉛筆B、H、3H各一本、紙ヤスリ、

D　単元の目標

I　技　能

製図用具の選び方、使い方、直線の引き方、円のかき方、製図用数字のかき方、寸法の測り方、記入の仕方、

Ⅱ　技能的知識理解

製図の種類と用途、線の種類と用途、字体投影図法、作図の順序、工作図の概念、

Ⅲ　社会的経済的知識理解

生産工程、生産方式と図面、規格と大換性、規格統一と企業の合理化、日本の工業規格現代工業における製図の役割、製図と日常生活

Ⅲ　態　度

仕事を慎重に正確にする態度、持久性ち密性を養う。

又職業指導の立場から啓発的経験の場を与える意味において適性の発見につとめ、プロフイル等を作製して各作業について記録をとつておく

三　技術指導の実際

1　製図用具の使用法

a　鉛筆の使い方（長さは能率上一〇糎以上のものがよい

鉛筆の硬さと用途

巾0.5–0.6
厚0.7
10
20
30
文字用

矢印と文字用（HB）外形線、いん線（H）

中心線、寸法線、寸法補助線（2H）

b　T定規の使い方

c　三角定規の使い方

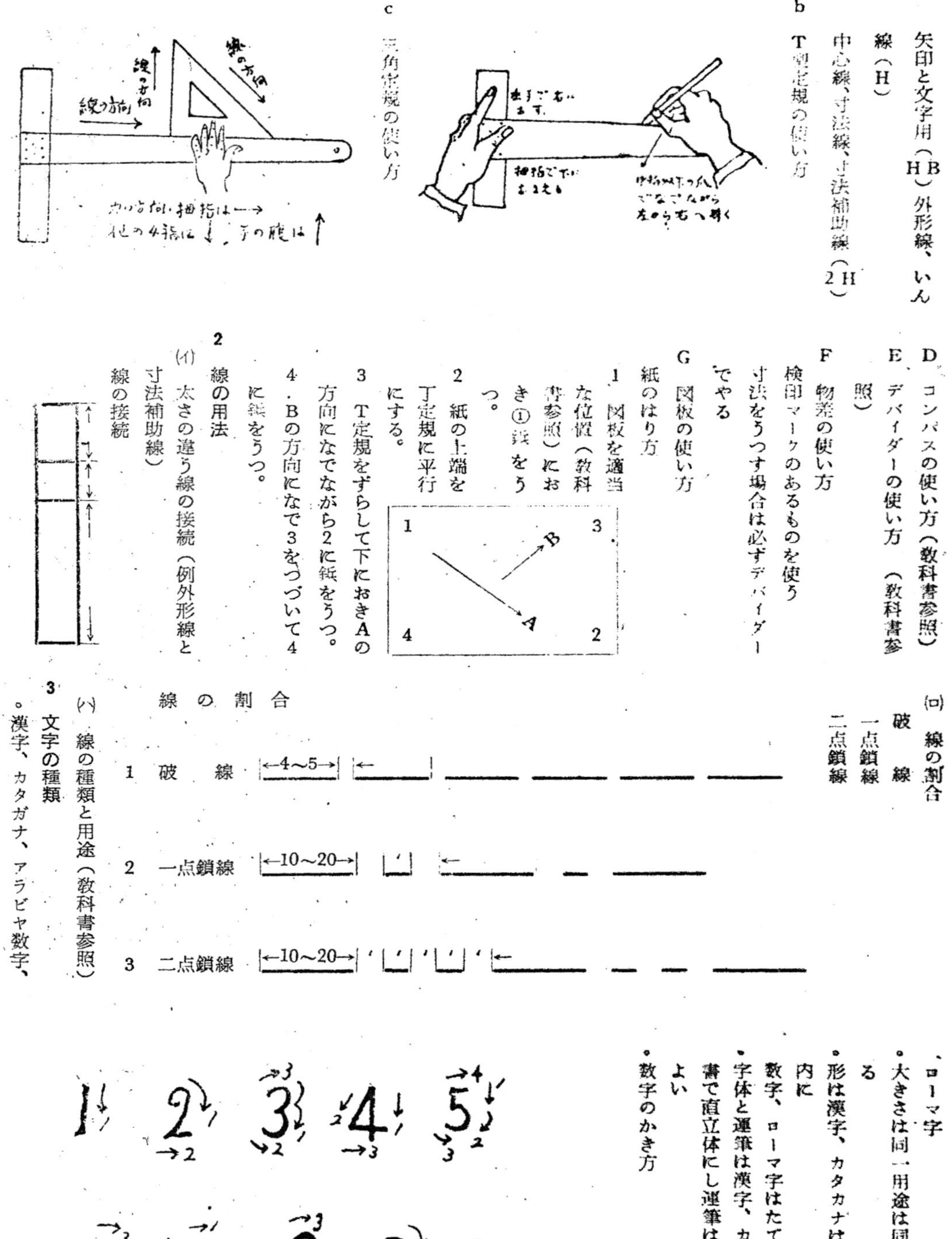

D　コンパスの使い方（教科書参照）

E　デバイダーの使い方　（教科書参照）

F　物差の使い方

検印マークのあるものを使う

寸法をうつす場合は必ずデバイダーでやる

G　図板の使い方

紙のはり方

1　図板を適当な位置（教科書参照）におき①鋲をうつ。

2　紙の上端をT定規に平行にする。

3　T定規をずらして下におきAの方向になでながら2に鋲をうつ。

4．Bの方向になで3をつづいて4に鋲をうつ。

2　線の用法

(イ)　太さの違う線の接続（例外形線と寸法補助線）

線の接続

(ロ)　線の割合

破線

一点鎖線

二点鎖線

線の割合

1　破線　|←4～5→|

2　一点鎖線　|←10～20→|

3　二点鎖線　|←10～20→|

(ハ)　線の種類と用途（教科書参照）

3　文字の種類

。漢字、カタカナ、アラビヤ数字、ローマ字

。大きさは同一用途は同じ大きさとする

。形は漢字、カタカナは正方形のわく内に

数字、ローマ字はたて2横1の割合

。字体と運筆は漢字、カタカナはかい書で直立体にし運筆は一般の運筆でよい

。数字のかき方

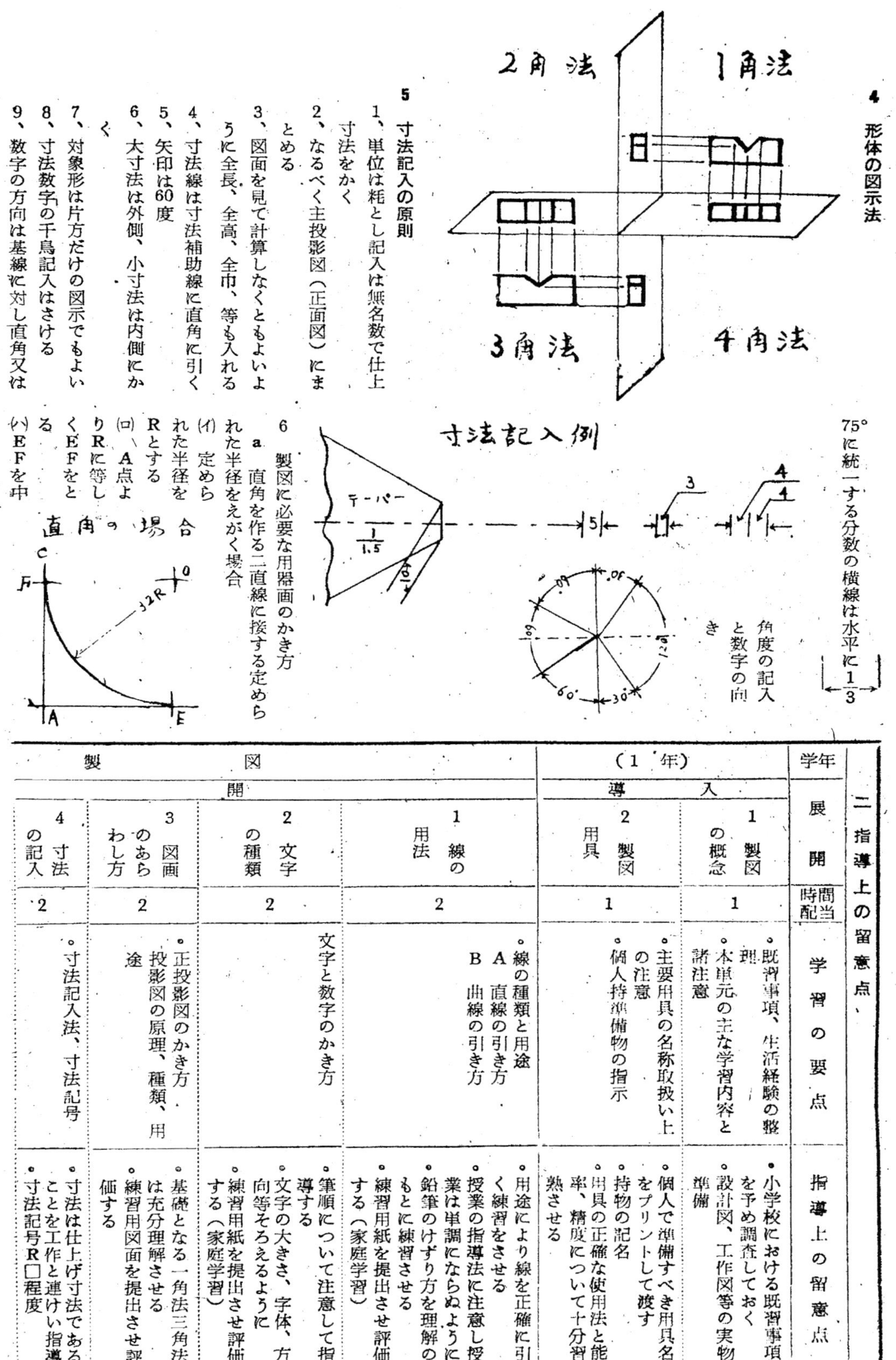

4 形体の図示法

75°に統一する分数の横線は水平に $\frac{1}{3}$

角度の記入と数字の向き

5 寸法記入の原則

1、単位は粍とし記入は無名数で仕上寸法をかく
2、なるべく主投影図（正面図）にまとめる
3、図面を見て計算しなくともよいように全長、全高、全巾、等も入れる
4、寸法線は寸法補助線に直角に引く
5、矢印は60度
6、大寸法は外側、小寸法は内側にかく
7、対象形は片方だけの図示でもよい
8、寸法数字の千鳥記入はさける
9、数字の方向は基線に対し直角又は

6 製図に必要な用器画のかき方

a 直角を作る二直線に接する定められた半径をえがく場合

(イ) 定められた半径をRとする
(ロ) A点よりRに等しくEFをとる
(ハ) EFを中

二 指導上の留意点、

学年	展開	時間配当	学習の要点	指導上の留意点
(1 年) 製図 導入	1 製図の概念	1	◦既習事項、生活経験の整理 ◦本単元の主な学習内容と諸注意	◦小学校における既習事項を予め調査しておく ◦設計図、工作図等の実物準備
	2 製図用具	1	◦主要用具の名称取扱い上の注意 ◦個人持準備物の指示	◦個人で準備すべき用具名をプリントして渡す ◦持物の記名 ◦用具の正確な使用法と能率、精度について十分習熟させる
展開	1 線の用法	2	◦線の種類と用途 A 直線の引き方 B 曲線の引き方	◦用途により線を正確に引く練習をさせる ◦授業の指導法に注意し授業は単調にならぬように ◦鉛筆のけずり方を理解のもとに練習させる ◦練習用紙を提出させ評価する（家庭学習）
	2 文字の種類	2	文字と数字のかき方	◦筆順について注意して指導する ◦文字の大きさ、字体、方向等そろえるように ◦練習用紙を提出させ評価する（家庭学習）
	3 図面のあらわし方	2	◦正投影図のかき方 投影図の原理、種類、用途	◦基礎となる一角法三角法は充分理解させる ◦練習用図面を提出させ評価する
	4 寸法の記入	2	◦寸法記入法、寸法記号	◦寸法は仕上げ寸法であることを工作と連けい指導 ◦寸法記号R□程度

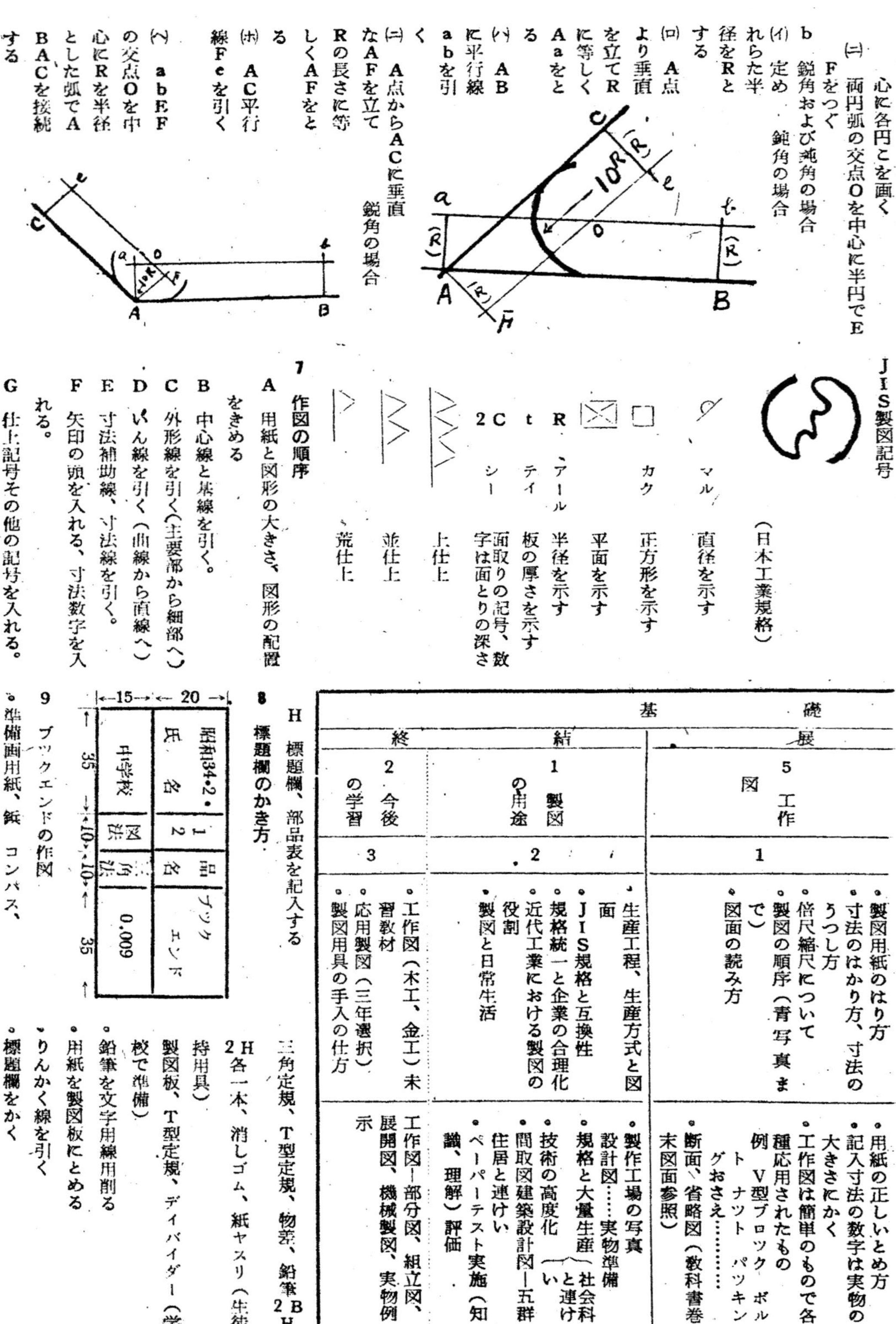

心に各円こを画く

(ニ) 両円弧の交点Oを中心に半円でEFをつく

b 鋭角および鈍角の場合

鈍角の場合

(イ) 定められた半径をRとする

(ロ) A点より垂直を立てRに等しくAaをとる

(ハ) ABに平行線abを引く

鋭角の場合

(ニ) A点からACに垂直なAFを立てRの長さに等しくAFをとる

(ホ) AC平行線Feを引く

(ヘ) abEFの交点Oを中心にRを半径とした弧でBACを接続する

JIS製図記号 (日本工業規格)

記号	読み	意味
φ	マル	直径を示す
□	カク	正方形を示す
⊠		平面を示す
R	アール	半径を示す
t	テイ	板の厚さを示す
2C	シー	面取りの記号、数字は面とりの深さ
▽▽▽		上仕上
▽▽		並仕上
▽		荒仕上

7 作図の順序

A 用紙と図形の大きさ、図形の配置をきめる

B 中心線と基線を引く。

C 外形線を引く(主要部から細部へ)

D りん線を引く(曲線から直線へ)

E 寸法補助線、寸法線を引く。

F 矢印の頭を入れる、寸法数字を入れる。

G 仕上記号その他の記号を入れる。

H 標題欄、部品表を記入する

8 標題欄のかき方

昭和34・2・	1	品	ブックエンド
氏名	2	名	
中学校	図法	尺度	0.009

9 ブックエンドの作図

・準備画用紙、鋲 コンパス、三角定規、T型定規、物差、鉛筆2B 2H各一本、消しゴム、紙ヤスリ(生徒持用具)

製図板、T型定規、ディバイダー(学校で準備)

・鉛筆を文字用線用削る

・用紙を製図板にとめる

・りんかく線を引く

・標題欄をかく

基礎 展	結	終
5 工作図	1 製図の用途	2 今後の学習
1	2	3
・製図用紙のはり方 ・寸法のはかり方、寸法のうつし方 ・倍尺縮尺について ・製図の順序(青写真まで) ・図面の読み方	・生産工程、生産方式と図面 ・JIS規格と互換性 ・規格統一と企業の合理化 ・近代工業における製図の役割 ・製図と日常生活	・工作図(木工、金工)未習教材 ・応用製図(三年選択) ・製図用具の手入の仕方
・用紙の正しいとめ方 ・記入寸法の数字は実物の大きさにかく ・工作図は簡単のもので各種応用されたもの 例 V型ブロック ボルト ナット パッキングおさえ……… ・断面、省略図(教科書巻末図面参照)	・製作工場の写真 設計図……実物準備 ・規格と大量生産(社会科と連けい) ・技術の高度化 ・間取図建築設計図—五群住居と連けい ・ペーパーテスト実施(知識、理解)評価	工作図—部分図、組立図、展開図、機械製図、実物例示

。図面の配置をきめる
。上面図をかく
1 中心線EFを引く
2 水平線AD、BC線を引く（中心線から定められた寸法をとり）
3 イ線ロ線も同じ要領で引く。
4 AB線およびその延長線GIも一緒に引く。ハニ…KM　PC…LJも同じく引く。
正面図をかく。
1 IJを引く…延長して側面図へ
2 ML、GK…延長して側面図にも引く。
。側面図
中心線から定められた寸法（上面図に全じ）で水平を引く
。余分の線を消す（必要な部分を消し板又は下敷等でかくし露出部を消す）
・寸法補助線、寸法線を引き寸法を記入する
。標題欄を記入する

10 青写真と墨入れ

・原図（画用紙、又はケントウ紙にかいた図）の上にトレシングペーパーを重ねカラス口で
透写（トレス）する（原図）
ただし最近は墨の代りにトレス用鉛筆を使用することが多い
・墨入れの順序
1 外形線を引く
A 円および円弧をかく（大きいものから小さいものへ）
B 水平線を引く（上のものから下のものへ）
C 垂直線を引く（左のものから右のものへ）
D 斜め線を引く
2 いん線を引く（外形線と同じ要領で）
3 中心を引く
4 寸法補助線　寸法線を引く
5 矢印の頭、数字、文字記号をかく
6 標題欄をかく
7 りんかく線をかく
。焼付
1 暗室で製図板、布（タオル二枚位）感光紙、原図ガラスという順に重ねて夏一～三分冬は三～七分程度日斜光線に当てる。
2 重クローム酸カリの水溶液で洗う。
3 水洗する。
4 乾燥する
。白写真の場合
重クローム酸カリの水溶液の代りにアンモニアガス内に二～三分程入れておけばよい（水洗いしなくともよい）

むすび

設計製図では以上のような簡単な図面を正しく読んだり描いたりするのに必要なる基礎的技術を習得させ、ものごとを計画的に進め、精密確実に処理する態度を養うように努めなければならないと思う。

実際に取扱う際は第一学年において、指導上の留意点にも示してあるように、木材加工の考案を表示するのに必要な基礎的事項を主として、日本工業規格製図通則に基いて指導し、これがある程度習得されるところまで製作学習と合わせて指導していきたいと思う。

中学校　全國産業別就職者数比率

昭和33年3月

区分		総数	男	女
就職者総数		100.0	100.0	100.0
第一次産業	農業	18.0	17.9	18.2
	林業、狩猟業	0.4	0.6	0.1
	漁業、水産養殖	1.7	2.6	0.7
	鉱業	0.3	0.5	0.0
第二次産業	建造業	2.0	3.7	0.1
	製造業	47.1	39.4	44.6
第三次産業	卸売業、小売業	13.4	13.7	13.0
	金融、保険業	0.2	0.1	0.3
	不動産業	0.0	0.0	0.0
	運輸、通信業	1.3	1.5	1.2
	電気、ガス、水道業	0.3	0.5	0.1
	サービス業	10.9	5.6	16.8
	公務	0.3	0.2	0.4
その他		4.1	3.7	4.5

進路指導アンケート

進路指導について次の点でご意見をおきかせ下さい。

一、あなたの学校ではどのような組織で進路を指導していますか。

二、あなたはどのような内容で進路を指導していますか。

三、あなたはどのような方法で進路を指導していますか。

四、どのように進路指導の効果があらわれていますか。

五、進路指導をうけた生徒はどのような感想をもらしていますか。

コザ中　安里　哲夫

一　本校の組織は生徒指導組織の教科指導と生活指導との両面から各担当教師が校長の下で互に協力し合つて指導するしくみになつている。特にH・R教師がその任務の大部分を果している。尚外部との連絡、情報の入手は進路指導主任を中心に活動している。

二　職・家の啓発的経験としての仕事と、職業と個性及び情報ならびに悩みの解決心構え等。H・Rでは先輩の動向、職場の状態、希望校およびコース別情報、自己分析、進路と履歴等。クラブでは先輩の進路、趣味と職業、特殊技能と職場等。

三　職・家では仕事を通して個性発見をさせると共に職業情報を与え、助言し、生徒の情報をH・R教師へ連絡H・R担任として情報を与え調査資料により個人別に進路の相談をなす。進学者には希望職業を前提に助言を与える。クラブでは活動後懇談程度にし情報をH・R教師へ連絡。

四　生徒が成人しなければ言えないことであるが、指導過程からして現在彼等が自己の職場、学校に誇りをもち希望に燃えて頑張つているのは効果のあらわれだと思う。

五　A、好きな仕事で主人から信頼されているので楽しい。（板金工）

B、入学できてよかつた。さらに進学したいと思う。（高校生）

C、就職難を聴くたびに何でもやれるように勉強しよう。（高校生）

D、移民の希望は必ず実現する（高校生）

E、先生の斡旋で仕事をしながら勉強できるのは嬉しい（進学希望者）

糸満高等学校　前田　政敏

1　**ホームルーム担任による指導**

毎学年学期始めに家庭を訪問して生徒の進路について保護者と相談する。生徒の中には毎学年進路希望が変る者がいる。その主な原因は、

○生徒が教科に対して新たな興味ができた場合、又は困難にぶつつかた場合、

○就職難を感知して惑う場合、

○保護者が勉学奨励のために経済的問題を考慮せず大学進学させる等とうそを言つていた場合等が生徒の進路希望のぐらつきとなつている。

2　**進学指導係、同委員会による指導**

学校選択、学部の選択の助言、学校紹介資料の提供、模擬テストの実施による実力の養成、進学手続書類指導等を実施している。

3　**就職指導係　同委員会による指導**

希望職業調査、ホームルーム担任教師との連絡、職業適性検査の実施、校内職業的実技検定試験（珠算、タイプ）の実施　職種、職場の予備知識指導、各職場の求人問合わせ、採用依頼等を行つている。

4　**生活指導係　同委員会による指導**

家庭環境、性格、学業成績の不振その他生徒の能力等に異状がある者を主な対象として指導する。

二

1　生徒の性格を重視した進路指導をなす。

2　希望進路の前進に起る困難な問題に対して積極的に解決する迫力を強調する。

3　活動舞台の視野を大きくもたせ特に海外発展の夢をもたすべく努力する。

4　有機的な近代社会の良き形成者として必要な信義、友愛、協調共栄の精神を函養すべく努力する。

三

例一―N君は南米雄飛を希望していたが家庭は負債があつて進学はとうてい望めず、なお移民の際の準備金や営農資金の準備もできないとなげいていた。私はまず金をつくること「移民先において役立つ技術を身につけること」、「余暇にはつとめて語学の勉強をすること」、をすすめなおその機会をつくることに積極的で、あるよう助言して彼の卒業を勇気づけた。

N君は現在糸満町の自宅できれいななりをして事務所通いをしている同

窓生と隣り合わせで、毅然としてゴム長靴をはき、飼料桶をかついで豚四十頭を一人で飼育している。N君の信念と実行力はきっとよき開拓者になると私は信じている。

例二　S君は頭はよいが野球が好きで父が大学進学をすすめているのに二年まで野球に夢中になって学業成績はよくなかった。三年に進級後S君自身進学するために野球をやめて勉学に力を注ごうとしたが、優勝の見込み多分にある本校チームの熱烈な雰囲気の中で野球部の部長として後輩に親われている彼はとうとう部長を免かれることができず三年も二学期となった。私は彼の父の希望や本人の将来を考えるにつけもっと勉強できるように仕向けねばと思いつつも彼等チームの雰囲気と彼の純なスポーツに対する情熱にはどうしてよいか迷うて積極的な助言もできぬままに二学期になってしまった。

野球のシーズンも終ったので再度S君と進路について相談したら「進学はしたいが父の希望する琉大受験にはとうてい自信がない、本土の私立大学だったら受験科目も少ないので、本土の大学に進みたいが父は「安易を求めるようでは何処の大学にいってもろくなことはないと反対」していると なげていた。

私は彼の父に会って大学進学の素質は充分あること。本人が言う通り本土の大学は受験科目が少ないので受験はしやすいが決して低級な学校ではないこと、尚S君が野球部に純な情熱傾をけたことは人間的に大変プラスになっていること等を説明して彼を進学させることができた。

四

例一　学校生活中規律の良くなかった生徒を職場に送り出して後、彼は、「今先生のようになにかにつけづけづけ言うて呉れる人がいないので淋しくもありだれかが自分の欠点を見つけていて一度にどかんと罰を下しはしないかと不安である。」と言うていた。

例二　父親との意見の相違を調節して本土大学に進学させた生徒の便り「先生のおかげで進学はできたが学力が劣り講義を受けるのに大変困難を感じている。くじけると父に先生をせめさせることになるので充分努力して頑張ります。」との便りを受けた。私に対する責任をあまりにも重く考えて無理しないかとの不安もあったがスポーツで鍛えた強健な彼の身心に信頼して「きっと他の学生に追い着くぞ頑張れ。」と激励してやった。

五

※進路指導の基礎的指導として生活指導が重視されなければいけないと思うが特に問題をもつ生徒にぶつかると生活指導者はおうおうにして卒

進路指導事例(三)

将来の希望が莫然としていたC君

一、家庭環境

父は四ケ年前になくなり母(四〇才)と兄(十八才)は菓子屋の見習、弟四名、妹二名で田畑もなく父の健在の頃は漁業で生計を維持していたが、死後は救済で生活している貧困な家庭である。

二、学業成績

知能テストは劣、工作面は趣味があるがその教科は学級でも下位の方である。職業適性検査は研磨および道具仕上作業、機械操作作業(手動)が適職群、職業興味テストは奉仕、長距離(五、〇〇〇米)の選手で校内では優秀

三　性格

父なきせいか明るさがない無口で消極的で教師遠ざかろうとする。

仕事は最後までやり通す

向性検査はやや内向性である。

◎二学期の中頃まで進路希望調査をさせても無記入でもちろん口答でも不明であった。しかし第一回の相談にやっと「大工」になってみたいと話しかけて来た。

・その動機について話し合ってみたら

1　平素から工作がすきであった。

2　適性検査の器具テストが面白く手先を使う仕事に自信が少々もてるようになった。

3　親類の方に大工組合の責任者がおられるので母が見習工をお願いしたら引受けることになったのでますます希望をいだくようになった。

4　クラブ活動がたのしい。

・C君の趣味からも性格面から考えても最適職であり、自立的に選職の能力を発揮したことは同慶に堪えず賞讃してあげた。

。其の後の学習態度が一変し希望にみちた楽しい学校生活を過している。

・家庭での態度もよくなり母も喜んでぜひ彼の希望通り大工にして身をたてさせてやりたいと語っている。

・大工になるためにはどういう方面にうんと勉強しなければならないか研究すよう問題を与えている。

業後も不安となり一卒業生に心が奪われ現職場も自分の家庭生活さえも忘れてしまうことがある。教育の仕事にやり終えるということがないようである。

※就職難の此の頃では個性や興味を重視した就職指導もむなしく農林を卒業して警官になったり、在学中生物科に興味を持った生徒が陶器店の店員ともならねばならない現状では大志を抱く青少年の夢が校門を出ると同時にくじかれてしまい「先生方は社会を知らなさ過ぎる。」とこぼすようになり大胆で明瞭だった生徒が卒業前になると何とか職にありつこうとあせり小かしこい振舞いをするのを見ると情なくなる。

大胆豪快な生徒がその特性を活かして活動する場は大変狭く尚一層その就職の門がせまくなりつつある事を思う時進路指導をなす教育の前途は暗くなるばかりである。このような問題の解決策として沖縄においては青少年に海外発展の気風振起する事こそ最善の策と私は信じている。

那覇高等学校　仲宗根盛栄

一　新人生が学級に配置されると進路指導のことにぶつかる。当校ならびに私（二年担当）は次のように指導している。当校では学習指導の中に進学ならびに就職指導等があり特に二年生になると具体的に実施されている。もちろん学級ではその経営の中にとり入れている。

二　指導の内容は①生徒をよく知ること。②家庭の事情をよく理解すること③地域社会がどのような技術ならびに職を要求しているか。

三　指導の方法としては①学級経営で全体に深く進路決定の必要を強調する②個人面接で徹底的に指導する。③家庭訪問、ＰＴＡ会等で希望ならびに理解を求める。④教科学習ならびにクラブ活動で時間を利用して指導する。⑤過去の実績および社会の需給と調査研究の結果を生徒にしらす。

四　一年生にみっちり指導して進路決定して計画的に進めてゆくと三年生になって生徒が進路決定のありがたさを痛感するに至る。

五　結果として卒業せんとする生徒卒業後進学ならびに実社会で働いている者は早めに進路決定し計画的に進めばならないことを述べている。特に実社会で働いているものは学校で役に立つ簿記会計の講義をぜひ後輩にみっちり教えて下さいと依頼するものが多い。

普天間高校　新垣秀雄

一　組織。進学指導部と就職指導があり又カウンセラーＨ・Ｒ主任の個別指導がなされる。

二　内容　趣味と飯の種が直結するように、本人の趣味が殺されないように、自己の初志が一貫してもてるように、転向の時期に留意。

三　方法。個別的月なみな方法である。思いつきや十把一摑ではできない。本人の意志を第一に尊重し父母を説く。思慮の足りぬときは日時をおいて相談する。相談の時間は特設しない。形式的応答になり勝ちだから、Ｈ・Ｒ、校外行事、くだけた雰囲気の場で絶えずそれとなしに行う。教師の家に来た時など絶好の機会、訪ねる気のある生徒は話す気がある。進路指導は本人の来訪や情報を得た時になし後は文通による。

四　効果。効果を決定する数字はもう合わさない。相談し本人が決定しその後の連絡あるものは安心である。

五　感想。早く相談し計画的に勉強し自己を安定せしめるよい方法であると一人は語った。

与勝中学校　安里清信

一　本年度は進路指導主任をおき、学年ＰＴＡと結んで行っている。新年度は、これを拡大して進路指導委員会を設ける予定である。

二　職業観、職業的人格の指導。２進路指導票による、継続的個性発見。３学校情報、職業情報の提供。４啓発的経験の機会を与えて技術指導をなす。

三　家庭訪問、基礎調査、全教育活動を通して個性資料の蒐集。２学校選択、コース選択の懇談会、職業情報懇談会を設け学校ＰＴＡ生徒と共に、高校、労働局、職安から関係者を招いて聞き、後個人面接指導相談をする。３学校施設設備の活用による技術指導、学校附近の施設との連絡による技術指導。

四　積極的に生徒父兄学校の関心がたかまって、本土就職も増加した。

五　合理的コース選択ができやや動揺が少くなり劣等感がとれつつある。

☆　☆　☆

進路指導アンケート

裏

進路資料（与勝中学校）							
本人の希望進路	I	II	III	本人の希望進路	I	II	III
昼間の高校に進学したい		✓		昼間働いて定時制高校に進学したい			
昼間その他の学校に進学したい				家業を手伝いたい			
就職したい				未定　その他			

進学		1年	2年	3年
	希望学校			
	第一希望課程			
	第二希望課程			

就職	希望職業	1	2	3	就職方法	1	2	3	希望就職地	1	2	3
					学校に依頼				沖縄			
					安定所に依頼				日本			
					縁故関係に依頼				外国移民			

両親の状況	父　才 母　才　の時出生		
	実父に　才の時 実母に　才	生別 生別	死別 死別

住居の移動			
	出生地	才迄	理由
	その後	才迄	理由
	の変動	才迄	理由

家族の健康状況		本人の既往症	

親しい友人	氏名	年令	職業	氏名	年令	職業

好きな学科	嫌いな学科	趣味	特技
性行			

生活環境		
	家計	耕作面積　田　反　畑　反 定期収入の有無　有無
	環境	商店街　バー街　劇場附近　農村　漁村 山村
	住宅	自家　借家　間借　勉強室有無 風呂有無　建坪　坪
	宗教	仏教　キリスト教　祖先崇拝　天理教
	読物	新聞（　　）　雑誌（　　）
	文化	ラジオ　蓄音器　写真機　電話　扇風機 冷蔵庫　洗たく機
	家畜	牛（　）馬（　）　豚（　）　山羊（　） 鶏（　）兎（　）　犬（　）
	通学	徒歩（　分）自転車（　分） バス（　分）

概評	生活程度	教養程度	教育的関心	地域的信望	総合的概評
	A、B、C D、E	A、B、C D、E	A、B、C D、E	A、B、C D、E	A、B、C D、E

特殊事情		賞罰	

表

生徒指導資料（与勝中学校）							
生徒	氏名	男女	現住所		本籍地		写真
	昭和　年　月　日生						
		HR	1の	2の	3の	入学年度	
		HRT					
保護者	氏名	続柄		年令	才		
		現住所					

家族状況	続柄	氏名	年令	学歴	職業勤務先 在学校	健否	備考

住所略図		観察記録	

入学後の移動	転退休	第　学年 年　月　日 のため 転退休学	転入学	第　学年 年　月　日 により より転学

本部中校 金城 節

校長
教頭
職員会議
指導主任
学年会　指導委員会　外部関係機関
担任教師各教科　ホームルーム主任教師　特別教育活動主任
全生徒

一 ホームルームにおける主な指導内容は大別して進学指導と就職指導に区分している。後者に対しては校種および適切なコースの選択指導、後者に対しては実社会における関係諸関機の見学および実習を行い、各自の個性に適応する職業を考究せしめ、保護者との緊密な連絡によつて適当な職業を選定させている。

二 特活および教科においては家事実習、購売実習と共に出納簿のつけかた、履歴書、領収証、諸届の記載の指導その他の面では三年生の日直勤務をして電話の取扱い、外来者に対応待等、その都度その場での実務訓練する、田植実習や工場店舗魚協での職場実習もさせている。（但し学校長の承諾書を添えて）

三 進学生はそれぞれ所期の進路をスムーズに進んでいるし、就職した生徒も島内はもちろん遠く本土においてもその職に定着しているもので効果の一端と思つている。

四 適切なコースであつたと喜びなお向後の進み方についても指導してほしいといつている。

2 仕事に早く適応することができたといつている。

3 職場実習の結果直ちに採用され就職することができたとよろこんでいる。

4 「共通語がうまくできずに最初は気おくれがした」というようなこと等からしている。

辺土名高校 渡慶次 貞子

一 進学、職業指導面に各々係を配し、その係を中心に学級担任とも連絡をとり、カウンセラー等と話し合いの上やつていく。講座の内容、日程等も係でやつているが、円滑に実施されている。現在の所、学級担任が実際面の話し合いの中心となつている。

二 (一) 個性調査 (二) 家庭環境調査 (三) 教師のみた適性等を総合し二年次までに個人により決定させる

三 個人的ー個人との話し合いによる指導。
全体的ー放課後、冬期ー六〇分夏期ー九〇分講座が設けられる。職業と進学面に分けられている。他にそれぞれ適した内容で月例考査や模試が行われている。

四 進学面において、やや向上の後をみるが職業面はあまり芳しくないようである。

五 助言により特に消極的生徒に勇気を与える点、家庭の協力面において効果をあげ得る。

コザ高等学校 泉川 寛清

一 具体的な職業に対する職業情報、正確な職務分析、上級学校情報を基礎と

卒業生へのアンケート ②

あなたは自分が修めた課程をどう改善したらいいと思うか

工業高校 機械課程

◎施設の面
。専門教科により各々実地に体験し得る設備がほしい。

。設備さえ整えれば教師はどんな教師だつて問題はない。

◎教師の面
。説明だけでなく教師の体験と実際的な面を強調すべき。
。実習の教師は各専門の教科について各々一人ずつおくべき
。専門教師（特に技術面の）がほしい。

◎教科の内容の面
。身近なものをとり入れるべき
。設計製図、工作、金材のグループと原動機、自動車構造、電気一般のグループとに分けたがよい。

。実社会に出て役立つものをとり入れたい。

。すぐに役立つような教科書を使いたい。

。沖縄工業界を見聞して実際的な面から教えてもらいたい。

。機械設計、製図はスケッチをふやしてほしい。教科書の模写では役に立たない。

◎その他
。専門科目の時間をもつとふやしたい。

。実習の時間を教師はもつと指

して各生徒の身体境環、個性に応じた将来の設計を具体的に考える能力を増進することを援助する目標として、学校運営上の組織の一環として職業指導主任、進学指導係、就職指導係、情報提供係、補導係を設置し、側面からカウンセラー、ホームルーム主任、各部と連携して職業指導委員会を組織している。

その内容方法として、職業指導年間計画、基礎調査、個性調査、職業実態調査、校外実習、情報提供、進路相談就職あつせん、就職進学後の補導を行つている。

その効果からして、青年期における生徒が情意にのみ左右されやすい職業選択、上級学校進学が事実に滋養した理想像を抱くようになつてくることが認められる。ところが現実の社会事情はそうした生徒達の要求を受容出来ない現状といえよう。そのために市町村職業指導協議会の強化の必要がある。

とかく、学校において進路指導を受けた生徒は安定度が高くその事実を認めている。

全國商業高校長協会 珠算実務検定試験について

商業高校 **前田博之**

現在沖縄において行われている珠算検定は日本商工会議所珠算能力検定（六〜一級）、全国珠算教育連盟主催珠算検定（六〜一級）それに加えて標題（一〜六）の試験の三種である。全珠算検定では一級の上にさらに初段、弐段、参段と段位がある。試験の種目および程度は各検定それぞれの特異性はあるが、ここでは標題の珠算実務検定について述べてみよう。

戦後、産業教育、ことに商業教育振興の声が高まり、昭和二十五年、六、三、三、による学制の改革は、特に高等学校における珠算教育は社会の要求する計算事務処理の知識と能力が育成され、またそれが生徒の知的発達段階に即応し、学習意慾を盛り上げるような内容をもつた教科課程が樹立されるべきであると強く要望されるようになつて、久しい間にわたる回則計算（加減乗除）演練に基づく技能教育観念が捨てられ、従来の「商業計算」と統合され、新しく「珠算及び商業計算科」として発足することになり、文部省では「学習指導要項、商業科編」の中にこの教科の単元や学習活動の方向などについて指針を明らかにした。

全商高校長協会では、この科目の充実発展を計り、社会の要望にこたえるとともに、生徒の学習を効果的にしようとの意図のもとに「珠算実務試験」制度を作り、これを昭和二十五年秋から実施され、年々受験者数は増加し、殊に昭和三十年春、秋実施の第一、十一回の受験者数は十八万人前後（内地）にのぼつた。

実社会の要望する珠算実務は少なくとも三級以上でなければならないことの理由は、大体四級までは乗除加減算を主体としていて計算実務に関する試験は、四級においてわずか基本算である歩合算だけで、実際面においては、やや安定化を欠くおそれがあり、三級以上になると、その内容も、伝票算、単利法、銀行割引算及び損益計算、二級では度量衡換算、貨幣換算、売買計算および三級において課する応用計算一級においては、複利計算、減価償却費計算、案分算および二、三級において課する応用計算と多岐にわたり、それだけに実務面における応用能力が養成されていることになるわけである。

従来の受験合格の状態からみて当試験の三級までの合格数はかなりあるが二級以上になると数える程度になるのはいかに、実務検定の殊に計算実務の基礎、能力、応用能力が必要とされてるかを示している。受験者層の内容をみると、殆んどが高等学校生徒で占められている。学習単元の内容からみて中学生にはかなり無理な面もあるのではないかと私は思う。理由としては応用計算殊に、売買計算、商慣習、減価償却、損益計算の基礎的理解が徹底していない。又無理である。しかしなから将来は、学習単元の内容の関連性から、中学校生徒を対象とした場合も考慮して実施の方法が研究されるべきである。

卒業生へのアンケート

導、監督を徹底する必要がある。

。校内実習の改善を望む。

（一九五五年度）

。初めの二ケ年間は理論だけやり、後の一年はもつぱら実習に励みたい。

。級長制度をなくすべき、職についてからもそれが負担になつて苦しむ者がいる。

。実習に力をそそぐべき。

。工業高校の設備が不十分なのに、コザ、名護に機械、電気課程をおくのはどうかと思う、もつと一つの学校に力を集中すべき。

。実習は多人数で行うのは余り効果がない。

。実習設備の充実と内地、海外への職場開拓。

（一九五六年度）

。普通高校に機械、電気課程をおくより工業高校の設備を充実させてほしい。

。設備の充実とよい教師

。事業経営法、工業簿記などを教えてもらいたい。工場見学をふやしてほしい。

（一九五七年度）

。実習の教師はその教科に対して経験をもつ人をあてた方がよい。

。もつと職業教育に力を入れてもらいたい。

。工業界の人々が工業教育の現状をよく見て、工業高校卒業生の理解を深めてほしい。

職業高校紹介

商＝業＝高＝校

普通課程

与世田　兼光

よく「経済は生きている」と言われるとおり我々の社会は常に進展していることはいうまでもない。

この社会文化の基盤をなす「経済」を学びとり将来の企業経営人を養成するのが本校の教育目的であり又特色でもある

本校は沖縄唯一つの商業専門の高校としてその特色性は社会の各企業界からのうけがよい事からもうかがわれる。

琉球経済はドル切換後貿易の拡大はもちろん世界貿易圏内においても注目する地域として今後一層の商業技術を要求する段階に入る事であろう。この重要な時期に本校のカリキュラムも専門化し、普通商業、金融、貿易の三課程に分れ琉球産業教育の一環としての育成に努めている事は喜ばしい事である。

本校は戦后五回の卒業生を社会に送り出し、その活躍範囲も大きく、そのあとを続かんとして男女生徒一二〇〇有余、その中でも普通商業課程が大半を占め、勉学にスポーツに若杉の伸び行く如く張り切つている事はたのもしい。

普通商業課程は商業人としての企業経営の技術商業道徳その外一般事務の処理能力を身につける事を主眼とするところで、特に地域産業の特色を取入れた「商業実践」は実社会の産業諸機関の活動を教室内に損擬的に取入れ、物産会社、銀行、保険、運送、倉庫商人等を設定し、生産企業から消費者に渡るまでの商品の売買取引を実際的に行わしめる。云うならば商業実務を通じて既得の教養と専門的知識及び実際的技能の綜合統一を図り併せて企業経営の有機的活用を自発的に体験させ、「経験」を通じて各自の個性に適した職業を選んで自己の特性を生かし、将来商業社会に役立たしめようとするところに本課程の特色がある。その為にも「士魂商才」と校訓にかかげてある如く商業人になろうと志ざすものにとつて、ただ単に商業理論、技術だけでなく変化の多いこれからの経済社会に処して常に研究くふうする基礎的な能力も又大切である。

以上のようなことを考える時、本課程のもつ実践教育が将来巣立つて行く若杉によつて琉球経済に多大な寄与をもたらすものと確信する。

金融課程の方針

島袋　由博

本校は一九五〇五年創立の那覇商業学校を母体とし、新教育制度に準じて一九五一年政府立商業高等学校と改称し、普通商業課程を設置して発足、一九五八年四月、金融課程と貿易課程の二課程が新設されたのであります。

実業教育に於ては、その地域社会との繋がりを持つということの緊要なることは今更述べるまでもないが、特に本校に於ては、地域社会の経済事情を十分に検討し、その現在並びに将来について周到なる調査研究をし、それを基盤として、教育実践を推進しているのでありますが金融課程は、一般地域社会の要望に答えるよう設置されたものであります。

金融課程（定員八〇名）は琉球に於ては、本校のみに設置されている課程でありまして、その教育課程は文部省の学習指導要項と当地域社会の要求などと比較検討して再編成したものであります。

その学習内容は一般教養科目と調整するかたわら、専門科目に金融実践、金融商業・銀行簿記、会計、計算実務、文書実務などの単位を増加して、新課程の教育効果の確立に努めています。

本校の卒業生は当地域に於てあらゆる分野に活躍して居り、特に金融界の重要なポストについていますので、金融課程の将来は最も有望であり、輝かしいものがあります。

貿易課程

上間　隆則

現在、沖縄の経済をみますと、沖縄がいかに貿易に頼つているかは政府の輸入輸出の統計資料をみても明らかであります。輸入と輸出の比率でも輸入の率の方がはるかに上廻つていることは云う迄もありません。そこでそう云つた状態にある経済界には一体どんな人間を要求しているかは申し上げるまでもなく貿易に従事する人人だと思う。

本校の貿易課程に於ても現在、将来に至つても貿易人の育成に教育目標をおいているわけであります。実社会に出て、しかも貿易に従事して直ぐに役立つ能力をどのようにして養わしめるかが主なる課題として浮び上つて来す。

この主な課題とは現在沖縄への輸入はいかなるルートによつて行われるか、又外国への輸出もいかなるルートでなされるか、こういつた実務的な輸出入手続を充分に納得せしめ、名実ともに貿易人を養成することであります。この課題が本課程の目標であると思う。そこでこの教育目標を達成するためには、貿易課の充実、又立派な教科書、なかでも沖縄の貿易機構を記した書物を参照しながら、又本土の貿易諸法規も忘れることなく、世界を相手とした各国の貿易慣習も加味しながら、日頃の授業を進めることにより達成されるものと思う。

、右の目標達成のために本校貿易課程に於ては貿易実務を強力的に取り上げ、実践的に貿易関係書類（例B・Lの記載、L・Cの開設、輸出入契約等）の作成の仕方を教師と共に行つて居るわけであります。又書類作成と共に商業英語の能力を、そればかりでなく、貿易につきもののタイプの能力をも養つて居るわけであります。何故ならば貿易の機構は充分に納得して居つても、自分自身の手に依つて実現するためにはタイプ能力、文書をとりかわず商業英語の能力なくしては不可能だからです。要するに貿易に従事する人人を養つて居るわけですから、貿易に関する能力に片手落のないように本課題の目標、方針にして居ります。出来うれば貿易実務並びに商業英語の検定制度を設けて、簿記検定並びに充分の能力を養わしめる方法もありますが、この検定制度は商業高校だけで実現せしめる事は出来ないので、沖縄全体的に進めるべく考える必要もあろうかと思います。この制度が実現すると学生も勉学意欲も出て有能なる貿易人を養成することも出来ると思い、本課程ではそう云つた検定制度の資料を集めて居るわけです。

右述の如く本校貿易課程に於いては沖縄経済界発展のために新春を迎えますます頑張つて居ります。

英文タイプライターの使命と
英文タイプ検定について

新　垣　　清

"Rome was not built in a day" といわれる如く、ずべての偉大なる事業は多くの人力と時間とが費されるものである。タイプライターにおいても然りで、今日私が目にずるりつぱな機械が完成ずるまでは幾多先覚者の涙ぐましい努力と研究がその裏にひそんでいるのである。今や世界数百万の女性に職業を与え、産業の促進と人類が文化によりなる役割を果しつゝあるのである。英文タイプライターが大変便利な機械であることから、いろいろな角度から検討されて戦後高等学校にタイプライテング「指導がとり入れられるようになつてから、琉球にも今日大なる普及をみているのである。

欧米においては、タイプライターは通常 Everymans Maschine と云われ、老若男女を問わず、だれにでも容易に使用し得るのですべての人がタイピストであるということが云える。その操作機能は至極簡単で、ごく短時間で理解し得る上に、或る種の機械(例えば Re migton, Royal. L. C. S. Smith等)も容易に使用し得る便利な点がある。

スピードは実にタイプライターの生命であり、スピードのないタイプライターには到底 Commcial Valve はない。鉛筆の右手の二三本の指を使用するのみでしかも眼は絶えず原稿と紙面を往来しなければならないので、その速度には自ら限界がある。然しながらタイプライターの場合には Tovch Spstem（タツチ運指法）と云う方法により眼は絶えず原稿上に注がれ、どんどんプリントを読んでゆく、一方手は左おや指を除き残りは全部の指が合理的な分業の原理に従つて叩いてゆくのである。非常なスピードをもつて印書し得るわけである。普通毎日二時間ずつ練習している人達で、タイピング開始後3か月目には平均一分間に30語～40語を楽に打てるようになる。職業タイピストになると100語～150語打つそうである。現在日本の最高記録は一分間に90語、アメリカの記録は167語、電気式タイプライターで打つた記録は180語であるらしい。

鮮明に打てること、この点もまたタイプライターの特色だ、手書にも場合には各人各様のくせをもつて書くので乱筆、悪筆、達筆ありで仲々判読しにくいものだが、タイプの印書は機械で書くのであるから字体も明瞭で、その大きさも一定しており、字間隔および、行間隔もそれぞれ一定しているので、丁度印刷物のように鮮明、にしてかつ美しい文書がえられる。たくさんの複写が一回で取れること。次にタイプライターの別の特色は一度にたくさんのコピーが取れることである。今かりに10枚の同一文書が欲しい場合、若しタイプライタが無ければ同一文書を10回書かなければならない、しかしながらタイプを用いればカーボン紙をつかつて一回で取れる、従つて時間と労力が最少限度ですまされるわけである。その他ヘクトカーボン紙を用いれば一回打つことにより数十枚原稿を用いれば実に500枚以上いく枚でも取れるのである。

全国商業高等学校長協会と各地商業高等学校が協力し英文タイプライテング試験制度を設けたことは英文タイプライターの興味を高め、英文タイプライターの普及、向上に極めて大なる効果と刺激を与えることになり誠に欣ぶべきことである。かかる検定試験制度は英文タイプライテングの実力、即ちその理解と応用の能力を判定するための全国括一的な基準を提供するものであると同時に会社その他の実際界において人を求めてその実力判定をなさんとする場合には誠に好個の基準を提供することになろう。これが又全商協の検定試験制度がその規則にも明示する如くその目標とするところであろう。英文タイプライテングの理解とその応用の実力を特つものは軍民を問わず、社会において極めて高く評価されている

全商協の英文タイプ検定の合格は就職の場合、実力を表示する客観的資料として役立ち得るのである。しかし、全商協の試験も現地沖縄では未だ過去を二回にしてその出題範囲、問題の傾向等が一般に知らされていないようである。去年商業高等学校で現地試験を行つたが、英文タイプライターが普及はしているといろいろのものの応募者は未だ少ないようである。去年の応募校を例記すると名護高校、前原高校、コザ高校、那覇高校、商業高校でわずか五校にすぎないのは英文タイプライターを叩く者の一人として堪だ淋しいことである。

両君への私の口ぐせ

—雇用主として—

大阪市南区・長堀堂　岡田　芳

一九五九年の新春を迎えるにあたり貴地出身の中田、宇栄原君と共に遥かにおめでとうを申し上げます。

きしくも両君と同じ釜の飯を食べるようになりまして私は祖国を一にする沖縄の青少年に強く関心を抱くようになりました。両君上京した当時は多少言語のアクセントの違いでほほえましい事がありましたがこの頃ではなれまして楽しく働いております。私は両君に求めますことは、人間は誠実でなければいけないという事です。いつも同じことを申しますのでその通りを話させていただきます。

両君へ

中田、宇栄原君、みたまえ大閤秀吉は、草履取りから身を興して、遂にはとうとう天下を取ってしまつたね、その草履取りの時代、主君に冷い草履を懐に入れて暖めて差出し、少しでも気持良く履いてもらうためにあのきたない草履をだよ、この時お尻に敷いていたと誤解されて額を傷つけられた事もあつたが、人間誤解ばかりするものではない、主君があの軽蔑の草履取りの秀吉が懐に入れて暖めたと云う事実を知り、自分に与えられた仕事にそれだけの誠実を以てしていると云う事が解つた時の感激は相当なものであつたろうと思う。

この前仲間校長先生もお出で下さつた時、君達嬉しそうだつたね、先生も喜んでおられて誠実に一生懸命にしたまえと云われたね、なぜ年上の人達は同じような文句を並べるか疑問を持ち給え、そうだ私達の仕事を通じてその疑問を少しづつといてゆこう。

君達が私の店に来た当時は、商品のことは全然解らなかつたがこの頃ではなれて受答えができるようになつてきた、所で毎朝電車やバス地下鉄で、たくさんの人が押すな押すなと、会社や銀行のビルに吸込まれてゆくあの人達は、会社で何をしているのだろう、もちろん事務をとる方は、うちの商品を買うために朝早くから晩おそくまで働いて下さっているのだ。一寸まちたまえこの商品売りは私の店だけではないのだ、解るね商売の事だもの多少の競走はあるよ。それをどうして勝残るかと云う事は誠実に一歩一歩仕事をするより外に道はない、君達が配達をしたり注文を聞いたりしているこの毎日が勉強だよ「へえーこれが勉強だつて」と思うかも知れないが私が先程君達がなれてきてお客様と受答ができるようになつたといつたね、お客様がこのような品物が無いかと尋ねられた時にそれは別に作らねばならぬとか或いはこれの方が便利ですよと云う事がおぼろながらわかってきたと思う。

そうだよ大切なのは、君達が文房具小学校を卒業しつつあるということだよ。君達が今配達したり注文を取ったり一つ一つが重なって商売ができるのであり自分が身を以て経験しなければ十分使えないし、働いてもくれない。又文房具に関するもろもろの知識をもち将来一流の会社、銀行、官庁へ行っても事、文房具に関する限りの知識は失礼ながらそこの重役さんより上であるのだからこそ先方様が安心して買って下さるのであるのだよ。

世間ではよくお金があつたら商売をすると人は云うがあれは嘘だ商売はお金をもうける手段でお金で商売はできない、その事は今にわかるしわかるようにしてあげる。君達が今までのようにへたて良い。自分の仕事に誠実を尽すなれば大阪にいや日本中に人は多いがこの誠実を以て働く人は少い、自信を持ちたまえ必ず君達にも春が来る。

※　※

年末年始で大変忙しくおそくなりました。中田君は両親が無いと云うに大変従順で一つ一つを一生懸命にしてくれます遠からず片腕となり又独立自営の所まで達してくれるものと思います、ある主人が沖縄の青年をと頼まれましたが労働条件が悪いのでお断わりしました。

又私は、朝日新聞でパン業者に集団で来て、好成績と云うので父の友人吉浜老にお願いされたのですが、ご承知のようにパン製造は相当苦しい仕事なのです。どうか受入先を良く研究されてお指導ください。

貴地の人が大阪へ来られる時はどうか小生の店までお立寄り下され彼等を励ましてやって欲しいと思います。皆様のご健勝をお祈りいたします。

現代の道徳教育

この論文は昭和三十三年八月二十日、沖縄の小禄中学校で行つた講演に多少加筆して成つたものであります。「文教時報」第四十八号に掲載された私の論文で言い足りないところをこれで補足したいと思います。（筆者）

松田義哲

現下各地でさわがれております道徳教育の問題は、教育上のすべての問題、政治や経済の問題なかんずく憲法改正問題なども密接な関係をもつていますので、これをどう取り扱い、どう実践するかは、影響するところ頗る大きいと考えるのであります。大きく考えますと、道徳教育をどのように行うかによつて国家の運命が決せられるとも考えられるのであります。

わが国が歴史についての考えと、ちようど明治時代がそうでありました。明治時代は道徳教育に関する論争によつて、その基本線が大きく決定された観があります。そして明治時代だけで問題を解決することができない、問題は次の時代に持ち越され、そして旧日本はそういう問題をいだいたまま第二次世界大戦に突入した観があります。

それでは第二次世界大戦にまで持ち越された問題とは何でありましようか。明治初期の教育は、その教科課程などから見て、読書、算術のような日常生活に必要な実学的な知識を授けることを主な目的としていたのであります。だからそのときの教育は総じて功利的であり、知識を偏重する傾向が強く、欧米文化の浅薄な模倣に堕して、一般に道徳を軽視する風が強かつたのであります。

しかしこのような風潮に対して、明治十年ごろになると、道徳教育を重んずべしという主張が高まつてきた。明治十二年の教育令では、小学校の学科は「読書算術、地理、歴史、修身」の順序で、修身は最後に附随的に取り扱われているのでありますが、明治十四年の小学校、初等科の学科は「修身、読書、習字、算術の初歩および唱歌、体操」となり、従来附随的に取り扱われていた修身が筆頭に掲げられることになつた。このことは教育の国家主義的体制がととのつてきたことを意味するのであります。

これからのちは、ずつと第二次世界大戦に至るまで、修身が筆頭の地位を占めてきたのであります。明治十五年ごろから条約改正問題とからんで欧化主義思想が起つて従来の伝統的な儒教主義による道徳教育との間に激しい対立と論争とをひき起した。これいわゆる明治時代における道徳教育の混乱時代といわれるものであります。

これが明治二十五年ごろには全国的な問題となり、そして道徳教育の目標を明確に示すべしという要望が高まつてきた。そこで遂に明治二十三年（十月三十日）には教育勅語が喚発されることになつた。そしてこの教育勅語は第二次世界大戦の終りまで日本教育の基本線を示すものとして信奉されたのであります。

この教育勅語が強い国家主義の思想によつて貫かれ、儒教思想をその基礎としていることは周知の通りであります。だから大正時代には、われわれが現代いうような新教育の運動が行われたのでありますが、教育理念はやはり以上に述べたような性格をもつた教育勅語によつて規定されていたために、充分社会的効果を発揮することができず、そのうち昭和の時代となり、軍国主義、国家主義の思想が次第に強くなつてきて、遂に第二次世界大戦に突入することになつたわけであります。そして昭和二〇年八月十五日戦争終結になり、仝年十二月三十一日「修身日本歴史および地理の停止」に関する指令が発せられ、これらの科目の停止と、その教科書の回収とが行われた。ここに従来の修身科の教育は完全に廃止されることになつたわけであります。

それでは何故従来の修身科が廃止されることになつたか。それは云うまでもなく、この教科目が旧教育の中核であり、しかもそれは日本の国家主義、軍国主義の支柱と見られたからであります。修身科停止の指令が出る少し前の十二月十五日には「国家神道、神社神道に対する政府の保証、支援、保全、監督ならびに広布の禁止」に関する指令で、公けの教育機関における神道的教育および施設は禁止されているのであります。修身科の停止も、それがこの神道的教育と一連のものであると観られたが故であります。

しかしアメリカとしては修身科の停止は要求したが、しかし道徳教育そのものを停止せよといつたのではないのであります。わが国の戦後の教育制度改革の基本線をきめたものは、昭和十一年三月来朝したアメリカ教育使節団の報告書でありますが、それにおいても道徳教育をやめよとはいつていないのであります。いや、民主主義にもとづく道徳教育は、これをすすめているのであります。

それには「日本が実際に民主主義的になるならば、民主主義的道徳が教えられるであろうと信ずる。その教授の形式は日本人にまかせる」とか、また「もしも道徳が独立の学科として教えられるならば、次の事をすすめたい」とか述べてあつて、内容如何によつては道徳が独立の学科として教えられることも語つているのであります。このことはよく承知してく必要があると思います。

昭和二十一年十一月三日に日本国憲法が公布され、翌二十二年三月三十一日には教育基本法がつくられたのでありますが、しかし歩調を合わせた道徳が、独立の教科としても、また社会科に含まれたものとしてでも、とにかく明確な形で示されることはなかつたのであります。

昭和二十六年四月文部省は「道徳教育のための手引き書要綱」を示したのでありますが、これは従来の修身科の教育は、その内容においても、その方法においても、大きな過誤を犯したことを認め、教育基本法の趣旨に則り、新しい教育理念の上に道徳教育は学校教育の全面において行うのが適当であるという結論を出しているのであります。

しかし道徳教育を学校教育の全面において行うというだけでは、徳目についての認識をもたせることは困難であろう。少なくとも西洋の子どもたちが聖書などを通して知つている徳目のようなものは、日本の子どもたちにも教える必要があろう。さもないと東洋との間に真の理解と意志の疏通とがなされることもあり得ないからであります。

要するに道徳教育といつても、過去の道徳教育に対する反省の上にたつて、旧日本から持ち越されている諸問題を解決するのに役立つ道徳教育でなくてはならないのでありますから、単に過去の道徳思想に足場をおいた道徳教育を復活するのでは意味がないのであります。過去の道徳教育は、日常生活に必要な科学技術と結びつくことも充分ではなかつた。だからそれは生活上の諸問題を解決する人もなかつたのであります。

これらのことを考えて、今やわれわれは世界の人々の常識となつているような道徳的知識は充分にとり入れる必要があります。これをもつと具体的に説明しますと、過去の道徳教育は主として儒教思想に立脚し、世界の人々を広く支配しているキリスト教道徳のようなものには特別の関心を払わなかつたのでありますが、第二次世界大戦においてキリスト教国を敵に廻し、祖国の運命を賭した限りにおいては、今後の道徳教育は、少なくとも、こういう面に無関心でいることは断じて許されないと考えます。

私はいま北海道にいますが、北海道の生んだ偉大な人物の一人である内村鑑三はキリスト教を敵に廻すことは世界を敵に廻すことであり世界を敵に廻すことになると戦争は必ず負けるという旨のことを述べております。解かり切つたことのようでありますが、そこには深い意味が含まれていると私は思います。

そういう見地からも、今後の道徳教育は世界の人々の常識となつていることは、これは充分重視し、そういうものの基礎の上に道徳教育を打ち樹てるのでなければ駄目だと考えるのであります。

そういう意味での道徳教育は当然社会科と密接な関連を保つべきであり、またその限りにおいてのみ歴史上の問題の解決に役立つことができると思います。

だからもし道徳教育の特設が社会科と切り離される結果になりますと、これはとんでもない道徳教育の脱線を意味することになります。だから私は教育学の理論に立脚して特設には反対いたしたい。それは、特設するということが、社会科と絶縁することになつて、悪い指導をもたらす危険がないとは云えないからであります。ということは、もし社会科と固く結びついていさえすれば、特設しても、さほど大きな弊害はないということにもなりましょうが、しかし特設自体、一つの危険性を含んでいることは否定できないと思います。

過去のまずい歴史はもう二度と繰り返したくないのは、すべての人の共通の念願であります。道徳教育というものは、やり方次第では歴史を正しい軌道から脱線させる動因にも充分なり得る力をもつたものでありますから、この問題を決していい加減に取り扱うわけにはゆかない。また単なる妥協ですますわけにもゆかないのであります。充分割り切らないないで、いい加減にすました結果が、ますます事態を悪化させ、遂に戦争における大きな犠牲を、これからの歴史の歩みの上に充分生かし意義あらしめる上からも、これからの道徳育は過去の、もうすでに一応批判されつくした観のある道徳教育の復活であつてはならないのであります。

中国においてさえ、すでに過去の儒教思想に対する批判がしきりになされているのでありますから、わが国においても、過去の儒教思想にもとづく道徳教育に対する批判にもとづいて今後の道徳教育の構想をたてるべきは当然であります。新しい時代には、その時代の社会的条件に適応した新しい道徳が考えられなくてはなりません。産業革命の生起によつて社会的条件が大きく変化してきたことは周知の通りであります。マルクスはプロレタリア階級の解放を課題とし、その目的に役立つものはすべて道徳的であると考えた。そういう点において、彼の考え方は徹底しております。アメリカ人のプラグマティズムの考え方もこれとよく似ております。或る特殊的目的を設定して、それにそうもののみが道徳的であると考える傾向が強いと見受けます。

もつともこういう考え方に対する反省もあらわれておりますが。その反省というのは、つまりキリスト教の立場から提起されるところの反省であります。私はそこにアメリカの道徳教育の健全性を感じとつております。ソ連についても同様でありまして、このごろのソ連はキリスト教からの批判に決して耳をふさいではいないようであります。

それではわれわれ自身についてはどうでありましようか。われわれにおいても、戦争の犠牲を無意味なものにしないように、それを新しい時代に生かすところに道徳教育の真義が考えられなければなりません。そう考える限りにおいては、アメリカなどと同様に、国家主義的であります。しかしわれわれもまたアメリカやソ連に劣らず、自己の国家主義に陶酔することなく、不断にこれを批判することができなければなりません。

ところで国家主義を批判するものは、当然国家を超えた何ものかでなければなりません。そういうものに批判されつつ、物を生産し、新たな文化を創造して、国家の発達を企図するところに真の歴史の創造がある。そういう歴史にして初めて永遠に崩壊することのない歴史であり得るのであります。

このように考えますと、永遠に崩壊することのない歴史創造は、旧い道徳教育の復活によつてではなく、以上に述べたような意味での新しい道徳教育によつて初めて可能になるということができます。と申しましても、新しい歴史の創造を、過去との完全な遮断によつて考えようとするものではありません。過去の歴史のうちにも現在につながつているものがあります。歴史的生命とでも名づくべきものでありましよう。

わが国の戦後の教育について考えてみても、それはやはり過去の教育に対する反省から生まれたものであつて、そういう意味で過去につながつております。つまりそれは過去からの切断ではないのであります。

道徳教育についても同様で、やはり過去の道徳教育の反省から出発すべきものであつて、過去との絶縁における新規まき直しを意味するものであつてはならないことは云うまでもありません。歴史的生命の発表であるところにのみ、新しい歴史的創造のエネルギーが生まれてくるのであります。

以上に述べた意味での道徳教育の方法論としては、生活の原理をあげるのに躊躇しないのであります。現代の生活内容は科学化されておりますので現代の道徳教育が科学的基礎の上に立つべきは言うをまちません。科学化されているということは、事実は西洋化されているということでありますから、生活を支配する精神は東洋的でなくてはならないと主張しても、東洋的ということが科学的ということと相容れない限りにおいては、必然的に理念と現実とがくいちがうことになります。従つて現代においては東洋的ということも単に西洋的ということに対する対立概念としては考えることができないようになつてきているのではないでしようか。

しかしたとい内容は異なつても、生活の原理の妥当性は昔も今も変りはありません。生活の中で、また生活を通して道徳教育をすることは、キリスト教が創められた昔から、教育の不変的な原理とされてきたのであります。事実イエスキリストはつねに極く卑近な生活経験を媒介として深遠なる道徳教育的教えを説いております。そしてキリスト教二千年の歴史の基礎を築いたのであります。キリスト教が二千年に近い歴史の中で、大きな力を獲得するに至つたことは、世界歴史上における最大の神秘でありますが、その神秘の扉を開く鍵はこの辺りにかくされているのではありますまいか。マルクスの道徳教育にしても、ぎりぎりの線で生きてゆくための道徳教育であり、またプラグマティズムの道徳教育にしても、理論的整合を目的とするよりは、むしろアメリカが生きるための手段だと考えることができます。

われわれの道徳教育もまた、われわれがぎりぎりの線で生きてゆくためのものでなくてはなりますまい。過去の歴史を讃美するのが目的でもなく、だれか個人の面目をたてるのが目的でもなくて、実に国民が生きてゆくためになくてならないところのものを求めているのであります。だから理論的整合とか理論的系統化とかいつたことは、むしろ第二義的な事であります。まずわれわれは道徳教育によつて国民を生かすことができなくてはなりません。国民を破滅に追いやるような道徳教育は断固斥けられなくてはなりません。

　このように現代の道徳教育は国民の生死の問題と深く結びついているのでありますから、従つてそれは実質的には社会科と、一層一般的には全教科と切り離して考えることは不可能であります。なかんずく社会科と切り離して道徳科を特設する如き試みは、わが国のように社会的基盤が未だ充分固まつていないところでは、大きな危険を伴うことは、すでに指摘した通りであります。そのことを逆にいうと、社会的基盤ができてしまえば、それだけ危険性が減ずることになります。従つて特設してもそれほど危険ではないことになります。

　何故私がこのことをこんなにくどく云うかといいますと、もし万一社会的基盤が固まつていなくて、特設が社会科との絶縁を結果し、誤つた方向に発展することになりますと、それは再び国民を破滅に追いやり、多くの罪なき者を犠牲にする結果になることが、今や余りにも明らかだからであります。不幸が起つてから、あわてて責任者を処罰しても、生命の犠牲をとりもどすことは、もはや不可能であります。物の犠牲をとりもどすことは可能でありますが、しかし生命の犠牲をとりもどすことは、科学の力を以てしても不可能であります。

　科学者が神の前に謙虚にならないでおれない理由もここにあります。だからわれわれとしては、そういう不幸が起るのを未然に防ぐのが道徳的であります。

　そこでわれわれは国民を救い、国民を生かし、罪なき者を犠牲にすることのない道徳教育をこそ要望したい。固定化され、動きのとれない道徳教育ではなく、次々に起る恐るべき社会的でき事に対して鋭いセンスを働かせつつ、社会問題の解決を一歩でも前進せしめるのに役立つような、ダイナミックな、問題解決的な道徳教育を要望する。もし道徳教育が誤つたら、一、二の責任者を処罪するだけではすまない重大な問題へと展開してゆくでありましよう。

　だからわれわれとしては、この問題をただ一、二の責任者だけの問題とするのでなく、国民全体の奉仕においてその解決を考えるべきでありましよう。なぜならば道徳教育の成否に国民全体の生死が依存しているからであります。

　西洋の教育者も殆んどすべての者が、道徳教育は生活の原理にもとづかなくてはならないことを説いております。生活の最も本来的な場は家庭でありますから、従つて道徳教育にとつては家庭というものが最も重要な意味をもつてきます。家庭の中枢を形づくるものは、教育的には、親子、なかんずく母と子との関係であります。従つて母と子との関係が純粋に健全に保たれている家庭は、道徳教育にとつて最もよい条件を具えていることになります。

　もつとも母子の愛はときに盲目的になることさえありますが、しかしこれは矯正され得ることであります。とにかくどきに盲目的にさえなるほどの強い母子の愛が前提とされて初めて力強い真実の教育が成立することができます。学校が道徳教育の場になるのは、それがそういう家庭生活のあり方に近づいたときであります。学校ではどうしても知識をさずけることが主になります。しかし最も望ましい状態は、道徳的な関係において知識をさずけることであります。

　母子との関係にいかに重きをおいてもその母がほんとの人間として目覚めることが浅いならば、そしていたずらに因襲的に、盲目的に行動するならば、せつかくの純粋な愛の関係が充分教育的価値をもつことができないわけでありますから、やはり母が人間的に目覚めることが要求されます。

　すべての人間が余りに因襲とか伝統とかにとらわれることなく、人間として純粋な愛の関係を実現すること、これこそ真の道徳教育が成立するための基礎条件であると思います。

　そういう意味で現代の道徳教育は、過去の道徳教育をそのままのすがたで復活させることを目的とするのではなくて、目を世界の道徳的常識に向け、世界的に妥当する道徳の実践者となることに目標をおき、そういうしつかりした基盤の上に立つて、国家を建設して行くことを目的とするもでなくてはなりません。国家の立場に立ちつつ、国家を超えるというのは、そういう意味であります。

　現代の道徳教育が国家主義の立場をとるとすれば、この場合の国家主義は以上に述べた意味での国家主義であつて、旧い国家主義をそのままのすがたで復活させることでないことも、また云うをまたないことであります。

（北海道学芸大学助教授）

浦和と学校紹介

埼玉県浦和市
大原中学校研究教員
仲村守男

赴任して二ケ月は夢のように過ぎました。研究テーマが特殊で資料を集めるのに苦労しています。浦和市についていろ〳〵話を聞き本を読みましたので埼玉県の浦和の地名と学校を紹介します。浦和の地名は浦曲（わ）の意味で、昔この地方が面していた（今の東京湾）海岸が曲線をなしていたところから名づけられた地名である。しかしこの「浦曲(わ)」を「浦和」と文字を用いたのは「和」の字は平和の和で、すべての人が争うことなく、円満でなごやかで、仲のよいありさまを意味しており、浦和の歴史は「平和」の精神であることを物語つています。その理由に江戸に近接した中山道の重要な土地でありながら古戦場がありません。

教育は昔から盛んであつたと言われ、寺小屋教育は、その子弟に明治初期に総理大臣、文部大臣等になつた清浦けい吾、大岡育造などの名士をだしたと言われています。

私はそのような教育熱と平和を愛する土地の学校に赴任したわけです。学校は京浜東北線の沿線にあつて、東京駅から四七分で四分おきに電車は走つています。東京に隣接しているので、川口市、大宮市の工業都市に比べて浦和市は住宅都市であつて、いかにも東京に職をもち、住いは浦和市にあると言う具合で、住宅公園のアパートもたくさんあります。

その住宅街の中に学校があるので静かで環境もよく、駅から歩いて四分のところにあります。

本校は昭和二十九年四月一日に創立された新しい学校で、校地面積四、二七四坪、校舎総面積八七一・九坪、運動場二〇〇〇坪、職員組織

	校長	教頭	教諭	養ゴ教諭	小計	事ム官	校医	給仕	使丁	合計
男	一	一	二二		二四	一	三		一	二九
女			三	一	四		一	二	一	八

校長先生は山口県の出身で、阿武（あんの）実先生です。西洋歴史の権威者であります。教諭は殆んど大学卒業で、若い教諭が多いのは市でも有名です。在籍数

	男	女	合計
一年	一四〇	一〇二	二四二
二年	一四〇	一三〇	二七〇
三年	一七一	一七〇	三四一
計	四五一	四〇二	八五三

本土の教育方針

日本国憲法の理想の実現の根本は教育におけることを思い教育基本法、学校教育法の精神に則り、左言の努力点を中心として、義務教育の完成を期する。

一、生徒の実力養成

義務教育の最終段階として、中等普通教育の徹底を期し、生徒の心身の実力養成に努力する。

二、現職教育

教育の根本は人にあり、教師研修の必要性がここにある。

三、施設の充実

教育の徹底を容易ならしむるために施設の充実が必要である。

今年度の教育の努力目標

一、道徳教育の徹底
・躾教育の徹底
。生徒会運営
。生徒会申合せ事項の徹底
。ホームルーム活動の活動化
。週番制度の運営

二、校舎校庭の設備充実整理整頓
。備品設備の重点的充実
。校舎校庭の美化、拡張
。掃除の徹底、校舎の愛護

三、生徒の学学力向上
。基礎学力の向上
。自主的学習態度の養成

・進学就職の指導

以上の方針、目標を揚げて職員生徒一生けん命その到達に通進しています

本校は文部省指定道徳教育の研究発表も本年七月に行い、研究熱旺盛な学校である。

特に異る点は時間配当を晴雨別にしてある、

二つには四五分授である。

三つには進学指導も熱心にやつている、一年から三年まで総合テスト行うが採点は教師は、ノータッチである。

テスト問題作製社で採点し、順番まで決めて持つて来る。

四つにはテスト問題は各科担仕で作製し、印刷は業者でやることになつている、

印刷業者も、進学研究社と連絡してやつているので活字も鮮明である、

五つには職員の中に市教育委員会の指導主事が三名も居て、時々研究会を本校で持つとか、巡回指導に出張している。

沖縄と異つた点も大分ありますが、特殊事情下の沖縄ということで同情されています、特に南国から来て寒いでしようと校長先生が私の席はストーブの側にして下さつたので、学校に来ると寒い感じはしません。

先生方も向寒の時折お体に留意されて沖縄教育の発表に寄与されんことをお願いいたします。

十二月一五日

気象研究会 発足に当って

沖縄気象教育研究会長 比嘉徳太郎

(一) 設立のいきさつ

去る七月一日琉球気象台創立六十八周年記念日に際し、具志台長はわれわれ教育関係者を招いて「気象の指導懇談会」を催して下さつた。その席において教育者側から懇請されたことは「教育の現場における気象の指導上の問題点は気象に関する原理や技術面の研究が遅れていることと資料の貧困なことであるとし、これが対策として研修の促進と資料の入手を図ることが急務である。」ということであつた。これに対し気象台側から「研修会や資料の入手に関してはできるだけの援助をしたい」という厚意あふれるお答があつて一同を感激させた。そこでこの会設立の準備が進められ、九月二十日に四十校の代表の参加を得て総会をもち、始めてこの会の成立をみたのである。

尚この会の発足に際して文教局では運営に関する懇切な助言を寄せられた上に可及的に便宜を図り援助を考慮する旨激励を賜ったことは会員とともに喜びとするところである。

(二) 会員への二つの願い

この会が気象台を背景にして組織されていることは会員として最も心強く思うところである。しかしこの会の主体は外ではなくわれわれ現場教師にあるのであつて、この組織の特色を生かすのも一にわれわれの働きにかかつていると考える。そこで会員に望むことは

(1) 活動の第一歩として各地区の理科同好会あたりが相図つて速やかに研修会をもち専門家を招聘することである。気象台ではこれに応ずるご用意のある旨を承わつているのでせつかくの厚意を無にしないように努めたいものである。

(2) 次に各会員は日頃身近かな問題を把えて研究し、その成果の如何に拘わらずちゆうちよすることなく報告を寄せていただきたい。このレポートの積み上げこそこの会の研究のほんとうの出発点であると考えるからである。

会則

(名称)
第一条 この会は沖縄気象教育研究会という。

(事務所)
第二条 この会は事務所を那覇市琉球気象台内におく、この会に支部をおくことができる。

(目的)
第三条 この会は沖縄における気象教育の充実、発展に資することをもって目的とする。

(会員)
第四条 この会の役員は学校教職員、気象職員その他この会の趣旨に賛同するものをもつて組織する。

(事業)
第五条 この会は前条の目的を達成するため次の事業を行う。
一、気象知識の普及
二、気象教育研究会の開催
三、学校気象クラブ活動の指導援助
四、気象及び気象教育に関する調査研究の受託
五、気象に関する器機、器具等に関する相談、修理並びに調整等の受託
六、気象に関する図書、刊行物等の出版

(役員)
第六条 この会に次の役員をおき、任期は一ケ年とする。但し再任を妨げない。
会長 一名　理事 若干名　監査員 二名　幹事 一名

(役員の選出)
第七条 役員の選出は左のとおりとする。
一、会長は理事の互選により決める。
二、理事のうち三名は気象職員をもつてあて、他の理事及び監査員は総会で選出する。
三、幹事は会長が委嘱する。

(役員の任務)
第八条 役員の任務は左のとおりとする。
一、会長はこの会を代表し、会務を総理し理事会の議長となる、会長事故あるときは予め指名された理事が代行する。
二、理事はこの会の重要事項を決議し会務を処理する

沖縄気象教育研究会発足のいきさつ

琉球気象台は一九五八年七月一日の第六十八回琉球気象記念日の一行事として気象教育懇談会を催した。沖縄の教職員中から理科担任の職員を招待する意図であつたが、いろいろな都合で、遠隔地や離島は心ならずも割愛しなければならず主として那覇市一円とその近くの学校を目標に招待したのにもかゝわらず下記の通り多数の出席があつた。職域別の出席者員数は次の通りであつた。

高等学校七名、中学校一八人、小学校二〇名、文教局一名、那覇連合教育委員会事務局一名、那覇連合教育委員会一名、琉球気象係長以上一三名。計六十一名

◉沖縄気象教育研究会の設立準備委員会が成立する。

その懇談会の席上いろいろな問題が論議されたが、全員の一致した問題点は、沖縄では教科書と実際とのずれが甚しく、ことに戦后の理科教育の主潮が、アメリカ的生活科学教育主義が根底をなし、自然科学の論理的構造や、その形成過程を問題にするよりも身近かによこたわる事柄を『生活の発展段階に即して配列し』それぞれに応じて、これらを理解しそれらの処理を会得する方法がとられている今日、気象教育に関する限り沖縄の教科書はいちじるしく気象環境を異にしている日本の教科書を使つているので、指導技術に特別な方法を講じなければ、学童に対して近代教育の目的を踏み誤まらしめることとなる。それに対しては教職員も文教当局も、それぞれ沖縄の気象データーの集録、展示会などを開催し、教員自身は沖縄の気象を調査研究し教科書の補正指導をせねばならず、どうしても気象台と相たずさえて、今日のこの懇談会を機会に沖縄気象教育研究会を結成することが得策であるということに結論的意見の一致をみたので、早速、糸満高等学校長比嘉徳太郎氏を司会者として次のとおり設立準備委員会を結成した。

設立準備委員会のメンバー

浦崎幸裕（前島小校）島袋盛英（安謝中校）安里芳郎（那覇高校）峯井光栄（佐敷中校）稲福明昇（糸満高校）吉浜朝幸（首里高校）仲村直雄（玉城中校）金城順一（文教局）比嘉徳太郎（糸満高校）

◉沖縄の気象教育研究会の設立をみる。

更に一九五八年九月二十日（土）十三時より琉球気象台内で、教職員、設立準備委員および気象台職員合わせて五十五名が出席し沖縄気象教育研究会の創立総会が開催され、会則審議、役員選出、事業計画の審議決定がなされ、全研究会が理科教育奨励の使命をになつて発足したのである。

（本部幹事報告）

（総会）

第九条　総会は年一回年度始めに開催する、総会においては会則の改正、理事の選出、予算決算の承認、その他原則的事項を審議する。

但し、臨時総会を開催することができる。

（理事会）

第十条　理事会は必要に応じて会長が招集し過半数をもつて成立する。

理事会においては事業計画、予算案の作成、その他必要事項を処理する。

（議決）

第十一条　この会の会議は出席員の過半数の賛同をもつて議決する。

（顧問）

第十二条　この会に顧問をおき、理事会の推せんによりこれを委嘱する。

2、顧問はこの会の重要事項に関し諮問に応ずる。

3、顧問は名誉会員とする。

（経費）

第十三条　この会の会費は次の収入をもつてあて、会計年度は四月一日に始まり翌年三月三十一日で終わる。

一、会費

(1) 学校、気象台官署は年額一弗

(2) 有志は個人当り年額一弗

二、寄附金

三、補助金

四、その他

◉沖縄気象教育研究会役員名薄

会長	（理事）	比嘉徳太郎（糸満高校長）
理事	那覇地区	浦崎康裕（前島小校）
〃	〃	金城順一（文教局）
〃	〃	吉浜朝幸（首里高校）
〃	〃	安里芳朗（那覇高校）
〃	知念地区	上原敏雄（大里北小校）
〃	前原地区	名護清助（南風原小校）
〃	石川地区	吉野剛（伊波小校）
〃	名護地区	仲里哲次（北農高校）
〃	（気象台）	新城米次郎、高良初喜、北村伸治
監査役		上江洲安雄（城南小学校）
〃		糸数守義（城岳小学校）
幹事		未定（気象台）

一九五八年度 第一回理事会

一九五八年十月六日、気教研会の第一回理事会を琉球気象台内で開き次のとおりの予算および事業計画が審議決定した。

比嘉徳太郎（会長）金城順一（文教局）安里芳朗（那覇高）吉浜朝幸（首里高）浦崎康裕（前島小）仲里哲次（北農高）新城米次郎（気象台）高良初喜（気象台）北村信治（気象台）　三理事は欠席。

予　算

1、運営費　四四弗　入会費であてる。

(1) 備品費五弗、会印及会長印、出納簿代。

(2) 消耗品費壱弗、封筒および紙類。

(3) 通信費八弗、郵便切手五弗、郵便はがき一、五弗、電話料一、五弗。

(4) 雑費三〇弗、茶菓代その他。

2、事業費二三〇弗、補助金その他で当てる。

(1) 研修費実費徴集、消耗品代、テキスト代

(2) 研究発表会費三〇弗、プリント代表彰費、その他

(3) 印刷費二〇〇弗、ニュース印刷費一部一〇仙四〇〇部宛五回分二〇〇弗、研究会誌（実費徴集）

(4) カリキユラム用プリント実費徴集

事業計画

十月の運動会シーズン中に種々の計画を検討し十一月から事業を初める。

1、研修会のもちかた

(1) 各地区別または最寄りの二地区位の単位で天気図実習、観測計画、観測方法とその観測結果のまとめ方などの技術的な面の講習とその教育の場における討論

(2) 十一月と十二月で主なる地区を終り一月以降は第二段階に入る。

(3) 講師は気象台、文教局、現場の各職員

2、研究結果の発表会

(1) 一九五九年一月末開催を目標とする。

(2) 気象教育の指導法に関する研究発表

(3) 学童の気象観測結果の調査論文の発表

(4) 討論

(5) 表彰

3、刊行物の種類

(1) 沖縄気教研ニュース（月刊）

(2) 仝上会誌（年刊またわ四季刊）

(3) 気象教育上必要な参考書（不定期刊行）

これらは実費で配本する。

宮古支部発足する

十月十日宮古連合教育委員会事務局で沖縄気象教育研究会の宮古支部結成会が各学校教職員及び測候所職員合わせて三十五名が出席し開催され、会則審議、役員選出等がなされ正式に発足した。当日の状況は次の通りである。

日時、一九五八年十月十日十四時―十七時

場所、宮古連合教育委員会事務局

一、宮古連合教育長　あいさつ
二、琉球気象台長　あいさつ
三、会則審議　四、役員選出
五、測候所長あいさつ
六、支部長あいさつ
七、座談会

測候所の糸数技術課長が学校気象調査観測テーマ（例）により説明し後質疑応答にうつる。主なる質問は次の通りであつた。

(1) 竹の花と、かんばつとは関係あるか

(2) 奈良と宮古の夏で宮古が割りに暮しよいのはどういうわけか。

(3) 下地と城辺又は下地の稲作が二十日位ちがう気象的な因子は何か。

なお出席人員は教職員二十四名、事務局職員四名、気象職員六名、計三十二名であつた。

宮古支部役員

支部長　理事　芳沢健有（教育事務所）

理事　松川寛信（平一小校）同羽地恵康（平良中校）与座正雄（池間小校）与那覇義政（福嶺中校）末広芳一（福嶺小校）平良恵一（下地小校）野原正徳（上野中校）渡久山知弘（伊良部小校）多良間朝常（多良間中校）池間昌彦（宮古高校）糸数金五郎（測候所）本村隆俊、折田栄徳

監査役　垣花恵春（宮古高校）新垣良祥（北小校）

幹事　山里景則（庶務）（測候所）砂川恵保（会計）（教育所）

顧問　玉木玄教（宮古地方庁長）与那覇寛長（宮古連合教育長）波平憲祐（宮古高等学校長）垣花恵良（宮古水学高等学校長）砂川玄隆（宮古農林高等学校長）池間亀一（宮古島測候所長）

（宮古支部報告）

八重山支部結成

当所では去った六月二十八日、島内の各学校理科及び気象観測担当者に集まつてもらい、気象座談会を開催した。その際学校気象教育の難かしさが話しあわれ、その解決策として今後とも座談会又は研究会を数多く開催して貰いたいと学校側からの要望などがあり、会は有意義に終つた。

時を前后して沖縄本島では、学校気

象教育の問題について論じられ、二ケ月余の準備期間を経て九月二十日に沖縄気象教育研究会が輝かしく発足した。当地にもその会則が送られ、その目的と計画の全貌があきらかになるに及んで全琉的な組織の一環として当八重山の各学校が揃つて同研究会の傘下に参加すべく支部結成の動きが胎動してきた。

教育長事務所と測候所の間で再三にわたつたりその準備の会合がもたれ、各学校に支部結成が呼びかけられた。そうして具志琉球気象台長（同研究会顧問）来島のチャンスを期し、十月七日に八重山支部結成の大会をもつことが決定された。

十月七日の当日は八重山高校の講堂において午后一時から各学校代表の教職員四〇余名と測候所からは八名が参加して開催された。大会は最初に糸数教育長から支部結成にいたつた喜びと各学校が残らず入会するようにとの要望が述べられつづいて具志琉球気象台長から世界気象における琉球の分野と学校気象教育の重要性について強調された。愈々支部結成の審議に入り教育長が議長に選出された。支部結成準備会から本部会則に準じた八重山支部会則案が提出され、活発な討論審議のすえ殆んど原案通り通過した。特に八重山の教育界の最長者の八重山連合区教育委員会委員長石垣朝英先生ご御出席され気象教育に情熱の程を示めされたことは同会の雰囲気を更にもり上げた。

つづいて支部役員十五名が選出されたが理事十一名中測候所から三名割当られた。又幹事は二人とし会計は学校側、庶務関係は測候所にあてられた事は同研究会の主体が学校であり、学校側と測候所が常に連絡提携していくことに意をそそいだ結果で本部のそれと変つた一つの特色といえよう。

理事側から支部長互選の結果発表があり、つづいて顧問推戴がなされ、満堂拍手のうちに審議は総べて完了し正式に八重山支部の発足をみた。

最后に新役員を代表して南風原支部長からの挨拶と力強い抱負が語られ、支部結成大会は盛会のうちに閉じた。九月二十日に沖縄で本部が発足し続いて急スピードに当地が第一番目の支部結成の名乗りを上げたことは参加者みんなの胸に大きな喜びと誇りとなつた。結成大会終了後ひき続き当所の主催で座談会がもたれ気象教育研究会の計画について色々と発言と希望が述べられたが、なかでも九月三日の台風グレイスの中心に最も近く猛烈な暴風雨に遭遇された波照間中学校長からの当時の貴重な体験談は将来移民地離島の学校は台風の資料の提供者となり又測候所発表の台風情報のその土地における解説者とならなければならないと大きな感銘と示唆を与えた。会場も暗くなつた午后六時すぎ散会した。

なお当支部役員及び顧問は次の通りである。

支部長理事　南風原英芳（白保中校長）

理事

大浜地区　浦崎直充（野底小中）

石垣地区　黒島善健（川平小中）与儀兼六（石垣中）伊良皆高成（教育長事務所）徳山長秀（八重農校）

竹富地区　仲盛清一（竹富小中）島村修（波照間小中）

測候所

真喜屋実彦　大山春明　崎山泰達

監査役　富川盛浩（石垣地区八重山高校）石垣昭（竹富地区黒島小中）

幹事（会計）屋部憲正（石垣地区、教育長事務所）（庶務）大浜永助（測候所）

顧問　石垣朝英（八重山教育委員会委員長）糸数用著（八重山地区教育長）崎山用香（八重山農林校長）石川三郎（八重山高校長）桃原用永（八重山教職員会長）城間宏周（石垣島測候所長）

（石垣島測候所報告）

與那國支部結成状況について

八重山と連合区教育長から当地の各校へ

気象研究会に加入するようにとの通達があつたと測候所も聞き共に喜び、各学校と協力し当地にも是非支部を結成したいとの願望でありました。

その折、具志琉球気象台長が測候所の業務視察と、今後における当地の気象事業計画のためご来島された機会を得まして支部を結成する運びとなり、具志台長からご指示もいただき測候所で準備計画を進め、各学校および有志の方に連絡を行いまして十月四日与那国小学校で第一回の打合せ会を持つ事になつた。

各学校共に運動会を間近に控え多忙の折ではあつたが与那国中学校、与那国小学校、久部良小学校、比川小学校の校長先生を始め先生方、および町役所の技術指導員、農業会長並びに測候所員が参加し、具志琉球気象長台を囲んで打合せ会を開催した。測候所長の開会の挨拶、西島本技術課長の司会で進行し、具志気象台長のご挨拶と気象教育研究会の主旨および沖縄地区における気象教育研究会の発足の状況、更に事業計画についてお話があつた。その後測候所から学校気象調査観測のテーマについて説明、学校側からの要望で当地に支部結成する事に万場一致で賛成した。会則が未着であつたため十分にその審議はできず、話合いの中、理事の選出について各学校および団体から一名宛推薦し測候所へ報告する事になり、支部結成は十八日行うべく閉会した。

十八日支部結成予定であつたが雨天続きで学校の運動会はのび／＼になり、更に当町の秋季清掃等の行事で延期し、このため十月二十三日各学校の校長先生を測候所に集つていただき、第二回準備打合せ会を行い、二十七日午後三時から支部を結成する事に決定した。

十月二十七日測候所において各学校の校長先生を始め代表者、理事および測候所員が参加し、午後三時から結成会を開いた。仮議長に与那国中学校長前新加太郎氏を推し、会則を審議、会則の一部を当地に即応するように制定した。その後各役員が和やかな中に選出されて初代支部長に前新加太郎氏（与那国中学校長）が推され支部長挨拶があり、役員氏名が発表され支部誕生となつた。

なお、当地の気象教育研究会のあり方について互に研磨して特殊の地理的条件を生かし、科学的生活の基礎となるべきこの研究会を名実共に発展させる決意と希望に燃え、万場一致で歓喜の中に結成をみた。その後一同が簡素ながら祝杯を上げ和気あいあいのうちに閉会した。

なお役員は次のとおりである。

支部長　前新加太郎

理事（八名）前新加太郎、（与那国中）上里哲夫（与那国小）蔵元実（久部良中）松田　長詳（久部良小）西蔵　盛松（比川小）西島木用吉（測候所）正木譲（測候所）芳田賢一（測候所）

監査員（二名）嵩西昇（与那国中）久部良昭光（久部良中）

幹事（一名）真栄田潔志（測候所）

顧問（六名）仲嵩弘明（与那国町長）浦崎永昇（与那国小学校長）宮良信雄（与那国区教育委員）入波平信英（久部良小中学校長）前竹万也助（比川小学校長）宮良孫好（与那国測候所長）

学校気象調査

研究テーマ（参考案）

一、郷土気象の調査観測

（市町村単位に）

(イ) 風向の分布観測

(ロ) 気温の平面分布観測

(ハ) 気温の垂直分布観測

(ニ) 雨量の分布観測

二、沖縄と外国との気候比較

(イ) 日本、台湾、ハワイ等隣接地との比較

(ロ) ブラジル、ボリビヤ等移民地との比較

三、天気の観察

(イ) 天気日誌をつけ持続日数等を調べ季節によつて相違を調べる。

(ロ) 台風警報発布後から郷土の天気要素（夕焼、朝焼、海鳴り、風の吹き方、体感気温、著しい乾燥度、空の色、雲の異常、自然の小動物の静動、電波の聴取状態等）を記録保存する。

(ハ) 沖縄と教科書の教材との比較

四、動植物の観察

(イ) わたり鳥の去来日の精確な記述

(ロ) 朝夕観察に便利な観察の仕易い植物を特定し、それを毎年、発芽開花、結実、病虫害の多寡等を観察し年によるちがいをみる（植物の概略の年令を記入する事）

(ハ) 台風襲来の頻度とその年の植物の開花結果の観察

(ニ) 台風襲来前の昆虫の静動や動作の観察

(ホ) 台風襲来前の動物の静動や動作の観察、

五、気象俚諺と方言の気象要素用語の蒐集

(イ) 俚言蒐集は、学校の休暇に年間を通じて聞きとり調査を行い、自分の主観で取捨せず一切を網羅し気象学的意義と、土俗的な意義、不分明の三部に分類する。沖縄方言の「火の風」、「ヌーリ雲」、「風の道」、「かた降り」等は沖縄の気象の特殊性を示すものがある

六、学校内の微気象調査

(イ) 主風別による校庭の気流の調査（芥の溜り、炊き火の煙の状態等でもよい）

(ロ) 教室内の温度と低学年生の居眠りや精神活動の消長を調査

(ハ) 教室の向きと年間の気温変化

(ホ) 木造とブロツク建築の同一条件内における室内温度の季節別、一日の時間別に調査する。

七、地下水（井戸、湧泉）の水温と気温の比較

八、(イ) 部落における住家の状態と気象要素の特異性の発見

(ロ) 屋敷内樹木の粗密面の状態

(ハ) 防風林の向きと地形風のようす

九、高潮、塩害の調査、台風の深度と経路による部落の被害差。北東季節風による部落別の強弱等を調べる。老人のリウマチスの悪化する季節や部落の調査等。

沖縄気象教育研究会の「誕生を喜ぶ」

琉球気象台長　具志幸孝

今回の国際地球観測年にあたり人類は人工衛星、人工惑星を発明し、この人工衛星による成果は人類に大気層および、大気外の多くの新らしい知識を与えました。これらの観測資料から新しい発見新しい理論がぞくぞく展開されています。

こうした科学の進歩は又飛躍的に人間生活の向上に資することは歴史の示すところであります。人間生活が合理化されてゆく今日、合理化はつまり科学化であることを考えますと、教育分野における科学はもっともっと重要視されてよいと思うのであります。

こうした画期的な時に当り、沖縄の教育界で、自然現象の科学的観測教育を充実する一方法として今回、沖縄気象教育研究会が誕生しましたのは実に当を得たものとして喜びに堪えません。必ずや近々のうちにりっぱな成果をあげるものと期待すると共に、私としましても全面的に協力援助してゆきたいと思っています。

最後に当会の成果は現場の皆様方の利用度にあるのでありますから皆様方の積極的なご活躍を望んでやみません。

（本会顧問）

本校の気象クラブ

吉浜朝幸

本校の気象クラブは一九五七年四月に発足し、その間気象測器もやや充実し一九五八年八月より琉球気象台の区内観測所の指定を受け、これと関連づけてクラブの活動を行ってきたのですが、過去一ケ年の反省を書きたいと思います。

気象教育の目的は観測を長期にわたって続ける根気を養う事であり、これが観測精神である。この科学精神を養う事が学校観測のねらいでないかと思う。

然し観測と云うのはそれだけの価値のあるものであっても、これを児童生徒が真に興味をもって一日の欠測もなく継続しなければ意味がない。そのためには単に測器になれさせると云うような低い目的でなくこのデーターを利用してその地域の気象状態を明らかにする等はっきりした目的を示すべきである。地域の気象状態を調べる他の観測の値と比較するので観測時間を統一し毎日午前九時となっている。

学校で観測時刻を九時とするのはいろいろな困難が生じこれは特に学校全体の理解なしにはできるものではない。それからいかに生徒が熱心に観測した値でも測器に誤差があっては無意味であるから購入する時には有名メーカー品で必ず検定証付を求めるべきです。

一般に現在の生徒は気象関係にあまり関心がないようでこれは彼等がその知識に乏しい事にも原因することで、科学教育は単に知識の暗記ではなくこれを生活化できなければその目的を達成したとは云えない事でしょう。

本校クラブが過去行った主な活動は去る四月の日蝕の写真撮影が成功した。

それから教材用の雲の撮影および雲のスライド製作を計画している。

（首里高校教諭）

高等学校
全国普通、職業課程卒業後の状況（比率）
－昭和33年3月

区分	総数	進学者	就職者	進学者就職	無職者	死亡者	不詳
普通	100.0	23.5	43.1	0.7	28.4	0.0	4.3
農業	100.0	3.7	85.0	0.1	9.0	0.0	2.2
水産	100.0	8.4	84.7	0.1	5.6	0.0	1.2
工業	100.0	2.6	91.7	1.1	2.9	0.0	1.2
商業	100.0	4.0	84.4	0.9	7.8	0.0	1.7
家庭	1.000	4.1	47.2	0.1	44.4	0.0	2.9
商船	100.0	1.000	--	--	--	—	4.2
その他	100.0	26.9	45.3	0.3	18.1	0.0	9.4

沖縄と気象教育

島本英夫

私ら年輩の人は明治末期から大正の初めにかけて小学校教育を受け、人間を形成してきたのである。第二次大戦后の日本教育者だちは、極端に師範学校の「師範」と云う文字を嫌つているようであるが、私らは小学校一年から更に高等科二年まで、いわゆる師範学校卒業の先生だちによつて学んできたのである。

なぜ師範という言葉をそれほどに嫌うのかと問うてみたら、複雑な人間心理の場にある教育の世界に師範などと云う堅いカテゴリイの匂いのある言葉をやすやすと持ち込まれては困る。大体人間が人間をさばくこと自体が既に不尊な「必要悪」ではないか、その例証が世界の裁判史の上にいくらでもあるのだと云うのであつた。

このことは沖縄の気象教育とも心理的に或るつながりがあると想う。私らの小学校時代にも「春」と題する国語読本や唱歌の歌詞がいくらでもあつのであるが何れもこれらは「日本 々土の」春であり、沖縄の春はどこにもかんぜられなかつた。つまり日本々土の児童らには何の疑問もなしに、自然にうけいれられる教科書の内容が、沖縄の児童らにはその春という題名の前は「日本本土の」という前提がかくされていると解せない限り、どうにも教科書の春が理解できないのであつた。

春ばかりではない四季のことごとくが沖縄と日本々土とでは、あまりに差がありすぎて、これはとうてい児童らの国語理解力だけでは、かたづけられない問題であると思う。日曜日のあさ雪だるまをこさえてあそぶ子どものよろこび。タンポポ、スミレ、レンゲ草の咲き乱れる春の野の景色。そういつたものは幼い頃の私の頭の中で、むりにでつちあげたところの春であり冬であつたのである。なぜなれば沖縄の学童に雪だるまを作つてあそぶよろこびの心理をわからせるのは無理であり、またスミレタンポポは春に咲くものでなく沖縄では十二月頃にしか咲かないのである。

それから私が初めて重広のえがいた東海道五十三次の浮世絵をみたとき、そこにかいてある松の木は、いかにもロマンチツクな細々とした弱々しい枝ぶりであり沖縄の松の木の枝振りとは似てもにつかぬものである。

私は子ども心にもこうした文章や絵画から演繹して、もつともすぐれた作品は誇張の上になされるものと信じ込むようになり、私がかいた春の綴り方は、ほとんどが日本々土の春の文の模倣に終始し自律性がなく、ひいては他の部門でも観察や独創力の発育が妨げられたように思われてならぬ。

その後日本々土に住むようになり四季のうつり変りを味つてみて、なるほど幼い頃に習つた教科書の文章は写実的であることがわかつたのであるが、それはようやくおとなになりかけてからのことであつた。また芦屋地方で松の木を見たとき浮世絵の松と、そつくりであるのに驚いたのであつた。

私は小学校のとき心の中でもやもやして割りきれぬものを、おそるおそる先生に質問したのであるが、先生は私の質問のポイントを感受したかどうかはわからないが、「教科書というものは多くの学者が目をとうして、更に文部省が認めて作られたものであるから、それにけちをつけるのはよろしくない」と、おしかりを受けた記憶さえある。この場合、今どきの小学校の教師なら、「これは日本々土の春であり、冬であるのだ。日本々土では四季のうつり変りが、はツきりして大変おもしろいからよく味つてみましよう。日本ばかりでなくわれわれは、もつと外の国々の事情も勉強して知識をゆたかにせねばなりません。沖縄については春があるのか、ないのか、あるとすればどんな春であるか、皆で勉強して文章や絵にかいてみましよう。」と教えみちびくにちがいない。

私は以上のような幼少の頃の追想からして沖縄教育が何時までも日本の中央部で編纂された画一的な教科書に依存せねばならぬとすれば、こと気象教育に関するかぎり、沖縄の教師が特別な考慮を払わねばならぬのは当然のことと思う。

ことに戦後の理科教育はアメリカ的生活科学教育主義がその根底をなしていて自然科学の論理的構造やその形成過程を問題にするよりも、身近かにある諸事象を「生活の発展段階に即して配列し」それぞれに応じてこれからを理解し処理せしめる方法を会得する方式がとられている今日の学校教育において、ひとり沖縄だけが自分の郷土とかけはなれた日本々本の気候の先入観を低学年の頭にたゝき込むのは適当でないことは云うまでもない。沖縄は沖縄の地域社会に適合した副読本をつくるなり或は特別な教授法を考えるなりせねばならぬ筈である。そうでなければ沖縄の児童に対して近代教育の目的をふみあやませることゝなり、民族の発展上おもしろくない結果となろう。

この意味からして今度結成された沖縄気象教育研究会は意義あるものであり今後の活動に期待されるものが大きい。

文教審議会

教員交流に関する答申

一九五九年五月

一、教員交流の必要性

教員交流の現状は、部分的小範囲にとどまり、したがつて、同一地域内の永年勤務者が多く、また地域的に資格者の偏在する結果となり、全琉として教員組織の上に不均衡を来たし、教育効果の均等を欠くおそれがある。よつてできるだけ広範囲の交流をなし、人事の刷新と教育の機会均等をはかることは必要である。

二、方策

教員の広範囲な交流は必要であるが現在の制度下では極めて困難な点のあることを認めて、左記の方策を樹立することによつてその実施をはかるべきである。

(一) 選考権の法制化をはかる

1、教育長は、公立学校職員及び地方教育委員会の事務局職員の選考権者となる。

2、文教局長は、政府立学校職員及び文教局職員の選考権者となる。

(二) 選考権者協議会の法制化をはかる。

教員人事の適正を期し、広範囲の交流を行うために前項の選考権者をもつて協議会を組織し、次の事項について協議する。

1、教員異動の方針

2、新卒教員の配置方針

三 人事交流を円滑にするための条件を整備すること。

人事交流の円滑をはかるには、教員の需給関係を合理化するとともに教員が交流に協力できる態勢を整えることが必要である。よつて次の条件を整備すること。

1、文教局は、琉球大学、琉球育英会及び教育長協議会の協力によつて、教員の需給計画を樹てること。

2、教員需給計画に関連して学校種別、教科別の課程の検討、とくに小学校においては各教科の指導に十分な資質をもたしめるような課程の検討をなすこと。

3、琉球大学に、へき地教育に関する講座を設置すること。

○へき地は、地理的、文化的、その他において特殊的事情にある。これらについての理解と基本的知識、技能を有することは必要である。

4、へき地教育振興法の制定

法の裏付けによつて、強力にへき地における教育の振興をはかつてその水準を高める。

5、へき地に勤務する教員の待遇をあらゆる面で改善すること。

6、政府にへき地振興に関する審議を設置する。

○へき地においては、教育、産業経済、文化等すべて特殊事情にあつて、しかもこれらは相互に強い関連性をもつているので総合的振興対策を講ずることが必要である。

7、文教局にへき地教育振興に関する審議会を設置する。

○へき地教育振興に関する具体的問題について審議する。

8、へき地教育課程の設定

○へき地の実態に即応する教育課程を構成し、教育の内容、方法の改善に資する。

9、民立法の教育職員免許法に認定単位制を取り入れること。

10、教育財政審議会を設置し、地方財政の維持能力を勘案して、教育財政の確立をはかる。

一九五九年度

教員異動方針の助言（案）

A 教員異動の方針について

一、一般方針

1、人事の刷新をはかり、人行事政の適正を期するため、全琉的視野に立つて広域交流の異動を行う。

2、学校の実態を検討し、適材を適所に配置して、教育の能率増進をはかる。

3、地域及び学校における教員組織の不均衡を是正し、教育の機会均等の実をあげる。

4、免許相当の学校に配置して組織の適正強化をはかる。

5、同一校七年以上の勤務は原則として異動する。ただし、併置校は同一校とみなす。

6、近親者の同一校勤務をさける。

二、異動要領

1、無資格教員の有資格教員への置き換え。
2、免許状相当学校への配置。
3、上級免許状を優先し、専門教科の単位数を考慮する。
4、学校経営上、免許教科の偏在を是正する。
5、担任教科及び時間数等により、併任を考慮する。
6、資格、俸給額、性別、年令、出身地等の均衡をはかるよう考慮する。
7、奨学生の義務年限修了者の希望を考慮する。

三、採用順位

1、有資格者
イ、現職者（免許相当へ）
高校助教諭　中校助教諭
現該当校教諭
ロ、新　卒
奨学生
契約学生
一般卒業者
ハ、現職以外の有資格者
2、無資格者
イ、他の免許状所持者
ロ、経験者
ハ、高校卒以上（助教諭検定合格者）

B　新卒教員の配置方針

1、琉大の初等教育科卒は、小学校に配置する。
2、奨学生はへき地の臨免数に按分する。
3、中一、高二免許状所持者は、原則として中校に配置する。ただし、高校の教科担任教員の需給の特殊事情ある場合は、考慮する。
4、本土大学卒業者の配置は、琉大卒業者と同様とする。

琉大 { 奨学生 / 一　般 }　本土大 { 国　費 / 給　費 / 奨学生 / 自　費 / 私　費 }

5、新卒の各地区採用数は、臨免数と自然増とに比例する。

C、校長、教頭の異動方針

1、教員から昇任による校長の新任は出身教育区以外に配置する。
2、病気その他の事由により降任させることができる。

D、琉球内交換研究教員（校長も含む）

1、期間は、二年とする。
2。「研究費」「旅費」その他の給与について考慮する。
3、派遣先における勤務年数が二年以上の場合は、前任校に戻った時の勤務年数は、派遣以前の勤務年数を通算しない。（A一の5の場合）
4、交換地域は、指定する。
5、へき地に十年以上、勤務した教員を希望した場合は、特別に考慮すること。

第十五回琉球派遣研究教員決定

地区	現任校	氏名	卒業校	卒業年月	資格	勤務年数	研究 領域	研究 テーマ	研究期間	希望地 第一	希望地 第二	希望校
普天間	普天間中	宮城真英	沖青師	一九四五・九	中二	五年〇月	職家	商事活動と計算実務の指導	一年	東京	横浜	中
〃	北中中	下地清吉	宮古中	一九四八・三	中二	七・七	理科	実験観察の望ましい指導法	〃	東京	神奈川	中
糸満	糸満南小	大城正俊	糸教訓	一九五一・三	小二	八・〇	特活	学級児童会活動の指導	半年	東京	千葉	小
〃	上田小	高良健二	糸教訓	一九五一・三	小二	七・〇	特活	学級児童会の係活動の指導	〃	静岡	神奈川	小
〃	東風平小	大城弘子	糸教訓	一九五〇・九	小二	九・九	音楽	読譜指導	〃	栃木	茨城	小
〃	真壁小	大城雅俊	糸教訓	一九五二・九	小二	六・六	生活指導	話し合い活動を通しての生活指導	〃	長野	東京	小
〃	豊見城中	長嶺栄一	糸教訓	一九五二・三	中二	七・一	理科	基礎的な実験観察の指導	〃	神奈川		中
前原	与那城小	世嘉良勇	前原教訓	一九五二・三	小二	八・〇	国語	読解力を高める指導	〃	横浜	茨城	小

知念	玉城小	中山俊彦	沖師範	一九四二・三	小二中一	一七・〇	道徳	道徳教育のカリキュラムの作製とその指導	〃	東京		小
〃	佐敷中	金城正二	台北第二師	一九四二・三	中一	一七・〇	学校行事	学校行事の計画と運営 ホームルームの指導	一年			中
〃	南風原中	津嘉山清	沖・文教	一九四九・三	中二	九・四	音楽	普通学習における器楽指導	〃	東京	神奈川	中
辺土名	塩屋中	新城繁正	琉大	一九五三・三	中二	六・〇	国語	国語教育の方法と技術	〃	千葉	埼玉	中
名護	瀬喜田中	翁長武福	沖青師	一九四五・三	中一	一四・〇	理科	簡易実験観察器具の製作と活用	半年	兵庫		中
〃	伊野波小	比嘉初子	琉大	一九五四・三	小二	五・〇	生活指導	児童会を通しての生活指導	〃	愛知		小
石川	石川中	玉盛俊一	県立八重山農林	一九四三・三	中二	九・一一	特活	生徒会の自主的運営をどのように指導するか	〃	横浜	宇都宮	中
〃	宮森小	浦崎律子	コザ教訓	一九五一・九	小二	九・〇	生活指導	学級の仲間づくりに日記をどのように活用するか	〃	東京		小
宜野座	漢那小	平田一郎	名ゴ教訓	一九五二・三	小二	八・〇	体育	自分のからだに適した運動をえらぶにはどうしたらよいか	一年	東京	静岡	小
〃	宜野ザ中	仲田正一	沖・文教	一九四八・一〇	中二	一〇・五	図工	工作による造型指導	半年	東京	神奈川	中
那覇	那覇中	徳山三雄	琉大	一九五二・三	中二	七・〇	特活	特別教育活動と道徳指導	一年	東京	神奈川	中
〃	久茂地小	川平恵二	台中師	一九四七・三	小二	一七・〇	図工	粘土彫塑について	半年	大阪	静岡	小
〃	上山中	砂川淳一	宮中	一九四五・三	中二	一二・四	特活	ホームルームの計画と経営	一年	東京	神奈川	中
〃	浦添小	島袋晃一	コザ教訓	一九五一・三	小二	一〇・〇	視聴覚	視聴覚教育の実際	半年	東京	千葉	小
〃	小緑小	新垣和子	沖文教	一九五〇・三	小二	九・〇	音楽	器楽指導	〃	東京		小
〃	真和志中	国吉邦男	琉大	一九五四・三	中一	五・〇	図工	デザイン教育の基礎としての構成教育	〃	東京		中
〃	那ハ高(定)	吉田一晴	琉大	一九五四・三	高二	七・〇	生活指導	定時制高校の生活指導	〃	東京	大阪	高(定)
〃	垣花小	三島勤	八重山臨教	一九四九・三	小二	六・七	理科	気象観測について	〃	埼玉	東京	小
〃	首里中	又吉光夫	日大	一九五八・九	高二	一一・八	社会	社会科と道徳教育	〃	東京	埼玉	中
〃	松川小	松田正清	コザ教訓	一九五〇・九	小二	一一・一一	特活	児童会の運営について	〃	東京	静岡	小
八重山	白保中	本成善康	沖青教養成所	一九四一・三	中一	一五・〇	道徳	道徳教育	一年	東京	神奈川	中
〃	石垣中	瀬名波昇	八重山臨教	一九五一・三	中二	八・〇	英語	三年単元一の指導	半年	東京		中

随筆

還境の整理

嘉手納中学校
松田盛康

私は教鞭をとつてから十ヵ年になる。今までに五名の校長に仕え五校に勤務した。学校が変れば職員室の整とんも違うし、校長によつて学校の経営方針も自ら異つてくる。地域によつて生徒の性格にも差があるしクラスの雰囲気も違つてくる。その間に思い出はたくさんあるが、特に印象深いのは一ヵ年の研究教員の生活である。

同じ学校生活だのに、なぜ印象深いのだろうか、研究教員の名の下に、沖縄六千教員のサンプルとして、いくのであるから責任もあるし、自重もする。言語動作においても、身なり服装にしても、沖縄の教員の面目にかかわるようなことがあつてはならない。ひげも毎日そらんといかんし、ワイシャツも汚れないうちにかえんといかない板書も誤字があつてはいけないし、まずい字でも困る。教材研究もしなければ、指導能力がうたがわれる。

研究教員の授業であるから、いつでも研究授業の気持である、ちこくがあつたり、不明瞭な言葉遣いでも困るので座談にまで一言一句努力する。

家族を離れての一人旅は不自由も多くさびしくもあるがそれも二～三ヵ月の間でなれてしまえば邪魔者がいなし下宿へ帰つても何か読める。みちたりないさびしさはつい生徒への愛情となつて話し合いが多くなる。遠い南の国から来た先生というので好奇心も加わつていろいろと訪ねてくれる。

朝は登校時に下宿の門の所で「先生いきましよう」と七～八人待つている、日没時になると「先生かえりましようと」職員室にさそいにくる。登校下校は七～八人の生徒に囲まれての送り迎えである。馬上ゆたかな聯隊長のおくりむかえよりはるかにましだ。

晩は隣り近所の生徒達が勉強におしかけてくる。下宿での食事作法にも気をつかうし、入浴にも、エチケットを考える。事務テーブルの引き出しのせいとんや担当箱のせいとんにも遜色があつてはならない。風邪をひいても、一人旅は看病してくれるものがないから用心する。其の上、金のゆとりはないから華やな遊びは考えない。朝晩のあいさつも、まけないと精一杯やる。講習や研究会などの集りに出かけると、ついこちらにいろいろとたずねられる。それで、つい何時、沖縄の状況や感想を聞かれるか分らんのでいつでも準備をしてのぞむようになる。お便りの返事のために昼休みはみつちり活用される。下宿屋は特別なお客様としてもてなしてくれるのでこちらの心まで豊かになる。

こんなに、朝晩はりきつた生活をやると平凡な毎日の生活にもはり合いがあるし、寝ても覚めても痛快でたまらない。教育理念は、いよいよ充溢し、研究心は益々旺盛になつてきて教育者ならでは味わえぬ教師道が生まれてくる。

学園であり、天国である。己の年を忘れて童心にかえり、創造の世界に三昧する。教育者としての善意に満ちて、エネルギーを最高度に活用して、これで印象深くないわけはない。

申し述べましたのは私の体験した一ヵ年の本土における教員生活の内的生活であるが清々しいあの頃の生活がこいしくてならない。

内容の伴なう教育をするためには教える者の内から充実させよう。そして頭の中を整理し、心の準備をし、教育センターであるところの職員室の整とんから真先にやろうと考えている。整備された環境からいかなる教育理念も、熱情も、創造精神も湧き出ずるものと思うからである。そして教育環境が整備されて後に初めて社会環境も自ら整備されるのであろう。

全国商業高校協会主催

簿記実務試験について

商業高校
本田富男

簿記会計の歴史は文明の歴史であると言うが、一国の経済発展においては企業の発展が要求され、企業はその諸活動を記録計算し整理し、合理的能率的運営に役立つための簿記の理解、技能の体得を要求している。その意味から各種の簿記検定が施行されている。

現在実施されている簿記実務検定試験は、全国商業高校協会主催全国経理学校協会主催、商工会議所主催の三つがある。ただし商工会議所主催の検定は沖縄においては未だ実施をみていない。ここでは前者について述べてみる。

―― 随　筆 ――

道徳教育の底を流れるもの

阿波根　直　英

法律はこれをおかした時に罰を与える。

道徳もこれに従わないものを責めたり、咎めなり、説いて従わせたり、叱つたりして、善悪の判断をきめつける。

宗教によると其の人の身になつて、一緒に泣いてやつたり、苦しんでやりながら其の自覚をまち更生を祈る。

道徳を指導する人は相手と対立的の立場、相対の世界にたつている場合が多い。黒白を明かにしようとし、或は説服しようとし、又自分の善を是とし相手の悪を非として認めさせようとする。だから道徳は時に人を責める道具になる。親や教師もその道具の持主になることもある。

又道徳の世界では悪に対して社会的に制裁することがある。一種の罰である。例えば悪いことをした人に対して仲間にしてくれないとか、助けてくれないとか、物をわけてやらないとかで或不自由感を与える。法律上の罰のようなもので確かに一種の罰であろう。

然しこんなことが悪を防ぐのにどれくらいの効力があるものであるかは簡単に結論づけられない。いわゆる世間こわさに我身をつつしむということも相当な力ではあると思うが悪の救済にはならない。それはそういつた世の中、世間というものに対する見かた、考え方によつては他の人が悪だといつたところが本人は簡単に認めない場合がある。反逆児の多くはその例であろう。

つまり悪をおかした人に言わせると相当の理由があるわけだ。何が彼女をそうさせたか、という言葉のように、又罪は世間の人にあるということもある。

従つて道徳律にそむいたことをどうみていくかというところに多くの問題がある。

道徳の場合は指導者に一定の規準や規範がかなり明瞭なものをもつて相手に教えたり従うことを要求する。

宗教の場合は相手と同じ高さにたつて相手の姿を見きわめ、同情寛容の気持ちから共に泣き共に苦しみそして新しい生きる道を発見自覚せしめる。他人が悪事をおかした時に自分に責任があることを感ずる。他人の苦しみがわかる。他人の行動が理解できる。

よくよく考えれば正邪善悪ということは極めてはつきりしておりそうで必ずしもそうではない。立場の相違、物の見方の相異で問題がある。哲学的には認識の問題となる。

他人の喜びを喜びとし、他人の悲しみを悲しみとするという心的境地は善悪を超えた宗教的世界である。それくらい物のわかる心境は普通の道義道徳の世界から哲学的宗教的の世界に深く入つていることと思う。それだけ心にゆとりの生じた貴い心境であろう。

道徳教育はむつかしい哲学的、倫理的なことを考えずにやれということもあるが根本的な物をはつきり見つめつつ、日常の生活事情を指導するのでなければほんものにはなるまい。

聖人君子の道を持ち出されては困るという考えはまずい。

ただ指導する人も自己の不完全さを意識しつゝも大きな人生の目標にむかつては共に努力すべきである。子に教えられる親、生徒に教られる教師の如く内省的なところに道の精進がある。宗教的には同行者という気持ちもあるようだがすべての人々に味うべき生活態度である。ともあれ道徳の指導は道徳の世界ではむつかしかろう。

（真和志小学校長）

簿記実務検定試験は、簿記実務の能力を検定するもので、検定の階級には、一級「会計（商業簿記を含む）工簿又は銀簿（選択）」二級「商業簿記」三級「商業簿記」がある。

検定に合格するためには、各級とも八〇パーセント以上の成績を得ることを要し、一級のみは一科目が八〇パーセント以上の時はその科目についての合格証業を交付している。

沖縄においても商業高校が全国商校協会に加盟し、一九五四年一月施行第三回検定に初参加した。爾来各年の受験者は漸次増加し、一九五九年一月の第八回検定試験には、受験者三千名を突破し、試験場を南部（商校）、中部（コザ高）、北部（名護高）に分けて施行するまでに発展した。

高等学校の単元に則し検定試験範囲が規定され、よき勉学の励みとなり、又就職における武器としても大きな力をもち、社会の簿記力の要求はますます増大が予想されるので受験生の増加も又当然に考えられる。

連載小説

町の子・村の子（九）

宮里静子

（一七）

ナー子の家は露地を入つて、もう一度なめ右へ折れたところにあつた。

屋根はトタン葺で、外から見ると古びた建物だが、入口に立つて室内をのぞいた文三は、まるで絵のようだと思つた。部屋はそう広くはないが、まわりの壁は美しい花模様の色紙で張られ、窓には紅色のカーテンがかかつている。

その前に立つたら自分の顔が写るのではないかと思われるほど拭き清められた和簞笥と、鏡のついた洋ダンスが壁にくつつけて置かれ、その上には美しい舞姿の人形がこちらを向いている。窓ぎわには真白な敷布のふんわりふくらんだ寝台があつて、その上に横になつたらどんな気持がするだろうかと文三は思つた。青い畳の敷かれた部屋の真中にはヤンバルではお祝にしか使わない飯台がきれいな模様の布で飾られ、その上の平ぺつたいドンブリみたいな花活けには目も覚めるようなバラの花が活けられている。簞笥と並べて壁へくつけた黒塗りの小さな机の上に、鶴の絵の入つた紫色の布をかぶせたあのトートーメー（位碑）みたいなものは何だろう、などと、上りがまちに立つて文三が眼を見張つていると、

「何をそんなに見ているの、上つておいでよ」

ナー子がにこにこしながら言つた。それでも上ろうとしない文三の袖を引張つて

「さあ、上つて」

というと、文三はもじもじしながら、仕方なさそうに部屋へ入つた。

「こちらが、あたしのお部屋」

隣室との仕切りの襖を一枚開けたナー子は、文三の手をとつて自分の部屋をのぞかせた。三畳の小さな部屋ではあるが、ここも小窓にはカーテンがかかり、窓に向けてナー子の勉強テーブルと椅子が置かれている。本立には学校で習う本の外に、雑誌や絵本が一ぱい並び、その横の花瓶には見たこともない草花が活けてある。テーブルの上でカチカチ時を刻んでいるかわいい目覚時計の音を聞いていると文三はいつか先生にきいたおとぎ話を思い出した。するとナー子の姿が急に小さいお姫様のように思われ、じつと立ちすくんだまま部屋の中を見廻わすばかり

「この椅子へかけてみない？」

ナー子の青い瞳がいたずらつぽく輝く。町の意地悪な男の子たちとちがつておどおどしながらも、物珍らしそうに自分の部屋に見とれている文三がすつかり気に入つたのである。

「ここへかけて、ホラ、雑誌もたくさんあるでしよう、雑誌見てもいいのよ」

ナー子はしきりにすすめるが、文三は相変らずためらつている。

「雑誌見ないの。とつても面白い漫画があるけど」

漫画と聞いて、文三はおそるおそる椅子へ近寄つて腰かけた。まるいヒヂカケへ手をやつたナー子が、くるつと廻わすと、腰かけたまま文三のからだが一回転した。文三はびつくりして立上り、廻わる椅子に大きな眼を見張つた。ナー子はさも面白そうに声をたてて笑い

「これ廻転椅子なの」

と、さも自慢げに言つた。

「はあ、タマシノゲタ」

苦笑いする文三に

「タマシノ、ゲタ？田舎ではこれゲタというの？」

今度はナー子がきよとんとする

「アインチャ、びつくりした」

「びつくりした？。ゲタつてびつくりすること？」

「ん」

「田舎にはこんなのない？」

「ないよ」

「ぢや、もう一度腰かけて、今度は自分でくるくる廻わしてごらん」

文三は言われるとおりにしてみた。腰かけたままどこへ向くにも実に便利で、よく廻わる。文三は村の砂糖小屋のある車のようだと思つた。

「雑誌見ていてね。今、お湯をわかしてコーヒーいれるから――」

ナー子はそう言つて、カーテンで区切られた板の間へ下りて行つた。母親の口ぶりそのままで、小さなママになつたつもりのナー子はとても得意である。

（一八）

ナー子がコンロで湯をわかし、コーヒーをいれてくる間、文三は雑誌の漫画を読んでいた。

やがて、テーブルの上に二人前のコーヒーを置いたナー子は、次にトーストを並べた皿を持つて来た。

「おなかすいたでしよう。さあいただきましよう」

ナー子は馴れた手つきでコーヒーに砂

糖とミルクを入れてかきまわすと、一口すすり、トーストを一つつまんで食べはじめた。

文三ははじめて見る飲み物や食べ物に、いささか戸惑つた顔で、目の前の皿とナー子の動作を見ているばかりで、手を出そうとしない。

「どうしたの？」

ナー子のいぶかしそうな眼が文三を見つめる。そこでやつと茶わんを手に、一口飲んだ文三は、その味に不可解な表情をした。甘いのはいいが、変に乳臭いのと、カゼ薬か何かを溶かしたような、舌に残るにが味があつて、甘いとも苦いとも言いようのない変ちくりんな飲み物だと思つた。

「もつとミルク入れる？」

文三の顔つきでそれと気付いたナー子は、文三をのぞくようにしてきいた。文三は頭をふる。

「じや、お砂糖？」

砂糖と聞いて、ちよつと考えた文三はこつくりうなずいた。もつと砂糖を入れたら飲めるかもしれないと思つたからである。ナー子は砂糖をたつぷり入れると笑顔でそれをかき廻した。

「さあ、飲んでごらん。今度ようんと甘いの」

文三は再び茶わんを手に飲んでみたがやつぱりあの苦い味は消えないので飲むのを止してしまつた。

そのようすを面白そうに眺めていたナー子は、今度はトーストを一つつまんで文三にさし出した。それを手に受けて、何か異様なものでも見るような眼つきでじつと眺めてから口へもつていつた文三は、試みるように片端をちよつと嚙み切り、舌でしばらくそのものの正体を吟味しているようだつたが、不意に口を動かすのを止めると同時に顔をしかめた。お菓子の類だとばかり思つていたのに、油みたいなものが口一ぱいにひろがりだしたからである。

「どうしてそんな顔するの」

見つめているナー子の手前、今さら吐き出すわけにもいかず、決心すると大きな眼をして一気に呑みこんだ。気持の悪いことおびただしい。文三はもう飲むのも食べるのもごめんだと思つた。

「あら、食べないの」

不審げにきくナー子に、文三は答えるかわりにそつぽを向くことによつて、食べたくないという意志表示をする外はなかつた。

文三のそうした態度を物足りなく思いながらも、ナー子は自分の分を飲み、食べ終わると、食器を片付けた。それを見て文三は太息をついた。

「やがてママが帰つてくるから、それまで待つてね」

文三はもう帰りたいと思うのだが、ナー子にそう言われると帰るわけにもいかず、仕方なさそうに頭へ手をやつた。

「雑誌見てたらいいの。あたしいつもそうしてママを待つているんだから。ね、いいでしよう」

うなずくより外にこの際どうすることもできない文三である。ナー子はそれで安心したらしく、隣の広い部屋へ入つて行つた。

眼の前へ置かれた雑誌の絵を次々とめくつていた文三は、しばらくして隣の部屋が静かなのが気になり、もしかしたらナー子が自分を置き去りにして、外へ出て行つたのではないかと、ふと立上つて隣室をのぞいてみた。するとナー子は壁に寄せて置かれた黒い小さな机の前に、あちら向きに坐つているのが眼にとまつた。きれいにひざまずいた後姿は人形のようである。文三が驚いたのはナー子が向き合つている机の上の物体が鏡であることだつた。ここへ入つてくるとき、トートーメーだとばかり思つていたのに、かけてあつた布を取ると大きな鏡なのだ。ナー子は鏡に向つてしきりに手を動かしている。顔をきれいにしているにちがいないと思うと、文三は急におかしいような、はずかしいような気がしてそつと元の席へ引返した。

それから五分ほど経つて文三のそばへ来たナー子は、前よりも白い顔をして、手にはとても厚い本のようなものを持つていた。

「これ、見せてあげる」

文三へ向けてテーブルの上へ置くと、厚い表紙を開いた。写真帳であつた。

「これだれだかわかる」

赤ん坊を抱いた女の人である。文三がじつと見つめると、ナー子が説明した。

「これがあたし、これがママ」

赤ん坊がナー子だというがあまり似てはいないな、ママというのはおかあさんのことだつたのか、髪をマグラシテ学校の女の先生のようだな、などと思つているとナー子は次の頁を開けた。一つを指し
「これはすぐわかるでしよう」

それがナー子とママであることはすぐわかつたが、ママの横に立つている大きなアメリカーは何だかわからない。ひよつとするとナー子のおとうさんかもしれないと思つていると、ナー子がまた説明した
「これはママ、これはママのお友だち」

文三は異様な気がした。だが次々と頁をめくるたびにママの友だちは現われ、その顔もいくつとなく変つていつた。ただ変らないのは、ナー子のママの友だちが皆アメリカーであることだけだつた。そして、ナー子のお父さんの写真は、おしまいまでとうとう出てこなかつた。

各種楽器の発達変遷（その3）

名護高等学校　崎山　任

〔管楽器〕

管楽器の発達とその音楽

○器楽の発達において、最も古い歴史をもつているのは木管楽器と打楽器である。

○オーケストラは美しいはなやかな音楽である。そして又それは激しい力強い音楽であるが、柔かな優美な音楽でもある。

○オーケストラは一つの楽器ではなくたくさんの楽器の組合わせでできているのでさまざまな組合わせから生まれてくる音の色合いの変化がまことに複雑であるので、私たちはその変化の面白さにひきつけられて少しも疲れを知らないのである。

○現在では大きなオーケストラは100人～150人位のものである。楽器の種類も20種類以上の場合がある。ここまで発展するのに何百年という歴史があつた。その間にすばらしい音楽家が次々と新しい作曲の方法を研究したり、楽器の改善も行われた。

○楽器は機械文明の発展と共に次第に音の色よいボリュームの豊かな演奏の容易なものができるようになつた。

○よい楽器の出現は結局よりよき作曲家によつて能力の優れた楽器のためにすばらしい音楽ができるというじゆん還作用が生まれてくる。

木管楽器の部

フルート（Flute）

フルートは随分古くからあつた楽器である。日本の昔からある横笛類はあれもフルートの一種である。

○西洋では植物の茎を使つたのが、その始まりである。昔は植物の茎を使つたので管の中は円錐形をしていた、その後、木で作られるようになつた。やはり円錐形でバツハ、ヘンデル時代のフルートはこれに幾つかのキーをつけたごく簡単なものであつた。

○この時代のフルートはあまりボリュームもなく、特に高音域の音程が不安定で演奏は困難なものであつた。

特色｛従つてこの時代のフルートのための作曲は、あまり高い音は使われていないことや、いろいろな変化記号のある調子も使われていない。

○ハイドン、モーツアルト時代になつても、まだまだで、大した進歩はなかつたようである。

2オクターブ半位の音域がやつとのことで、モーツアルトの書いたフルートコンチエルトなどは当時の楽器でできる最高度のものであるといわれている。

○演奏困難とされたこのフルートに対して、ドイツのベーム（Bohm. Theobald. 1794～1881）という人が一大改善を加えることを発見し、この人のさまざまな発見によつてフルートを、オーケストラの花形楽器にまで仕上げた。

改善の要点

1 管の中が円錐形であつたのを円筒形に改め、もつとよく鳴るようにした。

2 穴の位置をリングキーの発明によつて、もつと合理的なところにあけるようにした。

その影響

1 音程は正確なものになつた。

2 作曲家は思い切つて技巧のむずかしいものを書くようになつた。

3　金属製の楽器ができて、ひびきは一層はなやかになつた。

4　オーケストラの中には、フルートも大事な旋律を受持つた。

ピッコロ（P ccolo）

○ピッコロの起源は、フルートのそれと同じく太古にさかのぼることができるがこれが今日のような構造となつて使用されるにいたつたのは、前述のベーム以後である。

管弦楽で一般に用いられるようになつたのは19世紀半からである。

○19世紀の音楽では、独立的な部分を占めて特殊な効果をあげていた。

例　ベルリオーズの「幻想交響曲」の終楽章ロンドの部分で。

　チャイコフスキーの「くるみ割人形」の支那の踊、行進曲等で

○フルート活躍の範囲が狭いので、独奏曲は殆んどない位である。

○現在では、フルートに助力する程度に限られているが、この楽器が19世紀のロマン的楽想が音楽の中心となるとともに積極的に使用された事実によつて明らかであるとともに、これが悪鬼的な情緒の表現に多く用いられる一般的傾向も推知することができる。

クラリネット（Cla·inet）

○オーボエ（Oboe）は リード(舌)が2枚ですが、クラリネットは1枚の大形のリードが吹口につけられた楽器で、比較的新しくできたもので1860年に、ニューレムベルグのデンナア（Denner. J C？）が古代の笛からヒントを得て、これに2個の鍵をつけて2オクターブまたはそれ以上を奏し得るものとしたのが最初である。

○しかしその後キーの組織が種々改良され、フランス系の人が手がけるに及んで、始めて今日のような状態になつた。

○クラリネットを最初に芸術的に用いたのはラモーであつた。（1751年）

○ハイドンとグルツクも、オペラの中にときおり用いたが、之を本格的に管弦楽に入れたものはモーツアルトの「パリ交響曲」からであつた。そして1825年以後、クラリネットは木管楽器中の重要な地位を占めるに、いたつたばかりでなく、これを除いて交響曲は考えられないようになつた。

○ベートベンも彼の「第一」と「第二」交響曲では、これを単に和声楽器として用いたにすぎなかつたが、「第三交響曲」から独奏楽器として用いるようになつた。

○今日のクラリネットにアルバート式とボヘモ式の二つがあるがこれは製作型のものであつて音本質そのものには変らない。

クラリネットの楽曲

○普通のクラリネットには、室内楽、協奏曲、交響曲と古今の名作が少くないが中でも室内楽で モーツアルトのクラリネットと弦楽四重奏のための 「五重奏曲イ調」ピアノとヴァイオラとクラリネットの「三重奏曲」及びブラームスの「五重奏曲ロ短調」と「クラリネット、ソナタ変ホ長調」とはこの楽器の最高の作品として名高い。その他にも、ベートベン、シユーベルト、ラブユルの作品にも美しいクラリネットのパートが含んでいる。

○その他のクラリネットに、ヒツコロ・クラリネット、アルト・クラリネット、バス・クラリネット、コントラバス・クラリネットがある。

サクソフオン（Saxonone）

○吹奏楽器中で最も人声に似て滑らかな楽音を出して官能的な魅惑に富んでいるサクソフオンには次の4種がある。

　ソプラノ・サクソフオン（ハ調）

　アルト・サクソフオン　（ヘ調）

　テナー・サクソフオン　（ハ調）

　バス・サクソフオン　　（ハ調）

○これはバス・クラリネットの改良者サツクス（Sax. Adolphe 1814～1894）によつて1840年に発明されたが、之が公式に使用されたのは1844年フランスにおいてである。

カストネ（1810～1867）作曲による「ユダの最後の王」で紹介され、その後ビゼー、サン、サーンス、トーマ等の人々により積極的に用いられた。

○その後、イギリス軍楽隊で使用しだしてから全ヨーロツパに広がり、更にアメリカでジヤズの主要楽器となつたが、むしろジヤズ楽器の感さえある。

○ドビユツシイはサクソフオンと管弦楽のための「狂詩曲」シユトラウスは「家庭交響曲」でサクソフオンの四重奏を書き、その他にもある。

○おそらくこれほど現代人の感覚に適した音感と、ニユアンスをもつた楽器はないであろうといわれている。

金管楽器の部

コルネツト（Cornett）

○10世紀から18世紀にかけては旋律楽器として愛用されていた。昔はトロンボーンと合わせて用いることが多かつた。

○バツハは、コラールの上声部を強めるためにこれを使つている。管弦楽ではグルラクの「オルフエオとユウリデイチエ」その他でよくその効果を挙げている。

○一体にフランスの音楽家は、この楽器を愛用するが、ピエルの「小さい鉛の兵隊の行進」にはコルネツトのきれいな音色が十分に発揮されている。その他にもあるが、実際フランス人は普通ならトランペツトを用いるところでも、コルネツトを併用する場合が多い。

トランペツト（Trumpet）

○金管楽器の王者はトランペツトである。太古の角笛から発達したものだけにその種類は非常に多い。

○バツハ、ヘンデル時代には、管弦楽中で最も重要な地位を占めていたのに反して、太古のホルンが著しい発達をするにおよんで、ベートベン以後はホルンが重要な役割をするようになつた。

○その後トランペツトは改良され、ピストンを用いた管の短いものが用いられるようになつた19世紀末からは、再びトランペツトが重要性を加えるにいたつた。

○はじめは数種の音しか出なかつたが、16世紀の楽器研究家ヴイルドウングとドイツの17世紀の大音楽家プレトリウスの努力によつて、管が長くなつて高い音が全音階的に出るようになつた。

○当時の「自然トランペツト」の移調は、ラツパの口にこぶしを入れてしたものであつたがその後、移調管を用いて種々の調子を得ることができるようになつた。（スライド・トランペツト）でこれは18世紀のミカエル・ヴエゲル以後のことである。

○今日のトランペツトは、すべてピストン・トランペツトを使用しているが、近年にいたつて管の短いものが広く用いられ、調子もフラスン系（C調）とドイツその他一般（変ロ調）のものが使用されている。

○トランペツトは、ヘンリイ8世からエリザベスの時代にかけて、イギリスで珍重され、ついでモンテヴエルデイが17世紀はじめに「オルフエオ」に用いたのが始まりである。又バツハとヘンデルにおよんで、極度に発達し、又芸術的な楽器となつた。

○トランペツトの音楽は、数多いがいづれも勇壮な効果をあげたものである。

トロンボーン（Trombone）

○トロンボーン程単純な楽器も少ない。単一のスライドだけの伸縮によつて、ピツチを変えることができる。

○15、6世紀頃から今日の滑走管の組織は用いられており、15世紀に製作された名器は今日のそれとほとんど変らぬといわれている。

○トロンボーン全管楽器中最も進歩したものであつたといえる。

○トロンボーンは主に町の楽隊によつて用いられていたもので、16世紀末の「聖歌集」の中には4本から6本のトロンボーンが用いられている。

○芸術的に用いられだしたのは、トランペツトと同じで、イギリスのヘンリイ8世とエリザベス時代で、それから18世紀にかけてである。

○その後（バツハ・ヘンデル時代）フレンチ、ホーンが改良され、一時トロンボーンは之に代えられ重要性が、薄れたこともあつた。

○ベートベンの「第五交響曲」終楽章のトロンボーンは、交響曲に使用した最初である。

○トロンボーンが管弦楽で重要な働きをするようになつたのはベルリオーズ以後のことである。

○チヤイコスキーが劇的で雄壮な効果を縦横に駆使してから、ロマン主義者が愛好する楽器になつた。又今日では、ジヤズバンドの中で派手に活躍している。

ホルン（Horn）

○管楽器の中で、ホルン程古い歴史をもつた楽器はない。

○戦と狩とは原始民の時代から関心のあつた、又最も技術の発達した生活であつたのだから、それに必ず用いられた楽器のホルンは、むしろ楽器というよりは道具であつたに違いないといわれている。

○今日のホルンはピストンを用いてあらゆる音程を吹くことができるようになつたが、昔は口金をつけて唇と息だけで調節した。いわゆる、自然音だけしか吹けないラツパであつたから、ホルンとトランペットは言葉の上で区別がなく用いられた時代さえあつた。

○昔の人は戦や狩の信号を大声を はりあげて、われわれが野外で人を呼ぶ「オーイ」というかけ声と同じように呼ばわつたのであつたが、それよりも透りのよい音が必要となつて、法螺貝や牛角や象牙を用いるようになつたのであつた。

○３種類のなかで、牛角の内部が最も音の安定が得られるのと、少い息で十分の音量を得られるのとで、愛用されるようになつた。そしてだんだん音の間隔に対する耳が発達してくるにつれ、これを楽音に近づけるくふうが加えられて、あの中世紀の騎士が持つている角笛ができたのである。

○信号用としてのホルンはだんだん改良されて歌調用に進み、野外から室内に持ちこまれたのは17世紀であつた。（肩かけから「手持ホルン」となる。）

○当時のホルンは「耳を聾する不愉快な音」と評されたが、アサガオの口に消音木や綿をつめることが1770年ドレスデ、宮廷楽団で考案、その後音が下がることに気づき、手を入れて音を調節することが考えられた。（1773年）

○はじめて管弦楽に入つたのは1735年歌劇「？」であり、1759年にラモーも歌劇に用いた（フランス）

○1720年にイギリスでヘンデルは「ラダミストオ」に用いたし「水上の音楽には大胆に活躍させた。

○現在のホルンの用いられたのは19世紀初めからである。

○ホルンはその歴史が示すように、自然と社会制度とに影響されて発達しただけに国により、所によつて音質も製法も異つている。

○バツハ、ヘンデル以後の作曲家はほとんどホルンを使用している。ベートベンはホルンを男性的に用いた。まるで戦斗的な意力でも示すような場合が多い。「交響曲第三、五、六、八番」にそれぞれ使用されている。

テユーバ（Tuba）

○農作物の合図や戦斗の合図に用いられた４フイートばかりの長さで骨や角で作られたものが19世紀中頃になつて、音楽に用いられるようになつた。

○19世紀の中頃にドイツのモリツツが今日のテユーバを考案した。

○フランスでは、アドルフ、サツクスが1845年にサクスを完成し、その結果ドイツのテユーバとフランスのサツクスの両者が低音管楽器として管楽のなかに用いられるようなつたもので、金管楽器中では比較的新しい楽器である。

○テユーバの使用法は、ドイツとフランスとでは非常に違つているといわている。

〔打　楽　器〕

打楽器のおこと

○打楽は古い楽器で、おそらく人間を生活の始まつた頃からあつただろうといわれている。

○いろいろなものを打ち鳴らしているうちに考え出されるたのが打楽器の種類であるといわれている。

大太鼓（Bass Drum）

○一定の調音ができないし、旋律楽器とはならないが、軽く連打して、トレモロ（だん音）の美しい効果を出すことができる。

○よくシンバルを併用して最も力強い部分をあらわす楽器である。
チヤイコフスギーの「交響曲第四番」はよい例である。

小太鼓（Side Drum）

○大鼓類中最小の形である（管弦楽で）大太鼓と同じくリズム楽器にすぎない。

○左手で２打、右手で２打して出す連打音の効果は軽快勇壮で、シユトラウスの「英雄の生涯」は最も美しい場合であるといかれている。

そ　の　他

○太鼓にテインパニやテナードラム等がある。

○琴　類
木琴、鉄琴、鉄、シンバルス、トライアングル、カスタネツト、タンブリン、ゴング（どら）木魚、チエレスタ等がある。　（了）

※一一頁より

疑いたくなる人も決していないのではない。そのような段階にあつても、本土においては中、高校には進路指導主事が設置されて、行政的な措置の面から進路指導の機能が開拓されつつあるのであります。

ひるがえつて、沖縄では、先に記した中学卒業生の職を求めて放浪した記事が新聞に出ても、本土大学に進学している国費生の事故、本土就職少年工の事故、大学の進学についても適性を考えてとか少年の適性を考慮した就職斡旋をなどと言われても、それを教育の問題(中高校の進路指導の問題)として受けて立たねばという動きはあまり感じられない。文部省の学力調査では学力低下が大問題になつて、行政の面も、社会も教師も対立にむちゆうになつているのに……。

本土との教育の断差は進路指導面では他のどのようなことにも劣らず大きなへだたりがあるように思われて焦燥を感じます。早く私達の沖縄でも進路指導に対して行政的な措置がとられ、学校運営に組織だてられて、確かな指導が行われるよう念じて止みません。

(名護中学校教諭)

公共職安所とその管轄区を紹介しよう。

◎那覇公共職業安定所(那覇市)
那覇市、豊見城村、兼城村、糸満町、高嶺村、三和村、渡慶敷村、渡名喜村座間味村、粟国村、仲里村、南大東村北大東村、久米島具志川村、

・与那原出張所(与那原町)
与那原町、大里村、西原村、南風原村東風平村、具志頭村、玉城村、知念村佐敷村

・八重山出張所(石垣)八重山群島一円

◎コザ公共職業安定所(コザ市)
コザ市、美里村、北谷村、浦添村、中城村、北中城村

・具志川出張所(具志川村)
具志川村、勝連村、与那城村

・石川出張所(石川市)
石川市、恩納村、金武村、宜野座村、

・嘉手納出張所(嘉手納村)
読谷村、嘉手納村

◎名護公共職業安定所(名護町)
名護町、屋部村、屋我地村、羽地村、東村、大宜味村、国頭村、久志村

・渡久地出張所(本部町)
本部町、上本部村、今帰仁村、伊江村伊平屋村、伊是名村

◎宮古公共職業安定所(平良市)
宮古群島一円

質問欄

問 高校進学希望者中、前年度卒業者の内申における卒業後の行動の状況の記入についてご指導下さい。生徒は事実上卒業後は学校と殆んど交渉がありません。

(具志川村・K)

答 卒業後の行動についての記録は、毎日接していないのですから事実上問題があるわけです。

先生の学校を卒業した生徒であるならば、在学当時の記録があるわけです。その記録を基にして先生が、積極的に直接に親権者との面接をして卒業後の行動の状況を記録してもらつたが望ましいと思います。

卒業後学校とほとんど交渉がないからと言つてしまえば記録する何ものもないわけです。

教師の積極的良識にまかされる問題であると思います。

(職業教育課・大庭)

※　※

本欄は、教育に携わる皆様からのご質問に対して、その衝に当る方や専門の方にご回答いただく〃質問欄〃にいたしました。何なりと教育に関係した疑問がおありでしたらお示し下さい。

(編集子)

次号豫告

巻頭言 中山興真

一九五八年度を顧みて　編集部

各教科の指導の反省と展望
☆文教局各教科指導主事
☆小中校現場職員

新入学児童について

卒業式、入学式のあり方　琉大　名城嗣明

学校経営一年を顧みる　石川盛亀

私の学級づくり

天気図の見方　糸数昌丈

随筆・研究教員だより

小説 町の子・村の子　宮里静子

あとがき

※二月の声をきいて時の流れの速さにおどろき、いこいの後の次々とくる仕事に二度びつくりする……のが今日この頃の教育者としての私たちである。

※そんな最中に、本誌は一段と数多い玉稿を得て、全くてんやわんや、どうやら先生方のぎよ意をいく分お聞きできたような気がする。

※ことに北海道学芸大松田義哲先生にはわざわざ貴重な玉稿をお寄せくださつたことは読者と共に感謝にたえないところです。

※沖縄気象教育研究会発足の概況を、おくればせながらもご紹介できたことはうれしい。同会のご発展を祈ります。

(M・N)

一九五九年

一月のできごと

一日　メートル法施行

四日　中学校卒業資格認定試験（於商業高校）

五日　神奈川県逗子の沖縄寮焼失沖縄関係被災者八十三人（二十一世帯）

六日　第三学期開始

七日　沖縄教職員会理事会で第五次教育研究中央集会日程等を協議

沖縄戦没者慰霊祭奉賛会発足

九日　ブース高等弁務官首都建設委員長に書簡を送り急施事業への援助を承認

十日　沖縄全島高校校長、教頭連絡協議会（於那覇高校）

日本児童美術展（那覇文化会館）

政府労働局「労働白書」を発表

十二日　総理府特連局長石井通則氏来島

十三日　当間主席「土地賃借安定法」「アメリカ合衆国の賃借する土地の賃借の前払に関する」「アメリカ合衆国使用土地の賃借等に関する特別会計法」を署名公布

米国防省次官バーキンス・マックグワイアー氏夫妻、軍事施設視察のため来島

十四日　原水協主催安保条約問題懇談会（於立法院委員会室）

ブラジル移民五五人（十一世帯）出発

水産高校練習船「海邦丸」と命名

十五日　成人の日、沖縄陸協主催の第十二回十哩ロードレースで三選手が沖縄新記録を出す（一位石垣永仁）

沖縄教職員会主催第五次教育研究中央集会（十七日まで）

高校柔道の名門鹿商チーム一行来島

十六日　日華協力委員会一行十一人台湾よりの帰途来島

真喜屋実男氏上訴裁判事に任命され民政府首席民政官室で辞令交付式

十七日　鹿商柔道チームを迎え沖縄側高校との交歓試合（那覇劇場）

日華協力委員会一行安保改定問題について行政府と秘密懇談会

お茶の水女子大学長蠟山政道氏、琉大および第五次研究中央大会において講演

十八日　へき地教育振興臨時大会（於教職員共済クラブ）

第三回全島高校生物研究発表会（教育会館ホール）

日華協力委員会の自民党三議員（佐々木、大久保、浜田）安保改定問題で立法院各派と懇談（立法院議長室）

十九日　高校の願書受付始まる

那覇出港のオランダ汽船ボイスベン号で三十三人（十八家族）の日本政府貸付移民出発

高校新人野球中農、首里を破り初優勝（那覇高校にて）

二十日　公選による初の中央教育委員会第十四回定例会始まる

二十一日　ブース高等弁務官布令第十九号「琉球列島米国土地裁判所の設置」を公布

二十二日　中央教育委員会で教育職員免許法施行規則、教育職員免許法施行規則、へき地教育振興法施行規則を可決

二十三日　那覇地区教育長指定の国語研究発表会（高良小校）

二十四日　琉大教育学部音楽科第二回発表（タイムスホール）

沖縄PTA連合会主催第九回全沖縄小学校、中学校童話大会（子供博物館）

二十五日　沖縄PTA連合会主催第九回全沖縄高校弁論大会（子供博物館）

二十六日　全島農林高校第六回農業クラブ大会（中農高校で）

中央教育委員ライカム司令部でブース高等弁務官と会談

二十七日　中央教育委員、中部、北部の各高校を視察

二十八日　城南小学校生活指導研究発表会

二十九日　南風原小校文教局指定の研究発表会開く「施設用具の充実とその運用について」

ブース高等弁務官那覇市内の主なる工場、会社を視察

文化財保護委員会「玉陵碑」と「天女橋」の特別重要文化財指定

三十日　中教委五九年度第三次追加で十八教室（公立十二、政府立六）割当

文教局拓殖大学入試合格者三〇人発表

経済局主催全琉普及事業実績発表大会（タイムスホール）

三十一日　沖縄官公労協議主催「公労法粉砕労働者大会」（牧志ウガンで）

☆　☆　☆　☆　☆

一九五九年二月三日　印刷
一九五九年二月五日　発行

文教時報（第五十号）（非売品）

発行所　琉球政府文教局
研究調査課

印刷所　那覇市三区十二組
ひかり印刷所
（電話一五七番）

復刻版　文教時報（ぶんきょうじほう）　第3回配本
（第7巻〜第9巻）

2018年5月31日　第1刷発行

揃定価（本体69、000円＋税）

編・解説者　藤澤健一・近藤健一郎

発行者　小林淳子

発行所　不二出版
東京都文京区水道2-10-10
TEL 03（5981）6704

印刷所　栄光

製本所　青木製本

乱丁・落丁はお取り替えいたします。

第7巻　ISBN978-4-8350-8074-1
第3回配本（全3冊 分売不可 セットISBN978-4-8350-8073-4）